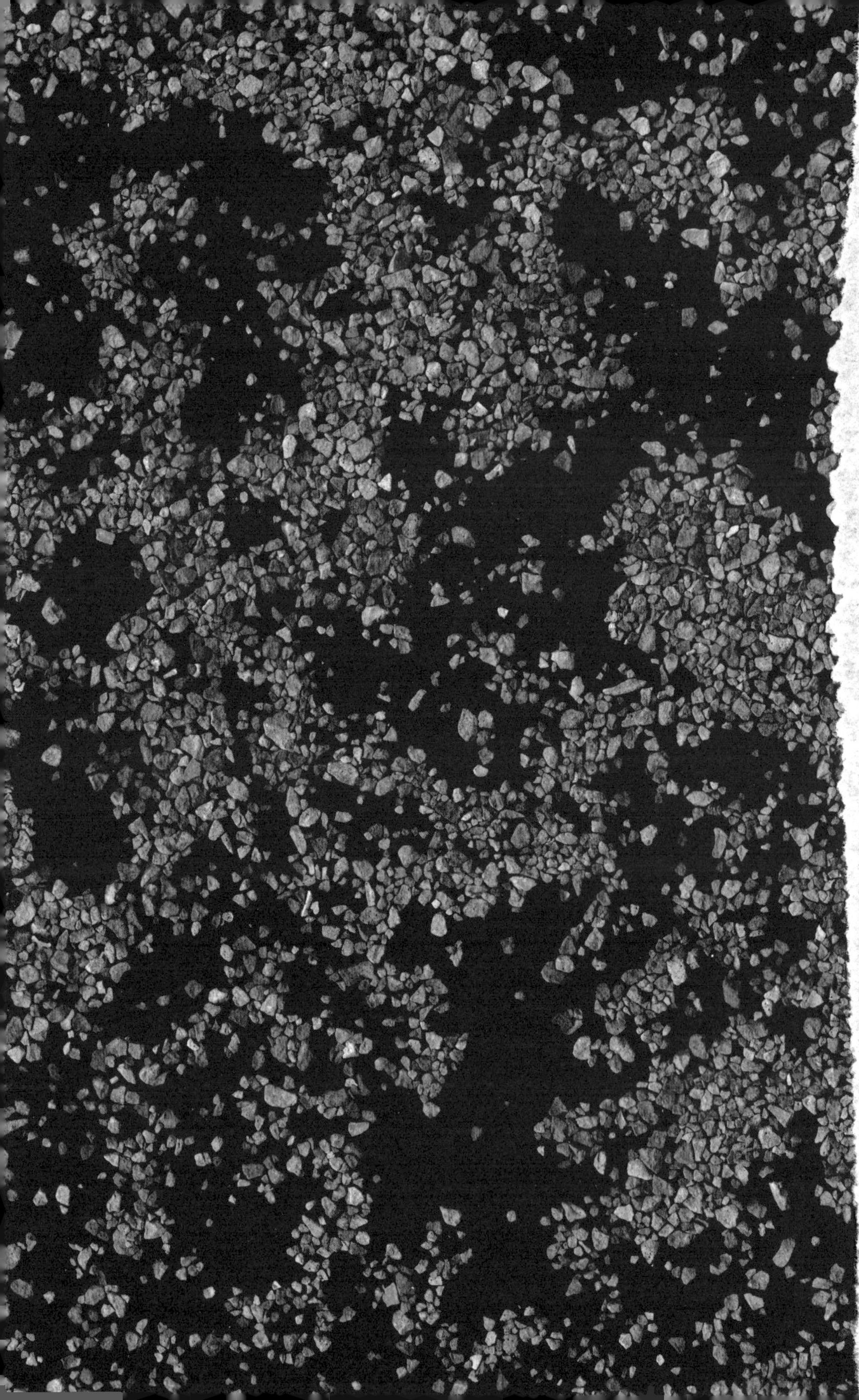

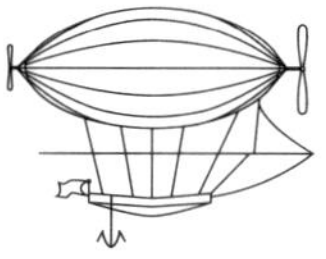

Thomas Fenner

Flaggschiff Nescafé – Nestlés Aufstieg zum grössten Lebensmittelkonzern der Welt

HIER UND JETZT

Inhalt

Vorwort

Nescafé zählt zusammen mit *Coca-Cola* und *McDonalds* zu den bedeutendsten Marken im Lebensmittelbereich. Über ihre Geschichte war bisher jedoch nur wenig bekannt. Dies brachte den Nestlé-Archivar Albert Pfiffner, Christophe Stern aus der Marketing-Abteilung und mich im Herbst 2009 auf die Idee, die Geschichte im Hinblick auf das 75-Jahre-*Nescafé*-Jubiläum hin aufzuarbeiten. Das Ziel war ein historischer Basistext als Auftragsarbeit für Nestlé, den das Unternehmen einerseits für das 75-Jahre-Jubiläum von *Nescafé* verwenden durfte und der der Publikation «Over a Cup of Coffee. The passion, the stories, the brand» als Grundlage diente, andererseits von mir für meine Dissertation genutzt werden konnte. Daraus ergab sich die einmalige Gelegenheit, die Geschichte der Marke *Nescafé* bis in die Gegenwart nachzuzeichnen. Gleichzeitig werden aufgrund der Schutzbestimmungen von Personendaten mit Ausnahme von Max Morgenthaler keine Namen von Mitarbeitern genannt, und zur Wahrung von Unternehmensgeheimnissen wird die Periode ab 1983 nicht mehr in der gleichen Tiefe behandelt.

Trotzdem möchte ich hier einige Personen erwähnen, die mir bei meiner Arbeit sehr behilflich waren und denen an dieser Stelle mein Dank gebührt: vorab Albert Pfiffner, der mir bei diesem Projekt stets zur Seite stand, sowie Tanja Aenis, Lisane Lavanchy und Sabine Effinger, die mir bei meinen Recherchen im Nestlé-Archiv behilflich waren. Spezieller Dank gehört auch Christophe Stern, Anne-Lise Borboën und Mélanie Colanero für die Unterstützung von Seiten der Marketing-Abteilung. Für die Begleitung im Wander-Archiv bedanke ich mich bei Heinz Dürr, und in den «Archives de la Ville de Neuchâtel» stand mir Olivier Girardbille hilfreich zur Seite. Sehr gewinnbringend waren auch die Gespräche mit Erol Toker von der Agentur *Doriane* und zahlreichen Mitstudentinnen und Mitstudenten.

Bedanken möchte ich mich auch bei Prof. Dr. Jakob Tanner und Prof. Dr. Tobias Straumann für die Betreuung sowie bei meiner Familie und meinen Freunden für die Unterstützung in diesem langen Projekt.

Für die grosszügigen finanziellen Beiträge an die Herstellungskosten dieser Publikation bedanke ich mich sowohl bei der Nestlé S.A. als auch beim Schweizerischen Nationalfonds zur Förderung der wissenschaftlichen Forschung. Ebenso danke ich Madlaina Bundi, Regula Bühler und Simone Farner vom Verlag Hier und Jetzt für die Betreuung, das sorgfältige Lektorat und die Gestaltung.

Bern, im Juli 2015
Thomas Fenner

Einleitung

Einführung und Fragestellung

Seit der Kaffee im 17. Jahrhundert in die Hände europäischer Handelsgesellschaften geraten ist,[1] verbreitet sich das ursprünglich aus dem Orient stammende Genussmittel in einem Zusammenspiel von kapitalistischer Produktion und soziokultureller Aneignung auf der ganzen Welt.[2] Heute beginnen jeden Morgen Millionen von Menschen rund um den Globus ihren Tag mit einer Tasse Kaffee, deren Bedeutung weit über ihre physische Funktion als weckenden Durstlöscher hinausgeht: Der aus der Tasse aufsteigende Dampf gehört ebenso zum sinnlichen Erlebnis wie der Duft der frisch gerösteten Kaffeebohnen. Darüber hinaus ist das Kaffeetrinken zu einer symbolischen Handlung des behaglichen Beisammenseins, der Kommunikation und der menschlichen Nähe geworden.[3] «Sich auf einen Kaffee verabreden» oder «zusammen einen Kaffee trinken» haben sich in diesem Zusammenhang längst als gängige Formulierungen etabliert.[4]

Neben der gesellschaftlichen Einbettung in unsere Alltagskultur trug nach dem Zweiten Weltkrieg auch die vereinfachte Zubereitung mit Kaffeepulver und Kaffeemaschinen wesentlich zur Popularisierung des Kaffees bei.[5] Laut dem Wirtschaftshistoriker Geoffrey Jones konnten multinationale Grosskonzerne durch die Betonung der einfachen Zubereitung ihren Einfluss im Kaffeegeschäft erheblich erweitern, indem sie von Skalenerträgen[6] profitierten und weltweit bekannte Marken aufbauten.[7] Heute lässt sich die Anzahl der Unternehmen, welche über zwei Drittel des Kaffees verarbeiten, an einer Hand abzählen: Nestlé, Kraft General Foods, Jacobs Douwe Egberts, Procter & Gamble und Tchibo.[8]

1 Pendergrast, Kaffee, S. 25.

2 Tanner, Kultur- und Sozialgeschichte des Kaffees, S. 10–11.

3 Nestlé SA, Les multiples visages du café, S. 4, und Krieger, Kaffee, S. 9–10.

4 Rischbieter, Mikro-Ökonomie der Globalisierung, S. 22.

5 Im 20. Jahrhundert stieg der weltweite Rohkaffeeverbrauch pro Jahr von etwa 20 Millionen Sack auf über 100 Millionen Sack zu 60 kg an (Köhler, Geschichte des Kaffees, S. 21–23).

6 Skalenerträge entstehen dadurch, dass sich die Fixkosten mit steigender Ausstossmenge auf immer mehr Einheiten verteilen und dadurch die Produktionskosten gesenkt werden können (Berghoff, Moderne Unternehmensgeschichte, S. 88).

7 Jones, Multinationals and Global Capitalism, S. 73.

8 1998 hatten die fünf Unternehmen zusammen einen Marktanteil von 69 Prozent: 25 Prozent davon fielen auf Kraft General Foods, 24 Prozent auf Nestlé, je sieben Prozent auf Sara Lee (heute Jacobs Douwe Egberts) und Procter & Gamble sowie sechs Prozent auf Tchibo (D'Aviron/Ponte, The Coffee Paradox, S. 92).

Die Geschichte des Kaffees verbindet somit die moderne, technisch vereinfachte Zubereitungsart mit dem steigenden Stellenwert von Marken und multinationalen Unternehmen, deren wachsender Einfluss sich in den letzten Jahren unter anderem darin manifestierte, dass rund um den Globus zunehmend dieselben Markenprodukte getrunken wurden, die grössten global agierenden Konzerne gemessen an ihrer Wirtschaftsleistung zahlreiche Nationalstaaten übertrafen[9] und Marken sich zu Identifikationsmerkmalen entwickelten, welche die heutige Kultur und Gesellschaft prägen.[10] Oft wird in diesem Zusammenhang von einer weltweiten Vereinheitlichung der Alltagskultur in einer «globalisierten Welt»[11] gesprochen, die von Weltmarken und den dahinter stehenden multinationalen Konzernen gesteuert wird.[12]

Exemplarisch für diese globalen Transformationsprozesse steht das Schweizer Lebensmittelunternehmen Nestlé, welches unter der Marke *Nescafé* die schnelle und bequeme Kaffeezubereitung mit löslichem Pulverkaffee oder Instantkaffee popularisierte. Mit rund 339 000 Mitarbeitern und 442 Produktionsstätten in 86 Ländern gehört Nestlé zu den grössten[13] und globalsten[14] Unternehmen der Welt.[15] Der Konzern mit Sitz in Vevey erzielt heute einen Umsatz von etwa 100 Milliarden

9 Anhand von Grössenvergleichen zwischen den weltweit bedeutendsten Nationalstaaten und den grössten multinationalen Unternehmen stellten Forscher fest, dass unter den 100 grössten Körperschaften der Welt mit den höchsten Bruttosozialprodukten etwa gleich viele Nationalstaaten wie multinationale Unternehmen vertreten waren. Gemessen am Welt-Bruttosozialprodukt bewegt sich der Anteil dieser 100 Grossunternehmen zwar mit vier Prozent in einem unbedeutenden Bereich, trotzdem gibt es verschiedene Märkte, in denen Grossunternehmen eine dominante Stellung einnehmen. In der Lebensmittelindustrie erreichten die 20 grössten Unternehmen 2003 einen Anteil von etwa elf Prozent am Gesamtmarkt (vergleiche dazu Chandler/Mazlish, Introduction Leviathans, S. 1, sowie Roach, A primer on Multinational Corporations, S. 26. Zur Marktkonzentration in der Lebensmittelindustrie siehe Pfiffner/Renk, Wandel als Herausforderung, S. 31).

10 Roseberry, The Rise of Yuppie Coffees, S. 771–772.

11 In den 1990er-Jahren wurde die «Globalisierung» in den Medien zur Bezeichnung einer neuen historischen Dekade nach dem Ende des Kalten Kriegs populär, welche von einer Ausweitung, Beschleunigung und Verdichtung der weltweiten Beziehungen geprägt war. Als allgemein akzeptierte Merkmale der Globalisierung gelten heute unter anderem eine starke wirtschaftliche Internationalisierung, welche durch multinationale Konzerne und Nationalstaaten vorangetrieben wird, sowie die daraus folgende kulturelle Homogenisierung (zur Begriffsdefinition der Globalisierung vergleiche weiterführend Osterhammel/Petersson, Geschichte der Globalisierung, S. 10–11 und 16, sowie Fässler, Globalisierung, S. 14–15, aus historischer Perspektive und Giese/Mossig/Schröder, Globalisierung der Wirtschaft, S. 14–16, aus wirtschaftsgeografischer Sicht).

12 Keller, Produkte am globalen Markt, S. 21.

13 Nestlé figurierte 1999 auf der Liste der 100 grössten ökonomischen Einheiten der Welt auf dem 81. Platz und lag damit von der Wirtschaftskraft her zwischen den Nationalökonomien Neuseelands und Ungarns (Berghoff, Moderne Unternehmensgeschichte, S. 27).

14 Nach Rugman erwirtschaften globale Unternehmen in allen drei Teilen der Triade (Amerika, Europa und Asien) mindestens 20 Prozent des Umsatzes, aber weniger als 50 Prozent in einer dieser Regionen. Von den 500 grössten multinationalen Unternehmen erfüllten diese Kriterien um die Jahrtausendwende nur gerade neun Unternehmen. Diesen Kriterien kam das Lebensmittelunternehmen Nestlé, welches damals etwa 39 Prozent seines Umsatzes in Europa, 38 Prozent in Amerika und 23 Prozent in Afrika, Asien und Ozeanien generierte, zumindest sehr nahe, wobei die Sparten Wasser und Pharmazie in den Angaben von Nestlé nicht nach geografischen Regionen aufgeschlüsselt sind (Jahresbericht Nestlé 2001, S. 19, und Jones, Multinationals and global Capitalism, S. 40).

15 Jahresbericht Nestlé 2014, S. 44.

Schweizer Franken pro Jahr[16] und ist von diesem Gesichtspunkt her seit 1971 Branchenleader.[17] Dies ist insofern erstaunlich, als 1973 fast 90 Prozent der grössten Lebensmittelkonzerne der Welt ihren Sitz in den Vereinigten Staaten oder Grossbritannien hatten,[18] wo sie aufgrund der grossen Binnenmärkte günstige Wachstumsbedingungen vorfanden,[19] Nestlé dagegen in einem Kleinstaat wie der Schweiz ansässig ist.

Gleichwohl nehmen Nestlés Marken in vielen Ländern und Lebensmittelbereichen eine bedeutende Stellung ein. *Nescafé* stellt heute mit einem jährlichen Umsatz von rund zehn Milliarden Schweizer Franken die bedeutendste Kaffeemarke der Welt und die wertvollste Marke der Schweiz[20] dar. Jede sechste Tasse Kaffee, die weltweit konsumiert wird, ist eine Tasse *Nescafé*. Die Marke ist insofern einzigartig in der Kaffeewelt, weil sie sich auf das Geschäft mit Pulverkaffee konzentriert und diesen Markt mit einem weltweiten Anteil von etwas über 50 Prozent auch beherrscht.[21] In Grossbritannien zum Beispiel ist *Nescafé* für viele Menschen *der* Pulverkaffee schlechthin.[22] Ähnliche Verhältnisse herrschen ebenfalls auf den Tee- und Kakaopulvermärkten, wo Nestlé im Bereich der Kakao- und Malzgetränke mit Marken wie *Nesquik, Milo* und *Nescao* weltweit führend ist,[23] während *Nestea* 2006 neben *Nespresso* zu den am stärksten wachsenden Milliardenmarken des Grosskonzerns zählte.[24]

Wie gelang es Nestlé, weltweit bedeutende Marken wie *Nescafé* aufzubauen und damit Produktsegmente zu dominieren? Wie stieg das Schweizer Unternehmen zum grössten Lebensmittelkonzern der Welt auf, und welche Zusammenhänge gibt es zwischen dieser ausserordentlichen Unternehmensentwicklung und der Herausbildung von Weltmarken wie *Nescafé?*

Obwohl über das Unternehmen am Genfersee und seine Marken viel geschrieben und berichtet wird, ist über die Gründe für Nestlés aussergewöhnliches Wachstum und die

16 2008 wies Nestlé einen Umsatz von rund 102,4 Milliarden Schweizer Franken aus. Aufgrund veränderter Berechnungspraktiken bei der Erfolgsrechnung sank der Umsatz ab 2011 wieder unter die 100-Milliarden-Marke, wobei es sich hier um einen rein statistischen Effekt handelt (Jahresbericht Nestlé 2008, S. 62, und Jahresbericht Nestlé 2011, S. 1).

17 Pfiffner/Renk, Wandel als Herausforderung, S. 29.

18 Chandler, Scale and Scope, S. 19.

19 Heer, 125 Jahre Nestlé, S. 313.

20 Der Wert einer Marke hängt einerseits vom ökonomischen Potenzial ab, also davon, welche Umsätze und Erträge die Marke in Zukunft erwirtschaften wird. Andererseits hängt er damit zusammen, wie stark die Marke den Kaufentscheid positiv beeinflusst. Dieser Einfluss wird unter anderem anhand von Marktforschungsdaten wie Bekanntheit und Wertschätzung ermittelt (vergleiche dazu die Zeitschrift «Bilanz», Januar 2005, S. 82–83).

21 Jones, Multinationals and Global Capitalism, S. 73, und AHN [ohne Signatur], Schrift «Presentation to investors», 3. November 2008.

22 Nestlé SA, Les multiples visages du café, S. 44.

23 Schwarz, Macht durch Nahrung, S. 18.

24 Als «Milliardenmarken» bezeichnet Nestlé Marken, die jährlich mindestens eine Milliarde Schweizer Franken Umsatz generieren (Jahresbericht Nestlé 2008, S. 55).

historische Entwicklung bedeutender Marken wie *Nescafé, Nestea* oder *Nesquik* bisher wenig bekannt. Diese Forschungslücke soll in der vorliegenden Arbeit geschlossen oder zumindest beträchtlich verringert werden, indem anhand von firmeneigenen Quellen erstmals aufgezeigt wird, wie Nestlé und *Nescafé* so gross und bedeutend werden konnten.

Im Zentrum steht dabei die Markengeschichte von *Nescafé,* die als Schnittpunkt zwischen Unternehmens-, Konsum- und Produktgeschichte das Wachstum des Schweizer Grosskonzerns mit den weltweiten Veränderungen der Konsumkultur verbindet. Vergleichend und ergänzend dazu werden die mit dem Pulverkaffee verwandten Produkte des Unternehmens wie *Nestea* oder *Nesquik* sowie Schweizer Unternehmen in ähnlichen Geschäftsfeldern (insbesondere die Firma Wander mit *Ovomaltine*) beigezogen, um die besondere Entwicklung von Nestlé und *Nescafé* hervorzuheben oder erst verständlich zu machen.

Vorgehen und theoretische Einbettung

Markengeschichte als Unternehmensgeschichte aus der Produktperspektive

Nestlés Aufstieg zum grössten Lebensmittelkonzern der Welt wurde bisher vor allem auf erfolgreiche Fusionen und Übernahmen zurückgeführt:[25] «Das enorme Wachstum von Nestlé ist zu einem grossen Teil mit durchwegs erfolgreichen Fusionen und Akquisitionen bewerkstelligt worden – was angesichts der Tatsache, dass solche Zusammenschlüsse oft scheitern, bemerkenswert ist [...]»,[26] beschrieben beispielsweise Gerhard Schwarz und James

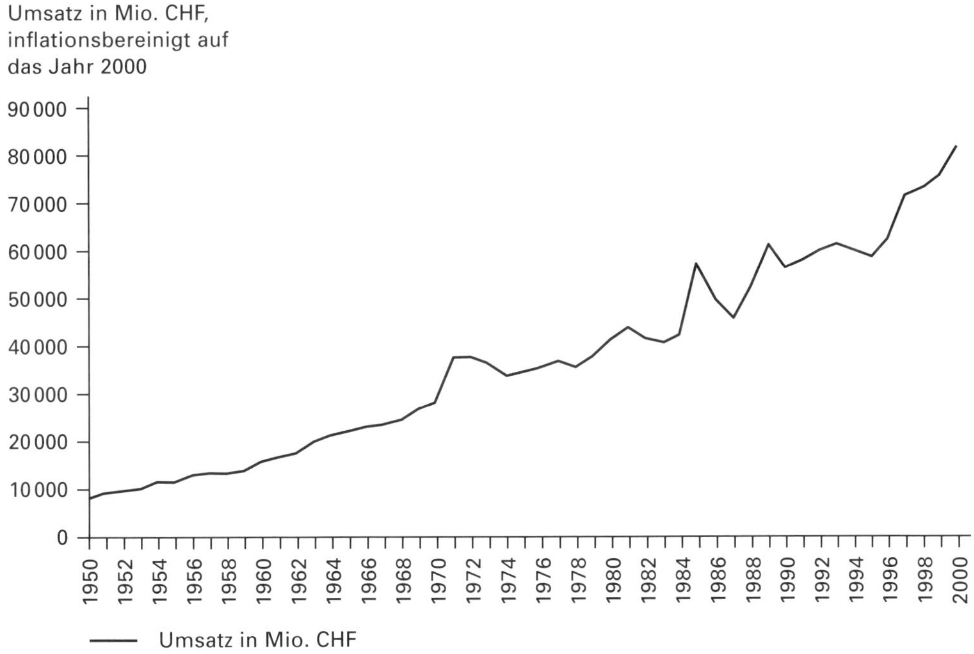

Darstellung 1: Trotz den drei «Fusionspeaks» von 1971 (Ursina Franck), 1985 (Carnation) und 1988 (Buitoni/Rowntree) verlief Nestlés Unternehmenswachstum zwischen 1950 und den 1990er-Jahren erstaunlich konstant, was auf ein starkes internes Wachstum hinweist.

25 Vergleiche dazu Lüpold, Festung Schweiz, S. 146, oder Nussbaum, Suchard, S. 44.

26 Breiding/Schwarz, Wirtschaftswunder Schweiz, S. 54.

Breiding 2011 die erstaunliche Entwicklung des Unternehmens. Wenig beachtet wurde dagegen, dass Nestlé mit seinen Markenprodukten auch ein starkes internes Wachstum aufwies, obwohl das Unternehmen aus Vevey immer wieder betonte, dass dem internen Wachstum der strategische Vorrang gegeben werde.[27]

Kennzeichnend für diese innere Unternehmensdynamik steht die Marke *Nescafé* in der Geschäftseinheit der löslichen Pulvergetränke oder Instantgetränke, die sich mit der Herstellung von Kaffee-, Tee- und Kakaopulver beschäftigt. Als Nestlé in den 1970er-Jahren zum weltweit grössten Lebensmittelkonzern aufstieg, erwirtschaftete sie etwa einen Drittel des Umsatzes und über die Hälfte des Unternehmensgewinns.[28] Pulvergetränke waren damit sowohl die umsatzstärkste als auch die gewinnbringendste Produktgruppe innerhalb des Konzerns, wobei *Nescafé* etwa drei Viertel zu dieser aussergewöhnlichen Bilanz der Abteilung beisteuerte.[29] Aus dieser Erkenntnis leitet sich die Hypothese der vorliegenden Arbeit ab, dass die aussergewöhnliche Unternehmensentwicklung von Nestlé in bedeutendem Masse mit *Nescafé* als sehr gewinnbringendes Hauptprodukt oder «Flaggschiff» des Unternehmens zusammenhängt.

Diesen Überlegungen folgend, wird Nestlés Geschichte aus der Produktperspektive von *Nescafé* dargestellt und das Wachstum des Schweizer Unternehmens anhand seiner Markenprodukte erklärt. Die Sichtweise verbindet die Unternehmensgeschichte über das Markenprodukt mit der Konsumgeschichte und positioniert die Marke am Schnittpunkt zwischen Wirtschafts- und Kulturgeschichte. Zentral sind dabei die Fragen, wie sich *Nescafé* und dessen Vermarktung im Lauf der Zeit veränderten, warum sich die Marke weltweit verbreiten konnte und welche Verbindungen zwischen Nestlés Produkten bestehen.

Eine solche Unternehmensgeschichte aus der Produktperspektive kann nur dann wissenschaftlich fruchtbar sein, wenn sie interdisziplinär und theoriegeleitet vorgeht.[30] Während die Geschichte und Theorie der multinationalen Unternehmen seit den 1980er-Jahren vor allem im angelsächsischen Raum vorangetrieben wurde,[31] stellt die Marke in den Geschichtswissenschaften ein noch wenig erforschtes Gebiet dar. Immerhin sind in den letzten Jahren im Bereich der Marketing-Geschichte

27 Heer, 125 Jahre Nestlé, S. 439.

28 AHN Rapport au Conseil d'Administration, 413. Séance Traktandum 10, 5. Juli 1973.

29 Dieser Wert lässt sich nur annähernd anhand der Umsatzzahlen von 1960 in AHN Rapport au Conseil d'Administration, 352. Séance Traktandum 9, 24. August 1962, abschätzen.

30 Berghoff, Moderne Unternehmensgeschichte, S. 7–8.

31 Jones, Multinationals and global Capitalism, S. 33, und Osterhammel/Petersson, Geschichte der Globalisierung, S. 17.

verschiedene Publikationen[32] erschienen, die grundsätzlich zwei Zugänge zur Markengeschichte erkennen lassen: auf der einen Seite ein eher unternehmensgeschichtlicher Zugang, wie ihn beispielsweise Robert Fitzgerald in seiner Publikation über Rowntree[33] einnimmt oder die Darstellung zur Geschichte der *Toblerone* zu ihrem 100-jährigen Jubiläum,[34] welche anhand von Marketing-Strategien des Unternehmens die Markengeschichte des süssen Dreizacks nachzeichnet. Andererseits näherten sich verschiedene Autoren dem Gegenstand auch von der kulturgeschichtlichen Seite an. Erwähnenswert sind hierzu Roman Rossfelds Arbeit zur kulturellen Konstruktion der «Schweizer Schokolade»[35] oder die zur Jahrtausendwende erschienenen Publikationen zu Werbebildern als Abbilder des Konsum- und Gesellschaftswandels.[36]

Aufbauend auf diesen Erkenntnissen werden Marken und multinationale Unternehmen in der vorliegenden Arbeit sowohl mit wirtschaftswissenschaftlichen Konzepten (Transaktionskosten, Grössenvorteilen, Produktlebenszyklus) als auch mit kulturwissenschaftlichen Ansätzen untersucht, die im Folgenden kurz vorgestellt werden.

Multinationale Unternehmen als Antriebskräfte der Globalisierung

Die Globalisierung wird in öffentlichen Debatten oft als allumfassender Sachzwang beschrieben, der quasi von selbst abläuft.[37] Sie scheint – ganz nach der klassischen Wirtschaftstheorie von Adam Smith – von einer «unsichtbaren Hand des Marktes» gelenkt zu werden. In diesem Wirtschaftsmodell funktioniert der Markt als ein sich selbst regulierendes Zusammenspiel von Anbietern und Nachfragern, die als gleichrangig betrachtet werden. Durch den Marktmechanismus festgelegte Gleichgewichtspreise sind das einzige Koordinationsinstrument, wobei davon ausgegangen wird, dass die wirtschaftlichen Prozesse unter Bedingungen per-

32 Siehe dazu weiterführend Berghoff, Hartmut/Vogel, Jakob (Hg.): Wirtschaftsgeschichte als Kulturgeschichte. Dimensionen eines Perspektivenwechsels. Frankfurt am Main 2004; Berghoff, Hartmut (Hg.): Marketing-Geschichte. Die Genese einer modernen Sozialtechnik. Frankfurt am Main 2007.

33 Fitzgerald, Robert: Rowntree and the Marketing Revolution, 1862–1969. Cambridge 2005.

34 Feuz, Patrick/Tobler, Andreas/Schneider, Urs: Toblerone. Die Geschichte eines Schweizer Welterfolgs. Bremen 2008.

35 Rossfeld, Roman: Schweizer Schokolade. Industrielle Produktion und kulturelle Konstruktion eines nationalen Symbols 1860–1920. Baden 2007.

36 Siehe dazu Borscheid, Peter/Wischermann, Clemens (Hg.): Bilderwelt des Alltags. Werbung und Konsumgesellschaft des 19. und 20. Jahrhunderts. Festschrift für Hans Jürgen Teuteberg. Stuttgart 1995; Di Falco, Daniel/Bär, Peter/Pfister, Christian (Hg.): Bilder vom besseren Leben. Wie die Werbung Geschichte erzählt. Bern 2002.

37 Rischbieter, Mikro-Ökonomie der Globalisierung, S. 8.

fekt funktionierender Märkte ablaufen, das heisst, dass sich alle Marktteilnehmer rational verhalten, freien Zugang zu allen relevanten Informationen besitzen, der Marktablauf keine Kosten verursacht und überall vollständige Konkurrenz herrscht.[38] Unter diesen Bedingungen lassen sich weder Marken noch Unternehmen – geschweige denn multinationale Grosskonzerne – erklären: Da in diesem Modell alle notwendigen Marktinformationen vorhanden sind, wären Marken und Werbung ebenso überflüssig wie Unternehmen als Koordinationseinheiten.[39]

Empirisch betrachtet, gab es diesen vollkommenen Markt der klassischen Ökonomie allerdings nie. Märkte waren und sind immer in soziokulturelle, politische und rechtliche Strukturen eingebunden, weshalb die Wirtschaft gleichermassen auf Markt- und Machtbeziehungen zwischen Akteuren basiert.[40] Neben der «unsichtbaren Hand des Marktes» scheint die Weltwirtschaft also auch von «sichtbaren Händen»[41] gesteuert zu werden. Entscheidende Ansätze zu einer solchen Theorie entwickelten in den 1930er-Jahren Joseph Schumpeter in seiner «Theorie der wirtschaftlichen Entwicklung»[42] sowie Ronald Coase in seinem Aufsatz «The Nature of the Firm» (1937). Während bei Schumpeter Unternehmer mit ihren strategischen Entscheidungen bedeutende Wachstumsschübe in der Wirtschaft auslösen,[43] widersprach Coase der bisherigen Annahme, dass alle Entscheidungssubjekte die gewünschten Informationen augenblicklich und kostenlos erhalten und verbreiten können, und wies auf die Wichtigkeit von sogenannten Transaktionskosten hin, die bei Austauschprozessen auf Märkten anfallen.[44]

Ausgehend von der Grundfrage, ob eine Volkswirtschaft zentral oder dezentral gesteuert werden soll, stellte er fest, dass es nicht nur eine, sondern zwei Formen des wirtschaftlichen Handelns gibt: auf der einen Seite die zentralistische, hierarchische Struktur des Unternehmens, auf der anderen Seite die dezentrale Struktur des Marktes. Um die beiden parallel zueinander existierenden Organisationsformen zu erklären, setzte Coase Transaktionskosten als Analyseinstrument ein: Unternehmen existieren, weil bei Austauschprozessen Informations-, Vertrags-

38 Berghoff, Moderne Unternehmensgeschichte, S. 31–32 und 42.

39 Müller, Die ökonomische Theorie der Werbegestaltung, S. 17, und Coase, The Nature of the Firm, S. 279–280.

40 Vergleiche dazu Berghoff, Marketing im 20. Jahrhundert, S. 11, und Matis/Stiefel, Die Weltwirtschaft, S. 16–17.

41 Das Bild der «sichtbaren Hände des Marktes» entwickelte Chandler, Alfred D. Jr., in: The Visible Hand. The Managerial Revolution in American Business. Cambridge/London 1977.

42 Schumpeter, Joseph: Theorie der wirtschaftlichen Entwicklung. München 1935.

43 Berghoff, Moderne Unternehmensgeschichte, S. 36–37.

44 Coase, The Nature of the Firm, S. 281–282, und Geyer, Akteure des Globalisierungsprozesses, S. 12.

und Überwachungskosten[45] entstehen. Der Vorteil der Internalisierung dieser Austauschprozesse innerhalb des Unternehmens liegt darin, dass Unternehmen in einem chaotisch funktionierenden Marktsystem durch ihre festen Strukturen Ordnung schaffen und damit Unsicherheiten reduzieren. Umgekehrt fallen bei der firmeninternen Organisation Kosten hierarchischer Koordination an. Mit wachsender Grösse wird es daher für ein Unternehmen immer schwieriger, den Überblick über seine Aktivitäten zu behalten und die Produktionsfaktoren effizient einzusetzen. Ein Unternehmen kann sich deshalb nur so lange ausdehnen, bis die hierarchischen Koordinationskosten den Vorteilen der Informations- und Vertragskosten entsprechen.[46]

Folglich lassen sich Grossunternehmen dadurch erklären, dass innerhalb dieser Unternehmen Güter gehandelt werden, die hohe Transaktionskosten verursachen. Dies gilt insbesondere für unternehmensspezifische Wettbewerbsvorteile, die nur schwer oder mit grossen Risiken auf Märkten gehandelt werden können. Sie werden daher unternehmensintern ins Ausland transferiert, wodurch sich multinationale Unternehmen herausbilden, die für Geoffrey Jones als wichtigste Förderer von Investitionen, Handel und Wissen über nationale Landesgrenzen hinaus die zentralen Antriebskräfte des Globalisierungsprozesses sind.[47] Um die Ursachen der Globalisierung zu verstehen ist es daher wichtig, diese nicht nur als makroökonomische Waren- und Finanzströme zu betrachten, sondern auch mikroökonomisch aus der Sicht multinationaler Unternehmen zu begreifen.[48]

Wettbewerbsvorteile als Grundlage multinationaler Grosskonzerne

Warum entstehen multinationale Unternehmen überhaupt, und was treibt sie zu Wachstum an? Aufbauend auf den Theorien von Schumpeter und Coase entwickelte Alfred D. Chandler in seinen Werken «The visible Hand»[49] und «Scale and Scope»[50] die heu-

45 Such- und Informationskosten entstehen bei der Suche nach geeigneten Gütern und den Preisvergleichen zwischen verschiedenen Marktanbietern. Beim Abschluss von Kaufverträgen fallen Verhandlungs- und Entscheidungskosten an, später folgen Durchsetzungs- und Überwachungskosten – zum Beispiel bei der Überwachung der Produktqualität (Geyer, Akteure des Globalisierungsprozesses, S. 18).

46 Pies, Der Beitrag von Ronald Coase, S. 4–7.

47 Berghoff, Moderne Unternehmensgeschichte, S. 48 und 128, sowie Jones, Multinationals and global Capitalism, S. 3.

48 Vergleiche dazu weiterführend die Einleitung in Rischbieter, Mikro-Ökonomie der Globalisierung.

49 Chandler, Alfred D. Jr.: The Visible Hand. The Managerial Revolution in American Business. Cambridge/London 1977.

50 Chandler, Alfred D. Jr.: Scale and Scope: The Dynamics of Industrial Capitalism. Cambridge 1990.

te bedeutendste Erklärung für Grossunternehmen, während John H. Dunning die Wettbewerbsvorteile von multinationalen Unternehmen weiter spezifizierte und damit einen wichtigen Beitrag zum Verständnis multinationaler Grosskonzerne lieferte.

In «Scale and Scope» begründete Chandler den Erfolg von Grosskonzernen mit sogenannten Grössenvorteilen, die er in drei Komponenten teilt: Erstens «Economies of Scale» oder Skalenerträge, welche die Produktionskosten pro Einheit senken, weil die Fixkosten mit steigender Ausstossmenge auf immer mehr Einheiten verteilt werden. Zweitens «Economies of Scope» oder Verbundsvorteile, die eine bessere Auslastung bestehender Kapazitäten ermöglichen, indem Produkte mit verbindenden Elementen wie gemeinsamen Rohstoffen, Verfahren und Vertriebsstrukturen auf denselben Produktionsanlagen hergestellt werden. Drittens reduziert die vertikale Internalisierung des Ressourcenflusses die Transaktionskosten. Grosse Fabriken können dadurch ihre Produkte billiger produzieren als kleine Produktionsanlagen.

Um diese Kostenvorteile im Bereich der Produktion zu nutzen, muss das Verkaufsvolumen allerdings mit dem Produktionsvolumen Schritt halten. Deshalb bauten Grossunternehmen internationale Verkaufs- und Vermarktungsapparate auf. Auch hier können wiederum «Economies of Scale» und «Economies of Scope» erzielt werden, indem bei steigenden Stückzahlen die Fixkosten von Handelsniederlassungen sinken, die Produkte rationell über grosse Warenhäuser oder Supermärkte verkauft werden und verschiedene Produkte dieselben Distributionskanäle nutzen. Die Massenproduktion führte zu Massenvertrieb und Massenkonsum, der wiederum durch Vermarktungsmassnahmen sichergestellt werden musste.[51]

Bei der Harmonisierung der Produktion und Distribution betonte Chandler die Bedeutung der Manager, die innerhalb des Unternehmens als «sichtbare Hand» die Koordinationsfunktion von Märkten übernehmen. Laut Chandler entwickelten sich moderne Grossunternehmen dadurch zu den stärksten Institutionen und Entscheidungsträgern der Wirtschaft. Sie veränderten Strukturen und begannen Wirtschaftssektoren zu dominieren,[52] was schliesslich zu Oligopolen führte: Branchen wurden von wenigen Grosskonzernen beherrscht, die ihre Produkte gegenüber der Konkurrenz kontinuierlich verbesserten, Unternehmen im gleichen Marktsegment aufkauften (horizontale Integration), vorgelagerte oder nachgelagerte Verarbeitungsprozesse ins Unternehmen integrierten (vertikale Integration), in andere Länder

51 Chandler, Scale and Scope, S. 8–9, 17–18 und 28–29.

52 Chandler, The Visible Hand, S. 1 und 6–10.

expandierten und ihre Produktpalette diversifizierten. Dabei stellte Chandler fest, dass die ersten Unternehmen in diesem Prozess gegenüber später folgenden Vorteile besassen, die er «First-Mover-Advantages» nannte.[53]

Gleichzeitig stehen diesen Managern und multinationalen Unternehmen Konsumenten gegenüber, die keine beliebig beeinflussbaren Marionetten sind, sondern als Akteure mit eigenen Geschmacks- und Konsumpräferenzen das Marktgeschehen mitbeeinflussen.[54] Multinationale Grosskonzerne werden daher nicht nur durch Managementstrategien hierarchisch von oben nach unten, sondern durch Marktbedingungen, Produkteigenschaften und Konsumpräferenzen ebenfalls von unten nach oben gesteuert. Dunning begründet multinationale Grosskonzerne deshalb nicht nur mit der globalen Verwertung von Wettbewerbsvorteilen wie Grössenvorteilen, einer überlegenen Technologie oder stillem Wissen, die er als «Owner-specific Advantages» bezeichnet, sondern auch mit dezentral an einen Ort gebundenen «Local-specific Advantages» wie lokalen Marktkenntnissen oder lokalen Produktionsstätten, mit denen sich Handelshemmnisse umgehen lassen.[55] In diesem Spannungsfeld zwischen globalem Unternehmen und lokalen Marktbedingungen steht das Markenprodukt, an dem sich sowohl die globalen Wettbewerbsvorteile multinationaler Unternehmen als auch die Adaption an die lokalen Konsumentenwünsche spiegeln, auf denen multinationale Unternehmen gründen.

Marken als Kennzeichen von Qualitätsprodukten

Globalisierung, Marken und multinationale Unternehmen stehen in einem engen Verhältnis zueinander: Im letzten Drittel des 19. Jahrhunderts bildeten sich im Zuge des Freihandels und des weltweiten Kapitalverkehrs überregionale Märkte aus.[56] In Folge dieser ersten «Globalisierungswelle»,[57] welche die bisherigen Strukturen der Agrargesellschaft aufriss und zum Übergang von der weitgehenden Selbstversorgung hin zur Fremdversorgung

53 Chandler, Scale and Scope, S. 8–9 und 34–39.
54 Berghoff, Marketing im 20. Jahrhundert, S. 11.
55 Dunning/Lundin, Multinational Enterprises and the global Economy, S. 95–102.
56 Fässler, Globalisierung, S. 74–76, und Jones, Multinationals and global Capitalism, S. 18–20.
57 Fässler beschreibt die historische Entwicklung der Globalisierung in vier Phasen: einer ersten Globalisierungsphase zwischen 1840 und 1914 unter der Hegemonie Grossbritanniens, einer «Zeit der Gegenläufe» zwischen 1914 und 1945, einer zweiten Globalisierungsphase zwischen 1945 und 1989 unter der Hegemonie der Vereinigten Staaten und einer dritten Globalisierungsphase von 1989 bis heute, welche mit dem Ende des Kalten Kriegs ihren Anfang nahm (Fässler, Globalisierung, S. 49).

über Märkte führte,[58] entstanden – insbesondere ab 1880 – die ersten multinationalen Unternehmen, die bis heute überdauert haben.[59] In die gleiche Zeitspanne fallen auch die ersten Markenschutzgesetze, denn durch die Ausbildung einer überregionalen oder sogar globalen Wirtschaft veränderte sich die Beziehung zwischen Konsumenten und Produzenten grundlegend: Der Kunde stand nun nicht mehr in direktem Kontakt mit dem Hersteller und konnte die Qualität der überregional vertriebenen Waren nicht mehr unmittelbar beurteilen. Dies führte insbesondere bei der Lebensmittelversorgung sofort zur brisanten Frage nach der Qualität der Produkte, denn nicht selten waren die ersten industriell abgepackten Lebensmittel verdorben oder sogar gesundheitsgefährdend.

Als Antwort auf die Anonymisierung der Marktabwicklungen, welche mit einem erheblichen Betrugsrisiko einherging, entwickelten die Hersteller Markenprodukte. Dabei verbürgte der Produzent mit einem Markenzeichen – meist sogar seinem eigenen Namen – für die Qualität des von ihm hergestellten Produkts. Die Marke stellte die Beziehung zwischen Kunden und Produzenten auf eine neue Vertrauensbasis: Sie sollte den Kunden einerseits vor Fälschungen oder minderwertiger Ware schützen, andererseits ging der Produzent mit seiner Garantie das Risiko ein, dass das Ansehen seiner Produkte im Falle gravierender Qualitätsmängel dauerhaften Schaden nahm. Die Marke versprach dem Kunden damit überall und zu jedem Zeitpunkt eine immer gleichbleibende Qualität des Produkts.[60] Die Warenkenntnis des Kunden wurde dadurch zunehmend von der Markenkenntnis abgelöst.[61]

Damit haben Marken und Werbung unter der Annahme unvollständiger Information auf Märkten eine marktkonstituierende Funktion: Sie erleichtern dem Kunden die Suche nach einem Produkt, das seinen persönlichen Wünschen entspricht. Während die Werbung den Konsumenten über die Vorteile der Produkte informiert,[62] werden Marken für ihn zur Orientierungshilfe im unübersichtlichen Warenangebot. Sie bringen Transparenz und Zuverlässigkeit in einen ansonsten nur schwer durchschaubaren Markt.[63]

58 Kleinschmidt, Konsumgesellschaft, S. 11, und Berghoff, Moderne Unternehmensgeschichte, S. 314–315.

59 Chandler/Mazlish, Introduction Leviathans, S. 2.

60 Vergleiche dazu Berghoff, Die Zähmung des entfesselten Prometheus, S. 160–161, sowie derselbe, Moderne Unternehmensgeschichte, S. 314–319.

61 Selter, Der satte Verbraucher, S. 192.

62 Die Grenzen zwischen Information und Verführung sind in der Werbung oft fliessend und werden an dieser Stelle nicht weiter ausdifferenziert. Weiterführend zu dieser Problematik siehe Müller, Die ökonomische Theorie der Werbegestaltung, S. 30–31 und 194.

63 Berghoff, Moderne Unternehmensgeschichte, S. 319.

Während Marken die Transaktionskosten der Kunden senken, fallen für den Produzenten zusätzliche Kosten an: Einerseits musste er über Agenten oder permanente Vertretungen die Absatzwege sicherstellen, um die Versorgungssicherheit und die Qualität seiner Markenprodukte gegenüber dem Kunden zu gewährleisten.[64] Andererseits sah er sich gezwungen, einen Teil seines Einkommens in eine aktive Vermarktung des Produkts zu investieren, die zwei zentrale Aufgaben hat: Erstens erforscht sie die Bedürfnisse der Verbraucher, um die Markenprodukte den Konsumentenwünschen anzupassen. Zweitens versuchen Unternehmen mit geschicktem Marketing, die Nachfrage zugunsten der eigenen Markenprodukte zu beeinflussen.[65]

Markenprodukte als kulturelle Konstrukte

Sowohl die Transaktionskostentheorie als auch Chandlers Theorie der Grössenvorteile sehen sich mit der berechtigten Kritik konfrontiert, dass sie allein mit dem marktwirtschaftlichen Effizienzprinzip argumentieren und andere Einflüsse wie Machtverhältnisse, gesellschaftliche Normen und staatliche Gesetze ausblenden.[66]

Ökonomisches Handeln ist aber immer auch in kulturelle Sinnkonstruktionen eingebettet.[67] So beruhen unsere Vorstellungen von Produkten und ihrem Wert nicht nur auf ihrem physischen Gebrauchszweck oder ihrer effektiven Wirkung,[68] sondern ebenso auf ihren soziokulturellen Bedeutungen, die ihnen in einem Kulturkreis zugeschrieben werden. Die Symbolik der Produkte dient dabei sowohl der sozialen und kulturellen Differenzierung als auch der Identitätsbildung einer Gesellschaft.[69] So waren Kolonialwaren wie Kaffee, Tee und Kakao lange Zeit nicht nur Genussmittel, sondern auch Statussymbole der Reichen und Mächtigen.[70] Ausserdem können Produkte je nach Weltregion sehr unterschiedlich wahrgenommen werden: Auf den Britischen Inseln beispielsweise wurde das kakaohaltige Malzgetränk *Ovomaltine* abends zum Einschlafen getrunken, in Kontinentaleuropa dagegen morgens konsumiert, um wach und

64 Ebenda, S. 315.
65 Olbrich, Marketing, S. 6–7.
66 Kieser, Theorie der Verfügungsrechte und der Transaktionskostenansatz, S. 25–26.
67 Berghoff/Vogel, Wirtschaftsgeschichte als Kulturgeschichte, S. 13.
68 Beispielsweise hängt die Vorstellung, wie Kaffee auf den menschlichen Körper wirkt, weniger von seiner tatsächlichen physischen Wirkung als vielmehr von den allgemein in der Bevölkerung präsenten Gesundheits- und Krankheitsbildern ab (Baumann, Physiologische und pharmakologische Eigenschaften von Röstkaffee, S. 206–207).
69 Keller, Produkte am globalen Markt, S. 40.
70 Kleinschmidt, Konsumgesellschaft, S. 68.

gestärkt in den Tag zu gehen.[71] Produkte sind also immer auch kulturelle Konstrukte, die Machtverhältnisse[72] widerspiegeln und mit Bedeutungen aufgeladen sind.[73]

Diesen Sachverhalt machen sich multinationale Unternehmen bei der Vermarktung ihrer Markenprodukte zunutze, indem sie diesen neben ihrer funktionalen, materiellen Dimension – dem Versprechen immer gleichbleibender Qualität – eine immaterielle, soziologisch oder psychologisch erklärbare Dimension geben. Der zusätzliche Nutzen für den Konsumenten besteht bei dieser immateriellen Komponente darin, dass er sich durch den Konsum des Produkts in seiner Vorstellung jene immateriellen Werte aneignet, welche in der Werbung mit dem Markenprodukt in Verbindung gebracht werden.[74] Marketing-Experte Hans Domizlaff beschreibt Marken daher als Ideen, die ein Eigenleben führen.[75] Aus ihnen erklärt sich schliesslich die emotionale Ausstrahlung oder «Aura des Markenprodukts». Seit den 1950er-Jahren gewann die immaterielle Dimension von Marken zunehmend an Bedeutung, indem sich Marken zu einem Ausdruck des persönlichen Lebensstils entwickelten.[76]

Marken als Kapital der Konzerne

Marken als Bündel von funktionellen und emotionellen Eigenschaften verursachen zwar einerseits Marketing- und Vertriebskosten,[77] verschaffen dem Produkthersteller andererseits über das Exklusivrecht auf den Markennamen aber auch Vorteile:[78] Er kann seine Position gegenüber dem Handel verbessern, indem die Kunden immer wieder nach seinem Produkt fragen und der Händler sich gezwungen sieht, seine Marke zu führen.[79] Der Wiedererkennungswert einer Marke und das Vertrauen in sie führen dazu, dass Kaufentscheidungen von den Kunden nicht nur aufgrund des Produktpreises getroffen werden. Ein Hersteller von Markenprodukten muss die Konkurrenz deshalb nicht unbedingt im Preis unterbieten, sondern kann sich darauf konzentrieren, den Marken-

71 Wander Archiv Schachtel 41, Werbeschrift «The Story of Wander» [o. J.].

72 Unsere Vorstellungen von Produkten widerspiegeln nicht zuletzt Machtverhältnisse, die sich in sozialen Normen und den Gesetzen der einzelnen Staaten niederschlagen. Beispielsweise waren die Gesetzgebungen über die Verwendung und Bezeichnung von Kaffeeprodukten von Land zu Land verschieden (AHN SG 11535, Schrift «Proposal for a directive concerning the coordination of the laws of the Member States with regard to coffee and tea extracts and their substitutes» [o. J.]).

73 Mintz, Die süsse Macht, S. 184–185.

74 Diesselkamp, Eurobrands, S. 44–45, und Berghoff, Marketing im 20. Jahrhundert, S. 12.

75 Hans Domizlaff, zitiert in Berghoff, Marketing im 20. Jahrhundert, S. 46.

76 Gries, Produktkommunikation, S. 28–29 und 57–58.

77 Schwarz, Macht durch Nahrung, S. 224.

78 Berghoff, Moderne Unternehmensgeschichte, S. 316.

79 Pfiffner, Henri Nestlé, S. 156–157.

namen zu propagieren und damit die Aufmerksamkeit der Kunden auf die Qualität zu lenken, die ihnen zuvor nicht wichtig oder nicht bewusst gewesen war.

Markennamen erwerben sich dadurch mit der Zeit das Wohlwollen und Vertrauen des Kunden. Theoretisch kann der Nachfrager zwischen allen Produkten auswählen, de facto hat er sich jedoch auf eine Marke festgelegt.[80] Das Ziel der Vermarktung besteht deshalb darin, eine Monopolstellung der eigenen Marke in der Psyche des Verbrauchers zu erwerben und damit die Loyalität des Kunden sicherzustellen.[81] Der Markenwert ist dabei umso höher, je stärker die Marke die Präferenzen und Entscheidungen der Konsumenten dauerhaft beeinflussen kann. Dadurch können Marken einem Unternehmen langfristig höhere Erlöse generieren, weil starke Marken mehr Kunden anziehen und diese bereit sind, höhere Preise zu bezahlen.[82] Eine starke Marke ist damit ein wichtiger Wettbewerbsvorteil und wird zum Vermögensgegenstand oder Kapital eines Unternehmens.[83]

Die Margen oder Gewinne, die sich mit Markenprodukten erzielen lassen, werden in der Betriebswirtschaftslehre unter anderem mit dem Produktlebenszyklus erklärt. Die Genese eines Produkts wird dabei in vier Phasen unterteilt: Einführung, Wachstum, Reife und Schrumpfung. Idealtypisch durchläuft die Umsatzentwicklung dabei eine S-Kurve.

In der Einführungsphase steht die Markterschliessung im Zentrum: Durch intensive Vermarktung wird das Produkt dem Publikum bekannt gemacht. Als erster Anbieter kann das Unternehmen in dieser Phase zwar Pioniergewinne realisieren, aufgrund der hohen Einführungskosten und der geringen Umsatzzahlen sind diese jedoch marginal. Zum Teil müssen sogar Verluste in Kauf genommen werden. Die Neuheit wird zu diesem Zeitpunkt nur auf dem Heimmarkt produziert und von dort aus teilweise ins Ausland exportiert.

In der Wachstumsphase erreicht das Produkt steigende Marktakzeptanz: Es gelingt dem Unternehmen, die anfängliche Skepsis des Publikums gegenüber dem Produkt abzubauen. In diesem Stadium wird die Gewinnzone erreicht. Methoden der Massenproduktion und eine Standardisierung des Produkts sowie eine steigende Nachfrage im Ausland mit einer Auslagerung der Produktion in andere Länder sind dabei typische Merkmale.

80 De Grazia, Das unwiderstehliche Imperium, S. 241–243.

81 Berghoff, Marketing im 20. Jahrhundert, S. 46, und Diesselkamp, Eurobrands, S. 45.

82 Beispielsweise wurde *Pepsi-Cola* in einem Blindtest *Coca-Cola* vorgezogen. Wussten dieselben Personen allerdings, dass es sich um *Pepsi-* und *Coca-Cola* handelte, zog eine überwältigende Mehrheit *Coca-Cola* einer *Pepsi-Cola* vor (Kuss, Marketing-Theorie, S. 208).

83 Meffert/Burmann/Kirchgeorg, Marketing, S. 349.

Gleichzeitig dringen nachahmende Konkurrenten in den florierenden Markt ein, welche die bisherige Monopolstellung des Pionierunternehmens gefährden. Der Preiswettbewerb setzt ein.

In der Reifephase können die absoluten Umsatzzahlen weiter gesteigert werden, die Wachstumsraten beginnen aber zu sinken. Der steigende Verdrängungswettbewerb lässt die Renditen auf der Anbieterseite sinken. Die Preise fallen, bis die Gewinnmargen dahingeschmolzen sind und das Marktpotenzial schliesslich gänzlich ausgeschöpft ist. Die zusätzliche Nachfrage verlagert sich in dieser Phase hauptsächlich in die Entwicklungsländer.[84]

Wird der Produktlebenszyklus in diesem Stadium durch geeignete Marketing-Massnahmen wie eine Neulancierung des Produkts nicht verlängert,[85] tritt eine Sättigung ein, welche zu schrumpfenden Umsatzzahlen führen kann. In der Degenerationsphase wird das bisherige Produkt schliesslich durch ein neues Produkt ersetzt, das den Kundenanforderungen besser entspricht.[86] Laut der Produktlebenszyklustheorie durchlaufen Produkte damit einen «Prozess schöpferischer Zerstörung», indem alte Produkte und Technologien durch neue abgelöst werden.[87]

Neue Technologien und Konsumbedürfnisse beeinflussen also den Produktlebenszyklus eines Markenprodukts, und dieser wiederum hat Auswirkungen auf den Umsatz und den Gewinn – und damit das Wachstum – eines Unternehmens. Da die Gewinnmarge im Verlauf des Produktzyklus sinkt, müssen Unternehmen ihre Markenprodukte stetig den Konsumbedürfnissen anpassen oder sich neuen, Profit versprechenden Geschäftsfeldern zuwenden, um den Unternehmensgewinn aufrechterhalten zu können. Damit spiegeln Markenprodukte nicht nur Konsumbedürfnisse wieder, sondern beeinflussen auch die Entwicklung von multinationalen Konzernen.

84 Die Ausführungen zur Produktzyklustheorie beruhen auf Nussbaum, Suchard, S. 20, sowie Olbrich, Marketing, S. 62–63, und Freiling/Reckenfelderbäumer, Markt und Unternehmung, S. 196.

85 Pepels, Lexikon Produktmanagement, S. 140–141.

86 Freiling/Reckenfelderbäumer, Markt und Unternehmung, S. 196.

87 Ebenda, S. 311–312.

Forschungsstand zu Nestlé und seinen Pulvergetränken

Über Nestlé und seine Markenprodukte sind zahlreiche Publikationen erschienen, die sich grob in drei Gruppen unterteilen lassen:

Eine erste Kategorie bilden die firmeneigenen Darstellungen des Unternehmens wie «This is your Company»,[88] die beiden Jubiläumspublikationen von Jean Heer[89] sowie deren Fortsetzung «Wandel als Herausforderung» von Albert Pfiffner und Hansjörg Renk,[90] die als Überblickswerke eine nützliche Orientierungsgrundlage sind.

Zweitens häuften sich ab den 1970er-Jahren kritische Schriften über Nestlé sowie Gegendarstellungen des Westschweizer Unternehmens im Zusammenhang mit der Publikation «Nestlé tötet Babys»[91] und der Diskussion um die Verantwortung multinationaler Konzerne. Zu den prominentesten unter ihnen zählen «L'Empire Nestlé» von Pierre Harrisson[92] sowie die kürzlich von Attac Schweiz veröffentlichte Darstellung «Nestlé: Anatomie eines Weltkonzerns»,[93] welche politisch gefärbt sind und eine einseitige Haltung gegen Nestlé einnehmen. Umgekehrt nehmen Publikationen wie «Nestlé. Macht durch Nahrung»[94] und «Gemeinsam Werte schaffen»[95] von Friedhelm Schwarz oder die firmeneigenen Darstellungen zu Nestlé in den Entwicklungsländern[96] einen sehr entgegenkommenden Standpunkt gegenüber dem Unternehmen ein.

Als dritte Gruppe sind schliesslich zahlreiche historische Lizenziats- und Doktorarbeiten über Nestlé zu nennen, deren Interesse geschichtswissenschaftlich motiviert war: Zu ihnen zählen die Geschichte des Unternehmers Henri Nestlé von Albert

88 Nestlé SA: This is your Company. Vevey 1946.

89 Heer, Jean: Weltgeschehen 1866–1966. Ein Jahrhundert Nestlé. Lausanne 1966; Heer, Jean: Nestlé. Hundertfünfundzwanzig Jahre von 1866 bis 1991. Vevey 1991.

90 Pfiffner, Albert/Renk, Hans-Jörg: Wandel als Herausforderung. Nestlé 1990–2005. Cham/Vevey 2007.

91 Schweizerische Arbeitsgruppen für Entwicklungspolitik: Nestlé tötet Babys. Ursachen und Folgen der Verarbeitung künstlicher Säuglingsnahrung in der Dritten Welt. Bern 1974.

92 Harrisson, Pierre: L'Empire Nestlé. Faits et méfaits d'une transnationale en Amérique Latine. Lausanne 1983.

93 Attac Schweiz: Nestlé. Anatomie eines Weltkonzerns. Zürich 2005.

94 Schwarz, Friedhelm: Nestlé. Macht durch Nahrung. Bergisch Gladbach 2003.

95 Schwarz, Friedhelm: Gemeinsam Werte schaffen. Peter Brabeck-Letmathe und Nestlé – Ein Porträt. Bern 2010.

96 Exemplarisch sei hier genannt: Nestlé SA: Les multiples visages du café. Rapport Nestlé sur le café. Vevey 2004.

Pfiffner,[97] die Lizenziatsarbeiten über die Anglo-Swiss Condensed Milk Company von Manuel Fischer und Alain Bolomey sowie die darauf aufbauende Publikation «George Page. Der Milchpionier»,[98] aber auch die Darstellungen über die Nestlé & Anglo-Swiss im Ersten Weltkrieg und die nachfolgende «Krisenreaktionsstrategie» des Unternehmens.[99] Jüngst erschienen zudem Publikationen zur Geschichte von Nestlé am Bosporus,[100] über den Milchpulverskandal «Nestlé tötet Babys» als Medienereignis[101] sowie eine Begleitpublikation des Museums Alimentarium zu einer Ausstellung über die Anfänge der Schweizer Lebensmittelindustrie, die sich stark an Nestlé orientiert.[102] Bei dieser Übersicht fällt auf, dass vor allem die Anfänge des Unternehmens bis zum Ersten Weltkrieg erforscht sind, während eine Aufarbeitung der Unternehmensentwicklung in der Zeitspanne zwischen 1921 und 1971, in der die Marken *Nescafé, Nestea* und *Nesquik* begründet wurden und Nestlé zum grössten Lebensmittelkonzern der Welt aufstieg, mit Ausnahme von Heers Jubiläumsschrift und Martin Lüpolds Studie zu den Krisenjahren noch weitgehend fehlt.

Ähnliches gilt für die Geschichte des Pulverkaffees, die in verschiedenen Publikationen zwar gestreift, aber nie wirklich aufgearbeitet wurde.[103] Zu *Nescafé* sind vorwiegend die

97 Pfiffner, Albert: Henri Nestlé (1814–1890). Vom Frankfurter Apothekergehilfen zum Schweizer Pionierunternehmer. Zürich 1993.

98 Der Wissensstand zur Geschichte der Anglo-Swiss beruht auf Fischer, Manuel: Milchmädchen. Wachstum, Orientierungskrise und Innovationsfähigkeit der Anglo-Swiss Condensed Milk Co. (1866–1899). Lizenziatsarbeit an der Universität Zürich. Luzern 2000; Bolomey, Alain: La Anglo-Swiss Condensed Milk Company (1866–1905). Histoire d'une multinationale. Mémoire de licence d'histoire Université de Lausanne. Lausanne 2001; die Jubiläumsschrift von Steiner, Hermann: 100 Jahre Nestlé. Zur Geschichte der ersten europäischen Kondensmilchfabrik in Cham (gegründet 1866). Zug 1966. Darauf aufbauend und ergänzend erschien Van Orsouw, Michael/Stadlin, Judith/Imboden, Monika: George Page: Der Milchpionier. Die Anglo-Swiss Condensed Milk Company bis zur Fusion mit Nestlé. Zürich 2005.

99 Vergleiche zu Nestlé im Ersten Weltkrieg Fritz, Christiane: Nestlé 1913–1920. La concentration dans l'industrie mondiale des laits. Mémoire de licence d'histoire Université de Lausanne. Lausanne 2001; Fenner, Thomas: Nestlé & Anglo-Swiss. Vom Schweizer Milchimperium zum multinationalen Grosskonzern. In: Rossfeld, Roman/Straumann, Tobias (Hg.): Der vergessene Wirtschaftskrieg. Schweizer Unternehmen im Ersten Weltkrieg. Zürich 2008. S. 317–343. Sowie zur Zwischenkriegszeit Lüpold, Martin: Globalisierung als Krisenreaktionsstrategie. Dezentralisierung und Renationalisierung bei Nestlé, 1920–1950. In: Gilomen, Hans-Jörg/Müller, Margrit/Veyrassat, Béatrice (Hg.): Globalisierung – Chancen und Risiken. Die Schweiz in der Weltwirtschaft 18.–20. Jahrhundert. Zürich 2003. S. 211–234.

100 Zur Entwicklung Nestlés in der Türkei siehe Köse, Yavuz: Westlicher Konsum am Bosporus. Warenhäuser, Nestlé & Co. im späten Osmanischen Reich (1855–1923). München 2010.

101 Die Geschichte um die «Nestlé tötet Babys»-Kampagne wurde aufgearbeitet von Kalt, Monica: «Nestlé tötet Babys!» Tötet Nestlé Babys? In: Schaufelbuehl, Janick Marina (Hg.): 1968–1978. Ein bewegtes Jahrzehnt in der Schweiz. Zürich 2009. S. 183–194.

102 Seifert, Annatina (Hg.): Dosenmilch und Pulversuppen. Die Anfänge der Schweizer Lebensmittelindustrie. Vevey 2008.

103 Eingehendere Darstellungen zum Instantkaffee findet man in den Überblickswerken Ukers, William: All about coffee. New York 1935; Pendergrast, Mark: Kaffee. Wie eine Bohne die Welt veränderte. Bremen 2001; Krieger, Kaffee. Geschichte eines Genussmittels. Köln/Weimar/Wien 2011. Von der technischen Seite her wird die Geschichte des lösliche Kaffees beleuchtet in Bersten, Ian: Coffee floats tea sinks. Through History and Technology to a complete Understanding. Roseville 1993; Oestreich-Janzen, Sigrid: Herstellung von löslichem Kaffee. In: Rotfos, Jan Beernd/Lange, Hans (Hg.): Kaffee – Die Zukunft. Hamburg 2005. S. 148–163.

Anfänge erforscht: Neben den Jubiläumsschriften von Jean Heer haben sich Malia Ukishima in ihrer Lizenziatsarbeit «Le succès et la recette du *Nescafé*»[104] sowie Albert Pfiffner in seinem Artikel «A real winner one day»[105] vertieft mit den Anfangsjahren der Marke zwischen 1930 und 1945 auseinandergesetzt und die Geschichte der Entdeckung und Lancierung des *Nescafés* damit auf eine solide Basis gestellt. Über die weitere Entwicklung der Marke ist dagegen wenig bekannt: Abgesehen von kurzen Erwähnungen im Bericht der Unabhängigen Expertenkommission Schweiz-Zweiter Weltkrieg (UEK)[106] über Geschäfte und Zwangsarbeit existieren einzig populärwissenschaftliche Darstellungen in Marken-Büchern.[107]

Noch marginaler untersucht ist die Geschichte des Tee- und Kakaopulvers. Während Instanttee nicht einmal in Ukers' «All about tea»[108] grössere Erwähnung findet und die Marke *Nestea* erst jüngst in der Dissertation «Ready to Eat» von Eva Von Wyl[109] wissenschaftlich erforscht wurde, war die Geschichte des Kakaos bis anhin vor allem von der essbaren Schokolade geprägt. Über Kakaopulver dagegen ist – abgesehen von der Erfindung des «Dutching-Verfahrens» – wenig bekannt.[110] Eine erfreuliche Ausnahme bildet diesbezüglich das kakaohaltige Malzgetränk *Ovomaltine* der Schweizer Firma Wander, dessen Geschichte relativ gut erforscht ist.[111]

104 Ukishima, Malia: Le succès et la recette du Nescafé: la vision de la Direction de Nestlé. Mémoire de licence d'histoire Université de Genève. Genève 1999.

105 Pfiffner, Albert: «A real winner one day». Die Entwicklung des «Nescafés» in den 1930er Jahren. In: Rossfeld, Roman (Hg.): Genuss und Nüchternheit. Baden 2002. S. 123–148.

106 Ruch, Christian/Rais-Liechti, Myriam/Peter, Roland: Geschäfte und Zwangsarbeit: Schweizer Industrieunternehmen im «Dritten Reich». Veröffentlichung der Unabhängigen Expertenkommission Schweiz Zweiter Weltkrieg (UEK), Band 6. Zürich 2001.

107 Als Beispiel sei hier erwähnt Crainer, Stuart/Dearlove, Des: The ultimate book of business brands. Insights from the World's 50 greatest brands. Oxford 2003.

108 Ukers, William: All about tea. Band 1 und 2. New York 1935.

109 Von Wyl, Ready to Eat, S. 156–163.

110 Zur Erfindung des Kakaopulvers durch van Houten siehe Menninger, Genuss im kulturellen Wandel, S. 366, und Bersten, Coffee floats, S. 31. Weitere Informationen zu den Anfängen des Kakaopulvers geben zudem Rossfeld, Roman: Markenherrschaft und Reklameschwung. Die schweizerische Schokoladeindustrie zwischen Produktions- und Marketingorientierung, 1860–1914. In: Berghoff, Hartmut (Hg.): Marketinggeschichte. Die Genese einer modernen Sozialtechnik. Frankfurt am Main 2007, S. 87–122; Pfiffner, Kakao, S. 124.

111 Zur Geschichte der *Ovomaltine* siehe u. a. die firmeneigene Jubiläumsschrift Wander AG: Hundert Jahre Forschen und Wirken 1865–1965. Bern 1965; Häusler, Jacqueline: Die Wander AG im Krisenkontext der 1930er Jahre. Handlungsspielräume eines Familienunternehmens. Lizenziatsarbeit an der Universität Zürich. Zürich 1998; Thut, Walter: Vom Zwei-Mann-Labor zum Weltkonzern: Georg Wander (1841–1897), Albert Wander (1867–1950), Georg Wander (1898–1969). Zürich 2005; Berger, Myriam: Ein Schweizer Trunk gegen die Leiden der Zeit. Die Werbeversprechungen der Ovomaltine von 1904 bis zum Zweiten Weltkrieg. In: Di Falco, Daniel/Bär, Peter/Pfister, Christian (Hg.): Bilder vom besseren Leben. Wie Werbung Geschichte erzählt. Bern 2002. S. 40–54.

Quellenlage und Quellenkritik

Die Quellenlage zur Geschichte von Nestlé und *Nescafé* ist allgemein gut, wobei es starke Unterschiede zwischen den einzelnen Zeitperioden gibt. Die grösste Sammlung an Quellen befindet sich in den Archives Historiques Nestlé (AHN) in Vevey. Daneben verfügen gewisse Tochtergesellschaften und Nestlés strategische Geschäftseinheiten (SBU) über kleinere Archive.

Die vorliegende Arbeit stützt sich vorwiegend auf Quellen aus den Archiven in Vevey. Der Blickwinkel beschränkt sich dadurch auf Vorgänge, die für den Hauptsitz relevant waren. Der Fundus gibt aber trotzdem eine ausgezeichnete Globalübersicht. Neben den öffentlichen Jahresberichten wurden in dieser Arbeit vier verschiedene Quellensammlungen ausgewertet, welche die Geschichte von Nestlé und *Nescafé* aus der Innensicht des Unternehmens beleuchten:

Die erste Quellensammlung bilden die Berichte an den Verwaltungsrat (Rapports au Conseil d'Administration). Sie sind im Untersuchungszeitraum zwischen 1921 und 1980 – mit einigen Ausnahmen in der Zwischenkriegszeit – durchgängig vorhanden. Sie geben wichtige Anhaltspunkte über die allgemeine Geschäftslage des Unternehmens, gehen aber oft nicht über einen groben Überblick hinaus. Für die Zeit zwischen 1921 und 1945 stellen die Verwaltungsratsberichte die wichtigste interne Informationsquelle dar. Der Grund dafür liegt darin, dass bei Ausbruch des Zweiten Weltkriegs Teile des Nestlé-Archivs einerseits in die Vereinigten Staaten transferiert wurden und von diesen nur ein Bruchteil wieder zurück kam, andererseits ein Teil als Vorsichtsmassnahme vor einer Invasion der Deutschen vernichtet wurde. Bereits 1950 stellte ein Nestlé-Mitarbeiter fest, dass die Nestlé-Akten aus den 1930er-Jahren unvollständig seien.[112]

Quellen mit detaillierteren Informationen findet man erst nach dem Zweiten Weltkrieg in den Dossiers der Generaldirektion (SG), wobei in der unmittelbaren Nachkriegszeit zwischen der Generaldirektion der Unilac in Stamford und derje-

112 Vergleiche dazu die entsprechende Bemerkung in AHN SG Stamford 10269 SP, Schrift «Motifs de la création d'Unilac», 1. Juni 1950.

nigen in Vevey unterschieden wird. Die Dossiers der Generaldirektion sind nach einzelnen Ländern und Themenbereichen geordnet und enthalten Korrespondenzen zwischen den einzelnen Abteilungen des Hauptsitzes in Vevey und den weltweit verteilten Tochtergesellschaften des Unternehmens sowie Berichte über die Marktverhältnisse in den einzelnen Ländern. Sie geben wichtige Aufschlüsse über Probleme, mit denen das Unternehmen auf den einzelnen Märkten zu kämpfen hatte. Abgesehen von einigen Aktien, die aus Platzgründen vernichtet wurden, sind die Dossiers der Generaldirektion durchgehend bis in die 1980er-Jahre erhalten geblieben.

Eine wichtige Quellensammlung ist ebenfalls diejenige der Marketing-Zirkulare (Circulaires Continent, Circulaires Export und Communication Marketing). Über diese Schriften leitete die Marketing-Division in Vevey Marktinformationen weiter: Erfahrungen aus einem bestimmten Land wurden mit ihnen auch den Nestlé-Tochtergesellschaften in anderen Ländern zur Verfügung gestellt. Die Marketing-Zirkulare enthalten wichtige Informationen zur konkreten Vermarktung der einzelnen Markenprodukte und vermitteln Beispiele und Ideen von erfolgreichen Werbeaktionen aus verschiedenen Ländern. Aus historischer Sicht ist mit diesen Quellen insofern kritisch umzugehen, als sie vorwiegend positive Beispiele erwähnen und deshalb zu einer ausgewogenen Betrachtung oft einer kritischen Ergänzung bedürfen.

Stark verbunden mit der Vermarktung ist ebenfalls die Werbemittelsammlung. Sie dokumentiert Nestlés Werbekampagnen zwischen den 1930er-Jahren und 1990. Ab den 1990er-Jahren wurde diese Werbesammlung nicht mehr zentral in Vevey, sondern dezentral in den einzelnen Archiven der Tochtergesellschaften oder denjenigen der strategischen Geschäftseinheiten abgelegt. Dies führte zusammen mit der Tatsache, dass durch den zunehmenden elektronischen Informationsaustausch immer weniger Fakten auf Papier festgehalten werden, zur paradoxen Situation, dass die Vorgänge in den letzten 20 Jahren oftmals schwerer zu rekonstruieren waren als in den Jahren zuvor. Trotzdem liess sich anhand von Akten im Archiv der «Strategischen Geschäftseinheit Getränke» (SBU) und Interviews mit Angestellten die jüngere Geschichte der Marke *Nescafé* in groben Zügen nachzeichnen. Sie wird aber – auch aufgrund der Archivschutzfrist von 30 Jahren – weniger eingehend dargestellt werden können.[113]

113 Ab 1984 werden beispielsweise gewisse Statistiken nur noch als Trends dargestellt und nach dem Jahr 2000 keine Geschäftszahlen mehr genannt.

Um die interne Sicht zu kontrastieren, wurden zudem auch externe Quellen beigezogen: dazu zählen Zeitungsartikel über Nestlé aus dem Schweizerischen Wirtschaftsarchiv in Basel (SWA) sowie Quellen aus den Unternehmensarchiven der Wander AG und den Archives de la Ville de Neuchâtel (AVN), welche die Sicht der Konkurrenz dokumentieren.

Ergänzt werden die qualitativen Quellen durch quantitative Daten, mit welchen sich das Ausmass von Veränderungen erst richtig einschätzen lässt. Die Angaben über Umsätze und Marktanteile sind allerdings mit der nötigen Vorsicht zu handhaben.[114] Zudem geben Nestlés Geschäftsberichte aufgrund der komplexen Unternehmensstruktur, teilweise fehlender Informationen während des Zweiten Weltkriegs sowie der minimalistischen Berichterstattung bis etwa 1970 nur bedingt Einblick in den tatsächlichen Zustand des Unternehmens. Nestlé weigerte sich noch in den 1960er-Jahren standhaft, konsolidierte Konzernbilanzen vorzulegen – ganz zum Ärger der Aktionäre: Laut dem US-Magazin «Forbes» war Nestlé gegenüber der Öffentlichkeit «so informativ wie ein Grammophon ohne Schallplatte!».[115] Das Schweizer Lebensmittelunternehmen konnte sich diese Informationspolitik jedoch leisten, da ihre Finanzpolitik abgesehen von der Kapitalerhöhung 1959 von einer strikten Selbstfinanzierung geprägt war.[116]

114 Nestlé bezog diese Angaben in vielen Ländern vom Marktforschungsinstitut Nielsen, führte gleichzeitig aber auch interne Berechnungen durch. Da die Ergebnisse von Nielsen und Nestlé oft nicht genau übereinstimmten, sind sie sicher mit einer gewissen Vorsicht zu geniessen. Gleichzeitig muss der Art und Weise, wie die Daten erhoben wurden, besondere Beachtung geschenkt werden: Es entstehen wesentliche Unterschiede, ob das Verhältnis von Bohnenkaffee zu Instantkaffee in Kilogramm oder den getrunkenen Tassen Kaffee gemessen wird (zu den unterschiedlichen Resultaten von Nestlé und Nielsen vergleiche AHN SG 8500-57, Notiz von E. Bignami an Nestlé Grossbritannien, 20. Februar 1963).

115 SWA H+I Ba 214, Artikel aus der Zeitung «Die Weltwoche», 4. Dezember 1970.

116 SWA H+I Ba 214, Artikel aus der «National Zeitung», 9. Mai 1965.

Aufbau der Arbeit

Die Wachstumsdynamik von Nestlé und *Nescafé* wird in fünf Kapiteln chronologisch nachgezeichnet, wobei jedes Kapitel eine neue Entwicklungsstufe des Instantkaffees und eine neue Wachstumsphase des Unternehmens markiert.

Das erste Kapitel schildert die Entstehung von *Nescafé* und der Nestlé & Anglo-Swiss anhand des weltweiten Warenaustauschs und der Mischung von Milch mit Kaffee: Während multinational agierende Handelsgesellschaften Kolonialwaren wie Kaffee, Tee und Kakao aus Afrika, Asien und Lateinamerika nach Europa brachten, ging die Schweizer Milch Ende des 19. Jahrhunderts den umgekehrten Weg von Norden nach Süden. Die Passage zeigt, wie dies nicht nur zum Aufstieg der Nestlé & Anglo-Swiss zu einem global agierenden Milchunternehmen führte, sondern auch zu neuen Produkten wie der Milchschokolade und ersten Formen von Instantkaffee- und Kakaogetränken wie Nestlés *Cocoa & Milk* und *Coffee & Milk*, die als wichtige Vorläufer des in den 1930er-Jahren entwickelten *Nescafés* gesehen werden können.

Das zweite Kapitel beschreibt, wie die Marke *Nescafé* während des Zweiten Weltkriegs und in der unmittelbaren Nachkriegszeit aufgebaut, lanciert und positioniert wurde und sich bis Mitte der 1950er-Jahre als ökonomisches Hauptprodukt des Unternehmens etablierte. Ein besonderes Augenmerk wird dabei zwei technischen Aspekten geschenkt: einerseits der Weiterentwicklung des *Nescafés* zu einem Instantkaffee, der nur aus Kaffeebohnen hergestellt wurde. Andererseits der Übertragung dieses technischen Wissens auf weitere Pulverprodukte wie *Nestea* oder *Nesquik*.

Im Mittelpunkt des dritten Kapitels steht der Durchbruch des Instantkaffees und der Zweikampf zwischen *Nescafé* und der US-Marke *Maxwell House* während des Wirtschaftsaufschwungs in den 1950er- und 1960er-Jahren und der Verbreitung des «American Way of Life» in Europa. Besondere Beachtung erhalten dabei die internationale Ausbreitung und lokale Anpassung von Nestlés Pulvergetränken, die qualitative Verbesserung des Pulverkaffees mit dem Gefriertrocknungsverfahren *(Nescafé Gold)* sowie die Gründe für Nestlés Wachstum zum grössten Lebensmittelkonzern der Welt.

Das vierte Kapitel ist im ersten Teil geprägt von Krisen und dem soziokulturellen Gesellschaftswandel in den 1970er-Jahren, die zu hohen Kaffeepreisen und massiver Kritik an Nestlés Geschäftspraktiken führten und den Ruf nach einer grösseren und individuelleren Produkteauswahl laut werden liessen. Der zweite Teil schildert die Verschmelzung dieser Forderungen mit der Rückkehr zu einem konservativeren Lebensstil, die eine Renaissance des Röstkaffees und eine wachsende Anzahl hochwertiger Kaffeespezialitäten (Espresso, Cappuccino, Caffè Latte und aromatisierte Kaffeesorten) zur Folge hatte. Spezielle Aufmerksamkeit wird dem steigenden Einfluss von Süssgetränken (Softdrinks) auf die Konsumgewohnheiten von Kaffee, Tee und Kakao, aber auch der Reorganisation und der nachfolgenden Erweiterung des Markensortiments beziehungsweise Diversifikation des Unternehmens geschenkt.

Das letzte Kapitel reicht vom Fall des Eisernen Vorhangs 1989 bis in die Gegenwart. Es beleuchtet das rasante Wachstum von *Nescafé* in Asien und Osteuropa und die Automatisierung der Kaffeeherstellung mit Kaffeekapseln *(Nescafé Dolce Gusto)* in den Industrieländern. Ein weiterer Fokus liegt ausserdem auf der zunehmenden Aufladung von Marken mit Wertehaltungen: Die Frage, wie ein Produkt hergestellt wird (gerechter Handel und nachhaltige Produktion) und welche Werte es vertritt, wurde in den letzten Jahren immer wichtiger und führte dazu, dass Marken holistische Züge annahmen. Zugleich erhielten Gesundheitsaspekte mit dem Wandel des Nestlé-Konzerns in Richtung einer Wellness-Company eine zentrale Position innerhalb des Unternehmens, das sich in den letzten Jahren in vielen Bereichen der Lebensmittelindustrie eine führende Stellung verschaffte und heute breit abgestützt ist.

Kolonialwaren und Kondensmilch – weshalb *Nescafé* von einem Schweizer Milchunternehmen entwickelt wurde (1866–1937)

Vom Süden in den Norden – Kolonialwaren werden zu Industrieprodukten

Die Verbreitung und kulturelle Aneignung von Kaffee, Tee und Kakao

Kaffee, Tee und Kakao zählen heute zu den weltweit am meisten konsumierten Getränken.[1] Gemeinsam ist ihnen, dass sie aus Früchten[2] oder Blättern[3] von Pflanzen gewonnen werden, die zwischen dem nördlichen und dem südlichen Wendekreis heimisch sind[4] und zum Selbstschutz vor pflanzenschädigenden Pilzen, Bakterien und Insekten Koffein enthalten.[5]

Ursprünglich stammen die drei Heissgetränke aus drei verschiedenen Kontinenten: Während die Kaffeepflanze vermutlich zuerst auf dem afrikanischen Kontinent im südlichen Äthiopien beheimatet war und von dort aus auf die arabische Halbinsel nach Jemen gelangte,[6] wurde Kakao bei den Hochkulturen der Maya und Azteken in Mittelamerika konsumiert.[7] Die Anfänge der asiatischen Teepflanze liegen im heutigen Grenzgebiet zwischen Myanmar, Thailand, Indien und China.

1 Kaffee und Tee gehören zusammen mit Wasser sogar zu den drei beliebtesten Getränken (vergleiche dazu Stella, Buch vom Kaffee, S. 17, und Krieger, Tee, S. 9).

2 Junge Kaffeesträucher tragen üblicherweise nach fünf bis sechs Jahren erstmals Früchte, die während ihrer Reife eine rote Färbung annehmen. Diese Früchte oder Kaffeekirschen enthalten zwei Samen oder Bohnen, welche von einer dünnen Pergamentschicht umhüllt sind. Nach dem Pflücken werden die beiden Samen vom Fruchtfleisch und der Pergamentschicht getrennt und getrocknet, was einen sicheren Transport und eine langfristige Lagerung der Kaffeebohnen ohne Qualitätseinbusse ermöglicht (Krieger, Kaffee, S. 26–27 und 42, sowie Menninger, Genuss im kulturellen Wandel, S. 51). Analog zum Kaffee wird auch der Kakao aus den Früchten der Pflanze gewonnen. Die ovalen Kakaofrüchte sind rund 30 cm lang und enthalten in ihrem Innern 25 bis 50 Kakaobohnen. Nach der Ernte werden die Kakaobohnen fermentiert, wobei der bittere und herbe Geschmack des Kakaos vermindert und der typische Schokoladegeschmack gebildet wird. Danach werden die Bohnen wie bei der Kaffeeherstellung getrocknet und geröstet, wobei sowohl der Kaffee als auch der Kakao erst beim Rösten ihren Geschmack und ihr Aroma entwickeln (Menninger, Genuss im kulturellen Wandel, S. 55–56).

3 Anders als bei Kaffee und Kakao wird der Tee nicht aus den Früchten, sondern den Blättern der *Camellia Sinensis* oder der später entdeckten *Camellia Assamica* gewonnen. Sie werden ebenfalls getrocknet und anschliessend aufgebrochen, damit der Blattsaft an die Oberfläche tritt und oxidiert. Bei der Oxidation entstehen die für den Tee typischen Aromastoffe. Durch die unterschiedliche Fermentation während dieses Herstellungsprozesses entstehen schliesslich der unfermentierte Grüntee, der halbfermentierte Oolong-Tee oder der vollständig fermentierte Schwarztee (vergleiche dazu Krieger, Tee, S. 41–45, Rothermund, Tee, S. 142, und Montavon, Nestlé in Indien, S. 40).

4 Während Kaffee und Kakao nur in den Tropen gedeihen, kann Tee unter milden klimatischen Bedingungen auch nördlich der beiden Wendekreise angepflanzt werden, so zum Beispiel in der Türkei und im Süden Russlands (vergleiche zur Verbreitung des Kaffees Teuteberg, Kaffee, S. 92–95, zur Ausbreitung des Tees Krieger, Tee, S. 37–39, sowie zum Kakao Chocosuisse, Chocologie, S. 20).

5 Krieger, Kaffee, S. 30, und Schwarz, Macht durch Nahrung, S. 135.

6 Vergleiche dazu Heise, Kaffee und Kaffeehaus, S. 11–17, und Teuteberg, Kaffee, S. 82–83.

7 Menninger, Genuss im kulturellen Wandel, S. 412.

Von diesen Ausgangsorten aus begannen sich die drei koffeinhaltigen Getränke überregional auszubreiten. Während der Teeanbau neben China auch in Japan kultiviert wurde,[8] kam der Kaffee durch die Eroberung der jemenitischen Tiefebene durch die Türken bald im ganzen Osmanischen Reich und Mittleren Osten in Mode, wo er in öffentlichen Kaffeehäusern und von Strassenhändlern angeboten wurde.[9] Im 17. Jahrhundert gelangte das orientalische Getränk über venezianische Kaufleute und die Ostindischen Handelskompanien auch nach Europa und Nordamerika, wo um 1650 erste Kaffeehäuser eröffnet wurden.[10]

Nachdem es der niederländischen Ostindischen Kompanie 1616 trotz striktem Ausfuhrverbot gelungen war, einen Kaffeestrauch aus Jemen in die Niederlande zu schmuggeln,[11] begann die weltweite Ausbreitung und Kultivierung des Kaffeeanbaus als «ein von europäischen Interessen diktierter Prozess»,[12] wie Ulla Heise schreibt. Die niederländischen Kaufleute importierten die Kaffeepflanze in der zweiten Hälfte des 17. Jahrhunderts in ihre asiatischen Kolonien. Über Frankreich fand die afrikanische Pflanze 1715 den Weg nach Amerika und von dort unter dem Deckmantel der Diplomatie 1727 nach Brasilien. Die Spanier brachten den Kaffeebaum schliesslich in ihre Kolonien auf den Philippinen (1740) und Kuba (1748) sowie nach Mexiko und Kolumbien (1790).

Um 1800 waren damit wesentliche Anbaugebiete, die sich heute als Kaffeegürtel zwischen den beiden Wendekreisen um den Erdball ziehen, durch die europäischen Handelsgesellschaften und Kolonialmächte erschlossen worden.[13] Dadurch formte sich ein vielfältiges Angebot an Kaffeesorten aus verschiedenen Regionen aus, denn ähnlich wie beim Wein bilden auch die Kaffeebohnen je nach Anbaugebiet und Kaffeesorte einen unterschiedlichen Geschmack aus: Die im Hochland angebaute *Coffea Arabica l.* entwickelt einen sehr differenzierten, aromareichen Geschmack, während sich mit der in tieferen Regionen angebauten *Coffea Canephora l.* ein scharfer und stark koffeinhaltiger Kaffee gewinnen lässt, dem allerdings im Vergleich zum Arabica-Kaffee die feine Geschmacksdifferenzierung fehlt.[14]

8 Krieger, Tee, S. 37–39.
9 Teuteberg, Kaffee, S. 84–85.
10 In Westeuropa und Amerika entstanden die ersten Kaffeehäuser 1650 in Oxford, 1652 in London und 1669 in Neu-Amsterdam, dem heutigen New York (vergleiche dazu weiterführend Teuteberg, Kaffee, S. 86–88 und 99).
11 Vergleiche dazu Pendergrast, Kaffee, S. 25, und Teuteberg, Kaffee, S. 93.
12 Heise, Kaffee und Kaffeehaus, S. 45.
13 Heise, Kaffee und Kaffeehaus, S. 46–50, und Teuteberg, Kaffee, S. 97–100.
14 Die Arabica-Kaffeepflanze benötigt eine mittlere Temperatur von etwa 20 Grad Celsius und regelmässige Niederschläge, aber nicht zu viel Feuchtigkeit. Sie fühlt sich zwischen 800 und 2000 Metern über Meer am wohlsten. Da sich das Pflanzenwachstum und die Reife der Kirsche in dieser Höhe langsamer vollziehen als im Flachland, entwickelt sie einen sehr differenzierten, aromareichen Geschmack aus. Die Robusta-Pflanze erträgt dagegen auch Hitze und Feuchtigkeit und ist aufgrund ihres hohen Koffeingehalts wesentlich widerstandsfähiger gegenüber Umwelteinflüssen. Sie wächst vor allem im feuchtwarmen Tropenklima unter 800

Trotz den wachsenden Anbauflächen auf den Kaffeeplantagen der europäischen Kolonien blieb der weltweite Kaffeekonsum in der frühen Neuzeit im Vergleich zu heute allerdings relativ gering.[15] Dafür gab es im Wesentlichen drei Gründe:

Erstens wurde der Kolonialwarenhandel von mächtigen Akteuren wie Nationalstaaten und multinational agierenden Handelsgesellschaften[16] geprägt: Während die britische Ostindienkompanie (EIC) im 17. Jahrhundert den Teehandel mit China zu dominieren begann,[17] besass die niederländische Ostindienkompanie (VOC) im Kaffeegeschäft eine bedeutende Stellung,[18] und die Seefahrernationen Spanien und Portugal entwickelten sich zu den wichtigsten Protagonisten im internationalen Kakaohandel.[19] Dabei zeigten die staatlich privilegierten Handelsgesellschaften ein monopolistisches Marktverhalten,[20] und die europäischen Nationalstaaten belegten die Kolonialwaren mit so hohen Steuern, dass sie für den Verbraucher Luxuswaren darstellten.[21] Der Kaffee- und Teegenuss blieb daher der Ober- und Mittelschicht vorbehalten, während das Schokoladegetränk nur für die aristokratische Minderheit erschwinglich war.[22] Ausserdem war der Konsum von Kaffee und Tee in vielen deutschen Ländern verboten, weil die Staaten aus merkantilistischen Wirtschaftsüberlegungen einen Abfluss grosser Geldmengen ins Ausland verhindern wollten.[23]

Metern. Neben der *Coffea Arabica* und der *Coffea Canephora* sind heute noch etwa 70 weitere Kaffeesorten bekannt. Sie werden aber kaum für den kommerziellen Kaffeeanbau verwendet und haben deshalb weit geringere Bedeutung und Verbreitung (Die Ausführungen zu den verschiedenen Kaffeesorten und ihrem Geschmack beruhen auf Stella, Buch vom Kaffee, S. 51–53, sowie Krieger, Kaffee, S. 25, 30 und 36).

15 Nach einer Überschlagsrechnung von Thomas Köhler dürfte der Kaffeekonsum um 1750 etwa 0,6 Prozent und 1850 etwa vier Prozent des heutigen Verbrauchs entsprochen haben (vergleiche dazu Köhler, Geschichte des Kaffees, S. 20).

16 Da die Handelsgesellschaften der frühen Neuzeit keine Kontinuität bis heute aufweisen, werden sie als proto-multinationale Unternehmen bezeichnet (zu den ersten multinationalen Unternehmen vergleiche weiterführend Jones, Multinationals and global Capitalism, S. 16–17).

17 Krieger, Tee, S. 122–124.

18 1826 wurde die Hälfte bis drei Viertel des weltweiten Kaffeehandels über die Niederländische Ostindienkompanie abgewickelt, daneben waren aber auch die englische East India Company und später die Franzosen bedeutende Kräfte im Kaffeehandel (Menninger, Genuss im kulturellen Wandel, S. 177 und 183).

19 Menninger, Genuss im kulturellen Wandel, S. 417–418.

20 Laut Steven Topik versuchte die niederländische Ostindiengesellschaft durch monopolistisches Verhalten ihren Gewinn zu maximieren, anstatt den Massenkonsum zu fördern. So mussten die Kleinbauern in Niederländisch Indien ihren Kaffee der Kompanie zu einem vorgegebenen Preis verkaufen, der sehr niedrig war. Für die Ostindiengesellschaft war dies zwar ein profitables Geschäft, der Anreiz für den lokalen Bauern, mehr Kaffee zu produzieren, war dagegen gering (vergleiche dazu Topik, The integration of the World Coffee Market, S. 26–28).

21 Menninger, Genuss im kulturellen Wandel, S. 402, und Heise, Kaffee und Kaffeehaus, S. 68.

22 Die Preisunterschiede zwischen Kaffee, Tee und Kakao hingen im Wesentlichen vom Verarbeitungsaufwand ab: Tee war das billigste der drei Heissgetränke, da die Teeblätter bereits in ihrem Herkunftsland verarbeitet werden konnten. Kaffee war teurer, weil er zusätzlich geröstet werden musste. Das Schokoladegetränk war schliesslich am teuersten, weil die Kakaobohnen zuerst geröstet, geschält und zerkleinert werden mussten, um anschliessend in einem sehr kräfteraubenden Arbeitsprozess in Mörsern und mit Handwalzen zu einer teigartigen Masse zerrieben zu werden. Danach wurde der Schokoladeteig geraspelt und mit Flüssigkeit aufgekocht (die Ausführungen beruhen auf Menninger, Genuss im kulturellen Wandel, S. 358–363 und 422–423).

23 Heise, Kaffee und Kaffeehaus, S. 74–76.

Zweitens gestaltete sich die Kaffeezubereitung im 17. und 18. Jahrhundert noch wesentlich zeitaufwendiger und komplizierter als heute. Die Kaffeebohnen mussten zuerst in Röstzylindern geröstet und anschliessend mit Kaffeemühlen zerkleinert werden.[24] Das Kaffeerösten erforderte dabei grosses Fingerspitzengefühl: Der Kaffee war schnell verbrannt, was zu einem unangenehmen Geruch und auch einem schlechten Geschmack führte. Bei zu kurzer Röstung dagegen blieben die Bohnen im Innern roh, liessen sich kaum mahlen und hatten weder Geschmack noch Aroma,[25] weil die hellgrüne Kaffeebohne ungeröstet noch praktisch geschmacklos ist.[26] Kaffee wurde deshalb vorwiegend in der höfischen Aristokratie – wo Bedienstete vorhanden waren – und auswärts im öffentlichen Kaffeehaus konsumiert.[27]

Drittens war die physiologische Wirkung des Kaffees auf den menschlichen Körper umstritten,[28] und das schwarze Getränk schmeckt für den Konsumenten, der mit ihm nicht vertraut ist, unangenehm und bitter. Erst der regelmässige Konsum sensibilisiert für seinen Geschmack, weshalb in der Wissenschaft auch von einem «angeeigneten Geschmack» gesprochen wird.

Entscheidend für die weltweite Verbreitung und Beliebtheit des Kaffees waren daher weniger sein Geschmack oder seine Physiologie, sondern vielmehr seine kulturelle Aneignung und Funktion:[29] «Jede Nation hat fast ihre eigene Art, den Kaffee zu trincken»,[30] vermerkte Krünitz im späten 18. Jahrhundert in seiner Ökonomischen Enzyklopädie. Während die Türken und Araber beispielsweise den Kaffee nach dem Rösten, Mahlen und Aufgiessen normalerweise samt dem Kaffeesatz zu sich nahmen, wurde im europäischen Raum der gefilterte Kaffee bevorzugt.[31] Eine weitere Form der kulturellen Aneignung stellten Kaffeesurrogate wie der Zichorienkaffee dar. Aufgrund der Tee- und Kaffeeverbote wurde seit den 1770er-Jahren in verschiedenen deutschen Ländern aus den Wurzeln der Wegwarte ein geröstetes Pulver hergestellt, das in heissem Wasser einen ähnlichen Geschmack und Geruch wie Kaffee entfaltete.[32] Sinnbildlich weist

24 Menninger, Genuss im kulturellen Wandel, S. 426–427.

25 Rischbieter, Mikro-Ökonomie der Globalisierung, S. 56.

26 Wild, Coffee, S. 193–194.

27 Menninger, Genuss im kulturellen Wandel, S. 423–427.

28 Einerseits wurde Kaffee aufgrund seiner anregenden Wirkung als Arznei für Phlegmatiker sowie bei Gicht, Rheuma und zur Belebung des Kreislaufs verschrieben. Andererseits warnten Mediziner aber auch vor dem Kaffee, er würde dem Körper die notwendigen Säfte entziehen und zu Impotenz und Magenbeschwerden führen (zur physiologischen Wirkung des Kaffees vergleiche weiterführend Steinbrecher, Grenzen des Wissens, S. 10–14, und Teuteberg, Kaffee, S. 81–82).

29 Krieger, Kaffee, S. 11.

30 Krünitz' Oeconomische Encyclopädie, zitiert nach Menninger, Genuss im kulturellen Wandel, S. 332.

31 Tanner, Kultur- und Sozialgeschichte des Kaffees, S. 10, und Bersten, Coffee floats, S. 42.

32 Menninger, Genuss im kulturellen Wandel, S. 340.

das Warenzeichen der ersten Zichorienfabrik in Braunschweig auf die wirtschaftspolitische und medizinische Begründung für den Konsum von Zichorienkaffee hin: «Ohne euch gesund und reich» stand auf einem Spruchband, während ein deutscher Landmann im Vordergrund Zichoriensamen aussäte und im Hintergrund ein mit teurem Kolonialkaffee beladenes Schiff vor einer Palmenlandschaft im Meer trieb.[33] Dabei stellte der Zichorienkaffee eine Neuinterpretation des bereits existierenden Zichoriengetränks dar, dem man in jedem Fall Milch beigab, um den bitteren Geschmack zu mildern.[34] Vielfach wurden solche Produkte von medizinischen Erörterungen begleitet, welche die schädliche Wirkung des koffeinhaltigen Bohnenkaffees darlegten und stattdessen das Surrogat als «Gesundheitskaffee» empfahlen.[35] Analog dazu entwickelten sich Teesurrogate wie Früchte- oder Kräutertees, die ebenfalls zu Heilzwecken oder aus Gesundheitsgründen verwendet wurden.[36]

Kaffee- und Teesurrogate trugen wesentlich dazu bei, dass sich der Genuss von Kaffee und Tee als Statussymbol der Reichen und Mächtigen auch in den unteren Bevölkerungsschichten auszubreiten vermochte, indem die beiden Kolonialprodukte zur Verbilligung mit Zusatzstoffen gestreckt wurden. Bis Ende des 18. Jahrhunderts fand der Zichorienkaffee im Gebiet des heutigen Deutschland, in den Niederlanden, der Schweiz sowie in Frankreich und Grossbritannien Verbreitung.[37]

Die bedeutendste und offensichtlichste kulturelle Anpassung war jedoch, dass dem Kaffee, Tee und Kakao im europäischen Raum Milch und Zucker beigemischt wurde, um die Heissgetränke zu süssen und ihre Bitterkeit zu mildern.[38] Ursprünglich tranken die Chinesen den Tee nämlich als Grüntee und ohne die Beigabe von Milch und Zucker. Als China im 17. Jahrhundert jedoch den aus Zentralasien einfallenden Mongolen in die Hände fiel und diese den Tee mit Milch mischten, erhielt der Schwarztee immer mehr Zuspruch. Da sich der Schwarztee auf den langen Seefahrten besser konservieren liess als Grüntee, bevorzugten auch die Engländer später die vollständig fermentierte

33 Rossfeld, Echt nur in dieser Packung, S. 37.

34 Das Zichoriengetränk war bereits vor dem Kaffee im Europa bekannt und erhielt durch die Mischung mit Kaffee oder als Kaffee-Ersatz eine neue Bedeutung. Zichorienkaffee darf deshalb nicht nur als Ersatzkaffee betrachtet werden, sondern stellt gleichzeitig eine eigene Getränkekategorie dar (Bersten, Coffee floats, S. 255).

35 Teuteberg, Kaffee, S. 108.

36 Wie der Zichorienkaffee hat auch der Kräutertee eine Doppelfunktion: Einerseits diente er als eine einheimische Alternative zum chinesischen Grün- oder Schwarztee, gleichzeitig stellte er aber auch eine eigenständige Getränkekategorie dar, welcher eine gesundheitsfördernde und beruhigende Wirkung zugeschrieben wurde (Rothermund, Tee, S. 164–165).

37 Vergleiche dazu weiterführend Mintz, Die süsse Macht, S. 125–126, und Menninger, Genuss im kulturellen Wandel, S. 138–142.

38 Mintz, Die süsse Macht, S. 139–140, und Wiley, Cultures of Milk, S. 30–33.

Sorte mit Milch.[39] Die mongolische Gewohnheit wurde also von den europäischen Chinareisenden nach Europa übertragen: «[...] schon um die Mitte des 17. Jahrhunderts genossen etwa die Franzosen ihren Tee ‹à la Chinoise›, was bedeutete, dass Milch nach der Art der Mongolen hinzugefügt wurde»,[40] schreibt Martin Krieger. Die Empfehlung, Tee und Kaffee mit Milch zu mischen, findet sich ebenfalls in den Briefen der Marquise de Sévigné Ende des 17. Jahrhunderts wieder. Da unverarbeitete Milch rasch verdirbt, wurde sie damals wohl noch als Sauermilch beigegeben.[41]

Ebenso scheint die bittere Trinkschokolade nach aztekischer Art – bei welcher der Kakao zusätzlich mit Gewürzen gemischt wurde – den spanischen Kolonisten wenig geschmeckt zu haben. Nur zögerlich begannen sie das mittelamerikanische Getränk zu konsumieren. Erst als ihm süsser Zucker, Zimt und Vanille beigegeben wurde, erhielt die Trinkschokolade grösseren Zuspruch. Weil sie einen hohen Fettgehalt aufwies, der oft Verdauungsprobleme verursachte, wurde ihr gegen Ende des 17. Jahrhunderts ebenfalls warmes Wasser oder Milch beigegeben, damit das Getränk bekömmlicher wurde.[42]

Erst mit Milch und Zucker gemischt, konnten die drei aus den Tropen stammenden Getränke in Europa und Amerika grössere Verbreitung gewinnen.[43] Seither existiert eine starke Verbindung zwischen der Milch und den drei Heissgetränken Kaffee, Tee und Kakao, welche die weitere Entwicklung der vier Produkte prägte.

Die Eingliederung der drei Heissgetränke in die Alltagskultur des 19. Jahrhunderts

Bereits in der Frühen Neuzeit verzeichnete der Kaffeehandel beachtliche Zuwachsraten. Aber erst ab Mitte des 19. Jahrhunderts erlangte der Kaffee breitere Popularität,[44] als die wirtschaftlichen und gesellschaftlichen Prozesse im Zuge der ersten Globalisierungswelle zusehends dynamischer wurden.[45] Das Prinzip der Selbstversorgung, welches für eine agrarisch dominierte Ge-

39 Clarence-Smith, The global Consumption of hot Beverages, S. 38.

40 Krieger, Tee, S. 148.

41 Bersten, Coffee floats, S. 52–53, und Ukers, All about tea 1, S. 35.

42 Pfiffner, Kakao, S. 122–123, und Bersten, Coffee floats, S. 31–32.

43 Zur Verbreitung des Tees durch die Zugabe von Milch vergleiche Rothermund, Tee, S. 144.

44 Nach den Berechnungen von Köhler dürfte der Kaffeeverbrauch um 1850 etwa vier Prozent des heutigen Konsums betragen haben, um 1900 bereits beachtliche 20 Prozent (Köhler, Geschichte des Kaffees, S. 20–21).

45 Cameron, Geschichte der Weltwirtschaft 1, S. 243, und Jones, Multinationals and Global Capitalism, S. 18–20.

sellschaft kennzeichnend war, wurde mit der einsetzenden Industrialisierung zugunsten einer räumlichen Spezialisierung der Wirtschaft aufgegeben.

Die Lebensweise in Europa und Nordamerika veränderte sich dadurch tiefgreifend: Die Arbeit in der Fabrik führte zu einer immer grösseren Nachfrage nach vorgefertigten und haltbaren Lebensmitteln, denn durch die langen Arbeitszeiten fehlte die Zeit für die Nahrungszubereitung zu Hause. Auf dieser Grundlage entfaltete sich die Lebensmittelindustrie,[46] durch die sich der Kaffee in der zweiten Hälfte des 19. Jahrhunderts und im 20. Jahrhundert endgültig vom Luxusprodukt zum Alltagsgetränk wandelte.[47] Im Wesentlichen gab es drei Ursachen für die wachsende Beliebtheit des Heissgetränks:

Erstens verbilligte sich der Kaffee auf der Angebotsseite durch die Liberalisierung der Handelsverträge, den Abbau von Schutzzöllen sowie die Aufhebung der Navigationsakte, mit welcher 1851 die Handelsmonopole der Ostindienkompanien auf Kaffee fielen. Ebenso konnten mit neuen Transportmitteln wie der Eisenbahn und Dampfschiffen die Transportkosten wesentlich reduziert werden. Durch den Bau von Eisenbahnen ins Landesinnere wurde der Provinzstaat São Paulo zum wichtigsten Kaffeeanbaugebiet Brasiliens und Santos zum grössten Kaffeeausfuhrhafen der Welt.[48] Die starke Ausweitung der Kaffeeproduktion in Lateinamerika und der Aufstieg Brasiliens zum weltweit bedeutendsten Kaffeehersteller – um 1900 wuchsen in Brasilien drei Viertel der gesamten Kaffee-Ernte – stellten eine wichtige Voraussetzung für den Siegeszug des Kaffees dar.[49]

Das südamerikanische Land reagierte dabei nicht einfach nur auf die Nachfrage auf dem Weltmarkt, sondern trug zur Schaffung dieser Nachfrage massgeblich bei. Denn durch die enormen Produktionsmengen sanken die Preise, und Kaffee wurde für immer grössere Bevölkerungskreise erschwinglich.[50] Ausserdem führte die steigende Kaffeeproduktion in Lateinamerika zu einem wachsenden Kaffeekonsum in den Anbauregionen selbst, welcher dort traditionelle Getränke wie die Trinkschokolade oder Mate zu verdrängen begann.[51]

Zweitens gliederte sich der Kaffee auf der Nachfrageseite in verschiedenste Bereiche der europäischen Alltags-

46 König, Geschichte der Konsumgesellschaft, S. 138–139, und Rossfeld, Echt nur in dieser Packung, S. 34.

47 Köhler, Geschichte des Kaffees, S. 20–21.

48 Teuteberg, Kaffee, S. 97 und 100, sowie Krieger, Kaffee, S. 199–201.

49 Während sich der Kaffeeanbau in Brasilien zwischen 1875 und 1900 vervierfachte, stagnierte er in den übrigen Anbauregionen (Heise, Kaffee und Kaffeehaus, S. 54–56, und Rischbieter, Mikro-Ökonomie der Globalisierung, S. 37).

50 Pendergrast, Kaffee, S. 39.

51 Clarence-Smith/Topik, Introduction The Global Coffee Economy, S. 5 und 7.

kultur ein: Im Gegensatz zum berauschenden Bier wurde der Kaffee als ernüchterndes Getränk angesehen, das die Verständigkeit erhöht und Wahrnehmungsvorgänge beschleunigt.[52] Nicht zuletzt aufgrund dieser Zuschreibung entwickelte sich der Gedankenaustausch bei einer Tasse Kaffee zu einer bürgerlichen Freizeitbeschäftigung, zu der sich die Männer ins öffentliche Kaffeehaus begaben. Die Frauen dagegen hielten das gemeinsame Kaffeekränzchen als exklusiv weibliche Angelegenheit im privaten Umfeld. Der Kaffeekonsum etablierte sich dadurch als Symbol und Habitus einer bürgerlichen Lebensführung.[53]

Drittens wurde der Kaffee parallel dazu in den industriellen Rhythmus der Städte integriert,[54] indem das koffeinhaltige Getränk als leistungsförderndes Mittel in der modernen Arbeitswelt seinen Platz fand:[55] Kaffeepausen unterbrachen die langen und monotonen Arbeitsgänge der Arbeiterschaft, wodurch das anregende Heissgetränk zu einem Medium der proletarischen Geselligkeit und zu einem Elixier der kurzfristigen Erholung wurde.[56] Bei vielen Industriearbeitern verwandelte die Tasse Kaffee zudem eine kalte Mahlzeit in eine warme. Es gab Arbeiterfamilien, die tagelang nicht ordentlich zu Mittag assen, aber drei- bis viermal täglich Kaffee tranken. Das vorwiegend aus Zichorienkaffee bestehende Getränk war dabei nicht nur billiger, sondern auch zeitsparender als andere Lebensmittel und unterdrückte den Hunger und die Müdigkeit. Kartoffeln, Kaffee und Branntwein stellten laut Roman Sandgruber die Trilogie der Arbeiternahrung dar.[57]

Einzig im Britischen Empire, in Asien und Russland, wo Tee getrunken wurde, sowie in Spanien, wo das Schokoladegetränk sehr beliebt war, hatte der Kaffee geringen Erfolg.[58] In Grossbritannien wurde der Kaffee im 18. Jahrhundert zunehmend durch den Tee verdrängt und ersetzt.[59] Als 1833 schliesslich die Monopolstellung der englischen Ostindienkompanie (EIC) beseitigt wurde und das Zeitalter des britischen Freihandels begann, fielen in Grossbritannien die Teepreise. Der Teekonsum nahm daraufhin rasch zu und liess England ab 1850 zu einer Teetrinkernation werden. Entscheidend für den grossen Zuspruch auf der Insel war zudem, dass unter der britischen Krone in Ceylon und Indien neue Teeanbaugebiete entstanden und dieser Tee

52 Schivelbusch, Das Paradies, S. 47–50.
53 Vergleiche dazu Rischbieter, Mikro-Ökonomie der Globalisierung, S. 291–293, und Witzig/Tanner, Kaffeekonsum von Frauen, S. 155–156.
54 Mintz, Die süsse Macht, S. 289.
55 Rischbieter, Mikro-Ökonomie der Globalisierung, S. 291–292.
56 Witzig/Tanner, Kaffeekonsum von Frauen, S. 158.
57 Sandgruber, Bittersüsse Genüsse, S. 80–83.
58 Clarence-Smith/Topik, Introduction The Global Coffee Economy, S. 7.
59 Schivelbusch, Das Paradies, S. 90.

wesentlich günstiger war als derjenige aus China.[60] In der zweiten Hälfte des 19. Jahrhunderts brachten die Engländer die asiatische Pflanze auch nach Süd- und Ostafrika. Schliesslich fand der Teeanbau auch in Lateinamerika sowie im Kaukasus Verbreitung,[61] wo Russland und die Türkei ihren Teekonsum durch eigene Produktion zu decken versuchten.[62]

Analog zum Kaffee vergesellschaftete sich der Teekonsum auch im Britischen Empire in den Anbauländern, dem Bürgertum und der Arbeiterschaft: Mit den britischen Teepflanzungen begannen auch die Inder selber Tee zu konsumieren, der dort mit der Milch gekocht und mit viel Zucker und Gewürzen gemischt wird. Gleichzeitig sickerte im Mutterland die aristokratische Tradition der «Tea Time» als Mittelpunkt des geselligen Beisammenseins in die bürgerliche Öffentlichkeit durch, wie die Verbreitung der öffentlichen «Tea Rooms» ab den 1870er-Jahren zeigt.[63] Da Tee neben Wasser das preisgünstigste Getränk in Grossbritannien darstellte, erreichte er im 19. Jahrhundert auch die ärmsten Bevölkerungsschichten, wo das anregende Getränk zusammen mit Kartoffeln und Speck zur Arbeitermahlzeit gehörte.[64]

Der dritte Katalysator, der den Kaffee-, Tee- und Kakaokonsum antrieb, war schliesslich die industrielle Vorfertigung, welche das Verhältnis zwischen Aufwand und Ertrag bei der Zubereitung wesentlich verbesserte.[65] Ab dem späten 18. Jahrhundert wurde die teure und mühsame Handarbeit bei der Kakaoherstellung durch Röst- und Knetmaschinen ersetzt.[66] Der Kakao entwickelte sich dadurch langsam von der aristokratischen Luxusware zum alltäglichen Nahrungs- und Genussmittel.[67]

Auch die Kaffeezubereitung wurde durch die industrielle Vorfertigung wesentlich vereinfacht. Die Kaffeesurrogatindustrie verbreitete sich dabei wesentlich früher als die Röstkaffeeindustrie. Bereits um 1800 existierten in Braunschweig – dem Zentrum der deutschen Zichorienindustrie – 25 Fabriken.[68] Bis um 1900 hatte sich die Ersatzkaffee-Industrie zu einem bedeutenden Geschäft entwickelt:[69] Es darf angenommen werden, dass Ende des 19. Jahrhunderts über ein Drittel aller Kaffeepro-

60 Burnett, Coffee in the British diet, S. 41–42.
61 Menninger, Genuss im kulturellen Wandel, S. 416–418, und Krieger, Tee, S. 37–39.
62 Clarence-Smith, The global Consumption of hot Beverages, S. 39.
63 Vergleiche dazu Krieger, Tee, S. 154 und 256–261.
64 Burnett, Coffee in the British diet, S. 40–42.
65 Zur rationellen Produktion als notwendige Voraussetzung der Konsumgesellschaft vergleiche weiterführend König, Geschichte der Konsumgesellschaft, S. 9–10.
66 Menninger, Genuss im kulturellen Wandel, S. 362–363.
67 Pfiffner, Kakao, S. 125.
68 Rossfeld, Echt nur in dieser Packung, S. 36.
69 Menninger, Genuss im kulturellen Wandel, S. 340–342.

dukte im Deutschen Reich in Form von Zichorien- und anderem Ersatzkaffee verkauft wurden, der gegenüber dem Bohnenkaffee etwa viermal billiger war.[70]

Ab Mitte des 19. Jahrhunderts setzten Grossröstereien auch dem mühsamen Kaffeerösten von Hand ein Ende, indem die gerösteten Bohnen direkt beim Händler bezogen werden konnten.[71] Entscheidend für diese Entwicklung waren die Erfindung der selbstentleerenden Röstmaschine durch Jabez Burns (1864) und der Sezessionskrieg (1861–1965), welcher der Kaffeeindustrie in den Vereinigten Staaten zum Durchbruch verhalf.[72] In den folgenden Jahrzehnten entstanden in den Vereinigten Staaten bedeutende Röstkaffeeunternehmen wie Chase & Sanborn, und 1893 begann Joel Cheek, Bohnenkaffee unter der Marke *Maxwell House* zu verkaufen, der sich in den Vereinigten Staaten als Qualitätsprodukt etablierte.[73] In der zweiten Hälfte des 19. Jahrhunderts entwickelten sich die Vereinigten Staaten zu einer Kaffeetrinkernation[74] und stellten um 1900 weltweit das Land mit dem höchsten Kaffeeverbrauch dar.[75]

Auch in Europa nahm der Kaffeekonsum ab 1860 rasch zu und führte zu einer Industrialisierung der Kaffeeverarbeitung. Im späten 19. Jahrhundert entfaltete sich Douwe Egberts zu einem überregionalen niederländischen Kaffeeunternehmen, und deutsche Hansestädte stiegen durch die Handelsliberalisierung zu bedeutenden Kaffeehandelszentren auf. Die hanseatischen Kaffeehändler spezialisierten sich dabei auf die teuren Spitzenkaffeesorten. Aus dieser Tradition ging 1907 die Rösterei Jacobs in Bremen hervor, die sich später zusammen mit Tchibo aus Hamburg und dem 1924 gegründeten Versandhaus Eduscho zu den drei bedeutendsten Kaffeeunternehmen in Deutschland entwickelte.[76]

Die zunehmende Beliebtheit führte aber auch zu Kritik: Beispielsweise sah die Ende des 19. Jahrhunderts aufkommende Lebensreformbewegung im koffeinhaltigen Kaffee

70 Die Zahlen zu den verkauften Kaffeesurrogaten variieren in der Literatur sehr stark. Überall wird ihr Anteil aber auf über einen Drittel aller Kaffeeprodukte geschätzt (vergleiche dazu Rossfeld, Kaffee ohne Kaffee zu machen, S. 231, und Teuteberg, Kaffee, S. 111).

71 Teuteberg, Kaffee, S. 102.

72 Vergleiche dazu Pendergrast, Kaffee, S. 67–72, und Heise, Kaffee und Kaffeehaus, S. 64–65.

73 1892 mischte der Lebensmittelhändler Joel Cheek kolumbianische, brasilianische und mexikanische Kaffeebohnen und verkaufte sie dem Maxwell House Hotel in Nashville. Später benannte er seine Marke nach dieser noblen Unterkunft (Pendergrast, Kaffee, S. 67–76 und 153–155).

74 Nicht die «Boston Tea Party» war laut Michelle Craig McDonald und Steven Topik entscheidend, dass in den Vereinigten Staaten mehr Kaffee als Tee getrunken wurde, sondern die Ausweitung der Produktion in Brasilien und die symbolische Aufladung des Kaffees als Nationalgetränk (Craig Mc Donald/Topik, Americanizing Coffee, S. 117–118).

75 Topik, The Integration of the World Coffee Market, S. 37.

76 Pendergrast, Kaffee, S. 231–235 und 295, sowie Teuteberg, Kaffee, S. 101–102.

ein «unnatürliches Gift» und einen allgemeinen Ausdruck der «städtischen Nervosität», welcher durch den Rhythmus der Maschinen hervorgerufen wurde. Als gesunde Alternative propagierte sie stattdessen Zichorien-, Malz- oder Getreidekaffee.[77] Ab 1905 stand kritischen Konsumenten zudem der koffeinfreie Kaffee zur Verfügung, der noch in den 1950er-Jahren ganz im Sinne der Lebensreformbewegung mit der Werbebotschaft «Für die Gesundheit – schont Herz und Nerven» beworben wurde.[78]

Weitere Vereinfachungen der Kaffeezubereitung erfolgten um 1900 mit der Erfindung der Espresso-Kaffeemaschine, die damals allerdings noch sehr teuer war und vorwiegend in öffentlichen Bars und Restaurants verwendet wurde,[79] und der Entwicklung des Filterkaffees durch Melitta Benz (1908).[80] Beide Techniken wurden in den folgenden Jahrzehnten weiterentwickelt und sorgten dafür, dass der Kaffee in Nordeuropa gefiltert und in Südeuropa als Espresso getrunken wurde.[81]

Auch die Teezubereitung erfuhr mit dem maschinell produzierten Teepäckchen im späten 19. Jahrhundert und dem Teebeutel in der ersten Hälfte des 20. Jahrhunderts eine Rationalisierung.[82] Zu den Protagonisten dieser Entwicklung gehörte der Schotte Sir Thomas Lipton, der 1889 in den Teehandel einstieg und auf diesem Gebiet bald zum Prototypen des Masseneinzelhändlers wurde, der zwar mit kleinen Gewinnmargen, dafür umso grösseren Mengen operierte. Lipton konnte dadurch Skalenerträge nutzen und seinen Tee rund einen Drittel unter den handelsüblichen Preisen anbieten, was ihm bald eine führende Position im englischen Teegeschäft eintrug.[83]

Die ersten Formen von löslichem Kaffee, Tee und Kakao

Der von der Industrialisierung geprägte Lebensrhythmus in den Städten erforderte Produkte, die schnell und einfach zu konsumieren waren. Als Antwort auf diese Veränderungen der Kon-

77 Vergleiche dazu Teuteberg, Kaffee-Surrogate, S. 181, und Krieger, Kaffee, S. 227–228.

78 Ludwig Roselius erkannte, dass eine Extraktion des Koffeins nur dann gelingen konnte, wenn man den Feuchtigkeitsgehalt des Rohkaffees mit heissem Wasser oder Wasserdampf auf über 20 bis 25 Prozent erhöhte. Dadurch kam es zu einer starken Vergrösserung des Bohnenvolumens und der Bohnenoberfläche, was den Stoffaustausch begünstigte. Dank dieser Entdeckung gelang es ihm schliesslich, erstmals Kaffeebohnen zu entkoffeinieren (Krieger, Kaffee, S. 231).

79 Zu den ersten Herstellern von Espresso-Maschinen zählten Angelo Moriondo aus Turin sowie Luigi Bezzera und Desidero Pavoni aus Mailand (Morris, Making Italian Espresso, S. 163–164).

80 Pendergrast, Kaffee, S. 135.

81 Zur weiteren Entwicklung des *Melitta*-Filters und der vereinfachten Espresso-Zubereitung mit der *Bialetti*-Kanne vergleiche weiterführend Bersten, Coffee floats, S. 131, 166 und 177.

82 Menninger, Genuss im kulturellen Wandel, S. 427.

83 Zur Geschichte von Sir Thomas Lipton vergleiche weiterführend Ukers, All about tea 2, S. 179, und Burnett, Coffee in the British diet, S. 41–42, sowie Krieger, Tee, S. 256–257.

sumbedürfnisse unter der Maxime der Zeitersparnis begann die Lebensmittelindustrie Kaffee, Tee und Kakao als Instantgetränke anzubieten, welche durch die Zugabe von Wasser sofort zubereitet waren.[84] Die Transformation der drei Kolonialwaren zu industriellen Pulverprodukten stellte die Unternehmen jedoch vor zahlreiche Probleme: Der unverarbeitete Kakao war wegen seines hohen Fettanteils mit flüssigen Substanzen wie Wasser oder Milch nur schwer mischbar und setzte sich rasch am Boden des Trinkglases ab.[85] Um das Fett der Kakaobutter zu binden, mischten die Schokoladehersteller dem Kakao daher Mehl und andere Stärkemittel bei, wodurch das Endprodukt einen kartoffelähnlichen Geschmack erhielt.[86]

Bereits 1828 konnte der niederländische Apotheker Conrad Johannes van Houten die Herstellung von Kakaopulver allerdings entscheidend verbessern. Mittels einer Alkalilösung gelang es ihm, beim Pressen die fetthaltige Kakaobutter in einem effizienten Verfahren von der Kakaomasse zu trennen und den Fettanteil im verbleibenden «Presskuchen» um mehr als zwei Drittel zu reduzieren. Anschliessend zermahlte er den «Presskuchen» zu einem feinen Pulver, das nur noch etwa 20 Prozent des ursprünglichen Kakaobutteranteils enthielt. Sein Pulver wies damit nicht nur eine bessere Löslichkeit in Flüssigkeiten auf, sondern war auch bekömmlicher und länger haltbar. Zudem konnte das Kakaopulver wesentlich günstiger angeboten werden, weil die synchron dazu entstandene Kakaobutter zur Herstellung von Tafelschokolade verwendet werden konnte.[87] Viele Schokoladeunternehmen stellen Kakaopulver deshalb als Nebenprodukt der Schokoladeverarbeitung her,[88] wobei der Durchbruch des reinen Kakaopulvers über eine längere Zeitdauer erfolgte.[89] Zu den frühen Herstellern von löslichem Kakao nach van Houtens Verfahren gehörten die englischen Schokoladefirmen Cadbury und Fry, welche in den 1860er-Jahren *Cadbury's Cocoa Essence* und *Fry's Cocoa Extract* auf den Markt brachten.[90] In den 1880er-Jahren folgte unter anderem auch Rowntree mit *Rowntree's Elect Cocoa* und das Schweizer Schokoladeunternehmen Suchard (1883) mit einem eigenen Kakaopulver.[91]

84 Zur Beschleunigung der Ess- und Trinkgewohnheiten siehe Mintz, Die süsse Macht, S. 238–239.
85 Nestlé SA, Cacao et Boissons chocolatées, S. 9–11.
86 Cadbury, Chocolate Wars, S. 55–57.
87 Mit Kakaopulver, Zucker und der nachträglich wieder hinzugefügten Kakaobutter liess sich ein weit geschmeidigerer und dünnerer Schokoladeteig herstellen als bis anhin, der im Gegensatz zur frühneuzeitlichen Schokoladepaste nicht brüchig und trocken war und in Tafelform gegossen werden konnte (Menninger, Genuss im kulturellen Wandel, S. 366–367).
88 Vergleiche dazu Chocosuisse, Chocologie, S. 30.
89 Rossfeld, Schweizer Schokolade, S. 81.
90 Coe/Coe, Die wahre Geschichte der Schokolade, S. 291.
91 Heer, 125 Jahre Nestlé, S. 483, und Rossfeld, Markenherrschaft und Reklameschwung, S. 93.

Parallel zur Entwicklung des löslichen Kakaos wurden im 19. Jahrhundert auch den ersten Formen von Instantkaffee oft Bindemittel und andere Zusatzstoffe beigemischt. Im Unterschied zum Kakao lagen die technischen Schwierigkeiten beim Kaffee allerdings nicht primär bei der Löslichkeit, sondern bei der Geschmacks- und Aromakonservierung:[92]

Während Rohkaffee noch praktisch geschmacklos ist, finden im Verlauf des Röstprozesses komplexe chemische Reaktionen statt, welche der Kaffeebohne ihren charakteristischen Geschmack und ihr Aroma entlocken. Entscheidend ist dabei, dass die Bohne beim Erhitzen ein Kaffeeöl absondert, das aus Fett und Kohlenhydraten gebildet wird. Es ist Träger von etwa 800 chemischen Stoffen, die den Kaffeegeschmack und das Kaffeearoma ausbilden. Allerdings oxidieren diese Kaffeeöle rasch, wenn sie mit der Luft in Kontakt treten. Der Geschmack und das Aroma des Kaffees sind daher sehr volatil und nehmen ohne zusätzliche Massnahmen schon nach einem Tag merklich ab.[93]

Der unbeständige Charakter des Kaffeegeschmacks war nicht nur dafür verantwortlich, dass die rohen Kaffeebohnen nicht wie die Teeblätter in ihren Herkunftsländern verarbeitet werden konnten, sondern in den Konsumländern Europas und Nordamerikas geröstet werden mussten.[94] Er sorgte auch dafür, dass der geröstete Kaffee nicht über weitere Strecken verbreitet werden konnte und innerhalb kurzer Zeit verbraucht werden musste.[95] Die Konservierung des Kaffeegeschmacks stellte deshalb für die Kaffeeindustrie ein zentrales Problem dar, welches bei der Herstellung von löslichem Kaffee besonders deutlich hervortrat: Im Gegensatz zum Bohnen- oder Röstkaffee wurde hier den Kunden nämlich nicht nur das Rösten, sondern auch das Mahlen und Filtern der Kaffeebohnen abgenommen. Gleichzeitig wurden die Geschmacksbestandteile durch das Öffnen der Bohne der Oxidation besonders stark ausgesetzt.[96]

Um dem Geschmacksverlust entgegenzuwirken, reicherten die Produzenten den löslichen Kaffee deshalb mit geschmacksverstärkenden Kaffeesurrogaten an oder versuchten die flüchtigen Kaffeepartikel mit zusätzlichen Konservierungsstoffen zu binden. Der Übergang zwischen Kaffee und Ersatzkaffee verlief dabei fliessend. Trotz grossen Bemühungen der Kaffeesurrogat-Industrie, das Produkt zu verbessern, blieb der Instantkaffee in

92 Pfiffner, A real winner one day, S. 124.
93 Wild, Coffee, S. 193–196.
94 Ukers, All about coffee, S. 233.
95 Vergleiche zu diesem Phänomen Pendergrast, Kaffee, S. 133, und Rossfeld, Echt nur in dieser Packung, S. 34.
96 Oestreich-Janzen, Herstellung von löslichem Kaffee, S. 148–150.

dieser Form jedoch weit von einem befriedigenden Kaffeeprodukt entfernt. Dennoch fanden die zahlreichen Kaffee-Essenzen und Kaffee-Extrakte, die aus einem eingedickten Kaffeesud bestanden und von der Konsistenz her mit Sirup oder Honig vergleichbar waren, in der Arbeiterschaft ihre Kunden.[97]

Wie beim Röstkaffee brachte auch auf dem Gebiet der Kaffee-Extrakte der Sezessionskrieg (1861–1865) einen entscheidenden Fortschritt: Aufgrund seiner anregenden Wirkung wurde den Soldaten im amerikanischen Bürgerkrieg auf Nachtmärschen Bohnenkaffee abgegeben.[98] Diesem konnten die Truppen allerdings wegen seines bitteren Geschmacks wenig abgewinnen, denn gewöhnlich tranken die Amerikaner den Kaffee mit Milch und Zucker. Die Soldaten begannen deshalb den Kaffee mit gezuckerter Kondensmilch[99] zu mischen, die 1856 vom Amerikaner Gail Borden erstmals industriell hergestellt worden war.[100]

Bordens New York Condensed Milk Company hatte in ihren Anfangsjahren auf einer sehr unsicheren ökonomischen Grundlage gestanden, weil der gezuckerten Kondensmilch bis dahin eine feste Kundschaft gefehlt hatte. Als Ersatz für Muttermilch war sie wenig beliebt gewesen. Im Verlauf des amerikanischen Bürgerkriegs nahm die Nachfrage nach Kondensmilch durch die Kaffee trinkenden Truppen allerdings dermassen zu, dass Borden zu ihrer Deckung sogar weitere Fabriken errichten musste.[101] Gleichzeitig erhielt der Tüftler von der Armee den Auftrag, den Truppen einen fertigen Kaffee-Extrakt zur schnellen Verpflegung zu beschaffen. Aufgrund seiner bisherigen Erfahrungen mit der industriellen Herstellung von Kondensmilch mischte er analog dazu Kaffee mit Milch und Zucker, dampfte diese drei Ingredienzien gemeinsam ein und füllte das pastöse Konzentrat in Dosen ab. Auf diese Weise stellte er eine kaffeehaltige Kondensmilch her, die wie Wagenschmiere aussah, aber nach Kaffee schmeckte.[102]

97 Vergleiche dazu Pfiffner, A real winner one day, S. 124–125, und AHN K 20 Werbesammlung Angleterre VII, Zirkular von Nestlé Grossbritannien, 14. Juni 1939.

98 Teuteberg, Kaffee, S. 100.

99 Beim Herstellungsprozess von gezuckerter Kondensmilch wurde die Milch nach einer Vorerhitzung auf 75–85 Grad Celsius mit Zucker gemischt und unter Vakuum bei einer Temperatur von 55 bis 63 Grad Celsius eingedickt. Dabei wurde ein grosser Teil der Bakterien in der Milch abgetötet und das Produkt durch die Zugabe von Zucker als Konservierungsmittel wesentlich länger haltbar gemacht (Fischer, Kondensmilch, S. 284).

100 Der Grundgedanke zur Herstellung von Kondensmilch wurde bereits während der napoleonischen Kriege entwickelt. Als Begründer der Kondensmilch gilt François Appert aus Paris, indem er die Milch auf zwei Drittel ihres Volumens eindickte. Apperts Milch muss allerdings einen ungeniessbaren Geschmack gehabt haben. Sein Verfahren wurde deshalb 1826 von seinem Landsmann Malbec verfeinert, indem er Zucker als Konservierungsmittel beifügte. Durch sanfte Erhitzung und Evaporation gelang es einem Engländer namens Newton schliesslich, ein Milchprodukt herzustellen, das von der Konsistenz her mit Honig vergleichbar war. Die industrielle Verwertung der Milchkonservierung gelang aber erst Gail Borden (vergleiche dazu Steiner, 100 Jahre Nestlé, S. 12–13, und Valenze, Milk, S. 183 und 186).

101 Valenze, Milk, S. 184–186.

102 Oestreich-Janzen, Herstellung von löslichem Kaffee, S. 148–149, und Franke, Kaffeekonserven und Kaffeesurrogate, S. 118.

Ein ähnliches Konzentrat patentierte L.D. Gale aus Washington D.C. im Jahre 1865. Dabei handelte es sich um eine Art getrockneten Kaffeekuchen, bei dem die flüchtigen Aromastoffe mit Zucker als Trägersubstanz gebunden wurden. Soldaten und Seeleute konnten sich diesen Kuchen als Notfallration in kleinen Stückchen im Mund zergehen lassen und auf diese Weise ohne Wasser eine Ration starken Kaffees zu sich nehmen.[103]

Zahlreiche Forscher und Tüftler entwickelten in den darauffolgenden Jahren weitere Verfahren zur Herstellung eines haltbaren Kaffee-Extrakts: zu ihnen zählten unter anderen die Engländer H. Warry, der 1872 Kaffee, Tee und Kakao unter Vakuum dehydrierte und auf diese Weise drei Pulvergetränke herstellte, und C. Morfit, der 1876 Kondensmilch mit Gelatine und Kaffee mischte,[104] aber auch der Japaner Sartori Kato, der ursprünglich gar keinen Instantkaffee, sondern einen löslichen Tee entwickeln wollte. Da Instanttee jedoch ein unbedeutendes Geschäft blieb, wandelte er sein 1899 entwickeltes Teeverfahren ab und präsentierte 1901 an der Pan-Amerikanischen Ausstellung einen Instantkaffee, der später auf der Ziegler-Expedition zum Nordpol verwendet wurde.[105] *Kato's Soluble Coffee* dürfte sich jedoch weder qualitativ noch durch besonderen wirtschaftlichen Erfolg von anderen Kaffeeprodukten abgehoben haben.[106] Auch erfolgreicheren Geschäftsmännern wie dem Belgier George Washington, der ab 1906 ein süssliches Milchkaffeepulver vertrieb und 1910 in New York unter der Marke *G. Washington's Coffee*[107] Instantkaffee zu produzieren begann, gelang keine wesentliche Verbesserung des Produkts.[108]

Wie die Beispiele zeigen, wurden die Kaffee-Essenzen vielfach mit Milch und Zucker gemischt oder als Milchkaffee («Café au lait instantané») angeboten, weil die Milch den unvollkommenen Kaffeegeschmack teilweise überdeckte. Aus diesem Grund sowie aufgrund der Tatsache, dass die Kaffee-Extrakte nach dem gleichen Produktionsprinzip wie Kondensmilch hergestellt wurden,[109] begannen sich neben Borden auch andere Kondensmilchunternehmen wie die schweizerische Anglo-Swiss Condensed Milk Company in Cham (Kanton Zug) für Kaffeekonserven zu interessieren.

103 Pfiffner, A real winner one day, S. 125.
104 Weiterführend zu den verschiedenen Patenten und Verfahren auf dem Gebiet der Instantkaffeeherstellung vergleiche Bersten, Coffee floats, S. 256.
105 Ukers, All about coffee, S. 465, sowie derselbe, All about tea 1, S. 223.
106 Bersten, Coffee floats, S. 257.
107 George Washington nannte seinen Instantkaffee zuerst *Red E Coffee*, änderte die Bezeichnung später jedoch und nannte ihn *G. Washington's Prepared Coffee* und schliesslich *G. Washington's Instant Coffee* (Ukers, All about coffee, S. 466).
108 Zur Geschichte von G. Washingtons Kaffee vergleiche Oestreich-Janzen, Herstellung von löslichem Kaffee, S. 149, und Pendergrast, Kaffee, S. 169, sowie Pfiffner, A real winner one day, S. 126.
109 Vergleiche dazu Bersten, Coffee floats, S. 256–257, und Pfiffner, A real winner one day, S. 124–125.

Vom Norden in den Süden – Die Nestlé & Anglo-Swiss entwickelt sich zum globalen Milchunternehmen

Kondensmilch, Kaffeekonserven und die Anfänge der Nestlé & Anglo-Swiss

Während in Brasilien der Kaffee- und in Indien der Teeanbau vorangetrieben wurde, spezialisierte sich die Schweizer Landwirtschaft ab Mitte des 19. Jahrhunderts durch den Anschluss an die Weltmärkte zusehends auf die Milchproduktion.[110] Schliesslich waren es fremde Zuwanderer, die aufgrund ihrer Erfahrungen aus der Heimat das Potenzial der qualitativ guten Schweizer Milch zur industriellen Verarbeitung zuerst erkannten: der Deutsche Heinrich Nestle aus Frankfurt und die Gebrüder Page aus Dixon in den Vereinigten Staaten, deren Firmen sich 1905 zur Nestlé & Anglo-Swiss Condensed Milk Company zusammenschliessen werden.[111]

Charles Page hatte im Amerikanischen Bürgerkrieg als Korrespondent der «New York Tribune» die Potomac-Armee der Nordstaaten begleitet und dabei die grosse Nachfrage der Soldaten nach Kaffee mit Kondensmilch hautnah miterlebt.[112] Nach Kriegsende wurde er als Handels-Vizekonsul der Vereinigten Staaten in die Schweiz, nach Zürich, berufen. Hier sollte er sich nach Investitionsmöglichkeiten für amerikanisches Kapital und nach Fachwissen umsehen. Die weit verbreitete Milchwirtschaft in der Schweiz erinnerte ihn daran, dass die gezuckerte Kondensmilch während des Sezessionskriegs eine sehr gefragte Nahrung in der Armee der Nordstaaten und in der Bevölkerung gewesen war. Vor diesem Hintergrund kam Charles Page auf die Idee, von der Schweiz aus die europäischen Grossstädte mit Kondensmilch zu versorgen, wo qualitativ gute Milch Mangelware war.[113]

110 Die Milch- und Käseproduktion in den Schweizer Alpen hat eine lange Tradition. Der Aufstieg der Schweiz zum Käseexportland setzte aber erst Mitte des 18. Jahrhunderts mit der Agrarmodernisierung ein. Ende des 18. Jahrhunderts fasste die Milchwirtschaft mit der Gründung von Dorfkäsereien auch im Mittelland Fuss. Durch die Öffnung gegenüber dem Weltmarkt ab 1850 durch den Eisenbahnbau verstärkte sich die Spezialisierung auf die Milchwirtschaft (Lehmann, Käsefieber, S. 301–305).

111 Vergleiche dazu Pfiffner, Henri Nestlé, S. 18, und Van Orsouw/Stadlin/Imboden, George Page, S. 36–37.

112 Heer, 125 Jahre Nestlé, S. 67.

113 Van Orsouw/Stadlin/Imboden, George Page, S. 44–46.

Im Gegensatz zu den meisten Schweizer Lebensmittelunternehmen dieser Zeit gründete Page die Anglo-Swiss Condensed Milk Company[114] am 23. April 1866[115] bereits mit einem beachtlichen Kapital von 100 000 Schweizer Franken als Aktiengesellschaft und designiertes Grossunternehmen.[116] Unkonventionell und unerschrocken hatte Charles Page amerikanische Freunde[117] als Aktionäre seiner Milchgesellschaft um sich geschart, obwohl er noch über kein technisches Verfahren verfügte, um seine Vision zu verwirklichen. Parallel zur Gründung seines Unternehmens beauftragte er deshalb seinen jüngeren Bruder George, verschiedene Kondensmilchproduzenten in den Vereinigten Staaten aufzusuchen und näheres über deren Herstellungsverfahren herauszufinden. Ebenso wurde George von Charles angewiesen, bei Gail Borden Informationen zur Herstellung von Instantkaffee zu erlangen.

Auf diese Weise kam George Page mit Borden und anderen Milchsiedern in Kontakt. Diese klärten ihn erstaunlich freizügig über ihre Produktionsmethoden auf, da sie ihre Kondensmilch nur in Amerika absetzten und die Gebrüder Page in Europa nicht als Konkurrenten betrachteten. Es war allerdings nicht einfach, aus ihren Erklärungen schlau zu werden, denn viele dieser leidenschaftlichen Tüftler arbeiteten ohne klare Formeln und Rezepte. Trotzdem eignete sich Page immer mehr technisches Wissen an und begann daraus sein eigenes Kondensmilchverfahren abzuleiten.

Als die Gebrüder Page 1867 die Produktion in Cham aufnahmen, stellte ihre Siederei das erste Kondensmilchunternehmen in Europa dar.[118] Wie die weltmännisch klingende Firmenbezeichnung Anglo-Swiss Condensed Milk Company erahnen lässt, visierten sie von Anfang an eine internationale Kundschaft an.[119] Den hauptsächlichen Absatzmarkt sahen sie im frischmilcharmen Grossbritannien, wo die Milch als tägliches Lebensmittel immer wichtiger wurde: Mit der wissenschaftlichen Propagierung

114 Ursprünglich lautete der Gesellschaftsname «Alpine Condensed Milk Company». Erst am 14. Mai 1867 wurde die Bezeichnung in «Anglo-Swiss Condensed Milk Company» umbenannt, um dem englischen Nationalismus entgegenzukommen und den internationalen Charakter des Unternehmens zu betonen (Van Orsouw/Stadlin/Imboden, George Page, S. 57–58).

115 Über das genaue Gründungsdatum lässt sich streiten: Laut Steiner gründete Charles Page die Anglo-Swiss am 23. April 1866 in Zürich, das offizielle Gründungsdatum wurde aber auf den 9. August 1866 in Cham gelegt (vergleiche dazu Steiner, 100 Jahre Nestlé, S. 16).

116 Fenner, Von der Schweiz in die Welt, S. 111.

117 Zu den Gründungsmitgliedern zählten neben Charles und seinem Bruder George Page der ehemalige amerikanische Konsul D. H. Wheeler, die beiden persönlichen Freunde P. H. Lockwood aus New York, L. P. Merriam sowie James Kerez-Paravicini als einziger Schweizer Investor (Heer, 125 Jahre Nestlé, S. 67–68).

118 Weiterführend zu den Gebrüdern Page und den Anfängen der Anglo-Swiss Condensed Milk Company siehe Van Orsouw/Stadlin/Imboden, George Page, S. 46–60.

119 Heer, 125 Jahre Nestlé, S. 68.

der Milch[120] als besonders nährreiches «Volksnahrungsmittel» begannen wohlhabende Haushalte in den englischen Grossstädten regelmässig Milch vom Lande zu beziehen. In den Industriezentren war die Milch damals aber oft von schlechter Qualität, mit Wasser gepanscht oder von gefährlichen Krankheitskeimen durchsetzt.[121] Deshalb erfreute sich die gezuckerte Kondensmilch der Anglo-Swiss, welche 1867 an der Weltausstellung in Paris und 1868 an der «Exposition Maritime» in Le Havre für ihre hohe Qualität Auszeichnungen erhielt, in den englischen Industriestädten sofort einer grossen Nachfrage. Aber auch als Proviant auf den neuen Ozeandampfschiffen gewann die eingedickte Zuckermilch rasch an Bedeutung, wodurch sich das Produkt in kurzer Zeit auf der ganzen Welt verbreitete.[122]

Bereits im ersten Jahr konnten 137 000 Dosen gezuckerte Kondensmilch unter der Marke *Milkmaid*[123] abgesetzt werden. Die Chamer Milch war zwar teuer, lag aber voll im Trend der damaligen Zeit, was es dem Unternehmen dank seiner Vormachtstellung in Europa ermöglichte, beeindruckende Dividenden von bis zu 20 Prozent auszuschütten.

Es fiel der Anglo-Swiss deshalb auch leicht, zur Vergrösserung des Unternehmens und der Festigung seiner Marktstellung in Grossbritannien und Europa zusätzliche Investoren zu finden: Zwischen 1866 und 1875 stieg das Aktienkapital der Gesellschaft von 100 000 Schweizer Franken auf 2 000 000 Schweizer Franken an.

Obwohl zahlreiche europäische Kondensmilchfabriken[124] der Anglo-Swiss das Monopol streitig zu machen versuchten, war keine der Geschwindigkeit, mit der sich das Chamer Unternehmen ausdehnte, und seiner Kapitalkraft gewachsen. Während die Milchsiederei in Niederarnegg (in der Nähe von Gossau) und die Schweizerische Milchgesellschaft Moléson in Düdingen von der Anglo-Swiss aufgekauft wurden, mussten andere ihre Existenz während der Finanzkrise von 1873 aufgeben.[125]

120 Zur wissenschaftlichen Erforschung der Zusammenhänge zwischen der Ernährung und der Gesundheit des menschlichen Organismus durch Chemiker und Mediziner sowie der Bedeutung der Milch als physiologisch wertvolles Nahrungsmittel in der zweiten Hälfte des 19. Jahrhunderts vergleiche weiterführend Tanner, Fabrikmahlzeit, S. 65–72 und 107–110, sowie Pfiffner, Henri Nestlé, S. 86–87.

121 Fischer, Kondensmilch, S. 280, und Brodbeck, Vom Stall in die Küche, S. 305.

122 1868 berichtete ein englischer Schiffsarzt, dass sich die gezuckerte Kondensmilch der Anglo-Swiss auf einer Reise nach Südafrika selbst im tropischen Klima bestens bewährt hatte. Zehn Jahre später war sie zum Beispiel in Singapur bereits bestens etabliert (vergleiche dazu Zangger, Koloniale Schweiz, S. 135, und Van Orsouw/Stadlin/Imboden, George Page, S. 69).

123 Die Marke *Milkmaid* leitet sich vermutlich von den britischen Landfrauen ab, die seit Mitte des 19. Jahrhunderts die Kuhmilch vom Land in die Städte brachten (vergleiche dazu Fischer, Kondensmilch, S. 280).

124 Bis 1872 entstanden in Europa 25 Konkurrenzunternehmen, sechs davon in der Schweiz (Heer, 125 Jahre Nestlé, S. 72).

125 Eine ausführliche Darstellung zum Aufstieg der Anglo-Swiss gibt Kapitel 4 in Van Orsouw/Stadlin/Imboden, George Page, S. 63–76.

Die schwere Wirtschaftskrise, welche nach einer mehrjährigen Wachstumsphase zwischen 1873 und Mitte der 1890er-Jahre zu sinkenden Preisen von Agrargütern führte, liessen den Ruf nach staatlichen Schutzzöllen der einheimischen Landwirtschaft vor billigen, ausländischen Importgütern laut werden.[126] Damit zeichnete sich wirtschaftspolitisch eine zunehmende Abschottung der einzelnen Nationalökonomien ab. Die Anglo-Swiss begann deshalb in Grossbritannien, wo sie damals 75 Prozent ihrer Milchdosen absetzte, eigene Produktionsstandorte aufzubauen: Nachdem sie bereits 1869 in London eine eigene Verkaufsniederlassung gegründet hatte, errichtete sie 1874 eine neue Produktionsanlage in Chippenham und übernahm im gleichen Jahr die English Condensed Milk Company mit Fabriken in Middlewich und Aylesbury. Ebenso errichtete die Anglo-Swiss 1874 eine Produktionsstätte in Lindau am Bodensee.[127] Die Anglo-Swiss Condensed Milk Company war damit bereits 1874 ein multinationales Unternehmen. Die Schweiz blieb aber das wichtigste Produktionsland des Unternehmens.[128]

Mit der Übernahme des Hauptkonkurrenten in Grossbritannien erwarb die Anglo-Swiss 1874 ein Verfahren zur Herstellung eines mit Kakao aromatisierten Milchgetränks. Dies brachte die Unternehmensleitung wieder auf den Gedanken zurück, unter ihrer Qualitätsmarke *Milkmaid* aromatisierte Milchgetränke auf den Markt zu bringen. Da diese ohne grossen Aufwand mit denselben Produktionsmethoden wie die gezuckerte Kondensmilch hergestellt und damit «Economies of Scope» genutzt werden konnten, entschied sich die Anglo-Swiss schliesslich, drei Varianten in ihr Sortiment aufzunehmen: 1875 lancierte das Unternehmen neben *Cocoa&Milk* zusätzlich auch *Chocolate&Milk* und *Coffee&Milk*.[129]

Bei *Cocoa&Milk* und *Chocolate&Milk* handelte es sich um Mischungen aus Frischmilch, Zucker und Kakao, die unter Vakuumpfannen wie die gezuckerte Kondensmilch zu einer zähflüssigen Masse eingedickt wurden.[130] Analog dazu stellte die Anglo-Swiss vermutlich auch *Coffee&Milk* her, wobei sie anstelle des Kakaos Kaffeebohnen und Zichorien beigab. Vom Produktionsverfahren her scheint der Milchkaffee der Anglo-Swiss also mit Bordens Kaffee-Kondensmilch verwandt gewesen zu sein. Zudem liessen sich seine rasch ansteigenden Verkaufszahlen wie bei Borden in ers-

126 Cameron, Weltwirtschaft 2, S. 93.
127 Vergleiche dazu Van Orsouw/Stadlin/Imboden, George Page, S. 70 und 76–78.
128 Eine statistische Auswertung aus dem Jahr 1881 zeigt, dass die Anglo-Swiss 48 Prozent ihrer Kondensmilch in der Schweiz, 35 Prozent in Grossbritannien und 17 Prozent in Deutschland herstellte (Heer, 125 Jahre Nestlé, S. 74).
129 Bolomey, La Anglo-Swiss, S. 45–46.
130 Lavanchy, Chocolat au lait, S. 66, und Fischer, Milchmädchen, S. 94.

ter Linie drauf zurückführen, dass *Coffee&Milk* den Russen im Russisch-Osmanischen Krieg als Soldatenverpflegung diente.

In England dagegen sah sich das Produkt einer starken Konkurrenz gegenüber, deren Erzeugnisse qualitativ besser waren. Dies traf insbesondere auf das Kaffeeprodukt von W. P. Branson zu, welches selbst Mrs. Lippincott, die Frau des Direktors der Anglo-Swiss in Aylesbury, besser fand als dasjenige des eigenen Unternehmens. Problematisch an den Kakao- und Kaffeekonserven der Anglo-Swiss waren vor allem ihre unausgereiften Verfahrenstechniken und geschmacklichen Eigenschaften: Händler reklamierten, *Cocoa&Milk* sei zu süss, während bei *Coffee&Milk* der Kontakt des Kaffee-Extrakts mit Eisen beim Abfüllprozess zu Oxidationen führte, welche beim Öffnen der Dosen einen unangenehmen Geruch verbreiteten. In beiden Fällen mussten die Rezepturen abgeändert werden, wobei die Kaffeebohnen und Zichorien in *Coffee&Milk* ab 1879 durch eine billigere Kaffee-Essenz[131] ersetzt wurden.

Anstatt des erwarteten Wachstumsschubs stagnierten die Umsatzzahlen jedoch mit diesen neuen Rezepturen. Mit einem bescheidenen Umsatz von unter 20 000 Kisten pro Jahr[132] generierten die Milchkaffee- und Milchkakaodosen, die vorwiegend in Grossbritannien verkauft wurden, etwa fünf Prozent des Gesamtumsatzes der Anglo-Swiss.[133]

131 Neben den drei aromatisierten Kondensmilchprodukten verkaufte die Anglo-Swiss zwischen 1875 und 1878 ebenfalls eine «Coffee Essenz». Diese Essenz wurde 1879 jedoch vom Markt genommen und stattdessen vermutlich zur günstigeren Herstellung von *Coffee&Milk* verwendet. Auf eine Abänderung der Rezeptur für *Coffee&Milk* deutet die Tatsache hin, dass die Fabrikationskosten der Kondensmilch mit Kaffeegeschmack zwischen 1875 und 1881 um einen Drittel sanken (AHN Bestand Anglo-Swiss Condensed Milk Company, Jahresstatistik 1867–1894, S. 11–12 und 74–75).

132 Die Verkaufszahlen von *Coffee&Milk* beliefen sich in den 1880er-Jahren auf etwa 12 000 Kisten, diejenigen von *Cocoa&Milk* auf etwa 6000 Kisten, während *Chocolate&Milk* mit einigen Hundert Kisten Absatz kein markttaugliches Produkt darstellte (vergleiche dazu Fischer, Milchmädchen, Tabelle 10.1 im Anhang).

133 1880 betrug der Umsatz der Anglo-Swiss 13 Millionen Schweizer Franken. *Coffee&Milk* mit 500 000 Schweizer Franken, *Cocoa&Milk* mit 230 000 Schweizer Franken sowie *Chocolate&Milk* mit 20 000 Schweizer Franken Absatz stellten dabei keine tragenden Stützen des Unternehmens dar (vergleiche dazu AHN Bestand Anglo-Swiss Condensed Milk Company, Jahresstatistik 1867–1894, S. 74–75, sowie Bolomey, La Anglo-Swiss, S. 47, und Fischer, Milchmädchen, S. 94–97).

Abbildung 1: Wie der Etikette von *Coffee & Milk* um 1900 zu entnehmen ist, handelte es sich bei diesem Produkt um eine schwer lösliche Mischung aus reiner Kondensmilch, reinem Zucker und reinem Kaffee. Bereits damals wurde auf die leichte, bequeme und sparsame Zubereitung hingewiesen.

Der Konkurrenzkampf auf dem Kindernahrungsmittel-Markt

«Wir glauben, dass unsere Artikel auf Schiffen, in Hospitälern, für kleine Kinder und in den Haushaltungen aller grossen Städte gebraucht werden, sobald das Publikum damit bekannt wird und dessen Reinheit, Gesundheit, Bequemlichkeit und Oekonomie kennen lernt»,[134] analysierte die Anglo-Swiss 1868 die Marktchancen ihrer gezuckerten Kondensmilch. Allerdings stand sie nicht alleine in diesem Marktsegment. Im Bereich der Kindernahrung entstanden in der zweiten Hälfte des 19. Jahrhunderts zahlreiche Produkte, die auf Milch basierten und eine Konkurrenz darstellten:[135]

Im Sommer 1864 mischte Justus von Liebig eine Milchsuppe aus Kuhmilch, Malz,[136] Weizenmehl und Kaliumkarbonat für seine Tochter, die nicht stillen konnte. Nach der Veröffentlichung des Rezepts 1865 inspirierte Liebigs Milchsuppe zahlreiche Chemiker und Apotheker, ebenfalls auf diesem Gebiet tätig zu werden. Zu ihnen gehörten unter anderen James Horlick, ein Apotheker aus Gloucestershire in England, der hessische Chemiker Georg Wander in Bern und der Frankfurter Apotheker Heinrich Nestle in Vevey, der sich in der Westschweiz Henri Nestlé nannte.[137]

Horlick und Wander begannen Nahrungs- und Stärkungsmittel für Kinder und Kranke herzustellen, indem sie Milch mit Malz mischten: Während Horlick in den 1870er-Jahren für die Mellin Company[138] in Chicago arbeitete und *Horlick's Malted Milk* aus getrockneter Milch und Malz erfand,[139] beschäftigte sich Georg Wander mit der Malzextraktion unter Vakuum und begann diese Malzextrakte mit Milch, Eiern, Hefe und Kakao zu vermengen. Sein Sohn Albert Wander brachte die Mischung 1904 als *Ovomaltine* auf den Markt, die als Malz- oder Kakaogetränk, wie sie von der Reformbewegung propagiert wurden, in der Schweizer Bevölkerung sofort gute Aufnahme fand. Als «Nährschokolade» stellte die *Ovomaltine* ebenso wie der Zichorienkaffee oder Kräutertee eine eigene Produktkategorie dar, die gleichzeitig auch als gesunder «Kakaoersatz» der Reformbewegung gesehen werden kann.[140]

134 Zitat aus Van Orsouw/Stadlin/Imboden, George Page, S. 69.

135 Ebenda, S. 69.

136 Malz wird aus gekeimtem und gedarrtem Getreide gewonnen. Durch die Keimung entstehen Enzyme, welche die Stärke verzuckern und sie für den Menschen löslich machen. Maltose ist ein Malzzucker, der zu den Kohlenhydraten zählt und in der freien Natur nicht auftritt (Thut, Zwei-Mann-Labor, S. 17).

137 Zu den Anfängen der Kindernahrung vergleiche Valenze, Milk, S. 193; Pfiffner, Henri Nestlé, S. 11 und 114, sowie Thut, Zwei-Mann-Labor, S. 9–16.

138 Die Mellin Company brachte 1866 *Mellin's Food for Infants and Invalids* auf den Markt und gehörte damit zu den Pionieren der Kindernahrungsmittel-Industrie (Valenze, Milk, S. 173).

139 Die Mischung von Malz und Milch fand später mit den *Malteser's* eine Weiterentwicklung, indem Horlick die getrocknete Malzmilch mit Schokolade überzog (ebenda, S. 193–194).

140 Vergleiche dazu Thut, Zwei-Mann-Labor, S. 16–17 und 31–32, sowie Rossfeld, Schweizer Schokolade, S. 190.

Einen anderen Ansatz als Horlick und Wander verfolgte dagegen Henri Nestlé: Wie bei der Herstellung von gezuckerter Kondensmilch dickte er Milch und Zucker zu einer Milchpaste ein und entwickelte diese nach dem Vorbild von Liebigs Säuglingssuppe zu einem wissenschaftlich anerkannten Kindernahrungsmittel weiter. Dabei vermengte er die eingedickte Zuckermilch mit einem Brotbrei, der nach einem speziellen Verfahren ohne Zugabe von Malz hergestellt wurde. Der trockenen Mischung gab er zusätzlich Kaliumkarbonat bei und siebte und mahlte diese anschliessend zu einem feinen Pulver, das er «Kindermehl» nannte.[141]

1868 lancierte er *Nestlé's Kindermehl* gleichzeitig in der Schweiz und in seiner Heimatstadt Frankfurt am Main, wo sein Produkt sofort einen guten Ruf genoss.[142] Obwohl die Schweiz, Deutschland und Frankreich in den ersten Jahren die bedeutendsten Absatzmärkte waren, wurde Nestlés Kindernahrung rasch auch ausserhalb Europas bekannt: 1873 wurde *Nestlé's Kindermehl* erstmals auf allen fünf Kontinenten verkauft, unter anderem in den Vereinigten Staaten, Russland, Australien, Argentinien, Ägypten und Niederländisch Indien.[143]

Nestlés Erfolg brachte den Verwaltungsrat der Anglo-Swiss auf den Gedanken, ebenfalls ein Kindermehl herzustellen.[144] Dabei trafen zwei Konkurrenten mit sehr unterschiedlichen Unternehmensphilosophien aufeinander: Die Anglo-Swiss Condensed Milk Company lässt sich als Grossunternehmen charakterisieren, wie es Chandler in «Scale and Scope»[145] beschreibt. Ihr Erfolg beruhte auf der Massenproduktion, indem sie ein qualitativ gutes Produkt rationell herstellte und sich aufgrund ihrer Grösse und Kapitalkraft eine Monopolstellung sichern konnte.[146] Andererseits wies das Unternehmen mit Sitz am Zugersee bei der Vermarktung und im Bereich der Innovation Defizite auf: George Page hielt nicht viel von Werbung und ging sehr sparsam damit um,[147] gleichzeitig fehlte der Gesellschaft das nötige physiologische und chemische Wissen, um beispielsweise Kindermehl selber herzustellen. Die Technik musste deshalb 1877 durch die Übernahme einer Kindernahrungsmittel-Fabrik in Flamatt eingekauft werden.[148]

141 Anstatt Malz beizugeben, entdeckte Nestlé, dass sich unter starkem Druck und Wasserdampf das schwer verdauliche Stärkemehl in ein leicht verdauliches Dextrin umwandelte (Pfiffner, Henri Nestlé, S. 116–117).

142 Heer, 125 Jahre Nestlé, S. 54.

143 Vergleiche dazu die Statistiken in Pfiffner, Henri Nestlé, S. 242.

144 Fischer, Kondensmilch, S. 287.

145 Vergleiche dazu das Kapitel «Vorgehen und theoretische Einbettung», S. 20.

146 Vergleiche die Ausführungen im vorangehenden Kapitel «Vom Norden in den Süden – Die Nestlé & Anglo-Swiss entwickelt sich zum globalen Milchunternehmen», S. 53–55.

147 Während Nestlé um 1890 etwa sechs Prozent seines Umsatzes in Werbung reinvestierte, betrugen die Werbeausgaben bei der Anglo-Swiss rund ein Prozent des Umsatzes (Van Orsouw/Stadlin/Imboden, George Page, S. 145).

148 Wie Manuel Fischer schreibt, hatte keiner der führenden Manager und Techniker eine formelle Ingenieurausbildung genossen. Page war ein Praktiker und gegenüber den akademisch gebildeten Naturwissenschaftlern kritisch eingestellt (Fischer, Kondensmilch, S. 285–288).

Demgegenüber besass die von Henri Nestlé gegründete Gesellschaft zwar nicht das Kapital[149] und die Grösse[150] einer Anglo-Swiss, verfügte dafür über wissenschaftlich fundiertes technisches Wissen und vermochte damit eine Marke mit hoher fachlicher Anerkennung aufzubauen.[151] Nestlé operierte zwar mit bescheideneren Umsatzzahlen als die Anglo-Swiss, dafür aber mit höheren Gewinnmargen.[152]

Bereits 1878 erhielt der Angriff der Anglo-Swiss auf das Kindermehl der 1875 in eine Aktiengesellschaft umgewandelten Farine Lactée Henri Nestlé[153] allerdings einen argen Dämpfer: Ein Jahr nach der Übernahme brannte die Kindermehlfabrik in Flamatt ab, womit die Diversifikationsanstrengungen der Anglo-Swiss auf diesem Gebiet geplatzt waren.[154] Ebenso scheiterte der Versuch, Nestlé zu kaufen, während George Page das Angebot einer gemeinsamen Fusion kategorisch ablehnte.[155]

Weit gravierender war jedoch, dass sich die Nestlé den Angriff auf ihr Kindermehl nicht bieten liess und im Gegenzug ins Kerngeschäft der Anglo-Swiss vordrang, indem sie ebenfalls gezuckerte Kondensmilch zu produzieren begann. Von diesem Moment an entbrannte ein erbitterter Konkurrenzkampf zwischen den beiden Unternehmen: Die Anglo-Swiss versuchte aufgrund ihrer Skalenerträge, Nestlé in einen Preiskampf zu verwickeln, und senkte ihre Preise um 2 Franken 40 Rappen pro Kiste, worauf das Unternehmen aus Vevey mit einem noch tieferen Preis konterte, was sich das Unternehmen aus Vevey aufgrund der Gewinne mit Kindermehl leisten konnte. Ausserdem strahlte die starke Marke, welche sich Nestlé im Bereich des Kindermehls aufgebaut hatte, auch auf das Kondensmilchgeschäft aus. Umgekehrt

149 1877 besass Nestlé ein Aktienkapital von einer Million Schweizer Franken, die Anglo-Swiss Condensed Milk Company eines von drei Millionen Schweizer Franken (vergleiche dazu die Zahlen in Pfiffner, Henri Nestlé, S. 211, und Van Orsouw/Stadlin/Imboden, George Page, S. 186).

150 Die Anzahl Arbeitskräfte betrug bei Nestlé 1877 zwischen 50 und 60 Personen, bei der Anglo-Swiss waren es mit etwa 700 Personen zehnmal mehr. Daran lassen sich auch die Grössenverhältnisse der beiden Unternehmen abschätzen (vergleiche dazu die Angaben in Pfiffner, Henri Nestlé, S. 145, und Van Orsouw/Stadlin/Imboden, George Page, S. 185).

151 Um sein Kindermehl von anderen, weniger geeigneten Kindernahrungspräparaten abzuheben, legte Nestlé besonderen Wert auf die wissenschaftliche Anerkennung von erstklassigen Ärzten und Apothekern als Fach- und Vertrauenspersonen seiner Kundinnen (Pfiffner, Henri Nestlé, S. 176).

152 Jean Heer schreibt, dass Nestlé bei einem Verkaufspreis von sFr. 1.20 einen Gewinn von 20 Rp. und bei einem Verkaufspreis von sFr. 1.50 einen Gewinn von 30 Rp. erzielte. Der Gewinnmarge betrug also beachtliche 10 bis 20 Prozent des Umsatzes (Heer, 125 Jahre Nestlé, S. 55).

153 1875 verkaufte Henri Nestlé sein Unternehmen an eine Gruppe von Unternehmern aus Vevey, welche das Familienunternehmen in eine Aktiengesellschaft unter dem Namen «Farine Lactée Henri Nestlé» umwandelten (Heer, 125 Jahre Nestlé, S. 58–59).

154 Der Umsatz des *Anglo-Swiss Kindermehls* blieb mit weniger als 30 000 Dosen pro Jahr gegenüber Nestlé mit etwa 2 000 000 Dosen pro Jahr unbedeutend. 1888 wurde die Produktion schliesslich ganz eingestellt (Fischer, Kondensmilch, S. 287–288).

155 Van Orsouw/Stadlin/Imboden, George Page, S. 146.

gelang es der Anglo-Swiss nicht, eine gut durchdachte Werbekampagne zu organisieren. Viele Detaillisten beklagten sich über die nervöse Preis- und Markenpolitik der Anglo-Swiss und wandten sich vom Unternehmen ab, was sich auch auf die Umsatzzahlen niederschlug: Zwischen 1885 und 1890 konnte Nestlé ihren Kondensmilchumsatz verdreifachen und auf Kosten der Anglo-Swiss Marktanteile gewinnen, während der Absatz des Chamer Unternehmens in derselben Zeitspanne um einen Drittel einbrach.[156]

Der Konkurrenzkampf zwischen Nestlé und der Anglo-Swiss zeigt, dass Skalenerträge alleine noch kein Erfolgsrezept sein mussten und technisches Wissen und der Aufbau von starken Marken mindestens ebenso wichtig sein konnten. Wie der nächste Abschnitt zeigen wird, schlitterte die Anglo-Swiss durch die Defizite in den beiden letztgenannten Bereichen immer mehr in die Krise, die schliesslich zur Fusion mit Nestlé führte.

Verpasste Chancen und die Fusion zur Nestlé & Anglo-Swiss

Durch die Urbanisierung, neue ernährungswissenschaftliche Erkenntnisse und Konservierungstechniken entwickelte sich die Milch im «Zeitalter des Hochkapitalismus»[157] zum modernen Massenprodukt,[158] was zu rasanten Veränderungen des Marktumfelds führte: Die Dauermilchproduktion trat Ende des 19. Jahrhunderts in ihre Wachstumsphase. Die Zahl der Konkurrenten stieg.[159] Dabei verpasste es die Führung der Anglo-Swiss, wichtige Neuerungen im Bereich der Milchkonservierung frühzeitig zu erkennen: die Entwicklungen der keimfreien, ungezuckerten Kondensmilch und der sterilisierten Flüssigmilch.[160]

Nachdem die Anglo-Swiss nach dem verunglückten Eintritt ins Kindermehlgeschäft zu Beginn der 1880er-Jahre auch mit der Lancierung von Malzextrakten wenig Erfolg gehabt hatte, wurde George Page gegenüber neuen Produkten zunehmend

156 Heer, 125 Jahre Nestlé, S. 62–63, und Fischer, Kondensmilch, S. 292–295.

157 Siehe dazu weiterführend Van Orsouw/Stadlin/Imboden, George Page, S. 143.

158 Vergleiche dazu Fischer, Kondensmilch, S. 280–281 und 292, sowie die Einleitung in Valenze, Milk.

159 Diese Entwicklung lässt sich anhand der Schweizer Milchindustrie statistisch nachvollziehen: 1870 verarbeitete die Schweizer Milchindustrie etwa 10 500 q, 1880 waren es 125 000 q, 1890 wurden 380 000 q industriell verarbeitet und 1900 bereits 900 000 q. Ein q (Mass-Zentner) entspricht 50 kg (Artikel in der «Schweizerischen Milchzeitung», 29. September 1925, S. 2).

160 Bei der Herstellung der beiden Milchprodukte wurden bei einer Temperatur von 110 bis 120 Grad Celsius sämtliche Mikroorganismen in der Milch abgetötet und konnten somit ohne Zuckerzusatz haltbar gemacht werden. Der Nachteil dieses Verfahrens war allerdings, dass die Milch längere Zeit (20 bis 45 Minuten) hohen Temperaturen ausgesetzt war. Der Unterschied zwischen der ungezuckerten Kondensmilch und der sterilisierten Milch bestand darin, dass erstere auf die Hälfte ihres anfänglichen Volumens eingedickt wurde (vergleiche dazu Fischer, Milchmädchen, S. 47, Nestlé, This is your Company, S. 118, und Zbinden, Infant and dietetic preparations, S. 17).

kritisch. So lehnte er beispielsweise die Idee seines Mitarbeiters Johann Meyenberg ab, eine sterile, ungezuckerte Kondensmilch auf den Markt zu bringen. Dieser wanderte daraufhin nach Amerika aus, wo sich die ungezuckerte Kondensmilch als «Evaporated Milk» zu einem äusserst erfolgreichen Produkt entwickelte.[161]

Eine zusätzliche Konkurrenz erwuchs der gezuckerten Kondensmilch zudem mit der sterilisierten Flüssigmilch, welche um 1890 zur Verpflegung der europäischen Dampfschifffahrtsgesellschaften rasch bedeutend wurde. Aus dieser Entwicklung gingen unter anderem die 1892 gegründete Berneralpen Milchgesellschaft in Konolfingen und 1895 die Centralschweizerische Natur-Milch Exportgesellschaft in Hochdorf hervor.[162]

Einsichtig geworden, folgte die Anglo-Swiss 1894 ebenfalls diesem Markttrend, indem sie eine sahnehaltige Kondensmilch unter dem Namen *Ideal Cream* auf den Markt brachte und 1896 die norwegische Anglo-Scandinavian Condensed Milk Company mit Fabriken in Hamar und Sandesund übernahm, die sterilisierte Flüssigmilch und ungezuckerte Kondensmilch herstellte.[163]

Im Gegensatz zu Nestlé, der Berneralpen Milchgesellschaft[164] und der Schweizerischen Milchgesellschaft Hochdorf[165] versäumte es die Anglo-Swiss zudem, sich am Aufstieg der Schweizer Milchschokolade um die Jahrhundertwende zu beteiligen, welcher mit der erstmaligen Verfügbarkeit eines geschmacklich befriedigenden Milchpulvers in direktem Zusammenhang stand.[166] Vorläufer der Milchschokolade wie *Cocoa&Milk* und

161 Van Orsouw/Stadlin/Imboden, George Page, S. 151–152.

162 Da in Grossbritannien der Fettgehalt der Milch mindestens drei Prozent betragen musste und dieser Wert von der norddeutschen Milchindustrie – wo das Verfahren ursprünglich erfunden worden war – nicht geliefert werden konnte, war die Schweizer Milch trotz höheren Frachtkosten gegenüber der deutschen sterilisierten Milch konkurrenzfähig (vergleiche dazu Ineichen, Gründung 1895 der Hochdorf, S. 3 und 7, sowie Fenner, Milchwelle, S. 37–40).

163 Die beiden keimfreien Milchprodukte entwickelten sich übrigens auch zu einer direkten Konkurrenz für *Nestlé's Kindermehl,* das ab 1897 auf den Weltmärkten zunehmend an Boden verlor. Nestlé sah sich deshalb gezwungen, ebenfalls ins Geschäft mit der ungezuckerten Kondensmilch einzusteigen. 1898 übernahm sie die Norwegian Milk Condensing Company in Kap (Norwegen), die ungezuckerte Kondensmilch unter der Marke *Viking* herstellte (vergleiche dazu Heer, 125 Jahre Nestlé, S. 64, und Fenner, Von der Schweiz in die Welt, S. 124).

164 Zur Entwicklung der *Milka*-Schokolade durch Suchard und die Berneralpen Milchgesellschaft vergleiche weiterführend Fenner, Milchwelle, S. 55–57.

165 Die Schweizerische Milchgesellschaft Hochdorf lieferte der 1904 gegründeten Lucerna Anglo-Swiss Milk Chocolate Co. die Milch zur Herstellung ihrer Milchschokolade (Rossfeld, Vom Hoffnungsträger zum Politskandal, S. 189).

166 Die Schwierigkeit bei der Herstellung einer festen Milchschokolade war die Gewinnung eines qualitativ zufriedenstellenden Milchpulvers. Seit der ersten Hälfte des 19. Jahrhunderts versuchte man die Milch durch vollständigen Wasserentzug haltbar zu machen, indem man sie zu einem «Teig» eindickte, welcher danach in einem Heisslufttunnel nachgetrocknet wurde. Dabei wurden die Eiweissstoffe in der Milch jedoch längere Zeit hohen Temperaturen ausgesetzt. Das daraus resultierende Produkt war deshalb häufig unlöslich und geschmacklich ungeniessbar. Erst um 1900 konnte mit der Walzentrocknung ein haltbares und geschmacklich befriedigendes Milchpulver hergestellt werden. Dabei wurde die Milch in einer ganz dünnen Schicht auf einer walzenförmigen Heizfläche aufgetragen und in so kurzer Zeit getrocknet, dass der Geschmack gegenüber den Vorläuferverfahren stark verbessert werden konnte. Die Löslichkeit des walzengetrockneten Milchpulvers sowie die Karamellisierung des Milchzuckers und die Denaturierung der Eiweissstoffe blieben jedoch

Chocolate & Milk blieben für das Chamer Unternehmen Nebenprodukte, deren Weiterentwicklung nicht als Kernaufgabe angesehen wurde.[167] Stattdessen war es Daniel Peter, der in unmittelbarer Nachbarschaft zu Nestlé an der Herstellung eines Milchkaffee- und Milchkakaopulvers tüftelte und Ende der 1880er-Jahre erstmals eine feste Milchschokolade herstellte.[168] 1904 stieg Nestlé über eine Kooperation mit Peter ebenfalls ins aufstrebende Schokoladegeschäft ein: Das Milchunternehmen verpflichtete sich, das Kapital der Société Générale du Chocolat Peter & Kohler um eine Million Schweizer Franken zu erhöhen, dem Schokoladefabrikanten Milch zu liefern[169] und den Verkauf der Schokolade im Ausland zu übernehmen. Umgekehrt war Peter & Kohler für die Schokoladeproduktion zuständig und verpflichtete sich, ebenfalls Schokolade unter der Marke *Nestlé* herzustellen.[170] 1905 kam die erste Milchschokolade unter der Marke *Nestlé* auf den Markt, die damals vor allem in Grossbritannien verkauft wurde.[171]

Statt auf Innovation und Diversifikation setzte die Anglo-Swiss auf geografische Expansion. Ihren neuen Entwicklungsschwerpunkt sah sie in den Vereinigten Staaten, wo sie ihre Produktionskapazitäten in den 1880er-Jahren mit gewaltigen Fabrikationsanlagen erweiterte:[172] 1878 erstmals in Amerika tätig geworden, versuchte sie während der wirtschaftlichen Aufbruchstimmung in den Vereinigten Staaten, mit Hilfe von Grössenvorteilen die dortigen Kondensmilchmärkte zu erobern. Nachdem das Chamer Unternehmen 1882 eine erste Milchfabrik in Middletown erstellt hatte, baute sie 1889 in Dixon die damals grösste Kondensmilchfabrik der Vereinigten Staaten auf.[173]

Der US-amerikanische Kondensmilchmarkt war allerdings weit umkämpfter als der europäische. Neben Borden hatten auch andere Unternehmer das Kondensmilchgeschäft entdeckt. Die rasche Ausweitung des Angebots durch den Bau grosser Fabriken führte zu einer Marktsättigung und brachte Überkapazitäten mit sich, die auf die Preise und Margen drückten. Statt der erhofften Gewinne durch Skalenerträge wurde die grosse Fabrik

ein Problem, das erst mit der Sprühtrocknung gelöst werden konnte (vergleiche dazu Rossfeld, Innovation der Milchschokolade, S. 125, und Frank, Dank dem Gewerbefleiss, S. 686–687).

167 Fischer, Milchmädchen, S. 97.

168 Zur Erfindung der Milchschokolade siehe weiterführend Rossfeld, Innovation der Milchschokolade, S. 125–132, und Lavanchy, Chocolat au lait, S. 66–73.

169 Nestlé lieferte bereits zuvor einen Teil seiner Frischmilch an Peter, damit dieser Milchschokolade herstellen konnte. Der Vertrag stellte eine rechtliche Absicherung einer bereits bestehenden Zusammenarbeit dar (Lavanchy, Chocolat au lait, S. 80).

170 Heer, 125 Jahre Nestlé, S. 152–153.

171 AHN SG 11790, Statistik «Ventes de Chocolat 1900 à 1949».

172 In den Vereinigten Staaten errichtete die Anglo-Swiss 1882 in Middletown (New York), 1889 in Dixon (Illinois), 1899 in Monroe (Wisconsin) und 1900 in Walton (Delaware) bedeutende Milchfabriken (vergleiche dazu Van Orsouw/Stadlin/Imboden, George Page, S. 71 und 177).

173 Vergleiche dazu Van Orsouw/Stadlin/Imboden, George Page, S. 71 und 104–106.

in Dixon bald zur finanziellen Belastung für das Unternehmen.[174] Damit die Warenvorräte nicht übermässig anwuchsen, musste die Produktion gedrosselt werden. Ausserdem konnte Borden als «First Mover» den Marktanteil seiner Qualitätsmarke *Eagle-Brand* mühelos verteidigen, indem in rascher Folge billige «Kampfmarken» auf den Markt gebracht wurden,[175] welche die Preise der Konkurrenz unterboten und diese aus dem Markt drängten.

Auch die Anglo-Swiss reagierte auf dem US-Markt mit Billigmarken, welche die eigene Qualitätsmarke *Milkmaid* vor Preisabschlägen schützen und gleichzeitig den Kondensmilchumsatz des Unternehmens ankurbeln sollten. Da die Marke *Milkmaid* in den Vereinigten Staaten allerdings noch nicht etabliert war, hatte diese Marketing-Strategie den unerwünschten Nebeneffekt, dass der Marktanteil der eigenen Billigmarken innerhalb kurzer Zeit grösser war als derjenige der Hauptmarke *Milkmaid*. Eine langfristige Bindung des Kunden an die Marke *Milkmaid* wurde dadurch verhindert. Die Kampfmarken schwächten deshalb – anders als bei Borden – nicht die Konkurrenz, sondern in erster Linie die Marktstellung der Anglo-Swiss selbst.[176]

Die Misswirtschaft im US-Geschäft[177] liess den Gewinn des Unternehmens innerhalb von fünf Jahren auf einen Drittel einbrechen, die Börsenkurse sanken, Aktionäre gerieten in Panik und verkauften ihre Unternehmensanteile. Die schlechten Ergebnisse spalteten die Eigentümer der Anglo-Swiss in den 1890er-Jahren in zwei Fraktionen: Auf der einen Seite die Aktionäre aus England und Amerika, welche die Expansion in den Vereinigten Staaten forcieren wollten. Auf der anderen Seite die Schweizer Aktionäre und Finanzinstitutionen, welche das Hauptgeschäft des Unternehmens in Europa sahen und deshalb heimlich eine Unternehmensverschmelzung mit Nestlé suchten. In diesem Interessenskonflikt setzte sich vorerst der expansionistische Kurs der angelsächsischen Fraktion um George Page durch.[178]

Die Kräfteverhältnisse änderten sich jedoch um die Jahrhundertwende, als mit George Page die federführende Person der Anglo-Swiss verstarb. Unter seinem Sohn Fred Page wurde die Expansionsstrategie in den Vereinigten Staaten aufgegeben und die Sicherung der Märkte in Europa durch eine Fusion mit Nestlé angestrebt. 1902 verkaufte die Anglo-Swiss sämtliche Fabriken, Patente und Marken (mit Ausnahme der Marken *Milkmaid* und *Ideal*) in Nordamerika für zwei Millionen Dollar an

174 Ebenda, S. 104 und 115.
175 Heer, 125 Jahre Nestlé, S. 75–76.
176 Fischer, Kondensmilch, S. 294, und Van Orsouw/Stadlin/Imboden, George Page, S. 117.
177 Die grossen Fabrikanlagen in den Vereinigten Staaten waren damals nur zu einem Viertel ausgelastet (Heer, 125 Jahre Nestlé, S. 79).
178 Van Orsouw/Stadlin/Imboden, George Page, S. 115, 141–146 und 185.

Borden. Mit dem Verkauf wurde eine bedeutende geografische Marktaufteilung vertraglich festgelegt: Die Anglo-Swiss durfte nicht mehr auf den Märkten Nordamerikas tätig werden, während Borden nicht nach Europa expandieren durfte. Gleichzeitig wurde nun eine Fusion mit Nestlé angestrebt, die am 15. April 1905 schliesslich perfekt war.

Die Verschmelzung hatte für beide Unternehmen Vorteile. Einerseits hatte damit der erbittert geführte Konkurrenzkampf ein Ende. Andererseits eröffnete die Fusion den beiden Schweizer Unternehmen ganz neue Zukunftsperspektiven: Mit einem Aktienkapital von 40 Millionen Schweizer Franken, das beide Unternehmen zur Hälfte beisteuerten, stellte die Nestlé & Anglo-Swiss Condensed Milk Company dank den gebündelten Kräften nun eindeutig das grösste Kondensmilchunternehmen Europas dar.[179] Es verfügte neu über 20 Milchfabriken[180] und besass ausländische Tochtergesellschaften in England, Deutschland, Frankreich, Norwegen, Spanien, Österreich und in den Vereinigten Staaten.[181] Organisatorisch fand zwischen den beiden Gesellschaften zwar keine vertiefte Verschmelzung statt,[182] gleichzeitig ergänzten sich die Distributionsnetzwerke von Nestlé und der Anglo-Swiss Condensed Milk Company aber hervorragend: Während Nestlé in Europa ein ausgezeichnetes Vertriebsnetz aufgebaut hatte,[183] verfügte die Anglo-Swiss im britischen Empire (Grossbritannien und seine Kolonien) über eine starke Position.[184]

Mit Schweizer Milch und Milchschokolade zum Weltkonzern

Während die beiden Hauptsitze in Cham und Vevey als Zeichen der vollkommenen Gleichberechtigung zwischen den Fusionspartnern

179 Weiterführend dazu siehe Kapitel 10 in Van Orsouw/Stadlin/Imboden, George Page, S. 168–181, und Fenner, Von der Schweiz in die Welt, S. 125 und 127.

180 Von diesen 20 Produktionsanlagen befanden sich sieben in der Schweiz (Cham, Düdingen, Egnach, Vevey, Bercher, Payerne und Neuenegg), fünf in Grossbritannien (Chippenham, Aylesbury, Middlewich, Staverton und Tutbury), drei in Norwegen (Sandesund, Hamar und Kap), zwei in Deutschland (Hegge und Lindau) sowie je eine in den Vereinigten Staaten (Fulton), Spanien (La Penilla) und im österreichischen Grimmenstein (Pfiffner/Renk, Wandel als Herausforderung, S. 32).

181 Ebenda, S. 32.

182 Vergleiche dazu Heer, 125 Jahre Nestlé, S. 85, und Jahresbericht Nestlé 1957, S. 20.

183 1906 verkaufte die Nestlé SA 71 Prozent ihres Kindermehls in Kontinentaleuropa. Die wichtigsten Märkte waren dabei der Reihe nach Deutschland, Frankreich, Österreich, Italien, Spanien und die Schweiz (AHN Bestand Société Henri Nestlé SA, Statistique Farine Lactée ab 1876).

184 1898 verkaufte die Anglo-Swiss etwa 1 014 000 Kisten oder fast zwei Drittel ihres Umsatzes im Grossbritannien und seinen Kolonien, 417 000 Kisten in Amerika und 136 000 Kisten in Kontinentaleuropa (AHN Bestand Anglo-Swiss Condensed Milk Company, Jahresstatistik 1867–1894, S. 3).

beibehalten wurden,[185] entstand 1905 mit dem Zusammenschluss ein zusätzlicher Hauptsitz in London, der zur entscheidenden Schaltstelle der Verkaufsorganisation wurde: Von hier aus versorgte die Nestlé & Anglo-Swiss nicht nur den bedeutenden britischen Heimmarkt, sondern organisierte auch den weltweiten Export ihrer Milchprodukte nach Asien, Afrika, Australien und Lateinamerika.

Mit der Zentralisierung des Exportgeschäfts in London begann auch der Aufbau einer weltweiten, firmeneigenen Verkaufsorganisation. Anstelle von Agenten, welche auf Kommissionsbasis arbeiteten, wurde der Vertrieb in zahlreichen Exportmärkten nun eigenen Leuten anvertraut, die entsprechend geschult waren und sich ausschliesslich mit der Vermarktung von Nestlés Markenprodukten beschäftigten.[186] Die permanenten Vertretungen verursachten zwar hohe Kosten, waren aber beim Vertrieb von sensiblen Gütern wie Kindernahrungsmitteln durchaus sinnvoll.[187]

In den folgenden Jahren bis zum Ersten Weltkrieg entwickelte sich die Nestlé & Anglo-Swiss zum Weltkonzern: Entlang der Wasserstrassen kolonialer Handelsgesellschaften baute das Unternehmen mit über 20 Handelsniederlassungen in Asien, Afrika, Australien und Lateinamerika[188] eine äusserst schlagkräftige und feinmaschige Verkaufsorganisation um den ganzen Globus auf.[189] Weil der Transport der Schweizer Milch um die halbe Welt hohe Kosten verursachte, begann Nestlé ab 1907 auch in Australien – damals neben Grossbritannien Nestlés bedeutendster Absatzmarkt – Milchfabriken aufzubauen,[190] um von dort aus die britischen Kolonien und die Märkte im Fernen Osten zu beliefern.[191] Zudem errichtete das Unternehmen zur Versorgung des Britischen Empires 1912 eine weitere Milchfabrik in Ashbourne (Grossbritannien) und erwarb im selben Jahr eine bedeutende Beteiligung an der Galak Condensed Milk Company in Rotterdam, von wo aus sie entrahmte Kondensmilch nach Asien exportierte, die – wie Jean Heer erwähnt – in Südostasien dem Tee

185 Die beiden Hauptsitze in Vevey und Cham überwachten die Märkte in Kontinentaleuropa. Von Cham aus dirigierte die Nestlé & Anglo-Swiss die Kondensmilchgeschäfte in Deutschland und Österreich, während in Vevey der Verkauf von Kindermehl sowie der Kondensmilch in den anderen kontinentaleuropäischen Märkten geregelt wurde (Heer, 125 Jahre Nestlé, S. 118–119).

186 Erläuterungen zum Geschäftsbericht Nestlé 1955, S. 19, und Heer, 125 Jahre Nestlé, S. 119.

187 Disselkamp, Eurobrands, S. 215–216.

188 Eine Weltkarte von 1913 zeigt, dass Nestlé in Südafrika (Kapstadt, Algoa Bay, East London, Delagoa Bay, Durban), Indien (Karachi, Bombay, Madras, Kalkutta) und Südostasien (Singapore, Rangoon, Batavia, Saigon, Hong Kong, Manila) bis nach Yokohama und Wladiwostok sowie Australien (Sidney, Melbourne, Freemantle) über ein feines Distributionsnetz verfügte. Dasselbe traf auch auf Lateinamerika zu, wo das Unternehmen Niederlassungen in Havanna, Bogota, Lima, La Paz, Rio de Janeiro, Santiago de Chile und Buenos Aires besass (Fenner, Nestlé & Anglo-Swiss, S. 323).

189 Erläuterungen zum Geschäftsbericht Nestlé 1955, S. 19.

190 Heer, 125 Jahre Nestlé, S. 119–120, und Fritz, Nestlé 1913–1920, S. 42.

191 Nestlé SA, This is your Company, S. 104.

192 Heer, 125 Jahre Nestlé, S. 121.

beigegeben wurde.[192] Die Verbreitung der Schweizer Dosenmilch im asiatischen Raum ist deshalb wohl nicht zuletzt auf die Gewohnheit zurückzuführen, Kaffee und Tee mit Milch zu mischen. Noch heute wird in Malaysia, Indonesien oder Vietnam der traditionelle Kaffee mit Kondensmilch zubereitet.[193]

Die Länder des Südens wurden dadurch als Absatzmärkte von Nestlés Kondensmilch immer wichtiger. 1913 erzielte das Schweizer Unternehmen fast zwei Drittel seines Umsatzes mit Dosenmilch ausserhalb Europas und Nordamerikas.[194] Das globale, firmeneigene Vertriebsnetz stellte dabei einen wesentlichen Vorteil der Nestlé & Anglo-Swiss gegenüber der Konkurrenz dar. Zusammen mit der geografischen Marktabsprache, welche die Anglo-Swiss 1902 mit Borden geschlossen hatte, sicherte dieses dem Unternehmen aus Cham die Vorherrschaft auf den Kondensmilchmärkten Europas und in den Kolonien. Insbesondere im Britischen Empire verfügte Nestlé über zahlreiche Vertretungen. In Lateinamerika begann Borden die Nestlé & Anglo-Swiss ab 1910 zwar ernsthaft zu konkurrenzieren, aber auch hier konnte sich das Schweizer Unternehmen zwei Jahre später mit dem amerikanischen Milchkonzern auf ein Übereinkommen einigen und dadurch seine starke Stellung sichern.[195]

Zusätzlich verfügte die Nestlé & Anglo-Swiss mit *Nestlé's Kindermehl* über eine äusserst einträgliche Spezialität, die 1914 mit einem Anteil von drei Prozent am Gesamtumsatz 16 Prozent des Gewinns erwirtschaftete. Dies erlaubte es dem Unternehmen, auch auf Märkten tätig zu sein, wo die Kondensmilch weniger erfolgreich war.[196] Daneben verbreitete Nestlé ebenfalls die Schokolade von Peter & Kohler über ihr Distributionsnetzwerk. Einzig in Nordamerika, wo die Nestlé & Anglo-Swiss aufgrund der Verträge mit Borden nur Kindermehl herstellen durfte und deshalb über kein starkes Distributionsnetz verfügte,[197] verkaufte Peter & Kohler ihre Schokolade über die Lamont, Corliss & Co. in New York. Die Umsatzzahlen der Schweizer Schokolade in Nordamerika nahmen allerdings bald derartige Dimensionen an, dass Lamont, Corliss & Co. die Schokolade nicht mehr aus der Schweiz importieren, sondern im Land selber herstellen wollte. Ab 1907 begann

193 Sy-Quia, Over a cup of coffee, S. 76.

194 1913 verkaufte die Nestlé & Anglo-Swiss 400 000 Kisten Kondensmilch in Europa, 1 500 000 Kisten in Grossbritannien und 3 200 000 Kisten in Asien, Afrika, Australien und Lateinamerika (Fritz, Nestlé 1913–1920, S. 97).

195 Fenner, Nestlé & Anglo-Swiss, S. 321–323.

196 Von der Menge her war die gezuckerte Kondensmilch mit einem Anteil von über 80 Prozent am Gesamtumsatz das bedeutendste Produkt der Nestlé & Anglo-Swiss. Die ungezuckerte Kondensmilch und die sterilisierte Milch stellten dagegen zusammen mit der aromatisierten Kondensmilch Nebenprodukte dar (Fritz, Nestlé 1913–1920, S. 43).

197 AHN Rapport au Conseil d'Administration, 347. Séance, Traktandum 9a, 4. August 1961.

das amerikanische Unternehmen deshalb unter der Konzession von Peter & Kohler Milchschokolade in der Nestlé-Fabrik in Fulton herzustellen. 1909 übernahmen die Amerikaner schliesslich die Fabrik in Fulton, womit die Nestlé & Anglo-Swiss in Nordamerika keine Produktionsanlagen mehr besass.[198]

Trotz dieser Schwachstelle in Nordamerika war Nestlé im Vergleich zu anderen Schweizer Milch- und Schokoladeunternehmen nicht nur grösser,[199] sondern auch internationaler aufgestellt: Während die Berneralpen Milchgesellschaft oder die Schweizerische Milchgesellschaft Hochdorf ihre Milchprodukte vor allem nach Afrika und Asien exportierten,[200] waren Schokoladeunternehmen wie Suchard[201] oder die 1911 aus der Fusion von Cailler und Peter & Kohler entstandene Peter-Cailler-Kohler[202] aufgrund der Hitzeempfindlichkeit ihres Produkts vor allem in Europa und Nordamerika aktiv.[203] Die Nestlé & Anglo-Swiss dagegen vertrieb sowohl Kondensmilch in den Kolonien als auch Kindermehl und Schokolade in Europa.

198 AHN SG 10006, Brief von Nestlé USA an B, 26. August 1954.

199 Vergleiche dazu Fenner, Von der Schweiz in die Welt, S. 126.

200 Die Berneralpen Milchgesellschaft verkaufte 44 Prozent ihrer Dosenmilch in Asien, 28 Prozent in Europa, 20 Prozent in Afrika, fünf Prozent in Lateinamerika, zwei Prozent in Nordamerika und ein Prozent in Australien. Hochdorf exportierte ihre Milchprodukte in bedeutendem Masse nach Südostasien (Batavia und Manila), China und Ostafrika (siehe dazu weiterführend Weidmann, Querschnitt durch 50 Jahre Export der Berneralpen Milchgesellschaft, S. 22, und Schweizerische Milchgesellschaft AG Hochdorf, 100 Jahre gelebte Partnerschaft, S. 34).

201 1912 verkaufte Suchard über zwei Drittel ihrer Schokolade in der Schweiz und ihren Nachbarländern: 21 Prozent des Umsatzes erzielte das Neuenburger Unternehmen in Deutschland, 17 Prozent in Frankreich, 15 Prozent in Österreich-Ungarn und 13 Prozent in der Schweiz. Ausserhalb Europas setzte Suchard weniger als fünf Prozent ihrer Schokolade um (AVN ST 2491, Schrift «Comparaison des Ventes 1911/1912», 1912).

202 Peter-Cailler-Kohler (PCK) war durch die Verbindung mit Nestlé internationaler ausgerichtet als Suchard, verkaufte sie doch einen Fünftel ihrer Schokolade ausserhalb Europas. 1912 erwirtschaftete aber auch sie 44 Prozent ihres Umsatzes in der Schweiz und ihren Nachbarländern. Ein wichtiger Markt war zudem Grossbritannien, wo PCK einen Drittel ihrer Schokolade absetzte (AHN NPCK A 1/3 Historique Complet de Peter Cailler Kohler, Teil 4, S. 22).

203 Vergleiche zu dieser Problematik ausführlicher Chocosuisse, Chocologie, S. 43.

Der Erste Weltkrieg und die Krise in der Nachkriegszeit – Nestlé schlittert knapp am Konkurs vorbei

Kondensmilch, Kaffee und Kakao an der Kriegsfront

Nachdem sich bis 1914 eine globale Weltwirtschaft ausgebildet hatte, erlebte der internationale Warenverkehr mit dem Ausbruch des Ersten Weltkriegs einen abrupten Rückschlag.[204] Vielfach wird zwischen 1914 und 1945 von einer Periode der «Deglobalisierung» gesprochen. Der wachsende Nationalismus und Protektionismus führten zu einem Rückgang des Welthandels,[205] die Lebensmittelindustrie wurde immer mehr durch politische Einflüsse gesteuert und die Nationalität eines Unternehmens zur politischen Angelegenheit.[206] Auch Firmen von neutralen Staaten wie der Schweiz gerieten auf schwarze Listen[207] von Krieg führenden Parteien und wurden durch ihre internationale Vernetzung zunehmend in die Kriegswirren verstrickt:

Während das auf Deutschland ausgerichtete Schokoladeunternehmen Suchard in Frankreich angefeindet wurde, geriet Nestlé aufgrund der starken Verflechtung mit Grossbritannien bei den Deutschen bald in Ungnade. Um den Schaden in Grenzen zu halten, fasste die Nestlé & Anglo-Swiss ihre Fabriken in Lindau und Hegge im Dezember 1914 in einer neuen Tochtergesellschaft unter dem Namen «Das Milchmädchen Kondensmilch GmbH» zusammen und löste diese teilweise von der Muttergesellschaft ab. Ebenso wurde die Kondensmilch nun nicht mehr unter der Marke *Milkmaid,* sondern *Milchmädchen* verkauft, beides um in Deutschland die Spuren der Nestlé nach England zu verwischen.[208] Auch in anderen Ländern wie Frankreich, Österreich, Norwegen und Südafrika gründete Nestlé daraufhin angesichts des zunehmenden Nationalismus und Protektionismus eigene Tochtergesellschaften.[209]

Neben diesen politisch motivierten Attacken brachte der Erste Weltkrieg für die Schweizer Milch- und Schokoladeindustrie aber auch Vorteile mit sich: Viele Unternehmen

204 Jones, Multinationals and Global Capitalism, S. 27.
205 Fässler, Globalisierung, S. 99.
206 Jones, Multinationals from the 1930s, S. 87.
207 In England existierten bereits ab 1914 Listen mit Firmen neutraler Länder, welche das Deutsche Reich belieferten oder sich offenkundig nicht englischfreundlich zeigten (Rossfeld, Schmuggel, S. 414–415).
208 Fenner, Nestlé & Anglo-Swiss, S. 324–325, und Rossfeld, Schmuggel, S. 426–427.
209 Heer, 125 Jahre Nestlé, S. 123–124.

wiesen durch die steigende Nachfrage der Armee und Zivilbevölkerung nach ihren Produkten einen sehr zufriedenstellenden Geschäftsgang auf. Die gezuckerte Kondensmilch der Nestlé & Anglo-Swiss gehörte ab 1915 zur Notration der britischen Soldaten, was den Bedarf nach Kondensmilch bei den britischen Streitkräften sprunghaft von 181 000 Kisten auf 903 000 Kisten ansteigen liess und das Westschweizer Unternehmen an die Grenzen seiner Produktionskapazitäten brachte.[210] Zudem bewarb Nestlé ihre Kondensmilch bei der Zivilbevölkerung als gefragtes Nahrungsmittel in Soldatenpaketen, damit diese an der Front den Tee mit Milch geniessen konnten.[211]

Aber auch die Zivilisten selber mussten immer öfter auf Dauermilchprodukte wie die Kondensmilch zurückgreifen:[212] Weil die Soldaten ein Mehrfaches an Fleisch konsumierten als in Friedenszeiten und der Fleischpreis dadurch gegenüber dem Milchpreis anstieg, schlachteten viele Bauern ihre Kühe, statt ihre frische Milch zu verkaufen.[213] Das Frischmilchangebot wurde dadurch immer knapper, was der Nestlé & Anglo-Swiss den Zugang zu neuen, bedeutenden Kundenkreisen ausserhalb der städtischen Ballungszentren erschloss, wo Kondensmilch bis 1914 praktisch unbekannt geblieben war. Nestlés Kondensmilchumsatz vervierfachte sich dadurch bis 1919, womit Europa und insbesondere Grossbritannien zum bedeutendsten Absatzmarkt des Unternehmens aufstieg.[214]

Ebenso erreichten auf den Britischen Inseln die Umsatzzahlen von Nestlés aromatisierten Kondensmilchsorten *Coffee & Milk* und *Cocoa & Milk* neue Dimensionen: Bewegten sich die Verkaufszahlen vor dem Krieg noch unter 20 000 Kisten pro Jahr, schnellten sie 1915 auf 99 000 Kisten an.[215] Dabei wurden die beiden Instantgetränke auch in kleineren Mengen der britischen Armee geliefert.[216]

210 Vergleiche zur Situation von Nestlé, Suchard und der Schweizer Milchindustrie während des Ersten Weltkriegs weiterführend Rossfeld, Schmuggel, S. 410, sowie Fenner, Nestlé & Anglo-Swiss, S. 324 und 338–339.

211 «If you want to please our soldiers, who complain of Milkless Tea, send them a few tins of Nestlé's Milk», bewarb Nestlé ihre Kondensmilch (AHN Publicité Groupe Nestlé parue dans les journaux 1915–1929, Werbeschrift «Tommy's Troubles» in der Zeitung «London Opinion», 16. Januar 1915).

212 AHN Rapport au Conseil d'Administration, 109. Séance, Traktandum 5a, 21. April 1922.

213 SWA H+I Ba 214, Artikel aus der Zeitung «Finanz Revue», 3. April 1924.

214 1913 verkaufte die Nestlé & Anglo-Swiss 1 900 000 Kisten Kondensmilch in Europa und 3 200 000 Kisten auf den Exportmärkten Afrikas, Asiens und Lateinamerikas. 1919 setzte das Schweizer Unternehmen 8 600 000 Kisten in Europa ab, während der Export in die Tropengebiete bei 3 300 000 Kisten stagnierte (Erläuterungen zum Geschäftsbericht Nestlé 1955, S. 19, und Fritz, Nestlé 1913–1920, S. 97).

215 1914 verkaufte Nestlé etwa 15 000 Kisten *Café au lait* und 2000 Kisten *Cacao au lait* (AHN Rapport au Conseil d'Administration, 56. Séance, Traktandum 4, 26. Januar 1915, und 62. Séance, Traktandum 7, 17. April 1916).

216 1915 lieferte Nestlé der britischen Armee 605 Kisten *Café au lait* und 6176 Kisten *Cacao au lait* (AHN Rapport au Conseil d'Administration, 61. Séance, Traktandum 6, 29. Januar 1916).

Nachdem *Coffee & Milk* 1912 in Ashbourne (Grossbritannien) wesentlich verbessert werden konnte,[217] wurde das Produkt in Grossbritannien nun als «Kaffee, wie man ihn in Paris geniesst» unter der Marke *Milkmaid Café au lait* verkauft. «It is not an essence or anything of that sort – simply the finest, freshly roasted Coffee expertly made with rich, full-cream milk which brings out the exquisite, natural aroma of the Coffee, and sugar added. Far nicer than ordinary Coffee, easy to prepare – only boiling water required – and most economical because it saves the cost of both milk and sugar»,[218] wurde der Milchkaffee in den Werbeannoncen bereits damals von den minderwertigen Kaffee-Essenzen klar abgehoben und mit Argumenten beworben, die später auch für *Nescafé* verwendet werden sollten.

Dabei ist der Aufschwung von *Milkmaid Café au lait* und seinem kakaohaltigen Pendant *Milkmaid Cacao au lait* im Zusammenhang mit der allgemeinen Popularisierung von Kakaoprodukten und Kaffeepulver als Stärkungsgetränke der Soldaten zu sehen. Neben *Milkmaid Café au lait* in Grossbritannien existierten während des Ersten Weltkriegs zahlreiche weitere Instantkaffeemarken wie *Belna* in Frankreich oder *Ruwil* und *Cefabu*-Pulverkaffee im Deutschen Reich.[219] Die bedeutendste Instantkaffeemarke im Ersten Weltkrieg war aber der amerikanische *G. Washington's Coffee*. Die «Tasse George», wie sie von den US-Soldaten auch genannt wurde, profitierte davon, dass der Röstkaffee durch die Senfgasangriffe der Deutschen vergiftet worden wäre und Kaffee somit nur als Instantkaffee in hermetisch verschlossenen Dosen an die Truppen abgegeben werden konnte. Wie Briefe von der Front berichten, entwickelte sich dieser bei den US-Soldaten in den Schützengräben zu einer äusserst willkommenen Abwechslung.[220]

217 Vergleiche dazu AHN SG 11541, Schrift «History of the carbohydrate addition», 28. November 1945, und ebenda, Notiz von Morgenthaler an Dr. P, 21. März 1946.

218 AHN Publicité Groupe Nestlé parue dans les journaux 1915–1929, Werbeschrift «As in Paris», 1916.

219 Zu den Instantkaffeemarken *Cefabu, Ruwil* und *Belna* vergleiche Bersten, Coffee floats, S. 257, und Pfiffner, A real winner one day, S. 126–127. Weiterführend zum Kakaogetränkekonsum während des Ersten Weltkriegs siehe Rossfeld, Schmuggel, S. 407 und 412–414.

220 Vergleiche dazu Pendergrast, Kaffee, S. 169.

Abbildungen 2 und 3: Werbeanzeigen aus dem Jahr 1915 für *Milkmaid Café au lait* in Grossbritannien. Der Milchkaffee der Nestlé & Anglo-Swiss wurde während des Ersten Weltkriegs als anregendes, Kräfte freisetzendes Getränk für die Soldaten an der Front sowie als günstiges, praktisches und nährreiches Produkt für Zivilisten vermarktet.

Nestlés gewagte Expansionsstrategie zur Sicherung seiner Marktstellung

Der Erste Weltkrieg eröffnete den Herstellern von Kondensmilch, Kaffee- und Kakaogetränken nicht nur gesicherte Absatzbedingungen durch die stetig steigende Nachfrage in den Krieg führenden Ländern. Die Kampfhandlungen erschwerten auch den internationalen Warenverkehr. Besonders der uneingeschränkte U-Boot-Krieg der Deutschen blockierte die Transportwege auf den europäischen Meeren und führte zu einem gewaltigen Preisanstieg auf Rohmaterialien.

Aufgrund der Schwierigkeiten bei der Rohstoffbeschaffung verschlechterten sich die Qualität und die verfügbaren Mengen auf den Milch-, Kaffee- und Kakaomärkten zusehends: An die Stelle von Kaffee und Kakao traten immer öfter Kaffeesurrogate von fragwürdiger Qualität, welche dem Ruf des Zichorienkaffees schadeten, sowie minderwertiger «Kakao-Tee» aus Kakaoschalen. Ausserdem nahm die Milchproduktion in der Schweiz – von wo aus Nestlé etwa einen Drittel ihrer Milchdosen exportierte – aufgrund von politischen Massnahmen und fehlenden Futtermitteln für die Kühe stetig ab, was schliesslich selbst im damals bedeutendsten Milchexportland zu einer Milchknappheit führte. Anfang November 1915 ermächtigte die Schweizer Regierung das Volkswirtschaftsdepartement, die Kondensmilchproduktion zeitweilig oder dauerhaft einzustellen, um die dadurch freiwerdenden Milchmengen zur Versorgung der städtischen Bevölkerung mit Trinkmilch verwenden zu können.

Die Nestlé & Anglo-Swiss reagierte auf diese neuen Marktbedingungen, indem sie einerseits bedeutende Vorräte an Waren und Rohmaterialien anlegte, um sich vor Lieferungsengpässen und kurzfristigen Preissteigerungen auf Rohmaterialien zu schützen.[221] Andererseits begann sie ab 1915 mit amerikanischen Milchunternehmen Verträge abzuschliessen, um deren Kondensmilch unter den eigenen Marken in Europa verkaufen zu können.[222]

Als sich die Milchknappheit in der Schweiz im Winter 1916/17 allerdings dermassen zuspitzte, dass die Nestlé & Anglo-Swiss mehrere Schweizer Milchsiedereien schliessen musste und die enorme Nachfrage nach Kondensmilch von den bisherigen Fabrikationsstandorten aus – die sich hauptsächlich in

221 Zum Ersatzkaffee während des Ersten Weltkriegs siehe Rossfeld, Kaffee ohne Kaffee zu machen, S. 246–247, zu den Kakao-Surrogaten Rossfeld, Schmuggel, S. 423–424, sowie zur Schweizer Milchproduktion Fenner, Nestlé & Anglo-Swiss, S. 322–332.

222 Fritz, Nestlé 1913–1920, S. 82–86.

Europa befanden[223] – nicht mehr befriedigt werden konnte, geriet Nestlés Hegemonie auf den Kondensmilchmärkten Europas und in den europäischen Kolonien zunehmend in Gefahr: Amerikanische Unternehmen begannen ihre Kondensmilch nach Europa zu exportieren, während australische Gesellschaften auf den Exportmärkten im Fernen Osten tätig wurden.[224]

Da den kooperierenden US-Gesellschaften die Mittel fehlten, um ihre Produktionskapazitäten auszuweiten, entschied sich die Nestlé & Anglo-Swiss am 6. September 1917, eine bedeutende Delegation nach Amerika zu schicken, um mit Borden über die Auflösung der geografischen Marktaufteilung von 1905 zu verhandeln, welche auf dem Abkommen aus dem Jahr 1902 beruhte. Das Schweizer Unternehmen sollte damit die Möglichkeit erhalten, der Milchknappheit durch die Übernahme und den Ausbau ihrer verbündeten Milchunternehmen in den Vereinigten Staaten zu begegnen. Am 27. Dezember 1917 wurde mit Borden schliesslich eine Lösung[225] gefunden, welche Nestlé sowohl die Fabrikation von Kondensmilch in Nordamerika als auch den Eintritt in den amerikanischen Kondensmilchmarkt ermöglichte. Damit war das Startsignal für den Aufkauf zahlreicher amerikanischer Unternehmen durch die Nestlé & Anglo-Swiss gegeben:

Mit der Hires Condensed Milk Company in Philadelphia und der John Wildi Evaporated Milk Company in Columbus erwarb Nestlé 27 Fabriken, welche etwa acht Millionen Kisten Kondensmilch produzierten. Damit hatte Nestlé ihre Produktionskapazitäten auf einen Schlag verdoppelt, doch der enorme Expansionsdrang war damit noch nicht beendet. Bis 1920 übernahm das Unternehmen mit der International Condensed Milk Company, der Wisconsin Milk Company, der Alpine Milk Company[226] sowie sechs weiteren Milchsiedereien insgesamt weitere 18 Fabriken in den Vereinigten Staaten.[227]

Zeitgleich mit der Expansion nach Amerika schloss Nestlé auch mit verschiedenen australischen Unternehmen wie der Baccus March Concentrated Milk Company Kontrakte ab, in denen sich diese bereit erklärten, ihre Produkte unter

223 1916 stellte die Nestlé & Anglo-Swiss 54 Prozent ihrer Kondensmilch in Grossbritannien, Norwegen und den Niederlanden her, 34 Prozent in der Schweiz und zwölf Prozent in Australien (AHN Rapport au Conseil d'Administration, 73. Séance, Traktandum 8, 6. September 1917).

224 Fritz, Nestlé 1913–1920, S. 82–86.

225 Die neue Übereinkunft mit Borden bestand darin, dass Nestlé die Hälfte des Gewinns aus ihrem Amerika-Geschäft dem US-Unternehmen abgeben musste und umgekehrt Borden die Hälfte ihres Gewinns aus dem Europa-Geschäft dem Schweizer Unternehmen abgeben musste. In den europäischen Kolonien dagegen blieb es Borden untersagt, ihre Kondensmilch zu verkaufen (Fritz, Nestlé 1913–1920, S. 85).

226 In den Vereinigten Staaten verkaufte Nestlé ihre ungezuckerte Kondensmilch später unter der Marke *Alpine Milk* (Nestlé SA, This is your Company, S. 72).

227 Fritz, Nestlé 1913–1920, S. 82–86.

Nestlés Marken zu verkaufen. Die Abkommen brachten für beide Parteien Vorteile: Nestlé konnte damit eine ernsthafte Gefährdung ihrer Stellung auf den südostasiatischen Märkten verhindern, andererseits konnten die australischen Unternehmen ihre Kondensmilch unter der Marke *Milkmaid* teurer verkaufen als unter den eigenen Marken, da diese als Qualitätsprodukt wahrgenommen wurde. 1920 übernahm Nestlé die australischen Unternehmen schliesslich.[228] Ein Jahr später gründete Nestlé 1921 mit dem Bau einer Milchfabrik in Araras (Brasilien) ebenfalls ihre erste industrielle Niederlassung in Lateinamerika. Sie stellte die erste Produktionsanlage des Unternehmens in den Tropen dar, wo die Milchproduktion noch praktisch inexistent war.[229]

Die Expansion nach Amerika stellte einen Wendepunkt in der Geschichte der Nestlé & Anglo-Swiss dar. Während sich die Produktion des Unternehmens bis 1916 schwerpunktmässig auf die Schweiz, Norwegen und Grossbritannien konzentriert hatte und die Nestlé & Anglo-Swiss von dort aus ein Milchimperium aufgebaut hatte, welches Europa und seine Kolonien umfasste, veränderten sich die Verhältnisse bis 1919 grundlegend: Die Vereinigten Staaten entwickelten sich neu zum wichtigsten Produktionsstandort des Unternehmens, wo Nestlé nun fast die Hälfte der Kondensmilch herstellte, während die Schweiz ihre einstige Bedeutung auf diesem Gebiet verlor. Grossbritannien blieb zwar weiterhin ein beachtlicher Produktionsstandort und wichtigster Absatzmarkt des Unternehmens, verlor gegenüber anderen Produktionsstandorten in Amerika und Australien aber ebenfalls an Gewicht. Die aussergewöhnliche Produktionsverlagerung ist dabei auch vor dem Hintergrund zu sehen, dass Nestlé damals glaubte, ihre führende Stellung auf den Weltmärkten nur dann langfristig halten zu können, wenn sie in den Vereinigten Staaten tätig wurde. Denn die amerikanische Milchindustrie stellte zu jener Zeit rund dreimal mehr Kondensmilch her als die aller anderen Länder der Welt, hatte diese allerdings aufgrund der grossen Binnennachfrage nicht in grösserem Umfang ins Ausland exportiert.[230]

Vom Krieg in die Krise

Die geografische Verlagerung der Produktion nach Nordamerika und Australien durch die Übernahme zahlreicher Milchunternehmen sowie die grossen Waren- und Rohstoffvorräte sicherten

228 Vergleiche dazu Fritz, Nestlé 1913–1920, S. 89–91, und Heer, 125 Jahre Nestlé, S. 126–127.

229 Heer, 125 Jahre Nestlé, S. 129–130, und Nestlé SA, This is your Company, S. 91.

230 Fenner, Nestlé & Anglo-Swiss, S. 328–330.

der Nestlé & Anglo-Swiss während des Ersten Weltkriegs genügend grosse Kondensmilchmengen, um ihre Vormachtstellung in Europa und den Kolonien in Afrika und Asien zu behaupten. Zwischen 1916 und 1920 konnte Nestlé die Produktionskapazitäten fast verdoppeln.[231]

Auch in der unmittelbaren Nachkriegszeit nahm die Nachfrage nach Kondensmilch weiter zu, obschon mit dem Waffenstillstand von 1918 die Armeeaufträge ausblieben. Dies liess bei Nestlé die Hoffnung auf eine langfristige Zunahme des Kondensmilchkonsums keimen. 1919 wurde daher eine neue Verkaufszentrale in Paris gegründet, die als Pendant zur Londoner Exportzentrale nach Übersee die Überwachung aller kontinentalen Märkte zum Ziel hatte. Zudem wurde die auf Expansion ausgelegte Geschäftspolitik in Europa und Nordamerika weitergeführt. Die Unternehmensführung war sich dabei der Risiken einer temporären Überproduktion zwar bewusst, der Wachstumskurs blieb jedoch unbestritten, denn nur so glaubte das Unternehmen seine hegemoniale Stellung gegenüber der Konkurrenz verteidigen zu können.[232] Den enormen Kapitalbedarf von über 150 Millionen Schweizer Franken für die Firmenübernahmen in den Vereinigten Staaten und Australien beschaffte sich das Unternehmen durch eine Aufstockung des Aktienkapitals von 60 Millionen Schweizer Franken auf 205 Millionen Schweizer Franken und zusätzlichen Obligationenanleihen von 45 Millionen Schweizer Franken.

Gleichzeitig erholte sich die Milchwirtschaft in weiten Teilen Europas jedoch von der kriegsbedingten Krise und begann nun gewaltige Milchmengen zu erzeugen. Dies traf insbesondere in den Niederlanden zu, wo während des Ersten Weltkriegs grosse Flächen Ackerland in Weideland umgewandelt worden waren. Die Abnahmeverträge mit den Bauern zwangen die Nestlé & Anglo-Swiss nun, weiterhin deren gesamte Milchproduktion zu kaufen, wodurch die Waren- und Rohstofflager überproportional zum Umsatz wuchsen. Nestlé sah sich dadurch plötzlich mit einer Überproduktion konfrontiert.

Die gewaltige Ausweitung der Produktionskapazitäten und die steigenden Waren- und Rohstofflager, die während des Kriegs die Versorgungssicherheit garantiert hatten, führten 1920 zu einem äusserst labilen Finanzgleichgewicht. Den Guthaben und Besitzbeständen, die zu einem grossen Teil in Beteiligungen an US-Fabriken (110 Millionen Schweizer Franken) und Warenvorräten (220 Millionen Schweizer Franken) fixiert waren,

231 Ebenda, S. 332–334.
232 Ebenda, S. 332–334, und Erläuterungen zum Geschäftsbericht Nestlé 1957, S. 22.

standen Schulden und Obligationsanleihen in Wert von 377 Millionen Schweizer Franken gegenüber.

Währenddessen mehrten sich die Anzeichen, dass die Nachfrage nach Dauermilch empfindlich abnehmen würde: Zum einen begann der Grossteil der Bevölkerung, der während des Kriegs Kondensmilch oder Milchpulver konsumiert hatte, wieder Frischmilch zu trinken. Einzig in den europäischen Grossstädten und Industriegebieten, wo die Frischmilch von schlechter Qualität war, blieb die hohe Nachfrage nach Kondensmilch aufrecht. Zum andern wies die aus Amerika importierte Kondensmilch teilweise qualitative Mängel auf, was das Industrieprodukt in Europa bald in einem schlechten Licht erscheinen liess. Weitere Kunden verlor Nestlé 1921, als die steigende Inflation in Europa zu einer Aufwertung des US-Dollars führte und die in Amerika hergestellte Kondensmilch des Unternehmens gegenüber der europäischen Konkurrenz eine zusätzliche Verteuerung erfuhr.[233]

Angesichts der zunehmenden Arbeitslosigkeit und der sinkenden Kaufkraft der Bevölkerung begannen zahlreiche Konkurrenten in Grossbritannien gleichzeitig ihre Dauermilchprodukte in grossen Mengen abzustossen und verschärften dadurch das Überangebot auf dem Markt.[234] Innerhalb von zwei Jahren halbierte sich dadurch der Umsatz von Nestlé auf den Britischen Inseln.[235] Das Unternehmen blieb auf seiner amerikanischen Kondensmilch und den Vorräten an Rohmaterialien sitzen, die es 1920 teuer eingekauft hatte und die nun aufgrund der sinkenden Rohstoffpreise einen starken Wertverlust erfuhren. Diese Ereignisse hatten für Nestlé schliesslich verheerende Folgen und führten 1921 zu einem Verlust in der Grössenordnung von 100 Millionen Schweizer Franken.

Als der Verwaltungsrat im November 1921 die Öffentlichkeit erstmals über die beträchtlichen Verluste des Unternehmens unterrichtete, kam es an der Börse zu panikartigen Verkäufen der Nestlé-Aktien. Während diese im Januar 1920 noch für 1020 Schweizer Franken gehandelt worden war, betrug ihr Wert zwei Jahre später nur noch 145 Schweizer Franken. Dadurch rutschte das Unternehmen endgültig in die Krise: Da die finanziellen Ressourcen der Nestlé & Anglo-Swiss zu einem grossen Teil durch die Firmenübernahmen und die gewaltigen Rohstoffvorräte gebunden waren, geriet die Liquidität des Unternehmens in Gefahr, zumal während des Kriegs bereits alle Möglichkeiten zur

233 Fenner, Nestlé & Anglo-Swiss, S. 332–334, und SWA H+I Ba 214, Artikel aus der Zeitung «Finanz Revue», 21. und 28. Dezember 1922.
234 Geschäftsbericht Nestlé 1922, S. 5.
235 Vergleiche dazu Heer, 125 Jahre Nestlé, S. 136, und AHN Rapport au Conseil d'Administration, 109. Séance, Traktandum 5a, 21. April 1922.

Aufnahme von Krediten ausgeschöpft worden waren. Hatte das Schweizer Unternehmen zwischen 1916 und 1921 die Produktion ungeachtet der Kosten bis an die äussersten Grenzen forciert, galt es nun, die enormen Überkapazitäten an Kondensmilch und die erdrückende Schuldenlast so rasch als möglich abzubauen.

Um operative Verluste durch Überproduktion zu vermeiden, hatte Nestlé bereits frühzeitig die Fabrikation gedrosselt und 1921 mehrere Produktionsanlagen in Australien, Norwegen, Grossbritannien, der Schweiz und den Vereinigten Staaten als vorübergehende Sofortmassnahme geschlossen.[236] In den Vereinigten Staaten verfügte die Nestlé & Anglo-Swiss über Produktionskapazitäten von mehr als zehn Millionen Kisten, von denen 1922 aber nur etwa ein Drittel ausgelastet werden konnten. 20 der 48 neu gekauften Fabriken standen still oder verkauften die angelieferte Frischmilch direkt weiter und waren dadurch praktisch wertlos.

Im Hinblick auf die Zukunft war die Unternehmensleitung damals allerdings nicht bereit, die Fabriken in Nordamerika zu verkaufen und damit ihre Milcheinzugsgebiete preiszugeben. In Amerika fielen dadurch bei Nestlé wesentlich höhere Kosten an als bei der US-Konkurrenz, was die Buchhaltung des Unternehmens schwer belastete.[237]

Des Weiteren war nicht nur die Milchindustrie, sondern ebenso die Schokolade- und Instantkaffeeindustrie von der Nachkriegskrise schwer getroffen worden: Die Schokolade von Peter-Cailler-Kohler konnte Nestlé nur mit Verlusten verkaufen, und die Absatzzahlen von *Milkmaid Café au lait* erreichten mit 6500 Kisten nicht einmal mehr das Vorkriegsniveau.[238] Auch andere Schweizer Schokoladehersteller wie Suchard und Tobler kämpften in der Nachkriegszeit mit Überkapazitäten oder mussten Verluste ausweisen,[239] während der abrupte Markteinbruch viele Hersteller von löslichem Kaffee in den Bankrott trieb. Einzig im angelsächsischen Raum scheinen Instantkaffee und Kaffee-Extrakte noch eine gewisse Nachfrage gefunden zu haben. Selbst dort verloren aber Marken wie *G. Washington's Coffee* den grössten Teil ihrer Anhängerschaft nach dem Krieg wieder.[240]

236 Zu Nestlés Finanzkrise 1921 vergleiche weiterführend die Erläuterungen in Heer, 125 Jahre Nestlé, S. 130–136, und Geschäftsbericht Nestlé 1921, S. 4–9.

237 AHN Rapport au Conseil d'Administration, 111. Séance, VR-Protokoll von Archivar eingesehen, 16. November 1922, sowie 112. Séance, Traktandum 4, 15. Dezember 1922.

238 Zur Situation von Peter-Cailler-Kohler vergleiche Heer, 125 Jahre Nestlé, S. 136, zum Instantkaffee *Milkmaid Café au lait* AHN Rapport au Conseil d'Administration, 111. Séance, Traktandum 4, 16. November 1922.

239 Der Preiszerfall der Kakaovorräte führte 1921 bei Suchard zu einem Verlust von 2,8 Millionen Schweizer Franken, während Tobler in den 1920er-Jahren mit einem völlig aufgeblähten Produktionsapparat einen Expansionskurs weiterverfolgte, der das Unternehmen 1929 beinahe in den Ruin trieb (Rossfeld, Schmuggel, S. 410, und Feuz/Tobler/Schneider, Toblerone, S. 30–32).

240 Pendergrast, Kaffee, S. 170, und Ukers, All about coffee, S. 466.

Um den finanziellen Kollaps zu verhindern, musste die Nestlé & Anglo-Swiss Ende 1921 in London zusätzliches Kapital in Form von Prioritätsaktien aufnehmen und ein Jahr später das Aktienkapital der Stammaktien von 160 Millionen Schweizer Franken auf 80 Millionen Schweizer Franken halbieren, was zwischen den Aktionären und der Unternehmensspitze zu einem tiefen Misstrauen führte.[241] Besonders in der Kritik standen der überdimensionierte Produktionsapparat und das bisherige Unternehmensprinzip, auf den Kondensmilchmärkten mit grossen Umsatzmengen und kleinen Gewinnmargen gute Ergebnisse erwirtschaften zu wollen. Dieses neige notwendigerweise zu konstanter Überproduktion. Insbesondere die Tatsache, dass die Nestlé-Führung das verlustreiche Geschäft in den Vereinigten Staaten und Australien nur reorganisierte und nicht abstiess, sorgte bei den Aktionären für Unverständnis:[242] «Der fehlerhafte Riesenaufbau des Organismus [Nestlé-Konzern] muss mit innerer Notwendigkeit wieder zur krankhaften Erweiterung der Kapitalbasis führen – darüber hilft kein Moralisieren hinweg. Unsere Forderung für Abbau der wirtschaftlich durch nichts gerechtfertigten Weltorganisation, deren Existenzberechtigung einzig im Machtdünkel einzelner Persönlichkeiten gesucht werden darf, ist aus diesem Grunde berechtigt. Dulden die Aktionäre jetzt, solange sie noch das Heft in den Händen haben, dass die Reorganisation des Unternehmens verschleppt und verhindert wird, so müssen sie damit rechnen, dass nach einer neuen lügnerischen Scheinblüte mit raffinierter Ausnützung derselben zwecks Aktienkapitalerhöhung auch die jetzt belassenen zweihundert Franken per Aktie völlig verloren sein werden. Krankhafte Konstruktionen haben ihre innere Logik der Fäulnis»,[243] lautete beispielsweise der Zeitungskommentar in der «Finanz Revue».

Die Situation der Nestlé & Anglo-Swiss im Dezember 1922 zeigte die Grenzen der bisherigen Strategie, mit Skalenerträgen die weltweiten Milchmärkte zu beherrschen, deutlich auf: Einerseits gelang es der Nestlé & Anglo-Swiss zwar, ein feinmaschiges Distributionsnetzwerk in Europa und seinen Kolonien aufzubauen. Andererseits krankte das Unternehmen – wie schon die Anglo-Swiss um 1900 – wiederum an den zu hohen Produktionskapazitäten in den Vereinigten Staaten, welche nach dem Zusammenbruch des kriegsbedingten Kondensmilch-Booms die Rentabilität des Unternehmens arg schmälerten. Die Grösse des Unternehmens erwies sich dabei nicht als Wettbewerbsvorteil, sondern als Hypothek für die Nestlé & Anglo-Swiss.

241 Lüpold, Festung Schweiz, S. 474–479.
242 SWA H+I Ba 214, Artikel aus der Zeitung «Finanz Revue», 21. Dezember 1922.
243 SWA H+I Ba 214, Artikel aus der Zeitung «Finanz Revue», 28. Dezember 1922.

Dapples' Strategie – Nestlé findet mit neuen Konzepten aus der Krise

Die Neuorientierung des Unternehmens unter Louis Dapples

In Anbetracht der drückenden finanziellen Probleme sah sich der Verwaltungsrat der Nestlé & Anglo-Swiss im Mai 1922 gezwungen, den Finanz- und Wirtschaftsexperten Louis Dapples als Krisenmanager beizuziehen. Dapples war in einer Schweizer Bankiersfamilie in Genua aufgewachsen und lange Zeit im internationalen Bankgeschäft tätig gewesen. Unter seiner Leitung wurde der angeschlagene Grosskonzern in den 1920er-Jahren reorganisiert und damit auf ein neues Fundament gesetzt.

Erstens wurde die bisher unvollständige Verschmelzung zwischen der Nestlé und der Anglo-Swiss mit der Zentralisierung der Unternehmensführung 1922 in London endgültig vollzogen. Die Bündelung der drei Hauptsitze in Cham, Vevey und London an einem Ort führte nicht nur zu einem schlankeren Verwaltungsapparat, sondern ermöglichte dem Unternehmen auch, wesentlich schneller Entscheidungen zu treffen. 1924 wurde die Leitung schliesslich von London nach Vevey verlegt. 1925 vollzog Nestlé den Schritt vom Familien- zum modernen Managerunternehmen, indem die Unternehmensführung erstmals Berufsmanagern anvertraut wurde. Zu den Persönlichkeiten, welche in die neue Direktion berufen wurden, gehörte unter anderem auch Eduard Müller, der 1937 zum Nachfolger von Louis Dapples ernannt werden sollte.[244]

Zweitens schreckte Dapples, dem nachgesagt wurde, er verfüge über eine eiserne Hand und eine stählerne Faust, auch vor harten Massnahmen nicht zurück, die bisher im Verwaltungsrat keine Mehrheit gefunden hatten: Das defizitäre Amerikageschäft[245] wurde 1925 dem US-Unternehmen Borden zum Kauf angeboten. Borden war allerdings nicht bereit, den von Nestlé gewünschten Preis zu bezahlen, worauf Dapples die gesam-

244 Heer, 125 Jahre Nestlé, S. 135–139, und Lüpold, Krisenreaktionsstrategie, S. 214–215 und 217.

245 Zwischen 1920 und 1925 musste Nestlé in den Vereinigten Staaten einen Verlust von fünf Millionen US-Dollar hinnehmen. Das finanzielle Desaster führte Eduard Müller später darauf zurück, dass die Nestlé & Anglo-Swiss in einem hoch kompetitiven Markt die Konkurrenz im Preis zu unterbieten versuchte und damit jede Kiste Kondensmilch mit einem Verlust von 10 Rappen verkaufte (AHN SG 1103, Brief von E. Müller an M. Paternot, 24. Dezember 1945).

te Produktion in Amerika reorganisierte, um die Verluste auf ein Minimum zu reduzieren.[246] Zahlreiche Milchfabriken in den Vereinigten Staaten wurden daraufhin verkauft und Milchbetriebe in Australien, Grossbritannien und der Schweiz geschlossen. Zusammen mit erheblichen finanziellen Opfern der Aktionäre konnten dadurch bis im November 1925 alle ausstehenden Schulden des Unternehmens bei den Banken getilgt werden.[247]

Mit diesen Massnahmen brachte Dapples nicht nur kurzfristig die Finanzen wieder ins Lot, sondern beendete auch die bisherige Strategie der Nestlé & Anglo-Swiss, sich mit Grössenvorteilen eine Vormachtstellung auf den weltweiten Kondensmilchmärkten zu verschaffen. Stattdessen formulierte er 1923 neue strategische Ziele, welche das Schweizer Unternehmen bis heute prägen.

Wie im Folgenden gezeigt wird, umfassten diese neben einer Rationalisierung der Verwaltung und Produktion auch eine Rückkehr von einer Massen- zu einer Markenpolitik, eine Reorganisation der geografischen Unternehmensstruktur sowie die Entwicklung neuer Produkte.[248] Ausserdem stellte die Krise von 1921 den Beginn einer äusserst vorsichtigen Finanzpolitik des Unternehmens dar, welche auch nach der finanziellen Genesung beibehalten und bis in die 1980er-Jahre fortgeführt wurde: Mit Gewinnausschüttungen an die Aktionäre wurde sehr vorsichtig umgegangen und die weitere Expansion des Unternehmens sowie Akquisitionen von anderen Unternehmen zu 100 Prozent aus eigenen Mitteln finanziert.[249]

Die Rückkehr zu starken Marken

In den 1920er-Jahren blieb die Situation auf den Kondensmilchmärkten angespannt. Zahlreiche Unternehmen kämpften mit Überkapazitäten und stiessen diese zu günstigen Konditionen ab. In diesem wettbewerbsintensiven Umfeld gewann die Vermarktung zunehmend an Bedeutung.[250]

246 AHN Rapport au Conseil d'Administration, 127. Séance, VR-Bericht von Archivar eingesehen, 20. Juni 1925.

247 Heer, 125 Jahre Nestlé, S. 139–141.

248 AHN Rapport au Conseil d'Administration, 117. Séance, VR-Protokoll von Archivar eingesehen, 20. September 1923.

249 Vergleiche dazu Pfiffner/Renk, Wandel als Herausforderung, S. 35, und Lüpold, Festung Schweiz, S. 480. Bestätigt werden diese Aussagen zur Finanzpolitik Nestlés auch im Verwaltungsratsbericht vom 18. November 1965 (AHN Rapport au Conseil d'Administration, 369. Séance, Traktandum 10a, 18. November 1965).

250 Berghoff, Marketing im 20. Jahrhundert, S. 37, und Geschäftsbericht Nestlé 1922, S. 5.

Um die Profitabilität des Unternehmens auf dem Gebiet der Kondensmilch wieder herzustellen, zog Nestlé 1922 alle Kampfmarken aus dem englischen Markt zurück und konzentrierte seine gesamten Mittel auf die beiden Qualitätsmarken *Milkmaid* für gezuckerte und *Ideal* für ungezuckerte Kondensmilch.[251] Dabei wurden die Preise von Nestlés Marken bewusst über denjenigen der Konkurrenz gehalten, um die erstklassige Qualität der Produkte herauszuheben.[252] Im Gegensatz zur bisherigen Geschäftspolitik, deren Erfolg auf der Massenproduktion von Kondensmilch bei geringen Margen lag, baute Nestlé in Grossbritannien nun wieder bewusst die Qualitätsmarken *Milkmaid* und *Ideal* auf. Zudem wurde eine erste rudimentäre Marktforschung aufgezogen und der Vertrieb über firmeneigene Verkaufsgesellschaften, der sich in den europäischen Kolonien sehr bewährt hatte, auch in Europa vorangetrieben.[253] Diese erlaubte es der Verkaufszentrale in Paris, erstmals erfolgreiche Werbekampagnen in andere europäische Länder zu übertragen, wobei Nestlé ihre Werbung stets den besonderen Verhältnissen in den jeweiligen Ländern anpasste.[254] Die Reorganisation in den 1920er-Jahren kann daher als eine entscheidende Weichenstellung von einer quantitativen Mengen- zu einer qualitativen Markenorientierung gesehen werden. Ähnliche Tendenzen lassen sich auch bei anderen Schweizer Lebensmittelunternehmen wie Chocolat Tobler beobachten, wo die Werbeanstrengungen in den 1920er-Jahren auf einige Hauptmarken wie die *Toblerone* fokussiert wurden.[255]

Die neue Vermarktungsstrategie konnte allerdings nicht verhindern, dass *Milkmaid* und *Ideal* ab Mitte der 1920er-Jahre durch Billigmarken immer stärker unter Druck gerieten.[256] Die Schweizer Dauermilch war von der Qualität her der Konkurrenz zwar überlegen. Bei der Kondensmilch-Herstellung liessen sich allerdings nicht grosse Qualitätsunterschiede erzielen,[257] welche die Abwanderung einer wirtschaftlich gebeutelten Bevölkerung zu billigeren Marken verhindert hätten. Durch die Wirtschaftskrise in der Weimarer Republik und die Kohlearbeiterstreiks in Grossbritannien war die Kaufkraft der Arbeiterschaft in jenen Ländern dermassen gesunken, dass sie sich teure Markenprodukte wie *Milkmaid* nicht mehr leisten konnte.[258] Schliesslich verlor Nestlé durch den Markteintritt von US-Unternehmen wäh-

251 AHN Rapport au Conseil d'Administration, 109. Séance, Traktandum 5a, 21. April 1922.

252 AHN Rapport au Conseil d'Administration, 117. Séance, VR-Protokoll von Archivar eingesehen, 20. September 1923.

253 Heer, 125 Jahre Nestlé, S. 138, und Erläuterungen zum Geschäftsbericht Nestlé 1955, S. 19–20.

254 Erläuterungen zum Geschäftsbericht Nestlé 1957, S. 22.

255 Feuz/Tobler/Schneider, Toblerone, S. 88–91.

256 AHN Rapport au Conseil d'Administration, 125. Séance, Traktandum 8, 14. März 1925.

257 Moser/Brodbeck, Milch für alle, S. 167.

258 AHN Rapport au Conseil d'Administration, 136. Séance, Traktandum 4, 23. November 1926.

rend der Weltwirtschaftskrise ihre bisherige Vormachtstellung im britischen Kondensmilchgeschäft. Die Marge der evaporierten *Ideal*-Milch sank dadurch so stark, dass sich in diesem Markt keine Gewinne mehr erzielen liessen. In Europa stellte sich mit Verzögerung also dieselbe Marktsituation wie in Nordamerika ein.[259]

Einzig in den europäischen Kolonien blieb Nestlés Kondensmilch profitabel.[260] 1925 war es Nestlé gelungen, mit Borden ein «Foreign Markets Agreement» abzuschliessen, welches dem US-Unternehmen verbot, ausserhalb der nordamerikanischen und europäischen Märkte Kondensmilch zu produzieren oder zu verkaufen. Eine spezielle Regelung galt für die sogenannten «Inselmärkte» Kuba, Panama, Philippinen, Hawaii, Guam und Puerto Rico, wo Nestlé das Recht hatte, sich für eine festgelegte Summe von minimal 150 000 US-Dollar das exklusive Verkaufsrecht bei Borden für ein Jahr zu erkaufen.[261]

Mit den Verträgen von 1925 konnte sich Nestlé weiterhin die Vorherrschaft auf den Kondensmilchmärkten in Afrika, Asien und Lateinamerika sichern. 1928 wurde aus der Schweiz fast ebenso viel Dosenmilch exportiert wie vor dem Ersten Weltkrieg, wobei über die Hälfte davon nach Südostasien (insbesondere Malaysia, Holländisch Indien und Indochina) geliefert wurde.[262] In diesen Märkten hatte die Schweizer Dosenmilch dank ihrer Qualität grosses Ansehen erlangt und wurde vor allem von den dort ansässigen Europäern getrunken, während sich die ärmere Bevölkerung mit zweitklassiger australischer Milch begnügen musste. Da Nestlé ihre Milch von Australien her wesentlich günstiger anbieten konnte als andere Schweizer Unternehmen, gelang es ihr, diese in den südostasiatischen Märkten zurückzudrängen.[263] Dadurch zählten die Exportmärkte in den Tropen Ende der 1920er-Jahre wieder zu den wichtigsten Absatzgebieten von Nestlés Kondensmilch.[264]

259 AHN Rapport au Conseil d'Administration, 166. Séance, PV vom Archivar eingesehen, 4. Dezember 1931, und SWA H+I Ba 214, Artikel aus der «National Zeitung», 18. November 1932.

260 AHN Rapport au Conseil d'Administration, 142. Séance, Traktandum 4, 10. Dezember 1927.

261 AHN Rapport au Conseil d'Administration, 347. Séance, Traktandum 9a, 4. August 1961.

262 Weidmann, Querschnitt durch 50 Jahre Export, S. 6.

263 In diesem Zusammenhang warfen einige Schweizer Unternehmen der Nestlé vor, die in Australien hergestellte Kondensmilch irreführend als «Schweizer Milch» auszugeben und damit die geografische Herkunftsbezeichnung zu missbrauchen (SWA H+I Ba 214, Artikel aus der Zeitung «Finanz Revue», 3. April 1924).

264 1927 verkaufte die Nestlé & Anglo-Swiss 4 500 000 Kisten Kondensmilch auf den Exportmärkten in Afrika, Asien, Australien und Lateinamerika, 2 900 000 Kisten in Europa und 2 000 000 Kisten in Nordamerika (AHN Rapport au Conseil d'Administration, 149. Séance, Traktandum 5, 27. Februar 1929).

Nestlés geografische Reorganisation und Produktdiversifikation

In den 1920er-Jahren führten viele Länder, die vor dem Ersten Weltkrieg eng in den internationalen Handel einbezogen gewesen waren, Handelsbeschränkungen wie Schutzzölle, Importquoten und Einfuhrverbote ein.[265] Durch den wachsenden Protektionismus sah sich die Nestlé & Anglo-Swiss gezwungen, ihre Produktionsstandorte zu dezentralisieren und weitere nationale Tochtergesellschaften zu gründen. Bis Ende der 1920er-Jahre baute oder erwarb Nestlé unter anderem in Abbiategrasso (Italien), Boué (Frankreich) und Kappeln (Deutschland) neue Fabriken und gründete in Frankreich, Belgien, Italien und Südafrika nationale Tochtergesellschaften, um die steigenden Zollschranken zu umgehen.[266] Im Zuge der Weltwirtschaftskrise verstärkte sich die geografische Reorganisation ab 1929 zusätzlich. In zahlreichen Gebieten, die bisher nicht als Milchregionen galten, begann das Unternehmen neue Fabriken und Tochtergesellschaften zu errichten: 1930 in Argentinien und auf Kuba, 1933 in Chile und Japan und 1935 in Mexiko. Ende der 1930er-Jahre lag über ein Drittel von Nestlés Fabriken in den Ländern des Südens,[267] während in Grossbritannien und der Schweiz – die bis zum Ersten Weltkrieg zu den bedeutendsten Produktionsstandorten des Unternehmens gezählt hatten – zahlreiche Milchsiedereien geschlossen wurden.[268] Die Nestlé & Anglo-Swiss erhielt dadurch eine dezentrale Unternehmensstruktur mit über 20 Tochtergesellschaften,[269] die quasi autonom funktionierten. Dieser Umstrukturierung wurde 1936 auch juristisch Rechnung getragen, indem das Unternehmen in eine Holding umgewandelt wurde.[270]

265 Cameron, Weltwirtschaft 2, S. 200.
266 Heer, 125 Jahre Nestlé, S. 140–141.
267 AHN SG 11705, Schrift «Invedesa Orient et Extrême Orient», 15. November 1974.
268 Bereits in den 1920er-Jahren schloss die Nestlé & Anglo-Swiss die Schweizer Milchsiedereien in Neuenegg und Bercher sowie die Fabriken in Aylesbury und Salesbury (Grossbritannien). Zu Beginn der 1930er-Jahre wurde auch in den beiden ältesten Produktionszentren in Vevey und Cham sowie in der Milchfabrik in Payerne der Betrieb eingestellt (vergleiche dazu Heer, 125 Jahre Nestlé, S. 141 und 183).
269 Von Nestlés Tochtergesellschaften befanden sich 13 in Europa, vier in Lateinamerika sowie je eine in Nordamerika, Afrika und Asien (Heer, 125 Jahre Nestlé, S. 187).
270 Ab 1936 wurden vom Hauptsitz in Vevey aus nur noch die Fabriken in der Schweiz direkt betrieben, während die meisten anderen Produktionsanlagen den Tochtergesellschaften unterstanden. Das Unternehmen erhielt dabei eine Doppelkopf-Struktur, indem neben der Nestlé & Anglo-Swiss Holding Co. gleichzeitig aus finanziellen und steuerlichen Erwägungen in Panama die Unterholding Unilac Inc. gegründet wurde, welche für die Geschäfte in Amerika zuständig war (Lüpold, Krisenreaktionsstrategie, S. 215–216).

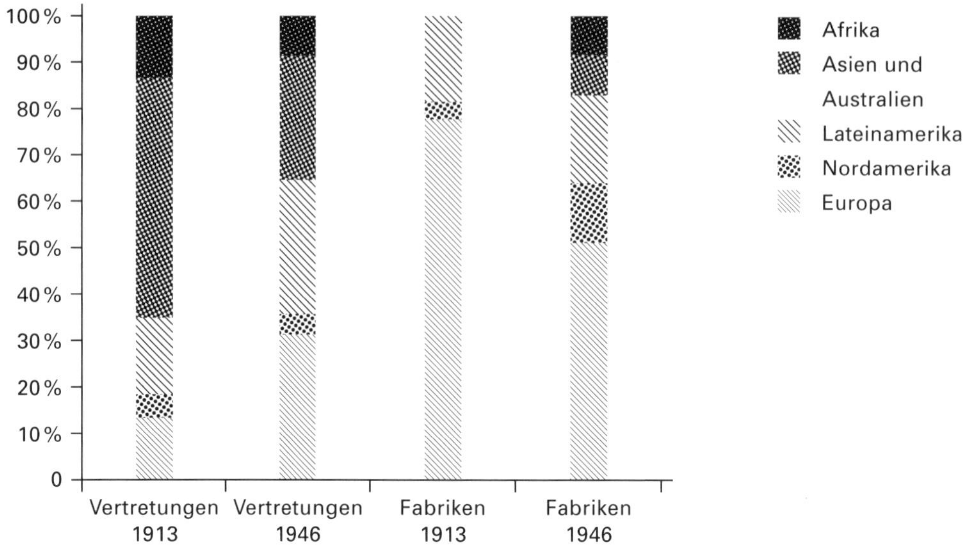

Darstellung 2: Die Dezentralisierung der Nestlé & Anglo-Swiss in der Zwischenkriegszeit. Während sich vor dem Ersten Weltkrieg die meisten Fabriken des Unternehmens in Europa befanden und die dort produzierte Kondensmilch über das weltweite Vertriebsnetz mit zahlreichen Vertretungen in Afrika, Asien und Lateinamerika an den Kunden gebracht wurde, nahm in der Zwischenkriegszeit die lokale Fabrikation der Nestlé-Produkte in den Entwicklungsländern zu, derweil die Zahl der Vertretungen in Europa durch die Gründung neuer Tochtergesellschaften stieg. Der internationale Warenaustausch nahm also durch die protektionistischen Tendenzen ab, die Internationalisierung der Nestlé & Anglo-Swiss dagegen weiter zu, indem national orientierte, weitgehend autonome Tochtergesellschaften gegründet wurden.

«Die Nestlé hat ihre grösste Expansion in einer Zeit des internationalen Protektionismus erlebt, der sie zur Errichtung neuer Fabriken in den abgeschirmten Ländern selbst zwang. In einem liberalen Handelssystem [...] müssten viele gewählte Standorte der Milchkonservenfabriken als unzweckmässig gelten»,[271] analysierte die Zeitung «Finanz und Wirtschaft» später die Entwicklung des Schweizer Unternehmens in der Zwischenkriegszeit. Weil zugleich die Nachfrage nach Kondensmilch stagnierte, sanken durch die politisch bedingte Reorganisation der Produktionsstandorte die Skalenerträge.[272] Um die Produktion und Distribution trotzdem weiter zu rationalisieren,[273] weitete Nestlé ihren Tätigkeitsbereich neben der Dosenmilch auf weitere Lebensmittel aus, um die Fixkosten auf mehrere Produkte verteilen zu können und auf diese Weise «Economies of Scope» zu erzielen.[274]

271 SWA H+I Ba 214, Artikel aus der Zeitung «Finanz und Wirtschaft», 10. Mai 1955.

272 Auf dem Gebiet der Kondensmilch erreichte Nestlé das Umsatzniveau von 1920 erst zu Beginn des Zweiten Weltkriegs wieder (vergleiche dazu AHN SG 11790, Statistik «Laits condensés, Farine Lactée et autres produits alimentaires», 1900–1949).

273 AHN Rapport au Conseil d'Administration, 117. Séance, VR-Protokoll von Archivar eingesehen, 20. September 1923.

274 Heer, 125 Jahre Nestlé, S. 141.

Ab 1927 erweiterte Nestlé ihre Produktpalette mit dem Vertrieb von Streichkäse der Gerber AG in Thun. Gegen Lizenzgebühren erhielt die Nestlé & Anglo-Swiss vom Berner Unternehmen das Recht, ihren *Gerber*-Schmelzkäse ausserhalb der Schweiz und der Vereinigten Staaten zu produzieren und zu vertreiben. Diese Zusammenarbeit bot sich an, da der Gerber AG das internationale Vertriebsnetz fehlte, um der steigenden Nachfrage nach Schmelzkäse im Ausland nachzukommen und sich gegen die stärker werdende Konkurrenz aus der Schweiz zu behaupten.[275]

Ein ähnliches Abkommen schloss Nestlé im gleichen Jahr ebenfalls mit der Schweizerischen Milchgesellschaft in Hochdorf, die aufgrund der steigenden Handelsschranken ihre Kondensmilch nicht mehr ins Ausland exportieren konnte.[276] Ausserdem beteiligte sich Nestlé 1928 am Schokoladegeschäft der Sarotti AG in Berlin und begann ab 1929 mit der Hollandia Anglo-Dutch Milk and Food Company im niederländischen Vlaardingen zusammenzuarbeiten.[277]

Die verschiedenen Kooperationen ermöglichten der Nestlé & Anglo-Swiss eine Restrukturierung der Produktion und Distribution durch Wachstum ohne grosse finanzielle Risiken, bargen allerdings auch erhebliche Konfliktpotenziale: Die von der Hollandia hergestellte Kondensmilch entsprach nicht immer den Qualitätskriterien der Nestlé & Anglo-Swiss und konnte aufgrund ihrer Eigenständigkeit nur ungenügend von Nestlés Kontroll-Laboratorien untersucht werden.[278] Ebenso gestaltete sich die Zusammenarbeit mit dem Schokoladeunternehmen Peter-Cailler-Kohler (PCK) immer schwieriger: Bereits während des Ersten Weltkriegs erwarb sich Nestlé vom Schweizer Schokoladeunternehmen das Exklusivrecht, seine *Nestlé*-Schokolade mit Ausnahme der Schweiz, Österreichs, Deutschlands und Nordamerikas in sämtlichen Ländern selber herstellen zu dürfen, weil PCK damals die von Nestlé benötigten Schokolademengen zur Sättigung der Marktnachfrage nicht bereitstellen konnte. In Ländern wie Australien begann Nestlé daraufhin eigene Scho-

275 Nestlé garantierte der Gerber AG einen Mindestabsatz von zwölf Prozent am gesamten Schachtelkäse-Export der Schweiz und übernahm zudem einen Viertel des Aktienkapitals der Berner Gesellschaft (AHN Rapport au Conseil d'Administration, 137. Séance, Traktandum 10, 31. März 1927).

276 Nestlé übernahm den Vertrieb der Kondensmilch aus Hochdorf in Deutschland gegen Bezahlung einer Lizenzgebühr (AHN Rapport au Conseil d'Administration, 141. Séance, Traktandum 9d, 10. September 1927).

277 Vergleiche dazu Heer, 125 Jahre Nestlé, S. 143 und 178.

278 AHN [ohne Signatur], Zusammenstellung «Laboratoires Nestlé» von Rudolf Guyer, 30. August 1982. Guyer war ein ehemaliger Nestlé-Mitarbeiter, der nach seiner Pensionierung zur Entwicklung der Nestlé-Laboratorien recherchierte und einen Überblick über die wichtigsten technischen Entwicklungen zusammenstellte.

koladefabriken aufzubauen.[279] Ausserdem vertrieb die Lamont, Corliss & Co. ab 1925 ebenfalls die *Nestlé*-Milchschokolade, die sich in Nordamerika sofort grosser Beliebtheit erfreute.[280] Ende der 1930er-Jahre stellten die Vereinigten Staaten klar den wichtigsten Absatzmarkt von Nestlés Schokolade dar.[281]

Durch Nestlés wachsenden Aktivismus im Schokoladegeschäft verschoben sich die Kräfteverhältnisse mit Peter-Cailler-Kohler: Verkauften Nestlé und PCK vor dem Ersten Weltkrieg noch etwa gleich viel Schokolade, vertrieb Nestlé 1928 bereits drei Viertel der gemeinsam bewirtschafteten Schokolade,[282] wobei die *Nestlé*-Milchschokolade in den 1920er-Jahren zur beliebtesten der vier Marken aufstieg.[283] Um weiter auf dem Schokolademarkt expandieren zu können und damit verbundene Unstimmigkeiten zwischen den beiden Parteien zu verhindern, war 1928 eine Klärung der Verhältnisse in Form einer Fusion unumgänglich geworden.[284] Zudem führte die Verschmelzung 1929 zu einer wesentlichen Vereinfachung der ganzen Administration im Schokoladegeschäft.[285] Die Übernahme von Peter-Cailler-Kohler im Jahr 1929 ist daher als Folge des inneren Wachstums von Nestlé zu sehen und reduzierte die Transaktionskosten durch Internalisierung. Beispielsweise verlagerte Nestlé zur Kostenoptimierung die Schokoladeproduktion für den britischen Markt 1931 von der Schweiz nach England, was unter den alten Strukturen mit relativ starren Verträgen kaum möglich gewesen wäre.[286]

Durch die Integration und den Ausbau von Produktsparten wie Schokolade und Schmelzkäse wuchs die Nestlé & Anglo-Swiss auch nach 1921 weiter. Gleichzeitig wurden aber auch in den eigenen Forschungslaboren neue Erzeugnisse entwickelt, mit welchen die horizontale Expansionspolitik weiter vorangetrieben wurde.[287]

279 Heer, 125 Jahre Nestlé, S. 128 und 142.

280 Am 10. September 1925 schloss Nestlé mit der Lamont, Corliss & Co. ein Abkommen, welches dem amerikanischen Unternehmen die Verwendung der Marke *Nestlé* im nordamerikanischen Schokoladegeschäft erlaubte (AHN Rapport au Conseil d'Administration, 129. Séance, Traktandum 8, 17. Oktober 1925, und AHN SG 10006, Brief von Nestlé USA an B, 26. August 1954).

281 In den Vereinigten Staaten verkaufte Nestlé 1938 etwa 13900 Tonnen Schokolade, gefolgt von Grossbritannien mit 4800 Tonnen und Deutschland mit 3500 Tonnen (AHN SG 11790, Evolution de la Production et de la Consommation alimentaires par Rapport à l'avant-guerre [o. J.]).

282 Vergleiche dazu AHN SG 11790, Statistik «Ventes de Chocolat 1900 à 1949» [o. J.].

283 Vor dem Ersten Weltkrieg (1911–1914) teilten sich die Marken *Peter* und *Kohler, Cailler* und *Nestlé* den Umsatz zu je einem Drittel, in den 1920er-Jahren (1921–1928) stieg der Anteil der *Nestlé*-Schokolade auf 40 Prozent an (AHN NPCK A 1/3 Historique Complet de Peter Cailler Kohler, Teil 4, S. 18–19).

284 AHN Rapport au Conseil d'Administration, 144. Séance, PV von Archivar eingesehen, 23. Januar 1928.

285 Die bisherige Kooperation zwischen der Nestlé & Anglo-Swiss und Peter-Cailler-Kohler basierte auf dem Vertrag von 1923, der allerdings nicht auf eine Expansion Nestlés im Schokoladegeschäft angelegt war. Die Zusammenarbeit zwischen den beiden Gesellschaften hätte sich deshalb auf dieser Grundlage langfristig als zu kompliziert erwiesen (AHN Rapport au Conseil d'Administration, 144. Séance, Traktandum 3, 23. Januar 1928).

286 AHN Rapport au Conseil d'Administration, 166. Séance, PV von Archivar eingesehen, 4. Dezember 1931.

287 Heer, 125 Jahre Nestlé, S. 141.

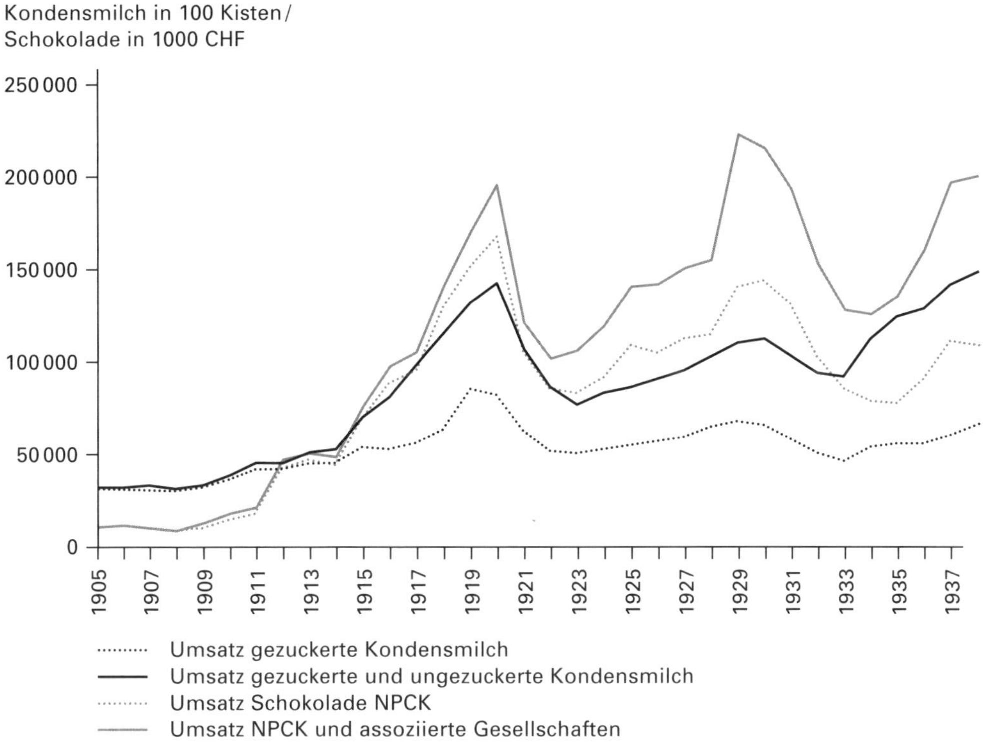

Darstellung 3: Nestlés Kondensmilch- und Schokoladeumsatz zwischen 1905 und 1938 war von starken Konjunkturschwankungen geprägt. Nachdem die Nachfrage nach Kondensmilch und Schokolade im Ersten Weltkrieg stark zugenommen hatte, brach der Absatz der beiden Produkte zwischen 1921 und 1923 stark ein, erholte sich in der zweiten Hälfte der 1920er-Jahre aber wieder, bevor er sich mit der Weltwirtschaftskrise abermals verschlechterte. Gut zu erkennen ist dabei, dass die Nestlé & Anglo-Swiss bis 1913 fast nur gezuckerte Kondensmilch verkaufte, die ungezuckerte Kondensmilch aber seit Kriegsbeginn immer bedeutender wurde und Ende der 1930er-Jahre die Hälfte des Kondensmilchumsatzes ausmachte. Ebenso wurde in der Zwischenkriegszeit ein immer grösserer Teil des Schokoladeabsatzes durch assoziierte Gesellschaften (Lamont, Corliss & Co. und Sarotti) erzielt. Insgesamt stieg der Umsatz der Nestlé & Anglo-Swiss in der Zwischenkriegszeit, aber vor allem auf den Gebieten der Schokolade und der ungezuckerten Kondensmilch, auf denen sich keine grossen Gewinne erzielen liessen.

Die Entwicklung neuer Produkte im Kindernahrungsmittel-Segment

Wie Verwaltungsratspräsident Louis Dapples an der Generalversammlung 1936 festhielt, waren die Gewinnmargen auf Massenprodukten wie Kondensmilch und Schokolade in der Zwischenkriegszeit stark geschrumpft. Zwar stellten diese Produkte nach wie vor das wichtigste Standbein des Unternehmens dar, ihr Ertrag konnte allerdings nur noch damit gesteigert beziehungsweise erhalten werden, indem das Verkaufsvolumen ausgeweitet wurde. «Gerade mit Rücksicht auf den Umstand, dass die Gesellschaft bei der Massenproduktion mit ganz kleinem Nutzen arbeiten muss, zwingt sie zum Ausfindigmachen von neuen Spezialitäten, die ihr jedoch nicht ohne Weiteres in den Schoss fallen, sondern wiederum bedeutende Forschungskosten verursachen»,[288] schrieb die «Schweizerische Handelszeitung» 1936 weiter.

Angefangen hatten diese Forschungsaktivitäten in den Jahren 1921/22, als im Zuge der Reorganisation des Unternehmens die bisher getrennten Forschungslaboratorien in Cham und Vevey zusammengeführt wurden und die Entwicklung neuer Produkte unter der Leitung des Norwegers Dr. Arnold Bakke erstmals systematisch vorangetrieben werden konnte.[289] Die Markennamen dieser neuen Produkte-Generation wurden später oft mit dem Präfix *Nes-* und der Produktbezeichnung versehen, um die verwandtschaftliche Bindung mit der Nestlé-Gruppe erkennbar zu machen.[290]

Eine der vordringlichsten Aufgaben der Forschung war damals, auf dem Gebiet der Kindernahrung neue Produkte zu entwickeln, denn seit 1915 waren die Verkaufszahlen von *Nestlé's Kindermehl* in den Vereinigten Staaten rückläufig gewesen. Konnte der anfängliche Nachfragerückgang noch mit Preisanpassungen begründet werden, hatte der danach folgende, langsame Absatzschwund tiefere Ursachen: Das Produkt genügte den damaligen Anforderungen an ein Kindernahrungsmittel nicht mehr,[291] weil es die Nestlé & Anglo-Swiss verpasst hatte, der Tendenz zu Milchpulververfahren frühzeitig zu folgen.[292]

Wurde Milchpulver in der Schweiz zuerst vor allem zur Herstellung von Milchschokolade verwendet,[293] begannen später auch immer mehr Kindernahrungsmittel-Unternehmen wie Guigoz schonende Dehydratationsverfahren bei tiefen Temperaturen zu entwickeln, dank denen die Proteine wesentlich besser erhalten blieben und die Oxidation von Vitamin C vermieden werden konnte. Damit kamen kurz vor dem Ersten Weltkrieg neue Kindernahrungsmittel auf den Markt, welche lange haltbar und trotzdem mit Proteinen und Vitaminen angereichert waren.[294]

288 SWA H+I Ba 214, Artikel aus der «Schweizerischen Handelszeitung», 5. November 1936.

289 Seit 1898 leitete Dr. Arnold Bakke das wissenschaftliche Forschungslabor von Nestlé. Bis 1921 hatte dieses vor allem Qualität und Konsistenz der Kondensmilch sichergestellt und war weniger mit der Entwicklung neuer Produkte beschäftigt gewesen (vergleiche dazu Zbinden, Infant and dietetic preparations, S. 165, und AHN [ohne Signatur], Zusammenstellung «Laboratoires Nestlé» von Rudolf Guyer, 30. August 1982).

290 Erläuterungen zum Geschäftsbericht Nestlé 1951, S. 29.

291 AHN Rapport au Conseil d'Administration, 111. Séance, PV von Archivar eingesehen, 16. November 1922.

292 Bereits 1888 bemerkte ein Aktionär, dass die Milchsiederei in Gossau Milchpulver nach dem Verfahren von Samuel Percy herstellen würde, das 1872 patentiert worden war. Bei George Page fand allerdings der Gedanke, ebenfalls auf diesem Gebiet tätig zu werden, kein Gehör (Fischer, Milchmädchen, S. 92).

293 Frank, Dank dem Gewerbefleiss, S. 686–687.

294 Das *Guigoz*-Milchpulver wurde allerdings noch nicht mit dem Walzentrocknungsverfahren hergestellt, sondern beruhte auf der herkömmlichen Vakuumkondensierung (Maillard, Guigoz, S. 41, und Zbinden, Infant and dietetic preparations, S. 35).

Nestlé sah sich deshalb gezwungen, ihr Kindermehl durch die Beigabe von Vitaminen den ernährungswissenschaftlichen Erwartungen an ein Kindernahrungsmittel anzupassen.

1929 gelang es den Forschern von Nestlé schliesslich, *Nestlé's Kindermehl* dank einem Dorschleberöl-Konzentrat[295] mit den Vitaminen A und D anzureichern, welche das Wachstum und die Widerstandsfähigkeit sowie den Knochenaufbau der Säuglinge verbessern sollten. Trotzdem blieb das Kindermehl in den 1930er-Jahren weiterhin in der Kritik der Ärzte, weil durch das Erhitzen der Milch nicht nur krankmachende Keime, sondern auch wichtige Bestandteile wie die Vitamine C und B1 wesentlich reduziert wurden. Deshalb mischte Nestlé dem Kindernahrungsmittel schliesslich ebenfalls Vitamin B1 bei.[296] Bei dieser Verbesserung sowie der Entwicklung weiterer diätetischer Produkte wie *Pelargon, Nestrovit, Nesviton* und *Nestamin* arbeitete Nestlé eng mit Kinderärzten und medizinischen Autoritäten sowie der Schweizer Pharmaindustrie zusammen.[297]

Ab 1921 begann sich Nestlé aber auch intensiv mit der Herstellung von Kindernahrungsmitteln auf der Basis von Milchpulver[298] zu beschäftigen. Im Zentrum standen dabei zwei Verfahren, welche Nestlé durch die Akquisition der australischen The Baccus March Concentrated Milk Company sowie der norwegischen Firma Egron aus Christiania erworben hatte. Denn Milchpulver hatte gegenüber Kondensmilch und Kindermehl den entscheidenden Vorteil, dass sich die Dosierung einfacher gestaltete.[299]

295 Der Lebertran hatte den Nachteil, dass er einen unangenehmen Geruch und Geschmack hatte, der Kinder und Erwachsene davon abhielt, dieses Produkt einzunehmen. Deshalb wurden nur die aktiven Stoffe des Lebertrans, welche Vitamin A enthielten, in konzentrierter Form extrahiert (AHN Londres-Export I 1928–1931, Dr. A. Bakke: Einige Bemerkungen über Nestlé's Kindermehl, 1930).

296 Fenner, Am Anfang war das Kindermehl, S. 160.

297 Die Entwicklung von *Pelargon* (1932) war ursprünglich vom Direktor der Universitätsklinik in Zürich angeregt worden. Zudem entwickelte Nestlé in Zusammenarbeit mit Kinderärzten und dem Basler Pharmakonzern Hoffmann-Laroche weitere vitaminisierte Produkte wie *Nestrovit* (1936), *Nesviton* und *Nestamin* (vergleiche dazu Zbinden, Infant and dietetic preparations, S. 54, 165 und 226–228, sowie weiterführend zur Entstehungsgeschichte von Nestlés Vitaminpräparaten Bächi, Vitamin C für alle, S. 103–122).

298 Milchpulver darf dabei nicht – wie dies fälschlicherweise oft geschieht – mit *Nestlé's Kindermehl* verwechselt werden, welches aus Milch und Mehl bestand. Wie aus Nestlés Verkaufsstatistiken hervorgeht, verkaufte das Unternehmen erst ab 1918 Milchpulver (AHN SG 11790, Statistik «Laits condensés, Farine Lactée et autres produits alimentaires», 1900–1949).

299 Zbinden, Infant and dietetic preparations, S. 35.

Vom Milch- zum Kaffeepulver – Nestlé bringt *Nescao, Milo* und *Nescafé* hervor

Nestlés erste Schritte mit Milchpulver und pulverisierter Kindernahrung

Nestlés erstes Kindernahrungsmittel auf der Basis von Milchpulver wurde 1921 unter der Marke *Lactogen* vertrieben, welche durch die Übernahme der australischen The Baccus March Concentrated Milk Company zum Unternehmen gestossen war. Das speziell für Kleinkinder präparierte Milchpulver, dessen Zusammensetzung der Muttermilch angenähert worden war, wurde damals auf dem Prinzip der Walzentrocknung hergestellt, welches auch zur Herstellung von Milchschokolade verwendet wurde.[300] Nestlé verkaufte und bewarb *Lactogen* vor allem in den tropischen Gebieten Asiens, Afrikas und Lateinamerikas.[301] In Europa dagegen wurde die australische Pulvernahrung für Kinder nicht allzu stark vermarktet, weil dies negative Vorurteile gegenüber der gezuckerten Kondensmilch hätte hervorrufen können, die damals die wichtigste ökonomische Stütze des Unternehmens war.[302]

Parallel dazu bot die Nestlé & Anglo-Swiss von Norwegen aus das Milchpulver *Molico* an, welches explizit *nicht* als Kindernahrung verkauft wurde, sondern zur Zubereitung von Kaffee, Tee und Kakao sowie zur Herstellung von Milchglacen empfohlen wurde.[303] Anders als Nestlés bisherige Verfahren beruhte die Milchtrocknung von *Molico* nicht auf der Vakuum- oder Walzentrocknung, sondern auf einem Sprühtrocknungsverfahren, welches sich das Schweizer Unternehmen 1916 mit der Übernahme der Firma Egron erworben hatte.[304] Mit dem Egron-Sprühtrocknungsverfahren, welches um 1910 von den beiden Norwegern Gustav Jebsen und Christian Finckenhagen entwickelt worden war, konnte im Gegensatz zu anderen Milchtrocknungsmetho-

300 Zbinden, Infant and dietetic preparations, S. 24 und Heer, 125 Jahre Nestlé, S. 183.

301 AHN Rapport au Conseil d'Administration, 111. Séance, Traktandum 4, 16. November 1922.

302 AHN Rapport au Conseil d'Administration, 137. Séance, Traktandum 10, 31. März 1927.

303 Über die Anfänge von *Molico* lässt sich anhand der Quellen im Nestlé-Archiv wenig erfahren. Sicher ist aber, dass *Molico* bereits 1925 auf der Nordpol-Expedition von Roald Amundsen mit von der Partie war (AHN K 20 Werbesammlung Norvège I, Werbeschrift «Molico» [ohne Datum]).

304 Das norwegische Unternehmen mit Milchfabriken in Kloeften (Norwegen) und Vernamö (Schweden) wurde am 2. März 1916 von der Nestlé & Anglo-Swiss übernommen (AHN Rapport au Conseil d'Administration, 63. Séance, Traktandum 8, 28. April 1916, und Heer, 125 Jahre Nestlé, S. 124).

den eine Verklumpung der Milchtröpfchen verhindert werden, indem der zerstäubten, noch flüssigen Milch ein Strahl von sehr heisser, komprimierter Luft entgegengesetzt wurde und die Milch somit augenblicklich trocken war.[305] Das Verfahren hatte den entscheidenden Vorteil, dass die Trocknung so schnell stattfand, dass keine chemischen Reaktionen auftraten, welche den Geschmack verändert hätten. Ausserdem wurde die Trockenmilch durch die schnelle Trocknung wesentlich länger haltbar.[306]

1925 patentierte Nestlé deshalb neben *Lactogen* ein auf der Egron-Sprühtrocknung basierendes Kindermilchpulver unter der Marke *Nestogen*. Allerdings verhielt sich die Unternehmensführung auch bei diesem Kindernahrungsmittel sehr zögerlich bei der Einführung, weil sie *Nestogen* als ernsthafte Konkurrenz für die gezuckerte Kondensmilch betrachtete.[307] Erst als die Nestlé & Anglo-Swiss während der Weltwirtschaftskrise ihre dominante Stellung auf dem britischen Kondensmilchmarkt verlor,[308] wurde *Nestogen* 1930 schliesslich als neues Kindernahrungsmittel auf den Markt gebracht.[309] Ebenso entschied sich Nestlé erst 1931 zur weltweiten Lancierung des sprühgetrockneten Milchpulvers *Molico,* um dem schleichenden Wechsel von Kondensmilch zu Milchpulver Rechnung zu tragen.[310] Allerdings blieb *Nestogen* der sofortige Durchbruch verwehrt: Zu viele Milchpulver existierten bereits auf dem Markt. Um das Produkt von anderen abzuheben, mischte Nestlé ihm 1932 zusätzliche Kohlenhydrate in Form von Dextrin, Maltose und Saccharose bei, welche damals von Schweizer und deutschen Kinderärzten empfohlen wurden. Erst dadurch konnte sich *Nestogen* schliesslich durchsetzen.[311]

Parallel zu *Molico* und *Nestogen* beabsichtigte Louis Dapples, mit Hilfe der Egron-Sprühtrocknung weitere Produkte in Pulverform herzustellen.[312] Bereits in der zweiten Hälfte der 1920er-Jahre versuchte Nestlé in ihren Forschungslaboren auch *Milkmaid Café au lait* als Pulvergetränk aufzuwerten,[313] wel-

305 AHN NNO N1/02, Österreichische Patentschrift Nr. 70266, 17. Mai 1912.

306 Vergleiche dazu AHN [ohne Signatur], Zusammenfassung «Laboratoires Nestlé» von Rudolf Guyer, 30. August 1982, und AHN NNO N1/05, Patentschrift Nr. 61416 eidgenössisches Amt für geistiges Eigentum, 15. Mai 1912.

307 Zbinden, Infant and dietetic preparations, S. 35–37.

308 AHN Rapport au Conseil d'Administration, 166. Séance, VR-Protokoll von Archivar eingesehen 4. Dezember 1931.

309 Heer, 125 Jahre Nestlé, S. 183.

310 Vergleiche dazu AHN NNO A2/01, Illustrations on the history of Viking Melk + Molico [o. J.], und AHN F 5.1, 25, Circulaires Publicité Nr. 31, 5. März 1931.

311 Zbinden, Infant and dietetic preparations, S. 35–37, und Heer, 125 Jahre Nestlé, S. 183.

312 Zur Diskussion standen unter anderem die Sprühtrocknung von Wein, Bier und Apfelsaft. Die Ideen wurden aber nie umgesetzt, weil sich mit der Trocknung auch der Alkohol und andere volatile Stoffe verflüchtigten (Zbinden, Infant and dietetic preparations, S. 276).

313 AHN SG 11541, History of the carbohydrate addition, 28. November 1945.

ches zusammen mit dem Kakaogetränk *Nescao* unter der Marke *Nescafé* eine neue Generation von Kaffee- und Kakaopulvergetränken bilden sollte.[314] In den nächsten drei Teilkapiteln wird aufgezeigt, wie aus der Kondensmilch mit Kaffeearoma schliesslich *Nescafé* entwickelt und weitere Kakao- und Malzgetränke wie *Nescao* und *Milo* aus der Milch- und Kindernahrungsmittel-Industrie abgeleitet wurden.

Nescao und der Einstieg in den Bereich der Kakao- und Malzgetränke

Neben Milchpulver und Kindermehl wurden ebenfalls Kakao- und Malzgetränke als Kindernahrungsmittel propagiert. Dank van Houtens Verfahren konnte der Fettgehalt von Kakaopulver wesentlich reduziert werden, wodurch das Produkt auch von Kindern, Kranken und alten Menschen als Stärkungsmittel getrunken werden konnte.[315] Auf diese Weise entwickelte sich das Kakaogetränk in der zweiten Hälfte des 19. Jahrhunderts langsam zum nahrhaften und gesunden Frühstücksgetränk für jüngere Frauen und Kinder.[316] Dabei wurde der Kakao als belebende, stärkende und erfrischende Alternative zum «entnervenden», krank und bleich machenden Kaffee oder Tee beworben.[317] Ebenso entstanden bereits im 19. Jahrhundert Malzprodukte wie *Mellin's Food for Infants and Invalids* oder *Horlick's Malted Milk,* die als Stärkungsmittel für Kinder und Kranke galten.[318]

Der Übergang zwischen Kindernahrungsmittel und stärkendem Frühstücksgetränk war dabei fliessend: In Südfrankreich mischte Nestlé seiner Kindernahrung ebenfalls Kakao bei, andererseits verkaufte die Konkurrenz ähnliche Mischungen als malz- oder kakaohaltige Frühstücksgetränke.[319] Dabei begannen sich die kakaohaltigen Frühstücksgetränke in den 1920er-Jahren immer mehr vom herkömmlichen Kakaopulver abzugrenzen, indem sie neben Zucker und Kakao auch Voll- oder Magermilch sowie besondere Mehle, Mineralsalze und Vitamine enthielten. Der billige Kakao wurde somit veredelt und zum stärkenden oder aufbauenden Getränk weiterentwickelt.[320]

314 Die Verwandtschaft zwischen *Nescao* und *Nescafé* wird sowohl in AHN SG 721 B, Brief von E. Müller an Nestlé Grossbritannien, 15. April 1937, als auch in AHN K 29 Dossier M/A, Brief von M. Paternot an A. Perrochet, 26. Februar 1940, angesprochen.

315 Pfiffner, Kakao, S. 124.

316 Selter, Der satte Verbraucher, S. 207–208.

317 Rossfeld, Schweizer Schokolade, S. 272–273.

318 Valenze, Milk, S. 173.

319 AHN SG 499, Brief von Eduard Müller an W, 27. Juni 1936.

320 AHN F 5.3.1, 1, Communication Marketing Nr. 3, März 1962, S. 13.

Aufgrund dieser Konstellation war es naheliegend, dass Nestlé ebenfalls auf dem Gebiet der Kakao- und Malzgetränke tätig wurde. Zu Beginn der 1920er-Jahre brachte das Unternehmen in Anlehnung zu Horlicks Malzgetränk *Nestlés Malted Milk* auf den Markt. Die Mischung aus Milchpulver und Malzextrakten verkaufte Nestlé im ganzen Britischen Empire.[321]

Gleichzeitig wies in den 1920er-Jahren ein Stärkungsgetränk unter dem Namen *Callmanns Phospho-Cacao,* das später als *Phoscao* verkauft wurde, abgesehen von der Zugabe des Kakaos grosse Ähnlichkeit mit der Zusammensetzung von *Nestlé's Kindermehl* auf. *Phoscao* war günstig, konnte einfach zubereitet werden und wurde von Ärzten als Stärkungsmittel empfohlen. Um dieser neuen Konkurrenz in Frankreich entgegenzutreten, zu der neben *Phoscao* auch *Banania* zählte,[322] lancierte Nestlé ebenfalls ein Stärkungsmittel und Frühstücksgetränk für Kinder und Erwachsene:[323] 1930 kam mit *Nescao* eine einfache Mischung aus *Nestlé's Kindermehl,* Kakao und Vanillezucker auf den französischen Markt.[324] Zusätzlich sollte *Nescao* in Europa und Lateinamerika das Milchgeschäft unterstützen, indem das Kakaopulver gleichzeitig auch die Nachfrage nach Dauermilchprodukten steigerte.[325]

Fast gleichzeitig mit der Lancierung von *Nescao* erwarb sich die Lamont, Corliss & Co. 1929 ausserdem ein Kakaopulververfahren zur Herstellung von heisser Schokolade,[326] mit welchem das befreundete Unternehmen 1935 eine Mischung von Kakao und Milchpulver unter der Marke *Nestlé's EverReady Cocoa* auf den US-Markt brachte. Das amerikanische Kakaopulver war dabei weniger auf die gesunden Inhaltsstoffe als die sofortige Zubereitung ausgerichtet: Man brauchte dem Instantprodukt bloss noch heisses Wasser beizugeben, um ein fertiges Milchkakaogetränk zu erhalten.[327]

321 Vergleiche dazu AHN Rapport au Conseil d'Administration, 111. Séance, Traktandum 4, 16. November 1922, und AHN K 20 Werbesammlung Londres Export I 1928–1931, Werbeschrift «Nestlé's Malted Milk», 12. März 1930.

322 Zur Geschichte von *Phoscao* und *Nescao* vergleiche Köse, Westlicher Konsum am Bosporus, S. 369, und AHN SG 499, Brief von Eduard Müller an W, 27. Juni 1936.

323 AHN K 20 Werbesammlung France 2, Prospekt «Nescao», 1. Juli 1930.

324 Vergleiche zur Datierung AHN SG 488, Memorandum von Nestlé Frankreich, «Nescao», 25. Februar 1930, und AHN K 20 Werbesammlung France 2, Prospekt «Nescao», 1. Juli 1930, sowie zur Zusammensetzung des Produkts AHN SG 499, Brief von Eduard Müller an W, 27. Juni 1936.

325 AHN SG 721 B, Brief von H an Nestlé Südafrika, 8. Dezember 1937.

326 Der Prozess stammte von der EverReady Chocolate Company in Rochester (AHN SG 10006, Brief von Nestlé USA an B, 26. August 1954).

327 AHN K 20 Werbesammlung New York I, Schrift «Nestlé's EverReady Cocoa», 31. Oktober 1935.

Milo und *Ovomaltine* teilen sich den weltweiten Malzgetränkemarkt

Zu den weltweit bedeutendsten Kakao- und Malzgetränken zählte die *Ovomaltine* der Firma Wander. Nachdem die *Ovomaltine* 1905 in der Schweiz ihre ersten Erfolge gefeiert hatte, begann das Berner Unternehmen sein neues Produkt international zu vertreiben. 1910 gründete Wander sowohl eine britische als auch eine deutsche Tochtergesellschaft und besass ab 1913 in King's Langley (einer Stadt ausserhalb Londons) eine eigene Fabrik, von wo aus das ganze Britische Empire versorgt werden konnte.[328] Nach anfänglicher Zurückhaltung gegenüber der *Ovaltine,*[329] wie die *Ovomaltine* im Empire genannt wurde,[330] entwickelte sich das Malzgetränk in Grossbritannien zu einem Erfolgsprodukt. Sowohl die britische als auch die deutsche Tochtergesellschaft verkauften 1914 etwa 180 000 Dosen.[331]

Nach dem Ersten Weltkrieg entwickelte sich die *Ovomaltine* vom diätetischen Nährmittel zum populären Frühstücksgetränk der gesundheitsbewussten bürgerlichen Oberschicht. Der Absatz verdreifachte sich innerhalb kurzer Zeit. Ausserdem zeigten erste Vitaminkontrollen, dass Wanders Malzgetränk von diesem Standpunkt her ein sehr hochwertiges Produkt war.[332] Gleichzeitig erhielt Wanders *Ovomaltine* aber auch immer mehr Nachahmer wie *Herculan* in Deutschland oder *Eimalzin* in der Schweiz.[333] Auch die Forschungslaboratorien in Vevey erhielten im August 1930 von Louis Dapples den Auftrag, neben *Nescao* und *Nestlé's Malted Milk* ein zusätzliches Stärkungsmittel nach dem Vorbild der *Ovomaltine* von Wander herzustellen, wobei dieses mit dem Egron-Sprühtrocknungsverfahren hergestellt werden sollte und keinen Malzgeschmack aufweisen durfte: «I hate the malty taste of Wander's *Ovaltine,* please take note»,[334] soll er damals den Technikern in Vevey gesagt haben.

Zwischen Nestlé und Wander existierten seit mehreren Jahren enge Beziehungen: Als Wander 1917 in Frankreich eine Tochtergesellschaft gründete, diente Nestlé als Informationslieferant, und 1926 übernahm Wander Nestlés leerste-

328 Wander AG, Hundert Jahre, S. 56–60.
329 Wander-Archiv Schachtel 38, Brief der Swiss Mercantile Society London an Dr. A. Wander, 19. Juli 1906.
330 Da es in England bereits ein Malzprodukt unter der Marke *Maltine* gab, verwendete Wander im englischen Sprachraum die Marke *Ovaltine* anstelle von *Ovomaltine* (Thut, Zwei-Mann-Labor, S. 32).
331 Wander Archiv Schachtel 30, Schrift «Geschichte von Wander Deutschland», Juni 1929.
332 Thut, Zwei-Mann-Labor, S. 33–34.
333 Wander-Archiv Schachtel 30, Brief von Dr. Wander Bern an Dr. Wander Deutschland, 13. Dezember 1926, und Berger, Schweizer Trunk, S. 44.
334 Zbinden, Infant and dietetic preparations, S. 276.

hende Fabrik in Neuenegg.[335] Des Weiteren herrschte zwischen den beiden Unternehmen die Vereinbarung, dass Nestlé bei der Firma Wander das Exklusivrecht genoss, den Kakao für die Herstellung der *Ovomaltine* zu liefern, während Nestlé umgekehrt kein malzhaltiges Stärkungsmittel auf den Markt bringen durfte: «[...] as long as *Ovomaltine* was quasi a monopoly of Wander, we considered it natural that two important Swiss firms, on friendly terms, should not launch out into direct competition with a product of the same order»,[336] beschrieb Nestlé die Gründe dafür.

Deshalb verzichtete Nestlé auf die Zugabe von Eiern und experimentierte anstelle von Malz und Kakao mit anderen Geschmacksrichtungen wie Kaffee, Tee und Apfelsaft. Die Ergebnisse fielen aber vermutlich nicht sehr überzeugend aus, denn schliesslich entschieden sich die Nestlé-Forscher doch für den Malz- und Kakaogeschmack – wobei sie im Unterschied zur *Ovomaltine* mehr Kakao benutzten und den Malzgeschmack mit der Verwendung von gemälztem Weizenmehl dämpften. Um das Produkt von der Konkurrenz abzuheben, wurden dem Stärkungsmittel nach dem gleichen Prinzip wie bei *Nestlé's Kindermehl* zusätzlich die Vitamine A und D beigegeben sowie Vitamin B1 aus der Hefe. Ausserdem mengten die Forscher Magnesiumsalze bei, weil Magnesiummangel damals in der medizinischen Forschung als Grund für zahlreiche Krankheiten betrachtet wurde.

1931 wurde das Stärkungsmittel den weltweiten Nestlé-Filialgesellschaften unter der Marke *Vifex* zur Verfügung gestellt. Allerdings waren nur die wenigsten Tochtergesellschaften an diesem Produkt interessiert, weil sie bereits *Nescao* verkauften. Einzig Australien und Südafrika zeigten sich schliesslich bereit, *Vifex* auf ihren Märkten einzuführen. Aufgrund der grossen Beliebtheit von *Nestlé's Malted Milk* in Australien wollte die dortige Tochtergesellschaft dem neuen Produkt allerdings unbedingt einen Malzgeschmack geben.

Den ursprünglichen Gedanken von Louis Dapples ignorierend, experimentierte Thomas Mayne im entfernten australischen Smithtown an einer verbesserten Mischung für *Vifex* mit Milch, Malz und Kakaopulver weiter und brachte das Resultat schliesslich 1934 unter einer neuen Formel auf den australischen Markt:[337] Anstelle von Weizen- wurde nun Gerstenmalz verwen-

335 Vergleiche dazu Wander AG, Hundert Jahre, S. 68, und Wander-Archiv Schachtel 40, Brief von Nestlé Frankreich an Dr. A. Wander, 15. September 1917.

336 AHN SG Stamford 10988, Gentlemen's Agreement following to Introduction of our Milo Tonic in various markets, Februar–Juni 1936.

337 Vergleiche dazu die Akten der Nestlé-Gesellschaft in Australien AHN NAU 14/3, Milo History [o. J.], und ebenda, Artikel aus der Zeitung «Daily Telegraph Mirror Sidney Daily», 29. November 1991, sowie Zbinden, Infant and dietetic preparations, S. 277.

det, weshalb das Pulvergetränk nicht mit dem Egron-Verfahren sprühgetrocknet, sondern vakuumgetrocknet wurde.

Nachdem *Vifex* in Australien und Südafrika sehr erfolgreich eingeführt worden war, benannte Nestlé das Stärkungsmittel 1936 in Anlehnung an den griechischen Helden Milon von Croton, der im 6. Jahrhundert v. Chr. sechsmal die Olympischen Spiele gewonnen haben soll,[338] in *Milo*[339] um und versuchte es ebenfalls in anderen Ländern zu verbreiten.[340] Besonders in Belgien, Deutschland, Italien und Spanien hätte Nestlé gerne *Milo* eingeführt, da *Nescao* mit der damaligen Formel gegenüber *Ovomaltine* nicht konkurrenzfähig war.[341]

Gegen die Einführung von *Milo* in Europa und einigen Staaten in Asien und Lateinamerika erhob das befreundete Unternehmen Wander allerdings Einspruch, indem es Nestlé an die mit ihm getroffenen Vereinbarungen erinnerte. Nach mehreren Briefwechseln konnten sich die beiden Unternehmen schliesslich auf ein «Gentlemen's Agreement» einigen: Wander erklärte sich weiterhin bereit, ihren Kakao für die Herstellung von *Ovomaltine* bei Nestlé zu beziehen, als Gegenleistung durfte Nestlé aber keine ähnlichen Stärkungsmittel wie *Ovomaltine* in Europa, Nordamerika und einigen lateinamerikanischen und asiatischen Märkten verwenden.[342] Abgesehen von diesen Ländern war Nestlé aber nicht mehr bereit, auf die Einführung von *Milo* zu verzichten, zumal das Unternehmen dort mit dem Erscheinen von *Ovaltine* herbe Rückschläge auf dem Gebiet der Kakaogetränke hinnehmen musste.[343]

Der Vertrag zwischen Nestlé und Wander führte dazu, dass sich bei Nestlé auf dem Gebiet der Kakao- und Malzgetränke weltweit keine einheitliche Marke herausbildete: Während *Nescao* in Europa und Lateinamerika Verbreitung fand, wurde *Milo* vorwiegend in Afrika, Asien und Australien verkauft.[344]

338 AHN F 5.1, 56, Circular letters Export Annex letter Nr. 4, 1950.

339 Die Marke *Milo* hatte Nestlé bereits 1904 registriert und diente bis 1936 der Bezeichnung für ein maltodextrinhaltiges Kindernahrungsmittel (Zbinden, Infant and dietetic preparations, S. 162–163).

340 Zbinden, Infant and dietetic preparations, S. 277–278.

341 AHN SG 499, Brief von E. Müller an W, 27. Juni 1936.

342 In Asien handelte es sich um Japan, China, Siam (Thailand), Niederländisch Indien (Indonesien) und Portugiesisch Indien (Goa), in Lateinamerika um Argentinien, Brasilien, Kolumbien, Mexiko, Peru und Venezuela (AHN SG Stamford 10988, Gentlemen's Agreement following to Introduction of our Milo Tonic in various markets, Februar–Juni 1936).

343 Ebenda.

344 Während *Nescao* 1940 vor allem in Frankreich, Spanien und Brasilien hergestellt wurde, waren die Produktionszentren für *Milo* in Südafrika und Australien angesiedelt. Von Australien aus wurde vermutlich auch der asiatische Raum (Singapur, Hong Kong, Indonesien und Malaysia) beliefert (vergleiche dazu AHN SG 1114 SP, Anhang des Briefes von E an W, 3. Juni 1955 und AHN SG 9000-58, Brief von Nestlé Australien an Afico, 9. August 1966).

Max Morgenthaler und die Erfindung des *Nescafés*

Parallel zur Entwicklung von Kakao- und Malzgetränken gelang es den Forschern von Nestlé Ende der 1920er-Jahre, *Milkmaid Café au lait* in Pulverform herzustellen. Auf eine Kommerzialisierung des Produkts wurde damals jedoch verzichtet, weil die Gewohnheiten der Milch- und Zuckerzugabe zum Kaffee von Land zu Land sehr unterschiedlich waren: Während die Briten gerne viel Zucker und Milch im Kaffee mochten, war dieser den Schweizern zu süss, und den Holländern hatte die weniger gezuckerte Schweizer Version wiederum zu wenig Milch. Aus diesem Grund kamen die Forscher auf den Gedanken, statt einer Milchkaffee-Mischung einen reinen, sprühgetrockneten Instantkaffee zu entwickeln. Bis 1929 gelang Nestlé auf diesem Gebiet allerdings kein nennenswerter Fortschritt.[345]

Im Herbst desselben Jahres wurde Verwaltungsratspräsident Louis Dapples von einem Vertreter seines ehemaligen Arbeitgebers – der Banque Française et Italienne pour l'Amérique du Sud – angefragt, ob Nestlé der brasilianischen Regierung nicht in irgendeiner Form helfen könnte, die beträchtlichen Kaffeereserven abzubauen.[346] Nachdem sich der Kaffeeanbau in Brasilien Ende des 19. Jahrhunderts zu einem sehr rentablen Geschäft entwickelt hatte und die Kaffeeproduktion Jahr für Jahr ausgeweitet worden war, überstieg diese zu Beginn des 20. Jahrhunderts die Nachfrage. Als monopolistisch auftretender Kaffeeanbieter versuchte Brasilien das Angebot und damit die Kaffeepreise zu stabilisieren, indem der Staat die Kaffeeüberschüsse aufkaufte. Nachdem dieses System der Kaffeevalorisierung zwischen 1907 und 1912 einen zwiespältigen Erfolg gefeiert hatte, wurde es aufgrund der sinkenden Rohstoffpreise nach dem Ersten Weltkrieg abermals eingeführt: In São Paulo hielt die Regierung in grossen Lagerhallen die überschüssigen Kaffeebestände zurück, welche über Kreditaufnahmen bei Banken finanziert wurden. Das Angebot wurde dadurch künstlich knapp gehalten und die Kaffeepreise auf hohem

345 AHN SG 11541, History of carbohydrate addition, 28. November 1945.

346 In den Nestlé-Archiven existiert keine Originalquelle zur Anfrage aus Brasilien. Anhaltspunkte zur Datierung geben jedoch zwei Briefe von Eduard Müller aus dem Jahr 1937: Laut dem ersten Brief an den brasilianischen Marktchef erfolgte die Anfrage eindeutig 1929 durch die Banque Française et Italienne pour l'Amérique du Sud, was angesichts der damaligen Spekulationsblase einen Sinn ergibt. Einen Monat später schrieb Müller in einem zweiten Brief an den Marktchef in London, eine Anfrage sei 1930/31 durch die brasilianische Regierung erfolgt, um die Auswirkungen des Preiszerfalls auf den Kaffeemärkten zu dämpfen. Die beiden Quellen lassen den Schluss zu, das es vermutlich nicht eine, sondern zwei Anfragen aus Brasilien gab (zur Anfrage der Bank vergleiche AHN SG 11541, Brief von E. Müller an Nestlé Brasilien, 18. März 1937, sowie ebenda die spätere Notiz von M. Morgenthaler an Dr. P, 21. März 1946. Zur Anfrage der Regierung siehe AHN SG 721, Brief von E. Müller an Nestlé Grossbritannien, 15. April 1937).

Niveau stabilisiert. Geblendet von den kurzfristigen Profiten verpassten es die brasilianischen Kaffeeproduzenten allerdings, Angebot und Nachfrage rechtzeitig wieder ins Lot zu bringen, indem sie die Lagerbestände wieder abbauten. Stattdessen wurden diese andauernd erweitert, bis die Lagerhallen 1929 überquollen und die Banken ihre Kredite gefährdet sahen, falls die ungeheuren Kaffeelager nicht irgendwie vermindert werden konnten.

Vor dem Hintergrund dieser Kaffee-Spekulationsblase, die am 11. Oktober 1929 schliesslich platzte und gemeinsam mit dem Einbruch der Börsenkurse in New York zwei Wochen später die Kaffeepreise ins Bodenlose fallen liess,[347] schlug die Banque Française et Italienne pour l'Amérique du Sud Nestlé vor, einen in Wasser löslichen Kaffeewürfel (ähnlich wie ein Bouillonwürfel) herzustellen, der günstig war und die Kaffeezubereitung wesentlich erleichterte. Dank Nestlés weitverzweigtem Vertriebsnetz sollten die Würfel den Kaffeekonsum auch in Ländern fördern, wo dieser bisher nicht verbreitet war. Die Bank hoffte, dass der Konsum von Kaffee durch diese Massnahme um fünf bis zehn Prozent gesteigert werden und die riesigen Kaffeereserven in Brasilien in kurzer Zeit abgebaut werden könnten.

In Zusammenarbeit mit dem Institut de la Défense du Café en Europe wurde die Idee in den darauffolgenden Monaten weiter vorangetrieben. Die Nestlé & Anglo-Swiss beauftragte ihre Laboratorien in Vevey mit entsprechenden Forschungen,[348] dämpfte aber gleichzeitig allzu grosse Hoffnungen der Südamerikaner bezüglich der Realisierbarkeit eines solchen Instantkaffeewürfels.[349] Es zeigte sich jedoch rasch, dass ein solches Produkt mittels Extraktion und anschliessender Evaporation, wie sie damals zur Herstellung von Instantkaffee und Kondensmilch verwendet wurden, schon nach kurzer Zeit seinen typischen Geschmack verlor. Auch die nachträgliche Beigabe von fein gemahlenem Röstkaffee lieferte keine zufriedenstellenden Resultate.[350] Aufgrund dieser Erkenntnisse erklärte die Nestlé & Anglo-Swiss das Kaffeeprojekt in dieser Form im April 1930 gegenüber den brasilianischen Initianten für beendet.[351]

347 Zur Kaffeevalorisierung in Brasilien siehe ausführlicher Pendergrast, Kaffee, S. 98–111 und 194–197.

348 Die Anregung aus Brasilien scheint vor allem für die Unternehmensführung wichtig gewesen zu sein, in den Schilderungen der Forscher in den Nestlé-Laboratorien dagegen wurde sie entweder gar nicht erwähnt (AHN SG 11541, History of carbohydrate addition, 28. November 1945) oder in einem falschen Zusammenhang gesehen (AHN SG 11541, Notiz von M. Morgenthaler an Dr. P, 21. März 1946). Daraus lässt sich schliessen, dass die Anfrage aus Brasilien nicht den Beginn von Nestlés Kaffeeforschung markierte, sondern lediglich als Katalysator wirkte.

349 Vergleiche dazu AHN SG 11541, Brief von E. Müller an Nestlé Brasilien, 18. März 1937, und AHN SG 721 Etudes Café-Thé 1937–1945, Brief von E. Müller an Nestlé Grossbritannien, 15. April 1937.

350 AHN SG 11541, Notiz von M. Morgenthaler an Dr. P, 21. März 1946.

351 AHN SG 11541, Brief von E. Müller an Nestlé Brasilien, 18. März 1937.

Trotzdem wurde in den Laboratorien in weniger hektischen Phasen an einem löslichen Kaffee weitergeforscht. Auch die Nestlé-Führung lieferte weiterhin Impulse, das Kaffeeprojekt weiterzuverfolgen: Von einer Reise aus den Vereinigten Staaten soll Louis Dapples mit einer Dose *G. Washington's Coffee* in den Forschungslaboratorien erschienen sein und die Techniker beauftragt haben, einen Instantkaffee nicht in Würfel-, sondern in Pulverform herzustellen und diesen in Dosen unter Verschluss zu halten.[352]

Zwar war es einfach, einen Löslichkaffee nach dem Vorbild von *G. Washington's Coffee* herzustellen. Der Kaffeegeschmack konnte auf diese Weise jedoch nicht über längere Zeit konserviert werden. Eine interessante Entdeckung war in diesem Zusammenhang, dass sich das Kaffeearoma beim Milchkaffeepulver, welches in den 1920er-Jahren auf der Grundlage von *Milkmaid Café au lait* mit Hilfe des Egron-Verfahrens entwickelt worden war, viel länger in der Dose hielt als das reine Instantkaffeepulver.[353] Deshalb nahm Nestlé zwischen 1932 und 1935 diese Spur unter der Leitung von Dr. Max Morgenthaler[354] wieder auf, indem man *Café au lait* in Pulverform zu verbessern versuchte. Obwohl die Resultate vom Geschmack her zufriedenstellend ausfielen, wurde das Milchkaffeepulver schliesslich als marktuntauglich eingestuft, weil seine Löslichkeit zu wünschen übrig liess.[355] Gleichzeitig entwickelten Nestlés Laboratorien in dieser Zeitspanne eine speziell konstruierte Extraktionsmaschine, in welcher mehrere Kaffee-Extraktionsabläufe nacheinander stattfanden. Im Unterschied zur Evaporation konnte das Trockenkonzentrat der Extrakte dadurch wesentlich erhöht werden, ohne dass die Ausbeute abnahm.[356]

Da Morgenthalers Forschungsarbeiten nur sehr langsam voranschritten, beauftragte Nestlé zusätzlich Professor Dutoit von der Universität Lausanne mit Parallelstudien auf diesem Gebiet. Auch ihm gelang aber kein entscheidender Durchbruch, weshalb er 1934 das Kaffeeproblem für unlösbar erklärte.[357]

352 Zbinden, Infant and dietetic preparations, S. 276.

353 Vergleiche dazu AHN SG 11541, History of carbohydrate addition, 28. November 1945, und ebenda, Notiz von M. Morgenthaler an Dr. P, 21. März 1946.

354 Max Morgenthaler wurde am 20. Mai 1901 in Burgdorf geboren. Nach erfolgreichem Abschluss des Progymnasiums und Technikums in der Emmentaler Kleinstadt begann er ein Studium in Chemie an der Universität Bern. Dieses beendete er 1924 mit dem Doktortitel. Im Herbst gleichen Jahres trat er in die Milchwirtschaftliche und bakteriologische Versuchsanstalt Liebefeld als Assistent ein. Dort setzte er sich mit den Veränderungen des Vitaminreichtums der Milch auseinander. Da die Vitaminisierung von Nestlés Kindernahrung Ende der 1920er-Jahre einen Forschungsschwerpunkt bildete, wurde er 1929 bei Nestlé als Assistent von Dr. Bakke angestellt (vergleiche dazu in AHN K 29 Dossier M/B, Lebenslauf Max Morgenthaler, 15. Februar 1929).

355 Damals konnten Kaffee und Milchpulver technisch nur schwer miteinander kombiniert werden, weil das Tannin im Kaffee der Milch einen sauren Geschmack gab (AHN SG 11541, Notiz von M. Morgenthaler an Dr. P, 21. März 1946 und AHN SG 721 B, Brief von H an Nestlé Südafrika, 8. Dezember 1937).

356 AHN SG 11541, Brief von M. Morgenthaler an das Fabrikationsdepartement in Vevey, 16. August 1935.

357 Pfiffner, A real winner one day, S. 130–131.

Als ein Jahr später immer noch kein verwertbares Forschungsresultat vorlag, glaubte selbst Nestlés technischer Direktor nicht mehr an ein positives Resultat.[358] Spätestens am 16. August 1935 wurde die Kaffeeforschung von Nestlé offiziell für beendet erklärt.[359]

Angesichts der bisherigen Fortschritte in den Laboratorien blieb Max Morgenthaler bezüglich der Herstellung eines löslichen Kaffee-Extrakts aber weiterhin optimistisch: «Was den Kaffee-Extrakt anbetrifft, so kann also gesagt werden, dass es prinzipiell möglich ist, einen konzentrierten Kaffee-Extrakt zu erhalten, der in Bezug auf Aroma und Geschmack vollwertig ist, bei gleichzeitig genügend guter Ausbeute des Kaffees»,[360] zeigte er sich 1935 über den Forschungsstopp enttäuscht. Die in unzähligen Experimenten gewonnenen Erkenntnisse liessen ihn nicht mehr los. Mit selbst gekauften Kaffeebohnen verfolgte er das Problem der Geschmacks- und Aromakonservierung neben seiner Arbeit zu Hause weiter. Zudem gestand ihm Nestlé zu, in weniger hektischen Zeiten in den Nestlé-Laboratorien an den Kaffeeversuchen «à temps perdu» weiterzuarbeiten.[361]

Nachdem Morgenthaler bereits beim Milchkaffeepulver auf der Basis von *Milkmaid Café au lait* aufgefallen war, dass die für Kaffee typischen Geschmacks- und Aromastoffe im gezuckerten Milchkaffee besser erhalten blieben, als dies im ungezuckerten der Fall war, fand er anhand von Tests mit mehreren Kaffee-Extraktionsverfahren heraus, dass diese Stoffe umso besser erhalten blieben, je stärker man die Kaffeebohne extrahierte, und dass durch die stärkere Extraktion bei höheren Temperaturen mehr Kohlenhydrate im Endprodukt vorhanden waren. Diese Beobachtung erlaubte es Morgenthaler, das Problem der Geschmacks- und Aromakonservierung zu lösen: Entgegen der damals vorherrschenden Lehrmeinung erkannte er, dass der Kaffeegeschmack nicht durch die Fettbestandteile des Kaffeeöls, sondern durch die Kohlenhydrate fixiert wurde.[362]

Ende 1935 verfolgte Morgenthaler seine Entdeckung weiter, indem er die gesamte geröstete Kaffeebohne unter grossem Druck und hoher Temperatur extrahierte. Anstatt eines reinen Instantkaffees entstand dabei jedoch ein verkochtes Kaffeegebräu. In einem zweiten Schritt reduzierte er deshalb Temperatur und Extraktionsgrad, musste die verminderte Zahl der aus der Kaf-

358 AHN K 29 Dossier M/A, Brief von M. Morgenthaler an den Nestlé-Verwaltungsrat, 3. Januar 1953.
359 AHN SG 11541, Notiz von M. Morgenthaler an Dr. P, 21. März 1946.
360 AHN SG 11541, Brief von M. Morgenthaler an das Fabrikationsdepartement in Vevey, 16. August 1935.
361 Pfiffner, A real winner, S. 132.
362 AHN SG 11541, History of carbohydrate addition, 28. November 1945, und ebenda, Notiz von M. Morgenthaler an Dr. P, 21. März 1946.

feebohne gewonnenen Kohlenhydrate jedoch durch die Zugabe von Maltodextrin und Glukose wettmachen.[363] Schliesslich fand er ein günstiges Mischverhältnis, indem er einen Drittel der Kohlenhydrate aus den Kaffeebohnen selbst gewann und zwei Drittel zusätzlich in Form von Maltodextrin und Glukose beifügte.[364]

Ein letztes Problem blieb jedoch noch ungelöst: Die beigefügten Kohlenhydrate durften den Geschmack nicht verfälschen. Bereits vor ihm hatten die Amerikaner Pratt & Trigg den Kaffeegeschmack mit Kohlenhydraten zu binden versucht. Allerdings wurde der Kaffeegeschmack bei diesem Verfahren durch den süssen Zuckergeschmack stark überdeckt.[365] Um dies zu verhindern, verwendete Morgenthaler – vermutlich auf Anraten seines Arbeitskollegen Albert Kaehr[366] – dieselben geschmacksneutralen Maltodextrin-Lösungen, die Nestlé bereits bei gewissen Kindernahrungsmitteln wie *Nestogen* verwendet hatte. Schliesslich wurde die Kaffeelösung analog zu Milchpulver mit dem Egron-Verfahren sprühgetrocknet. Im Frühjahr 1936 hatte Morgenthaler ein fast geruchloses Pulver entwickelt, das von seiner Haltbarkeit und der Reinheit des Kaffeegeschmacks her neue Massstäbe setzte. Sicherheitshalber wartete er aber noch mehrere Monate, bis er seine Vorgesetzten informierte. Im Herbst 1936 zeigte er schliesslich dem technischen Direktor einige Versuchsmuster. Dieser soll sich erstaunt gezeigt haben, dass Morgenthaler seine Forschungen zum Kaffee noch immer verfolgte. Nicht minder beeindruckte ihn aber die Qualität des Instantkaffees,[367] denn der nach dem Verfahren von Morgenthaler hergestellte Pulverkaffee kam dem Geschmack und Aroma eines Bohnenkaffees bedeutend näher als alle bisher bekannten Instantkaffeesorten.[368] Der technische Direktor hatte sofort vollstes Vertrauen in Morgenthalers Kaffeeprodukt und lud den Verwaltungsratspräsidenten Louis Dapples ebenfalls zu einer Degustation ein.[369] Auch dessen Nachfolger Eduard Müller war vom neuen Produkt sofort begeistert und bezeichnete es im April 1937 als «[...] one of the nicest babies to which Mother Nestlé has given birth!».[370]

363 AHN SG 11541, Notiz von M. Morgenthaler an Dr. P, 21. März 1946.

364 AHN REL E05 Patente Dossier 4, Erklärende Notizen zum Nescafé, 19. Oktober 1938.

365 Im 1921 patentierten Verfahren verwendeten die US-Amerikaner Pratt & Trigg zur Herstellung von 50 g Kaffee 225 g Kohlenhydrate. Im Unterschied dazu waren es bei Morgenthaler für 50 g Kaffee nur 10 g Kohlenhydrate, wodurch der natürliche Kaffeegeschmack beim Morgenthaler-Verfahren nur gering beeinflusst wurde (AHN SG 11541, Brief von Dr. S an die Nestlé-Direktion, 2. August 1946).

366 Später wollten diverse Leute an der Erfindung von *Nescafé* beteiligt gewesen sein, wobei viele Erzählungen anekdotischer Natur sind. Auch der Bericht des Arbeitskollegen Kaehr wurde erst 26 Jahre später geschrieben und ist daher sicherlich mit Vorsicht zu geniessen. Laut diesem gab er Morgenthaler den entscheidenden Hinweis, geschmacksneutrale Kohlenhydrate zu verwenden (vergleiche dazu Pfiffner, A real winner one day, S. 132–133, und AHN K 29 Dossier M/E, Brief von A an P, 26. März 1988).

367 Vergleiche dazu Pfiffner, A real winner one day, S. 132–133, und AHN SG 11541, History of carbohydrate addition, 28. November 1945.

368 AHN REL E05 Patente Dossier 3, Schrift «Nescafé», 17. Februar 1955.

369 AHN SG 11541, Notiz von M. Morgenthaler an Dr. P, 21. März 1946.

370 AHN SG 721 B, Brief von E. Müller an Nestlé Grossbritannien, 15. April 1937.

Aufbau, Lancierung und Etablierung – wie *Nescafé* zum Hauptprodukt des Unternehmens heranwuchs (1938–1953)

Kaffee statt Kondensmilch – *Nescafé* wird zum neuen Flaggschiff des Unternehmens aufgebaut

Die Überzeugung des Managements

Mit seiner Entdeckung hatte Morgenthaler die technische Grundlage zur Herstellung von *Nescafé* geliefert. Der Weg zur erfolgreichen Einführung und Etablierung des Kaffeepulvers war damit aber selbst innerhalb des Unternehmens noch keinesfalls geebnet:

Zum einen erkannten 1937 nur wenige die Vorteile des Morgenthaler-Verfahrens,[1] welches sich durch die Beigabe von geschmacksneutralen Kohlenhydraten und die Egron-Sprühtrocknung substanziell von *G. Washington's Coffee* und anderen Kaffee-Extrakten unterschied.[2] Darüber hinaus mussten zur Verwertung des Verfahrens die dazu notwendigen technischen Einrichtungen – insbesondere industrielle Druckperkolatoren zur Kaffee-Extraktion – weiter optimiert werden, damit der neue Löslichkaffee zu einem akzeptablen Preis verkauft werden konnte.[3]

Zum andern war *Nescafé* nur eines von vielen Kaffeeprodukten, die Nestlé Ende der 1930er-Jahre zur Unterstützung des Milchkonsums entwickelt hatte: Im März 1937 lancierte das Unternehmen an der Westküste der Vereinigten Staaten, wo damals bereits über 20 Instantkaffeemarken existierten, neben der unter Vakuum hermetisch verschlossenen *Alpine Milk* einen nach dem gleichen Prinzip luftdicht versiegelten *Alpine Coffee*, der aus gemahlenem Pulverkaffee bestand.[4] Gleichzeitig wurde 1937 in Grossbritannien *Milkmaid Café au lait* in kleinformatigen Dosen eingeführt,[5] wodurch die Verkaufszahlen der Milchkaffee-Mischung dort auf über 30 000 Kisten anstiegen. Ebenso konnte sich *Coffee & Milk* in Australien (5300 Kisten) und Neuseeland (2600 Kisten) einen gewissen Absatz sichern.[6]

1 «Il est cependant utile de rappeler qu'en 1936/37 les avantages du *Nescafé* n'étaient vus ou reconnus que par petit nombre de personnes, tant dans notre organisation que parmi les consommateurs», schrieb 1958 die damalige Nestlé-Führung (AHN SG 11601/1, Brief von E. Bignami/J.-C. Corthésy an P. Liotard-Vogt, 7. Mai 1958).

2 Vergleiche dazu AHN REL E05 Patente Dossier 4, Erklärende Notizen zum Nescafé, 19. Oktober 1938, und AHN SG 11541, Stellungnahme von Nestlé USA «Trade-Mark Rights in the name Nescafé», 26. Februar 1945.

3 Pfiffner, A real winner one day, S. 134.

4 AHN Rapport au Conseil d'Administration, 198. Séance, Traktandum 12r, 24. März 1937.

5 AHN Rapport au Conseil d'Administration, 203. Séance, Traktandum 8, 9. September 1937.

6 AHN Rapport au Conseil d'Administration, 207. Séance, Traktandum 8, 23. März 1938.

Dass sich *Nescafé* schliesslich gegenüber den anderen Kaffeeprodukten intern durchsetzte und nicht jeder Markt seine eigene Kaffeemarke lancierte, verdankte er der treibenden Kraft des frisch gewählten Verwaltungsratspräsidenten Eduard Müller, der das Potenzial dieses neuen Produkts früh erkannte. Im März 1937 verschickte Müller den Marktchefs aller bedeutenden Nestlé-Märkte ein Schreiben, in dem er sich für eine schnelle, weltweite Einführung des *Nescafés* stark machte.[7] «[...] *Nescafé* of ours will be a real winner one day»,[8] war er von den Zukunftsperspektiven des Produkts überzeugt. Zwar könne *Nescafé* qualitativ nicht mit dem besten brasilianischen Kaffee oder der Kaffeetradition des Orients mithalten. Man dürfe aber nicht vergessen, dass der Konsum eines hochstehenden Bohnenkaffees nach wie vor ein Privileg einer kleinen Oberschicht sei, die weder Zeit noch Preis zur Herstellung dieses exklusiven Getränks scheute. Nestlés Vorsitzender sah *Nescafé* deshalb nicht als Konkurrenzprodukt zu einem erstklassigen Santos-Kaffee, sondern als Massenprodukt für all diejenigen Konsumenten, die gerne schnell und einfach einen guten Kaffee trinken wollten. Besonders in den Grossstädten, wo die Arbeiter über Mittag nicht mehr nach Hause gingen und es schwierig war, einen guten Kaffee zu einem günstigen Preis zu erhalten, sah Müller einen potenziellen Markt für *Nescafé*. Zudem zeigte sich der Verwaltungsratspräsident zuversichtlich, dass der neue Instantkaffee auch beim Wandern oder Picknick sehr beliebt sein würde.[9]

Um in diesem Marktsegment konkurrenzfähig zu sein, sollte der Preis für eine Tasse *Nescafé* etwas günstiger als der einer Tasse Kaffee im Restaurant angesetzt werden,[10] aber etwa einen Drittel teurer als eine zu Hause zubereitete Tasse Bohnenkaffee. Diese Preisdifferenz schien Müller gerechtfertigt, da sich der Pulverkaffee wesentlich schneller zubereiten liess als herkömmlicher Röstkaffee. Gleichzeitig gewährte diese Preispolitik Nestlé eine interessante Marge von 15 Prozent für Werbeausgaben und Gewinne.[11]

Müllers Ankündigung von *Nescafé* wurde jedoch nicht überall begrüsst. Besonders kritisch reagierte Nestlés Marktchef in Grossbritannien: Zwar überzeugte auch ihn die Qualität des neuen Pulverkaffees, gleichzeitig bemängelte er aber, dass Nestlé erst kürzlich eine verbesserte Form von *Milkmaid Café au lait* auf den Britischen Inseln eingeführt habe und die Verkaufsabteilung für die rasche Lancierung eines zusätzlichen Kaffeeprodukts nicht über genügend Ressourcen verfüge: «[...] we have just launched

7 Vergleiche dazu beispielsweise AHN SG 721 B, Brief von E. Müller an Nestlé Grossbritannien, 15. März 1937.

8 AHN SG 721 B, Brief von E. Müller an Nestlé Grossbritannien, 24. März 1937.

9 Ebenda.

10 Ebenda.

11 Pfiffner, A real winner one day, S. 135.

our own *Café au lait*, and have prospects of a really big success with it, we scarely think it would be advisable to introduce *Nescafé*»,[12] war seine Schlussfolgerung. Zusätzlich gab er zu bedenken, dass die Engländer als Teetrinker einen guten Kaffee gar nicht zu schätzen wüssten,[13] denn in England waren damals vor allem minderwertige, flüssige Kaffee-Extrakte wie *Camp Coffee, Lyons Coffee, Symington's Coffee* oder *Bantam Coffee* weit verbreitet, die analog zum Tee mit viel Milch und Zucker getrunken wurden. Für ihn hatte *Milkmaid Café au lait* gegenüber diesen Extrakten den grossen Vorteil, dass die beiden Ingredienzien bereits enthalten waren.[14]

Als Befürworter von *Nescafé* zeigte sich Eduard Müller daraufhin zwar einverstanden, die Markteinführung in Grossbritannien um ein Jahr hinauszuschieben – aber dann müsse sie zwingend erfolgen. Dabei betonte er, dass *Nescafé* gegenüber *Milkmaid Café au lait* und allen anderen Nestlé-Produkten Priorität genoss, denn Müller war überzeugt, dass Nestlé mit *Nescafé* endlich das lange gesuchte Produkt gefunden hatte, welches das Unternehmen von der gefährlichen Ertragsabhängigkeit von der gezuckerten Kondensmilch wegführte:

«[...] for many, many years Mr. Dapples and our Management here have been pushing our Laboratories to find something new with big sales prospects with the idea of consolidating our position for the future. You know as well as I do that our best dividend-payer today is Sweetened, whereas we all know that we must not bet too heavily on Evaporated Milk. Of course, Nestlé's Food, Nestlé's Cheese and many other lines bring in their little contribution to the till, but even taking them all together they do not amount to much in the aggregate. I say nothing about chocolate because that trade is so competitive that we cannot reckon on much help from that line to stabilise our dividend. Mind you, we don't despise these minor sources of revenue, but, due to the fact that we lean most heavily on one leg, which is represented by our Sweetened Milk trade, we should very much like to find something to make the other leg sound so as to avoid the Company having some day to use crutches! Nestlé's Coffee Extract should represent that leg [...]»,[15] begründete er die Forcierung des neuen Instantkaffees. Entsprechend sorgfältig baute er *Nescafé* zum neuen Hauptprodukt des Unternehmens auf.

12 AHN SG 721 B, Brief von Nestlé Grossbritannien an E. Müller, 13. April 1937.

13 AHN SG 721 B, Brief von H an Nestlé Grossbritannien, 9. Juni 1937.

14 AHN SG 721 B, Brief von Nestlé Grossbritannien an E. Müller, 13. April 1937.

15 AHN SG 721 B, Brief von E. Müller an Nestlé Grossbritannien, 15. April 1937.

Die Positionierung der Marken *Nescafé* und *Nescoré*

Mit dem Morgenthaler-Verfahren liessen sich auch koffeinfreier Kaffee und Zichorien-Kaffee-Mischungen erzeugen.[16] *Nescafé* sollte deshalb ursprünglich in drei verschiedenen Sorten auf den Markt gebracht werden: Einerseits als «reiner *Nescafé*» in einer koffeinhaltigen und einer koffeinfreien Version. Andererseits als Zichorien-Kaffee-Mischung, die besonders für die Zubereitung von Milchkaffee empfohlen wurde.[17]

Die Bezeichnungen wurden von den Schweizer Kantonschemikern allerdings beanstandet, weil sie nicht dem Schweizer Lebensmittelgesetz entsprachen: Da *Nescafé* kein reiner Kaffee war, sondern zur Hälfte aus hinzugefügten Kohlenhydraten bestand, betrachteten sie die Bezeichnung «reiner *Nescafé*» als irreführend, billigten dagegen den Produktbeschrieb «Extrakt aus reinem Kaffee ohne jedes Ersatzmittel». Der Zichorien-Kaffee-Mischung dagegen wurde die Bezeichnung als Kaffee verwehrt. Weil sie neben Kaffee und Kohlenhydraten noch zu 20 Prozent aus Zichorien bestand, musste sie nach dem schweizerischen Lebensmittelgesetz[18] als Kaffee-Ersatzprodukt gekennzeichnet werden. Deshalb entschied sich Nestlé, die Zichorien-Kaffee-Mischung unter der Marke *Nescoré* auf den Markt zu bringen, um die Marke *Nescafé* von Anfang an klar von Kaffee-Ersatzprodukten abzuheben.[19]

Damit war die Auseinandersetzung mit den Behörden allerdings noch nicht beendet. Nestlé kämpfte bei *Nescoré* weiter gegen dessen Bezeichnung als Ersatzkaffee an. Das chemische Labor der Stadt Zürich verweigerte dem Unternehmen aus Vevey im Mai 1938 jedoch einen anderen Terminus, worauf sich Nestlé an den Verband der Kantons- und Stadtchemiker wandte.[20] Diesen konnte der Lebensmittelkonzern davon überzeugen, dass es unangebracht wäre, *Nescoré* als Kaffee-Ersatzprodukt zu klassifizieren: Kaffee-Ersatzmittel mussten nämlich mit den hauptsächlichen Inhaltsstoffen charakterisiert werden, was im Fall von *Nescoré* wiederum Kaffee war.[21] Deshalb wurde *Nescoré* schliesslich nicht als Kaffee-Ersatzprodukt, sondern als «Extrakt

16 AHN K 19 Werbesammlung Vevey 1940–1948, Schrift «Vom Röstkaffee zum Nescafé», 12. Dezember 1943.

17 Der «reine *Nescafé*» wurde als *Nescafé mit Goldsiegel,* die Zichorien-Kaffee-Mischung als *Nescafé mit Silbersiegel* bezeichnet (AHN K 20 Werbesammlung Nescafé, Etiquettes Nescafé Suisse, Oktober 1937).

18 Kaffeeprodukte, deren Kaffeeanteil unter 50 Prozent lag, mussten nach dem Schweizer Lebensmittelgesetz als Kaffee-Ersatz gekennzeichnet werden. Dies traf auf Nestlés Zichorien-Kaffee-Mischung zu, die nur zu 40 Prozent aus Kaffee bestand (AHN SG 721 S, Notiz «Nouvelle étiquette Nescoré», 22. Oktober 1941).

19 AHN SG 721 S, Notiz an A. Perrochet, 7. März 1938.

20 AHN K 29 Migros-Affäre, Schrift «Note concernant les différentes étiquettes Nescoré», 30. August 1947.

21 AHN SG 721 S, Brief von Dr. P an den Verband der Kantons- und Stadtchemiker Aarau, 21. Oktober 1938.

aus 80 % reinem Kaffee und 20 % Zichorie» gekennzeichnet.[22] Mit einigen Monaten Verspätung erhielt Nestlé damit am 30. Juli 1938 doch noch die Bewilligung, um *Nescoré* nach ihren Vorstellungen einzuführen.[23] Die Hartnäckigkeit bei der Bezeichnung ihrer Kaffeeprodukte zeigt, wie minutiös Nestlé auf die Positionierung des *Nescafés* und *Nescorés* achtete.

Auch in anderen Ländern führte Nestlé ähnliche Diskussionen mit den Lebensmittelbehörden um die Bezeichnung von *Nescafé*. Bewusst charakterisierte Nestlé ihren Instantkaffee sowohl im Markennamen als auch in der Produktbeschreibung eindeutig als Kaffee, um ihn klar von den als minderwertig geltenden Kaffee-Surrogaten oder flüssigen Kaffee-Essenzen abzugrenzen.[24]

Besonders heftig stritt sich das Unternehmen über die Bezeichnung des nach dem Morgenthaler-Verfahren hergestellten Löslichkaffees in Frankreich. Dort mussten alle Bestandteile des Produkts aus der Kaffeebohne stammen, damit man es als Kaffee einordnen durfte. Weil dies beim Morgenthaler-Verfahren nicht der Fall war, der Markenname *Nescafé* in der französischen Sprache aber ausdrücklich auf einen Kaffee hinwies, schlug die französische Tochtergesellschaft stattdessen Namen wie *Neskaoua* (eine Mischung aus Nestlé und dem arabischen Wort «Kaoua» für Kaffee), *Nesca* oder *Nestarome* vor.[25] Diese wiederum erschienen der Unternehmensleitung in Vevey wenig attraktiv. Als neues Hauptprodukt des Unternehmens sollte der Instantkaffee einen international verwendbaren Markennamen tragen, der in allen Sprachen verwendbar war.[26]

Aus diesem Grund entschied sich Nestlé im März 1938 trotz allen rechtlichen Unsicherheiten, ihren Instantkaffee unter der internationalen Marke *Nescafé* auf den Markt zu bringen. Falls in einigen Ländern dieser Markenname aufgrund der Nähe zum Wort «Café» verboten worden wäre, hätte man das neue Kaffeeprodukt stattdessen einfach unter den Marken *Nescafe* oder *Nescafey*[27] eingeführt.[28] Im November 1938 konnte sich Nestlé schliesslich auch mit den französischen Behörden einigen: Der mit Kohlenhydraten versetzte Löslichkaffee durfte zwar nicht als

22 AHN SG 721 S, Notiz an A. Perrochet, 7. März 1938.
23 AHN K 29 Migros-Affäre, Schrift «Note concernant les différentes étiquettes Nescoré», 30. August 1947.
24 Vergleiche dazu Pfiffner, A real winner one day, S. 139, und AHN SG 721 B, Brief von Nestlé Grossbritannien an E. Müller, 26. Mai 1937.
25 AHN SG 721 B, Brief von Nestlé Frankreich an M. Paternot, 22. Oktober 1937.
26 AHN SG 721 B, Brief von Nestlé USA an Nestlé Grossbritannien, 1. Juni 1937.
27 Aufgrund der damaligen Diskussionen mit den US-Behörden wird *Nescafé* in englischer Sprache bis heute nicht «Nescoffee» sondern «Nescafey» ausgesprochen (AHN SG 721 B, Brief von Nestlé USA an Nestlé Grossbritannien, 1. Juni 1937).
28 AHN SG 721 S, Notiz an die Generaldirektion, 22. März 1938.

reiner Kaffee beschrieben werden, gleichzeitig erteilte das Amt aber die schriftliche Erlaubnis, das neue Produkt unter der Marke *Nescafé* zu verkaufen.[29]

Qualität dank Neutralität

Nach dem Börsenkrach von 1929 lag die brasilianische Kaffeewirtschaft am Boden. Trotzdem wurde der Gedanke der Kaffeevalorisierung[30] nicht vollständig aufgegeben. Um das Überangebot an Kaffee zu reduzieren, erhob das brasilianische Kaffeeinstitut (IBC) eine Steuer auf die Exporte in die Industrieländer. Mit diesen Steuereinnahmen konnte der überschüssige Kaffee zerstört oder zu anderen Zwecken billig abgegeben werden.[31]

Nestlé hoffte damals, dass die brasilianische Regierung bereit sein würde, den überschüssigen Rohkaffee zu einem reduzierten Preis zu liefern, wenn das Unternehmen seinen Löslichkaffee in Brasilien produzieren würde. Dies – so errechnete sich die Nestlé-Führung – hätte sowohl Nestlé als auch der brasilianischen Regierung Vorteile gebracht: Einerseits hätte das Schweizer Unternehmen durch den tiefen Rohkaffeepreis eine wesentlich höhere Rendite erzielen können als in einem Kaffee konsumierenden Land wie Australien, Deutschland, Frankreich, Norwegen oder der Schweiz. Andererseits wäre es auch für die Brasilianer vorteilhaft gewesen, ihren Rohkaffee noch irgendwie verwerten zu können, als ihn einfach zu verbrennen.[32]

Die Fabrikation von *Nescafé* in Brasilien wäre aber gleichzeitig auch mit Risiken verbunden gewesen:

Erstens hätte sich Nestlé dadurch von einer Kaffeepolitik abhängig gemacht, die sich von einem Tag auf den anderen ändern konnte.[33] Denn angesichts der Tatsache, dass Brasilien in den 1930er-Jahren nicht weniger als 52,2 Millionen Sack Kaffee vernichtet hatte und sich damit an den Rand des Ruins brachte, während sich in seinem Schatten Kolumbien als neue Kaffeemacht etablierte, waren die Brasilianer früher oder später gezwungen, ihre Politik der Kaffeevalorisation aufzugeben.[34]

29 AHN REL E05 Patente Dossier 4, Rapport über die Unterredung mit Nestlé Frankreich in Paris, 14. November 1938.

30 Vergleiche dazu das Kapitel «Vom Milch- zum Kaffeepulver – Nestlé bringt *Nescao, Milo* und *Nescafé* hervor», S. 99–100.

31 1937 verbrannte Brasilien rund 17,2 Millionen Sack Kaffee, was fast zwei Dritteln des jährlichen weltweiten Kaffeeverbrauchs entsprach (vergleiche dazu Pendergrast, Kaffee, S. 205–207, und Ukishima, Le succès et la recette du Nescafé, S. 20–22).

32 AHN SG 11541, Brief von E. Müller an Nestlé Brasilien, 18. März 1937.

33 AHN SG 721 K, Brief von E. Müller an Nestlé Brasilien, 30. Juli 1937.

34 AHN SG 721 K, Brief von Nestlé Brasilien an E. Müller, 6. November 1937.

Zweitens stellte das staatlich kontrollierte Kaffeeinstitut vielerorts eine Keimzelle ausufernder Korruption dar.[35] So wurde Nestlé vom Direktor des nationalen Kaffeedepartements sehr wohl die Möglichkeit angeboten, Kaffee zu günstigen Preisen zu beziehen, allerdings unter der merkwürdigen Bedingung, dass dieser Kaffee seine technischen Dienste passieren musste: «[...] en approchant ces techniciens, les motifs cachés de leur grand chef ont apparu: ils se sont tous très intéressés... financièrement»,[36] bemerkte der Marktchef in Brasilien zu diesem Angebot, auf welches daraufhin nicht weiter eingegangen wurde.

Nachdem die Weltmarktpreise für Kaffee zwischen 1931 und 1937 von 21,7 Cents auf 9,8 Cents gesunken waren und Versuche, das Problem der Überproduktion durch ein internationales Abkommen der grössten lateinamerikanischen Kaffeeproduzenten zu lösen, im August 1937 auf der Konferenz in Havanna scheiterten, warf Brasilien im November 1937 schliesslich die riesigen brasilianischen Kaffeereserven auf den Markt.[37] Damit fanden sowohl die bisherige Politik der Kaffeevalorisierung als auch die Hoffnung auf eine *Nescafé*-Fabrikationsanlage in Brasilien ein Ende, denn die brasilianische Regierung verbot nun die Produktion von Löslichkaffee unter dem Vorwand, dieser würde die öffentliche Gesundheit gefährden.[38] In Tat und Wahrheit versuchte die brasilianische Regierung jedoch unter dem Druck der mächtigen Kaffee-Exporteure die eigene Kaffeewirtschaft zu schützen. Da es Nestlé nicht gelang, die Regierung davon zu überzeugen, dass *Nescafé* kein Konkurrenzprodukt für den brasilianischen Kaffee-Export darstellte, musste das Schweizer Unternehmen das Fabrikprojekt in Brasilien schliesslich aufgeben.[39]

Zeitgleich entschied sich Nestlé 1937, die Schokolade- und Milchfabrikation in der Schweiz in einer Fabrik zu konzentrieren, denn aufgrund des starken Schweizer Frankens und steigender Zollschranken hatte Nestlé immer weniger Milch aus der Schweiz exportiert. Die Wahl fiel dabei auf Broc, während in Orbe eine Fabrikationsanlage frei wurde. Es bot sich daher an, in der leerstehenden Produktionsstätte in Orbe *Nescafé* herzustellen.[40] Darüber hinaus hatte der neutrale Standort Schweiz einen weiteren entscheidenden Vorteil gegenüber der Instantkaffeefab-

35 Krieger, Kaffee, S. 204.

36 AHN SG 721 K, Brief von Nestlé Brasilien an E. Müller, 6. November 1937.

37 Vergleiche dazu Dejung, Die Fäden des globalen Marktes, S. 395, und Pendergrast, Kaffee, S. 206–207.

38 «En ce qui concerne la fabrication du *Nescafé* au Brésil, il restera toujours l'obstacle, très gros, de la Santé Publique. Son Règlement interdit formellement la fabrication des extraits de café», schrieb 1937 Nestlés Marktchef in Brasilien (AHN SG 721, Brief von Nestlé Brasilien an E. Müller, 6. November 1937).

39 AHN Rapport au Conseil d'Administration, 238. Séance, Traktandum 9h, 29. Januar 1943.

40 AHN Rapport au Conseil d'Administration, 197. Séance, VR-Protokoll von Archivar eingesehen, 23. März 1937.

rikation in einem Kaffee produzierenden Land wie Brasilien: Während dort nur brasilianische Bohnen zur Kaffeeproduktion verwendet werden durften, konnten die Kaffeebohnen in der Schweiz von überall her eingeführt werden. Dabei zeigte sich, dass *Nescafé* den besten Geschmack erhielt, wenn Kaffeesorten aus verschiedenen Herkunftsländern miteinander gemischt wurden.[41] Ausserdem konnte Nestlé durch die freie Wahl der Kaffeebohnen den unterschiedlichen Geschmackspräferenzen in den einzelnen Ländern besser Rechnung tragen, indem *Nescafé* nicht als Standardprodukt hergestellt wurde, sondern Röstgrad und Herkunft der Bohnen sorgfältig auf die lokalen Konsumgewohnheiten angepasst wurden. Hierin lag ein wesentlicher Grund für den späteren Erfolg des *Nescafés* auf allen Märkten der Welt.[42]

41 AHN Rapport au Conseil d'Administration, 238. Séance, Traktandum 9h, 29. Januar 1943.

42 Erläuterungen zum Geschäftsbericht Nestlé 1953, S. 29.

Zwischen Wirtschaftskrise und Weltkrieg – eine Lancierung in stürmischen Zeiten

Die Markteinführung in der Schweiz

«Betrachten wir die heutigen Verhältnisse, so müssen wir [...] wohl oder übel feststellen, dass wir uns noch im Zeitabschnitt der mageren Kühe befinden [...]. Wenn wir folglich am Jahresende in dieser Herde magerer Kühe eine finden, die sich einigermassen sehen lässt, so sind wir keine allzu schlechte Hirten gewesen»,[43] hielt Verwaltungsratspräsident Eduard Müller anlässlich der Generalversammlung 1939 fest. Damit tönte er einerseits seine Zuversicht bezüglich der Entwicklung von *Nescafé* an, andererseits musste das Unternehmen in guten Geschäftsjahren weiterhin zweifelhafte Werte abschreiben, um wieder auf einem soliden ökonomischen Fundament zu stehen.[44] Angesichts dieser Finanzlage konnte sich Nestlé keine teuren Fehlschläge leisten. Entsprechend vorsichtig erfolgte die Markteinführung des *Nescafés:* Zuerst wurde der neue Instantkaffee im kleinen Rahmen in der Schweiz getestet und aufgrund der daraus gewonnenen Erfahrungen verbessert, bevor er weltweit verbreitet werden sollte.[45]

Um das Marktpotenzial abzuschätzen, holte sich Nestlé vor der Lancierung die Meinung der Schweizer Armee ein und bat die Direktoren von Kaffee Hag, Usego und Merkur Kaffee, die alle im schweizerischen Kaffeegeschäft tätig waren, um ein kompetentes Urteil zur Qualität und zu den Marktchancen des neuen Produkts. Einhellig waren die drei Kaffee-Experten der Ansicht, dass *Nescafé* jedem bisherigen Löslichkaffee qualitativ überlegen sei. Fast ebenso einhellig bezweifelten sie allerdings, dass das Produkt über einen begrenzten Absatzmarkt hinaus eine Käuferschaft finden würde: Mit einem Bohnenkaffee könne *Nescafé* nicht mithalten, und andere Instantkaffeeproduzenten seien in der Schweiz bisher erfolglos geblieben. Höchstens als Notration im Haushalt sowie als praktischer Reisekaffee für Touristen, Bergsteiger oder Soldaten sahen sie eine gewisse Verwendung. Weit mehr Erfolgschancen gaben sie dem Produkt ausserhalb der Schweiz – in Italien, wo ein guter Kaffee schwierig zu erhalten sei, oder in den

43 SWA H+I Ba 214, Artikel aus der «Neuen Zürcher Zeitung», 22. April 1939.

44 Ebenda.

45 AHN SG 721 B, Brief von E. Müller an Nestlé Grossbritannien, 24. März 1937.

Vereinigten Staaten, wo bereits ein bedeutenderer Instantkaffeemarkt existierte und *G. Washington's Coffee* eine grössere Anhängerschaft gewinnen konnte.[46] Immerhin zeigte sich Merkur Kaffee aber bereit, in Zusammenarbeit mit Nestlé ab dem 15. Februar 1938 in mehreren Schweizer Städten Degustationen durchzuführen, um das Publikumsinteresse an *Nescafé* auszuloten.[47]

Am 1. April 1938 erschien *Nescafé* schliesslich offiziell in den Schweizer Ladenregalen. Die Neuheit war in zwei Formaten erhältlich: einerseits in einer kleinen Degustationsportion (9-Gramm-Aluminiumtube), die das Interesse der Schweizer Bevölkerung am Löslichkaffee wecken sollte. Andererseits in der 95-Gramm-Dose, welche für einen festen Kundenkreis gedacht war.[48] Damit das Produkt rasch an Popularität gewann, wurde die Markteinführung von weiteren Gratis-Degustationen in allen Schweizer Grossstädten[49] begleitet und die Vorteile des neuen Löslichkaffees auf Werbeschriften bekannt gemacht: «Praktisch - sofort trinkbereit - sparsam im Gebrauch!»,[50] lautete die Botschaft. Ausdrücklich hervorgehoben wurden Fortschritt und Einfachheit, mit der sich das Produkt zubereiten liess, sowie der gute Kaffeegeschmack. Wichtig war zudem, dass *Nescafé* ein Produkt von Nestlé war, damit die Schweizer Kundschaft sofort Vertrauen in die Qualität des neuen Kaffeeprodukts gewann.[51]

Besondere Aufmerksamkeit wurde den Alpinisten, Touristen und Autofahrern gewidmet,[52] aber auch Skiläufer, Segler und Pfadfinder wurden als Zielgruppe rege beworben. Ein weiteres Kundensegment ortete Nestlé zudem bei den Frühharbeitern, den Nachtarbeitern und den Reisenden, die schnell und ohne Zeitaufwand einen Kaffee zu sich nehmen wollten. Nicht zuletzt spiegelten sich in der Werbung für *Nescafé* auch die damaligen Rollenbilder von Mann und Frau wieder, indem der neue Löslichkaffee alleinstehenden Männern empfohlen wurde, die ohne weibliche Hilfeleistung einen Kaffee zubereiten mussten, sowie der bürgerlichen Hausfrau als schnelle Lösung im Falle eines unerwarteten Besuchs.[53]

46 Ukishima, Le succès et la recette du Nescafé, S. 24–26.
47 Diese erste Degustationskampagne vom 15. Februar bis 28. März 1938 wurde in den Städten Genf, Bern, Basel, Zürich und St. Gallen durchgeführt (AHN SG 721 S, Schrift «Lancement du Nescafé en Suisse», 27. Januar 1938).
48 Pfiffner, A real winner, S. 138.
49 In einer zweiten Degustationskampagne wurde *Nescafé* auch in anderen Schweizer Städten wie Lausanne, Fribourg, Neuchâtel, Biel, Luzern, Lugano, Glarus, Winterthur und Davos der Öffentlichkeit bekannt gemacht (AHN SG 721 S, Schrift «Lancement du Nescafé en Suisse», 27. Januar 1938).
50 AHN K 20 Werbesammlung Nescafé, Werbung für Nescafé in der Schweiz, April 1938.
51 AHN F 5.1, 48, Circulaires Publicité Nr. 910, Schrift «Une idée pour la publicité Nescafé», 8. August 1939.
52 AHN SG 721 S, Schrift «Lancement du Nescafé en Suisse», 27. Januar 1938.
53 AHN K 20 Werbesammlung Nescafé, Werbung für Nescafé in der Schweiz, April 1938.

Des Weiteren ging Nestlé davon aus, dass ein Käufer von gezuckerter Kondensmilch ebenfalls ein potenzieller Kunde von *Nescafé* war, da beide Produkte über ähnliche Vorteile verfügten. Aus diesem Grund wies das Unternehmen auf ihrer Kondensmilch explizit auf den neuen Instantkaffee hin und empfahl ihn zur schnellen Zubereitung eines «Café crème»[54] in Kombination mit sterilisiertem *Ideal*-Rahm.[55]

«Der Blitzkaffee ohne Kanne», wie *Nescafé* auf den Werbebannern genannt wurde, schlug in der Schweiz voll ein.[56] Das neue Produkt erfreute sich sofort grosser Beliebtheit und übertraf die Verkaufserwartungen bei weitem: Schon nach zwei Monaten war die für das ganze Jahr budgetierte Umsatzmenge erreicht. Diesem enormen Ansturm war die Instantkaffeefabrik in Orbe zeitweise nicht gewachsen, die Lieferrückstände konnten jedoch in Grenzen gehalten werden.[57] Nachdem der koffeinfreie *Nescafé* und *Nescoré* am 1. September von den Schweizer Behörden ebenfalls die Verkaufsbewilligung erhalten hatten,[58] belief sich Nestlés Instantkaffeeabsatz bis zum Jahresende auf rund 8400 Kisten zu 48 Dosen sowie mehrere zehntausend Kartons zu je 50 Aluminiumtuben.[59] Die entkoffeinierten Kaffeebohnen zur Herstellung von koffeinfreiem *Nescafé* bezog Nestlé bei der Firma Coffex in Schaffhausen, welche mit Hilfe des Lösungsmittels Dichlorethylen[60] fast 98 Prozent des Koffeins aus der Bohne entzog und damit der Konkurrenz von *Kaffee Hag* und *Sanka* überlegen war.[61]

Auch ökonomisch gesehen war *Nescafé* auf Anhieb ein grosser Erfolg: Anstatt des ursprünglich budgetierten Defizits von 35 000 Schweizer Franken resultierte 1938 sogar ein kleiner Gewinn von 15 000 Schweizer Franken. Damit konnten die Spezialinstallationen in Orbe, welche zur Herstellung von *Nescafé* eingerichtet werden mussten, gleich im ersten Jahr amortisiert werden. Für das folgende Jahr sah Nestlé bereits einen Anstieg des

54 Bezeichnung für einen Kaffee mit Rahm in der Schweiz.

55 AHN K 20 Werbesammlung Nescafé, Werbeschriften «Allen leistet er gute Dienste…», Juni 1938, und «Ein köstliches Rezept für Hausfrauen», November 1939, sowie AHN F 5.1, 47, Circulaires Publicité Nr. 860, Nescafé, 9. Februar 1939.

56 AHN K 20 Werbesammlung Nescafé, Werbung für Nescafé in der Schweiz, April 1938.

57 AHN Rapport au Conseil d'Administration, 210. Séance, Traktandum 11i, 10. Juni 1938.

58 Ukishima, Le succès et la recette du Nescafé, S. 39.

59 1938 verkaufte Nestlé 7247 Kisten *Nescafé*, 456 Kisten *Nescafé décaffeiné* und 698 Kisten *Nescoré* (AHN Rapport au Conseil d'Administration, 220. Séance, Traktandum 4, 4. April 1940, und Pfiffner, A real winner one day, S. 140).

60 Die Coffex AG wurde 1930 in Schaffhausen gegründet und übernahm 1931 von der Firma Dr. C. O. Gassner GmbH in Berlin sämtliche Verfahren zur Herstellung von koffeinfreiem Kaffee. Diese beruhten auf der Herauslösung des Koffeins mit Dichlorethylen – einem Verfahren, das auch von anderen Schweizer Unternehmen wie der Haco Gümligen verwendet wurde (vergleiche dazu Bürgin, 40 Jahre Coffex Schaffhausen, S. 11–13, und AHN SG Stamford 11540, Schrift «Kaffee-Décaféinierung in der Schweiz», 21. Juni 1946).

61 *Sanka* und *Kaffee Hag* vermochten mit ihrem Dekoffeinierungsverfahren nur 90 bis 93 Prozent des Koffeins zu extrahieren (Ukishima, Le succès et la recette du Nescafé, S. 85).

Gewinns auf 40 000 Schweizer Franken voraus. Die Rentabilität des neuen Instantkaffees war für das Unternehmen aus Vevey sehr interessant, wenn man bedenkt, dass die Preise absichtlich tief angesetzt worden waren, damit das Produkt eine gewisse Popularität erhielt. Eine Tasse *Nescafé* war in der Praxis nicht wesentlich teurer als eine durchschnittliche Tasse Röstkaffee. Es zeigte sich, dass der Konsument bereit war, für eine einfachere Zubereitung einen leicht höheren Preis zu bezahlen.[62]

Die erfreulichen Resultate in der Schweiz veranlassten den Verwaltungsrat, die Verbreitung des *Nescafés* in weiteren Ländern unverzüglich an die Hand zu nehmen, denn Nestlé fürchtete, der Erfolg des neuen Produkts würde grosse Kaffeeunternehmen im Ausland schnell dazu bewegen, ebenfalls ins Instantkaffeesegment einzusteigen. Da die Produkte der Konkurrenz aber vermutlich von geringerer Qualität gewesen wären, wollte Nestlé der Konkurrenz zuvorkommen, um gleich zu Beginn einen hohen Standard zu setzen und das Ansehen des Instantkaffees zu schützen.[63]

62 AHN Rapport au Conseil d'Administration, 210. Séance, Traktandum 11i, 10. Juni 1938.

63 Ebenda.

Abbildung 4: Schluss mit dem mühsamen Kaffeemahlen und Kaffeefiltern! 1938 wurde *Nescafé* als praktisches Produkt der modernen Hausfrau auf den Markt gebracht, wie die Werbeanzeige aus der Schweiz zeigt.

Abbildung 5: An Degustationsständen wurde 1938 die einfache Zubereitungsart von *Nescafé* dem Schweizer Publikum vertraut gemacht.

In drei Jahren um die Welt: die rasche internationale Verbreitung

Zur internationalen Verbreitung des *Nescafés* plante Nestlé, neben Orbe weitere Fabrikationseinrichtungen in Frankreich, Grossbritannien, Italien, Deutschland, Australien und in den Vereinigten Staaten zu installieren. Vor dem Ausbruch des Zweiten Weltkriegs konnte *Nescafé* in Europa allerdings nur noch in Grossbritannien, den Benelux-Ländern und Frankreich lanciert werden.[64] Dabei kam dem Unternehmen entgegen, dass die teuren Egron-Sprühtrocknungsanlagen sowohl zur Herstellung von Milchpulver als auch von Löslichkaffee verwendet und die Investitionsaufwendungen daher mittels «Economies of Scope» relativ rasch amortisiert werden konnten.[65]

In der französischen Milchfabrik von Boué verfügte das Unternehmen bereits über einen horizontalen Sprühtrocknungsturm für Milchpulver, der ebenfalls zur Produktion von *Nescafé* verwendet werden konnte. Aus Hygieneüberlegungen war die parallele Nutzung für Milch- und Kaffeepulver allerdings nicht optimal. Deshalb entschieden sich die Techniker von Nestlé, eine vertikale Sprühtrocknungsanlage zu installieren, mit der wesentlich sauberer gearbeitet werden konnte. Zusätzlich mussten Kaffee-Extraktionseinrichtungen (Druckperkolatoren) beschafft werden.[66]

Vom Zweiten Weltkrieg überschattet, fiel die Einführung des *Nescafés* in Frankreich ab Juli 1939 jedoch ernüchternd aus: Die Verkaufszahlen waren 1939 und 1940 mit 2000 und 4000 Kisten pro Jahr etwa zehnmal geringer als in der Schweiz und bewegten sich damit etwa auf Augenhöhe mit den Umsatzzahlen in Belgien und den Niederlanden.[67] Da die Niederlande nach dem Ersten Weltkrieg zu Nestlés wichtigstem Produktionsstandort aufgestiegen waren,[68] hatte Nestlé dort seit längerem vorgesehen, neben gezuckerter und ungezuckerter Kondensmilch auch Milchpulver herzustellen. Die Einführung des *Nescafés* erwies sich nun als günstige Gelegenheit, eine Egron-Sprühtrocknungsanlage in Rotterdam zu installieren, die sowohl die Produktion von Milchpulver als auch von Instantkaffee zum Ziel hatte. Ebenso sprachen die liberale Aussenhandelspolitik und der verbreitete Kaffeekonsum in den Niederlanden für diesen Produktionsstandort – wobei Nestlé damals vorschwebte, von Holland aus die ganze Welt mit

64 Vergleiche dazu Pfiffner, A real winner one day, S. 140, und AHN SG 1114 SP, Statistik «Ventes de Nescafé 1938 à 1941», 8. Juni 1955.

65 Ukishima, Le succès et la recette du Nescafé, S. 49.

66 AHN Rapport au Conseil d'Administration, 210. Séance, Traktandum 11i, 10. Juni 1938.

67 AHN SG 1114 SP, Statistik «Ventes de Nescafé 1938 à 1941», 8. Juni 1955.

68 Zehn der 44 Milchfabriken Nestlés in Kontinentaleuropa befanden sich in den Niederlanden (Nestlé SA, This is your Company, S. 52–53).

Milchpulver und *Nescafé* zu versorgen.[69] Dieses Vorhaben scheiterte jedoch daran, dass Grossbritannien den Import von Instantkaffee auf ihrem Territorium untersagte. Nestlé entschied sich daher, *Nescafé* nicht in Rotterdam, sondern in Hayes im Grossraum London zu produzieren.[70]

Dieser Entscheid zeigt, dass die Nestlé-Direktion schon damals davon überzeugt war, dass *Nescafé* nicht nur in Ländern mit traditionell hohem Kaffeeverbrauch erfolgreich sein würde, sondern ebenso im britischen Commonwealth of Nations,[71] wo im Gegensatz zu Kontinentaleuropa und Nordamerika hauptsächlich Tee getrunken wurde und Bohnenkaffee nur der Mittel- und Oberschicht bekannt war.[72] Eduard Müller beschrieb das Marktpotenzial in Grossbritannien in einem Brief an den dortigen Marktchef folgendermassen: «I [...] believe quite a number of people in your market, particularly those who belong to the upper middle class, know what good coffee tastes like, and I am sure that many hotels and restaurants, and seaside boarding houses, etc., serve coffee as well as tea. Besides, all the English tourists who have been abroad – and these are surely legion – have had many opportunities of acquiring a taste for coffee.»[73] Dabei kam *Nescafé* entgegen, dass viele Engländer nicht wussten, wie man einen guten Kaffee selber zubereitete. Während in vielen europäischen Staaten die Filtermethode verwendet wurde, kochten viele Briten den Bohnenkaffee noch immer in der Kaffeekanne auf. Zudem wurde der Röstkaffee aufgrund des hohen Teekonsums nur sehr langsam in den Verkaufsgeschäften umgesetzt, sodass er bereits in den Regalen seinen Geschmack verlor, bevor er zu den Kunden gelangt war:[74] «Visitors to Great Britain have been notoriously critical of the beverage served there as coffee [...]»,[75] äusserte sich der Zeitzeuge William Ukers über die Kaffeequalität auf den Britischen Inseln. Der lange haltbare und praktisch konsumfertige *Nescafé* hatte deshalb in England einen entscheidenden Vorteil gegenüber dem Bohnenkaffee.[76]

Gleichzeitig musste unbedingt vermieden werden, dass *Nescafé* als billige Kaffee-Essenz oder als Kaffee-Extrakt betrachtet wurde, welche vor allem in der Unterschicht verbreitet waren. Entsprechend wurde die Werbung den speziellen Verhältnissen angepasst, indem *Nescafé* nicht wie in der Schweiz als

69 AHN Rapport au Conseil d'Administration, 210. Séance, Traktandum 11i, 10. Juni 1938.

70 Hayes stellte damit in Europa die einzige Fabrik dar, in der keine «Economies of Scope» mit der Milchpulverproduktion genutzt werden konnten (Nestlé SA, This is your Company, S. 52–53 und 60, sowie Ukishima, Le succès et la recette du Nescafé, S. 50–51).

71 Ukishima, Le succès et la recette du Nescafé, S. 50–51.

72 Vergleiche dazu Burnett, Coffee in the British diet, S. 44 und AHN SG 721 B, Brief von Nestlé Grossbritannien an E. Müller, 3. Juni 1937.

73 AHN SG 721 B, Brief von Nestlé Grossbritannien an E. Müller, 13. April 1937.

74 Ukers, All about coffee, S. 554–556.

75 Ebenda, S. 236.

76 AHN SG 721 B, Brief von H an Nestlé Grossbritannien, 9. Juni 1937.

Massenprodukt, sondern als Premium-Produkt für die gehobenen Schichten vermarktet wurde: « [...] it must be realised, that *Nescafé* is a ‹class› article, and must not be confused with, or regarded as in the category of ordinary extracts. For this reason it does not compete in price with the cheap extracts [...].»[77] Deshalb war es entscheidend, wie die Vorteile des neuen Instantkaffees an den Kunden gebracht wurden: «First we should explain that *Nescafé* is made from the very best selected coffee beans only, carefully blended and freshly roasted, and prepared by a complicated secret process which ingeniously preserves the true character and delicate aroma of the choice beans from which it is made»,[78] beschrieb Nestlé ihre Vorstellungen, wie das Produkt präsentiert werden sollte. Erst danach wurden als weitere Argumente die einfache und schnelle Zubereitungsart ohne Kaffeesatz genannt, welche auch bei herkömmlichen Kaffee-Extrakten wie *Milkmaid Café au lait* verwendet wurden. Ausserdem sollte *Nescafé* nur in erstklassigen Warenhäusern erhältlich sein, um den gehobenen Charakter des Produkts hervorzuheben.[79] Bewusst streute Nestlé ihre Werbeschriften für *Nescafé* in Golf-, Tennis- und Jachtklubs sowie in Zeitungen, die vor allem in der britischen «Upper Class» verbreitet waren.[80]

Am 19. Juni 1939 wurde *Nescafé* in Grossbritannien eingeführt. Viele Grossverteiler, Kaffeehäuser und Kinos verlangten allerdings nur die grosse *Nescafé*-Dose. Nestlé bestand jedoch darauf, dass die Zwischenhändler auch die kleinen Aluminiumtuben in ihr Sortiment aufnahmen, denn viele Konsumenten wollten nicht gleich zu Beginn eine grosse Dose kaufen. Also mussten das neue Produkt und seine Vorzüge zuerst in kleiner Tubenform bekannt gemacht werden.[81] Diese Strategie erwies sich als voller Erfolg: «First week's sales exceeded expectations»,[82] konnte Nestlé Ende Juni festhalten, wobei vor allem die Nachfrage nach Instantkaffee in Tubenform bemerkenswert war.[83] Zusammen mit der Schweiz und den Vereinigten Staaten zählte Grossbritannien in den ersten Jahren zu den drei wichtigsten Märkten für *Nescafé*, wo bis 1940 über 80 Prozent der gesamten Verkäufe getätigt wurden.[84]

77 AHN K 20 Werbesammlung Angleterre VII, Zirkular von Nestlé Grossbritannien, 14. Juni 1939.
78 Ebenda.
79 Ebenda.
80 AHN K 20 Werbesammlung Angleterre VII, Schrift «Nestlé Advertising Campaign», 16. Juni 1939.
81 AHN K 20 Werbesammlung Angleterre VII, Zirkular von Nestlé Grossbritannien, 14. Juni 1939.
82 SBU CR 305 OBT C-B Advertising 1999–2003, Kopien Nescafé Grossbritannien, 28. Juni 1939.
83 Ebenda.
84 Zwischen 1938 und 1940 entfiel etwa ein Drittel des akkumulierten Umsatzes auf Grossbritannien, ein Viertel auf die Schweiz und ein Viertel auf die Vereinigten Staaten (AHN SG 1114 SP, Statistik «Ventes de Nescafé 1938 à 1941», 8. Juni 1955).

Parallel zur Entwicklung in Kontinentaleuropa und Grossbritannien waren bis Ende 1939 auch auf dem amerikanischen Kontinent in Sunbury (Ohio, Vereinigte Staaten) und Magdalena (Argentinien) die ersten *Nescafé*-Fabrikationsanlagen entstanden.[85] In den Vereinigten Staaten, dem damals grössten Markt für Instantkaffee,[86] erschien *Nescafé* im Juli 1939 und fand dort sofort grossen Anklang.[87]

In den Vereinigten Staaten ging Nestlé bei der Lancierung ihres neuen Löslichkaffees ebenfalls sehr vorsichtig vor: «[...] in 1938 the future of *Nescafé* was uncertain and the installation in the States was to be erected with a minimum of costs. Consequently the existing driers of the Merrell Soule type were used for making *Nescafé*.»[88] Es zeigte sich jedoch bald, dass dieses Verfahren gegenüber der Egron-Sprühtrocknung erhebliche Nachteile aufwies: Der damit gewonnene Instantkaffee war von deutlich schlechterer Qualität und die Löslichkeit anfänglich ungenügend, weshalb *Nescafé* in den Vereinigten Staaten zuerst eher experimentell eingeführt wurde und erst in November 1939 von einer eigentlichen Lancierung gesprochen werden konnte.[89]

Weit gravierender als die technischen Schwierigkeiten war bei der Einführung in den Vereinigten Staaten jedoch das Problem, dass die Produktionskapazitäten in der Fabrik von Sunbury nicht genügten, um *Nescafé* in einem derart grossen Markt die führende Stellung zu sichern. Entsprechend zurückhaltend musste das Produkt vermarktet werden, denn es war nicht sinnvoll, grosse Werbekampagnen zu führen, aber die geweckte Nachfrage nicht befriedigen zu können.[90] Trotzdem wurde bereits 1941 die Hälfte des weltweit hergestellten *Nescafés* in den Vereinigten Staaten verkauft, die ab diesem Zeitpunkt mit Abstand den grössten Absatzmarkt für *Nescafé* darstellten.[91]

Aber auch ausserhalb von Europa und Nordamerika fand *Nescafé* über die hervorragenden Distributionskanäle von Nestlé eine schnelle Verbreitung: In Argentinien (3000 Kisten) und Südafrika (2500 Kisten), wo Nestlé ab April 1940 den In-

85 AHN SG 10006/2, Schrift «Nescafé pur décaféiné et Nescoré», 26. August 1953.

86 Der grösste Markt für Instantkaffee befand sich in den Vereinigten Staaten, wo sich neben G. Washington's Coffee und Borden auch die C. G. Hires Co. in Philadelphia etablieren konnten (Ukers, All about coffee, S. 466).

87 AHN SG Stamford 10004, Brief «Notes on the introduction of Nescafé in Unilac markets», 5. Dezember 1945.

88 AHN REL E05 Patente Dossier 3, Schrift «Nescafé», 17. Februar 1955.

89 1947 wurde die Instantkaffeefabrik in Sunbury schliesslich mit einem Egron-Sprühtrocknungsturm ausgestattet. Ebenso wurden die später in den Vereinigten Staaten errichteten Instantkaffeeanlagen mit dieser Technik ausgerüstet (AHN SG 1114 SP, Memorandum «Nestlé-Prozess zur Herstellung von Löslichprodukten in Pulverform», 17. Juni 1955).

90 AHN SG 721 H, Brief von E. Müller an M. Paternot, 11. Dezember 1940.

91 1941 wurden 207 000 der insgesamt 371 000 Kisten *Nescafé* in den Vereinigten Staaten verkauft, der zweitwichtigste Markt war Grossbritannien mit 105 000 Kisten, gefolgt von der Schweiz mit 24 000 Kisten (AHN SG 1114 SP, Ventes de Nescafé 1938 à 1941, 8. Juni 1955).

stantkaffee in der Fabrik von Eastcourt lokal produzierte, sowie in Australien (1700 Kisten) und Malaysia (1100 Kisten), wo Kaffee damals noch praktisch unbekannt war, erreichte *Nescafé* sofort ansehnliche Umsätze. Bei seiner weltweiten Verbreitung kam dem neuen Pulverkaffee entgegen, dass sich die *Nescafé*-Dosen problemlos ins Distributionssystem der Kondensmilch-Dosen integrieren liessen und Nestlé dadurch «Economies of Scope» erzielen konnte. Zwei Jahre nach der Einführung in der Schweiz wurde das Instantgetränk bereits in über 30 Ländern[92] und auf allen Kontinenten der Erde verkauft.[93] «[...] the product was already known in 1940–41 in most countries of the world»,[94] hielt ein Nestlé-Mitarbeiter später fest.

Die zwiespältige Bilanz im Zweiten Weltkrieg

Nescafé hatte in allen Ländern, in denen er eingeführt wurde, sofort einen sehr guten Ruf. Allerdings wurde die Lancierung des Instantkaffees durch den Ausbruch des Zweiten Weltkriegs stark gestört. Ab April 1940 war der Vertrieb von *Nescafé* in den besetzten Gebieten des Deutschen Reiches und seiner Bündnispartner praktisch nicht mehr möglich, so in Frankreich, Belgien, den Niederlanden und in Norwegen. Gleichzeitig blieben Nestlés Verhandlungen mit den Achsenmächten um eine lokale Produktionsstätte in Deutschland oder Italien vorerst erfolglos. Dadurch waren die Schweiz und Grossbritannien die einzigen Märkte in Europa, auf denen *Nescafé* nach 1940 noch in grösseren Mengen verkauft wurde.[95]

92 Auf dem amerikanischen Kontinent wurde *Nescafé* 1940 in den Vereinigten Staaten, Kanada, Argentinien, Kuba, Jamaika, Mexiko und Panama verkauft. In Europa war das Produkt in Belgien, Frankreich, den Niederlanden, Grossbritannien, Norwegen, Portugal, Jugoslawien, der Schweiz, Malta und auf den Färöer Inseln erhältlich. In Afrika wurde *Nescafé* in Belgisch Kongo, Ägypten, Britisch Ostafrika und Südafrika vertrieben, ebenso wie über Beirut im Nahen Osten und Burma, Ceylon, China, Indien, Indonesien, Thailand, Malaysia und den Philippinen im Fernen Osten. Schliesslich war *Nescafé* auch in Australien erhältlich, wo Kaffee damals noch praktisch unbekannt war (vergleiche AHN SG 1114 SP, Ventes de Nescafé 1938 à 1941, 8. Juni 1955, und zur Verbreitung des Kaffees in Australien Ukers, All about coffee, S. 516–520).

93 AHN SG 10006/2, Schrift «Nescafé pur décaféiné et Nescoré», 26. August 1953, und AHN SG 1114 SP, Schrift «Ventes de Nescafé 1938 à 1941», 8. Juni 1955, sowie Ukers, All about coffee, S. 516–520.

94 AHN SG 1114 SP, Schrift «Memorandum on Nescafé», 3. Juni 1955.

95 In einzelnen Märkten wie Norwegen konnte *Nescafé* auch 1942 noch in kleineren Mengen verkauft werden, weil dort bereits vor der deutschen Okkupation bedeutende Instantkaffeelager von der Nestlé-Tochtergesellschaft angelegt worden waren (zur Situation um 1940 vergleiche Ukishima, Le succès et la recette du Nescafé, S. 65, und AHN Rapport au Conseil d'Administration, 227. Séance, Traktandum 7, 7. April 1941, sowie als allgemeine Einschätzung zu den Verkäufen von *Nescafé* während des Zweiten Weltkriegs in Kontinentaleuropa AHN Rapport au Conseil d'Administration, 255. Séance, Traktandum 8, 22. November 1945).

Aber selbst in der Schweiz war die Produktion von *Nescafé* streng kontingentiert und von kürzeren Kriegsmassnahmen betroffen: Beispielsweise brachen 1942 die Umsatzzahlen des *Nescafés* wegen einer Kaffeerationierung zwischenzeitlich um zwei Drittel ein,[96] während die Nachfragen nach *Nescoré,* dem aufgrund der Kaffeeknappheit ab 1943 neben Zichorien auch andere Ersatzprodukte beigemischt wurden,[97] stark anstieg.[98] Gleichwohl konnte die Produktion und der Verkauf in der Schweiz während der gesamten Kriegsdauer in dem Masse aufrecht erhalten werden, wie die Fabrik in Orbe von der Schweizer Regierung Kontingente zur Produktion von Kaffee zugesprochen erhielt. Diese waren aber oft unzureichend, um die grosse Nachfrage befriedigen zu können.[99]

Weil *Nescafé* den Kaffeegeschmack besser konservieren konnte als Bohnenkaffee, war er bei der Schweizer Bevölkerung besonders als Notreserve sehr beliebt, um auch bei allfälligen Rationierungen noch über einen guten Kaffee im Haus zu verfügen.[100] Trotz allen Widrigkeiten des Kriegs konnten sich daher die Verkaufszahlen von *Nescafé* in der Schweiz mehr als verdoppeln.[101]

Von einer ähnlichen Situation wie in der Schweiz konnte *Nescafé* während des Zweiten Weltkriegs auch in Grossbritannien profitieren: Der Kaffee war dort im Gegensatz zum Nationalgetränk Tee nicht rationiert worden, was sich sehr positiv auf den Konsum von Instantkaffee auswirkte: Anstelle von Tee tranken die Briten während des Kriegs nun *Nescafé*.[102]

Aufgrund der beschränkten Verfügbarkeit von Kaffee und anderen Rohstoffen konnte die Fabrik in Hayes jedoch die auf 500 000 Kisten geschätzte Nachfrage in Grossbritannien nur zu etwa einem Fünftel sättigen.[103] Im Hinblick auf die Nachkriegszeit pries es Nestlé deshalb in ihren Werbeschriften als gros-

96 Vergleiche dazu Geschäftsbericht Nestlé 1942, S. 10, und AHN Rapport au Conseil d'Administration, 236. Séance, Traktandum 5, 1. Juli 1942.

97 Ab 1943 wurde *Nescoré* auf der Verpackung als «Extrait de 65 % de café pur, de 10 % de chicorée et de 25 % de succédané» beschrieben, womit der effektive Kaffeeanteil nur noch bei einem Drittel lag. Weil *Nescoré* nun mehr Kaffee-Ersatzstoffe als Kaffee enthielt, musste das Produkt neu als Kaffee-Ersatzprodukt gekennzeichnet werden. Nach Kriegsende wurde der Kaffeeanteil auf 70 Prozent erhöht, damit der Kaffee wieder den wichtigsten Bestandteil im Produkt darstellte (AHN K 29 Migros-Affäre, Schrift «Note concernant les différentes étiquettes Nescoré», 30. August 1947).

98 1942 schnellten die Verkaufszahlen von *Nescoré* gegenüber dem Vorjahr von 2700 Kisten auf 8300 Kisten empor, womit der Anteil der Zichorien-Kaffee-Mischung gemessen an den gesamten Instantkaffeeverkäufen von Nestlé zwischenzeitlich auf über 20 Prozent anstieg (AHN Rapport au Conseil d'Administration, 239. Séance, Traktandum 7, 31. März 1943).

99 AHN Rapport au Conseil d'Administration, 255. Séance, Traktandum 8, 22. November 1945.

100 Ukishima, Le succès et la recette du Nescafé, S. 42–43.

101 Die Verkaufszahlen von *Nescafé* stiegen zwischen 1939 und 1946 von 17 000 Kisten auf 42 000 Kisten an, diejenigen von *Nescoré* von 4000 Kisten auf 8000 Kisten (vergleiche dazu AHN Rapport au Conseil d'Administration, 220. Séance, Traktandum 7, 4. April 1940, und 256. Séance, Traktandum 3, 31. Januar 1946).

102 Vergleiche dazu die Erläuterungen zum Geschäftsbericht Nestlé 1953, S. 22, und AHN Nachlass Martin Schärer, Unterlagen «The beginning of Nescafé» von Herrn Kreber, 25. September 1979.

103 AHN SG Stamford 10004, Brief «Notes on the introduction of Nescafé in Unilac markets», 5. Dezember 1945.

Abbildung 6: Werbung für *Nescafé* in Grossbritannien, 1943.

ses Glück an, wenn man sich in diesen harten Zeiten trotzdem eine Dose *Nescafé* auf dem britischen Markt ergattern konnte.[104]

Nescafé ersetzte während des Zweiten Weltkriegs nicht nur den rationierten Tee der Briten, sondern spielte auch als Stimulanzmittel bei der Soldatenverpflegung der beiden Krieg führenden Parteien eine aktive Rolle. Die Einführung des *Nescafés* auf der Seite der Achsenmächte war für Nestlé aus zwei Gründen von Interesse. Einerseits wollte das Schweizer Unternehmen mit der Installation einer Egron-Sprühtrocknungsanlage zur Herstellung von Milchpulver in ihrer norddeutschen Fabrik in Kappeln auch die Produktion von Pulverkaffee aufnehmen.[105] Andererseits vermutete Nestlé zu Recht,[106] dass nach Kriegsende bei der Einführung von löslichem Kaffee mit starkem Widerstand der bedeutenden, einheimischen Kaffeehandels- und Röstkaffeeindustrie zu rechnen war. Um diese Situation zu umgehen, war Nestlé bestrebt, die Bewilligung zum Verkauf von *Nescafé* noch während des Kriegs zu erlangen. Die Reichsbehörden waren jedoch nicht bereit, für den Import eines Luxusartikels wie Kaffee wertvolle Devisenbestände einzusetzen. Die Genehmigung der dazu notwendigen Verträge durch das Reichsernährungsministerium wären deshalb gescheitert, hätte die deutsche Tochtergesellschaft nicht das Oberkommando der Wehrmacht eingeschaltet. Nur dank dieser Instanz war es überhaupt möglich, die bereits vor dem Krieg geplanten Anlagen zur Produktion von *Nescafé* in Kappeln fertigzustellen. Zwar konnte Nestlé die Wehrmacht nicht überzeugen, *Nescafé* allgemein an ihre Truppen zu verteilen, das Oberkommando gab den neuen Instantkaffee aber sporadisch an gewisse Spezialtruppen ab.[107] Zwischen 1943 und 1944 setzte Nestlé auf diese Weise in Deutschland insgesamt etwa 10 000 Kisten *Nescafé* ab.[108]

Ganz andere Dimensionen erreichte dagegen die Versorgung der alliierten US-Truppen mit *Nescafé,* an die Nestlé über 1 300 000 Kisten Instantkaffee für die Land-, See- und Luftstreitkräfte lieferte. Nach dem Angriff auf Pearl Harbour 1941

104 AHN Publicité Groupe Nestlé parue dans les journaux 1935–1944, Werbung «here's a bit of luck…», 1943.

105 Ukishima, Le succès et la recette du Nescafé, S. 67.

106 Nach Kriegsende liessen die juristischen Attacken der deutschen Kaffeeunternehmen gegen Nestlé nicht lange auf sich warten: Die Plantagengesellschaft Bremen versuchte nicht nur die Markenbezeichnung *Nescafé* gerichtlich zu verbieten, weil sie das Wort «Café» enthielt, sondern dem Instantkaffee ebenso das Recht zu entziehen, sich als Kaffee zu bezeichnen. Im Visier des Bremer Unternehmens stand besonders Nestlés Behauptung, dass Kaffee-Extrakt ein vortrefflicher und hochwertiger Kaffee sei. Die Klage wurde 1955 schliesslich vor Gericht abgewiesen (AHN SG 6117/4 SP, Gerichtsbeschluss vom Landgericht Frankfurt, 22. Dezember 1955).

107 Vergleiche dazu Ruch/Rais-Liechti/Peter, Geschäfte und Zwangsarbeit, S. 183, und AHN SG 721 D, Besprechung mit R und P über den Kaffeevertrag mit Deutschland, 14. Oktober 1942.

108 1943 stellte Nestlé 2800 Kisten *Nescafé* in Kappel her, im Jahr darauf belief sich die Produktion auf 7800 Kisten (AHN Rapport au Conseil d'Administration, 252. Séance, Traktandum 3, 26. April 1945).

stiegen die Vereinigten Staaten zum wichtigsten Absatzmarkt für *Nescafé* auf,[109] wobei die Armee immer grössere Mengen von Nestlés Instantkaffeeproduktion in den Vereinigten Staaten absorbierte. Die Nachfrage nahm dermassen zu, dass die 1939 eröffnete Produktionsanlage in Sunbury an die Grenzen ihrer Kapazitäten stiess, die Bedürfnisse der Armee und der amerikanischen Zivilbevölkerung nach *Nescafé* gleichzeitig zu befriedigen. Erschwerend kam ausserdem hinzu, dass Nestlé ab Februar 1942 wegen Blechmangel *Nescafé* nicht mehr in Metalldosen verpacken durfte, sondern auf Glasverpackungen ausweichen musste.[110]

Im April 1942 wurde der Kaffee schliesslich als kriegswichtige Ware unter die Kontrolle der US-Regierung gestellt. Von diesem Zeitpunkt an konnten von Sunbury aus nur noch der Binnenmarkt und die US-Armee mit Instantkaffee beliefert werden. Die Versorgung Lateinamerikas musste Nestlé neu von Argentinien[111] aus sicherstellen und in Ocotlan (Mexiko) eine zusätzliche Produktionsstätte für *Nescafé* einrichten, die im Juli 1942 ihre Kaffeeproduktion aufnahm.[112] Weil die Milchfabrik in Ocotlan bereits über eine Egron-Sprühtrocknungsanlage verfügte, konnte Nestlé auch hier «Economies of Scope» nutzen, indem zur Milch- und Kaffeepulverherstellung dieselbe Anlage verwendet wurde.[113]

Weil die Fabrik in Sunbury trotz dieser Entlastung von ihren Produktionskapazitäten her weiterhin an Grenzen stiess und die US-Truppen dringend mit mehr Instantkaffee versorgt werden wollten, bewilligte die US-Regierung Nestlé schliesslich, in Granite City (Illinois) eine zusätzliche Instantkaffeefabrik zu errichten. Mit der Eröffnung von Granite City im Februar 1943 konnte Nestlé ihre Produktionskapazitäten in den Vereinigten Staaten auf annähernd eine Million Kisten pro Jahr erhöhen.[114]

109 AHN SG Stamford 10004 Rapport au Conseil d'Administration et au Comité au Conseil 1946–1956, Brief «Notes on the introduction of Nescafé in Unilac markets», 5. Dezember 1945, und AHN SG 1114 SP, Ventes de Nescafé 1938 à 1941, 8. Juni 1955.

110 Ursprünglich wollte Nestlé nach Kriegsende wieder zur alten Blechdosenverpackung zurückkehren. Da sich die Glasverpackung jedoch sehr bewährte, wurde sie schliesslich beibehalten (vergleiche dazu AHN SG Stamford 10004, Brief «Notes on the introduction of Nescafé in Unilac markets», 5. Dezember 1945, und Erläuterungen zum Geschäftsbericht Nestlé 1953, S. 26).

111 Die Fabrik in Magdalena (Argentinien) versorgte während des Zweiten Weltkriegs die Märkte in Chile, Kolumbien, Kuba, Mexiko, Peru, Bolivien und Panama mit *Nescafé* (AHN SG 1114 SP, Schrift «Memorandum on Nescafé», 3. Juni 1955).

112 Ab April 1942 wurde Mexiko von Argentinien aus mit *Nescafé* versorgt. Ob die lokale Produktion in Ocotlan bereits im Juli 1942 oder – wie andere Quellen behaupten – erst im Juni 1943 aufgenommen werden konnte, lässt sich nicht mehr zweifelsfrei rekonstruieren (vergleiche dazu AHN SG Stamford 10004, Brief «Notes on the introduction of Nescafé in Unilac markets», 5. Dezember 1945, und AHN SG 1114 SP, Schrift «Memorandum on Nescafé», 3. Juni 1955, sowie Erläuterungen zum Geschäftsbericht Nestlé 1953, S. 26).

113 AHN SG Stamford 1717, Schrift «Nescafé – Ley de industrias de transformacion», 2. September 1942.

114 Diese Zahl wurde allerdings 1944 und 1945 nicht annähernd erreicht, weshalb diese Angabe sicher mit Vorsicht zu betrachten ist (AHN SG Stamford 10004, Brief «Notes on the introduction of Nescafé in Unilac markets», 5. Dezember 1945).

Selbst mit dieser Erweiterung gelang es Nestlé aber nicht, den US-Markt regelmässig mit *Nescafé* zu beliefern, da die Militärverwaltung einen grossen Teil der Produktion für sich vorbehielt. Es kam deshalb vor, dass *Nescafé* in den Vereinigten Staaten während Monaten nicht erhältlich war. 1943 und 1944 wurden fast drei Viertel des in den Vereinigten Staaten hergestellten *Nescafés* den US-Streitkräften zur Verfügung gestellt.[115] Aufgrund dieser Unbeständigkeit konnte *Nescafé* während des Zweiten Weltkriegs auf dem US-Markt keine feste Kundschaft gewinnen. Andererseits erntete die Marke bei der US-Armee grosse Anerkennung und wurde für ihre Verdienste von der US-Marine mehrmals mit dem «E-Award»[116] und 1944 mit dem «Weissen Stern» für «[...] meritorious services on the production front»[117] ausgezeichnet, wie der US-Vizekriegsminister Robert P. Patterson schrieb.

Zudem brachten die US-Soldaten *Nescafé* nach der Landung der alliierten Truppen in der Normandie als Notration in die von den Achsenmächten besetzten Gebiete Europas zurück. In den Niederlanden stiess *Nescafé* als Produkt der Befreiungstruppen bei der einheimischen Bevölkerung sofort auf grosse Sympathien, und in Frankreich wurde der von den US-Streitkräften verteilte Instantkaffee allgemein als *Nescafé* bezeichnet.[118]

Bekannt wurde *Nescafé* nach Kriegsende in Europa ebenfalls als Teil der Hilfslieferungen in den amerikanischen CARE-Notpaketen,[119] welche die Bevölkerung in den vom Krieg gezeichneten Ländern mit lebensnotwendigen Gütern versorgten. Nicht selten wurden die Waren in diesen Paketen wie «der unverhoffte Lichtstrahl aus einer fernen, besseren Zukunft» wahrgenommen,[120] denn in den kriegsgebeutelten Gebieten West-

115 AHN SG Stamford 10004, Brief «Notes on the introduction of Nescafé in Unilac markets», 5. Dezember 1945, und Erläuterungen zum Geschäftsbericht Nestlé 1953, S. 26.

116 1906 begründete die US-Marine einen «Award for excellence», der später als «E-Award» bekannt wurde. Seit dem Eintritt der USA in den Zweiten Weltkrieg wurde der «E-Award» auch zur Anerkennung aussergewöhnlicher Anstrengungen an der Produktionsfront vergeben (AHN SG 11705, Prospekt «Presentation of the Army-Navy Production Award», 24. August 1943).

117 AHN SG 721 H, Brief von R. Patterson an die Nescafé-Fabrik in Sunbury, 11. März 1944.

118 Die generelle Bezeichnung des von den US-Truppen verteilten Instantkaffees als *Nescafé* war für Nestlé jedoch nicht von Vorteil, weil das Unternehmen dadurch Gefahr lief, dass der Markenname zu einer generellen Bezeichnung für Instantkaffee wurde. Nestlé musste deshalb behaupten, dass nur der in Frankreich hergestellte *Nescafé* auch echter *Nescafé* sei. Dadurch konnte die Marke *Nescafé* nur bedingt vom guten Ruf des von den US-Streitkräften verteilten Instantkaffees profitieren (AHN SG 11535, Dossier «Conférence ARPC», 9. Juni 1961, und AHN SG 721 A, Schrift «Utilisation de la marque Nescafé comme désignation générique en France», 29. September 1945).

119 Ab Mai 1946 lieferte die «Cooperative for American Remittance to Europe» (CARE) Hilfspakete an die notleidende Bevölkerung in Europa. Solche CARE-Pakete enthielten Konserven mit Steak und Niere, Rindfleisch in Sauce, Salzfleisch, Speck, Honig, eingemachte Früchte, Margarine, Pflanzenfett, Mehl, Reis, Zucker, Rosinen, Trockenei, Seife, Schokolade, Milchpulver und Kaffee (vergleiche dazu weiterführend Ilgen, CARE-Paket & Co., S. 78–80).

120 Vergleiche Ilgen, CARE-Paket & Co., S. 78, und AHN SG 11535, Schrift «Bréviaire Nescafé», 16. August 1954.

deutschlands litten Ende des Zweiten Weltkriegs viele Menschen unter Nahrungsmangel, und wegen der schlechten hygienischen Verhältnisse herrschten zum Teil sogar Krankheiten wie die Ruhr, Typhus oder Diphterie. Viele Betroffene begegneten der Mangelwirtschaft mit Hamsterei, Improvisation und Schwarzmarktgeschäften.[121] Dabei wurde Kaffee auf dem Schwarzmarkt oft als inoffizielles Zahlungsmittel verwendet. Vielfach war dieser allerdings gefälscht.[122] Auch Instantkaffee war aufgrund seiner Knappheit als Tauschmittel sehr beliebt.[123] Mit dem Marshall-Plan (1947) und der Währungsreform (1948) konnte der Schattenhandel und der Versorgungsmangel in Westdeutschland zwar überwunden werden,[124] trotzdem existierte der illegale Handel mit Instant- und Röstkaffee zwischen den Deutschen und den amerikanischen Besatzungsangehörigen vereinzelt noch bis 1952 weiter.[125]

Über die amerikanischen Besatzungstruppen und Hilfspakete wurde Instantkaffee nicht nur der deutschen Bevölkerung bekannt,[126] auch in einem traditionsbewussten Land wie Japan, wo vorwiegend Tee getrunken wurde, entstand dadurch eine moderne Kaffeekultur: Nach dem Zweiten Weltkrieg waren traditionelle Grundnahrungsmittel auf der fernöstlichen Inselgruppe so knapp, dass viele Japanerinnen und Japaner anstelle ihrer Schüssel Reis zu westlichen Nahrungsmitteln wie Kartoffeln und Brot greifen mussten, die von den Amerikanern zur Linderung der Not eingeführt worden waren. Ebenso lieferten die Vereinigten Staaten Milchpulver. Die Milch wollte allerdings nicht allen schmecken. Da die Japaner jedoch auf ihren Nährwert angewiesen waren, wurde sie mit Zucker und ein wenig Instantkaffeepulver, welches von den amerikanischen Besatzungstruppen eingeführt worden war, schmackhaft gemacht. Anfänglich zur Geschmacksverbesserung von Pulvermilch (als sogenannter Milk Modifier) verwendet, entwickelte sich daraus die japanische Löslichkaffeetradition.[127]

Die Karriere des *Nescafés* während des Zweiten Weltkriegs weist damit auf den ersten Blick erstaunliche Parallelen zu *Coca-Cola* auf: Beide Getränke wurden von der US-Armee als kriegswichtige Produkte angesehen und verbreiteten sich durch die US-Truppen auf dem ganzen Globus. Während *Coca-Cola* dadurch einen enormen Symbolgehalt als Verkörperung des

121 Kleinschmidt, Konsumgesellschaft, S. 131–133.

122 Nestlé ging davon aus, dass 1949 weltweit mehrere Millionen Sack an gefälschtem Kaffee existiert haben sollen (vergleiche dazu Pendergrast, Kaffee, S. 271, und AHN SG 11535, Schrift «Bréviaire Nescafé», 16. August 1954).

123 Erläuterungen zum Geschäftsbericht Nestlé 1953, S. 25–26.

124 Kleinschmidt, Konsumgesellschaft, S. 134–135.

125 AHN SG 6103, Notiz «Rapport de Vente DAN pour décembre 1952», 15. Januar 1953.

126 AHN F 5.1, 80, Circulaires Continent Nr. 44, Schrift «Zum 75. Geburtstag der Deutschen Nestlé-Gesellschaft und der Einführung des Nescafés heiraten Milchmädchen und Ali Java», 2. Februar 1950.

127 Ball, Kaffee aus der Aludose, S. 95–96.

«American Way of Life» erhielt und über die US-Armee innerhalb weniger Jahre im Ausland Fuss fassen konnte,[128] lagen die Verhältnisse bei *Nescafé* etwas anders: Die von Nestlé an die US-Armee abgegebenen Einzelrationen wurden vielfach lediglich mit der Bezeichnung «Soluble Coffee Product» und einer Gebrauchsanweisung versehen, jedoch ohne den Markennamen zu nennen. Auf diese Weise konnten zwar der Ruf und die Popularität des Instantkaffees gestärkt werden, die Marke *Nescafé* profitierte davon allerdings nur bedingt. Neben Nestlé stellten 1944 nämlich auch zehn weitere Unternehmen – darunter G. Washington's Coffee und General Foods – den US-Truppen Instantkaffee zur Verfügung, die vom Sonderstatus des Löslichkaffees bei den US-Truppen gleich doppelt profitierten: Erstens konnten die amerikanischen Röstkaffeeunternehmen unter dem Deckmantel der Anonymität wichtige Erkenntnisse zur Herstellung von sofort löslichem Kaffee sammeln, ohne dabei den Ruf ihrer Marke zu schädigen.[129] Zweitens wurde der Patentschutz des Morgenthaler-Verfahrens durch die Kriegsbestimmungen in den Vereinigten Staaten weitgehend hinfällig.[130] Im Gegensatz zu *Coca-Cola* konnte sich *Nescafé* deshalb durch die Unterstützung der US-Truppen gegenüber der amerikanischen Konkurrenz keinen Vorteil verschaffen.[131] Ebenso blieben die Versuche, die Verwendung von *Nescafé* durch die US-Streitkräfte in der Nachkriegszeit als Werbeargument zu nützen, ohne grossen Erfolg.[132] In Ländern wie Frankreich, wo *Nescafé* als Produkt der alliierten Befreiungstruppen einen ausgezeichneten Ruf hatte, wurden viele Konsumenten in den 1950er-Jahren dem Instantkaffee wieder abtrünnig und wandten sich wieder dem althergebrachten Röstkaffee zu, weil sie diesen für qualitativ besser hielten.[133]

128 Zur Geschichte von *Coca-Cola* während des Zweiten Weltkriegs vergleiche weiterführend Pendergrast, Für Gott, Vaterland und Coca-Cola, S. 227–241, zur Geschichte des *Nescafés* während derselben Zeitspanne siehe Pfiffner, A real winner one day, S. 142–143.

129 Vergleiche dazu die Erläuterungen zum Geschäftsbericht Nestlé 1953, S. 26, und Pendergrast, Kaffee, S. 247. Derselbe Sachverhalt wird ebenfalls in einem Patentdossier erwähnt: «All field ration packages of *Nescafé* contain, on their label, the term ‹soluble coffee product›.» (AHN SG 11541, Dossier «Trade-Mark rights in the name Nescafé», 26. Februar 1945).

130 Nestlé war es während des Zweiten Weltkriegs in den Vereinigten Staaten untersagt, gegen die armeeversorgenden Instantkaffeeproduzenten juristisch vorzugehen, welche sich des Morgenthaler-Verfahrens bedienten (vergleiche dazu Heer, 125 Jahre Nestlé, S. 216, sowie weiterführend AHN SG 11541, Dossier «Trade-Mark rights in the name Nescafé», 26. Februar 1945).

131 Vergleiche dazu die Erläuterungen zum Geschäftsbericht Nestlé 1953, S. 22.

132 «Temporarily, the armed forces are taking all the *Nescafé* we make. When military requirements have been met, *Nescafé* will be available again at your grocer's», warb Nestlé Ende der 1940er-Jahre. Andere Argumente waren in dieser Zeit bei der Wahl der Instantkaffeemarke jedoch entscheidender (vergleiche dazu AHN K 18 Colorado USA Nescafé 1945–1949, Werbung «A quick cup of flavored coffee», 1947/48, sowie die Ausführungen im Kapitel «Steigende Marktanteile und wachsende Konkurrenz – die Verbreitung des Instantkaffees mit der amerikanischen Konsumkultur», S. 174–176).

133 AHN SG 6617, Kommentare zum Brief von P. Liotard-Vogt an V, 11. Dezember 1953.

Zusammenfassend kann festgehalten werden, dass der Zweite Weltkrieg die Verbreitung des Löslichkaffees in Grossbritannien, Japan, der Schweiz sowie teilweise auf dem amerikanischen Kontinent beschleunigte und Nestlé in den Vereinigten Staaten zu den wenigen Unternehmen gehörte, die während des Zweiten Weltkriegs im Kaffeegeschäft Gewinne erwirtschafteten.[134] Anders ist die Situation dagegen in den übrigen europäischen Staaten und Asien, wo Nestlé die von Japan besetzten Gebiete nicht mehr versorgen konnte, sowie Australien einzuschätzen: Dort verzögerten oder verhinderten die Kriegswirren die Einführung von *Nescafé*.[135] In Dennington (Australien) beispielsweise konnte Nestlé die Instantkaffeeproduktion erst im September 1946 in Betrieb nehmen, weil die australische Regierung Kaffee nicht als kriegswichtiges Gut betrachtete.[136]

134 Dieses Fazit lässt sich in den Vereinigten Staaten vor allem angesichts des massiven Ausbaus der Produktionskapazitäten (Granite City) sowie der Verbreitung des Instantkaffees unter den US-Soldaten ziehen. In weit geringerem Masse traf dies dagegen auf den US-Binnenmarkt zu, wo sowohl 1944 als auch 1945 während Monaten kein *Nescafé* erhältlich war (vergleiche dazu die Schilderungen in AHN SG 11541, Dossier «Trade-Mark rights in the name Nescafé», 26. Februar 1945, und AHN SG Stamford 10004, Brief «Notes on the introduction of Nescafé in Unilac markets», 5. Dezember 1945, sowie Pendergrast, Kaffee, S. 253).

135 Vergleiche Pfiffner, A real winner one day, S. 143, und Heer, 125 Jahre Nestlé, S. 217.

136 AHN SG Stamford 10004, Brief «Notes on the introduction of Nescafé in Unilac markets», 5. Dezember 1945, und AHN SG 1114 SP, Schrift «Memorandum on Nescafé», 3. Juni 1955.

«Pure Coffee» versus «Carbohydrates» – die verlorene Werbeschlacht in Amerika

Der Kampf der Kaffeeverfahren

In den Vereinigten Staaten entstand bereits während des Zweiten Weltkriegs ein bedeutender Instantkaffeemarkt, der 1946 einen Anteil von etwa fünf Prozent am gesamten US-amerikanischen Kaffeeverbrauch erreichte.[137] Zu den wichtigsten Protagonisten auf diesem Gebiet zählten neben G. Washingtons Coffee die beiden Milchunternehmen Nestlé und Borden, die in der Nachkriegszeit auf dem US-amerikanischen Instantkaffeemarkt die Regie übernahmen. 1941 brachte Borden ihren Löslichkaffee in zwei verschiedenen Varianten auf den Markt: einerseits als Kaffeepulver nach dem Morgenthaler-Verfahren, dem zusätzliche Kohlenhydrate zur Aromakonservierung beigemischt wurden, andererseits aber auch einen Instantkaffee, dessen Kohlenhydrate direkt aus der Kaffeebohne extrahiert wurden. Bereits während der Kriegsjahre führte Borden erste Marktstudien zur Beliebtheit der beiden Herstellungsverfahren durch, die dem US-Unternehmen zeigten, dass die Amerikaner den reinen Instantkaffee ohne zusätzliche Kohlenhydrate bevorzugten. Unmittelbar nach Kriegsende begann Borden in einer grossangelegten Werbekampagne *Borden's Instant Coffee* als reinen Instantkaffee zu propagieren und entwickelte sich bis 1948 neben Nestlé zum zweitwichtigsten Instantkaffeeunternehmen auf dem US-Markt.[138]

Aufgrund der gefährlichen Konkurrenzsituation mit Borden erwog Eduard Müller 1946, in den Vereinigten Staaten neben dem Morgenthaler-Verfahren *Nescafé* ebenfalls als reinen Löslichkaffee auf den Markt zu bringen.[139] Wie Borden hatte auch Nestlé die Idee weiterverfolgt, einen Instantkaffee ohne zusätzliche Kohlenhydrate hervorzubringen. Dabei galt es das entscheidende Problem zu lösen, den Extraktionsgrad der Kaffeebohne zu erhöhen, ohne die Qualität des Kaffeegeschmacks in der Tasse zu

137 Während 1940 erst 0,3 Prozent der US-Bevölkerung Instantkaffee tranken, waren es nach Kriegsende je nach Berechnungsart zwischen vier und sechs Prozent (vergleiche dazu die Erläuterungen zum Geschäftsbericht Nestlé 1953, S. 27–28, und AHN SG 1117/2, Werbeumfrage «Coffee buying habits of urban american families», Juli 1951).

138 AHN SG 11539, Artikel aus der Zeitschrift «Tide», 27. Mai 1949, S. 31–33.

139 AHN SG 1117/1, Brief von E. Müller an Nestlé USA, 28. Juni 1946.

beeinträchtigen. Da *Nescafé* ursprünglich mit einem Bohnenkaffee konkurrenzfähig sein sollte, wurde sein Extraktionsgrad etwa gleich hoch wie bei einem traditionell hergestellten Filterkaffee (24 bis 28 Prozent)[140] gewählt. Weil der lösliche Kaffee damals diesen Anforderungen allerdings nicht vollkommen gerecht werden konnte,[141] erhöhte Nestlé der Extraktionsgrad bis 1941 von anfänglich etwa einem Viertel auf 29 Prozent – das Endprodukt erhielt dadurch aber einen bitteren Beigeschmack. Erst 1943 gelang es Nestlé dank einem ausgeklügelten Prozess, über einen Drittel der Kaffeebohne zu extrahieren. Bis 1948 konnte diese Extraktionslimite in den Forschungslaboren in Orbe nicht überschritten werden, ohne dass die Qualität des Produkts gelitten hätte.[142]

Ein weiteres Problem bei der Produktion von reinem Instantkaffee lag darin, dass die Dichte und das Gewicht des Pulvers im Vergleich zum Morgenthaler-Verfahren zunahmen und die richtige Dosierung mit dem Kaffeelöffel bei der Zubereitung dadurch erschwert wurde. Die US-Konkurrenz löste das Problem, indem sie einen grobkörnigen Instantkaffee herstellte. Blindtests in den Nestlé-Laboratorien zeigten allerdings, dass der grobkörnige Instantkaffee den Geschmack und das Aroma weniger gut konservierte, wobei dieser Effekt mit steigendem Extraktionsgrad abnahm. Mit einer erhöhten Extraktion der Kaffeebohne wiederum entstanden unerwünschte Nebenprodukte, die den Geschmack negativ beeinflussten, weshalb der nach dem Morgenthaler-Verfahren hergestellte Löslichkaffee dem reinen Instantkaffee qualitativ überlegen blieb. Aus diesen Überlegungen heraus entschied sich Nestlé schliesslich, weiterhin auf das Morgenthaler-Verfahren mit den hinzugefügten Kohlenhydraten zu setzen.[143]

Im Gegenzug zu den Werbeattacken von Borden betonte das Schweizer Unternehmen deshalb den Vorteil der Kohlenhydrate, die zu einem qualitativ besseren Kaffeegeschmack führten. 1947 beabsichtigte die US-Tochtergesellschaft sogar, *Nescafé* mit der Werbefigur «Joe Carbohydrate» zu vermarkten, die den Geschmack und das Aroma des Kaffees in der Tasse schützte, bis das heisse Wasser beigegeben wurde. Obwohl sich *Nescafé* mit dieser Kampagne gegenüber der Konkurrenz hätte profilieren können, stoppte die Führung in Vevey dieses Ansinnen schliesslich mit folgender Begründung: «But – there is a but. If we

140 AHN SG 6117/4 SP, Gerichtsbeschluss vom Landgericht Frankfurt, 22. Dezember 1955.

141 AHN SG 11401/1, Brief von D an D, 6. September 1949.

142 Vergleiche dazu AHN SG 9517, Brief von D an das Schweizerische Bundesamt für Gesundheit, 12. Juli 1948, und AHN SG 1114 SP, Memorandum «Nestlé-Prozess zur Herstellung von Löslichprodukten in Pulverform», 17. Juni 1955.

143 AHN Nachlass Martin Schärer, Unterlagen «The beginning of Nescafé» von Herrn Kreber, 25. September 1979, und AHN SG 11539, Brief von S an Nestlé USA, 1. Juni 1949.

go the whole hog in boosting the carbohydrates, we close the door tightly in case we should some day like to switch to the straight [Instantkaffeeherstellung ohne hinzugefügte Kohlenhydrate]».[144] Zu gross war die Gefahr, dass «Joe Carbohydrate» *Nescafé* in eine Sackgasse führen würde. Stattdessen wurde *Nescafé* als «A quick cup of full flavored coffee» vermarktet, wobei den Kunden erklärt wurde, dass der volle Kaffeegeschmack nur dank den hinzugefügten Kohlenhydraten erreicht würde.[145]

Gleichzeitig versuchte Nestlé den Qualitätsvorteil des Morgenthaler-Verfahrens durch einen konsequenten Patentschutz sicherzustellen. 1946 leitete das Unternehmen gegen verschiedenen US-Konkurrenten Gerichtsverfahren wegen Patentverletzung ein,[146] die das Morgenthaler-Verfahren im Zweiten Weltkrieg zu imitieren begonnen hatten.[147] Der Patentschutz des Morgenthaler-Verfahrens war in den Vereinigten Staaten allerdings von Anfang an sehr umstritten gewesen, weil dort sowohl die Herstellung von sprühgetrocknetem Löslichkaffee als auch das Hinzufügen von Kohlenhydraten – allerdings in ganz anderen Dimensionen – bereits bekannt gewesen waren.[148] Das Gerichtsverfahren verlor Nestlé 1949 schliesslich.[149] Entscheidend war letztlich aber weniger der Ausgang als die Wirkung des Verfahrens, denn die Furcht davor bewog zahlreiche US-Unternehmen, ab 1946 ihren Löslichkaffee ohne die Beigabe von Kohlenhydraten herzustellen und reinen Instantkaffee mit grossem Werbeaufwand zu vermarkten. Der Kampf um die zukünftige Position auf dem amerikanischen Instantkaffeemarkt verlagerte sich dadurch von der juristischen auf die Vermarktungsebene.

Ob sich das Morgenthaler-Verfahren von Nestlé oder der reine Instantkaffee der US-Konkurrenz durchsetzen würde, war 1946 noch völlig offen: «I cannot say whether this tremendous advertising campaign of theirs will turn the tide entirely in favor of the pure, but no doubt there is a big danger there»,[150]

144 AHN SG 1117/2, Brief von E. Müller an Nestlé USA, 8. Juli 1947.

145 AHN K 18 Werbesammlung Colorado USA Nescafé 1945–1949, Werbung «A quick cup of flavored coffee», 1947/48.

146 AHN SG 11541, Schrift «Nescafé Patent Infringements», 15. August 1946.

147 AHN SG 1117/1, Brief von E. Müller an Nestlé USA, 28. Juni 1946.

148 In den Vereinigten Staaten hatte ein gewisser John W. Scott 1921 die Herstellung eines sprühgetrockneten Instantkaffees patentieren lassen, verzichtete aber auf das Beifügen von Kohlenhydraten. Andererseits hatten Pratt & Trygg im gleichen Jahr mit ihrem Patent die Beigabe von Kohlenhydraten abgedeckt. Deshalb wurde das Morgenthaler-Verfahren schliesslich erst nach vier Jahren zähen Verhandlungen 1943 in den Vereinigten Staaten anerkannt (zum Verfahren von Scott vergleiche Pfiffner, A real winner, S. 126–127, und AHN SG 721 C, Schrift «Coffee Extract Patent Position in the U.S.A.», 13. Oktober 1938, zum Verfahren von Pratt & Trygg siehe AHN SG 11541, Brief von Dr. S an die Nestlé-Direktion, 2. August 1946, sowie zur Anerkennung des Morgenthaler-Verfahrens AHN Rapport au Conseil d'Administration, 238. Séance, Traktandum 9h, 29. Januar 1943).

149 AHN K 29 Dossier M/A, Brief des Generaldirektors von Afico an M. Morgenthaler, 9. April 1949.

150 AHN SG 1117/1, Brief von E. Müller an Nestlé USA, 28. Juni 1946.

schätzte Eduard Müller die Situation in den Vereinigten Staaten ein. Beunruhigend war für Nestlé vor allem das Verkaufsargument der Konkurrenz, einen reinen Instantkaffee herzustellen – denn während der «pure coffee» bei den amerikanischen Käufern auf ein sehr positives Echo stiess, wurde *Nescafé* zunehmend als Kaffeemischung betrachtet. Doch solange die Qualität von *Borden's Instant Coffee* nicht an diejenige des *Nescafés* herankam, schien das Schweizer Produkt gegenüber der US-Konkurrenz bevorzugt zu werden. Bis 1948 konnte *Nescafé* seine Führungsstellung auf dem US-Markt behaupten:[151] «America drinks more *Nescafé* than all other instant coffees combined»,[152] betonte Nestlé stolz auf ihren Werbeanzeigen.

Generell belebte die Rivalität zwischen den beiden Herstellungsverfahren das Instantkaffeegeschäft in den Vereinigten Staaten. Durch den intensiven und kostspieligen Werbekrieg zwischen Nestlé und Borden wurde der Instantkaffee immer bekannter. Der wachsende Markt weckte auch bei den grossen US-Kaffeeröstern wie General Foods mit *Maxwell House* und *Sanka* sowie Standard Brands mit *Chase&Sanborn* das Interesse, im grossen Stil auf diesem Gebiet tätig zu werden. Dadurch erhöhte sich der Wettbewerbsdruck, wobei sich der Markt in zwei Fraktionen teilte: Auf der einen Seite *Nescafé* und *Chase&Sanborn,* die dem Löslichkaffee geschmacksneutrale Kohlenhydrate beigaben, auf der anderen Seite *Borden's Instant Coffee* und *Maxwell House Instant Coffee,* die einen reinen Instantkaffee ohne Zusatzstoffe propagierten. In der Folge entwickelte sich eine erbitterte Werbeschlacht zwischen den vier Nahrungsmittelgiganten um die Vorherrschaft auf dem amerikanischen Instantkaffeemarkt.[153]

Während Kontrahenten wie Borden auf ein gewaltiges Distributionsnetzwerk zurückgreifen konnten und mit aggressiven Werbemethoden wie einer «Geld-zurück-Garantie»[154] die Kundschaft für sich zu gewinnen versuchten, war Nestlé in den Vereinigten Staaten relativ schlecht verankert und musste sich mit Werbemassnahmen zurückhalten, da es die Produktionskapazitäten in Sunbury und Granite City in der unmittelbaren Nachkriegszeit nicht zuliessen, den Absatz von *Nescafé* wesentlich zu erhöhen. Als Folge davon konnte die US-Konkurrenz durch ihre Werbeaktio-

151 Erläuterungen zum Geschäftsbericht Nestlé 1953, S. 27–28.

152 AHN K 18 Werbesammlung Colorado USA Nescafé 1945–1949, Werbung «All Food Dealers can profit by new type of Coffee display», Dezember 1948.

153 AHN SG 11539, Artikel aus der Zeitschrift «Tide», 27. Mai 1949, S. 31–33.

154 «Money back, if *Borden's* doesn't beat your favourite coffee!», lautete der Werbespruch von Borden. Dabei versprach das Unternehmen dem Kunden, ihm den Preis des Produkts zurückzuerstatten, falls *Borden's Instant Coffee* nicht zu seinem Lieblingskaffee wurde (AHN SG 11539, Artikel aus der Zeitschrift «Tide», 27. Mai 1949, S. 32–33).

nen ein wesentliches Stück des amerikanischen Instantkaffeemarktes auf Kosten des Schweizer Unternehmens für sich gewinnen.[155]

Obschon Nestlé 1948 ihre Produktionskapazitäten in den Vereinigten Staaten mit der Eröffnung von zwei neuen Instantkaffeefabriken in Freehold an der Ostküste und in Ripon an der Westküste wesentlich erweiterte,[156] gelang es Borden und General Foods zwischen 1948 und 1952 dank enormem Werbeaufwand, das amerikanische Publikum davon zu überzeugen, dass nur ein reiner Instantkaffee auch ein «100% real coffee» sei, und damit das qualitativ bessere Morgenthaler-Verfahren in ihrer Gunst zu überflügeln.[157]

Angesichts der Tatsache, dass von den grossen Instantkaffeemarken 1952 neben *Nescafé* nur noch *G. Washington's Coffee* mit beigefügten Kohlenhydraten angeboten wurde,[158] stand Nestlé gegen die gemeinsame Front der finanzstarken US-Kaffeeindustrie, welche den reinen Instantkaffee propagierte, auf verlorenem Posten. Innerhalb von zwei Jahren (1950–1952) konnte der reine Instantkaffee seinen Marktanteil gegenüber dem Löslichkaffee mit Kohlenhydraten von 30 Prozent auf 50 Prozent steigern. Marktumfragen zeigten, dass nun über zwei Drittel der Amerikaner den «pure instant coffee» klar bevorzugten. Damit hatte der reine Löslichkaffee auf dem amerikanischen Instantkaffeemarkt endgültig die Oberhand gewonnen.[159] Besonders ausgeprägt war diese Entwicklung in New York – dem Zentrum des Instantkaffeekonsums[160] – zu beobachten, wo *Borden's Instant Coffee* 1951 zur beliebtesten Instantkaffeemarke aufstieg, während *Nescafé* hinter *Maxwell House* nur noch die drittwichtigste Marke in diesem Segment darstellte.[161] In den gesamten Vereinigten Staaten blieb *Nescafé* zwar bis 1952 mit einem Umsatzwachstum von 13 Prozent pro Jahr die führende Instantkaffeemarke. Ihr Marktanteil war aber innerhalb von vier Jahren bedrohlich von 46 Prozent auf 36 Prozent geschrumpft.[162] Ausserdem erhielt *Nescafé* wegen der hinzu-

155 AHN SG Stamford 11540, Brief von E. Müller an Nestlé USA, 28. Juni 1946.

156 Reider, Nestlé News, S. 5.

157 AHN SG 11539, Brief an D, 1. Juni 1949.

158 Da G. Washington's Coffee ihren Instantkaffee mit Kohlenhydraten als «Cafemelo» verkaufte und damit bereits implizit auf eine Mischung hinwies, war diese Werbeunterstützung im Kampf gegen den reinen Instantkaffee jedoch weitgehend nutzlos oder sogar kontraproduktiv (AHN SG 1117/1, Brief von E. Müller an Nestlé USA, 28. Juni 1946).

159 Marktumfragen ergaben, dass 68 Prozent der Amerikaner den reinen Löslichkaffee bevorzugten, elf Prozent unentschlossen waren und nur noch 21 Prozent der Konsumenten von löslichem Kaffee am Instantkaffee mit Kohlenhydraten festhielt (AHN SG 1117/2, Brief von E. Bignami an J.-C. Corthésy, 12. August 1952, und ebenda, Braunes Heft Nescafé, 9. September 1952).

160 AHN SG 1117/2, Brief von Nestlé USA an J.-C. Corthésy et al., 29. Juli 1952.

161 In New York besass *Borden's Instant Coffee* 1951 einen Marktanteil von 37 Prozent, gefolgt von *Maxwell House* mit 23 Prozent und *Nescafé* mit 22 Prozent (AHN SG 1117/2, Schrift «Instant Coffee Product Test Nestlé vs. Borden», 14. Dezember 1951).

162 1948 hatte *Nescafé* in den Vereinigten Staaten einen Marktanteil von 46 Prozent, *Borden's Instant Coffee* einen Anteil von 25 Prozent sowie *G. Washington's Coffee* und *Maxwell House* einen Anteil von je elf Prozent. Bis 1952 konnten die traditionellen Röstkaffeemarken *Maxwell House* mit 27 Prozent und *Chase & Sanborn* mit

gefügten Kohlenhydrate immer mehr den Ruf eines koffeinarmen Kaffees und wurde von Ärzten an Patienten verschrieben, die auf Koffein empfindlich reagierten.[163]

Angesichts der steigenden Werbeausgaben bei sinkenden Marktanteilen war es für Nestlé wenig sinnvoll, das qualitativ bessere Morgenthaler-Verfahren gegen die gesamte US-Konkurrenz weiter zu verteidigen, wenn ein zufriedenstellender Instantkaffee auch ohne zusätzliche Kohlenhydrate gewonnen werden konnte.[164] Ausserdem gerieten *Nescafé* und *Nescoré* wegen der hinzugefügten Kohlenhydrate auch in anderen Ländern zunehmend ins Visier der öffentlichen Kritik und der Behörden: In der Schweiz bezeichnete der Migros-Gründer Gottlieb Duttweiler 1947 die Beigabe von Kohlenhydraten als «bewusste Täuschung des Konsumenten»[165] und verklagte Nestlé später des unlauteren Wettbewerbs,[166] während das Verfahren von Morgenthaler in Kaffee produzierenden Ländern wie Kolumbien, El Salvador und Brasilien zunehmenden Attacken von Seiten der mächtigen Kaffeeinstitutionen ausgesetzt war. In Guatemala wurde die Einfuhr von *Nescafé* wegen der hinzugefügten Kohlenhydrate sogar verboten.[167]

Die leise Wende zum reinen Instantkaffee

Nachdem Nestlé 1942 zur Herstellung ihres Instantkaffees erstmals ein auf Dampf basierendes Verfahren verwendet hatte,[168] wählte das Unternehmen Ende 1943 Chile als Testmarkt aus, um dort einen mit höheren Extraktionsgraden hergestellten *Nescafé* zu

17 Prozent deutlich an Marktanteilen gewinnen, während *Borden's Instant Coffee* bei 25 Prozent stagnierte und die nach dem Morgenthaler-Verfahren hergestellten Löslichkaffemarken *Nescafé* mit 36 Prozent und *G. Washington's* mit sechs Prozent zunehmend Anteile verloren (AHN SG 1117/2, Braunes Heft Nescafé, 9. September 1952, und ebenda, Brief von Nestlé USA an J.-C. Corthésy et al., 29. Juli 1952).

163 AHN SG 1117/1, Brief von Nestlé USA an J.-C. Corthésy, 22. Oktober 1953.

164 «[...] we may have to spend an increasing amount of our advertising money to defend the addition of carbohydrates when most of the others and we ourselves have proven the fact that satisfactory soluble coffee can be produced without the addition of carbohydrates», schrieb die US-Tochtergesellschaft (AHN SG 1117/2, Brief von Nestlé USA an J.-C. Corthésy et al., 29. Juli 1952).

165 Artikel aus der Zeitung «Wir Brückenbauer – Wochenblatt des sozialen Kapitals», 25. April 1947, S. 1.

166 Als nach dem Zweiten Weltkrieg ausländische Kaffee-Extrakte ohne Zusatz von Kohlenhydraten auf den Schweizer Markt kamen, teilte der Kantonschemiker des Kantons Waadt Nestlé am 4. Dezember 1945 mit, dass die bisherige Bezeichnung für *Nescafé* als «Extrakt aus reinem Kaffee» nicht mehr zulässig sei und durch die Beschreibung «Extrait de café, additionné d'hydrates de carbone» ersetzt werden müsse. Nestlé lehnte diese Beschreibung jedoch ab und ersetzte diese stattdessen durch «Extrakt aus reinem Kaffee mit natürlichen Aromaträgern», welcher auch das eidgenössische Gesundheitsamt zustimmte. Am 23. November 1946 wurde *Nescafé* in Inseraten aber wiederum als «Der erste Kaffee-Extrakt aus reinem Kaffee in Pulverform» beworben, was Migros zu einer Klage wegen unlauteren Wettbewerbs veranlasste (SWA H+I Ba 214, Artikel aus der «Neuen Zürcher Zeitung», 4. November 1948).

167 AHN SG 11535, Brief von J.-C. Corthésy an Nestlé Brasilien, 14. August 1952.

168 AHN REL E05 Patente Dossier 3, Schrift «Nescafé», 17. Februar 1955.

lancieren. Als im Mai 1945 die lokale Instantkaffeefabrik in Graneros schliesslich ihren Betrieb aufnehmen konnte, brachte Nestlé erstmals einen stärker extrahierten *Nescafé* auf den Markt. Die Akzeptanz fiel sofort zufriedenstellend aus und ermutigte zu weiteren Experimenten in diese Richtung.[169] Bis 1948 gelang es Nestlé, den Extraktionsgrad in Graneros auf 40 Prozent zu erhöhen. Allerdings mussten dem auf diese Weise hergestellten *Nescafé* immer noch zehn bis 15 Prozent geschmackskonservierende Kohlenhydrate beigegeben werden.[170]

Da es in Chile nicht gelang, den Extraktionsgrad weiter zu erhöhen, wurden die Extraktionstests in Kolumbien weitergeführt,[171] wo Nestlé im Januar 1947 eine neue Produktionsanlage in Bugalagrande errichtet hatte.[172] Das Projekt einer neuen Milch- und Kaffeepulverfabrik in Kolumbien war während des Zweiten Weltkriegs entwickelt worden, um damit die angespannte Situation bezüglich der *Nescafé*-Produktion in Sunbury zu entlasten und den kolumbianischen Markt mit Kindernahrung versorgen zu können. Kolumbien eignete sich als Produktionsstandort, weil der in den Vereinigten Staaten produzierte *Nescafé* einen hohen Anteil an kolumbianischen Kaffeebohnen aufwies und Nestlé in Kolumbien hauptsächlich *Lactogen* verkaufte.[173] Zudem erhielt das Projekt auch von der US-Armee sofort Unterstützung, weil im Frühjahr und Sommer 1942 zahlreiche Kaffeehandelsschiffe auf ihrer Fahrt zwischen Brasilien und den Vereinigten Staaten von deutschen U-Booten versenkt worden waren, und mit einer Fabrik in Bugalagrande die deutsche Blockade im Atlantik über den Pazifik umgangen werden konnte.[174]

Mit der Eröffnung der Fabrik in Granite City (1943) wurde das Fabrikprojekt in Bugalagrande jedoch auf einen Viertel der ursprünglich geplanten Produktionskapazitäten redimensioniert, weil Nestlé die Nachfrage der US-Armee nach Instantkaffee aus Kolumbien nicht mehr gesichert schien. Da in Kolumbien die Einfuhr von Kaffeebohnen aus anderen Ländern untersagt war und Nestlé aus diesem Grund in Bugalagrande *Nes-*

169 Vergleiche dazu AHN SG 11535, Notiz von E. Müller an H, 14. Juli 1947, und AHN SG 1114 SP, Schrift «Memorandum on Nescafé», 3. Juni 1955.

170 In Chile wurde *Nescafé* erstmals mit dem sogenannten «Straight»-Verfahren hergestellt (AHN SG 1117/2, Brief von E. Müller an Nestlé USA, 8. Juli 1947, und AHN REL E05 Patente Dossier 4, Brief von Afico Technik an Nestlé USA, 18. November 1948).

171 AHN SG 11539, Brief von S an Nestlé USA, 1. Juni 1949.

172 AHN SG 1114 SP, Schrift «Memorandum on Nescafé», 3. Juni 1955.

173 AHN SG Stamford 717, Schrift «Columbia Project», 18. Februar 1944.

174 Der US-Armee schwebte vor, den Instantkaffee von Bugalagrande aus durch das Cauca-Tal und über die Anden nach Buenaventura zu bringen und von dort aus über den Pazifik nach Panama und San Francisco zu verschiffen (vergleiche dazu AHN REL E07 K 22/16, Memorandum von T an M, 18. Mai 1953).

café nur aus den hochklassigen – aber verhältnismässig teuren – kolumbianischen Kaffeebohnen herstellen konnte, war der dort produzierte Instantkaffee wesentlich teurer, als wenn er in Argentinien oder den Vereinigten Staaten hergestellt worden wäre. Damit die Konkurrenzfähigkeit des in Bugalagrande produzierten Instantkaffees trotzdem gewährleistet blieb, entschied sich Nestlé, in Kolumbien auf die Beigabe von zusätzlichen Kohlenhydraten zu verzichten und diese stattdessen aus der Kaffeebohne selbst zu extrahieren.[175] Deshalb wurde der Extraktionsgrad 1949 in Bugalagrande sogar auf 45 Prozent erhöht, wobei dieser Instantkaffee qualitativ nicht mit dem Morgenthaler-Verfahren mithalten konnte. Allerdings stand bereits damals die Vermutung im Raum, dass der in Kolumbien hergestellte *Nescafé* dem Instantkaffee von Borden geschmacklich überlegen war.[176]

Aufbauend auf dieser Annahme entschied sich Nestlé am 4. Mai 1950, *Nescafé* als Qualitätsmarke weiterhin nach dem Morgenthaler-Verfahren herzustellen, gleichzeitig aber unter einer neuen Marke einen reinen Instantkaffee einzuführen. Der neue Instantkaffee sollte zuerst die Akzeptanz der Konsumenten erproben, bevor Nestlé das Verfahren auch bei *Nescafé* anwenden wollte.[177]

1951 führte Nestlé mit *Nestlé's Instant Coffee* ihren ersten zu 100 Prozent aus Kaffeebohnen bestehenden Löslichkaffee in den Vereinigten Staaten ein.[178] Dieser wies – analog zu den Konkurrenzprodukten von Borden und General Foods – eine grobkörnige Konsistenz auf[179] und war in erster Linie als Kampfmarke gegen *Borden's Instant Coffee* gedacht. Vom Geschmack her konnte das neue Produkt allerdings nicht mit *Nescafé* mithalten. Jede Ähnlichkeit zwischen *Nestlé's Instant Coffee* und *Nescafé* wurde deshalb vermieden.[180]

Die Einführung des neuen Produkts brachte die Verantwortlichen von Nestlé jedoch bald in ein grosses Dilemma: Einerseits konnte sich *Nestlé's Instant Coffee* dank aggressiven Spezialofferten wie Gutscheinen und Rabatten sowie grossangelegten Werbekampagnen in Zeitungen, Rundfunk und Fernsehen, sofort als viertwichtigste Instantkaffeemarke hinter *Maxwell House, Nescafé* und *Borden's Instant Coffee* etablieren und trug damit we-

175 AHN SG Stamford 717, Columbia Project, 18. Februar 1944, und AHN SG 717, Brief an Nestlé Kolumbien, 21. Januar 1948.

176 AHN SG 11539, Brief von S an Nestlé USA, 1. Juni 1949, und AHN SG 717, Brief von D an J.-C. Corthésy, 24. Februar 1955.

177 AHN SG 1117/2, Notiz von D an M. Paternot, 21. November 1951.

178 AHN SG 1114 SP, Memorandum «Nestlé-Prozess zur Herstellung von Löslichprodukten in Pulverform», 17. Juni 1955.

179 Vergleiche dazu AHN F 5.1, 87, Circulaires Continent Nr. 36, Faltblatt «Nestlé's Instant Coffee», 21. Oktober 1954.

180 AHN SG 1117/2, Brief von B, 15. Oktober 1951, und ebenda, Brief von D an Nestlé USA, 22. Februar 1952.

sentlich dazu bei,[181] dass Nestlé ihren Marktanteil von 37 Prozent in den Vereinigten Staaten halten konnte. Andererseits kam es das Schweizer Unternehmen auf die Dauer sehr teuer zu stehen, zwei Instantkaffeemarken gleichzeitig auf dem stark umkämpften US-Markt zu bewerben. Ein entscheidender Nachteil dieser Doppelmarken-Strategie war zudem, dass sich die Einführung von *Nestlé's Instant Coffee* auf den Umsatz von *Nescafé* negativ auswirkte.[182] Nestlé riskierte, ihre *Nescafé*-Kunden an *Nestlé's Instant Coffee* zu verlieren, ohne zusätzliche Kunden der Konkurrenz zu gewinnen. Somit drohte *Nescafé* langfristig von *Nestlé's Instant Coffee* in den Schatten gestellt zu werden, wobei Nestlé auch alle Sympathien, welche sich das Unternehmen mit der Marke *Nescafé* erkämpft hatte, gleich wieder verspielt hätte.[183]

Viele Gründe sprachen deshalb dafür, *Nescafé* ebenfalls als reinen Instantkaffee anzubieten, anstatt *Nestlé's Instant Coffee* zu forcieren.[184] Nach einer sehr lebhaften Diskussion unter den Nestlé-Technikern am 4. April 1952 entschied sich das Unternehmen schliesslich, *Nescafé* als reinen Instantkaffee herzustellen,[185] obwohl allen Beteiligten klar war, dass dieser von der Qualität her eher schlechter sein würde als das bisherige Produkt.[186] Gleichzeitig sollte *Nestlé's Instant Coffee* als Kampfmarke gegen die US-Konkurrenz weitergeführt werden.[187]

Nachdem dieser Entscheid gefällt worden war, musste weiter geklärt werden, ob der reine Instantkaffee mit dem Agglomerationsverfahren, welches die Nestlé-Forscher in Marysville (Vereinigte Staaten) zur Herstellung von *Nestlé's Instant Coffee* verwendeten, oder mit dem in Vevey entwickelten «Low Density Powder»-Verfahren hergestellt werden sollte. «Low Density Powder» (LDP) hatte den grossen Vorteil, dass es dank seiner geringen Dichte optimal mit einem Kaffeelöffel dosiert werden konnte und die Zubereitung somit wesentlich einfacher war als mit dem grobkörnigen *Nestlé's Instant Coffee*.[188]

181 AHN F 5.1, 88, Circulaires Continent Nr. 40, Schrift «Unterschied zwischen Nescafé und N.I.C.», 7. Februar 1955.
182 AHN SG 1117/2, Briefe von Nestlé USA an J.-C. Corthésy, 29. Juli 1952 und 16. September 1952.
183 AHN SG 1117/2, Brief von M. Paternot an Nestlé USA, 29. November 1951.
184 Letztlich wäre es für Nestlé wesentlich teurer und schwieriger gewesen, mit *Nestlé's Instant Coffee* eine neue Marke aufzubauen, als *Nescafé* als reinen Instantkaffee zu lancieren (AHN SG 1117/2, Brief von Nestlé USA an J.-C. Corthésy et al., 29. Juli 1952).
185 AHN REL E05 Patente Dossier 3, Schrift «Nescafé», 17. Februar 1955.
186 AHN SG 1117/3, Brief von D an Nestlé USA, 29. Oktober 1952.
187 *Nestlé's Instant Coffee* wollte Nestlé angesichts der enormen Werbeausgaben von 1,5 Millionen US-Dollar nicht einfach vom Markt nehmen (AHN SG 1117/2, Brief von E. Bignami an J.-C. Corthésy, 12. August 1952).
188 AHN REL E05 Patente Dossier 3, Schrift «Nescafé», 17. Februar 1955.

Als erster Produktionsstandort zur Herstellung von *Nescafé* mit dem LDP-Verfahren wurde schliesslich die 1952 errichtete Fabrik in St. Menet (einem Vorort von Marseille) gewählt, welche in Europa damals die modernste ihrer Art war.[189] Am 6. August 1952 gelang es den Nestlé-Technikern dort erstmals, ein *leichtes* Kaffeepulver herzustellen, das nur aus Kaffeebohnen bestand.[190] Einen Monat später lancierte Nestlé in Frankreich *Nescafé* erstmals als reinen Löslichkaffee.[191] Die Einführung erfolgte allerdings aus verschiedenen Gründen auf leisen Sohlen:

Erstens mussten zuerst die Vorratslager des mit zusätzlichen Kohlenhydraten angereicherten *Nescafés* abgebaut und dabei vermieden werden, dass bei der Kundschaft der Eindruck entstand, die alten *Nescafé*-Dosen seien nicht von ebenbürtiger Qualität. Zudem konnte Nestlé – nachdem das Unternehmen jahrelang damit geworben hatte, dass Kohlenhydrate die Haltbarkeit des Instantkaffees entscheidend verbessern würden – nicht plötzlich die Ansicht vertreten, dass der reine *Nescafé* fast ebenso haltbar sei, ohne dass dies der eigenen Glaubwürdigkeit geschadet hätte. Aus diesen Gründen vermied Nestlé einen schockartigen Übergang zum neuen Verfahren und führte den zu 100 Prozent aus Kaffeebohnen bestehenden Instantkaffee fliessend und ohne grosse Werbekampagnen ein.[192]

Zweitens traten grosse technische Probleme auf, als Nestlé in den Vereinigten Staaten «Low Density Powder» herstellen wollte. Zwar konnte im November 1952 die Produktion dieses Pulvers in Sunbury gestartet werden, das Endprodukt vermochte jedoch den hohen Qualitätsanforderungen von Nestlé nicht zu genügen. Erst im Juni 1953 gelang es der US-Tochtergesellschaft schliesslich, in Ripon und Sunbury *Nescafé* ohne zusätzliche Kohlenhydrate herzustellen.[193]

Drittens musste Nestlé eine Abwanderung all jener US-Kunden zu verhindern versuchen, die *Nescafé* wegen seines angeblich tieferen Koffeingehalts tranken. Deshalb brachte Nestlé praktisch zeitgleich mit dem reinen *Nescafé* im Oktober 1953 ebenfalls einen koffeinfreien Löslichkaffee unter der Marke *Decaf*[194] auf

189 Randnotiz in der Zeitung «Journal de Genève», 5. August 1952, S. 7.
190 AHN SG 11535, Brief von Nestlé Frankreich an P. Liotard-Vogt, 8. August 1952.
191 AHN SG 1117/3, Brief an V, 9. September 1952.
192 Beispielsweise verzichtete Nestlé auf die sofortige Einführung einer Etikette, die mit der Bezeichnung «100 % Kaffee» versehen war, um bei der Konkurrenz und den Kunden nicht allzu grosses Aufsehen zu erregen (AHN SG 1117/2, Zusammenfassung zu den Diskussionen zum Wandel von Nescafé mit Kohlenhydraten zu Nescafé Straight, 2. Januar 1953, sowie AHN SG 1117/3, Brief von D an Nestlé USA in Rosa Mappe, 29. Oktober 1952).
193 AHN SG 1114 SP, Memorandum «Nestlé-Prozess zur Herstellung von Löslichprodukten in Pulverform», 17. Juni 1955.
194 Die Marke *Decaf* konnte Nestlé nur in den Vereinigten Staaten verwenden, weil sie in Europa bereits von *Kaffee HAG* und *Coffex Schaffhausen* besetzt war (AHN F 5.3.1, 1, Communication Marketing Nr. 10, September 1962, S. 26).

den US-Markt, obwohl dieser in Konsumententests geschmacklich nicht vollends zu überzeugen vermochte.[195] Weil dies allerdings auch auf die Konkurrenzprodukte (*Kaffee HAG* und *Sanka* von General Foods)[196] zutraf und die loyale Kundschaft von koffeinfreiem Kaffee diesen nicht primär aufgrund seines Geschmacks wählten – sondern weil sie glaubten, dass sie mit dem koffeinfreien Produkt besser schlafen, verdauen oder arbeiten könnten –, sah Nestlé die Markteinführung trotzdem als gerechtfertigt an.[197]

Statistiken zeigen, dass die effektive Ablösung des Morgenthaler-Verfahrens durch das sogenannte Straight-Verfahren,[198] mit welchem sich ein reiner Instantkaffee herstellen liess, in Nordamerika 1953 und weltweit 1954 stattfand.[199] Beim Straight-Verfahren wurde der flüssige Instantkaffee erstmals mit Dampf extrahiert und stellte die Herstellung des *Nescafés* auf eine neue Grundlage. Aus technischer Sicht wurde *Nescafé,* wie wir ihn heute kennen, erst 1953/54 erfunden, als mit der Verwendung von Eindampfern eine neue Instantkaffeegeneration entstand.[200]

Die technische Weiterentwicklung mit *Nescafé Nr. 37 goût Espresso*

Mit der Lancierung des reinen Instantkaffees zu Beginn der 1950er-Jahre blieb die technische Entwicklung des *Nescafés* jedoch nicht stehen. Bis 1956 wurde das damals verwendete Verfahren zur

195 AHN SG 1117/1, Briefe von Nestlé USA an J.-C. Corthésy, 25. Juni 1953, 13. Oktober und 22. Oktober 1953.

196 Bereits während des Zweiten Weltkriegs bemerkte Nestlé, dass in den Vereinigten Staaten sowohl *Kaffee HAG* als auch *Sanka* vom Geschmack her nicht zu überzeugen wussten und deshalb der koffeinfreie *Nescafé* ein grosses Marktpotenzial besass. Dieser wurde von Nestlé während des Kriegs allerdings nicht eingeführt, weil die Militärbehörden sicherlich keine Bewilligung zur Produktion dieser Kaffeesorte gegeben hätten, da aus militärischer Sicht in erster Linie der koffeingehalt hoch sein musste, um die Soldaten bei ihren Kampfeinsätzen besonders wach zu halten (vergleiche dazu AHN SG A 721, Brief von B an Nestlé USA, 24. Juni 1941, und ebenda, Notiz von Dr. S an M. Morgenthaler, 20. Juni 1945).

197 Für einen frühen Markteinstieg sprach zudem die Tatsache, dass die Warenhäuser für dieses begrenzte Segment keine grosse Markenauswahl auf ihren Gestellen lagern wollten und *Decaf* diese Ablagefläche frühzeitig besetzen musste. Für weitere Konkurrenten war es damit praktisch unmöglich, neben *Sanka, Kaffee HAG* und *Decaf* in diesen limitierten Markt einzudringen (vergleiche dazu AHN SG 1117/1, Brief von Nestlé USA an J.-C. Corthésy, 12. Mai 1955, und ebenda, Rotes Heft «Decaf Review of 1954 Plan for 1955», Oktober 1955).

198 Da es der Konkurrenz mit kleinen Abänderungen leicht möglich gewesen wäre, die Produktionsprozesse von Nestlé zu kopieren, wurden viele Verfahren zur Herstellung von *Nescafé* nicht mehr patentiert. Stattdessen verwendeten die Nestlé-Techniker eine Geheimsprache, um die einzelnen Prozesse voneinander zu unterscheiden (Interview mit einem langjährigen Nestlé-Mitarbeiter in Orbe, 12. April 2012).

199 Obwohl der «Low Density»-Prozess zuerst in St. Menet getestet wurde, war über die Hälfte des 1953 verkauften *Nescafés* nach dem Morgenthaler-Verfahren hergestellt worden. Neben Kolumbien lässt sich damals einzig in den Vereinigten Staaten und Kanada bereits eine klare Entwicklung hin zum reinen Instantkaffee erkennen. Erst 1954 war in allen Ländern die überwiegende Mehrheit des verkauften *Nescafés* nach dem neuen Verfahren hergestellt worden (vergleiche dazu die Statistiken in AHN K 29 Dossier M/A und Dossier M/B).

200 Interview mit einem langjährigen Nestlé-Mitarbeiter in Orbe, 12. April 2012.

Herstellung eines reinen Instantkaffees stetig verbessert. Gleichzeitig wurden aber auch weitere Abwandlungen des Verfahrens in den Nestlé-Laboratorien getestet,[201] denn in den 1950er-Jahren liess sich der Geschmack von *Nescafé* noch nicht mit demjenigen eines frischen Röstkaffees vergleichen. Ein wichtiger Grund lag darin, dass beim damaligen Herstellungsprozess ein kaffeefremder Geschmack entstand, der regelmässigen Konsumenten von Bohnenkaffee auffallen musste und vor allem in Ländern mit einer starken Röstkaffeetradition zu einer geringen Akzeptanz des *Nescafés* führte. Dieser kaffeefremde, bittere «Prozess-Geschmack» fiel vor allem beim leicht gerösteten Instantkaffee auf, während der Makel bei stark gerösteten Bohnen unauffälliger war. Nestlé forcierte deshalb zuerst die Weiterentwicklung des stark gerösteten Instantkaffees.[202]

Dabei kam Nestlé der Espresso-Boom zu Beginn der 1950er-Jahre entgegen: Nachdem der Italiener Achille Gaggia die Espresso-Herstellung in der unmittelbaren Nachkriegszeit revolutioniert hatte, begann sich die Espresso-Bar ebenfalls in Grossbritannien und den Vereinigten Staaten auszubreiten.[203] Aufbauend auf dieser Modeerscheinung verbreiterte Nestlé 1952 ihre Auswahl an *Nescafé*-Sorten in der Schweiz testweise mit dem stark gerösteten *Nescafé Nr. 37 goût Espresso*.[204] In den darauffolgenden Jahren wurde dieser weiter verbessert, indem sowohl heisse als auch kalte Extraktionszellen verwendet und wesentlich mehr Wasser verdampft wurde als beim herkömmlichen *Nescafé*. Dies führte nicht nur zu grösseren Energiekosten und einem höheren Preis, sondern ebenfalls zu einem wesentlich besseren Geschmack, der aufgrund der starken Röstung auch vom bitteren «Prozess-Geschmack» weniger beeinträchtigt wurde als der normale *Nescafé*.[205]

Nachdem das Verfahren 1954 perfektioniert werden konnte,[206] führte Nestlé die stark geröstete *Nescafé*-Sorte 1955 ebenfalls in Grossbritannien als *Nescafé Blend 37* und in der

201 AHN SG 1117/4, Diskussion «Regarding various proposed new coffee processes», 12. März 1956.

202 AHN SG 11539, Notiz «Nescafé research», 24. Oktober 1957.

203 Achille Gaggia erfand 1945 in Mailand einen Federmechanismus, mit dessen Hilfe heisses Wasser unter hohem Druck durch fein gemahlenen Bohnenkaffee getrieben wurde. Ausserdem musste das Wasser nur noch auf 90 Grad Celsius erwärmt werden. Die Espresso-Maschine von Gaggia ermöglichte damit erstmals einen milderen Espresso-Geschmack (vergleiche dazu Pendergrast, Kaffee, S. 291–293, und Krieger, Kaffee, S. 242–244).

204 AHN SG 11543, Brief von M. Paternot an H, 18. Dezember 1951, und AHN F 5.1, 84, Circulaires Continent Nr. 17/2, Werbung «Nescafé Nr. 37 goût Espresso», 13. August 1952.

205 Interview mit einem langjährigen Nestlé-Mitarbeiter in Orbe, 12. April 2012, und AHN SG 11539, Notiz «Nescafé research», 24. Oktober 1957.

206 AHN F 5.1, 88, Circulaires Continent Nr. 41, 9. Februar 1955.

Bundesrepublik Deutschland als *Nescafé Typ Espresso* ein.[207] Das Unternehmen vermied es allerdings, die höhere Qualität dieses Produkts in der Werbung hervorzuheben, um nicht den Eindruck zu vermitteln, dass der gewöhnliche *Nescafé* minderwertig sei.[208]

Der stark geröstete Espresso wurde nur von einer Minderheit der Konsumenten bevorzugt.[209] Diese war allerdings bereit, für die Espresso-Qualität einen höheren Preis zu bezahlen als für den normal gerösteten *Nescafé*,[210] weshalb sich der stark geröstete *Nescafé* trotz seinem geringen Marktanteil von etwa drei Prozent etablieren konnte.[211]

207 AHN NUK HA E 3.4 Nestlé in the UK, Broschüre «Nestlé in the United Kingdom», 1962, und AHN K 14 Werbesammlung Allemagne 1988, Schrift «Wichtige Produktmeilensteine in der Entwicklung von Nescafé», 10. Mai 1988.

208 Vergleiche dazu AHN SG 11543, Brief von M. Paternot an H, 18. Dezember 1951, und AHN F 5.1, 84, Circulaires Continent Nr. 17/2, Werbung «Nescafé Nr. 37 goût Espresso», 13. August 1952, sowie AHN SG 6317, Brief von Nestlé Dänemark an H, 26. August 1958.

209 In England beispielsweise wurde der Espresso-Kaffee vor allem von Einwanderern getrunken, die nach dem Zweiten Weltkrieg vom europäischen Festland auf die Britischen Inseln geflüchtet waren. Die einheimische Bevölkerung dagegen schwächte den Espresso-Geschmack durch die Zugabe von Milch ab (Pendergrast, Kaffee, S. 292–293).

210 AHN F 5.3.1, Communication Marketing Nr. 11, November 1962, S. 15.

211 AHN SG 6103, Notiz an Nestlé Deutschland «Année 1957», 25. Februar 1958 und AHN SG 8500-57, Brief von Nestlé Grossbritannien an E. Bignami, 11. Februar 1963.

Flaggschiff und Flotte – Nestlés Expansion auf dem Gebiet der Instantprodukte

Die Erfindung und Einführung von *Nestea*

«It is obvious [...] that *Nestea* is a twin brother of *Nescafé* [...]. As regards to the process, there can be no doubt that it was invented along with the *Nescafé* process or shortly after»,[212] schrieb Nestlé 1957 zur parallelen Entwicklung von *Nestea* und *Nescafé*. Bereits vor dem Zweiten Weltkrieg zogen Nestlés Techniker die Produktion eines löslichen Tees mit beigefügten Kohlenhydraten in Erwägung und führten praktische Experimente durch.[213] 1942 wurde die Patentschrift des Morgenthaler-Verfahrens schliesslich auf die Verwendung von Tee und Mate erweitert.[214]

Nach Kriegsende wurden die Versuche mit Tee in Orbe weitergeführt. Wie bei *Nescafé* war Nestlé auch bei *Nestea* bestrebt, auf die Beigabe zusätzlicher Kohlenhydrate zu verzichten. Deshalb wurden das LDP- und das Agglomerationsverfahren parallel zur Weiterentwicklung des Instantkaffees auch zur Herstellung von Tee-Extrakten getestet. Dabei gelang es Nestlé 1947 zwar, die Menge der hinzugefügten Kohlenhydrate um einen Drittel zu reduzieren. Vom Geschmack her vermochte der reine *Nestea* jedoch noch nicht zu überzeugen. Trotzdem entschied sich die US-Tochtergesellschaft, *Nestea* in den Vereinigten Staaten einzuführen.[215] Allerdings musste sie dem Instanttee noch doppelt so viele Kohlehydrate wie Tee-Extrakte beigeben. Die Nestlé-Führung wünschte sich jedoch mindestens ein ebenbürtiges Verhältnis von Teesubstanz und Kohlenhydraten. Im Juni 1948 gelang es den Technikern in Orbe schliesslich, einen Instanttee zu entwickeln, der zu gleichen Teilen aus Teeblättern und Kohlenhydraten bestand.[216]

Nachdem *Nestea* vom Verwaltungsratspräsidenten Eduard Müller als guter, durchschnittlicher Tee eigestuft worden war, führte Nestlé vor der Lancierung – ähnlich wie bei

212 AHN SG 11548, Brief «Origins of Nestea Trademark and Process», 12. Juli 1957.

213 AHN REL E05 Patente Dossier 3, Schrift «Nescafé», 17. Februar 1955.

214 Das koffeinhaltige Mate-Getränk wurde vor allem in Lateinamerika konsumiert und fand auch als Teesurrogat Verwendung (Ukers, All about tea 1, S. 502, und AHN REL E05 Patente Dossier 4, Schrift «Nestea Addition to main Patent No. 201940», 15. August 1942).

215 AHN SG 1117/2, Brief von E. Müller an Nestlé USA, 8. Juli 1947, sowie AHN REL E05 Patente Dossier 3, Schrift «Project 101», 29. Juni 1949, und ebenda, Schrift «Nescafé», 17. Februar 1955.

216 AHN SG 11548, Brief von Nestlé USA, 18. Juni 1948.

Nescafé – Geschmacktests bei einem ausgewählten Publikum durch. In einem ersten Experiment wurde *Nestea* einer Gruppe von Engländern serviert, ohne sie darüber aufzuklären, dass es sich um einen besonderen Tee handelte. Nachdem die Mehrzahl unter ihnen keinen Unterschied zwischen einem herkömmlich zubereiteten Tee und *Nestea* feststellten konnte, servierte Nestlé in einem zweiten Experiment den englischen Mitarbeitern im Unternehmen während zwei Wochen anstelle des herkömmlichen Tees jeweils *Nestea*. Als sich auch hier niemand darüber beklagte, dass der Tee nicht den üblichen Geschmack gehabt hätte, fasste Nestlé schliesslich die Lancierung des neuen Produkts ins Auge. Dabei sollte *Nestea* auf dem Teemarkt eine ähnliche Position einnehmen, wie *Nescafé* sie auf dem Kaffeemarkt gewonnen hatte: «Nous n'avons pas la prétention de dire que le *Nestea* vaut, par sa qualité, tous les thés du monde, pas plus que le *Nescafé* ne peut battre les meilleurs cafés. La raison est simple; nous devons prendre un thé moyen ou un café moyen, de manière à avoir un prix de revient qui ne fasse pas de ces deux produits des articles de luxe. Cependant j'ai fait faire dans le temps du *Nescafé* avec l'espèce Moka, aussi avec du café de toute première qualité de l'Amérique centrale et nous avons obtenu un produit aussi bon que le produit naturel de haute qualité»,[217] schrieb Müller 1948 zur Ausrichtung von Nestlés Instantgetränken.

Im September 1948 wurde *Nestea* schliesslich praktisch gleichzeitig in der Schweiz und in den Vereinigten Staaten eingeführt.[218] Über Grossbritannien sollte der Instanttee später auf der ganzen Welt verbreitet werden.[219]

Unter dem Werbespruch «From the makers of *Nescafé* – another instant miracle» wurde *Nestea* in den Vereinigten Staaten mit denselben Vorteilen wie *Nescafé* vermarktet:[220] der Qualität von Nestlé, der individuellen Dosierung sowie der Geschwindigkeit und Einfachheit der Zubereitung. Das letzte Argument war insofern relevant, als es bei der Zubereitung von Tee oftmals vorkam, dass sich etwas Teekraut am Boden der Tasse absetzte oder dass man den Teebeutel zu lange in der Tasse liess und die starke Extraktion zu einem unangenehm bitteren Geschmack führte. Mit *Nestea* als Pulverextrakt waren diese Probleme gelöst.[221]

217 AHN SG 11548, Brief von E. Müller an J, 13. Januar 1948.

218 Die Lancierung von *Nestea* erfolgte zuerst in der Schweiz und einige Tage später in den Vereinigten Staaten, wie folgende Aussage vom 15. September 1948 zeigt: «Je suis bien très heureux d'apprendre qu'enfin le *Nestea* sera lancé sur le marché suisse. Je puis vous dire en passant que New York lance le *Nestea* ces jours-ci.» (AHN SG 11548, Brief an E. Bignami, 15. September 1948).

219 AHN F 5.1, 52, Circular Letters Export Nr. 6, 7. April 1948.

220 AHN F 5.1, 55, Circular Letters Export Nr. 35, 16. Februar 1949.

221 AHN F 5.1, 77, Circulaire Continent Nr. 22, 2. November 1948.

Besonders Nestlés Marktchef in den Vereinigten Staaten war von einer grossen Zukunft des *Nesteas* überzeugt: «[...] The magic of *Nescafé* is again presented in *Nestea*»,[222] schrieb er wenige Monate vor der Einführung. Kritischen Stimmen, dass *Nestea* in gewissen Ländern erfolglos bleiben könnte, wurde mit dem Argument begegnet, dass diese Bedenken zu Unrecht auch schon in den Jahren 1937 bis 1939 bei *Nescafé* geäussert worden seien.[223]

Nachdem Nestlé 1948 in der Schweiz 2225 Kisten[224] *Nestea* absetzen konnte, sackten die Verkaufszahlen im folgenden Jahr allerdings markant auf 613 Kisten ab. Ebenso konnte der neue Instanttee 1949 in anderen europäischen Ländern wie Italien, Dänemark und der Bundesrepublik Deutschland nur in geringen Quantitäten verkauft werden.[225] Der Absatz von *Nestea* blieb auch in den darauffolgenden Jahren in Europa unter den Erwartungen. In einigen Ländern schrieb das Produkt sogar Verluste.[226] «D'une façon générale, on ne peut pas dire que [...] les qualités qui ont fait le succès du *Nescafé* sont les mêmes pour le *Nestea*»,[227] stellte die schweizerische Nestlé-Filialgesellschaft ernüchtert fest, denn während der Pulverkaffee eine wesentliche Verbesserung gegenüber der komplizierten Zubereitung mit Kaffeekanne und Filter darstellte, konnte Tee mit Teebeuteln oder Tee-Eiern relativ einfach zubereitet werden.[228] Zudem verunmöglichten es die Fabrikationskosten, *Nestea* zum selben Preis wie die Teeblätter anzubieten.[229] Im Vergleich zum Teebeutel war die Vereinfachung der Teezubereitung mit *Nestea* daher zu gering, als dass sie einen höheren Preis rechtfertigt hätte.

«Iced Tea» und «Iced Coffee»

Anders als auf den europäischen Märkten vermochte sich *Nestea* auf dem US-Markt zu etablieren. Dem Instanttee kam in den Vereinigten Staaten entgegen, dass Tee dort nicht nur als Heissgetränk,

222 AHN SG 11548, Brief von Nestlé USA, 18. Juni 1948.

223 AHN F 5.1, 53, Circular Letters Export Nr. 38, 17. November 1948.

224 Eine Kiste *Nestea* enthielt 48 Dosen zu 22 g Instanttee (AHN SG 9503, Schrift «Rapport mensuel mois de décembre», 14. Januar 1958).

225 Die Verkaufszahlen in Italien, Dänemark und der Bundesrepublik bewegten sich unter 100 Kisten (AHN Rapport au Conseil d'Administration, 283. Séance, Traktandum 8, 4. April 1950).

226 Beispielhaft dafür war die Situation in der Bundesrepublik Deutschland: Obwohl dort der Umsatz von *Nestea* zwischen 1950 und 1957 mehr als verdoppelt werden konnte, blieben die Verkaufszahlen unter den Erwartungen, wie die deutsche Tochtergesellschaft schrieb. 1956 musste sie mit *Nestea* sogar Verluste hinnehmen (vergleiche dazu AHN SG 6103, Notiz an Nestlé Deutschland «DAN Rapport des ventes», 17. Februar 1956, und AHN SG 6120, Brief von H an Nestlé Deutschland, 1. August 1957).

227 AHN F 5.1, 77, Circulaire Continent Nr. 22, 2. November 1948.

228 Ebenda.

229 AHN SG 11548, Brief von Nestlé USA, 18. Juni 1948.

sondern im Sommer auch kalt konsumiert wurde.[230] Dieser «Iced Tea» wurde zuerst wie der warme Tee gekocht, danach im Verhältnis von einem Drittel Tee zu zwei Dritteln Eis im Glas gemischt und zum Schluss mit einem Stück Zitrone versehen.[231] Bereits bei der Markteinführung 1948 bewarb die US-Tochtergesellschaft *Nestea* deshalb nicht nur als heisses Instantgetränk, sondern wies ebenfalls darauf hin, dass sich damit ein kalter Eistee herstellen liess.[232]

Als «Iced Tea» konnte sich *Nestea* sofort auf dem US-Markt etablieren, weil er damals der einzige verfügbare Instanttee war und gegenüber den herkömmlichen Herstellungsmethoden von Eistee den entscheidenden Vorteil besass, dass er nicht mehr heiss aufgekocht werden musste. Durch diese Zeitersparnis konnte er dort eine gewisse Kundschaft gewinnen, obwohl sein Preis im Vergleich zum Teebeutel geringfügig höher lag.[233]

Nestea war damals aber in kaltem Wasser noch nicht vollständig löslich.[234] Deshalb musste dem Instanttee zur vollständigen Auflösung noch etwas heisses Wasser beigegeben werden.[235] Dasselbe galt auch für *Nescafé,* der 1948 in den Vereinigten Staaten gleichzeitig mit der Lancierung von *Nestea* als «Iced Coffee»[236] vermarktet wurde,[237] sowie *Milo* als kaltes Kakaogetränk.[238] Damit sich die Instantgetränke trotzdem vollständig auflösten, empfahl Nestlé, diese zusätzlich in einem Schüttelbecher[239] zu mischen. In der Bundesrepublik Deutschland wurde der kalte *Nescafé* deshalb 1952 als Frappé beworben, das mit Zucker und pasteurisierter Milch gemischt und danach mit einem Strohhalm serviert wurde. Mit dem Übergang zum Straight-Verfahren (reiner Instantkaffee) löste sich *Nescafé* ab 1953 jedoch wesentlich besser und konnte nun sogar in kaltem Wasser vollständig aufgelöst werden.[240]

230 Eine der ersten Quellen, welche die Existenz von Eistee in den Vereinigten Staaten belegt, ist Marion Cabell Tyrees Koch- und Haushaltsbuch «Housekeeping in Old Virginia» aus dem Jahr 1879 (Zürcher/Giger, Giger 1904–2004, S. 131).

231 Zur Geschichte und Herstellung von «Iced Tea» vergleiche Ukers, All about tea, S. 242 in Band 1 sowie S. 424 und 456 in Band 2.

232 AHN SG 11548, Brief von Nestlé USA, 18. Juni 1948.

233 Eine Tasse Tee kostete mit dem Teebeutel zubereitet zwischen 32 Cents und 36 Cents, mit *Nestea* dagegen 37 Cents (AHN F 5.1, 67, Circular Letters Export Nr. 9, Brief von Nestlé USA, 14. Dezember 1953).

234 AHN SG 1100-62, Schrift «Granite City and Nestea Manufacture», 7. April 1970.

235 AHN SG 11548, Brief von Nestlé USA, 18. Juni 1948.

236 Laut Ukers war die Tradition des Sommergetränks «Iced Coffee» in den Vereinigten Staaten bereits 1914/15 bekannt. 1919 wurde der Konsum von kaltem Kaffee als «Iced Coffee» oder «Café Frappé» auch auf den Werbungen für *Milkmaid Café au lait* propagiert (Ukers, All about coffee, S. 477, und AHN Publicité Groupe Nestlé parue dans les journaux 1915–1929, Werbung «Café Frappé», 1919).

237 AHN F 5.1, 52, Circular Letters Export Nr. 15, Werbung «Any time is iced coffee time with Nescafé», 28. Juni 1948.

238 AHN F 5.1, 57, Circular Letters Export Nr. 27, Werbung «Milo Ice Cold», 7. August 1950.

239 1930 propagierte Wander AG die Herstellung von kalter *Ovomaltine* in einem Schüttelbecher als amerikanische Zubereitungsart. Das Schütteln von kalten Kakaogetränken hatte also bereits eine längere Tradition (Werbeanzeige der Wander AG in der Zeitung «Gazette de Lausanne», 2. August 1930, S. 5).

240 Vergleiche dazu AHN K19 Werbesammlung Deutschland 1952, Nescafé kalt (Text Nr. 19 a), 1952, und AHN SG 11535, Brief «Miscibilité Nescafé Straight», 22. Mai 1953.

Die Fortschritte auf dem Gebiet des Löslichkaffees wurden auch zur Weiterentwicklung des Teepulververfahrens genutzt: «Wir glauben, dass ein derartiger Tee neuer Formel, eine ähnliche bedeutungsvolle Zukunft haben wird, wie der heutige *Nescafé*»,[241] gab sich Nestlé 1954 zuversichtlich. Einerseits versuchten die Forscher den Teegeschmack und die Löslichkeit durch eine Reduktion des Tannins zu verbessern, andererseits sollte auch *Nestea* als reiner Instanttee auf den Markt gebracht werden. Aufgrund des geringeren spezifischen Gewichts von Tee war es allerdings viel schwieriger als beim Löslichkaffee, einen reinen Instanttee zu gewinnen.[242] Erst 1956 gelang Nestlés Forschern der entscheidende Durchbruch, indem der Instanttee vollständig in kaltem Wasser gelöst werden konnte. Damit konnte mit *Nestea* erstmals ein Eistee allein mit Teepulver und kaltem Wasser hergestellt werden.[243]

Von diesem Moment an stiegen die Verkaufszahlen von *Nestea* in den Vereinigten Staaten sprunghaft an, obwohl der vollständig lösliche Pulvertee teurer und der Teegeschmack schwächer war.[244] Bewegte sich der Absatz 1955 noch bei 64 000 Kisten, stieg er bis 1957 auf über 192 000 Kisten an. Auch ökonomisch konnte *Nestea* nach jahrelangen Defiziten auf dem US-Markt erstmals Gewinne schreiben.[245] Als Eistee wurde *Nestea* in Nordamerika definitiv zur Erfolgsgeschichte.

Parallel dazu schaffte auch *Nescafé* als Eiskaffee den Durchbruch: 1957 pries Nestlé an der internationalen Messe in Thessaloniki den Instantkaffee auch in Griechenland als kaltes Frappé-Getränk an.[246] Daraus entwickelte sich in den 1960er-Jahren die griechische Tradition, den eiskalten Instantkaffee zu schütteln und als Frappé zu konsumieren.[247]

241 AHN SG 8520, Brief von J.-C. Corthésy an S, 22. Dezember 1954.
242 AHN REL E05 Patente Dossier 3, Schrift «Nescafé», 17. Februar 1955.
243 AHN F 5.4.4, Communication Marketing Nr. 5/79, Februar 1979, S. 5–6.
244 AHN SG 9005, Schrift «Report of Mr. R Overseas Visit», 10. August 1956.
245 AHN SG 1100-62, Brief von J.-C. Corthésy, 8. Januar 1960, und AHN Rapport au Conseil d'Administration, 352. Séance, Traktandum 9, 24. August 1962.
246 AHN F 5.4.4, Communication Marketing Nr. 3/95, März 1995, S. 2.
247 Vergleiche dazu die Abbildungen 7 und 8, S. 150.

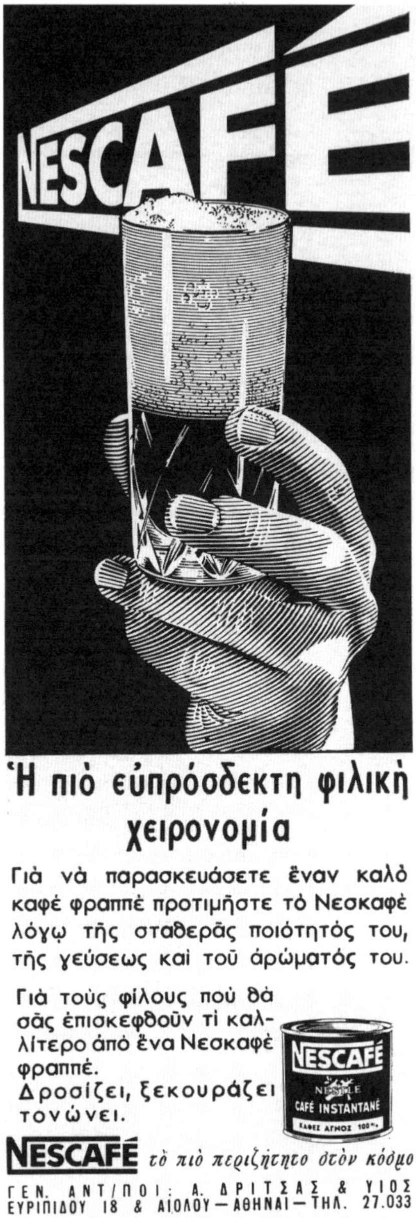

Abbildungen 7 und 8: Werbeanzeigen für *Nescafé* als Frappé in Griechenland, 1957 und 1960. Um die Entdeckung des Café Frappé an der Messe in Thessaloniki ranken sich bis heute verschiedene Legenden. Wie Abbildung 7 zeigt, wurde das Instantgetränk dort von Nestlé tatsächlich erstmals als kaltes Frappé propagiert. Die Vermarktung unterschied sich damals jedoch nicht von derjenigen in anderen Ländern. Erst zu Beginn der 1960er-Jahre wurde in den griechischen Werbeanzeigen explizit darauf hingewiesen, dass *Nescafé* als Frappé zu schütteln sei, und mit der dabei entstehenden Schaumkrone abgebildet. Es ist daher davon auszugehen, dass sich die griechische Tradition, den kalten Instantkaffee zu schütteln, erst im Verlaufe der 1960er-Jahre entwickelte.

Von «Nescasol» über *Nes-Quik* zu *Nestlé's Quik*

Nach dem Vorbild von *Nescafé* versuchte Nestlé nicht nur Instanttee, sondern ebenfalls Mate, Gemüse und Kakao in Pulverform herzustellen. Während die Experimente mit Mate und Gemüse erfolgreich verliefen und Nestlé nach dem Zweiten Weltkrieg neben *Nescafé* auch *Nesmaté* verkaufte,[248] blieben die Versuche, auf diese Weise eine Kondensmilch mit Kakaogeschmack *(Milkmaid Cacao au lait)* herzustellen, die nicht mehr eindickte, vorerst erfolglos.[249] Deshalb versuchten die Techniker von Nestlé auf eine andere Art, Kakao in den Instantkaffeeperkolatoren zu verarbeiten, «extracting the cocoa nibs instead of defatted cocoa powder».[250] Daraus entstand ein starker Extrakt, den die Techniker anschliessend geschmacklich verfeinerten, mit Zucker mischten und mit dem Egron-Sprühtrocknungsverfahren zu Pulver verarbeiteten. Dieses Pulver – firmenintern «Nescasol» genannt – hatte einen doppelt so starken Kakaogeschmack, war vollständig löslich und konnte in Fabriken, welche die Kakaobutter zur Schokoladeherstellung nutzten, zu einem sehr günstigen Preis hergestellt werden.[251]

Während Kakao bei den herkömmlichen Herstellungsverfahren mit der ganzen Zellulose und allen wasserunlöslichen Stoffen getrunken wurde, konnte «Nescasol» überall dort eingesetzt werden, wo die Zellulose nicht erwünscht war: zum Beispiel wenn Kakao mit Milch gemischt wurde.[252] Bisher konnte Kakaopulver aufgrund der Zellulosebestandteile nur mit heissem Wasser oder heisser Milch gemischt werden, wobei sich die Zelluloseteile auch bei dieser Zubereitungsmethode nach einer gewissen Zeit am Boden der Tasse absetzten und Kakaosedimente bildeten. Mit «Nescasol» konnte Nestlé erstmals ein Kakaopulver präsentieren, das auch in kaltem Wasser sofort löslich war.[253]

Die Entdeckung von «Nescasol» war vor allem für die Lamont, Corliss & Co. interessant, welche im nordamerikanischen Schokoladegeschäft eng mit Nestlé zusammenarbeitete. Sie hatte seit Jahren nach einem Verfahren zur Herstellung von zellulosefreiem Kakao gesucht, um damit ein Pulver zur Aromatisierung von Milch (Milk Modifier) zu entwickeln.[254] Da die Ame-

248 AHN SG Stamford 11410, Brief von G. Huguenin an Nestlé Australien, 27. August 1942, und Nestlé SA, This is your Company, S. 121.

249 AHN SG 10811, Brief von E. Müller an A. Perrochet, 28. Februar 1946.

250 AHN SG Stamford 11410, Brief von G. Huguenin an Nestlé Australien, 27. August 1942.

251 Ebenda.

252 Ebenda.

253 AHN SG Stamford 11410, Notiz «Nescoa Products», 11. November 1943.

254 Die Herstellung eines Kakaopulvers zur Aromatisierung der Milch wurde in Fulton bereits 1941 diskutiert. Im Februar 1942 nahmen Techniker erstmals Experimente zur Entwicklung eines solchen Produkts auf (vergleiche dazu AHN Jean Heer Kiste 29, Schrift «History of Nesquik», 22. Juni 1970, welche von B. H. Siebers zusammengestellt wurde, der bei der Entwicklung von *Nestlé's Quik* in Fulton als technischer Mitarbeiter mitwirkte).

rikaner den Kakao bisher nicht extrahierten, sondern nach van Houten's Dutching-Verfahren das Kakaopulver mit präventiven Substanzen mischten, «which is evidently putting the cart before the horse»,[255] waren ihre Versuche von geringem Erfolg geblieben, wie der technische Direktor von Nestlé 1942 ausführte.

Nach ersten technischen Versuchen in Argentinien wollte das Schweizer Unternehmen das neue Kakaopulver 1943 erstmals kommerziell anwenden. In Zusammenarbeit mit der Lamont, Corliss & Co. sollte *Nestlé's EverReady Cocoa* verbessert werden.[256] Das US-Unternehmen zeigte sich einverstanden unter der Bedingung, dass die Kakaobutter – welche durch den Lösungsprozess entsteht – für die Schokoladeproduktion verwendet werden konnte.[257] Nachdem die Fabrik in Fulton 1947 mit einem Sprühtrocknungsturm ausgerüstet worden war, testete Lamont, Corliss & Co. das neue Kakaopulver im September 1948 unter der Marke *Nes-Quik* erstmals auf dem US-Markt.[258]

Das Produkt hatte beim amerikanischen Publikum allerdings eine geringe Akzeptanz, denn die Haltbarkeit und die Löslichkeit in kalter Milch waren damals noch nicht vollständig gewährleistet und gaben Anlass zu Reklamationen. Während Lamont, Corliss & Co. das Problem der Löslichkeit in kalter Milch in Kooperation mit einer Zuckerfabrik, der National Sugar Refining Company, zu lösen versuchte, entwickelte Nestlé zur selben Zeit einen Agglomerationsprozess, um die Qualität des *Nescafés* (reiner Instantkaffee) und *Nesteas* (Löslichkeit in kaltem Wasser) zu verbessern. Er eröffnete ganz neue Möglichkeiten, um schwer mischbare Stoffe miteinander zu verbinden sowie die Dichte und die Haltbarkeit zu kontrollieren.[259] Dabei stand Nestlé im Dilemma, dass der Schweizer Nahrungsmittelkonzern einerseits das Geheimnis des Agglomerationsprozesses nicht preisgeben wollte, solange Lamont, Corliss & Co. nicht im eigenen Besitz war, andererseits wurde der Lamont, Corliss & Co. von der National Sugar Refining Company ein Agglomerationsverfahren zu sehr teuren Konditionen angeboten. Obwohl Nestlé der Führung des amerikanischen Unternehmens Klarheit über die Qualitäten ihres Verfahrens zu verschaffen versuchte und diese sich sehr interes-

255 AHN SG Stamford 11410, Brief von H an Nestlé Australien, 27. August 1942.
256 AHN SG Stamford 11410, Notiz «Nescoa Products», 11. November 1943.
257 AHN SG 10811, Brief von E. Müller an A. Perrochet, 28. Februar 1946.
258 AHN Jean Heer Kiste 29, Schrift «History of Nesquik», 22. Juni 1970.
259 Vergleiche dazu AHN Jean Heer Kiste 29, Schrift «History of Nesquik», 22. Juni 1970, und AHN REL E05 Patente Dossier 3, Schrift «Lamont, Corliss & Company. Memorandum to Mr. W relating to royalties paid on Quik», 17. Januar 1955, sowie AHN SG 11401/1, Brief von D an D, 6. September 1949.

siert zeigte,[260] entschied sich die Lamont, Corliss & Co. in dieser Angelegenheit gegen eine Zusammenarbeit mit Nestlé und für die National Sugar Refining Company.[261] Daraufhin meldete das Unternehmen mit Sitz in Vevey bei der Lamont, Corliss & Co. markenrechtliche Bedenken an, wenn beide Unternehmen ihr Kakaopulver mit verschiedenen Verfahren unter der Marke *Nes-Quik* verkaufen würden, und insistierte darauf, dass die Amerikaner im Juni 1949 ihren Markennamen in *Nestlé's Quik* abänderten.[262]

Das Herstellungsverfahren der National Sugar Refining Company erwies sich jedoch zur industriellen Kakaopulverproduktion als ungeeignet,[263] weshalb Lamont, Corliss & Co. schliesslich doch eine Zusammenarbeit mit Nestlé anstrebte. Da sich technische Verfahren bei einer solchen Kooperation nicht geheim halten lassen und Nestlé diesen Wettbewerbsvorteil im Instantkaffeegeschäft keinesfalls verlieren wollte, übernahm Nestlé den zweitwichtigsten Schokoladehersteller in den Vereinigten Staaten,[264] indem das Schweizer Unternehmen seine Minderheitsbeteiligung von 37 Prozent entsprechend aufstockte. Im November 1949 durften Nestlés Techniker den neuen Mitarbeitern in Fulton schliesslich kundtun, wie das Unternehmen sein Kakaopulver agglomerierte. Im Mai 1950 konnte *Nestlé's Quik* nach mehreren Monaten Forschungsarbeit in zufriedenstellender Qualität hergestellt werden.[265]

Bis 1954 stieg *Nestlé's Quik* zum bedeutendsten Kakaogetränk in den Vereinigten Staaten auf und wurde ab 1955 ebenfalls in Kanada hergestellt und auf Kuba verkauft.[266] Dabei kam der Kakaomarke – in Analogie zu *Nestea* als Eistee – in Nordamerika die Positionierung als Kaltgetränk sehr entgegen: Während der heisse Kakao von den Amerikanern als nährreiches Luxusgetränk wahrgenommen wurde, konnte der kalt konsumierte Kakao als Milcharoma für Kinder sofort eine grosse Kundschaft gewinnen.[267] Obwohl der Kakaokonsum im Vergleich zum Tee- oder Kaffeekonsum in den Vereinigten Staaten eine Rander-

260 AHN SG 1103, Brief von Nestlé USA an M. Paternot, 26. Januar 1950, und ebenda, Brief von M. Paternot an Nestlé USA, 31. Januar 1950.

261 Ebenda.

262 AHN Jean Heer Kiste 29, Schrift «History of Nesquik», 22. Juni 1970, und AHN SG 1103, Brief von Nestlé USA an M. Paternot, 26. Januar 1950, sowie AHN SG 1164, Notiz an RvS, 31. Januar 1950.

263 Zwar gelangen Lamont, Corliss & Co. mit dem Lang-Verfahren der National Sugar Refining Company einige erfolgreiche Testversuche, der Prozess konnte jedoch nicht zur Massenproduktion verwendet werden (AHN Jean Heer Kiste 29, Schrift «History of Nesquik», 22. Juni 1970).

264 SWA H+I Ba 214, Artikel aus der «Neuen Zürcher Zeitung», 6. Mai 1962.

265 AHN Jean Heer Kiste 29, Schrift «History of Nesquik», 22. Juni 1970.

266 Vergleiche dazu Reider, Nestlé News, S. 5, und AHN Jean Heer Kiste 29, Schrift «History of Nesquik», 22. Juni 1970.

267 AHN SG 1108, Schrift «Les boissons cacaotées», August 1958.

scheinung darstellte,[268] konnte sich *Nestlé's Quik* bis Ende des Jahrzehnts zu einem der wichtigsten Nestlé-Produkte in den Vereinigten Staaten entwickeln.[269]

Maggi und Milchpulver

Die zur Herstellung von *Nescafé* entwickelten technischen Verfahren führten nicht nur zur Kreation neuer Instantgetränke in Pulverform wie *Nestea* oder *Nestlé's Quik,* sondern beeinflussten auch die allgemeine Weiterentwicklung des Unternehmens. Bis zur Einführung des *Nescafés* war Nestlé in erster Linie ein Milchunternehmen gewesen. 70 Prozent des Umsatzes wurden mit Kondensmilch und diätetischen Milchprodukten erzielt,[270] wobei die gezuckerte Kondensmilch das Hauptprodukt des Unternehmens darstellte.[271] Ausserdem enthielten alle von Nestlé hergestellten Produkte in irgendeiner Weise Milch.[272]

Mit dem Aufstieg des *Nescafés* zum neuen «Flaggschiff» des Unternehmens verlor die Kondensmilch ihre tragende Funktion als Hauptprodukt. Bereits in der Zwischenkriegszeit konnte Nestlé in den Vereinigten Staaten keine grossen Gewinne mehr verzeichnen, weil die ungezuckerte Kondensmilch und *Nestlé's Kindermehl* gegenüber der Konkurrenz an Bedeutung eingebüsst hatten.[273] Während des Zweiten Weltkriegs war das Geschäft mit der ungezuckerten Kondensmilch in den Vereinigten Staaten sogar stark defizitär gewesen,[274] wobei Nestlé die Verluste aus dem Milchgeschäft dank *Nescafé* als wichtigste Einnahmequelle problemlos zu decken vermochte.[275]

In der Nachkriegszeit konnte Nestlés Kondensmilch im Vergleich zu anderen Nestlé-Produkten keine starken Umsatzsteigerungen mehr erzielen. Die Gewinne auf der ungezuckerten Kondensmilch blieben marginal. Einzig in den tropischen und subtropischen Gebieten war das Milchgeschäft noch im

268 Zwischen 1950 und 1962 sank der Anteil des Kakaos am gesamten Getränkemarkt in den Vereinigten Staaten von 5,4 Prozent auf 3,9 Prozent (AHN F 5.4.4, Communication Marketing Nr. 18, Dezember 1972, S. 83).

269 AHN SG 9508, Notiz an C, 13. August 1958.

270 SWA H+I Ba 214, Artikel aus der «Neuen Zürcher Zeitung», 23. April 1954.

271 Zbinden, Infant and dietetic preparations, S. 167.

272 Heer, 125 Jahre Nestlé, S. 184.

273 AHN SG 1103, Brief von E. Müller an M. Paternot, 13. Dezember 1945.

274 Zwischen 1940 und 1944 betrug der akkumulierte Verlust auf der ungezuckerten Kondensmilch oder evaporierten Milch über eine Million US-Dollar, wobei die Lieferungen an die US-Regierung ein weit grösseres Defizit noch zu überdecken vermochten (vergleiche dazu AHN SG 1103, Brief von E. Müller an M. Paternot, 24. Dezember 1945).

275 1945 schrieb Nestlé in den Vereinigten Staaten einen Gewinn von 1,9 Millionen US-Dollar, wobei *Nescafé* zu diesem Ergebnis 1,4 Millionen US-Dollar beisteuerte, während das Geschäft mit der ungezuckerten Kondensmilch mit einem Verlust von 0,6 Millionen US-Dollar abschloss (AHN SG 1103, Brief von Nestlé USA an E. Müller, 21. Dezember 1945).

Wachsen begriffen, wo die Milchversorgung am rationellsten mit Milchkonserven und Milchpulver vorgenommen werden konnte.[276] Nachdem Nestlé – angesichts der weitgehenden Blockierung der Kondensmilchexporte aus Europa – während des Zweiten Weltkriegs die Milchproduktionskapazitäten in Lateinamerika wesentlich ausgebaut hatte,[277] verschob sich die Milchfabrikation des Unternehmens in der Nachkriegszeit immer mehr in den Süden. Im Verlauf der 1950er-Jahre stieg Brasilien zum wichtigsten Milchverarbeitungsland des Unternehmens auf.[278]

Parallel zu dieser Entwicklung nahmen ebenfalls die Umsatzzahlen von Milchpulver erheblich zu: Wurde Milch in Pulverform vor dem Zweiten Weltkrieg von Nestlé noch sehr zurückhaltend vermarktet, um *Nestlé's Kindermehl* und die gezuckerte Kondensmilch nicht zu konkurrenzieren,[279] verzeichnete das Unternehmen in der Nachkriegszeit mit Vollmilchpulver unter der Marke *Nido*[280] beeindruckende Zuwachsraten: Zwischen 1940 und 1960 stieg die Milchpulverproduktion des Unternehmens von 1000 Tonnen auf 103 000 Tonnen an![281] Dabei wurde *Nido* in den Tropenregionen sowohl als Kindernahrungsmittel als auch zur Zubereitung von Kaffee, Tee und Kakao beworben.[282] Vor allem in Brasilien gewann *Nido*-Milchpulver auf Kosten der gezuckerten Kondensmilch zunehmend an Kundschaft.[283]

Ebenso wurde *Nestlé's Kindermehl* ab 1954 als Instantkindernahrung unter der Marke *Cerelac* angeboten, weil milchhaltige Kindermehle und die gezuckerte Kondensmilch als Kindernahrung immer mehr in die Kritik der Ärzte gerieten.[284] In gewissen Ländern wurde zudem die Produktion der beiden Kakaogetränke *Nescao* und *Milo* von der Vakuumtrocknung auf die Egron-Sprühtrocknung umgestellt.[285]

276 Vergleiche dazu SWA H+I Ba 214, Artikel aus der «Neuen Zürcher Zeitung», 23. April 1954, und AHN Rapport au Conseil d'Administration, 349. Séance, Traktandum 15, 23. März 1962.

277 Heer, 125 Jahre Nestlé, S. 213–214.

278 AHN SG 11601/1, Brief von E. Bignami/J.-C. Corthésy an P. Liotard-Vogt, 7. Mai 1958.

279 Zbinden, Infant and dietetic preparations, S. 167.

280 Nach dem Zweiten Weltkrieg wurde Milchpulver in den meisten Ländern unter der Marke *Nido* verkauft, in verschiedenen Staaten wie Grossbritannien, Malaysia und Südafrika wurde stattdessen aber auch die Marke *Nespray* und in der Bundesrepublik Deutschland die Marke *Nest* verwendet. Seit Ende der 1930er-Jahre verkaufte Nestlé in Australien zudem Milchpulver unter der Marke *Sunshine* (vergleiche dazu die Werbungen aus AHN Werbesammlung Nido-Nespray und Zbinden, Infant and dietetic preparations, S. 38, sowie AHN Werbesammlung Australien 1939–1948, Werbung «Sunshine», 1939).

281 Vergleiche dazu SWA H+I Ba 214, Artikel aus der «Neuen Zürcher Zeitung», 23. April 1954, und AHN Rapport au Conseil d'Administration, 349. Séance, Traktandum 15, 23. März 1962.

282 Vergleiche die Werbemittel zu *Nido* und *Nespray* in AHN Werbesammlung Nido-Nespray [ohne Datum].

283 Erläuterungen zum Geschäftsbericht Nestlé 1957, S. 16.

284 Fenner, Am Anfang war das Kindermehl, S. 160, und AHN Rapport au Conseil d'Administration, 349. Séance, Traktandum 15, 23. März 1962.

285 AHN Patente Dossier 3, Schrift «Kakaoprodukte», 29. Dezember 1952.

In dieselbe Zeitspanne fällt ebenfalls die Fusion der Nestlé & Anglo-Swiss (Nesthold) mit dem Schweizer Würze-, Bouillon- und Suppenproduzenten Maggi zur Nestlé Alimentana,[286] dessen Produkte auf einer ähnlichen Trockentechnologie basierten wie diejenigen von Nestlé.[287] Der 1947 erfolgten Verschmelzung war eine mehrjährige Zusammenarbeit in Spanien vorausgegangen: 1935 wollte Maggi dort eine eigene Fabrik errichten, um den spanischen Markt zu versorgen. Da das Schweizer Unternehmen im Spanischen Bürgerkrieg ihre Produkte jedoch in die Gebiete der republikanischen Volksfront geliefert hatte, 1936 aber deren Gegner unter Franco an die Macht kamen, wurde Maggi die dafür notwendige Erlaubnis verwehrt. In dieser Situation zeigte sich Nestlé bereit, unter ihrem Namen für Maggi eine Fabrik in Barcelona zu errichten und die *Maggi*-Produkte über ihre eigenen Netzwerke zu vertreiben. Die Zusammenarbeit in Spanien erwies sich als wegweisend für eine engere Kooperation zwischen den beiden Unternehmen: «En outre cette collaboration en Espagne pourrait être le prélude d'une entente analogue dans le domaine de la distribution dans d'autres marchés»,[288] schrieb Nestlé 1940. Neben der schwierigen Situation von Maggi nach dem Zweiten Weltkrieg,[289] persönlichen Kontakten[290] und ähnlichen Produktionsmethoden dürfte dies einer der Hauptgründe gewesen sein, weshalb sich Nestlé und Maggi zusammenschlossen: Über Nestlés Distributionsnetzwerk sollten die *Maggi*-Produkte nicht nur in Mitteleuropa, sondern weltweit Verbreitung finden. An der Produktehierarchie innerhalb des Unternehmens änderte sich dadurch jedoch wenig, denn das Zusammengehen mit Maggi stellte für Nestlé eine langfristige Investition dar, von der sich die Unternehmensleitung kurzfristig keine bedeutenden Profite erhoffte.[291] Damit entwickelte sich *Nescafé* auch von der technischen Seite her immer mehr zum «Flaggschiff» des Unternehmens, dessen Verfahren nicht nur die Entstehung von *Nestea* und *Nesquik,* sondern mit der zunehmenden Bedeutung des Milchpulvers und der Übernahme des Suppenpulverherstellers Maggi die ganze Nestlé-Markenflotte beeinflusste.

286 Heer, 125 Jahre Nestlé, S. 224.

287 Schwarz, Macht durch Nahrung, S. 23.

288 AHN SG 473, Brief von Nestlé Spanien an M. Paternot, 12. Januar 1940.

289 Maggi war geografisch auf den deutschen Markt ausgerichtet gewesen, wo sich das Unternehmen stark in die Kriegswirtschaft des Dritten Reiches eingliederte und nach Kriegsende vor einer unsicheren Zukunft stand (vergleiche dazu weiterführend Pivot, Maggi et la Magie du Bouillon Kub, S. 109–110, und AHN SG 11790, Statistiken «Classification des ventes par produit et par marché», 1951–1958).

290 Entscheidend für die Fusion der Nestlé & Anglo-Swiss mit Maggi war auch die Familie Abegg, welche sowohl kleinere Aktienpakete der Nestlé & Anglo-Swiss als auch einen grösseren Aktienanteil an Maggi besass (Heer, 125 Jahre Nestlé, S. 224).

291 AHN Rapport au Conseil d'Administration, 268. Séance, Traktandum 2a, 5. Dezember 1947, und 270. Séance, Traktandum 8c, 16. Januar 1948.

Abbildung 9: Werbung für Nestlés Instantprodukte in den Vereinigten Staaten, 1951. Neben Instantkaffee und Instanttee bot das Unternehmen nach der Übernahme von Maggi auch Instantbouillon an.

Handelsschranken und unterschiedliche Kaffeekulturen – die Rückkehr des *Nescafés* nach Europa

Nescafé etabliert sich als ökonomisches Hauptprodukt des Unternehmens

In der unmittelbaren Nachkriegszeit war Kaffee in vielen europäischen Ländern Mangelware und daher ein sehr gefragtes Gut.[292] Angesichts der Kaffeeknappheit war Nestlé nach Kriegsende bestrebt, *Nescafé* so schnell wie möglich wieder einzuführen, bevor der Marke im Instantkaffeegeschäft eine grosse Konkurrenz erwuchs.[293] Denn auch gewisse US-Unternehmen versuchten nach Kriegsende nach Europa vorzudringen.[294]

Im Unterschied zum riesigen Binnenmarkt in den Vereinigten Staaten herrschten in Europa ganz andere Rahmenbedingungen: Der Kontinent war geprägt von zahlreichen, relativ kleinräumigen Märkten, die durch Staatsgrenzen getrennt waren. Trotz mehreren Bestrebungen zu Handelsliberalisierungen wie dem «General Agreement on Tariffs and Trade» (GATT) oder dem «Committee of European Economic Cooperation» (OEEC) blieben die Kaffeemärkte in vielen europäischen Ländern durch hohe Importzölle abgeschottet. Teilweise war der Kaffee in der unmittelbaren Nachkriegszeit sogar noch rationiert.[295]

In Frankreich und Italien war die einheimische Kaffeeindustrie bereits in den 1930er-Jahren mit hohen Importtaxen vor ausländischen Konkurrenten geschützt worden.[296] Dies war auch der Grund, weshalb in Frankreich vor allem Robusta-Kaffee getrunken wurde, wie er in den französischen Kolonien Westafrikas gedieh.[297] In Spanien wurde die Kaffee-Ernte aus den spanischen Kolonien (Äquatorialguinea) staatlich geschützt, und die damit verbundenen Preise erlaubten den Kaffeegenuss nur den

292 Erläuterungen zum Geschäftsbericht Nestlé 1950, S. 8.
293 AHN Rapport au Conseil d'Administration, 255. Séance, Traktandum 8, 22. November 1945.
294 AHN SG 11541, Notiz an Nestlé Deutschland «Brevet Nescafé Allemagne», 5. April 1946.
295 Das GATT sah eine Handelsliberalisierung auf der Grundlage der Nichtdiskriminierung und Meistbegünstigung vor. Allerdings gab es zahlreiche Ausnahmen, indem ein Mitglied nur dann an das Abkommen gebunden war, wenn dieses nicht im Widerspruch bereits existierender Landesgesetze war. Auch der OEEC gelang für einige Güter keine Handelsliberalisierung. Der Kaffee als Luxusgut und Genussmittel reihte sich in vielen Ländern unter diese «heiklen Warensorten» ein, für die spezielle Gesetze galten (vergleiche dazu AHN Rapport au Conseil d'Administration, 255. Séance, Traktandum 8, 22. November 1945, und Geschäftsbericht Nestlé 1946, S. 8, sowie weiterführend Van der Wee, Der gebremste Wohlstand, S. 393–401).
296 Ukers, All about coffee, S. 236–237.
297 Pendergrast, Kaffee, S. 271.

Reichsten des Landes,[298] während die Niederlande ihren Kaffee zu einem grossen Teil aus ihren ehemaligen Kolonialgebieten in Südostasien bezogen.[299] Aber auch in den europäischen Staaten ohne grosse koloniale Vergangenheit wurde der Kaffee oft mit Luxussteuern und Einfuhrzöllen belegt: In Westdeutschland beispielsweise wurde nach der Währungsreform (1948) neben dem Kaffeezoll und der Umsatzsteuer die alte Kaffeeverbrauchssteuer wieder eingeführt, um die staatliche Finanznot zu lindern.[300] Die starke Besteuerung des Kaffees führte dazu, dass die Deutschen vorwiegend qualitativ hochwertigen Arabica-Kaffee tranken – denn der Anreiz, sich für teures Geld einen qualitativ minderwertigen Robusta-Kaffee zu kaufen, war verständlicherweise gering.[301] Ähnliches lässt sich auch zur Kaffeekultur in den skandinavischen Ländern feststellen, wo aufgrund der hohen Importsteuern fast nur der teure Arabica-Kaffee getrunken wurde.[302]

Entscheidend bei der Wiedereinführung des *Nescafés* waren deshalb die Überwindung von Markteintrittsbarrieren wie Zollabgaben sowie die Anpassung des Instantkaffees an die lokalen Geschmacksgewohnheiten:

In der Schweiz unterlag *Nescafé* bereits 1945 keinen Rationierungsmassnahmen mehr, und auch in Frankreich konnte die Produktion wenige Monate nach Kriegsende wieder aufgenommen werden. Ebenso konnte Nestlé ihren Instantkaffee schon kurz nach Kriegsende in Belgien und Portugal einführen. Parallel dazu begann Nestlé ihre Milchpulverfabriken in Spanien, Italien, den Niederlanden und Norwegen mit den nötigen Apparaturen zur Kaffeeherstellung auszurüsten, um *Nescafé* dort lokal produzieren zu können und damit protektionistische Handelsschranken zu umgehen:[303] 1946 konnte Nestlé die Produktion von Instantkaffee in La Penilla (Spanien), 1947 in Abbiategrasso (Italien) und 1950 in Rotterdam (Niederlande) aufnehmen.[304]

Ab 1950 wurde *Nescafé* schliesslich auch offiziell in der Bundesrepublik Deutschland eingeführt,[305] wo nach dem Krieg und den Mangeljahren mit der Währungsreform (1948) wieder eine Normalität des Alltags einkehrte, die einen gewissen Luxus wie den Konsum von Kaffee oder Orangen erlaubte.[306]

298 AHN SG 6400-57, Schrift «Voyage à Barcelone et Madrid de B les 14 et 15 novembre 1960», 25. November 1960.
299 D'Aviron/Ponte, The Coffee Paradox, S. 74–75.
300 Teuteberg, Kaffee, S. 107.
301 Pendergrast, Kaffee, S. 296.
302 Morris, Making Italian Espresso, S. 157, und Ukers, All about coffee, S. 569.
303 Vergleiche dazu weiterführend AHN Rapport au Conseil d'Administration, 255. Séance, Traktandum 8, 22. November 1945.
304 AHN SG 10006/2, Schrift «Nescafé pur décaféiné et Nescoré», 26. August 1953.
305 AHN SG 10003/2, Bericht der Deutschen AG für Nestlé Erzeugnisse Lindau-Bodensee, 1958.
306 Kleinschmidt, Konsumgesellschaft, S. 134–135.

Schwieriger gestaltete sich dagegen die Situation für *Nescafé* in den skandinavischen Ländern Dänemark, Schweden und Norwegen, die den Kaffeeimport limitierten oder auf die Einfuhr von Kaffee prohibitive Zölle erhoben. In Norwegen unterlag Kaffee als Luxusartikel dem staatlichen Monopol.[307] Die norwegische Regierung akzeptierte zwar die Einfuhr von Instantkaffee zu Testzwecken, zur Verbreitung im grösseren Stil musste das Produkt jedoch lokal hergestellt werden.[308] Der Bau der dafür notwendigen Anlagen wurde 1946 allerdings von den zuständigen Instanzen vorerst nicht bewilligt.[309]

Erst im Februar 1953 konnte die Produktion von *Nescafé* in der Milchfabrik von Hamar aufgenommen werden.[310] Dabei sollte der Instantkaffee vor allem im Winter produziert werden, wenn die Milchmengen geringer waren, während im Sommer der Produktion von Milchpulver der Vorzug gegeben wurde. Auf diese Weise konnte die Egron-Anlage in Hamar effizient genutzt und die Arbeiter ganzjährlich eingestellt werden.[311] Dank den daraus resultierenden «Economies of Scope» vermochte Nestlé somit selbst in Ländern mit einer restriktiven Kaffeehandelspolitik wie Norwegen Instantkaffee zu produzieren.[312]

Während es Nestlé relativ einfach fiel, in den bereits vorhandenen Milchfabriken auch *Nescafé* lokal herzustellen, fehlte der US-Konkurrenz eine solche örtliche Präsenz, weshalb sie aufgrund der hohen Importzölle nicht konkurrenzfähig war.[313] Zudem vermochte der reine Instantkaffee der US-Konkurrenz den hohen Ansprüchen des europäischen Publikums weder vom Geschmack noch von der Haltbarkeit her zu genügen.[314] Nestlé dagegen stellte *Nescafé* bereits in 19 verschiedenen Versionen her, die den jeweiligen Kaffeetraditionen des Landes angepasst waren.[315]

Die hohen Handelsschranken sowie die unterschiedlichen und teilweise hohen Qualitätsansprüche des europäischen Publikums stellten für die US-Konkurrenz bis 1953 eine

307 AHN Rapport au Conseil d'Administration, 255. Séance, Traktandum 8, 22. November 1945, und AHN SG 7217, Brief von De Norske Melkerfabriker an H, 12. Januar 1956.

308 AHN SG 7417, Schrift «Manufacture of Nescafé in Norway», 23. Januar 1946.

309 AHN SG 11541, Schrift «Norwegen», 15. November 1946.

310 AHN SG 10006/2, Schrift «Nescafé pur décaféiné et Nescoré», 26. August 1953.

311 AHN NNO L 1.1, Brief von Nestlé Norwegen an S, 25. Juni 1947.

312 In Norwegen beispielsweise betrug der Marktanteil von *Nescafé* am Gesamtkaffeekonsum des Landes nicht mehr als 1,5 Prozent. Gleichzeitig wiesen die skandinavischen Länder in den 1950er-Jahren nach den Vereinigten Staaten den höchsten Kaffeeverbrauch pro Kopf auf (AHN SG 7417, Rapport von H zur Besichtigung in Oslo, 23. Juni 1954, und AHN SG 11790, Evolution de la production et de la consommation alimentaires par rapport à l'avant-guerre, 9. November 1955).

313 In Frankreich wurden zum Beispiel Zölle von 30 Prozent ad valorem erhoben (AHN SG 3250, Brief von P. Liotard-Vogt an E. Bignami, 13. Mai 1958).

314 AHN SG 11541, Notiz an Nestlé Deutschland «Brevet Nescafé Allemagne», 5. April 1946, und Ukishima, Le succès et la recette du Nescafé, S. 75.

315 Vergleiche dazu in AHN SG 1114 SP, Artikel aus dem Magazin «The Reader's Digest», November 1954.

unüberwindbare Hürde dar, die *Nescafé* in Europa quasi eine Monopolstellung mit entsprechend hohen Gewinnen ermöglichte. Im Besonderen traf dies auf die Schweiz, Grossbritannien und die Bundesrepublik Deutschland zu, wo *Nescafé* sogar zu einem höheren Preis als Bohnenkaffee verkauft werden konnte.[316]

In der Schweiz war *Nescafé* bis 1956 der einzige Instantkaffee und entwickelte sich in dieser Zeitspanne zu Nestlés bedeutendstem Produkt, das mit rund 20 Prozent des Umsatzes etwa 40 Prozent des Gewinns bewerkstelligte.[317] Eine ähnliche Bedeutung hatte *Nescafé* ebenfalls für die britische Tochtergesellschaft,[318] wo der Instantkaffee bis 1953 einen Drittel des gesamten Kaffeemarktes für sich gewinnen konnte.[319] Dabei war *Nescafé* mit einem Marktanteil von 86 Prozent eindeutig die wichtigste Löslichkaffeemarke und konnte mit einer hohen Marge von über 30 Prozent verkauft werden.[320]

Ebenso eindrücklich war die Entwicklung des *Nescafés* zu Beginn der 1950er-Jahre in der Bundesrepublik Deutschland, wo die Marke bis 1953 auf dem Gebiet des Löslichkaffees praktisch eine Monopolstellung innehatte.[321] Innerhalb von vier Jahren gelang es ihr, im westdeutschen Kaffeegeschäft einen Marktanteil von fünf Prozent zu erlangen,[322] wobei dessen Volumen damals im europäischen Vergleich noch klein war und unter dem deutschen Vorkriegsniveau lag.[323] Trotzdem stellte *Nescafé* das wichtigste Produkt der deutschen Tochtergesellschaft dar, welches zwischen 1950 und 1953 über die Hälfte ihres Umsatzes und über 80 Prozent ihres Gewinns erwirtschaftete. In den folgenden Jahren musste *Nescafé* sogar die defizitären Geschäfte anderer Nestlé-Produkte wie *Nestea*[324] oder *Super Quik*[325] – eines Vorläufers von *Nesquik* – decken

316 AHN SG 11535, Brief von E. Bignami an J.-C. Corthésy, 3. Dezember 1953.

317 AHN SG 10805, Schrift «Café Instantané – Evolution de la concurrence», 2. April 1958, und AHN SG 11535, Nescafé Statistiken zu verschiedenen Ländern [o. J.].

318 *Nescafé* hatte zu Beginn der 1950er-Jahre einen Anteil von etwa 20 Prozent am Umsatz und zwischen 30 und 70 Prozent am Gewinn, den Nestlé in Grossbritannien erzielte (vergleiche dazu AHN SG 11535, Nescafé Statistiken zu verschiedenen Ländern [o. J.]).

319 AHN SG 8500-57, Notiz von P an P. Liotard-Vogt, 13. Januar 1972.

320 AHN SG 8517, Schrift «Nescafé Sales and Profits», 1. Februar 1954, und ebenda, Nielsen-Marktstudie Grossbritannien, 19. September 1958.

321 AHN SG 10003/2, Ausführungen anlässlich des Besuchs des Verwaltungsrats der Nestlé Alimentana in Deutschland, 9. Dezember 1958.

322 AHN SG 6103, Notiz an Nestlé Deutschland «DAN – Rapport des ventes», 7. Februar 1955.

323 AHN K 14 Werbesammlung Allemagne 1988, Schrift «Wichtige Produktmeilensteine in der Entwicklung von Nescafé», 10. Mai 1988.

324 AHN SG 6103, Notiz an Nestlé Deutschland «DAN Rapport des Ventes», 17. Februar 1956.

325 1954 und 1955 wurde das Konzept eines Kakaopulvers zur Aromatisierung der Milch, welches in den Vereinigten Staaten mit *Nestlé's Quik* sehr erfolgreich war, auch in der Bundesrepublik Deutschland unter der Marke *Super Quik* getestet. Die Resultate zeigten allerdings, dass das Produkt in der damaligen Form noch nicht ausgereift war (AHN SG 6103, Notiz an Nestlé Deutschland «DAN – Rapport des Ventes», 17. Februar 1956).

und unterstrich damit die Rolle des Pulverkaffees als essenzielle ökonomische Stütze der deutschen Nestlé-Gesellschaft.[326]

Ähnlich sah die ökonomische Situation in Belgien aus, wo Nestlé mit ihrem Instantkaffee 39 Prozent des Umsatzes und 70 Prozent des Gewinns erzielte,[327] und auch in Österreich stellte *Nescafé* eines der gewinnbringendsten Produkte des Unternehmens dar. Da die Österreicher in den 1950er-Jahren die Zolltarife für Löslichkaffee dermassen erhöhten, dass die Gewinnmarge durch den Import dahingeschmolzen wäre, begann Nestlé 1958 in der Milchfabrik von Grimmenstein ebenfalls Instantkaffee zu produzieren.[328] Die Beispiele zeigen, dass die hohen Handelsschranken und die bereits bestehenden lokalen Fabrikationsanlagen zu einem wesentlichen Wettbewerbsvorteil von *Nescafé* in Form von «Local-specific Advantages» führten, welche das Produkt zur neuen ökonomischen Stütze des Nestlé-Konzerns werden liessen.

Akzeptanzprobleme in Italien und Frankreich

Trotz Monopolstellung war *Nescafé* nicht überall in Europa ein durchschlagender Erfolg beschieden. Anders als in der Schweiz, Grossbritannien, der Bundesrepublik Deutschland oder den Benelux-Staaten[329] war der Instantkaffee in Frankreich und Italien sogar ein Verlustgeschäft.[330]

In Italien war der öffentliche Kaffeegenuss an der Espresso-Bar stark verankert, und zu Hause verwendeten viele Kaffeekonsumenten die 1933 in Italien entwickelte Bialetti-Mokkakanne, mit welcher sich ein Espresso auch zu Hause auf einfache Art herstellen liess. Es gelang Nestlé deshalb kaum, einen Markt für Instantkaffee zu schaffen und die schnelle und einfache Zubereitungsart des *Nescafés* zur Geltung zu bringen.[331] Zudem wurde der Kaffee – mit Ausnahme des «Caffè Latte» zum Morgenessen – in Italien schwarz serviert.[332] Diese Gewohnheit,

326 Die Zahlen sind allerdings insofern zu relativieren, dass die Umsätze und Gewinne von *Maggi* noch getrennt von der Nestlé-Buchhaltung geführt wurden (AHN SG 10003/2, Ausführungen anlässlich des Besuchs des Verwaltungsrats der Nestlé Alimentana in Deutschland, 9. Dezember 1958).

327 AHN SG 11535, Nescafé-Statistiken zu verschiedenen Ländern [o. J.].

328 AHN SG 7505, Besuch von Dr. S in Grimmenstein, 27. September 1957.

329 In Belgien und den Niederlanden besass *Nescafé* bis 1953 eine Monopolstellung (AHN SG 11535, Dossier «Conférence ARPC», 9. Juni 1961).

330 *Nescafé* war sowohl vom Umsatz als auch vom Gewinn her keine Stütze für die italienische Tochtergesellschaft. 1949, 1951 und 1954 war Nestlés Geschäft mit löslichem Kaffee in Italien sogar defizitär. Dasselbe lässt sich bis Ende der 1940er-Jahre ebenfalls von *Nescafé* in Frankreich sagen, wo der Anteil des Instantkaffees am Gesamtumsatz der französischen Filialgesellschaft unter zehn Prozent blieb und die Marke 1947 sogar einen herben Verlust schrieb (AHN SG 11535, Nescafé Statistiken zu verschiedenen Ländern [o. J.]).

331 Schnapp, The Romance of Coffee and Aluminum, S. 324–326, und AHN SG 11535, Schrift «Bréviaire Nescafé», 16. August 1954.

332 Vergleiche zu den italienischen Kaffeegewohnheiten Morris, Making Italian Espresso, S. 170–173, und Ukers, All about coffee, S. 568.

die auch in anderen Ländern des Mittelmeerraums sowie im Mittleren Orient verbreitet war, stellte Nestlé vor grösste Herausforderungen, denn aufgrund dieser Kaffeetradition konnte der unterschiedliche Geschmack von Instantkaffee und Bohnenkaffee nicht mit Milch abgeschwächt werden.[333] Rasch erhielt *Nescafé* deshalb den Ruf eines künstlichen Kaffees oder minderwertigen Kaffee-Ersatzprodukts.[334] Folglich war Instantkaffee bis Mitte der 1950er-Jahre in Südeuropa (Italien, Spanien und Portugal) mit einem Anteil von etwa einem bis zwei Prozent am gesamten Kaffeegeschäft praktisch inexistent.[335]

Ein ganz anderes Problem machte *Nescafé* in Frankreich zu schaffen: Dort hatten medizinische Argumente gegen Kaffee eine lange Tradition. Waren diese ursprünglich von der kirchlichen Ablehnung des Kaffees als «Teufelselixier» beeinflusst, welches dem menschlichen Körper die notwendigen Säfte entzog und zu Impotenz und «furchtbarer Leidenschaft» führte, wurde er im 19. Jahrhundert von den Lebensreformern wegen des Koffeingehalts als gesundheitsschädlich angeprangert.[336] Nach dem Zweiten Weltkrieg waren es nun moderne, koffeinhaltige Getränke wie *Coca-Cola*, *Nescafé* oder *Nestea*, gegen die sich in der französischen Ärzteschaft Widerstand regte.[337] Sie argumentierte, dass ein Kaffeetrinker seinem Körper mit der gleichen Menge Instantkaffee mehr Koffein zuführe als beim Konsum eines Bohnenkaffees. Die schädliche Wirkung des Koffeins, welche zu Herzflattern und Schlaflosigkeit führen konnte, sei daher bei *Nescafé* wesentlich stärker ausgeprägt als beim Röstkaffee.[338]

Als Antwort auf diese Vorwürfe verzichtete Nestlé auf eine Gegenkampagne, weil die meisten Franzosen bis dahin kaum zwischen Röst- und Instantkaffee unterschieden. Stattdessen trat Nestlé den Anschuldigungen mit der Lancierung eines koffeinfreien Löslichkaffees entgegen:[339] «[…] pour répondre à une demande instante de la part tant du Corps Médical que du Public, nous mettons en vente un *Nescafé décaféiné* […]»,[340] versuchte Nestlé die Polemik um den Koffeingehalt des Instantkaffees zu entschärfen.

333 AHN SG 1100-57, Schrift «La nouvelle orientation publicité Nescafé», 15. November 1962.
334 AHN SG 7217, Notiz von der Nestlé-Marktforschung an R, 30. Juli 1958.
335 AHN SG 11790, Evolution de la production et de la consommation alimentaires par rapport à l'avant-guerre, 9. November 1955.
336 Teuteberg, Kaffee, S. 81–82.
337 Laut den Informationen von Nestlé vermochte ein Kaffeeröster in St. Etienne die Ärzte der Stadt zu einer Kampagne gegen den Instantkaffee aufzuwiegeln, von wo aus sich der Widerstand der Mediziner auf weitere französische Städte ausdehnte (AHN SG 11535, Auszug aus einem Brief der Nestlé-Agentur in Lyon, 18. Juni 1948, und AHN SG 6617, Mappe «Emploi de certains produits végétaux dans des boissons non alcooliques», 1950).
338 AHN SG 11535, Kopie des Berichtes von Professor P, Januar 1951.
339 AHN SG 11535, Brief von T an Nestlé Frankreich, 6. August 1948.
340 AHN SG 11535, Brief von E. Bignami an einen Arzt, 11. Juli 1952.

Der koffeinfreie *Nescafé* war nach seiner Lancierung in der Schweiz vor allem in südeuropäischen Ländern (1939 in Portugal und Griechenland, 1948 in Italien) eingeführt worden. Ab 1950 wurde er nun auch in Frankreich und der Bundesrepublik Deutschland hergestellt.[341] In ihrer Kampagne für *Nescafé décaféiné* nahm Nestlé die Vorbehalte gegen Koffein auf und bewarb ihn bewusst mit denselben medizinischen Argumenten, die zuvor gegen den Instantkaffee verwendet worden waren: «Qu'en pensez-vous docteur? L'avez-vous déjà conseillé à vos patients sensibles aux effets de la caféine? Par son goût incomparable, *Nescafé décaféiné* fait la joie des amateurs de café car, sans se priver de leur boisson préférée – ils ont une tasse de vrai café – et ils ménagent leur cœur et leurs nerfs»,[342] brachte Nestlé die Vorteile des Instantkaffes dem gesundheitsbewussten Kaffeetrinker näher. Auch Jahre später wurde *Nescafé décaféiné* in Frankreich fast nur aus Gesundheitsgründen gekauft, wobei diese Sorte bei den Frauen wesentlich beliebter war als bei den Männern.[343]

Erst durch die Einführung des koffeinfreien Instantkaffees konnte sich *Nescafé* in Frankreich zu einer entscheidenden ökonomischen Stütze des Unternehmens entwickeln, wie dies in den meisten nordeuropäischen Ländern der Fall war: Mit dem Instantkaffee erwirtschaftete die französische Tochtergesellschaft ab 1951 etwa einen Viertel ihres Umsatzes und über die Hälfte ihres Gewinns.[344] Dabei generierte *Nescafé décaféiné* etwa einen Viertel des in Frankreich erzielten *Nescafé*-Umsatzes[345] – womit in Frankreich im internationalen Vergleich eindeutig am meisten koffeinfreier *Nescafé* verkauft wurde.[346]

341 AHN SG 1117/1, Nescafé Decaffeinated Sales 1952, 29. Juli 1953, und AHN SG 10006/2, Schrift «Nescafé pur, décaféiné et Nescoré», 26. August 1953.

342 AHN F 5.1, 88, Circulaires Continent Nr. 41, Werbung «‹Plus de café› avait dit le docteur, mais Nescafé décaféiné», 9. Februar 1955.

343 AHN SG 6600-57, Brief von W an das Departement Marktforschung, 12. Juni 1963.

344 AHN SG 11535, Nescafé Statistiken zu verschiedenen Ländern [o. J.].

345 Vergleiche dazu die statistischen Daten aus den Jahren 1953 bis 1957 in AHN SG 6605, Brief «Poudre de café soluble», 6. Februar 1957, und AHN K 29 Dossier M/A, Nescafé Statistik 1953 [o. J.].

346 1953 wurden in Frankreich 63 000 Kisten *Nescafé décaféiné* verkauft, gefolgt von der Schweiz mit etwa 10 000 Kisten (AHN K 29 Dossier M/A, Nescafé Statistik 1953 [o. J.]).

Abbildung 10: Kaffee geniessen und trotzdem gut schlafen. Werbung für *Nescafé décaféiné*, 1951.

Die kleinen Helfer *Ricory*, *Ricoré* und *Racori*

Aufgrund der staatlichen Lenkungsmassnahmen wie Importzöllen, Steuern und Rationierungen blieb Bohnenkaffee in zahlreichen europäischen Staaten ein relativ seltenes und teures Gut.[347] Der Kaffee wurde deshalb in vielen europäischen Haushalten mit Zusatzstoffen wie Zichorien gestreckt. Mengenmässig tranken die Deutschen bis Mitte der 1950er-Jahre mehr Kaffeesurrogate als Kaffee.[348] Dasselbe traf auch in Grossbritannien zu, wo jeder Zweite seinen Morgenkaffee noch mit Zichorien gemischt trank oder diesen mit klebrig süssen Kaffee-Essenzen herstellte, die in England wegen des günstigen Preises vor allem in der Arbeiterklasse sehr beliebt waren und dort das bedeutendste Kaffeesegment bildeten, obwohl sie vom Geschmack her nur entfernt an einen richtigen Bohnenkaffee erinnerten.[349] Nestlé war deshalb bestrebt, die Konsumenten von flüssigen Kaffee-Essenzen für ihren Pulverkaffee zu gewinnen: «It will certainly take a lot of time, patience and money to get them to use a powder. However, we think we are bound to make some impression on the essence group and in course of time we shall be able to educate people to like *Nescoré* in the same way as we have educated them up to *Nescafé*»,[350] schrieb das Unternehmen Ende der 1940er-Jahre.

Nachdem sich *Nescoré* in der Schweiz bis 1949 sowohl vom Umsatz[351] als auch vom Gewinn[352] her für Nestlé zu einem sehr interessanten Produkt entwickelt hatte, begann das Unternehmen die Kaffeemischung auch in anderen Ländern anzubieten. 1951 wurde die Zichorien-Kaffee-Mischung unter der Marke *Nescory* in Australien eingeführt, weil «Nescore» in der englischen Sprache eher an einen Birnen- oder Apfelkern als an

347 Vergleiche dazu das Kapitel «Handelsschranken und unterschiedliche Kaffeekulturen – die Rückkehr des *Nescafés* nach Europa», S. 158–159.

348 Vergleiche dazu Teuteberg, Kaffee, S. 112, und AHN F 5.3.1, Communication Marketing Nr. 9, September 1962, S. 29.

349 Der britische Kaffeemarkt bestand 1953 zu 45 Prozent aus Kaffeesurrogaten (Zichorienkaffee und Kaffee-Essenzen), gefolgt vom Instantkaffee *(Nescafé)* mit 37 Prozent, während der Bohnenkaffee mit einem Marktanteil von 18 Prozent nur marginale Bedeutung hatte (AHN SG 8517, Brief der Fabrik Hayes an P, 6. Mai 1949, und AHN SG 8500-57, Notiz von P an P. Liotard-Vogt, 13. Januar 1972).

350 AHN SG 8517, Brief der Fabrik Hayes an P, 6. Mai 1949.

351 Der Umsatz von *Nescoré* betrug 1949 etwa 29 000 Kisten, was etwa einem Viertel des Umsatzes mit *Nescafé* entsprach (AHN Rapport au Conseil d'Administration, 283. Séance, Traktandum 8, 4. April 1950).

352 Mit *Nescoré* konnte Nestlé in den 1950er-Jahren beachtliche Gewinnmargen erzielen, weil gewisse Inhaltsstoffe (Zichorien) günstiger waren als Kaffee und die Kaffeebohnen einem höheren Extraktionsgrad ausgesetzt werden konnten als bei *Nescafé*. Eine Kostenrechnung von 1947 zeigt, dass die Herstellungskosten für *Nescoré* nur 75 Rp., diejenigen von *Nescafé* dagegen 90 Rp. betrugen. Trotzdem lag die Gewinnmarge von *Nescafé* letztlich etwas höher, weil Nestlé diesen für sFr. 2.00, *Nescoré* aber nur für sFr. 1.50 in den Handel bringen konnte (AHN K 29 Migros-Affäre Dossier 1, Ergänzung zur Notiz an W, 27. Juni 1947, und AHN SG 11535, Instant Coffee Mixtures 1987 Fact Book, 1. Juli 1987).

Zichorien erinnerte, *Nescory* dagegen auf «Chicory» verwies. In Grossbritannien (1952) und Südafrika (1953) wurde die Mischung unter der Marke *Ricory* eingeführt, weil das Präfix *Nes-* nur noch für hochwertige Nestlé-Produkte verwendet werden sollte.[353] *Ricory* stellte in erster Linie eine strategische Marke im Kampf gegen Kaffeesurrogate und Kaffee-Essenzen dar: Einerseits sollte damit der Konsument von günstigen Kaffeesurrogaten für Instantkaffee gewonnen werden, andererseits war die Lancierung der Zichorien-Kaffee-Mischung in Grossbritannien auch eine Massnahme gegen die damals ansteigenden Kaffeepreise,[354] welche die günstigen Kaffeesurrogate zu einer ernsthaften Konkurrenz für *Nescafé* werden liessen. Mit *Ricory* sollte all jenen Instantkaffee-Konsumenten, welche sich keinen *Nescafé* mehr leisten konnten, eine preisgünstige und dennoch qualitativ hochwertige Variante angeboten werden. Gleichzeitig bewarb Nestlé *Ricory* nur in sehr bescheidenem Ausmass, damit sich die Zichorien-Kaffee-Mischung nicht zu einer Konkurrenz für *Nescafé* entwickelte.[355] Dementsprechend erreichte der Umsatz von *Ricory* auch nur einen Zehntel des Volumens von *Nescafé*.[356]

Aus ähnlichen Überlegungen wie in England führte Nestlé 1953 ebenfalls die Zichorien-Kaffee-Mischungen *Ricoré* in Frankreich und *Racori* in der Bundesrepublik Deutschland ein:

Obwohl für *Ricoré* praktisch keine Werbung betrieben wurde, erlangte die Zichorien-Kaffee-Mischung in Nordfrankreich rasch eine bedeutende Marktstellung. In dieser Region, wo der mit Milch getrunkene Zichorienkaffee ein beliebtes Frühstücksgetränk war, erreichte *Ricoré* innerhalb von drei Jahren das halbe Verkaufsvolumen von *Nescafé*.[357] Dabei wurde die Zichorien-Kaffee-Mischung nicht auf Kosten von *Nescafé* konsumiert. Im Gegenteil, es zeigte sich sogar, dass Konsumenten von *Ricoré* auch rascher Kunden von *Nescafé* wurden.[358] *Ricoré* kann daher als wichtiges Mittel zur Akquirierung neuer Kunden für *Nescafé* betrachtet

353 AHN SG 8517, Brief der Fabrik Hayes an P, 6. Mai 1949, und AHN SG 9003, Schrift «Minute of the branch Managers' Conference in Sidney», 25.–29. Januar 1954, sowie AHN SG 10006/2, Schrift «Nescafé pur décaféiné et Nescoré», 26. August 1953.

354 Vergleiche dazu AHN SG 8517, Brief von E. Bignami an Nestlé Grossbritannien, 2. Februar 1954, sowie Pendergrast, Kaffee, S. 275.

355 AHN SG 8503, Konferenz in London «Sales policy of coffee extracts», 29. August 1952 und AHN F 5.1, 63, Circular Letters Export Nr. 7, 23. Februar 1953.

356 AHN SG 8517, Nielsen-Marktstudie Grossbritannien, 19. September 1958.

357 1956 wurden in Nordfrankreich 11 000 000 Dosen *Ricoré* und 23 000 000 Dosen *Nescafé* verkauft. Weniger stark verankert war die Tradition des Milchkaffees mit Zichorien-Geschmack in Südfrankreich, wo nur 4 000 000 Dosen *Ricoré* gegenüber 14 000 000 Dosen *Nescafé* umgesetzt wurden (AHN SG 6605, Brief «Poudre de café soluble», 6. Februar 1957, und AHN F 5.4.4, Communication Marketing Nr. 15/80, September 1980, S. 9).

358 AHN SG 6617, Anhang des Briefes an V, 21. März 1956.

werden. *Racori* dagegen war beim deutschen Publikum wenig Erfolg beschieden,[359] wobei dieses Produkt im Gegensatz zu *Nescoré* oder *Ricoré* von minderwertiger Qualität war und zur Kategorie der Kaffeesurrogate zählte,[360] welche nach dem Zweiten Weltkrieg in Westdeutschland stetig an Bedeutung verloren.[361]

Oft voreilig als minderwertige Surrogate abgestempelt, wird der essenzielle Beitrag gerne übersehen, den Nestlés Zichorien-Kaffee-Mischungen zum Erfolg von *Nescafé* lieferten: Einerseits übernahmen sie eine Brückenfunktion, um die Arbeiterschaft langsam an den Instantkaffee zu gewöhnen. Andererseits stellten sie einen wirksamen Schutz für die Marke vor möglicher Preiskonkurrenz dar.

359 Zichorienkaffee wurde vor allem im süddeutschen Raum getrunken, wobei *Racori* dort als zu teuer angesehen wurde und die Verkaufszahlen sich deshalb unter 10 000 Kisten bewegten. Trotzdem blieb *Racori* bis in die 1970er-Jahre auf dem deutschen und österreichischen Markt präsent (AHN SG 6103, Schrift «DAN – Rapport des Ventes», 7. Februar 1955 und 17. Februar 1956, sowie AHN SG 11542, Schrift «Neues Produkt – Instantkaffee mit Zusatz», 17. Mai 1977).

360 *Nescoré, Ricoré* und *Racori* bestanden 1953 zwar alle zur einen Hälfte aus Kaffee- und Zichorienextrakten, zur anderen Hälfte aus geschmacksneutralen Kohlenhydraten. Während *Nescoré* und *Ricoré* aber mehr oder gleich viel Kaffee wie Zichorien in ihrer Mischung enthielten, überwog bei *Racori* der Zichorien- gegenüber dem Kaffeeanteil (vergleiche dazu AHN SG 6117/1, Brief von D an Bignami, 3. Januar 1955, und AHN F 5.4.4, Communication Marketing Nr. 15/80, September 1980, S. 9–10).

361 Rossfeld, Kaffee ohne Kaffee zu machen, S. 248.

Der Durchbruch des *Nescafés* zwischen lokaler Kaffeetradition und amerikanischer Konsumkultur – wie Nestlé unter der Führung der Instantgetränke zum grössten Lebensmittelkonzern der Welt aufstieg (1954–1971)

Steigende Marktanteile und wachsende Konkurrenz – die Verbreitung des Instantkaffees mit der amerikanischen Konsumkultur

Wirtschaftswachstum, steigender Wohlstand und vorgefertigte Lebensmittel

Bereits in der Zwischenkriegszeit begann sich in den Vereinigten Staaten eine wohlhabende Mittelschicht auszubilden, die sich Konsumgüter wie einen Fernseher, ein Automobil oder einen Kühlschrank leisten konnte.[1] Der hohe Lebensstandard in den Vereinigten Staaten wird in der Literatur damit erklärt, dass die menschliche Arbeitskraft im Verhältnis zu Kapital und Ressourcen ein knapperes Gut darstellte als in Europa und dadurch bei den US-Unternehmen der Anreiz erwuchs, Arbeitskräfte durch arbeitssparende Maschinen zu ersetzen. Die auf diese Weise erreichte Produktivitätssteigerung erhöhte die Löhne, was in Amerika zu einer positiven Rückkoppelung zwischen Massenproduktion, Massenkonsum und steigendem Wohlstand führte. Das höhere Einkommen erlaubte auch, den Haushalt mit arbeitssparenden Apparaten auf möglichst rationelle Weise zu erledigen:[2] Staubsauger, Waschmaschine und vorgefertigte Lebensmittel («Convenience Food») erleichterten der amerikanischen Hausfrau die alltägliche Arbeit.[3]

Nach dem Zweiten Weltkrieg, aus dem die Vereinigten Staaten und die Sowjetunion als führende Weltmächte hervorgingen und die Welt in zwei wirtschaftliche und politische Blöcke teilten,[4] versuchten die Amerikaner ihr Wohlstandsmodell auch nach Westeuropa und Japan zu übertragen, um ein Vorrücken des kommunistischen Gedankenguts auf Kosten der kapitalistischen Marktwirtschaft zu verhindern.[5] Oft wird in diesem Zusammenhang von einer zweiten Globalisierungswelle gesprochen: Aufbauend auf internationalen Abkommen und Institutionen wie dem General Agreement of Tarifs and Trade (GATT), dem Inter-

1 König, Geschichte der Konsumgesellschaft, S. 115.
2 De Grazia, Das unwiderstehliche Imperium, S. 117–119 und 241.
3 König, Geschichte der Konsumgesellschaft, S. 115.
4 Matis/Stiefel, Weltwirtschaft, S. 143–144.
5 Vergleiche dazu weiterführend Cameron, Weltwirtschaft 2, S. 234–236.

nationalen Währungsfonds (IWF) oder Organization for European Economic Cooperation (OEEC) und einer Politik der sozialen Marktwirtschaft wurden Handel und Wirtschaft in diesen Weltregionen wieder angekurbelt, worauf Nordamerika, Westeuropa und Japan in den 1950er- und 1960er-Jahren eine starke und lange anhaltende Hochkonjunktur erlebten.[6]

Während sich der wohlhabende Mittelstand in Nordamerika weiter ausdehnte,[7] wurde in Europa materieller Wohlstand erstmals breiteren Bevölkerungskreisen zugänglich. Die europäische Klassenstruktur der industriekapitalistischen Gesellschaft des 19. Jahrhunderts mit ihrem schroffen Gegensatz zwischen Arbeiterschaft und Bürgertum löste sich dadurch zunehmend auf.[8] An dessen Stelle bildete sich eine relativ einheitliche bürgerliche Mittelschicht aus, die zur Grundlage einer Konsumgesellschaft nach amerikanischem Vorbild wurde:[9] In der zweiten Hälfte der 1950er-Jahre hielten Kühlschrank und Waschmaschine auch in den europäischen Haushalten Einzug, und in den europäischen Städten tauchten immer mehr Supermärkte oder Selbstbedienungsläden auf.[10] Mit dem Übergang vom traditionellen «Tante-Emma-Laden» mit losen, unverarbeiteten Waren zu Supermärkten mit einem schier unerschöpflichen Warenangebot stieg auch die Bedeutung der Marken,[11] denn die Selbstbedienung setzte voraus, dass der Käufer die Qualität der Ware anhand einer Marke wiedererkannte. Zudem entstanden in Europa mit der Europäischen Wirtschaftsgemeinschaft (EWG) und European Free Trade Association (EFTA) nationenübergreifende Wirtschaftsräume, welche den Konkurrenzkampf unter den einzelnen Anbietern verschärften. Dementsprechend aufwendig wurden Marken in den Medien nun beworben und die Informationsbeschaffung über Marktverhältnisse und Konsumentenwünsche (Marktforschung) immer wichtiger.[12] Die nächsten Kapitel zeigen auf, wie die Marke *Nescafé* in diesem Umfeld in ihre Wachstumsphase trat und sich gegen die steigende Konkurrenz behauptete.

6 Van der Wee, Der gebremste Wohlstand, S. 44 und 49, sowie Fässler, Globalisierung, S. 51 und 127.

7 Kurme, Halbstarke, S. 38.

8 Tanner, Konsumkultur und American Way of Life, S. 101 und 114.

9 Schramm, Die Entstehung der Konsumgesellschaft, S. 378–379, und Eggimann, Von der Lebensweise zum Lebensstil, S. 195–198.

10 In der Bundesrepublik Deutschland beispielsweise stieg der Anteil der Supermärkte gemessen am Umsatz im Einzelhandel von 1956 bis 1964 von 4,4 Prozent auf 62 Prozent (Kleinschmidt, Konsumgesellschaft, S. 146, und Bähler/Indermühle/Kraut, Technisierung der Haushalte, S. 402).

11 Selter, Der satte Verbraucher, S. 191–192.

12 Matis/Stiefel, Weltwirtschaft, S. 153–154, und König, Geschichte der Konsumgesellschaft, S. 101, sowie Kleinschmidt, Konsumgesellschaft, S. 149–150.

Der Instantkaffee-Boom in Nordamerika

In der auf Massenproduktion und Massenkonsum sowie Arbeitsersparnis beruhenden Konsumkultur in den Vereinigten Staaten war Instantkaffee in der Nachkriegszeit sofort ein gefragtes Produkt. Bis Mitte der 1950er-Jahre fand der lösliche Kaffee in vier von fünf amerikanischen Haushalten mindestens einmal Verwendung. In New York, Boston, Philadelphia und anderen Städten an der Nordostküste wurden 1952 bereits zwei von fünf Tassen Kaffee mit Pulver angerührt.[13]

Die steigende Nachfrage nach Instantkaffee auf dem US-Markt kann auf mehrere Faktoren zurückgeführt werden: Einerseits hing sie mit der Tatsache zusammen, dass die Kaffee-Ernten nach dem Zweiten Weltkrieg dem weltweiten Kaffeeverbrauch hinterher hinkten und die Kaffeepreise dadurch stetig stiegen,[14] während eine Tasse Instantkaffee aufgrund der stärkeren Extraktion mit einer geringeren Zahl an Kaffeebohnen gewonnen werden konnte als eine Tasse Bohnenkaffee. Dadurch verschoben sich die Preisrelationen zugunsten des Löslichkaffees.[15] Trotz der zusätzlichen Verarbeitung kostete eine Tasse Instantkaffee nur etwa halb so viel wie eine Tasse Röstkaffee.[16] Dieser Vorteil wurde zu Beginn der 1950er-Jahre auch in den Werbeanzeigen von *Nescafé* bewusst ausgeschlachtet.[17] Immer mehr Kaffeekonsumenten wechselten deshalb aus ökonomischen Überlegungen vom Bohnen- zum Instantkaffee.[18]

Ebenso verkaufsfördernd wirkten die Werbeschlachten zwischen *Nescafé* und der US-Konkurrenz, die Anfang der 1950er-Jahre Dimensionen erreichten, die in Europa undenkbar gewesen wären: Die Sonderaktionen zu reduzierten Preisen sowie die Werbung in Radio und Fernsehen kamen allen Unternehmen zwar teuer zu stehen, trugen aber wesentlich zur wachsenden Bekanntheit und zum schnellen Durchbruch des Instantkaffees im US-amerikanischen Kaffeegeschäft bei.[19]

13 AHN SG 1117/2, Brief von Nestlé USA an J.-C. Corthésy et al., 29. Juli 1952, und ebenda, Braunes Heft Nescafé, 9. September 1952.

14 Pendergrast, Kaffee, S. 275.

15 Auch der mit dem Morgenthaler-Verfahren hergestellte Löslichkaffee verbilligte sich gegenüber dem Bohnenkaffee, da dieser zur Hälfte aus hinzugefügten Kohlenhydraten bestand, welche sich nicht im gleichen Masse wie der Kaffee verteuerten (vergleiche dazu AHN SG 1114 SP, Memorandum «Nestlé-Prozess zur Herstellung von Löslichprodukten in Pulverform», 17. Juni 1955, und Artikel aus der Zeitung «Wir Brückenbauer – Wochenblatt des sozialen Kapitals», 25. April 1947, S. 1).

16 Pendergrast, Kaffee, S. 266.

17 AHN F 5.1, 55, Circular Letters Export Nr. 35, Werbung Nescafé, 16. Februar 1949, und AHN SG 11535, Brief von D an H, 13. Februar 1953.

18 1951 gaben laut einer Umfrage zehn Prozent der Instantkaffeekäufer an, sie würden das Produkt vor allem wegen des billigeren Preises kaufen (AHN SG 1117/2, Werbeumfrage «Coffee buying habits of urban american families», Juli 1951).

19 Erläuterungen zum Geschäftsbericht Nestlé 1953, S. 27–28.

Abbildung 11: Der Preis, die einfache Zubereitung und der gute Geschmack als Argumente für *Nescafé* in einer Werbeanzeige aus den Vereinigten Staaten, 1950.

Das wichtigste Argument für den Konsum von Instantkaffee war bis 1953 aber eindeutig die bequeme Zubereitungsart.[20] Vor allem bei Hausfrauen – die damals den Kaffee hauptsächlich zubereiten mussten – war der lösliche Kaffee aus diesem Grund sehr beliebt. Sie stellten zu Beginn der 1950er-Jahre das wichtigste Kundensegment des neuen Produkts dar.[21] Die Wahl, ob Röst- oder Instantkaffee im Haushalt getrunken wurde, war deshalb auch ein Interessenskampf zwischen den beiden Geschlechtern: Während der Ehemann darauf bestand, dass ihm seine Gattin einen «rechten» Bohnenkaffee servierte, versuchte die Hausfrau ihren Gatten dazu zu erziehen, den wesentlich schneller und einfacher zubereiteten Instantkaffee zu geniessen.[22] Offensichtlich mit positivem Ausgang für die Frauen: Während der Kaffeekonsum zwischen 1949 und 1952 relativ konstant blieb, gewann der Instantkaffee auf Kosten des Röstkaffees Marktanteile.[23]

Wie damalige Marktstudien zeigen, hielt der Pulverkaffee zuerst vor allem in der vermögenden Mittelschicht Einzug. Es ist deshalb wohl kein Zufall, dass Professoren und Lehrer, Juristen und Polizisten sowie Diplomaten und bekannte Personen aus Film und Fernsehen auf den *Nescafé*-Werbeanzeigen eine prominente Stellung einnahmen. Darüber hinaus war der Sofortkaffee auch bei den Jugendlichen beliebt, weil er dem modernen Lebensstil entsprach,[24] die alltäglichen Dinge im Leben mit technischen Errungenschaften zu vereinfachen.[25]

1953 betrug der Anteil des Löslichkaffees am gesamten Kaffeeverbrach in den Vereinigten Staaten bereits 20 Prozent, als ein unvorhergesehenes Naturereignis dem Produkt nochmals einen zusätzlichen Wachstumsschub verlieh. In der Nacht vom 4. auf den 5. Juli 1953 brachte eine ungewöhnlich kalte Luftmasse aus der Antarktis einen strengen Frost nach Südbrasilien. Viele Kaffeebäume erfroren – worauf der Kaffeepreis neue Rekorde brach: Im Januar 1954 überschritt er in den Vereinigten Staaten die psychologisch wichtige Marke von einem Dollar pro Pfund, was bei Hausfrauen, Politikern und in den Medien zu einem empörten Aufschrei führte, der Markt sei ausser Kontrolle geraten. Als Ursachen dafür

20 1951 gaben in einer Umfrage 70 Prozent der Käufer an, sie würden Instantkaffee wegen seiner bequemen Zubereitungsart kaufen (AHN SG 1117/2, Werbeumfrage «Coffee buying habits of urban american families», Juli 1951).

21 AHN SG 1117/2, Braunes Heft Nescafé, 9. September 1952.

22 AHN F 5.3.1, 4, Communication Marketing Nr. 5, Mai 1965, S. 16.

23 AHN SG 1117/2, Brief von Nestlé USA an J.-C. Corthésy et al., 29. Juli 1952.

24 AHN SG 1117/2, Braunes Heft Nescafé, 9. September 1952, und AHN K 18 Werbesammlung Colorado USA Nescafé 1945–1949.

25 AHN SG 11535, Schrift «Bréviaire Nescafé», 16. August 1954.

Abbildung 12: Werbung für *Nescafé* in den USA, 1952. In den Vereinigten Staaten galt es in den 1950er-Jahren als unschicklich, den Gästen Pulverkaffee zu servieren. Vielmehr sollte der Eindruck erweckt werden, dass man sich für den angebotenen Kaffee spezielle Mühe gegeben hatte. In der Werbung wurde dieses Dilemma gelöst, indem die Hausfrau den Kaffee in der Küche mit Instantkaffee zubereitete und in Gesellschaft wie einen Bohnenkaffee in der Kanne aufstellte.

wurden in der Öffentlichkeit Börsenspekulanten und die Kommunisten in Lateinamerika verantwortlich gemacht.[26] Aus Protest auf die Erklärung der brasilianischen Regierung, die hohen Kaffeepreise beibehalten zu wollen, wandten sich viele amerikanische Bohnenkaffeetrinker von ihren bisherigen Konsumgewohnheiten ab und begannen den günstigeren und bequemeren Instantkaffee zu trinken.[27] Während der Bohnenkaffeemarkt stagnierte, verzeichnete das Instantkaffeegeschäft starke Zuwachsraten. 1957 war bereits jede dritte Tasse Kaffee, die in den Vereinigten Staaten konsumiert wurde, eine Tasse Instantkaffee. 1961, auf dem Höhepunkt des Instantkaffee-Booms, betrug dieser Anteil sogar 38 Prozent. Gleichzeitig führte die rasche Ausbreitung des günstigeren Instantkaffees zu einer generellen Ausweitung des US-Kaffeemarktes: Zwischen 1954 und 1962 stieg der Kaffeekonsum in den Vereinigten Staaten von 2,6 Tassen auf 3,1 Tassen pro Person und Tag an.[28]

Von den Umsatzzahlen her stellten die Vereinigten Staaten in den 1950er-Jahren eindeutig den bedeutendsten Absatzmarkt für *Nescafé* dar, ebenso wies der US-Markt in dieser Zeitspanne das stärkste Umsatzwachstum auf.[29] Trotzdem profitierte Nestlé von der Ausweitung des Instantkaffeemarktes weniger stark als andere Unternehmen. Denn die langjährigen Konsumenten von Bohnenkaffee blieben bei ihrem Wechsel von Röst- auf Instantkaffee meistens ihren bisherigen Lieblingsmarken treu, die mit der wachsenden Popularität des Löslichkaffees immer stärker in dieses Segment eindrangen. Gegen die seit Jahren in der amerikanischen Kaffeekultur verankerten Marken wie *Maxwell House, Folgers* oder *Chase&Sanborn* stellten die Instantkaffeepioniere *Nescafé, Borden's Instant Coffee* und *G. Washington's Coffee* wenig bekannte Aussenseiter dar.[30] Die Kräfteverhältnisse auf dem Instantkaffeemarkt verschoben sich dadurch dramatisch: Während General Foods zwischen 1953 und 1957 mit den Marken *Sanka* und *Maxwell House* und einem Marktanteil von etwa 50 Prozent zum unangefochtenen Marktführer aufstieg, verlor *Nescafé* seine bisherige Position auf dem US-Markt, konnte sich aber mit

26 Erläuterungen zum Geschäftsbericht Nestlé 1953, S. 22, und Pendergrast, Kaffee, S. 275–277.

27 AHN SG 1117/2, Ausschnitt aus der Zeitung «Barron's National Business and Financial Weekly», 28. Februar 1955.

28 AHN SG 1117/4, Brief von Nestlé USA an Afico SA, 26. September 1957, und AHN SG 1100-57, Mappe «Projekt 64», 28. September 1966, und AHN F 5.3.1, 4, Communication Marketing Nr. 3, März 1965, S. 23.

29 Die Aussage trifft insbesondere auf die erste Hälfte der 1950er-Jahre zu und bezieht sich auf das absolute Umsatzwachstum (vergleiche dazu die Statistiken in AHN K 29 Dossier M/A sowie AHN SG 11601 G Rapports Marchés Amérique 1959–1968, AHN SG 11601 H Rapports Marchés Sterling 1959–1968 und AHN SG 11353, Dossier «La production de Nescafé en Europe 1961–1965», 30. November 1962).

30 AHN SG 1117/2 Nescafé USA 1946–1955, Brief aus Stamford an J.-C. Corthésy, 26. Mai 1954.

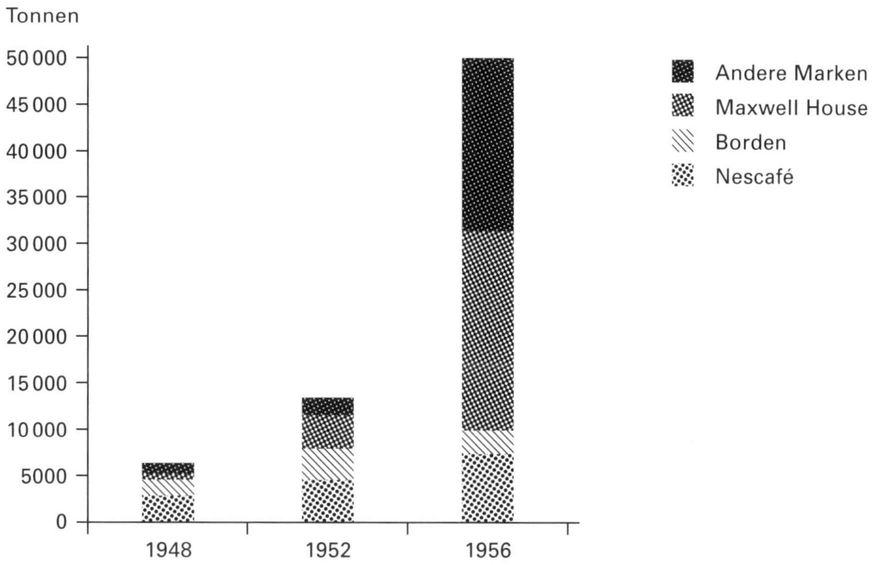

Darstellung 4: Die Ausweitung des Instantkaffeemarktes in den Vereinigten Staaten zwischen 1948 und 1956. Stellte *Nescafé* Ende der 1940er-Jahre noch die bedeutendste Instantkaffeemarke auf dem US-Markt dar, stieg General Foods mit *Maxwell House* zwischen 1952 und 1956 zum neuen Marktführer auf.

einem Anteil von 15 Prozent immerhin noch vor *Chase&Sanborn* und *Borden's Instant Coffee* behaupten.[31]

Im Konkurrenzkampf mit den etablierten Röstkaffeemarken kam für *Nescafé* erschwerend hinzu, dass die Marke zwar als hochwertiger Instantkaffee bekannt war, wegen der bis 1953 hinzugefügten Kohlenhydrate aber eher als Ersatzkaffee wahrgenommen wurde, der nicht den vollen Kaffeegeschmack besass. Zwischen 1953 und 1956 war deshalb Nestlés vordringlichstes Ziel, *Nescafé* als reinen Kaffee zu positionieren und den über eine lange Zeitspanne aufgebauten Geist der hinzugefügten Kohlenhydrate wieder zu vertreiben.[32] «Der Moment ist gekommen, wo der Konsument in *Nescafé* nicht irgendein chemisches Produkt sieht; er soll nicht glauben, dass es sich hier um Zauberei, um ein schwarzes, unbekanntes Pulver handelt, sondern um einen guten, einen richtigen Kaffee»,[33] legte Nestlé 1955 ihre Werbestrategie sowohl in den Vereinigten Staaten als auch in Europa fest.

31 1957 dominierte General Foods mit *Maxwell House* und *Sanka* den amerikanischen Instantkaffeemarkt mit einem Anteil von 48 Prozent, gefolgt von Nestlé mit 15 Prozent sowie Standard Brands *(Chase&Sanborn)* mit neun Prozent und Borden mit vier Prozent Marktanteil (AHN SG 10805, Schrift «Café Instantané – Evolution de la concurrence», 2. April 1958).

32 AHN SG 1117/4, Schrift «A Condition Report on Nescafé», 24. August 1956, und ebenda, Brief von Nestlé USA an Afico SA, 26. September 1957.

33 AHN F 5.1, 90, Circulaire Continent Nr. 49, 7. Dezember 1955.

Neben der einfachen Zubereitung und dem günstigen Preis begann Nestlé deshalb die Marke ebenfalls mit der physiologischen Wirkung eines Bohnenkaffees zu bewerben: In den Anzeigen wurde darauf hingewiesen, dass eine Tasse *Nescafé* dem menschlichen Organismus am Morgen Energie und Lebenskraft einhaucht und sich die Arbeit und das Leben damit viel leichter bewältigen lassen. Natürlich galt dies nicht nur zu Beginn des Tages – auch während der Arbeit musste der Körper immer wieder mit diesem Zaubertrank versorgt werden, damit die Wirkung nicht abklang. Die Kaffeepause wurde daher von den Kaffeeunternehmen als fester Bestandteil im Arbeitsrhythmus propagiert und entsprechend legitimiert: «Cette récréation avec une tasse de café ne fait qu'augmenter la productivité [...]»[34], argumentierte Nestlé, weshalb die Kaffeepause sowohl von den Arbeitgebern als auch von den Arbeitnehmern zu befürworten sei. Unter dem Werbespruch «*Nescafé* satisfies your coffee hunger» verband das Unternehmen die Marke geschickt mit den Attributen eines authentischen Kaffees und dem emotionalen Glücksgefühl beim Kaffeetrinken, vermied aber gleichzeitig einen für *Nescafé* unvorteilhaften Vergleich mit Bohnenkaffee.[35]

Trotz einem gewaltigen Werbeetat von rund fünf bis sechs Millionen US-Dollar gab Nestlé aber weit geringere Summen für die Vermarktung ihres Instantkaffees aus als die US-Konkurrenz.[36] Vor allem gegenüber der Werbemaschinerie von General Foods hatte das Schweizer Unternehmen klar das Nachsehen: Der US-Konzern investierte jedes Jahr riesige Summen in Fernseh-Spots, die mit Abstand das wichtigste Medium zur Vermarktung von *Maxwell House Instant Coffee* waren.[37] Ausserdem verfügte *Maxwell House* über den entscheidenden Vorteil, dass die Marke sowohl im Röst- als auch im Instantkaffeesegment bekannt war und damit in ihren Werbespots die Qualität des Bohnenkaffees mit der bequemen Zubereitungsart des Instantkaffees verknüpfen konnte.[38] Daher wurde *Maxwell House* ab Mitte der 1950er-Jahre vom amerikanischen Publikum auch vom Geschmack her gegenüber *Nescafé* als überlegen angesehen.[39]

Als Folge davon begannen ab 1956 die Verkaufszahlen von *Nescafé* und *Nestlé's Instant Coffee* zu stagnieren, während andere Marken auf dem amerikanischen Instantkaffee-

34 AHN F 5.2, 4, Communication Marketing Nr. 17 Annex 1, 28. Dezember 1956, S. 1–3.

35 AHN SG 1117/4, Schrift «A Condition Report on Nescafé», 24. August 1956.

36 Ebenda.

37 Pendergrast, Kaffee, S. 268–271.

38 AHN SG 1117/4, Schrift «A Condition Report on Nescafé», 24. August 1956.

39 Wie 1955 Markttests zeigten, fanden 46 Prozent der befragten Personen *Maxwell House* besser als *Nescafé*, während nur 31 Prozent *Nescafé* gegenüber *Maxwell House* bevorzugten (AHN SG 1117/4, Schrift «Current Nescafé position as product», 11. Juni 1958).

markt weiterhin ein starkes Wachstum verzeichneten. Zum Teil waren Nestlés Umsatzzahlen sogar rückläufig, weil das Unternehmen für seinen Instantkaffee höhere Preise verlangte als die Konkurrenz, im Gegenzug aber kein qualitativ überlegenes Produkt mehr präsentieren konnte.[40]

Ein weiterer Nachteil gegenüber *Maxwell House* bestand ausserdem darin, dass *Nescafé* vor allem in den grossen Warenhäusern präsent war, welche die teuren Markenprodukte ab Mitte der 1950er-Jahre zusehends mit eigenen Handelsmarken zu unterbieten begannen.[41] Den Instantkaffee bezogen die Warenhäuser bei Unternehmen wie Tenco, die in Kaffee produzierenden Ländern «Offshore-Fabriken» errichteten und dadurch sehr günstig Kaffeepulver liefern konnten.[42] Auf diese Weise entstanden auf dem US-Markt innerhalb weniger Jahre über 200 Marken im Instantkaffeesegment.[43]

Diese Eigenmarken von Warenhausketten entwickelten sich zu einer sehr gefährlichen Konkurrenz und stellten für *Nescafé* letztlich sogar die grössere Bedrohung dar als *Maxwell House,* denn einerseits besass der Instantkaffee, den Firmen wie Tenco den Warenhäusern zum Aufbau von Handelsmarken zur Verfügung stellten, ein zu gutes Preis-Leistungs-Verhältnis, als dass *Nescafé* und *Maxwell House* damit die Preisdifferenz von 0,3 US-Dollar pro Glas hätten rechtfertigen können, und gefährdeten damit die bis anhin ausgezeichnete Gewinnmarge von 30 Prozent. Andererseits führten sie zu einer schleichenden Senkung des Qualitätsstandards und schadeten damit langfristig dem Ruf des Instantkaffees.[44]

Als Reaktion auf die Konkurrenz der preisgünstigen Eigenmarken, welche zu einem Drittel und mehr aus billigen Robusta-Kaffeebohnen bestanden,[45] begann sich auch Nestlé mit Fabrikprojekten in Kaffee produzierenden Ländern wie Brasilien, Kamerun, dem Belgischen Kongo oder Angola auseinanderzusetzen. Weil in diesen Ländern jedoch die Vorschrift galt, dass nur einheimische Bohnen zur Produktion von Instantkaffee einge-

40 Die Verkaufszahlen von *Nescafé* nahmen 1956 gegenüber dem Vorjahr von 2 466 000 Kisten auf 2 353 000 Kisten ab, noch frappanter war der Umsatzrückgang dagegen bei *Nestlé's Instant Coffee* von 438 000 Kisten auf 291 000 Kisten (AHN SG 1103, Monatsreport USA Dezember 1956, 25. Januar 1957).

41 AHN SG 1117/4, Schrift «A condition Report on Nescafé», 24. August 1956.

42 Nachdem Tenco 1956 eine erste Produktionsstätte in El Salvador verwirklicht hatte, wurde das US-Unternehmen 1957 nach demselben Modell ebenfalls in Mexiko und ein Jahr später in Guatemala tätig (AHN SG 10805, Schrift «Café Instantané – Evolution de la concurrence», 2. April 1958, und AHN SG 11535, Brief von P an Afico SA, 1. Dezember 1958).

43 AHN SG 10805, Schrift «Café Instantané – Evolution de la concurrence», 2. April 1958.

44 Die 0,3 US-Dollar pro Glas, welche die Eigenmarken gegenüber *Nescafé* günstiger waren, entsprachen ziemlich genau der Gewinnmarge pro Glas, welche Nestlé mit dem Produkt erwirtschaftete (AHN SG 1117/4, Schrift «A condition Report on Nescafé», 24. August 1956, und ebenda, Brief von Nestlé USA an J.-C. Corthésy, 24. August 1956).

45 Pendergrast, Kaffee, S. 287.

setzt werden durften, und sich die Qualität von *Nescafé* aus der Mischung von Kaffeebohnen verschiedener Herkunft erklärte, verzichtete das Unternehmen aus Vevey aber vorerst auf ein solches Engagement.[46] Trotzdem begannen Nestlé und General Foods ihren etablierten Marken *Nescafé* und *Maxwell House* immer mehr Robusta-Bohnen beizumischen, damit die Preisdifferenz zu den günstigsten Produkten nicht allzu stark anstieg.[47] Dadurch wurde der Kaffee in den Vereinigten Staaten immer dünner und qualitativ schlechter:[48] «It looks to me as if the American palate towards soluble coffee is getting slightly worse than the English, and we always thought that this was the ultimate bad quality»,[49] kommentierte Nestlé 1965 lakonisch die Tendenz zu immer günstigerem Löslichkaffee auf dem US-Markt.

Weil General Foods auf die Konkurrenz der Handelsmarken mit Preisabschlägen reagierte, musste in den folgenden Jahren auch Nestlé den Preis für *Nescafé* stetig nach unten korrigieren: Wurde ein Glas *Nescafé* 1957 noch für 1.95 US-Dollar verkauft, kostete es 1963 nur noch 0.95 US-Dollar. Die Zeit, in der *Nescafé* in den Vereinigten Staaten als teuerste Instantkaffeemarke bestehen konnte, war endgültig vorbei: «Research prooved this premium image for *Nescafé* didn't exist and we were forced to change our thinking»,[50] schrieb das Departement Instantgetränke 1963 in Vevey. Der Marktanteil von *Nescafé* schrumpfte in den folgenden Jahren, während sich *Maxwell House* zum unangefochtenen Marktführer entwickelte.[51]

Eine ähnliche Marktdynamik wie in den Vereinigten Staaten liess sich in den 1950er-Jahren auch im nordamerikanischen Nachbarstaat Kanada beobachten. Auch dort verdoppelte sich zwischen 1954 und 1957 das Volumen des Instantkaffeemarktes, während Nestlé trotz lokaler Produktionsstätte in Chesterville[52] innerhalb weniger Jahre die dominante Stellung in diesem Segment verlor: Nachdem sich *Nescafé* und *Maxwell House* 1954 die Marktführerschaft (je 40 Prozent Marktanteil) noch geteilt hatten,

46 AHN SG 11539, Brief von E. Bignami an P. Liotard-Vogt, 9. September 1957.

47 1956 wurde *Nescafé* in den Vereinigten Staaten zu 78 Prozent aus Arabica-Bohnen und zu 22 Prozent aus Robusta-Bohnen hergestellt (Pendergrast, Kaffee, S. 287, und AHN SG 1117/4, Anhang an den Brief von Nestlé USA an J.-C. Corthésy, 24. August 1956).

48 Pendergrast, Kaffee, S. 271.

49 AHN SG 1100-57, Brief von W an Nestlé USA, 8. Juni 1965.

50 AHN SG 8500-57, Brief vom Departement Instantgetränke an F, 18. Februar 1963.

51 Zwischen 1963 und 1966 sank dieser von 16,6 auf 13,2 Prozent (AHN F 5.4.4, Communication Marketing Nr. 1, Juli 1970, S. 14).

52 Die Fabrik in Chesterville war während des Ersten Weltkriegs (1916) mit der Übernahme der Maple Leaf Condensed Milk Company zur Nestlé & Anglo-Swiss gestossen und stellte seit 1926 die auf Milchpulver basierende Kindernahrung *Lactogen* und ab 1948 das Kaffeepulver *Nescafé* her (SBU POT Overhead Presentation, Power-Point-Präsentation «Nestlé Experts Network Seminar», 7. April 1998).

drangen in den darauffolgenden Jahren zahlreiche US-Firmen und Warenhausketten mit über 50 Marken in den zweiten nordamerikanischen Markt vor. Der Marktanteil von *Nescafé* sank dadurch auf einen Viertel, während General Foods mit *Maxwell House* und *Sanka* ihre Position zur Konkurrenz halten konnte und damit bis 1958 in ganz Nordamerika die Marktführerschaft im Instantkaffeegeschäft gewann.[53]

Der Kampf um die Vorherrschaft auf dem britischen Kaffeemarkt

Während der Instantkaffee-Boom in Nordamerika nicht zuletzt darauf zurückzuführen war, dass der lösliche Kaffee dort etwas günstiger war als Bohnenkaffee, verhielt sich die Sachlage in Europa gerade umgekehrt: Unter der Marktherrschaft von *Nescafé* war Instantkaffee etwas teurer als Röstkaffee. Diese Marktverhältnisse ermunterten US-Unternehmen wie General Foods, auch im europäischen Instantkaffeegeschäft tätig zu werden.[54]

1954 wagte das Unternehmen den Sprung über den Atlantik auf die Britischen Inseln und ein Jahr später auf den europäischen Kontinent. Dank guten Beziehungen in London bekam Nestlé jedoch Kenntnis davon, dass General Foods in Grossbritannien ihre Marke *Maxwell House* einführen wollte. Dies ermöglichte es dem Schweizer Unternehmen, rechtzeitig eine Gegenaktion zu organisieren: Im Juni 1954 führte Nestlé mit grossem Werbeaufwand *Nescafé* als 100 Prozent reinen Kaffee-Extrakt ein und besetzte dadurch schon zum vornherein das wichtigste Werbeargument des US-Unternehmens. Ausserdem wusste Nestlé, dass General Foods sein Produkt in der Grossregion London lancieren würde, und versorgte deshalb in den Tagen vor der offiziellen Einführung von *Maxwell House* die Geschäfte in der Metropole ausgiebig mit *Nescafé*, um die Verkaufsfläche der Konkurrenzmarke möglichst klein zu halten. Als General Foods dem englischen Publikum schliesslich am 8. Juli 1954 in einer grossangelegten Pressekampagne *Maxwell House* als 100 Prozent reinen Löslichkaffee bekannt machte, blieb diese weitgehend wirkungslos.[55]

53 1954 war der kanadische Markt noch von einem Duopol zwischen *Nescafé* mit 38 Prozent Marktanteil und *Maxwell House* mit 41 Prozent Marktanteil geprägt. Mit der starken Marktausweitung in der zweiten Hälfte der 1950er-Jahre verloren die beiden Marken aber zunehmend an Marktanteilen, während andere Marken wie *Chase & Sanborn* an Bedeutung gewannen: 1957 hatte *Maxwell House* 35 Prozent Marktanteil, *Nescafé* 24 Prozent, *Chase & Sanborn* 16 Prozent sowie *Sanka* einen Anteil von drei Prozent (AHN SG 417, Nielsen-Marktstudie 1958, Juli 1958, und AHN SG 10805, Schrift «Café Instantané – Evolution de la concurrence», 2. April 1958).

54 AHN SG 1117/4, Brief von Nestlé USA an E. Bignami, 17. Mai 1956.

55 AHN F 5.1, 88, Circulaires Continent Nr. 40, 7. Februar 1955, S. 2–3.

Mit wenig glänzenden Resultaten liess es der US-Konzern vorerst bei dieser Attacke bewenden.[56] Bis 1956 blieb *Nescafé* mit einem Marktanteil von 71 Prozent die vorherrschende Marke auf dem britischen Instantkaffeemarkt und war beinahe in jedem Lebensmittelgeschäft Grossbritanniens erhältlich, während die Bekanntheit von *Maxwell House* vor allem auf den Raum London beschränkt blieb.[57]

Es war allerdings vorauszusehen, dass sich General Foods mit diesem Ergebnis nicht zufrieden geben, sondern in Europa mit denselben Methoden weiter angreifen würde, mit denen das Unternehmen bereits in den Vereinigten Staaten gegen Nestlé erfolgreich gewesen war: Der amerikanische Kaffeegigant war bereit, grosse Werbesummen auszugeben, bis dasselbe Ergebnis wie in Übersee erreicht war.[58] Die Nestlé-Führung in Vevey war damals aber überzeugt, dass General Foods in Europa nicht mit denselben Marketing-Methoden vorgehen konnte wie in den Vereinigten Staaten, weil die Märkte in Europa viel kleiner waren und die auf Skalenerträgen basierende US-amerikanische Wirtschaftsweise der Massenproduktion und Massendistribution nicht im gleichen Masse eingesetzt werden konnte. Obwohl Nestlé verschiedentlich vorgeschlagen wurde, die Preise zu reduzieren und General Foods dadurch direkt entgegenzutreten, lehnte die Führung in Vevey solche Vorschläge ab, solange *Nescafé* trotz hohen Preisen wachsende Verkaufszahlen aufwies.[59] 1956 legte Nestlé-CEO Enrico Bignami seine Überlegungen zur Preisstrategie folgendermassen dar: «[...] experience has shown the European producers that profitability so far could be found more easily in a fairly conservative price policy with perhaps a lower volume than the reverse. You suggest that it would perhaps be worthwhile studying a bigger market expansion through stronger advertising support and lower pricing, in order to be able to face growing future competition on firmer ground. [...] I must add that personally I regard this entire pricing problem with much suspicion, not because *Nescafé* must be marketed like a Rollsroyce, but because I do feel that the policy followed up to now has been the right one considering the various factors at stake: available raw material, quality, price control, possible advertising support, etc.»[60]

In der zweiten Hälfte der 1950er-Jahre war damit in Grossbritannien eine ähnliche Entwicklung wie in den Verei-

56 AHN F 5.1, 88, Circulaires Continent Nr. 40, 7. Februar 1955, S. 2–3.

57 AHN SG 8517, Nielsen Coffee Index, 18. April 1957.

58 AHN F 5.1, 88, Circulaires Continent Nr. 40, 7. Februar 1955, S. 2–3.

59 Vergleiche dazu AHN SG 1117/4, Brief von E. Bignami an Nestlé USA, 22. Mai 1956, und AHN SG 8500-57, Brief von E. Bignami an M, 3. August 1959.

60 AHN SG 1117/4, Brief von E. Bignami an Nestlé USA, 22. Mai 1956.

nigten Staaten festzustellen: «*Maxwell House* is advancing, they are winning bigger share of trade in the London area and are also making progress in other sections of the country; their lower trade price [...] is an important factor»,[61] schrieb die britische Tochtergesellschaft 1958. Zwischen 1957 und 1965 entwickelte sich Instantkaffee durch die aggressiven Werbemassnahmen von *Maxwell House* sowie die Umgestaltung des Einzelhandels vom «Tante-Emma-Laden» hin zu Supermarktketten mit günstigen Eigenmarken zu einem populären Produkt, das in etwas mehr als zwei Dritteln aller britischen Haushalte konsumiert wurde.[62] Nestlé dagegen reagierte weiterhin zurückhaltend mit Preissenkungen:[63] «[...] we as market leader are engaged in protecting short-term profitability rather than devoting our efforts to an all-out increase in total market»,[64] hielt das Unternehmen an seiner Strategie fest. Im Gegensatz zu den Märkten in Nordamerika gelang es *Nescafé* in Grossbritannien aber, seinen Nimbus als bester Instantkaffee und Marktführer zu wahren: einerseits weil sich Nestlé mit massiven Gegenkampagnen gegen die aufsässige Konkurrenz zu wehren wusste, andererseits weil *Maxwell House* im Gegensatz zu den Vereinigten Staaten von keinem langjährigen Prestige als Bohnenkaffee profitieren konnte.[65] Obwohl der Marktanteil von *Nescafé* bis 1964 auf 48 Prozent fiel, während *Maxwell House* ihren Anteil auf 24 Prozent und die übrigen 200 Eigenmarken auf 28 Prozent erhöhen konnten,[66] hatte der Kampf um den britischen Instantkaffeemarkt schliesslich ganz andere Verlierer: den Tee und den Zichorienkaffee.

Tee blieb nach dem Zweiten Weltkrieg noch lange Zeit rationiert, derweil viele Briten mit der Verbreitung von Getränkeautomaten[67] und dem Debüt des kommerziellen Fernsehens 1956 von Tee auf Instantkaffee umstellten. Der Argumentation Mark Pendergrasts folgend, waren die Werbepausen im Fern-

61 AHN SG 8517, Brief von Nestlé Grossbritannien, 30. Oktober 1958.

62 General Foods belieferte in Grossbritannien Handelsketten mit löslichem Kaffeepulver, das unter Eigenmarken zu tiefen Preisen verkauft wurde (AHN SG 8500-57, Brief von E. Bignami an M, 3. August 1959, und ebenda, Schrift «Agency brief for launch of freeze-dried coffee in England», 18. März 1966).

63 AHN SG 8500-57, Brief vom Departement Instantgetränke an F, 18. Februar 1963.

64 AHN SG 8500-57, Brief von R an G, 29. September 1967.

65 AHN F 5.2, 12, Communication Marketing Nr. 3, 26. März 1958, S. 2, und AHN SG 8500-57, Brief von Nestlé Grossbritannien an E. Bignami, 11. Februar 1963.

66 AHN SG 8500-57, Schrift «Agency brief for launch of freeze-dried coffee in England», 18. März 1966.

67 Kaffee-Experten sahen die zunehmende Beliebtheit des Instantkaffees auf Kosten des Tees darin begründet, dass der schnelle Konsum an Getränkeautomaten in der Arbeitswelt die traditionelle Teepause ersetzte. An den meisten Getränkeautomaten konnte zwischen Kaffee, Tee und Kakao gewählt werden. Dabei wurde Kaffee gegenüber den beiden anderen Heissgetränken bevorzugt, weil der Instantkaffee an den Automaten viel eher der zu Hause konsumierten Qualität entsprach, als dies beim Tee der Fall war. Da sich die Engländer als Tee-Experten verstanden, waren sie nicht bereit, sich am Getränkeautomaten mit einem qualitativ minderwertigen Teegebräu zu begnügen. Statt Tee wählten sie deshalb Kaffee (AHN SG 11650, Artikel aus der Zeitschrift «The Times», 25. September 1970).

sehen nicht lange genug, um sich einen Tee herzurichten. Dank der schnelleren Zubereitungsart mit Löslichkaffee verpasste man dagegen keine Minute vor dem Fernseher, und da die TV-Spots andauernd die Einfachheit und Qualität von *Nescafé* und *Maxwell House* betonten, liessen sich viele Engländer davon überzeugen, von Tee auf Instantkaffee umzusteigen. Tee blieb zwar das Lieblingsgetränk der Briten, der Kaffeekonsum nahm in der Folge aber deutlich zu.[68] «The growth of the coffee market, the emergence of commercial television and the development of new retailing trends through supermarkets all occurred at about the same time»,[69] beschrieb auch der Marktchef von General Foods später den Aufstieg des Instantkaffees in Grossbritannien.

Gleichzeitig veränderte der Werbekrieg zwischen *Nescafé* und *Maxwell House* aber auch den britischen Kaffeemarkt selber: Während der Instantkaffee in der zweiten Hälfte der 1950er-Jahre auf den Britischen Inseln eine starke Ausweitung erfuhr und etwa jede zweite Tasse Kaffee als Löslichkaffee getrunken wurde,[70] schrumpfte der Anteil der Kaffee-Essenzen und Kaffeesurrogatmischungen zwischen 1950 und 1970 von 45 Prozent auf vier Prozent. Der Zichorienkaffee kämpfte dabei insbesondere gegen den Ruf eines altmodischen Ersatzkaffees aus dem Zweiten Weltkrieg – das Gesundheitsargument war dagegen inexistent. Einzig in der älteren Generation der Arbeiterklasse, die aus ideologischen Prinzipien keinen Bohnenkaffee, sondern Zichorienkaffee trank, fanden Zichorien-Kaffee-Mischungen noch einen gewissen Absatz.[71]

Kaffee-Essenzen und Kaffeesurrogate wurden also während der Hochkonjunktur der Nachkriegszeit durch den Instantkaffee substituiert. Die britische Instantkaffeetradition leitet sich daher weniger von der Röstkaffeekultur als vielmehr von derjenigen des Tees, der Kaffee-Essenzen und des Zichorienkaffees ab: Über 80 Prozent der englischen Kaffeetrinker stammten aus der Mittel- und Unterschicht und tranken ebenfalls viel Tee. Sie füllten ihr Glas – wie bei der Zubereitung eines Zichorienkaffees – mindestens bis zur Hälfte mit Milch und benutzten den Kaffee, um diese zu aromatisieren (Milk-Modifier). Die Qualität des Kaffees

68 Pendergrast, Kaffee, S. 293.

69 AHN SG 11650, Artikel aus der Zeitschrift «The Times», 25. September 1970.

70 AHN SG 10805, Schrift «Café Instantané – Evolution de la concurrence», 2. April 1958.

71 Der Fall des Zichorienkaffees in die Bedeutungslosigkeit widerspiegelt sich auch in den Absatzzahlen von *Ricory*: Zwischen 1957 und 1962 fiel der Marktanteil der Zichorien-Kaffee-Mischung von neun auf ein halbes Prozent. Ende der 1960er-Jahre wurde der Verkauf von *Ricory* in Grossbritannien eingestellt (AHN SG 8500-57, Notiz von P an P. Liotard-Vogt, 13. Januar 1972).

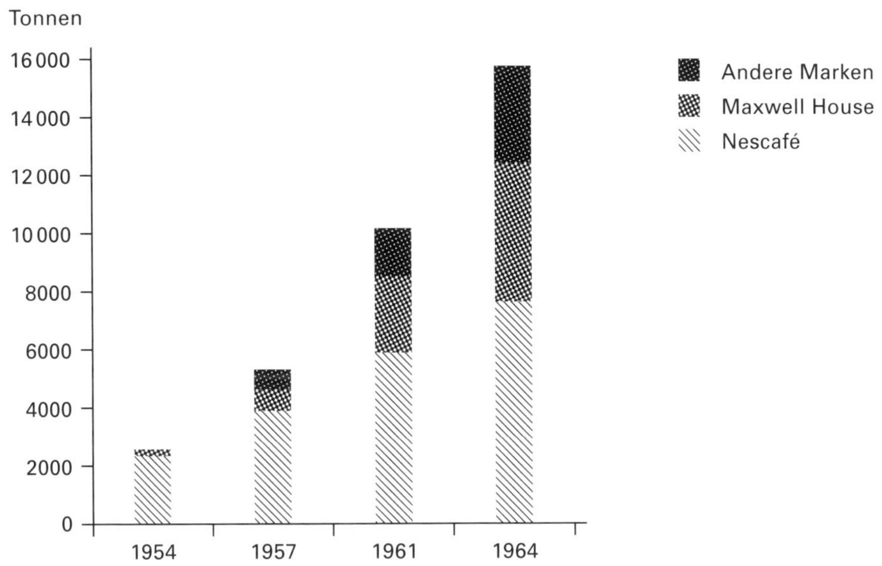

Darstellung 5: Die Entfaltung des Instantkaffeemarktes in Grossbritannien zwischen 1954 und 1964. Auch hier konnten *Maxwell House* und andere Marken Marktanteile gewinnen, im Unterschied zum US-Markt blieb *Nescafé* jedoch der klare Marktführer. Der Umsatz von *Nescafé* wuchs in Grossbritannien mit dem steigenden Marktvolumen mit, während die Marke auf dem US-Markt gegenüber der Konkurrenz stagnierte.

war in dieser Funktion nicht so wichtig, weshalb die meisten Briten die simple Zubereitungsart des löslichen Kaffees gegenüber dem geschmacklich besseren Bohnenkaffee bevorzugten.[72]

Instant- oder Bohnenkaffee? In Deutschland eine Frage des Preises

Ähnlich wie in Grossbritannien kam Nestlé auch in der Bundesrepublik Deutschland einer erfolgreichen Markteinführung von *Maxwell House* zuvor. Die deutsche Tochtergesellschaft verfügte bereits ein Jahr vor der Lancierung der amerikanischen Marke über diese Marktinformation und bereitete sich entsprechend vor: Im Juni 1955 brachte Nestlé die Kampfmarke *Ali* auf den deutschen Markt, um bereits vor dem Auftreten von *Maxwell House* in den Supermärkten so viel Ladenfläche wie möglich zu belegen und den Konkurrenten schon mal physisch zur Seite zu drängen. Der Nach-

72 Demgegenüber orientierten sich nur etwa 15 Prozent der britischen Kaffeetrinker an der kontinentaleuropäischen Röstkaffeekultur und tranken den Kaffee ohne Milch. Diese Konsumenten stammten vorwiegend aus der Oberschicht, tranken kaum Tee und reagierten sensibel auf Qualitätsunterschiede des Kaffees (AHN SG 8500-57, Schrift «Agency brief of freeze-dried coffee in England», 18. März 1966).

teil dieser Strategie bestand allerdings darin, dass Nestlé in diesem Zweikampf bereits den ersten Zug spielte, bevor das Unternehmen wusste, mit welcher Strategie General Foods die Marke *Maxwell House* auf den Markt bringen würde.[73]

Tatsächlich unterlief General Foods die Kampfmarkenpolitik der deutschen Nestlé-Tochter, indem das US-Unternehmen seinen Instantkaffee nicht wie *Ali* in 50g-Dosen verkaufte, sondern in 35g-Dosen zu einem – auf den ersten Blick[74] – günstigeren Preis verbreitete. Nestlé reagierte im Herbst 1955 mit der Einführung von *Ali* in einer 25g-Dose, worauf General Foods sofort eine 16g-Dose herausbrachte. Obwohl *Ali* nur über eine schwache Verkaufsorganisation verfügte und die häufigen Wechsel der Werbe- und Verkaufsstrategie bald ein sehr negatives Bild abgaben, hielt die Kampfmarke in den ersten Jahren *Maxwell House* von einem direkten Angriff auf *Nescafé* ab. Dies war insofern relevant, als General Foods in seine Werbekampagnen Summen investierte, die weit über den finanziellen Möglichkeiten von Nestlé lagen.[75]

Bis 1958 konnte Nestlé mit *Nescafé* und *Ali* einen Marktanteil von 80 Prozent bewahren, während sich *Maxwell House* mit einem Anteil von zwölf Prozent begnügen musste.[76] Dass der Marktanteil von *Maxwell House* trotz enormen Werbeausgaben bescheiden blieb, lässt sich auch damit erklären, dass General Foods die europäischen Gepflogenheiten zu wenig kannte und zu aufdringlich für ihr Produkt warb: In Hamburg sandte das US-Unternehmen ihren *Maxwell House* Instantkaffee per eingeschriebener Post an die Lebensmittelhändler. Die unbestellte Sendung war mit dem Vermerk versehen, dass man sie erst in 60 Tagen bezahlen müsse, der Adressat das Päckchen aber per Post wieder zurückschicken könne, falls er von diesem ungewöhnlich günstigen Angebot keinen Gebrauch machen wolle. Vielen Lebensmittelhändlern wiederstrebte diese Art von Werbung dermassen, dass sie die Ware dem Absender gleich wieder zurückschickten.[77]

Anders als im angelsächsischen Raum vermochte *Maxwell House* deshalb bis Ende der 1950er-Jahre die Dominanz von *Nescafé* auf dem deutschen Markt nicht zu schwächen.[78] Der

73 AHN F 5.3.1, Communication Marketing Nr. 9, September 1962, S. 29–32.

74 Nestlé verkaufte die 50g-Dose *Nescafé* für 5.30 D-Mark und *Ali* für 4.85 D-Mark. General Foods führte die Marke *Maxwell House* zum Preis von 3.90 D-Mark ein, womit das Produkt dem Kunden auf den ersten Blick günstiger schien. Ein direkter Preisvergleich zeigt allerdings, dass *Maxwell House* in der 50g-Dose 5.55 D-Mark gekostet hätte und damit sogar etwas teurer als *Nescafé* war (vergleiche dazu AHN F 5.3.1, Communication Marketing Nr. 9, September 1962, S. 31).

75 AHN F 5.3.1, Communication Marketing Nr. 9, September 1962, S. 29–32, und AHN SG 6100-57, Brief von Nestlé Deutschland an H, 19. Oktober 1962.

76 AHN SG 10805, Schrift «Café Instantané – Evolution de la concurrence», 2. April 1958.

77 Artikel aus dem deutschen Magazin «Der Spiegel» Nr. 37, 7. September 1955, S. 16.

78 AHN F 5.3.1, Communication Marketing Nr. 9, September 1962, S. 29–32.

Preis für Instantkaffee blieb hoch, was zusammen mit der hochstehenden Kaffeetradition[79] einer der Hauptgründe dafür war, dass die Deutschen während des Wirtschaftsaufschwungs in der zweiten Hälfte der 1950er-Jahre ihre Kaffee-Surrogate nicht wie die Engländer durch Instant-, sondern durch Bohnenkaffee ersetzten:[80] Im Gegensatz zu den statischen Preisen auf dem deutschen Instantkaffeemarkt begannen die Preise für Kaffeebohnen mit der Gründung der EWG und der Liberalisierung des Kaffeehandels zu sinken.[81] Immer mehr Deutsche konnten sich dadurch den kleinen Luxus leisten, anstelle von Ersatzkaffee einen «richtigen» Bohnenkaffee zu geniessen. Der Marktanteil der Kaffeesurrogate, welche bis dahin das dominierende Segment innerhalb des deutschen Kaffeemarktes gewesen waren, schrumpfte laut Nestlés Statistiken zwischen 1955 und 1962 von 71 auf 44 Prozent.[82]

Nutzniesser dieser Entwicklung war die deutsche Röstkaffeeindustrie, welche unter der Führung von Jacobs, Tchibo und Eduscho endgültig ins Zeitalter der Massenvermarktung und der Kontrolle des Kaffeegeschäfts durch Grosskonzerne tauchte. Das Selbströsten der Kaffeebohnen zu Hause verschwand ebenso wie die kleinen Kaffeegeschäfte.[83] Demgegenüber wurde Instantkaffee von den Deutschen als praktisches Produkt angesehen, dessen Qualität der eines Bohnenkaffees allerdings nicht ganz ebenbürtig war. Zudem hielt sich hartnäckig das Vorurteil, dass Löslichkaffee kaffeefremde Stoffe enthalte und gesundheitsschädlich sei. Der Marktanteil des Instantkaffees blieb daher bis Anfang der 1960er-Jahre stabil bei etwa fünf bis sechs Prozent des deutschen Kaffeemarktes stehen.[84]

Dies änderte sich allerdings zu Beginn der 1960er-Jahre, als sich der Konkurrenzkampf auf dem deutschen Instantkaffeemarkt verstärkte. Nachdem General Foods in den ersten vier Jahren den Preiskampf mit *Ali* bewusst vermieden hatte, um *Maxwell House* mit intensiver Werbung bekannt zu machen und dem Geschmack des deutschen Kaffeetrinkers anzupassen, war die US-Marke 1959 stark genug, um *Nescafé* direkt zu attackieren.[85] *Ali* dagegen konnte die gesteckten Absatzziele nie erreichen und blieb eine zahnlose Kampfmarke, vor der *Maxwell House* nichts

79 Zur Beurteilung der Kaffeetradition verwendete Mark Pendergrast die Herkunft und Sorte der Kaffeebohnen als entscheidende Kriterien (Pendergrast, Kaffee, S. 296).

80 Artikel aus dem deutschen Magazin «Der Spiegel» Nr. 37, 7. September 1955, S. 15.

81 Vergleiche dazu Teuteberg, Kaffee, S. 107 und Pendergrast, Kaffee, S. 294–295.

82 AHN F 5.3.1, Communication Marketing Nr. 9, September 1962, S. 29.

83 Hatte es in Deutschland vor dem Krieg noch 5000 Kaffeeröster gegeben, waren es 1960 noch 600 (vergleiche dazu Pendergrast, Kaffee, S. 294–296).

84 AHN F 5.3.1, Communication Marketing Nr. 9, September 1962, S. 29.

85 Ebenda, S. 29–35.

zu befürchten hatte.[86] Im Februar 1959 entfesselte General Foods einen scharfen Preiskampf, indem der US-Konzern *Maxwell House* um 0.25 D-Mark verbilligte. Nestlé wurde dadurch gezwungen, ihre bisherige Preispolitik aufzugeben und im Oktober 1960 ihre Preise ebenfalls nach unten zu korrigieren. Wenige Monate später verschärfte sich der Konkurrenzkampf zusätzlich, indem die Deutsche Extrakt-Kaffee GmbH (DEK) – eine 1955 in Hamburg gegründete Gesellschaft der deutschen Kaffeehersteller Jacobs, Tchibo, Eduscho und Kord zur Herstellung von Löslichkaffee[87] – ihr Engagement auf dem Instantkaffeemarkt mit *Jacobs MoccaPress* ausbaute. Dadurch sank der Preis für *Nescafé* innerhalb von drei Jahren um über zehn Prozent und war immer noch 0.10 D-Mark teurer als *Maxwell House*. Während die Herausforderer auf diese Weise ihren Marktanteil weiter vergrössern konnten, konzentrierte sich Nestlé darauf, den Preissturz und damit eine Erosion der Marge von *Nescafé* zu bremsen. Mit geringem Erfolg: kostete eine 50 Gramm Dose *Nescafé* 1959 noch 4.80 D-Mark,[88] war sie fünf Jahre später für 3.95 D-Mark erhältlich, wobei das Produkt von Nestlé immer noch wesentlich teurer war als *Jacobs MoccaPress* mit 3.40 D-Mark.[89]

Wie in den Vereinigten Staaten wurde der Preiszerfall auch hier von den preisgünstig angebotenen Handelsmarken der Warenhausketten vorangetrieben, die über einen Drittel billiger waren als die beiden Qualitätsmarken *Nescafé* und *Maxwell House* und unter Berücksichtigung des Preises einen erstaunlich guten Geschmack aufwiesen.[90] Mitte der 1960er-Jahre existierten in der Bundesrepublik bereits über 500 Handelsmarken. Die grosse Auswahl an Marken war aber mehrheitlich eine Scheinwahl, denn hinter den zahlreichen Handels- oder Eigenmarken stand in den meisten Fällen dasselbe Kaffeepulver: Die Händler druckten zwar ihre Namen auf das Etikett, bezogen den darin enthaltenen Kaffee-Extrakt jedoch bei denselben drei Herstellern: der von den deutschen Röstkaffeeunternehmen gegründeten DEK, der amerikanischen Tenco sowie der Allgemeinen Nahrungsmittelgesellschaft (ANG) in Elmshorn, welche als Reaktion auf die Gründung der DEK von General Foods ins Leben gerufen worden war.[91]

Durch die Verbilligung des löslichen Kaffees nahm die Popularität des Instantkaffees auf dem deutschen Markt ab 1960 stetig zu, während der Bohnenkaffeeverbrauch konstant

86 AHN SG 6100-57, Brief von Nestlé Deutschland an H, 19. Oktober 1962.

87 Krieger, Kaffee, S. 238, und AHN SG 6100-57, Telex von Nestlé Deutschland an G, 11. Mai 1965.

88 AHN F 5.3.1, Communication Marketing Nr. 9, September 1962, S. 31.

89 AHN SG 6100-57, Protokoll der Nescafé-Gold-Besprechung, 9. April 1965.

90 AHN SG 6100-57, Notiz «Belieferung von Handelsmarken und Zweitmarken durch General Foods», 23. Oktober 1964, und ebenda, Notiz von Nestlé Deutschland an E. Bignami, 17. Juli 1965.

91 Artikel aus dem Verbrauchermagazin «DM», September 1967, S. 37 und 41.

blieb. Der Anteil des Löslichkaffees am gesamten Kaffeeverbrauch nahm bis Mitte der 1960er-Jahre auf zwölf Prozent zu,[92] während der Marktanteil von *Nescafé* im Instantkaffeesegment in diesen fünf Jahren gleichzeitig von 70 Prozent auf 37 Prozent sank.[93]

Damit liess sich in der Bundesrepublik Deutschland mit einer Verspätung von etwa fünf Jahren eine ähnliche Marktentwicklung wie in den Vereinigten Staaten beobachten, wobei es zwei entscheidende Unterschiede gab: Erstens blieb *Nescafé* auf dem deutschen Markt die bedeutendste Instantkaffeemarke. Zweitens erhielt der lösliche Kaffee aufgrund der stark verankerten Röstkaffeekultur nicht denselben Stellenwert, den er im angelsächsischen Raum genoss. Mit etwas über zehn Prozent Marktanteil blieb er bis Mitte der 1960er-Jahre ein Nischenprodukt.[94] Wie das folgende Kapitel zeigt, galt dasselbe auch für Belgien und die skandinavischen Länder, welche wie die Deutschen über eine ausgeprägte Röstkaffeekultur verfügten.

Die Öffnung der europäischen Märkte nach amerikanischem Vorbild

In den 1950er-Jahren wiesen Schweden, Norwegen und Finnland in Europa nicht nur den höchsten Kaffeeverbrauch pro Kopf auf,[95] ihre Einwohner tranken auch die hochwertigsten Kaffeemischungen:[96] Der Bohnenkaffee wurde in diesen Ländern vorwiegend schwarz getrunken und enthielt fast nur Arabica-Bohnen.[97] Zichorien und andere Ersatzprodukte wurden dem Kaffee dagegen selten beigemischt.[98] Gleich nach den nordischen Ländern folgten die Belgier mit dem viertgrössten Kaffeeverbrauch pro Kopf.[99]

In diesen ausgesprochenen Kaffeetrinkernationen wurde Instantkaffee als minderwertiger Ersatz oder Nachahmung des Bohnenkaffees wahrgenommen.[100] Besonders schlecht

92 Ebenda, S. 41.

93 *Maxwell House* konnte in dieser Zeitspanne den Marktanteil konstant bei 16 Prozent halten, der Anteil der preiswert angebotenen Eigenmarken stieg um 28 Prozent (AHN SG 6100-57, Notiz von Nestlé Deutschland an E. Bignami, 17. Juli 1965, und AHN Rapport au Conseil d'Administration, 368. Séance, Traktandum 10d, 18. August 1965).

94 Artikel aus dem Verbrauchermagazin «DM», September 1967, S. 41.

95 AHN SG 11790, Evolution de la production et de la consommation alimentaires par rapport à l'avant-guerre, 9. November 1955.

96 Dieses Urteil trifft zu, wenn man die Kaffeequalität nach dem gängigen Industrieindex definiert, welcher die Kaffeesorten nach Columbian Milds, other Milds, Brazilian naturals und Robusta klassifiziert und ihren Anteil in der Tasse Kaffee entsprechend gewichtet (vergleiche dazu Morris, Making Italian Espresso, S. 157).

97 Ebenda, S. 157.

98 Ukers, All about coffee, S. 569.

99 AHN SG 11535, Dossier «Conférence ARPC», 9. Juni 1961.

100 AHN SG 7417, Rapport von H zur Besichtigung in Oslo, 23. Juni 1954, und AHN F 5.3.1, 4, Communication Marketing Nr. 5, Mai 1965, S. 16.

war der Ruf des löslichen Kaffees in Schweden, wo er als Notlösung aus der unmittelbaren Nachkriegszeit galt.[101] Entsprechend gering war der Anteil des Instantkaffees am gesamten Kaffeeverbrauch: Um 1960 lag dieser in Belgien bei drei Prozent,[102] in Schweden bei 0,4 Prozent,[103] in Norwegen bei 0,2 Prozent und in Dänemark bei einem Prozent. Nestlé stellte in diesen Ländern praktisch der einzige Anbieter von Löslichkaffee dar,[104] denn hohe Marktbarrieren und die relativ geringe Nachfrage verhinderten, dass ausländische Unternehmen mit Importen in diesen Ländern tätig wurden.[105]

Ähnliches galt auch für Spanien, das unter der Franco-Diktatur aus der OEEC ausgeschlossen blieb.[106] Das südeuropäische Land wies nach dem Zweiten Weltkrieg im europäischen Vergleich den geringsten Kaffeeverbrauch pro Kopf auf, was hauptsächlich auf die Zollpolitik der spanischen Regierung zurückzuführen war, welche die Kaffee-Ernten aus den spanischen Kolonien unter staatlichen Schutz stellte, was das Angebot klein und die Preise hoch hielt. Auch *Nescafé* – damals praktisch der einzige Instantkaffee auf dem spanischen Markt – war in den 1950er-Jahren für die grosse Masse zu teuer. Trotzdem konnte der lösliche Kaffee bis Ende des Jahrzehnts neun Prozent des spanischen Kaffeemarktes gewinnen. Dies war insofern bemerkenswert, als die spanische Bevölkerung *Nescafé* ohne Milch konsumierte.[107]

Nur in einem der kleineren europäischen Märkte entwickelte sich eine starke Konkurrenz: in den Niederlanden. Hier begann das lokale Familienunternehmen Douwe Egberts 1954 unter der Marke *Moccona* ebenfalls löslichen Kaffee herzustellen, der aufgrund der langen Kaffeetradition des Unternehmens sofort grossen Anklang fand.[108] Bis 1957 eroberte *Moccona* einen Drittel des niederländischen Instantkaffeemarktes,[109] als

101 AHN SG 7717, Schrift «Visite à Stockholm», 21. November 1958.

102 AHN SG 11535, Dossier «Conférence ARPC», 9. Juni 1961.

103 AHN SG 7700-57, Brief von H an dlC, 7. November 1960.

104 In Norwegen hatte *Nescafé* 1958 im Instantkaffeesegment einen Marktanteil von 100 Prozent, in Dänemark einen Anteil von 97 Prozent und in Belgien einen Anteil von 91 Prozent (AHN SG 10805, Schrift «Café Instantané – Evolution de la concurrence», 2. April 1958).

105 Vergleiche dazu die Ausführungen im Kapitel «Handelsschranken und unterschiedliche Kaffeekulturen – die Rückkehr des *Nescafés* nach Europa», S. 158–161.

106 Cameron, Geschichte der Weltwirtschaft 2, S. 235.

107 Nestlé propagierte *Nescafé* in Spanien anfänglich als Milchkaffee, den man mit Kondensmilch zubereitete. Als auf der Iberischen Halbinsel aber zahlreiche Ersatzkaffeemarken als «Café con leche» angeboten wurden, grenzte das Schweizer Unternehmen *Nescafé* sofort von diesem Segment ab und verkaufte ihn fortan als schwarzen Kaffee ohne die Zugabe von Milch (AHN SG 6400-57, Schrift «Voyage à Barcelone et Madrid de B les 14 et 15 novembre 1960», 25. November 1960).

108 Die Ursprünge des Kaffeehandelshauses Douwe Egberts gingen auf das Jahr 1753 zurück. Durch die lange Tradition hatte sich das niederländische Unternehmen einen ausgezeichneten Ruf geschaffen, den es mit dem Werbespruch «*Moccona* – reiner Kaffee in der Tradition von Douwe Egberts» ebenfalls auf ihren Instantkaffee übertrug (AHN SG 10805, Schrift «Café Instantané – Evolution de la concurrence», 2. April 1958, und AHN F 5.3.1, Communication Marketing Nr. 1, Januar 1963, S. 9–10).

109 AHN SG 10805, Schrift «Café Instantané – Evolution de la concurrence», 2. April 1958.

mit der Gründung der EWG, welcher neben den Benelux-Ländern auch die Bundesrepublik Deutschland, Frankreich und Italien angehörten, die Handelsschranken und Binnenzölle innerhalb des gemeinsamen Wirtschaftsraums abgebaut wurden.[110] Damit bildete sich auch in Europa ein Massenmarkt nach amerikanischem Vorbild aus: Zahlreiche US-Konzerne begannen Produktionsstätten innerhalb der EWG zu errichten und die «Ökonomie der grossen Zahl», die auf Skalenerträgen basierte, ebenfalls auf kleinere europäische Märkte auszudehnen,[111] was den Konkurrenzkampf gerade in bisher abgeschotteten Märkten wie den Niederlanden weiter verschärfte.[112] Bis 1961 sank der Marktanteil von *Nescafé* in den Niederlanden auf 38 Prozent, der sich nun die Marktführerschaft mit *Moccona* teilen musste.[113]

Mit der Gründung der EFTA am 4. Januar 1960 wurden die Handelsbarrieren auch zwischen den skandinavischen Ländern Schweden, Norwegen und Dänemark abgebaut,[114] wodurch *Nescafé* ebenfalls in Dänemark und Norwegen Konkurrenz durch *Moccona* und *Maxwell House* erhielt.[115] In den darauffolgenden 18 Monaten brach der Marktanteil von *Nescafé* in Norwegen um einen Drittel ein.[116]

In Spanien, das weder zur EWG noch zur EFTA gehörte, tauchte General Foods mit der wirtschaftlichen Öffnung des Landes zu Beginn der 1960er-Jahre[117] als indirekter Konkurrent auf, der *Nescafé* mit tiefen Preisen den Markt abzugraben versuchte.[118] Mit zeitlicher Verzögerung erlebte der Verbrauch von Löslichkaffee dadurch auch auf der iberischen Halbinsel einen spektakulären Anstieg: während des spanischen «Wirtschaftswunders»[119] zwischen 1960 und 1965 vervierfachte sich das Marktvolumen von 114 000 Kisten auf 470 000 Kisten[120] – und dies, obwohl *Nescafé* bis 1965 noch ein halbes Luxusgut war, das sich nur die Reichsten

110 Matis/Stiefel, Weltwirtschaft, S. 153–154.

111 De Grazia, Das unwiderstehliche Imperium, S. 417–419.

112 Vergleiche dazu AHN SG 10805, Schrift «Café Instantané – Evolution de la concurrence», 2. April 1958, und Erläuterungen zum Geschäftsbericht Nestlé 1961, S. 4.

113 *Maxwell House* konnte zwischen 1958 und 1961 zwar auf Kosten von *Nescafé* einen Marktanteil von fünf Prozent gewinnen, die Bedeutung der US-Marke blieb in den Niederlanden allerdings gering (AHN SG 11535, Dossier «Conférence ARPC», 9. Juni 1961).

114 Matis/Stiefel, Weltwirtschaft, S. 154.

115 AHN F 5.3.1, Communication Marketing Nr. 12, Dezember 1962, S. 24–25.

116 AHN SG 7400-57, Schrift «Visite à Oslo de B les 27 et 28 mars 1962», 11. April 1962.

117 1958 trat Spanien der Weltbank bei und wurde ein Jahr später mit dem Beitritt zum Internationalen Währungsfonds auch Mitglied der OEEC (Salmon, Modern Spanish Economy, S. 3).

118 General Foods unterstützte in Spanien indirekt die Konkurrenzmarke *Monky* (AHN SG 6400-57, Notiz von A an E. Bignami, 16. August 1965).

119 Zwischen 1959 und 1971 wies Spanien hinter Japan das stärkste Wirtschaftswachstum auf (Salmon, Modern Spanish Economy, S. 4).

120 AHN SG 6400-57, Notiz von A an E. Bignami, 16. August 1965.

leisten konnten.[121] Durch Preissenkungen entwickelte sich *Nescafé* in der zweiten Hälfte der 1960er-Jahre schliesslich zum modernen Kaffeegetränk des Mittelstands:[122] «Our optique must change in the direction of making soluble coffee (and *Nescafé*) a popular, reasonably priced product for daily consumption.»[123] Damit änderte Nestlé 1965 ihre Strategie, ohne sich allerdings allzu stark in einen Preiskampf verwickeln zu lassen: «Dans le café instantané la guerre des prix a un risque. Quand les gens achèteront le café pour le prix et non pour la marque, alors nous n'aurons plus d'arrangement possible. Ils achèteront *Columba* ou *Spar* [Billigmarken]»,[124] sah Nestlé bei allzu starken Preissenkungen die Gefahr einer Markenerosion.

Aufgrund der zunehmenden Liberalisierung des europäischen Handels verlor die vom Wirtschaftsprotektionismus der Zwischenkriegszeit erzwungene lokale Fabrikation aller Nestlé-Produkte ihre ökonomische Effizienz. Als Konsequenz daraus schloss Nestlé Fabriken in Ländern, in denen nicht günstig genug produziert werden konnte, und konzentrierte die Produktion auf wenige Standorte, um Grösseneffekte besser ausnützen zu können.[125] 1962 gab Nestlé beispielsweise die Herstellung von Löslichkaffee in Hamar (Norwegen) auf und lagerte diese nach Hjörring (Dänemark) aus, wo die Produktionskosten rund 20 Prozent tiefer waren.[126] Ebenso errichtete das Unternehmen in Dieppe (Nordfrankreich) im Hinblick auf die Versorgung des gesamten EWG-Raumes eine neue Produktionsanlage.[127]

Allgemein blieb die lokal ausgerichtete Unternehmensstruktur von Nestlé aber weiterhin aufrechterhalten: Einerseits, weil der freie Warenhandel trotz dem Abbau von Zollschranken nach wie vor durch unterschiedliche Lebensmittelbestimmungen in den einzelnen Ländern eingeschränkt wurde.[128] Andererseits, weil Nestlé ihren Löslichkaffee dem lokalen Kaffeegeschmack anpasste und *Nescafé* daher kein standardisiertes Einheitsprodukt darstellte. Aus diesen Gründen wurde bei Nestlé auf eine starke Konzentration der Produktion und eine ausgeprägte Nutzung von Skalenerträgen nach amerikanischem Modell ver-

121 In Spanien wurde *Nescafé* in den 1960er-Jahren zu über 80 Prozent an die 15 Prozent Reichsten des Landes verkauft (AHN SG 6400-57, Brief von W an A, 28. September 1965).

122 Die Preissenkungen sollten durch Verhandlungen mit der spanischen Regierung erreicht werden, den Rohkaffee günstiger einkaufen zu dürfen (AHN SG 6400-57, Brief von W an A, 28. September 1965).

123 AHN SG 6400-57, Brief von W an A, 28. September 1965.

124 AHN SG 6400-76, Treffen zwischen dem Direktor von Congesol und dem Direktor von Nestlé in Barcelona, 4. Dezember 1965.

125 SWA H+I Ba 214, Ausschnitt aus der «Neuen Zürcher Zeitung», 3. Mai 1957.

126 AHN SG 7400-57, Schrift «Voyage de B les 6 et 7 mai 1960», 16. Mai 1960.

127 AHN SG 6600-57, Dossier «Nouvelle usine Nescafé en France», 11. Januar 1963.

128 Jahresbericht Nestlé 1966, S. 3.

zichtet. Die Produktivität der lokal ausgerichteten *Nescafé*-Fabriken blieb zwar geringer als diejenige der amerikanischen Konkurrenz.[129] Andererseits verschaffte sich *Nescafé* durch die Anpassung an die lokalen Geschmackspräferenzen und Kaffeekonsumgewohnheiten in den einzelnen Ländern aber auch Vorteile,[130] wie das nächste Kapitel zeigt.

129 SWA H+I Ba 214, Ausschnitt aus der «Neuen Zürcher Zeitung», 3. Mai 1957.

130 Zu Beginn der 1960er-Jahre begann Nestlé in den einzelnen Ländern systematisch Produkttests nach wissenschaftlichen Kriterien durchzuführen, um mehr über die Präferenzen der Konsumenten in den einzelnen Märkten herauszufinden (AHN F 5.3.1, 1, Communication Marketing Nr. 5, Mai 1962, S. 19, und ebenda, Communication Marketing Nr. 11, November 1962, S. 15).

Globale Marke, lokale Vermarktung – der grosse Vorteil gegenüber der US-Konkurrenz

Skalenerträge versus Marktadaption

Die Ausbreitung der amerikanischen Konsumkultur in den 1950er-Jahren hatte für *Nescafé* zwiespältige Auswirkungen: Einerseits trug die Verbreitung von Fernsehen, Supermärkten und anderen Erscheinungen, die mit dem «American Way of Life» in Verbindung gebracht werden, wesentlich zur Popularisierung des Instantkaffees bei. Andererseits nahm damit aber auch die Konkurrenz durch grosse US-Konzerne und Warenhausketten stark zu. Anfang der 1960er-Jahre wurde Nestlé sogar als führender Instantkaffeehersteller von General Foods überflügelt,[131] während die Firma Tenco als bedeutendster Hersteller von Handelsmarken von der Coca-Cola Company übernommen wurde[132] und sich 1963 mit dem Zusammenschluss von Folgers mit Procter & Gamble ein weiterer gefährlicher Konkurrent formierte.[133]

Dabei schaukelten sich die wachsende Nachfrage nach Instantkaffee und der zunehmende Konkurrenzdruck gegenseitig hoch: Durch das wachsende Marktvolumen des löslichen Kaffees traten neue Unternehmen in den Markt, die den Konkurrenzdruck erhöhten und die Unternehmen zu Preissenkungen und erhöhter Werbeintensität zwangen. Dies wiederum führte zu einer erhöhten Nachfrage nach Instantkaffee. Angesichts der Grössenvorteile und der Finanzkraft der amerikanischen Konkurrenz drohten in diesem Prozess nicht nur die Preise und Margen von *Nescafé* zu erodieren, sondern auch Nestlés Marktanteile erheblich zu schrumpfen.[134]

Dies war allerdings nur die eine Seite der Realität: Zwar hatte Nestlé – gemessen am Umsatz – tatsächlich mehr als doppelt so viele Mitarbeiter wie General Foods und verfügte über

131 Weltweit hatte General Foods 1961 einen Marktanteil von 40 Prozent, während sich Nestlé mit einem Anteil von 35 Prozent begnügen musste (AHN Rapport au Conseil d'Administration, 352. Séance, Traktandum 9, 24. August 1962).

132 1960 übernahm die Coca-Cola Company die Firma Tenco zusammen mit dem Orangensaft-Produzenten Minute Maid. Wenige Jahre später stellte Coca-Cola der fünftgrösste Kaffeeröster in den Vereinigten Staaten dar (AHN Rapport au Conseil d'Administration, 352. Séance, Traktandum 9, 24. August 1962, und Pendergrast, Kaffee, S. 310).

133 Vergleiche dazu AHN F 5.3.1, 2, Communication Marketing Nr. 12, Dezember 1963, S. 7, und Pendergrast, Kaffee, S. 309.

134 AHN SG 11537, Schrift «Problème du rendement du Nescafé», 2. August 1960, und AHN Rapport au Conseil d'Administration, 362. Séance, Traktandum 9a, 20. August 1964.

sehr viele «mittelgrosse Fabriken», weshalb das Unternehmen weniger stark von Skalenerträgen profitieren konnte als die grossen US-Konzerne.[135] Andererseits konzentrierte sich der Absatz der Instantkaffeemarken *Maxwell House* und *Sanka* von General Foods zu 90 Prozent auf die Vereinigten Staaten, während Nestlé dezentral organisiert war und sich der Umsatz von *Nescafé* und anderen Pulverkaffeemarken des Unternehmens dadurch global verteilte. General Foods vermochte Nestlé zwar in Nordamerika als Marktführer klar zu verdrängen und in grösseren europäischen Ländern wie Grossbritannien und der Bundesrepublik Deutschland herauszufordern. In Märkten mit einer kleinen Nachfrage nach Instantkaffee oder besonderen Kaffeegewohnheiten, in welchen Skalenerträge nicht in demselben Masse genutzt werden konnten wie in den Vereinigten Staaten, Grossbritannien oder der Bundesrepublik Deutschland, blieb Nestlé weiterhin führend. In Afrika, Asien, Australien und Lateinamerika war General Foods praktisch inexistent, während Nestlé dort etwa 20 Prozent ihres Pulverkaffeeumsatzes erwirtschaftete.[136] «Competition from *Maxwell House*

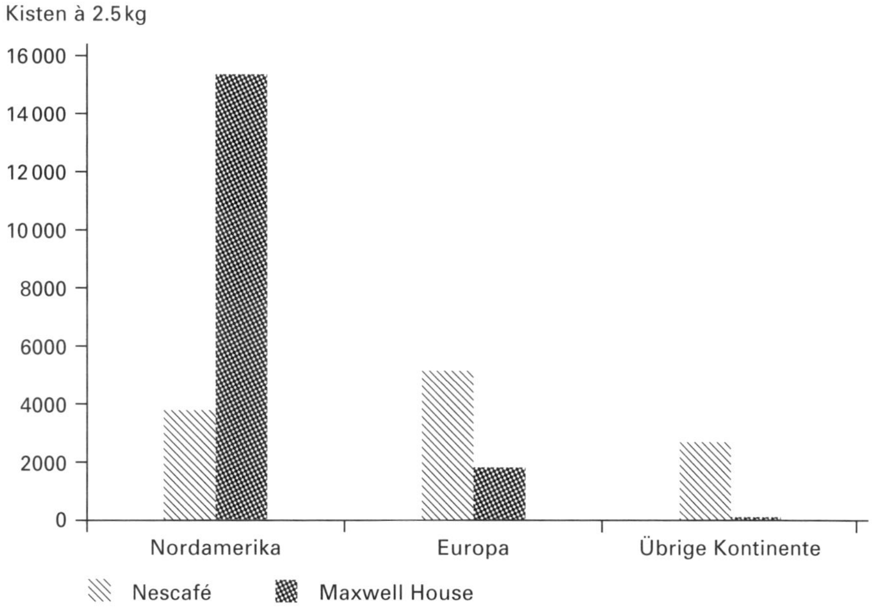

Darstellung 6: Die geografische Aufschlüsselung der Umsatzzahlen von *Nescafé* und *Maxwell House* im Jahr 1961 zeigt, dass *Maxwell House* vor allem in Nordamerika eine dominante Stellung hatte, während *Nescafé* auf den übrigen Kontinenten die Marktführerschaft behielt.

135 Im Durchschnitt waren bei Nestlé 253 Mitarbeiter pro Fabrik beschäftigt. Selbst die grösste Fabrik des Unternehmens zählte weniger als 3000 Beschäftigte (SWA H+I Ba 214, Ausschnitte aus den Zeitungen «Der Bund», 10. Mai 1965, und «Abend-Zeitung», 11. Mai 1965).

136 AHN Rapport au Conseil d'Administration, 362. Séance, Traktandum 9a, 20. August 1964.

seems to have become much less oppressive; have they got tired in these relatively small markets?»,[137] schrieb Nestlé 1962 beispielsweise in einem Marktbericht zur Situation in Nigeria.

Der Stellenwert von *Nescafé* auf dem Instantkaffeemarkt beschränkte sich deshalb nicht wie bei *Maxwell House* auf einige Schlüsselmärkte, sondern lässt sich vielmehr aus der Addition der Umsatzzahlen in vielen, sehr unterschiedlich geprägten Märkten erklären. Darauf, wie sich Nestlé den lokalen Bedingungen anpasste und sich *Nescafé* dadurch als globale Marke entscheidende Konkurrenzvorteile verschaffen konnte, wird im Folgenden näher eingegangen.

Nescafé in Frankreich und der Schweiz

Neben Grossbritannien und der Bundesrepublik Deutschland zählte Frankreich zu den drei grossen *Nescafé*-Absatzmärkten in Europa.[138] Die Kaffeetradition der «Grande Nation» galt aufgrund der starken Verwendung von Robusta-Kaffeebohnen aus den französischen Kolonien als qualitativ wenig hochstehend.[139] Ausserdem wurde der Kaffee in Frankreich stark geröstet und in vielen Fällen mit Zichorien gestreckt: Der traditionelle «Café au lait», der aus der Schale getrunken wurde und sich zur einen Hälfte aus Milch und der anderen Hälfte aus starkem, mit Zichorien gemischtem Kaffee zusammensetzte, stellte ein beliebtes Frühstücksgetränk dar. Zum Mittag- und Abendessen dagegen wurde das anregende Getränk schwarz – also ohne Milch – getrunken.[140]

Diese Konsumgewohnheiten sowie die Gesundheitsbedenken der Bevölkerung gegenüber dem Koffein sorgten dafür, dass sich Nestlés Monopolstellung auf dem französischen Instantkaffeemarkt auf verschiedene Marken und Produkte aufspaltete:[141] 1959 setzte sich Nestlés Umsatz im französischen Instantkaffeesegment zu 45 Prozent aus der Zichorien-Kaffee-Mischung *Ricoré,* zu 36 Prozent aus *Nescafé* und zu 17 Prozent aus *Nescafé décaféiné* zusammen.[142] Durch diese Auffächerung des Marktes in verschiedene Segmente war es für die Konkurrenz viel schwieriger als in anderen europäischen Ländern, *Nescafé* anzu-

137 AHN SG 3200, Schrift «Sales Report – Dezember 1961», 12. Januar 1962.

138 AHN SG 11537, Schrift «Problème du rendement du Nescafé», 2. August 1960.

139 Pendergrast, Kaffee, S. 271.

140 Ukers, All about coffee, S. 561–563.

141 Ende der 1950er-Jahre hatte Nestlé einen Marktanteil von 98 Prozent auf dem französischen Instantkaffeemarkt (AHN SG 10805, Schrift «Café Instantané – Evolution de la concurrence», 2. April 1958).

142 AHN SG 6600-57, Zusammenfassung «Rapport de B rédigé à la suite de son voyage à Paris les 8 et 9 Septembre 1960», 20. September 1960.

greifen.[143] Um den Markteinstieg weiter zu erschweren, führte Nestlé die Kampfmarke *Excella* ein.[144]

Wie in der Bundesrepublik Deutschland vermochte General Foods auch in Frankreich Nestlés Kampfmarkenstrategie zu durchkreuzen, indem der US-Konzern nicht mit *Maxwell House* auf den französischen Markt vorpreschte, sondern ihren Instantkaffee unter der bereits existierenden, lokalen Marke *Légal* vertrieb.[145] Ebenso vermochten Handelsmarken den Anteil des Instantkaffees am gesamten französischen Kaffeemarkt von sechs auf zehn Prozent auszuweiten,[146] während *Nescafé* Marktanteile verlor. Die Entwicklung verlief in Frankreich jedoch weit weniger dramatisch als in Deutschland, Grossbritannien oder den Niederlanden,[147] weil die Konkurrenz vor allem auf Kosten des normalen *Nescafés* Marktanteile zu gewinnen vermochte, *Nescafé décaféiné* und *Ricoré* dagegen weit weniger stark attackiert wurden.[148]

Dasselbe galt auch für die Schweiz, die im Vergleich zu anderen europäischen Ländern eine schwache Röstkaffeetradition aufwies. Wie in Frankreich wurde der Kaffee im Alpenland vielfach mit Milch gemischt und Zichorien gestreckt.[149] Daher entwickelte sich die Zichorien-Kaffee-Mischung *Nescoré* in den 1950er-Jahren zu einem sehr beliebten Produkt, das 1957 rund zwei Fünftel von Nestlés Pulverkaffeeumsatz generierte.[150] Auf dem schweizerischen Markt tauchten ebenfalls ab Mitte der 1950er-Jahre zahlreiche Konkurrenten auf, zu denen unter anderem Thomy & Franck mit *Inca*-Instantkaffee und der Zichorien-Kaffee-Mischung *Incarom* sowie zahlreiche Detailhandelsketten wie Migros, Usego und der Lebensmittelverein Zürich mit eigenen Handelsmarken zählten.[151] Analog zur Situation in Frankreich wurde *Nescafé* auch in der Schweiz von den Attacken der Konkurrenz wesentlich stärker in Mitleidenschaft gezogen als *Nescoré*,

143 Vergleiche dazu AHN SG 6600-57, Brief von Nestlé Frankreich an P. Liotard-Vogt, 12. August 1966.

144 AHN SG 11537, Schrift «Problème du rendement du Nescafé», 2. August 1960.

145 AHN SG 9000-57, Brief von E. Bignami an Nestlé Australien, 10. Dezember 1959.

146 AHN SG 10805, Schrift «Café Instantané – Evolution de la concurrence», 2. April 1958, und AHN F 5.3.1, Communication Marketing Nr. 12, Dezember 1962, S. 31.

147 AHN SG 6600-57, Schrift «Résumé du Compte-Rendu de la visite à Paris les 5 et 6. 9. 1966», 8./9. September 1966.

148 Zwischen 1959 und 1965 sank der Marktanteil des normalen *Nescafé* in Frankreich um einen Drittel von 36 Prozent auf 24 Prozent, während der Anteil von *Ricoré* weit weniger stark von 45 Prozent auf 37 Prozent schrumpfte und *Nescafé décafféiné* seinen Marktanteil sogar von 17 Prozent auf 19 Prozent ausweiten konnte. Damit beherrschte Nestlé immer noch vier Fünftel des französischen Pulverkaffeemarktes (vergleiche dazu dies Statistiken in AHN SG 6600-57, Zusammenfassung «Rapport de B rédigé à la suite de son voyage à Paris les 8 et 9 Septembre 1960», 20. September 1960 und AHN SG 11537, «Progress Report» von P an Nestlé USA, 24. Oktober 1966).

149 In den 1960er-Jahren wurden 70 Prozent des Kaffees in der Schweiz als Milchkaffee getrunken, wovon 80 Prozent noch Kaffeesurrogate wie Zichorien beigegeben wurden (Nestlé SA, Extraits de Café, S. 32).

150 AHN SG 9503, Notiz «Rapport mensuel mois de décembre 1957», 14. Januar 1958.

151 AHN SG 10805, Schrift «Café Instantané – Evolution de la concurrence», 2. April 1958.

Nestlé blieb aber klarer Marktführer.[152] Zugleich half der steigende Wettbewerb mit, dass der Kleinstaat – gemessen am gesamten Kaffeekonsum des Landes – in Kontinentaleuropa den höchsten Instantkaffeeverbrauch aufwies.[153]

Nescafé in Asien und Australien

«The most important development in product sales in 1957 has been the continued expansion of *Nescafé* sales. An increase of 28.85 % can well be described as spectacular and on present trends this one product may soon account for one-third of our total profits»,[154] beschrieb die australische Tochtergesellschaft Ende der 1950er-Jahre die zunehmende Bedeutung von *Nescafé* auf dem fünften Kontinent. Zu diesem Zeitpunkt wurde in Australien bereits die Hälfte des Kaffees in Pulverform konsumiert,[155] 1962 sollten es in Australien und Neuseeland sogar 90 Prozent sein.[156] Da der Bohnenkaffee in den ehemals britischen Kolonien ähnlich unbeholfen hergestellt wurde wie im Mutterland,[157] wurde der einfachen Kaffeezubereitung grosse Bedeutung beigemessen, was sowohl *Milkmaid Coffee & Milk* als auch *Nescafé* zu gefragten Produkten werden liess.[158]

Aufgrund der Erfahrung, dass mit wachsendem Marktvolumen auch die Konkurrenz stieg, versuchte Nestlé in Australien eine Marktentwicklung wie in den Vereinigten Staaten oder Grossbritannien zu verhindern. Nach dem Vorbild der Zigarettenmarken *Rothmans* und *Peter Stuyvesant* versuchte die australische Tochtergesellschaft deshalb 1960 mit *Golden Roast* einen milden Instantkaffee nach amerikanischem Stil als Zweitmarke zu etablieren, bevor General Foods mit *Maxwell House* auftauchte.[159]

Nachdem die Lancierung einer Zweitmarke in den Vereinigten Staaten *(Nestlé's Instant Coffee)*, der Bundesrepublik Deutschland *(Ali)* und Frankreich *(Excella)* dreimal gründlich misslungen war und die Nestlé-Führung auf dieses Unterfangen

152 AHN SG 9517, Schrift «Entretiens du jeudi 12 septembre 1957 à Vevey», 23. September 1957.

153 Dass bereits in den 1960er-Jahren etwa jede fünfte Tasse Kaffee in der Schweiz als löslicher Kaffee getrunken wurde, dürfte einerseits auf die kontinuierlichen Werbeanstrengungen für *Nescafé* und andererseits auf die starke Konkurrenz durch Grossverteiler wie die Migros *(Voncafé)* zurückzuführen sein (AHN F 5.3.1, Communication Marketing Nr. 12, Dezember 1962, S. 27).

154 AHN SG 9003, Notiz von Nestlé Australien an E. Bignami, 24. Januar 1958.

155 AHN SG 10805, Schrift «Café Instantané – Evolution de la concurrence», 2. April 1958.

156 AHN Rapport au Conseil d'Administration, 352. Séance, Traktandum 9, 24. August 1962.

157 Ukers, All about coffee, S. 574.

158 In Neuseeland übertrafen die Verkaufszahlen von *Milkmaid Coffee & Milk* 1959 sogar diejenigen von *Nescafé* (vergleiche dazu AHN SG 11601-H, Rapports Mensuels, Dezember 1959, und AHN Rapport au Conseil d'Administration, 339. Séance, Traktandum 10, 14. April 1960).

159 AHN SG 9000-57, Brief von Nestlé Australien an E. Bignami, 26. November 1959.

der Tochtergesellschaft wenig euphorisch reagierte,[160] erwies sich die Marke *Golden Roast* – die später in *International Roast* umbenannt wurde[161] – als äusserst erfolgreich und etablierte sich in Australien mit einem Marktanteil von 20 Prozent hinter *Nescafé* als zweitwichtigste Instantkaffeemarke des Landes.[162] Damit konnte sich Nestlé die Marktkontrolle sichern.

Die Ausführungen zeigen, dass *Nescafé* auch ausserhalb Europas und Nordamerikas bedeutende Absatzmärkte besass. Insbesondere in den ehemals britischen Kolonien und in Asien, wo vorwiegend Tee getrunken wurde und der Bohnenkaffee wenig verankert war, nahm man den löslichen Kaffee sofort sehr positiv auf und nahm ihn als qualitativ hochstehend wahr.[163] Allerdings stellten damals auf dem asiatischen Kontinent nur Japan und die Philippinen nennenswerte Absatzmärkte von *Nescafé* dar.[164]

Auf den Philippinen war die hohe Präsenz von *Nescafé* vor allem darauf zurückzuführen, dass sich der Import von Kondensmilch und anderen Produkten nach der Unabhängigkeit des Landes von den Vereinigten Staaten[165] immer schwieriger gestaltete und Nestlé deshalb zu Beginn der 1960er-Jahre eine lokale Milch- und Instantkaffeefabrik eröffnete.[166] Dadurch stiegen die Philippinen bis Mitte der 1960er-Jahre zum zweitgrössten Absatzmarkt von *Nescafé* in Asien auf. Der grösste Instantkaffeemarkt auf dem Kontinent war aber zweifellos Japan,[167] wo nach dem Zweiten Weltkrieg immer mehr Menschen neben Tee auch löslichen Kaffee zu konsumieren begannen.[168] Die Kombination aus Bequemlichkeit und praktischer Anwendung mit Extravaganz und Luxus entsprach dabei ganz den japanischen Vorlieben.[169]

Obwohl die Mitte der 1950er-Jahre vertriebene Menge *Nescafé* aufgrund der restriktiven Importquoten Japans noch verschwindend klein war,[170] erfreute sich die Marke sofort

160 AHN SG 9000-57, Brief von E. Bignami an Nestlé Australien, 10. Dezember 1959.
161 AHN F 5.4.4, Communication Marketing Nr. 14, Juni 1972, S. 15.
162 AHN SG 4900-57, Notiz von M an S, 1. Juli 1976.
163 AHN SG 1100-57, Schrift «La nouvelle orientation publicité Nescafé», 15. November 1962.
164 In Ländern wie Indien, Malaysia, Hong Kong oder Singapur war *Nescafé* zwar präsent, ihre Umsatzzahlen blieben aber bescheiden (vergleiche dazu die Statistiken aus dem Jahr 1965 in AHN SG 11601-H Rapports Marchés Zone Sterling 1959–1968).
165 Die Vereinigten Staaten besassen auch nach der Unabhängigkeit auf den Philippinen weiterhin das Recht auf Militärstützpunkte sowie begünstigende Handelsverträge. Nestlé wollte deshalb vom ostasiatischen Inselstaat nicht als Schweizer Unternehmen, sondern über Unilac als US-Konzern wahrgenommen werden (Krieger, Geschichte Asiens, S. 249, und AHN SG 4900, Notiz «Philippines – Nescafé manufacture», 30. Dezember 1955).
166 AHN SG 11705, Schrift «Invedesa Orient et Extrême Orient», 15. November 1974.
167 Nestlé setzte Mitte der 1960er-Jahre in Japan etwa 1 500 000 Kisten Löslichkaffee um, auf den Philippinen waren es rund 200 000 Kisten (vergleiche dazu die Statistiken in AHN SG 11601-H Rapports Marchés Zone Sterling 1959–1968).
168 AHN SG 4600-57, Brief von J.-C. Corthésy an K, 29. März 1961.
169 Ball, Kaffee aus der Aludose, S. 96.
170 1953 wurden in Japan etwa 9000 Kisten *Nescafé* verkauft (AHN Rapport au Conseil d'Administration, 302. Séance, Traktandum 9, 1. April 1953).

grosser Beliebtheit.[171] Zum Teil wurde *Nescafé* sogar illegal aus den Vereinigten Staaten über Okinawa nach Japan geschmuggelt,[172] was aufgrund der unterschiedlichen Etiketten, die in Japan und den Vereinigten Staaten verwendet wurden, des öfteren für Verwirrung sorgte.[173] Bereits Ende der 1950er-Jahre zählte *Nescafé* zusammen mit Kondensmilch und Kindermehl zu Nestlés Hauptprodukten auf den ostasiatischen Inseln.[174]

Die wachsende Nachfrage nach Instantkaffee zog zu Beginn der 1960er-Jahre aber auch zahlreiche Konkurrenten wie General Foods und Morinaga an. Da die Einfuhr von Löslichkaffee durch den Staat stark beschränkt wurde und sich der Bau einer lokalen *Nescafé*-Fabrik verzögerte, drohte *Nescafé* nun unverhofft die Marktführerschaft abhanden zu kommen: «Should we be unable to maintain the market well supplied with *Nescafé* until we are ready to manufacture locally, the predominant position which *Nescafé* enjoys so far on the market will be lost [...]»,[175] schilderte das Schweizer Unternehmen die heikle Situation. Glücklicherweise liberalisierte der Inselstaat 1961 neben anderen Gütern auch den Import von Löslichkaffee, sodass Nestlé ihren Pulverkaffee unbeschränkt einführen durfte.[176]

Obschon *Maxwell House* dank starker Fernsehpräsenz und Sonderaktionen in Supermärkten rasch neue Kunden gewann, konnte *Nescafé* die Führungsposition in Japan letztlich verteidigen, weil das Werbemodell über Sonderangebote nicht bei allen Japanern gut ankam und sich *Nescafé* mit Nestlés Kondensmilch zusammen sehr gut verkaufte.[177] Des Weiteren dürfte der hohe Zuspruch auch auf das ausgesprochene Qualitätsbewusstsein der japanischen Kaffeetrinker und der Positionierung von *Nescafé* als *die* Qualitätsmarke für Kaffee zurückzuführen sein.[178] Letztlich konnte sich aber selbst Nestlé nicht vollständig erklären, weshalb *Nescafé* in Japan beliebter war als andere Marken und bis 1964 einen Marktanteil von 70 Prozent eroberte:[179] «[...] nobody really knows what is the secret of the success of *Nescafé* in Japan so far, we should be very careful in making more changes than absolutely necessary [...]».[180]

171 AHN SG 4600-57, Brief von J.-C. Corthésy an K, 29. März 1961.
172 AHN SG 4600-57, Brief an C, 23. März 1961.
173 AHN SG 4600-57, Brief von J.-C. Corthésy an Nestlé USA, 25. September 1962.
174 AHN SG 4603, Schrift «Japan – December 1957», 18. Januar 1958.
175 AHN SG 4600-57, Brief an C, 23. März 1961.
176 AHN K 16 Werbesammlung Japan 1967, Prospectus Translation of text Nescafé «Cities of the World» Promotion Sales Aid, 20. November 1967.
177 AHN SG 4600-57, Auszug aus dem Report «Visit to Japan», 26. Mai 1964.
178 Bersten, Coffee floats, S. 181, und AHN SG 4600-57, Notiz von der Marktforschung an S, 17. März 1964.
179 AHN SG 11601-H, Rapports Mensuels, Dezember 1964.
180 AHN SG 4600-57, Auszug aus dem Report «Visit to Japan», 26. Mai 1964.

Abbildung 13: Mit tanzenden Kaffeegläsern wurde *Nescafé* 1961 dem japanischen Publikum bekannt gemacht.

Nescafé in Südafrika und Argentinien

Neben Japan und Australien zählte auch die ehemals britische Kronkolonie Südafrika, wo *Nescafé* seit 1940 lokal in Eastcourt hergestellt wurde,[181] zu den bedeutenden Absatzmärkten von Nestlés Pulverkaffee.[182]

Bis 1954 waren US-Unternehmen in Südafrika aufgrund der hohen Zollschranken wenig erfolgreich gewesen.[183] Ausserdem zeichnete sich der südafrikanische Instantkaffeemarkt durch eine aussergewöhnliche Beliebtheit von günstigen Zichorien-Kaffee-Mischungen aus, die auch den ärmeren Bevölkerungsschichten erschwinglich waren. Nestlés Umsatzwachstum beruhte daher vor allem auf dem Verkauf der Zichorien-Kaffee-Mischung *Ricory*, die ab 1957 den Absatz von *Nescafé* übertreffen konnte und 1965 bereits mehr als doppelt so stark nachgefragt wurde.[184] Auf diese Weise konnte sich das Schweizer Unternehmen trotz der starken Preiskonkurrenz durch Handelsmarken von Warenhausketten und der geringen Kaufkraft der Bevölkerung auf dem südafrikanischen Pulverkaffeemarkt etablieren.[185]

Ganz ähnlich wie in Südafrika gestaltete sich die Marktsituation ebenfalls in Argentinien, wo der Kaffee wie in vielen lateinamerikanischen Ländern auf eine ganz eigene Weise hergestellt wurde: Gegen Ende des Röstprozesses fügte man den Kaffeebohnen einen bestimmten Prozentsatz an Zucker bei. Dieser setzte sich dann an der Oberfläche der Kaffeebohnen fest, verfärbte sich braun und verlieh den Bohnen ein glänzendes und appetitliches Aussehen.[186] Dabei war der günstige Preis einer der Hauptgründe für die Beliebtheit des gezuckerten Kaffees.[187] In den 1950er-Jahren wurden in Argentinien vier von fünf Tassen Kaffee als karamelisierter Zuckerkaffee – auch «Café Torrado» genannt – getrunken. Nestlé entschied sich deshalb, «Café Torrado» ebenfalls als Instantkaffee anzubieten, und lancierte diesen 1960 unter der Marke *Dolca*. Dies brachte dem Unternehmen aus zwei Gründen entscheidende Vorteile: Erstens vermochte Nestlé damit auch jenen Kundenkreis für Instantkaffee zu gewinnen, der sich den relativ teuren *Nescafé* nicht leisten konnte und sich des-

181 AHN SG 10006/2, Schrift «Nescafé pur décaféiné et Nescoré», 26. August 1953.

182 AHN SG 11790, Statistiken «Classification des ventes par produit et par marché», 1951–1958.

183 AHN SG 3017, Brief von Nestlé Südafrika an J.-C. Corthésy, 15. September 1954.

184 1965 verkaufte Nestlé in Südafrika 175 000 Kisten *Ricory* und 67 000 Kisten *Nescafé* (AHN SG 11601/2, Rapport Mensuel Décembre 1957, 31. Januar 1958, und AHN SG 11601-H, Rapports Mensuels, Dezember 1965).

185 In Südafrika gab es zwar keine offiziellen Marktstudien. Aufgrund von eigenen Recherchen ging Nestlé jedoch davon aus, dass *Ricory* 1964 etwa einen Marktanteil von 20 Prozent und *Nescafé* einen Anteil von acht Prozent besass (AHN SG 3000-57, Notiz von W an S, 10. Mai 1965).

186 AHN F 5.3.1, Communication Marketing Nr. 9, September 1963, S. 13–15.

187 AHN SG 1700-57, Notiz von P an P. Liotard-Vogt, 21. Januar 1969.

halb mit einem minderwertigen Kaffeeprodukt begnügen musste. Zweitens konnte *Dolca* gegen aggressive Konkurrenten als Kampfmarke eingesetzt werden.[188]

Innerhalb von drei Jahren konnte sich *Dolca* in Argentinien zehn Prozent des Zuckerkaffeemarktes erobern und übertraf damit – ähnlich wie *Ricory* in Südafrika – *Nescafé* von den Umsatzzahlen her sogar um einen Drittel.[189] 1965 war der Absatz von *Dolca* bereits doppelt so hoch wie derjenige von *Nescafé*, womit sich Argentinien dank der Zuckerkaffee-Marke zu Nestlés bedeutendstem Instantkaffeemarkt in Lateinamerika entwickelte.[190]

Das argentinische Erfolgskonzept wurde daraufhin auch auf andere Länder übertragen: Unter der Marke *Kirma* lancierte Nestlé 1961 ebenfalls in Peru und 1964 in Chile einen löslichen Zuckerkaffee, der als Milchkaffee getrunken wurde.[191] Er war günstiger und sollte auch jene Käuferschicht mit Instantkaffee vertraut machen, die sich den teuren *Nescafé* bis dahin nicht leisten konnte.[192]

Dank Zucker- und Zichorien-Kaffee-Mischungen wie *Dolca* und *Ricory* konnte sich Nestlés Pulverkaffee also auch in Entwicklungsländern verbreiten, deren Bevölkerung nicht dieselbe Kaufkraft wie jene in Europa und Nordamerika besass.

Nescafé in den Kaffee produzierenden Ländern Lateinamerikas

«Lancer le *Nescafé* dans un marché dont l'économie dépend en grande partie de l'exportation de café en grains n'est rien d'autre qu'une aventure […]»,[193] schrieb 1953 der Marktchef in Brasilien zur Einführung von *Nescafé*. Nachdem die brasilianische Regierung 1951/52 die Erlaubnis gegeben hatte, Instantkaffee in ihrem Land herzustellen,[194] begann Nestlé ab September 1953 in Araras löslichen Kaffee zu produzieren.[195] *Nescafé* war mit einem guten Röstkaffee zwar nicht konkurrenzfähig, aus der Sicht des Marktchefs aber alleweil besser als das Gebräu, welches gewisse Restaurants und Bars in Brasilien als Kaffee auftischten. Allerdings

188 AHN F 5.3.1, Communication Marketing Nr. 9, September 1963, S. 13–15.

189 Ebenda.

190 Vergleiche dazu die Statistiken in AHN SG 11601-G Rapports Marchés Lateinamerika und Kanada 1959–1968.

191 AHN F 5.3.1, Communication Marketing Nr. 2, Februar 1962, S. 13, und Communication Marketing Nr. 9, September 1963, S. 14, sowie AHN SG 600-57, Schrift «Café solubles – Politica general», 14. September 1964.

192 AHN F 5.3.1, Communication Marketing Nr. 2, Februar 1962, S. 13.

193 AHN SG 417, Brief von Nestlé Brasilien an B, 19. Oktober 1953.

194 AHN SG 1100-57, Brief von Nestlé Brasilien an Nestlé USA, 6. Juni 1967.

195 AHN SG 10006/2, Schrift «Nescafé pur décaféiné et Nescoré», 26. August 1953.

musste Nestlé alles daran setzen, die Qualität von *Nescafé* weiter zu verbessern, wenn die Marke in diesem schwierigen Marktumfeld erfolgreich sein sollte: «[...] nous ne pouvons pas nous contenter d'un article à peu près bon»,[196] hielt der brasilianische Marktchef unmissverständlich fest.

Die darauffolgenden Jahre zeigten, dass er mit seiner Einschätzung richtig lag. *Nescafé* hatte in Brasilien einen schweren Stand, denn erstens war das Produkt etwa doppelt so teuer wie Röstkaffee, zweitens akzeptierte die brasilianische Bevölkerung *Nescafé* nicht als Kaffee und drittens war die Kaffeeherstellung so stark im Land verwurzelt, dass Nestlé auf diesem Gebiet keine besonderen Kompetenzen zugesprochen wurden.[197]

Da das Schweizer Unternehmen in Brasilien vor allem für die Milchproduktion bekannt war, änderte Nestlé 1960 ihre Vermarktungsstrategie und begann *Nescafé* zur Herstellung von Milchkaffee anzupreisen, der in Brasilien nach südeuropäischer Tradition als Morgenkaffee getrunken wurde. Nestlé stellte dabei nicht mehr den Kaffee-, sondern den Milchkonsum in den Vordergrund, wie der Werbespruch «Verdünnen Sie ihre Milch nicht mit Wasser» zeigt.[198] Ab diesem Zeitpunkt entwickelte sich das brasilianische *Nescafé*-Geschäft besser, weil der unbeliebte, bittere Instantkaffeegeschmack[199] mit Milch weniger zum Ausdruck kam und die Marke in der Werbung nicht mehr direkt mit Röstkaffee verglichen wurde.[200] Trotzdem hatte *Nescafé* auch 1965 noch einen schlechten Ruf in Brasilien. Vor allem war das Produkt im Vergleich zu Bohnenkaffee zu teuer, weshalb der Absatz selbst ohne direkte Konkurrenz auf dem Gebiet des Löslichkaffees gering war:[201] der Anteil von *Nescafé* am Gesamtkaffeemarkt belief sich auf zwei Prozent.[202] Andererseits erwirtschaftete sich Nestlé in Brasilien mit *Nescafé* einen höheren Gewinn als mit anderen Markenprodukten,[203] was darauf hindeutet, dass sich das Unternehmen trotz geringem Umsatz eine relativ hohe Monopolrente sicherte.

196 AHN SG 417, Brief von Nestlé Brasilien an B, 19. Oktober 1953.

197 Vergleiche dazu AHN SG 417, Brief «Nescafé Tipo Rio», 6. Juli 1956, und AHN SG 400-57, Schrift «Problème Marque Nescafé au Brésil», 18. Oktober 1962, sowie AHN F 5.2, 20, Communication Marketing Nr. 15/59, zweite Jahreshälfte 1959.

198 Vergleiche dazu Ukers, All about coffee, S. 573–574, sowie AHN F 5.2, 20, Communication Marketing Nr. 15/59, zweite Jahreshälfte 1959.

199 Vergleiche dazu das Kapitel «‹Pure Coffee› versus ‹Carbohydrates› – die verlorene Werbeschlacht in Amerika», S. 142–143.

200 AHN SG 400-57, Schrift «Problème Marque Nescafé au Brésil», 18. Oktober 1962.

201 Blindtests zeigten, dass nur ein Viertel der Brasilianer *Nescafé* gegenüber Bohnenkaffee vorzog. Das Ansehen des blind getesteten Instantkaffees sank zusätzlich, wenn man dem Konsumenten erklärte, dass es sich um *Nescafé* handelte. Aufgrund dieser Tests konnte Nestlé darauf schliessen, dass sowohl der Ruf als auch der Geschmack von *Nescafé* in Brasilien unbefriedigend waren (AHN SG 400-57, Brief von Nestlé Brasilien an M, 22. März 1965).

202 AHN SG 400-57, Schrift «Problème Marque Nescafé au Brésil», 18. Oktober 1962, und AHN F 5.4.4, Communication Marketing Nr. 14, Juni 1972, S. 24.

203 AHN SG 400-57, Brief von Nestlé Brasilien an M, 22. März 1965.

Auch in anderen Kaffee anbauenden Ländern Südamerikas gelang es *Nescafé* in den 1950er- und 1960er-Jahren nicht, eine grössere Anhängerschaft zu gewinnen. Wegen der zusätzlich beigefügten Kohlenhydrate war der lösliche Kaffee in den Augen vieler Mexikaner kein echter Kaffee: «*Nescafé* – Non es café!»,[204] lautete ihr Urteil. In Kolumbien verwendete Nestlé höhere Extraktionsgrade als anderswo, worunter sowohl die Qualität als auch der Ruf von *Nescafé* litten.[205] Auch als sich der Kaffeegeschmack später verbesserte, wurde das Produkt von der kolumbianischen Bevölkerung nie richtig akzeptiert, weshalb Instantkaffee verglichen mit Röstkaffee ein marginales Phänomen blieb.[206] In Venezuela war *Nescafé* schliesslich aufgrund von staatlichen Restriktionen lange Zeit nur in koffeinfreier Form erhältlich und wurde daher nur als ein schwacher oder gar kein richtiger Kaffee wahrgenommen.[207]

Zusammenfassend lässt sich festhalten, dass der Instantkaffeemarkt aufgrund der dominanten Bohnenkaffeekultur in den Kaffee produzierenden Ländern Lateinamerikas sehr klein war, *Nescafé* aber trotzdem als einzige Marke Präsenz markierte. Gerade die besondere Stellung auf solch kleinen Märkten unterschied *Nescafé* letztlich von *Maxwell House* und anderen Konkurrenten.

204 AHN SG 1717, Brief von J.-C. Corthésy an E. Müller, 17. September 1958.

205 Vergleiche dazu das Kapitel «‹Pure Coffee› versus ‹Carbohydrates› – die verlorene Werbeschlacht in Amerika», S. 138–139, und AHN SG 717, Brief von D an J.-C. Corthésy, 24. Februar 1955.

206 Ende der 1960er-Jahre hatte *Nescafé* in Kolumbien einen Anteil von vier Prozent am gesamten Kaffeemarkt (AHN SG 700-57, Brief von Nestlé Kolumbien an P. Liotard-Vogt, 18. Februar 1972).

207 Erst ab 1962 durfte *Nescafé* in Venezuela als koffeinhaltiger Kaffee verkauft werden. Um das Bild von *Nescafé* als schwachem Kaffee nicht noch mehr zu belasten, entschied sich Nestlé gleichzeitig, ihren koffeinfreien Instantkaffee dort unter der Marke *Decaf* an die Kunden zu bringen (AHN SG 2500-57, Brief von G an M, 7. März 1962).

Weltmarke und Weltkonzern – Nestlé und die Verbreitung seiner Instantgetränke

Eine starke Weltmarke kommt selten allein

Was *Nescafé* im Instantkaffeesegment, war *Ovomaltine* beziehungsweise *Ovaltine* Ende der 1950er-Jahre auf dem Gebiet der kakaohaltigen Malzgetränke: eine der führenden Weltmarken. Sowohl in Afrika als auch in Asien lagen die Herstellung und der Vertrieb von Malzgetränken fast vollständig in Schweizer Hand.[208] Allerdings sah Wander Mitte der 1950er-Jahre den Zenit von *Ovaltine* erreicht, denn es wurde absehbar, dass sich die britischen Kolonien von ihrem Mutterland lösen würden. Für ein Unternehmen mittlerer Grösse wie Wander, das die Kolonien bisher von Grossbritannien aus mit *Ovaltine* beliefert hatte, brachte die ökonomische Abschottung von Indien, Malaysia oder Pakistan grosse Probleme mit sich: Die ehemaligen Kolonien konnten nur dann weiter versorgt werden, wenn das Schweizer Unternehmen dort ebenfalls Fabriken zu errichten begann. In diesem Fall konnte allerdings die Fabrik in King's Langley (Grossbritannien) nicht mehr voll ausgelastet werden. Aufgrund der geringeren Skalenerträge wurde es daher für Wander immer schwieriger, sich gegen aufstrebende Konkurrenten wie Horlick, Cadbury oder Nestlé zu behaupten. «It was not only the number of competitors we have to consider, but the enormous amounts they are spending in their endeavours to capture over business. [...] The trouble is that, though we are not extravagant, we are compelled to follow the lead in order to try to maintain our position. Some of our competitors have other very profitable business, wherein they make big profits and consequently can afford to spend these profits to a large extent in the hope of spreading their base»,[209] schrieb Wanders britische Tochtergesellschaft 1955. Zu Beginn der 1960er-Jahre konnte Nestlé mit *Milo* schliesslich in den ehemals britischen Kolonien die Führungsposition im Bereich der Malzgetränke erringen.[210] Besonders erfolgreich war *Milo* in

208 *Ovaltine* hatte einen Marktanteil von zwei Dritteln, und *Milo* besass etwa 23 Prozent des Marktes, womit die beiden Schweizer Firmen Wander und Nestlé gemeinsam etwa 90 Prozent des Marktes abdeckten (AHN SG 4003, Schrift «Export Markets January/December 1957», 10. März 1958).

209 Wander Archiv Schachtel 38, Schrift «Facts for consideration», 21. April 1955.

210 AHN Rapport au Conseil d'Administration, 352. Séance, Traktandum 9, 24. August 1962.

Malaysia, wo die Marke zwischen 1959 und 1967 ihren Marktanteil von einem Drittel auf drei Viertel steigern konnte.[211]

Die Schilderungen zeigen, dass die Dekolonisation zu einem Wettbewerbsvorteil von Grossunternehmen wie Nestlé gegenüber kleinen und mittleren Unternehmen wie Wander führte, weil diese nicht genügend gross waren, um lokale Produktionsstätten zu errichten. Interessant ist dabei die Tatsache, dass Wander diesen Vorteil nicht nur aus dem Kakao- und Malzgetränkegeschäft – in dem sich *Ovaltine* und *Milo* direkt konkurrenzierten – erklärte, sondern ebenfalls auf andere, besonders profitable Produkte des Konkurrenzunternehmens hinwies. Dies lässt erkennen, dass die geografische Präsenz einer Marke in Abhängigkeit zu anderen Markenprodukten des Unternehmens stand und besonders einträgliche Produkte wie *Nescafé* eine tragende Rolle einnahmen.

Selbst die weltweite Verbreitung von *Nescafé*, die der Kaffeemarke einen entscheidenden Vorteil gegenüber der Konkurrenz von *Maxwell House* verlieh, hing stark mit der globalen Ausdehung von Nestlés Kondensmilch als vormaliges Hauptprodukt des Unternehmens zusammen: 1958 gehörten acht der zehn grössten Absatzmärkte von *Nescafé* (Argentinien, Australien, Chile, Deutschland, Frankreich, Grossbritannien, Kanada, Mexiko sowie die Schweiz und die Vereinigten Staaten) ebenfalls zu den bedeutendsten Märkten von Nestlés gezuckerter oder ungezuckerter Kondensmilch.[212]

War die weltweite Verbreitung von *Nescafé* also in erster Linie darauf zurückzuführen, dass mit Nestlé ein multinationaler Grosskonzern im Hintergrund stand? Oder gab es noch weitere massgebende Faktoren? Aufschlussreich ist in diesem Zusammenhang der Vergleich mit Nestlés anderen Pulvergetränkemarken wie *Nestea*, *Nescao* oder *Nesquik*.

Nestea, das Gegenbeispiel zu *Nescafé*

Nachdem die Nachfrage nach *Nestea* 1956/57 auf dem US-Markt sprunghaft angestiegen und das Produkt erstmals ökonomisch selbsttragend geworden war,[213] stieg im Mai 1958 auch die renommierte Teemarke *Sir Thomas Lipton*, die 1943 von Unilever über-

211 AHN SG 11601-H, Rapports Mensuels, Dezember 1959 und 1967.

212 Argentinien, Australien, Chile, Frankreich, Grossbritannien und Mexiko zählten zu den zwölf bedeutendsten Absatzmärkten von Nestlés gezuckerter Kondensmilch, die Vereinigten Staaten, Deutschland und Grossbritannien zu den vier wichtigsten Absatzmärkten von Nestlés ungezuckerter Kondensmilch (AHN SG 11790, Statistik «Classification des ventes par produit et par marché», 1958).

213 Vergleiche dazu das Kapitel «Flaggschiff und Flotte – Nestlés Expansion auf dem Gebiet der Instantprodukte», S. 149.

nommen worden war, ins Instantteegeschäft ein. Geschmacklich war *Liptons* Instanttee demjenigen von *Nestea* ebenbürtig, wenn nicht besser.[214] Zudem kämpfte *Nestea* mit derselben Schwäche wie *Nescafé*, dass der Marke gegenüber *Lipton* oder *Tetley* das langjährige Prestige im Teegeschäft fehlte.[215]

Obwohl *Nestea* zu Beginn der 1960er-Jahre im schnell wachsenden Pulverteemarkt Marktanteile verlor, konnte die Teemarke ihre Marktführerschaft behaupten.[216] Ein wesentlicher Grund dafür war der günstigere Preis von *Nestea* gegenüber *Lipton*. Damit war Nestlés Teepulver auf dem US-Markt sogar wesentlich erfolgreicher als *Nescafé*: «The fact that we were able to maintain the position for *Nestea*, while showing an adequate net profit, compares very favorably with *Nescafé* where we lost our position years ago and ever since then have been spending tremendous sums to turn the tide with rather discouraging financial results, to say the least»,[217] fasste Nestlés US-Marktchef Mitte der 1960er-Jahre die unterschiedliche Entwicklung der beiden Instantgetränke in den Vereinigten Staaten zusammen.

Auf dem europäischen Kontinent wurde *Nestea* zu Beginn der 1960er-Jahre im Sommer zwar ebenfalls als erfrischender Eistee beworben,[218] allerdings mit weit geringerem Erfolg, denn auf den europäischen Märkten wurde der Instanttee mit einem anderen Verfahren hergestellt und war daher in kaltem Wasser weit weniger gut löslich als in den Vereinigten Staaten.[219] Dass Nestlé unterschiedliche Verfahren verwendete, hing vermutlich mit der strategischen Entscheidung zusammen, dass *Nestea* in Europa primär den britischen Teemarkt aufmischen sollte und dabei ganz andere Qualitäten gefragt waren als auf dem US-Markt: Als Heissgetränk serviert, musste das Teepulver weniger löslich sein, dafür einen reinen Teegeschmack aufweisen, wenn es bei den Engländern Anerkennung finden sollte.[220]

In Grossbritannien hatte Nestlé das Ziel, den Erfolg von *Nescafé* mit *Nestea* zu wiederholen. Obwohl *Nestea* etwas teurer war als eine normale Tasse Tee, zeigten Marktforschungen, dass es auf den Britischen Inseln, wo täglich rund 250 Millionen Tassen Tee getrunken wurden, durchaus eine potenzielle Käufer-

214 Vergleiche dazu AHN SG 1120, Brief von Nestlé USA an J.-C. Corthésy, 6. Juni 1958, und weiterführend zu *Lipton* Jones, Multinationals and global Capitalism, S. 83.

215 AHN SG 1120, Brief von Nestlé USA an J.-C. Corthésy, 9. Mai 1958.

216 Hatte *Nestea* 1959 noch einen Marktanteil von 58 Prozent, fiel dieser bis 1961 auf 40 Prozent, während sich *Lipton* einen Viertel des Instantkaffeemarktes erobern konnte (AHN SG 1100-62, Notiz «Nestea – U.S.A.», 28. Juni 1962, und AHN Rapport au Conseil d'Administration, 352. Séance, Traktandum 9, 24. August 1962).

217 AHN SG 1100-62, Brief von Nestlé USA an J.-C. Corthésy, 11. Februar 1966.

218 AHN K 19 Werbesammlung Deutschland 1960, Werbung «Eis-Tee», 18. Februar 1960.

219 AHN SG 8500-62, Brief von W, 12. Oktober 1959.

220 AHN SG 8500-57, Artikel aus der Zeitung «The Observer», 20. September 1959.

schaft für Pulvertee gab, die ihr Nationalgetränk schnell und ohne Teesatz zubereiten wollte.[221] «We are now in the age of ‹convenience foodstuffs› and must also consider Britain's eight million working women (half of them married) as our immediate customers»,[222] zeigte sich Nestlé vom Erfolg der bequemen Teezubereitung in Grossbritannien überzeugt.

Um das Interesse an *Nestea* in verschiedenen englischen Städten (Newcastle, Leeds, Sheffield, Liverpool und Manchester) auszuloten,[223] verschob Nestlé 1957 die Installationen zur Herstellung von Instanttee von Orbe nach Ashbourne. Dort entstand bei der Herstellung des Teepulvers jedoch dermassen viel Schaum, dass auf die vorgesehenen Konsumententests in England verzichtet werden musste. Stattdessen exportierte das Unternehmen den in Ashbourne produzierten *Nestea* in andere Länder wie Australien und Südafrika, wo die Konsumenten gegenüber Schaum im Tee weniger kritisch reagierten. Erst 1959 gelang es Nestlé schliesslich, einen reinen Instanttee herzustellen, bei dem selbst der britische Teekenner keinen Unterschied mehr zwischen einem mit Teepulver und einem herkömmlich zubereiteten Tee ausmachen konnte.[224]

Mit der grössten Werbekampagne, die bis dahin für einen Tee in Grossbritannien je gestartet worden war, wurde *Nestea* am 14. September 1959 schliesslich im Grossraum London eingeführt.[225] Nestlé sah diese Investitionen als gerechtfertigt an, denn: «L'énorme potentiel de ce marché [Grossbritannien] peut être illustré d'autre part par le fait que 1 million de caisses de 24 flacons de *Nestea* représente moins de 1% du marché total du thé en Angleterre.»[226] In den nächsten drei Jahren wollte Nestlé in Grossbritannien total zwei Millionen Kisten Instanttee verkaufen.[227]

Die britischen Medien dagegen standen dem Vorhaben kritisch gegenüber: «The project [...] appears foolhardy. The domestic ritual of tea-making – heating the pot, letting it stand, blocking the sink with tea-leaves seems entrenched in the British way of life»,[228] kommentierte 1959 die englische Zeitung «The Observer» die Lancierung von *Nestea*. Tatsächlich wurde der Instanttee in Grossbritannien weniger gut akzeptiert, als dies Nestlé angenommen hatte: Aufgrund der Bewerbung von *Nestea*

221 AHN SG 8520, Schrift «Nestea», 25. März 1957, und AHN SG 8500-57, Artikel aus der Zeitung «The Observer», 20. September 1959.

222 AHN SG 8500-62, Zusammenfassung eines Treffens, 6. April 1959.

223 AHN SG 8520, Schrift «Nestea», 25. März 1957.

224 AHN SG 9020, Brief von E. Bignami an K, 28. August 1957, und AHN SG 8500-57, Artikel aus der Zeitung «The Observer», 20. September 1959.

225 AHN SG 8500-57, Artikel aus der Zeitung «The Observer», 20. September 1959, und AHN SG 8500-62, Brief von W, 12. Oktober 1959.

226 AHN SG 8500-62, Brief von W, 12. Oktober 1959.

227 AHN SG 8500-62, Brief am E. Bignami, 15. April 1959.

228 AHN SG 8500-57, Artikel aus der Zeitung «The Observer», 20. September 1959.

als Zwillingsprodukt von *Nescafé* wurde der Pulvertee zu wenig als Tee wahrgenommen und die Marke bald mit Künstlichkeit in Verbindung gebracht.[229] Die Verkaufszahlen blieben 1960 mit 78 000 Kisten weit unter den Erwartungen, 1961 sackten sie dramatisch auf 27 100 Kisten ab.[230] Die Einführung von *Nestea* in Grossbritannien entwickelte sich damit für Nestlé auch finanziell zum Desaster: Als einziges Nestlé-Produkt schrieb der Instanttee 1960 ein sattes Defizit von sechs Millionen Schweizer Franken, welches zu zwei Dritteln auf die schlechten Absatzzahlen in Grossbritannien zurückzuführen war.[231]

Auch in allen anderen Ländern ausserhalb der Vereinigten Staaten hatte Nestlé mit *Nestea* wenig Erfolg: In Kanada blieb der Umsatz der Marke trotz grosser Werbeanstrengungen unter den Erwartungen,[232] in Frankreich erwies sich der Markt für Teepulver als zu klein, und in den Niederlanden wurde *Nestea* aufgrund des hohen Preises einzig in Luxusgeschäften angeboten, obwohl der holländische Teemarkt zu den bedeutendsten in Europa zählte.[233] Bis weit in die 1970er-Jahre blieb die Marke *Nestea* deshalb auf den US-Markt fixiert.[234]

Die Probleme von *Nestea* zeigen, dass selbst multinationale Unternehmen wie Nestlé und millionenschwere Werbekampagnen keine Weltmarke zu formen vermögen, wenn es nicht gelingt, das Produkt in die lokale Getränkekultur zu integrieren. Bemerkenswert ist in dieser Hinsicht, dass *Nescafé* im Tee trinkenden Grossbritannien und *Nestea* in den vom Kaffee geprägten Vereinigten Staaten die höchsten Konsumraten (pro Kopf) aufwiesen und nicht umgekehrt, was darauf hinweist, dass sich die Instantgetränke dort durchsetzten, wo der herkömmliche Tee- beziehungsweise Kaffeekonsum traditionell eine geringe kulturelle Verankerung aufwies.

229 AHN SG 8500-62, Instant Tea Report, 22. Oktober 1965.

230 AHN SG 11601-H, Rapports Mensuels, Dezember 1960 und 1961.

231 AHN Rapport au Conseil d'Administration, 352. Séance, Traktandum 9, 24. August 1962.

232 Die geringe Nachfrage in Kanada lässt sich vermutlich auch mit der Qualität begründen, denn in Blindtests wurde *Nestea* gegenüber anderen Instantteemarken wie *Lipton* vom Geschmack her als eindeutig schlechter beurteilt (AHN SG 8500-62, Brief von E. Bignami an K, 24. November 1959, und Erläuterungen zum Geschäftsbericht Nestlé 1961, S. 20).

233 AHN SG 6600-57, Schrift «France – Problèmes des Extraits Solubles – Voyage à Paris de A, K et B les 15 et 16 octobre 1959», 22. Oktober 1959, und AHN SG 6921-57, Schrift «Principaux problèmes en suspens dans le secteur des boissons instantanées», Mai 1962, und ebenda, Notiz vom Departement Instantgetränke an R, 5. April 1966.

234 Vergleiche dazu Darstellung 7, S. 214.

Abbildung 14: In Europa wurde *Nestea* als Heissgetränk verkauft, wie die Werbeanzeige aus der Bundesrepublik Deutschland von 1956 zeigt.

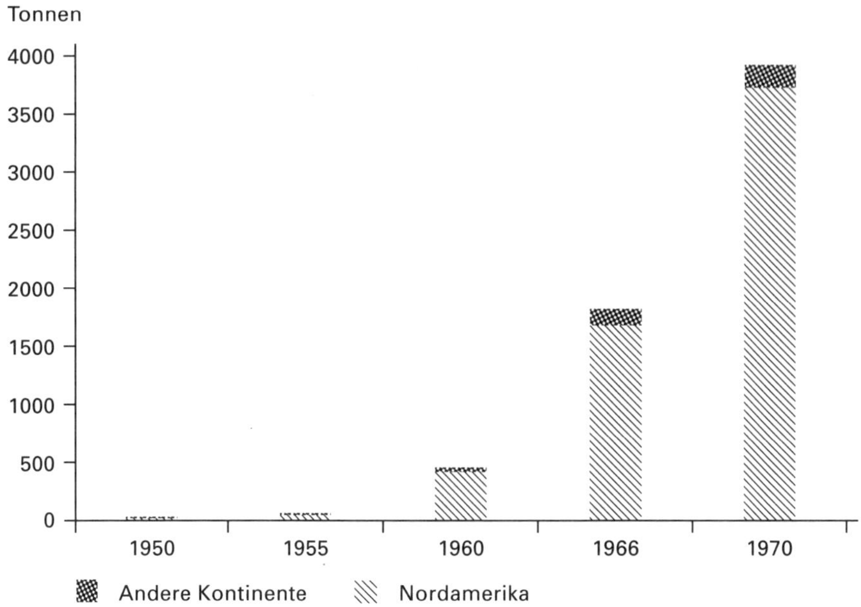

Darstellung 7: Bis in die 1970er-Jahre wurde *Nestea* vor allem in den Vereinigten Staaten als Eistee getrunken, während er als Heissgetränk in Europa und Asien nur eine geringe Käuferschaft fand.

Die Verbreitung von *Nesquik*, *Milo* und *Nescao*

Neben *Nestea* gehörte Ende der 1950er-Jahre auch *Nestlé's Quik* zu Nestlés bedeutendsten Produkten auf dem US-Markt. Die starke Nachfrage nach dem leicht löslichen Kakaopulver führte das Unternehmen auf die damalige Mode zurück, die Milch mit Kakaoaroma zu versüssen.[235] Mit der wachsenden Verbreitung von Kühlschränken begannen auch immer mehr Europäer kalte Frischmilch (Past-Milch) zu konsumieren.[236] Deshalb führte Nestlé das amerikanische Erfolgsprodukt 1957 unter der Marke *Nesquik* ebenfalls in Grossbritannien und Australien ein sowie ein Jahr später in Südafrika, Belgien und Schweden.[237] Ab 1959 war *Nesquik* schliesslich auch in der Bundesrepublik Deutschland, Frankreich und der Schweiz erhältlich, wobei die nationale Lancierung in allen drei Ländern erst 1962 stattfand.[238]

235 AHN SG 9508, Notiz an C, 13. August 1958.
236 Fenner, Milchwelle, S. 121.
237 Die Quelle der Schweizer Tochtergesellschaft verweist darauf, dass *Nesquik* 1956 bereits in Belgisch Kongo erhältlich war. Diese Aussage ist jedoch aus zwei Gründen stark zu bezweifeln: Erstens wird sie im Gegensatz zur Lancierung in Grossbritannien in anderen Quellen nicht bestätigt. Zweitens ist die Frischmilch unter tropischen Bedingungen, wie sie in Belgisch Kongo herrschen, nicht lange haltbar, weshalb eine solche Lancierung auch von der Verwendung des Produkts her unwahrscheinlich ist (AHN SG 9508, Notiz an C, 13. August 1958, und AHN SG 11601/1, Brief von E. Bignami und J.-C. Corthésy an P. Liotard-Vogt, 7. Mai 1958).
238 In der Schweiz wurde *Nesquik* 1959 testweise in Genf und Winterthur eingeführt, als Differenzen mit den Kantonschemikern bezüglich der Bezeichnung dazu führten, dass Nestlé das

Nesquik wurde als modernes und dynamisches Kindergetränk positioniert, dessen Vorteile in der einfachen Zubereitungsart und einem guten Geschmack lagen. Mit diesen Eigenschaften sollte es den Kindern Freude am Milchkonsum bereiten.[239] Nachdem Kakaopulver in der Zwischenkriegszeit vor allem als stärkendes Frühstücksgetränk verwendet und mit der Zugabe von Vitaminen und Mineralsalzen stets den ernährungswissenschaftlichen Erkenntnissen angepasst worden war,[240] rückten in der Nachkriegszeit der Spass und Genuss als Verkaufsargumente in den Vordergrund. Dadurch vermochten die aromatisierenden Kakaogetränke auf Kosten der herkömmlichen Frühstücksgetränke Marktanteile zu gewinnen.[241] Viele der kakaohaltigen Stärkungsmittel wiesen zwar hervorragende diätetische Eigenschaften auf,[242] geschmacklich vermochten sie aber nicht immer zu überzeugen. Deshalb begannen Schokoladeunternehmen in den 1950er-Jahren Kakaogetränke zu entwickeln, die einen bekömmlicheren Geschmack aufwiesen. 1954 brachte beispielsweise Suchard mit *Suchard Express* ein Kakaopulver auf den Markt, das sich durch ein reines Schokoladearoma und eine rasche Löslichkeit in kaltem Wasser auszeichnete.[243] Trotz dieser Konkurrenz wurde *Nesquik* sofort gut aufgenommen und konnte sich als eine der bedeutendsten Kakaomarken etablieren.[244]

Der Wandel der Geschmackspräferenzen zu einem stärkeren Kakaoaroma liess sich auch in Frankreich und Spanien beobachten. Dort hatte sich *Nescao* während des Zweiten Weltkriegs zu einem gefragten Frühstücks- und Stärkungsgetränk entwickelt.[245] In der Nachkriegszeit geriet sein Absatz jedoch zunehmend ins Stocken: In Spanien sanken die Umsatzzahlen ab 1952. Weder Preisreduktionen noch verstärkte Werbeaktio-

Produkt 1960 vom Markt nehmen musste. Erst im Januar 1961 durfte es wieder in den beiden Schweizer Städten verkauft werden, bevor Nestlé das Kakaogetränk im April 1962 schliesslich national lancierte (AHN SG 6100-58, Schrift «Developpement Nesquik en Allemagne et en Suisse», 28. Juli 1964).

239 AHN SG 6100-58, Notiz von S an C, 17. August 1964.

240 AHN Ursina-Chronik 10, Beilage 65/1.1, «Wander und Nestlé als Konkurrenten», 19. Mai 1944.

241 Nestlé SA, Cacao et Boissons chocolatées, S. 16.

242 Beispielsweise brachte Suchard 1943 nach einem langen Erfindungsprozess das Stärkungsmittel *Vitaco* auf den Markt, welches die Vitaminen A, B, C und D in natürlicher Form enthielt und zusätzlich mit Mineralsalzen angereichert war (AVN 4389, 43. Séance au Conseil d'Administration, 24. November 1943).

243 Obwohl Suchards *Vitaco* hervorragende diätetische Eigenschaften aufwies, war ihm kein durchschlagender Erfolg beschieden, weil sein Geschmack zu wünschen übrig liess. Zudem mochten nicht alle Kinder und Erwachsene den Malzgeschmack der *Ovomaltine* und bevorzugten daher den Kakaogeschmack von *Nescao* (AHN SG Stamford 10988, Brief von E. Müller an A. Perrochet «Wander Agreement», 28. Dezember 1945, und AVN 1735, Broschüre «Suchard Express», 7. September 1954).

244 Zwischen 1962 und 1964 konnte *Nesquik* seinen Umsatz in der Bundesrepublik Deutschland von 4100 Tonnen auf 6000 Tonnen und in der Schweiz von 100 Tonnen auf 300 Tonnen steigern (AHN SG 6100-58, Notiz von S an C, 17. August 1964, und Nestlé SA, Cacao et Boissons chocolatées, S. 16).

245 Zwischen 1941 und 1944 konnte *Nescao* seinen Umsatz von 256 000 kg auf 847 000 kg steigern (vergleiche dazu AHN Rapport au Conseil d'Administration, 239. Séance, Traktandum 7, 31. März 1943, und 252. Séance, Traktandum 3, 26. April 1945).

Abbildung 15: Die Werbeanzeige von 1959 aus der Bundesrepublik Deutschland präsentiert *Nesquik* als Kakaogetränk, das sich durch seinen vortrefflichen Geschmack und eine gute Löslichkeit in kalter Milch auszeichnet.

nen vermochten die gewünschte Trendumkehr zu bewirken.[246] In Frankreich, wo *Nescao* zu den zwei beliebtesten Kakaomarken zählte,[247] konnte der Marktanteil ab Mitte der 1950er-Jahre nur noch mit sehr hohen Werbeausgaben sichergestellt werden, wodurch die Rentabilität des Produkts nicht mehr gegeben war: 1958 schrieb Nestlé mit dem Kakaogetränk einen Verlust, der 20 Prozent des Umsatzes entsprach. Die Ursache dafür, dass *Nescao* kein grösseres Publikum fand, sah Nestlé in der Zusammensetzung und dem Geschmack des Produkts. Das Unternehmen entschied sich daraufhin, *Nescao* langsam aus dem französischen Markt zurückzuziehen und durch ein anderes Produkt zu ersetzen.[248] Als Nestlé 1959 die Werbemassnahmen für *Nescao* drastisch senkte, brachen auch die Verkaufszahlen ein.[249] Das Produkt blieb zwar weiterhin auf dem französischen Markt erhältlich, war dort allerdings nur noch von marginaler Bedeutung.[250]

Gleichzeitig nahm Nestlé erste Tests mit *Nesquik* als kaltes Kakaoprodukt in der Region Lille auf, obschon Kakao in Frankreich normalerweise warm genossen wurde.[251] Kaum eingeführt, erwies sich das Produkt aber als grosser Erfolg. Die Verkaufszahlen fielen doppelt so hoch aus wie vorgesehen. 1962 war die Marke schliesslich im ganzen Land erhältlich.[252] Bis Ende der 1960er-Jahre entwickelte sich Frankreich zusammen mit der Bundesrepublik Deutschland zum bedeutendsten europäischen Markt für *Nesquik*.[253]

In Spanien dagegen sah Nestlé 1960 von einer Markteinführung von *Nesquik* ab, weil dort die gezuckerte Kondensmilch von Nestlé noch sehr verbreitet war und dies dem Milchgeschäft abträglich gewesen wäre. Mit der zunehmenden Verwendung von Frischmilch und sterilisierter Milch war die Lancierung von *Nesquik* allerdings auch hier nur eine Frage der Zeit.[254] Spätestens Mitte der 1960er-Jahre war das kalte Kakaogetränk ebenfalls auf der Iberischen Halbinsel bekannt.[255]

Da kalte Frischmilch einen gewissen Haushaltsstandard wie Kühlschränke voraussetzte, blieb die Verbreitung von *Nesquik* vorwiegend auf Europa und Nordamerika beschränkt:

246 AHN SG 6408, Brief von Afico an S., 25. Januar 1956.

247 AHN SG 11601/1, Brief von E. Bignami/J.-C. Corthésy an P. Liotard-Vogt, 7. Mai 1958.

248 AHN SG 6608, Auszug aus einem Rapport über das Übereinkommen zwischen E. Bignami, P. Liotard-Vogt und R, 23. Januar 1958.

249 AHN SG 6600-58, Schrift «Nescao France», November 1962.

250 Vergleiche dazu die Statistiken in AHN SG 6600-32 Monatsreporte Frankreich 1969–1974.

251 AHN SG 6608, Auszug aus einem Rapport über das Übereinkommen zwischen E. Bignami, P. Liotard-Vogt und R, 23. Januar 1958.

252 AHN F 5.3.1, 1, Communication Marketing Nr. 1, Januar 1962, S. 22.

253 AHN Jean Heer Kiste 29, Schrift «History of Nesquik», 22. Juni 1970.

254 AHN SG 6400-57, Schrift «Voyage à Barcelone et Madrid de B les 14 et 15 novembre 1960», 25. November 1960.

255 Dies lässt sich aus den Statistiken in AHN SG 11601-F Rapports Marchés Kontinent 1963–1968 schliessen.

etwa einen Drittel des Umsatzes erzielte die Marke in Europa, zwei Drittel in Nordamerika.[256] In den Entwicklungsländern dagegen waren diese Voraussetzungen nicht gegeben,[257] weshalb sich in den Tropenregionen *Milo* als Nestlés bedeutendste Kakaogetränkemarke etablierte. Nachdem Nestlé 1947 das «Gentlemen's Agreement»[258] mit der Firma Wander aufgekündigt hatte, konnte Nestlé ihr Stärkungsgetränk *Milo* auch in Europa, Nordamerika, Kolumbien oder Mexiko einführen. Es zeigte sich jedoch rasch, dass der Expansion des Malzgetränks starke Grenzen gesetzt waren: In Frankreich und der Schweiz wollte Nestlé damals *Milo* nicht einführen, weil mit *Nescao* ein ähnliches Kakaogetränk bereits gut akzeptiert war, und in Nordamerika zeigte die Firma Lamont, Corliss & Co. wenig Interesse an diesem Stärkungsgetränk, weil sie *Nestlé's Quik* und *Nestlé's EverReady Cocoa* forcieren wollte.[259] In Grossbritannien schliesslich konnte *Milo* gegen starke Konkurrenzmarken wie *Ovaltine, Horlick's* und *Cadbury's Bournvita* nur einen geringen Marktanteil gewinnen.[260]

Als Hauptmärkte von *Milo* kristallisierten sich deshalb neben Australien und Neuseeland die Entwicklungsländer Asiens, Afrikas und Lateinamerikas heraus: Malaysia, die Philippinen, Südafrika, Chile, Jamaika und Kolumbien gehörten dabei zu den bedeutendsten Absatzgebieten der Marke, während sich in Indien und Ceylon *Nestlé's Malted Milk,* die seit 1947 unter der Marke *Nestomalt* vertrieben wurde, als malzhaltiges Frühstücksgetränk von Nestlé durchsetzte.[261] In Lateinamerika verkaufte Nestlé ihr Kakaopulver zudem weiterhin als heisses Frühstücksgetränk unter der Marke *Nescao,* wo sich – abgesehen von Frankreich – die bedeutendsten Absatzmärkte der Marke befanden.[262]

Obwohl Nestlé im Bereich der Kakaogetränke weltweit tätig war, konnte sich keine Weltmarke ausbilden, da in den verschiedenen Weltregionen unterschiedliche Marken forciert wurden und *Nesquik* mit kalter Milch genossen Kühlschränke voraussetzte. *Nescafé* dagegen war nur an heisses Wasser gebunden und konnte daher fast überall zubereitet werden. Einzig in Britisch Ostafrika war die Wasserqualität laut den Berichten von

256 Ausserhalb dieser Gebiete erzielte *Nesquik* nur zwei Prozent seines Umsatzes (vergleiche dazu die Statistiken von 1969 in AHN Jean Heer Kiste 29, Schrift «History of Nesquik», 22. Juni 1970).

257 AHN SG 3200, Schrift «End Year Report 1961», 22. Februar 1962.

258 Zur Vereinbarungen zwischen Nestlé und Wander siehe das Kapitel «Vom Milch- zum Kaffeepulver – Nestlé bringt *Nescao, Milo* und *Nescafé* hervor», S. 96–98.

259 AHN SG 1103, Brief von M. Paternot an Nestlé USA, 31. Januar 1950.

260 AHN NUK HA E 3.4, Broschüre «Nestlé in the United Kingdom», 1962.

261 AHN F 5.1, 51, Stamford circular letters 1945–1946, Brief Nr. 19, 11. November 1947, und AHN SG 11601/2, Rapport Mensuel Décembre 1957, 31. Januar 1958.

262 AHN SG 11601/2, Rapport mensuel Décembre 1957, 31. Januar 1958.

Abbildung 16: Anzeige aus dem asiatischen Raum, welche *Milo* 1953 als Stärkungsmittel nach sportlichen Aktivitäten bewirbt.

Nestlé dermassen schlecht, dass sich kein zufriedenstellender Pulverkaffee herstellen liess.[263] Der Vergleich zeigt, dass der weltweite Erfolg von *Nescafé* nicht nur auf überlegener Technik, Vermarktung und Managementstrategie beruhte, sondern auch die Produkteigenschaften und Marktbedingungen von entscheidender Bedeutung waren.

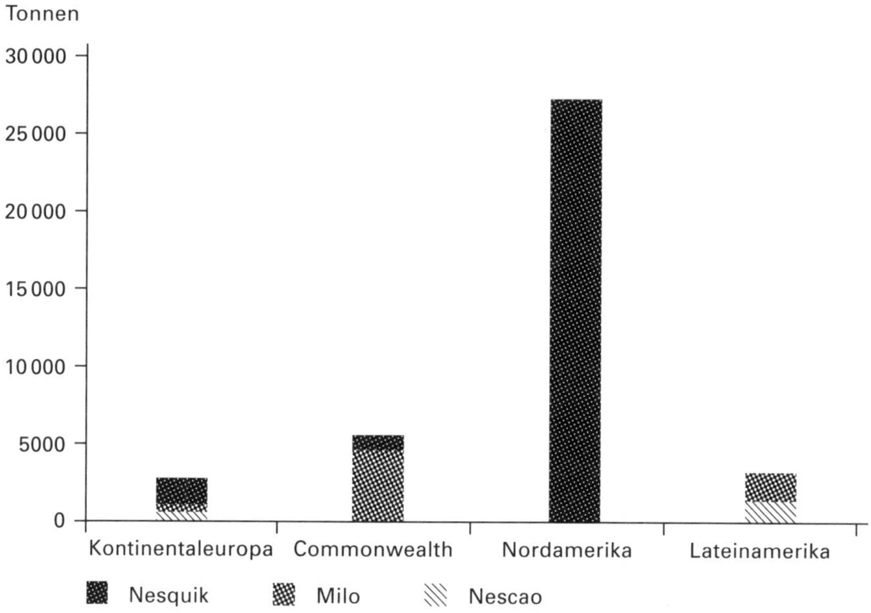

Darstellung 8: Die weltweite Verbreitung von Nestlés Kakaogetränkemarken, 1960. *Nesquik* war vor allem in Nordamerika und Europa verbreitet, *Milo* hatte in Asien, Afrika und Australien eine starke Stellung, und *Nescao* war in Lateinamerika sehr präsent.

263 AHN SG 3100, Reisebericht von E. Bignami in Britisch Ostafrika, 19. Juni 1958.

Schwankendes Flaggschiff, gefährdetes Unternehmen? – Nestlé reagiert mit Diversifikation und Innovation

Die zwiespältige Unternehmenssituation zu Beginn der 1960er-Jahre

«As you know well, *Nescafé* is much more than our bread and butter. It is carrying quite a few of our other activities; it represents nearly 29 % of total sales and about 80 % of our profit. It is *Nescafé* that makes it possible to sustain heavy losses on both old and new products, such as chocolate, *Nestea*, Sugar Confectionery and Chocolate Biscuits [...]»,[264] schrieb CEO Enrico Bignami 1960 zur Bedeutung des Instantkaffees in Grossbritannien, wobei diese Aussage auch in vielen anderen Ländern ihre Gültigkeit hatte. Mit einem Anteil von etwa einem Fünftel am Umsatz des Unternehmens bewerkstelligte *Nescafé* ungefähr zwei Fünftel des Gewinns und stellte damit das bedeutendste Produkt in der Palette von Nestlé dar. Davon wurde die Hälfte des Profits gleich wieder in die Marke reinvestiert,[265] was den Umsatz von *Nescafé* weiter ankurbelte. Zwischen 1950 und 1960 wuchs die Sparte der Instantgetränke stärker als Nestlés andere Produktbereiche.[266] Trotzdem stand die Marke gegen Ende der 1950er-Jahre vor grossen Herausforderungen: In Europa und Nordamerika wurde *Nescafé* von *Maxwell House* als Qualitätsmarke ernsthaft bedrängt, und Warenhausketten und Grossverteiler begannen unter eigenen Marken Löslichkaffee anzubieten, was in verschiedenen Märkten zu Preissenkungen und schwindenden Margen führte.[267]

Die Erträge des «Flaggschiffs» unter den Nestlé-Produkten waren also gefährdet, während Nestlés Dominanz auch im internationalen Kondensmilchgeschäft Anfang der 1960er-Jahre durch neue Entwicklungen wie die der pasteuri-

264 AHN SG 8500-57, Brief von E. Bignami an P. Liotard-Vogt, 9. Dezember 1960.

265 AHN Rapport au Conseil d'Administration, 352. Séance, Traktandum 9, 24. August 1962, und 357. Séance, Traktandum 10b, 22. August 1963.

266 Vergleiche dazu die Statistiken in AHN SG 11601-K-6, Schrift «Groupe Nestlé – Developpement», 30. Juni 1967.

267 Aufgrund der verstärkten Konkurrenz lag der Gewinnanteil von *Nescafé* am Konzernergebnis 1960 in Amerika wesentlich tiefer als in den übrigen Teilen der Welt: Bei Unilac betrug dieser 25 Prozent, während er sich bei der Nestlé Alimentana bei 40 Prozent bewegte (AHN SG 11537, Schrift «Problème du rendement du Nescafé», 2. August 1960).

sierten Milch,[268] des Milchpulvers und durch die zunehmenden Bedeutung der «Filled Milk»[269] in Frage gestellt und mit der Dekolonisation der Import von Kondensmilch in die ehemaligen Kolonien immer schwieriger wurde. In vielen Ländern Asiens und Afrikas mussten lokale Produktionsstätten errichtet werden.[270] Ausserdem verboten immer mehr Staaten kartellähnliche Abkommen, wie sie zwischen Nestlé und Borden vereinbart worden waren. Als 1961 mit der Revolution auf Kuba – einem der wichtigsten Absatzmärkte von Nestlés Kondensmilch[271] – die Nestlé-Tochtergesellschaft verstaatlicht wurde, fielen zuerst das «Insular Markets Agreement» und kurz darauf auch alle anderen Verträge mit Borden dahin.[272] Innerhalb des Unternehmens verlor die Kondensmilch dadurch weiter an Bedeutung. Die Profitmargen der ungezuckerten Kondensmilch waren gering, und auch als Kindernahrung hatte die Kondensmilch endgültig ausgedient. Einzig die nach dem Ersten Weltkrieg entwickelten Kindernahrungsmittel wie *Lactogen, Nestogen* oder das Milchpulver *Nido* konnten nach wie vor zufriedenstellende Resultate liefern.[273]

Auch im Schokoladesegment, welches 1960 vom quantitativen Umsatz her zu den bedeutendsten Geschäften von Nestlé zählte, waren die Profitmargen relativ gering. Obwohl Nestlé zusammen mit Hershey und Cadbury zu den drei grössten Schokoladeproduzenten der Welt gehörte,[274] sank der Anteil der Schokolade am Gesamtgeschäft von Nestlé in den 1960er-Jahren von 20 auf 14 Prozent.[275]

Erfreulich entwickelte sich dagegen die Sparte der *Maggi*-Produkte, welche in den 1950er-Jahren neben den Instantgetränken das schnellste Umsatzwachstum aufwiesen.[276] Bis

268 Nestlés Kondensmilch geriet zu Beginn der 1960er-Jahre in der Schweiz stark unter Druck, weil immer mehr Schweizer pasteurisierte Milch oder UHT-Milch konsumierten (Nestlé SA, Les laits de conserve Nestlé, S. 8).

269 1942 kam mit der «Filled Milk» in den Entwicklungsländern ein neues Milchprodukt auf den Markt. Dabei handelte es sich um eine Mischung von Vollmilchpulver mit Fett, wobei die Konkurrenz oft Kokosöl verwendete. Nestlé verzichtete, auf dem Gebiet der «Filled Milk» tätig zu werden, da Kokosöl ganz andere chemische Eigenschaften aufwies als die Bestandteile der Muttermilch. Das Schweizer Unternehmen bekämpfte das neue Milchprodukt mit dem Argument, es könne nicht als Milch bezeichnet werden, und versah seine Produkte gut sichtbar mit dem Schriftzug «Guaranteed whole milk product», um sich gegenüber der «Filled Milk» abzugrenzen (Zbinden, Infant and dietetic preparations, S. 146–147).

270 1962 wurden aufgrund von Importrestriktionen der neuen Regierungen auf den Philippinen (Alabang) und in Malaysia (Petaling Jaya) neue Milchfabriken errichtet (AHN Rapport au Conseil d'Administration, 347. Séance, Traktandum 9a, 4. August 1961, und AHN SG 11705, Schrift «Invedesa Orient et Extrême Orient», 15. November 1974).

271 Vergleiche dazu AHN SG 11790, Statistik «Classification des ventes par produit et par marché», 1951–1958.

272 AHN Rapport au Conseil d'Administration, 347. Séance, Traktandum 9a, 4. August 1961.

273 Die Gruppe der diätetischen Erzeugnisse wies ein kräftiges Wachstum auf und gehörte zu den einträglichsten Produkten von Nestlé (AHN Rapport au Conseil d'Administration, 349. Séance, Traktandum 15, 23. März 1962).

274 AHN Rapport au Conseil d'Administration, 348. Séance, Traktandum 10, 24. November 1961.

275 AHN SG 11438, Schrift «Situation mondiale du Chocolat dans le Groupe Nestlé», 19. August 1969.

276 Heer, 125 Jahre Nestlé, S. 528.

dahin waren die Würzen, Bouillons und Suppen von *Maggi* vorwiegend in der Bundesrepublik Deutschland, Frankreich und der Schweiz verbreitet gewesen,[277] 98 Prozent des Umsatzes wurde in Europa erzielt. Durch die Eingliederung in den Nestlé-Konzern konnte der Absatz dieser Produkte nun schrittweise internationalisiert werden. Vor allem in Westafrika stiessen die *Maggi*-Bouillonwürfel auf eine grosse Nachfrage, weil sie in kleinen Portionen zu einem geringen Preis gekauft werden konnten und dem eher faden Mais-, Maniok- oder Hirsebrei einen guten Geschmack gaben. Die *Maggi*-Würfel waren daher auch in kleinsten Läden und den entlegensten Winkeln im afrikanischen Busch zu finden. Allerdings standen auch die *Maggi*-Produkte einer wachsenden Konkurrenz gegenüber: *Knorr* gewann in der Bundesrepublik Deutschland und der Schweiz rasch an Terrain. In Grossbritannien befand sich *Maggi* mit seinen Trockensuppen gegenüber *Knorr* sogar im Hintertreffen, und die amerikanischen Dosen von *Campbell* gewannen im britischen Suppengeschäft immer mehr Einfluss. Nestlé musste neue, moderne Produkte mit feineren Zutaten entwickeln, um auf diesem Markt bestehen zu können. Eine Massnahme zur Verbesserung der *Maggi*-Produkte war die Entwicklung von gefriergetrockneten Suppen, welche eine höhere Qualität garantierten.[278]

Zusammengefasst befand sich Nestlé Ende der 1950er-Jahre in einer zwiespältigen Lage. Zahlreiche Milch- und Schokoladeprodukte hatten ihren Zenit im Produktlebenszyklus überschritten, und die neuen Instantprodukte wie *Nescafé* oder *Maggi*-Trockensuppen entwickelten sich zwar sehr positiv, hatten Ende der 1950er-Jahre aber gegen eine verstärkte Konkurrenz zu kämpfen. Ausserdem stellte Nestlé in vielen europäischen Märkten eine gewisse Sättigung fest, da die Auslagen für Nahrungsmittel gemessen an den Gesamtausgaben der Haushalte abnahmen, während das Unternehmen in den Entwicklungsländern eine zunehmende Abschottung der Märkte im Zusammenhang mit der Dekolonisation beobachtete, weshalb Nestlé in diesen Ländern erhebliche Investitionen für neue Fabrikanlagen einplanen musste. Im Anbetracht dieser Probleme sah Nestlé die langfristige Rentabilität des Unternehmens gefährdet.[279] Die Unternehmensführung musste Strategien entwickeln, um diese sicherzustellen. Nestlé schüttete deshalb die hohen Gewinne aus dem Instantkaffeegeschäft nicht in vollem Umfang an die Aktionäre aus, sondern behielt

277 AHN SG 11790, Statistik «Classification des ventes par produit et par marché», 1951–1958.

278 SWA H+I Ba 214, Artikel aus der «Neuen Zürcher Zeitung», 22. Dezember 1959, und AHN Rapport au Conseil d'Administration, 352. Séance, Traktandum 9, 24. August 1962, sowie AHN F 5.3.1,6, Communication Marketing Nr. 12/67, Dezember 1967, S. 9–12.

279 AHN Rapport au Conseil d'Administration, 332. Séance, Traktandum 4, 13. März 1959.

beträchtliche Beträge im Unternehmen zurück, um neue Fabriken zu errichten und bestehende Produktionsanlagen zu verbessern.[280] Aber auch Akquisitionen scheinen auf diese Weise finanziert worden zu sein, wie ein Artikel aus den «Basler Nachrichten» erkennen lässt: «Gleichzeitig verlangt die erfolgreiche Entwicklung [von Nestlé] Rückstellungen zur graduellen Expansion des Betriebes»,[281] schrieb die Tageszeitung zu Nestlés Finanzpolitik, die nach wie vor an der Maxime der Selbstfinanzierung festhielt.[282]

Die Diversifikation ins Konserven- und Tiefkühlgeschäft

«Nestlé schwimmt im Geld», titelte 1959 die «National-Zeitung».[283] Sie vermutete,[284] dass das Unternehmen aus Vevey rund 129 Millionen Schweizer Franken an liquiden Mitteln zur Verfügung hatte bei einem Aktienkapital von 101 Millionen Schweizer Franken,[285] als das Unternehmen einen Monat später sein Aktienkapital weiter erhöhte, um den Schweizer Charakter des Unternehmens zu wahren, wie Vizepräsident Paternot damals betonte: «Die Gesellschaft habe rein vom finanziellen Standpunkt die durch die Kapitalerhöhung erhaltenen Mittel nicht gesucht. Sie könne sie jedoch bei der Entwicklung der Geschäfte in den nächsten Jahren gut gebrauchen»,[286] zitierten ihn die «Basler Nachrichten».

Tatsächlich plante Nestlé seit längerer Zeit ins Konservengeschäft mit vorgekochten Nahrungsmitteln und Tiernahrung vorzustossen, welches den *Maggi*-Produkten und von der Verpackung her der Dosenmilch sehr verwandt war.[287]

280 Vergleiche dazu SWA H+I Ba 214, Artikel aus der «National-Zeitung», 27. April 1959, sowie der entsprechende Artikel im Magazin «Der Spiegel» Nr. 30, 22. Juli 1963, S. 29–30.

281 SWA H+I Ba 214, Artikel aus den «Basler Nachrichten», 21. Juli 1959.

282 AHN Rapport au Conseil d'Administration, 369. Séance, Traktandum 10a, 18. November 1965.

283 SWA H+I Ba 214, Artikel aus der «National-Zeitung», 27. April 1959.

284 Nestlé wies in ihren Bilanzen stets einen sehr tiefen Reingewinn aus, weshalb in der damaligen Presse immer wieder zu vernehmen war, dass das Unternehmen in Vevey seine Milliardengewinne aus dem Geschäft mit Instantgetränken gar nicht offen deklariere, sondern gleich wieder in die Erneuerung der Fabrikationsanlagen und die Unternehmensexpansion reinvestiere. Da die Finanzberichte aus den Verwaltungsratsprotokollen fehlten, können diese Aussagen anhand von internen Quellen nicht mehr überprüft werden. Die Angaben sind jedoch sehr wahrscheinlich, da auch die firmeninternen Quellen immer wieder darauf hinweisen, dass Nestlé sein Unternehmenswachstum selbst finanzierte (vergleiche dazu den entsprechenden Artikel im Magazin «Der Spiegel» Nr. 30, 22. Juli 1963, S. 29–30, sowie zur Selbstfinanzierung AHN Rapport au Conseil d'Administration, 369. Séance, Traktandum 10a, 18. November 1965).

285 Dieses Ergebnis ist insofern bemerkenswert, als Nestlé dadurch imstande gewesen wäre, ihre Schulden den Aktionären sofort zurückzuzahlen. Dementsprechend selbstbewusst trat das Unternehmen gegenüber seinen Aktionären auf. So hielt es Nestlé zum Ärger vieler Aktionäre nicht für nötig, den Aktionären konsolidierte Konzernbilanzen vorzulegen, da sich das Unternehmen selbst finanzierte und nicht auf das Wohlwollen der Aktionäre angewiesen war (SWA H+I Ba 214, Artikel aus der «National-Zeitung», 27. April 1959 und 9. Mai 1965).

286 SWA H+I Ba 214, Artikel aus den «Basler Nachrichten», 15. Mai 1959.

287 AHN Rapport au Conseil d'Administration, 338. Séance, Traktandum 12, 27. November 1959.

Im Bereich der Fertignahrung hatte Nestlé in der zweiten Hälfte der 1950er-Jahre in Europa starke Wachstumsraten beobachtet. Durch die vermehrte Arbeitstätigkeit der Frauen wurden immer mehr vorgekochte Fertigprodukte (auch «Convenience Food» genannt) gekauft,[288] obwohl die bürgerlichen Gesellschaftsnormen die europäische Hausfrau stärker als ihre amerikanische Kollegin daran hinderte, ihre Haushaltspflichten auf möglichst rationelle Weise zu erledigen.[289] So verwendete die deutsche Hausfrau 1959 durchschnittlich noch drei Stunden pro Tag zum Kochen, während die US-Amerikanerin nur noch halb so lange am Herd stand.[290]

In einem ersten Schritt führte die deutsche Tochtergesellschaft 1957 mit grossem Erfolg Dosenravioli unter der Marke *Maggi* ein.[291] Um die europäische Marktführerschaft auf dem Gebiet des vorgefertigten «Convenience Food» zu gewinnen, verhandelte Nestlé zudem mit Hero in Lenzburg und dem britischen Unternehmen Crosse & Blackwell um eine Übernahme. Das Dosengeschäft versprach zwar nur kleine Gewinne abzuwerfen, die kulinarischen Fertigprodukte schienen sich allerdings gut ins Gefüge der Nestlé-Produkte einzugliedern und langfristige Synergien mit den *Maggi*-Produkten zu ergeben.[292]

1960 erwarb Nestlé schliesslich Crosse & Blackwell,[293] die damals etwa einen Drittel des britischen Marktes mit flüssigen Suppen in Konserven beherrschte. Durch das gut ausgebaute Vertriebssystem des englischen Unternehmens erhoffte sich Nestlé mittelfristig auch eine stärkere Präsenz der *Maggi*-Trockensuppen in Grossbritannien und begann ebenfalls Konservensuppen unter der Marke *Maggi* zu verkaufen.[294] Ein Jahr später übernahm Nestlé ausserdem die italienischen Unternehmen Locatelli und Gragnanese, welche Tomatenkonserven herstellten.[295]

Die Akquisition von Crosse & Blackwell ermöglichte es Nestlé, die Marke *Maggi* breiter zu verankern und in neue Bereiche der Lebensmittelindustrie vorzustossen, hatte jedoch den faden Beigeschmack, dass das englische Unternehmen damals zu einem völlig überhöhten Preis gekauft worden war und auf Jahre hinaus keine grossen Gewinne zu erwarten waren.[296] Das finanzi-

288 Ebenda.

289 Vergleiche dazu Eggimann, Von der Lebensweise zum Lebensstil, S. 198–199, und De Grazia, Das unwiderstehliche Imperium, S. 241.

290 Zwei Drittel der Amerikanerinnen verwendeten laut Marktstudien zu Beginn der 1960er-Jahre Fertigsuppen, während diese in der Schweiz oder der Bundesrepublik Deutschland nur etwa von einem Fünftel der Hausfrauen benutzt wurden (AHN F 5.3.1, 1, Communication Marketing Nr. 11, November 1962, S. 2–5).

291 Möhring, Transnational Food Migration, S. 136–137.

292 AHN Rapport au Conseil d'Administration, 338. Séance, Traktandum 12, 27. November 1959.

293 Vergleiche dazu weiterführend Heer, 125 Jahre Nestlé, S. 275–276.

294 Becker/Hölper, Magginalien, S. 99, und SWA H+I Ba 214, Ausschnitt aus der «Neuen Zürcher Zeitung», 22. Dezember 1959.

295 Vergleiche dazu weiterführend Heer, 125 Jahre Nestlé, S. 276–277.

296 AHN Rapport au Conseil d'Administration, 338. Séance, Traktandum 12, 27. November 1959.

elle Risiko dieser Expansion war für Nestlé allerdings insofern kalkulierbar, als die Übernahme des englischen Dosenkonzerns komplett aus eigenen Mitteln finanziert werden konnte, ohne auf das durch die Kapitalerhöhung gewonnene Geld angewiesen zu sein.[297]

1963 übernahm Nestlé zudem eine Minderheitsbeteiligung am Geschäft mit Frucht- und Gemüsedosen des amerikanischen Unternehmens Libby, McNeill & Libby, welches 1970 schliesslich vollständig übernommen wurde. Auch hier war klar, dass Libby als stark verschuldeter Konzern aus finanzieller Perspektive in erster Linie eine zusätzliche Belastung darstellen würde.[298]

Ab 1959 begann Nestlé ausserdem den europäischen Eiscreme-Markt intensiv zu beobachten. Während «Ice Cream» in den Vereinigten Staaten damals bereits zu den sieben wichtigsten Produkten der amerikanischen Ernährung zählte, stellte die eiskalte Süssigkeit in Europa noch ein aussergewöhnliches Dessert dar. Nur etwa ein Viertel aller Eiscreme in Europa wurde 1960 industriell hergestellt,[299] denn der Vertrieb von Tiefkühlprodukten setzte eine beträchtliche Infrastruktur voraus. Erst mit dem Durchbruch der Supermärkte, welche über grosse Tiefkühltruhen verfügten, konnte sich die Tiefkühlindustrie auf dem europäischen Kontinent schliesslich durchsetzen. Zusätzlich benötigten die Käufer zu Hause Kühlschränke,[300] welche für die Mehrheit der europäischen Bevölkerung erst in den 1960er-Jahren zum Standard gehörten.[301]

Mit der Partizipation an Heudebert und Gervais in Frankreich sowie Jopa in der Bundesrepublik Deutschland und Österreich expandierte Nestlé 1960 ebenfalls auf diesem Gebiet. Da der Vertrieb der temperatursensiblen Ware eine umfassende Tiefkühlkette voraussetzte, war Nestlés nachfolgende Diversifikation in den Bereich der Tiefkühlprodukte, welche die Sparte des «Convenience Food» erweiterten, eine logische Folge.[302]

1961 erfuhr die Nestlé-Leitung, dass das schwedische Unternehmen Marabou/Freia sein Tiefkühlgeschäft mit *Findus*-Produkten weltweit ausbauen wollte. Marabou/Freia war mit Frucht- und Gemüsekonserven gross geworden und begann nach dem Zweiten Weltkrieg ebenfalls tiefgekühlte Artikel wie gefrorenen Spinat, grüne Erbsen oder Fischfilets anzubieten. Nestlé nutzte diese Gelegenheit und gründete mit Marabou/Freia 1962

297 SWA H+I Ba 214, Artikel aus dem «St. Galler Tagblatt», 2. Mai 1960.

298 Vergleiche dazu weiterführend Heer, 125 Jahre Nestlé, S. 328–331.

299 AHN Rapport au Conseil d'Administration, 339. Séance, Traktandum 17b, 14. April 1960.

300 AHN SG 11601-K-6, Schrift «L'industrie des Aliments surgelés», März 1962, und De Grazia, Das unwiderstehliche Imperium, S. 440.

301 Kleinschmidt, Konsumgesellschaft, S. 139.

302 Vergleiche dazu Heer, 125 Jahre Nestlé, S. 277, und AHN Rapport au Conseil d'Administration, 349. Séance, Traktandum 15d, 23. März 1962.

die Findus International, zu der Nestlé vier Fünftel des Kapitals beisteuerte.[303] Die Finanzkraft des Nestlé-Konzerns war auch hier genug gross, um sich diese Expansion ohne zusätzliche, fremde Mittel zu ermöglichen.[304]

Nestlé entwickelte sich dadurch zusammen mit Unilever zum wichtigsten Marktteilnehmer im deutschen Tiefkühlgeschäft.[305] Ende des Jahrzehnts legten die beiden Grosskonzerne ihr Tiefkühlgeschäft in verschiedenen Ländern zusammen, um den aufwendigen Vertrieb mit Tiefkühltruhen zu rationalisieren.[306] Ausserdem baute Nestlé den Geschäftszweig mit einer Minderheitsbeteiligung am französischen Joghurtproduzenten Chambourcy (1968) und der Gründung einer Joint-Venture-Gesellschaft mit Roco aus Rorschach (1970) zur Herstellung und zum Vertrieb von Tiefkühlprodukten und Eiscreme unter der Marke *Frisco* weiter aus.[307]

Nestlés Expansion im Bereich der vorgefertigten Nahrungsmittel zu Beginn der 1960er-Jahre zeigt, wie das Unternehmen einen Teil seiner Gewinne in die langfristige Unternehmensexpansion investierte, dieser Ausbau der Geschäftstätigkeit gleichzeitig aber mit den bisherigen Aktivitäten des Unternehmens stark verknüpft war: Die neuen Produktsparten knüpften an die Technologie der Milch- und Kaffeedose sowie der *Maggi*-Pulversuppen an, was bei der Eingliederung zu Synergien führte. Gleichzeitig gewann Nestlé Erfahrung auf dem Gebiet der Tiefkühltechnik.

Röstkaffee, Rationalisierungen und eine verpasste Gelegenheit

Nicht nur die Sparte der *Maggi*-Produkte und der vorgefertigten Nahrung sollte durch Akquisitionen von Unternehmen erweitert werden, sondern auch Nestlés Kaffeeangebot. 1960 übernahm Nestlé die US-Gesellschaft Cain's Coffee.[308] Mit diesem ersten Schritt ins Röstkaffeegeschäft erhoffte sich das Schweizer Unternehmen, noch stärker als Kaffeespezialist in Erscheinung zu treten, damit *Nescafé* – wie *Maxwell House* oder *Moccona* – die Qualität des Bohnenkaffees mit der bequemen Zubereitungsart des Instantkaffees verbinden konnte.[309]

303 Vergleiche Heer, 125 Jahre Nestlé, S. 277–281.
304 SWA H+I Ba 214, Artikel aus der Zeitung «Die Tat», 12. Mai 1963.
305 Vergleiche dazu das Magazin «Der Spiegel» Nr. 30, 22. Juli 1963, S. 29.
306 SWA H+I Ba 214, Artikel aus der «Frankfurter Allgemeine Zeitung», 1. November 1969.
307 Zu Chambourcy vergleiche Heer, 125 Jahre Nestlé, S. 412. Zur Zusammenarbeit mit Roco siehe AHN Rapport au Conseil d'Administration, 393. Séance, Traktandum 11a, 2. Juli 1970.
308 Heer, 125 Jahre Nestlé, S. 277.
309 AHN F 5.3.1, 1, Communication Marketing Nr. 11, November 1962, S. 16–18.

Allerdings musste Nestlé schnell erkennen, dass die Diversifikationsbestrebungen im Röstkaffeesegment auch erhebliche Gefahren mit sich brachten: Während General Foods oder Douwe Egberts als etablierte Kaffeehersteller im Löslichkaffeesegment tätig wurden, musste Nestlé den umgekehrten Weg vom Instantkaffee- zum Bohnenkaffeehersteller gehen. Dabei bestand die Gefahr, dass der Eindruck entstand, Nestlé habe das Vertrauen in die Entwicklung des löslichen Kaffees verloren, was letztlich die Marke *Nescafé* geschwächt hätte. Zudem wäre der Einstieg ins Bohnenkaffeesegment mit starkem Widerstand des Einzelhandels verbunden gewesen, der mit dem Verkauf von losem Kaffee einen erheblichen Gewinn erwirtschaftete. Aus diesen Gründen verzichtete Nestlé nach sorgfältigem Abwägen vorerst auf ein stärkeres Engagement im Röstkaffeesegment, denn letztlich blieb die Förderung des Instantkaffees das Hauptziel des Unternehmens.[310]

Stattdessen investierte Nestlé erhebliche Summen in neue und rationellere Produktionsanlagen[311] sowie in verbesserte technische Verfahren zur Herstellung von Instantkaffee. Diese sollten es dem Unternehmen ermöglichen, die Rendite aus dem Instantkaffeegeschäft trotz wachsender Konkurrenz sicherzustellen. Einerseits wurde versucht, den Extraktionsgrad weiter zu erhöhen, ohne dass sich dabei die Qualität des Produkts verschlechterte. Andererseits wurde darauf geachtet, dass *Nescafé* zwar aus den besten, aber nicht den teuersten Kaffeebohnen bestand.[312] Durch diese beiden Kostensenkungsmassnahmen konnte Nestlé beispielsweise in Nordamerika, wo die Einkünfte von *Nescafé* aufgrund des Preiszerfalls trotz steigenden Verkaufszahlen sanken, seine Gewinne im Instantkaffeegeschäft zwischen 1957 und 1963 praktisch verdoppeln, ohne gegenüber *Maxwell House* an Qualität einzubüssen.[313]

Des Weiteren war Nestlé bestrebt, die Kaffeeverluste zu minimieren, welche bei der Fabrikation des Instantkaffees anfielen.[314] Dabei wurden die Fabrikationsprozesse aller Produktionsanlagen auf ihre Effizienz getestet und nach Verbesserungsmöglichkeiten untersucht. Durch die Umgestaltung der Produktionsprozesse konnten sofort 900 Tonnen Rohkaffee eingespart

310 AHN F 5.3.1, 1, Communication Marketing Nr. 11, November 1962, S. 16–18.

311 Neue Fabriken waren 1961 neben Abidjan (Côte d'Ivoire) unter anderem in Mainz (Deutschland) und Toluca (Mexiko) geplant (vergleiche dazu SWA H+I Ba 214, die Artikel aus der «National-Zeitung», 27. April 1959, und der Zeitung «Der Bund», 30. April 1961).

312 AHN SG 11537, Brief von E. Bignami an Nestlé USA, 27. August 1959.

313 «Regarding the question of product quality, it is also interesting to note that only in recent years (simultaneously with the use of cheaper blends) have we developed a *Nescafé* taste, which, in consumer blind tests, proved to be as good as *Maxwell House*», stellte das Departement Instantgetränke in Vevey 1963 erfreut fest (AHN SG 8500-57, Brief vom Departement Instantgetränke an F, 18. Februar 1963).

314 AHN SG 11537, Brief von E. Bignami an Nestlé USA, 27. August 1959.

werden, was einen Gewinn von drei Millionen Schweizer Franken bedeutete. Bis 1963 konnten auf diese Weise sogar über acht Millionen Schweizer Franken gespart werden.[315]

Mit Rationalisierungsmassnahmen vermochte Nestlé zwar die Rentabilität zu steigern. Es bestand aber weiterhin das Problem, dass *Nescafé* mit der wachsenden Popularität des Instantkaffees und der Ausbreitung von Billigmarken in Europa und Nordamerika Marktanteile verlor.[316] Allgemeine Vorteile des Löslichkaffees wie die einfache und schnelle Zubereitung konnten auch günstigere Konkurrenzprodukte für sich geltend machen. Die einzige Möglichkeit, wie sich *Nescafé* gegenüber anderen Instantkaffeeproduzenten noch abheben konnte, sah Nestlé deshalb in einer herausragenden Qualität des Produkts. Das Argument, einen qualitativ besseren Löslichkaffee herzustellen,[317] wurde deshalb in den 1960er-Jahren zum entscheidenden Kriterium auf dem Kaffeemarkt.

Vergleiche mit dem Espresso-Kaffee einer Gaggia-Maschine zeigten, dass die Feinheit der gemahlenen Kaffeebohnen bei der Extraktion für den späteren Kaffeegeschmack entscheidend war.[318] Aufgrund dieser Erkenntnis begannen Nestlés Forscher in Orbe nach Techniken zu suchen, mit denen sich auch die feineren Bestandteile im Kaffee herausfiltern liessen.[319] In der zweiten Hälfte der 1950er-Jahre gelang es ihnen erstmals, einen Instantkaffee zu entwickeln, der vom Geschmack her mit einem Röstkaffee vergleichbar war. Da Nestlé nicht abschätzen konnte, welche Auswirkungen die Einführung dieses qualitativ überlegenen Produkts auf den Umsatz des normalen *Nescafés* hatte, wollte das Unternehmen das neue Kaffeepulver unter der Marke *Nescafé goût Brésilien* zuerst nur in einem kleinen Testgebiet in Frankreich lancieren.[320]

Nachdem in Orbe sehr gute Ergebnisse erzielt worden waren, fielen die Resultate in St. Menet aber unerwartet schlecht aus.[321] Zuerst wollte Nestlé auf die Lancierung von *Nescafé*

315 AHN SG 11536, Notiz «Green Coffee Utilization», 12. Mai 1964.

316 Siehe dazu die Ausführungen im Kapitel «Steigende Marktanteile und wachsende Konkurrenz – die Verbreitung des Instantkaffees mit der amerikanischen Konsumkultur», S. 179–191.

317 AHN F 5.2,8, Communication Marketing Nr. 18, 5. September 1957, S. 1–3.

318 Interview mit einem langjährigen Nestlé-Mitarbeiter in Orbe, 12. April 2012.

319 Mit den bisherigen Extraktionsmethoden konnten kleine Tee- oder Kaffeeteilchen nicht zur Extraktion verwendet werden, weil sie innerhalb kurzer Zeit die Leitungen und Extraktionszellen verstopften. Daher konnten nur verhältnismässig grosse Kaffeeteilchen extrahiert werden, was relativ hohe Extraktionstemperaturen und eine vergleichsweise niedrige Extraktionsausbeute zur Folge hatte (AHN K 29 Dossier M/C, Hauptpatent «Verfahren zur kontinuierlichen Herstellung eines pulverförmigen Extraktes aus pflanzlichem Material», 30. April 1966).

320 AHN SG 6600-57, Brief «Nescafé SEP», 12. Dezember 1958.

321 AHN SG 6605, Brief «Nescafé C-29», 13. Dezember 1956 und AHN SG 6600-57, Brief «Nescafé SEP», 12. Dezember 1958.

goût Brésilien ganz verzichten. Da sich aber bereits Vorratsberge des neuen Produkts in den Lagerhallen der Fabrik stapelten und die Etiketten und Werbetafeln zur Einführung schon bereit lagen, entschied sich die französische Tochtergesellschaft schliesslich trotzdem, *Nescafé goût Brésilien* in der Region Alpes-Maritimes einzuführen. Im Gegensatz zum ursprünglichen Vorhaben war Nestlé jedoch äusserst zurückhaltend, das Erzeugnis mit allzu überschwänglichen Begriffen zu rühmen. Entsprechend schwach waren die Verkaufszahlen des kaum beworbenen Produkts, das 1958 wesentlich teurer auf den Markt gebracht wurde als der normale *Nescafé*. Bis zum Jahresende gelang es den Technikern allerdings, die deutlich bessere Qualität, welche mit dem neuen Verfahren erreicht werden konnte, auch in Frankreich kontinuierlich herzustellen. Doch die Chance war nun verpasst, die neue Sorte in einem besseren Licht erscheinen zu lassen. So blieb nur die bittere Erkenntnis: *Nescafé goût Brésilien* war gut, aber zu teuer.[322]

Auch wenn *Nescafé goût Brésilien* praktisch keine Kundschaft gewinnen konnte und zu Beginn der 1960er-Jahre seine Bedeutung als *Nescafé* aus besonders hochwertigen Kaffeebohnen verlor,[323] war er trotzdem ein wichtiger Vorläufer für die späteren technischen Entwicklungen auf dem Gebiet des löslichen Kaffees.[324] Ausserdem wurde das neue Verfahren in besonders qualitätsbewussten Ländern wie den Benelux-Staaten, Skandinavien oder Österreich nun zur Herstellung von *Nescafé Nr. 37 goût Espresso* verwendet.[325]

Das Aromatisierungsverfahren und die Modernisierung der Marke *Nescafé*

Der Kaffeegenuss hängt nicht nur vom Geschmack ab, sondern ergibt sich erst aus dem Zusammenspiel verschiedener Sinneseindrücke wie dem Anblick der dampfenden Kaffeekanne, dem brodelnden Geräusch des Kaffeewassers oder dem angenehmen Duft des Kaffeearomas, der aus der Kaffeekanne oder der Kaffeetasse in die Nase strömt.[326]

Obschon der Instantkaffee in der Tasse einen ausgeprägten und angenehmen Kaffeegeruch entwickelte, verbreitete er zu Beginn der 1950er-Jahre beim Öffnen der Packung nur einen

322 AHN SG 6600-57, Brief «Nescafé SEP», 12. Dezember 1958.

323 AHN SG 6600-57, Schrift «Nescafé qualité superieure», 20. Juni 1963, und ebenda, Brief von Nestlé Frankreich an P. Liotard-Vogt, 12. August 1966.

324 Interview mit einem langjährigen Nestlé-Mitarbeiter in Orbe, 12. April 2012.

325 AHN SG 6600-57, Schrift «France – problème des Extraits Solubles – Voyage à Paris de A, K et B les 15 et 16 octobre 1959», 22. Oktober 1959.

326 AHN F 5.3.1, 4, Communication Marketing Nr. 5, Mai 1965, S. 17.

schwachen oder gar keinen Kaffeeduft. Diesen Nachteil vermochte General Foods mit der Entwicklung des Aromatisierungsverfahrens erstmals zu überwinden. Dabei wurden den gerösteten Kaffeebohnen die volatilen Aromastoffe bereits vor der Extraktion entnommen, damit sie sich während der Sprühtrocknung nicht verflüchtigten. Später wurden sie dem Instantkaffeepulver mit einer öligen Trägersubstanz wieder beigefügt und mit Inertgas vor einer Oxidation mit der umgebenden Luft geschützt.[327] 1957 brachte das Unternehmen erstmals einen aromatisierten Instantkaffee unter der Marke *Maxwell House* auf den US-Markt, welcher bereits beim Öffnen der Verpackung ein gutes Kaffeearoma verbreitete.[328] Dadurch vermochte *Maxwell House* ihren Ruf als beste Instantkaffeemarke in den Vereinigten Staaten weiter zu festigen und *Nescafé* auch in technischer Hinsicht zu überflügeln. *Nescafé* drohte nun in Nordamerika endgültig das Ansehen als Qualitätsmarke zu verlieren und von den günstigeren Handelsmarken aufgerieben zu werden, falls es Nestlé nicht in nützlicher Frist gelang, ihre Marke in aromatisierter Form anzubieten.[329]

Zwei Jahre später hatten Nestlés Forschungslabore in Marysville (Ohio) ebenfalls ein Verfahren zur Herstellung von aromatisiertem Instantkaffee entwickelt, welches noch im selben Jahr unter der Marke *Decaf* eingeführt wurde, um die Konsumenten davon zu überzeugen, dass der koffeinfreie Instantkaffee nicht nur gesundheitliche Vorteile, sondern auch ein richtiges Kaffeearoma besass. Ab Mai 1960 war schliesslich auch *Nescafé* in aromatisierter Form auf dem US-Markt erhältlich.[330]

Während die Einführung des aromatisierten Instantkaffees *Maxwell House* 1957 noch hohe Wellen geschlagen hatte, rief die gleiche Verbesserung bei *Nescafé* drei Jahre später in der Öffentlichkeit aber nur noch ein müdes Gähnen hervor: «La valeur publicitaire de cette nouveauté avait pratiquement disparu»,[331] beklagte Nestlé den geringen Effekt der gross angelegten Werbekampagne «43 Kaffeebohnen», mit der das Unternehmen die Amerikaner vergeblich davon zu überzeugen versucht hatte, dass *Nescafé* nun der Qualität des Röstkaffees noch näher gekommen sei. Daraus zog Nestlé den entscheidenden Schluss, dass qualitative Verbesserungen nur dann werbetechnisch erfolgreich aus-

327 Vergleiche dazu AHN F 5.3.1, 1, Communication Marketing Nr. 12, Dezember 1962, S. 32, und AHN K 29 Dossier M/C, Hauptpatent zur Herstellung von aromatisierten pulverförmigen Kaffeeprodukten, 29. Juli 1966.

328 Bis Ende der 1950er-Jahre wurden auf dem US-Markt die drei Marken *Maxwell House*, *Sanka* und *Yuban* von General Foods sowie *Chase & Sanborn* von Standard Brands mit dem Aromatisierungsverfahren hergestellt (AHN SG 11535, Dossier «Conférence ARPC», 9. Juni 1961).

329 AHN SG 11539, Notiz «Nescafé research», 24. Oktober 1957.

330 AHN SG 1100-57, Brief von Nestlé USA an H, 2. November 1960, und ebenda, Brief von Nestlé USA an H, 28. September 1960.

331 AHN SG 11535, Dossier «Conférence ARPC», 9. Juni 1961.

geschlachtet werden konnten, wenn man mit einer Neuerung als Erster auftrat und «First-Mover-Advantages» erzielen konnte.[332]

Mitte August 1960 entschied sich das Unternehmen aus Vevey deshalb, den aromatisierten Instantkaffee möglichst rasch auch in Europa einzuführen, denn es war nur eine Frage der Zeit, bis *Nescafé* mit diesem Verfahren von General Foods oder Douwe Egberts auch in Europa attackiert wurde. Ausserdem erhielt die Marke dadurch ein neues Werbeargument, um sich qualitativ noch klarer gegenüber den günstigen Eigenmarken abzuheben und den höheren Preis zu rechtfertigen.[333] Da sich *Nescafé* in mehreren europäischen Märkten in einem scharfen Konkurrenzkampf befand, versuchte Nestlé die Einführung des Aromatisierungsverfahrens in Europa möglichst geheim zu halten, damit Kontrahenten wie Douwe Egberts oder General Foods keine Gegenmassnahmen treffen konnten. Aus diesem Grund wurde der neue *Nescafé* 1962 zeitgleich in den Niederlanden, Belgien, Frankreich und der Bundesrepublik Deutschland der Öffentlichkeit bekannt gemacht.[334]

Nestlé legte dabei nicht nur auf den neuen Kaffeeduft, sondern ebenso auf die allgemeine Auffrischung des Markenauftritts wert:[335] Um die stetige Verbesserung von *Nescafé* auch visuell zum Ausdruck zu bringen, wurde gleichzeitig mit der Einführung des Aromatisierungsverfahrens auch die Etikette aktualisiert. Das zwischen 1938 und 1961 fast unverändert gebliebene Erscheinungsbild von *Nescafé* hatte beim Kunden zwar für Kontinuität und Vertrauen gesorgt, aber auch den Eindruck erweckt, *Nescafé* sei als alter Pionier auf dem Gebiet des Löslichkaffees von jüngeren Konkurrenzprodukten eingeholt oder sogar überholt worden. Die neue Etikette sollte *Nescafé* daher wieder einen modernen Anstrich verleihen.[336]

332 AHN SG 11535, Dossier «Conférence ARPC», 9. Juni 1961.

333 Vergleiche dazu AHN SG 11536, Brief von B an H, 28. November 1960, und AHN SG 11535, Dossier «Conférence ARPC», 9. Juni 1961.

334 AHN F 5.3.1, 1, Communication Marketing Nr. 5, Mai 1962, S. 19–22.

335 AHN F 5.3.1, 2, Communication Marketing Nr. 2, Februar 1963, S. 17–19.

336 Die neue *Nescafé*-Etikette wurde 1962 in Anlehnung an die Kaffeesäcke grafisch mit der Textur eines Jutesacks unterlegt. Ausserdem unternahm Nestlé den Versuch, in Absprache mit den Regierungsinstanzen der einzelnen europäischen Länder die Bezeichnung von *Nescafé* als «Kaffee-Extrakt», welche von den Kunden fälschlicherweise oft mit einem chemischen Prozess in Verbindung gebracht worden war, durch wesentlich günstigere Beschreibungen wie «Löslicher Kaffee» oder «Sofortkaffee» zu ersetzen (AHN F 5.2, 31, Communication Marketing Nr. 4, Juni 1961, S. 1–3, und AHN F 5.3.1, 1, Communication Marketing Nr. 11, November 1962, S. 13–14).

Abbildung 17: Auf den Werbeplakaten in der Schweiz wurde 1962 auf den neuen Kaffeeduft hingewiesen und dieser mit der allgemeinen Verbesserung von *Nescafé* in Verbindung gebracht.

Strittig war ausserdem die Frage, ob man den aromatisierten *Nescafé* wie bis anhin in der Dose oder neu in einer Glasverpackung verkaufen sollte.[337] Die Dose war günstiger[338] und hatte vom praktischen Standpunkt her den Vorteil, dass sie nicht zerbrechen konnte.[339] Andererseits gingen die Hausfrauen mit Dosen oftmals sorglos um und schufen aus Unachtsamkeit ein Leck, während die wenigsten beim Glasbehälter den Deckel nicht schlossen.[340] Aus verkaufstechnischen Gründen entschied sich Nestlé schliesslich, den aromatisierten *Nescafé* neu im Glas zu präsentieren: Die Gläser wirkten im Regal grösser als die Dosen und gaben der Kundschaft den Eindruck, sie würde für den gleichen Preis mehr Löslichkaffee erhalten als in der Dose.[341] In Entwicklungsländern dagegen hatte die Dose aufgrund ihres robusten Charakters beim Transport in schlecht erschlossene Gebiete nach wie vor Vorteile, weshalb *Nescafé* dort in vielen Fällen sowohl in Glas- als auch in Dosenverpackungen verkauft wurde.[342]

Der aromatisierte Instantkaffee verlieh der Marke *Nescafé* in Europa zwar ein höheres Ansehen als bisher, qualitativ war er damals in den Augen der Verbraucher jedoch nicht mit Bohnenkaffee vergleichbar: «Die Werbeaussage, dass *Nescafé* ein echtes Kaffeearoma aufweist, widerspricht den bisherigen Erfahrungen der Konsumenten [...]»,[343] schrieb 1962 die deutsche Tochtergesellschaft. Auch die neue Glasverpackung wurde nicht von allen Kunden positiv beurteilt. In der Bundesrepublik Deutschland beispielsweise kaufte die Mehrzahl der Konsumenten ihren *Nescafé* weiterhin in der Blechdose.[344]

Gefriertrocknung und «Short Cell»-Extraktion

Bei der Erforschung und Entwicklung des Aromatisierungsverfahrens hatte Nestlé den entscheidenden Fehler begangen, Gerüchte zu den Plänen von General Foods nicht genug ernst genommen zu haben. Als Folge davon hinkte das Schweizer Unternehmen Ende der 1950er-Jahre der technischen Entwicklung

337 AHN SG 11535, Dossier «Conférence ARPC», 9. Juni 1961.

338 Während in den Vereinigten Staaten die Dosen- und die Glasverpackung etwa gleich teuer waren, lagen die Glaspreise in den meisten europäischen Ländern aufgrund der fehlenden Konkurrenz höher als der Preis für Blechdosen (AHN SG 6317, Notiz von Nestlé Dänemark an H, 16. April 1956).

339 AHN SG 6317, Brief von H an Nestlé Dänemark, 23. April 1956.

340 AHN SG 11674, Notiz von W an E. Bignami, 29. September 1960.

341 AHN SG 11674, Notiz «Tins versus jars», 19. Mai 1960.

342 In Chile und Peru fand die Dose bis Ende der 1980er-Jahre Verwendung (vergleiche die Werbeanzeigen in AHN K 17 Werbesammlung Afrique Noire 1963–1969 sowie AHN K14 Werbesammlung Peru 1980–1991, Werbung Nescafé Classic und Nescafé Granor, 1986, und ebenda Chile 1988–1990, Werbung Nescafé, 1989).

343 AHN SG 6100-57, Brief von Nestlé Deutschland an H, 30. Mai 1962.

344 Ebenda.

auf dem Gebiet des Löslichkaffees hinterher. Dies war Nestlé eine Lehre. Als das Unternehmen zu Beginn der 1960er-Jahre davon hörte,[345] dass General Foods Gefriertrocknungsapparate gekauft hatte, begann Nestlé im amerikanischen Forschungszentrum in Marysville sofort nach weiteren Verbesserungsmöglichkeiten ihres Kaffeepulvers zu suchen.[346]

Aufbauend auf der Erkenntnis, dass zu viel Hitze dem Kaffeegeschmack abträglich sein konnte,[347] entwickelten die Forscher in Marysville sogenannte «Short Cell»-Perkolatoren, welche kürzere Extraktionszellen aufwiesen und den Kaffee bei wesentlich tieferen Temperaturen extrahierten, indem der Luftdruck reduziert und somit der Siedepunkt des Wassers heruntergesetzt wurde.[348] Nachdem die neuen «Short Cell»-Perkolatoren 1962 erstmals in der Fabrik von Granite City eingesetzt worden waren, installierte sie Nestlé ebenfalls in allen anderen US-Fabriken (Sunbury, Ripon und Freehold), damit man bei einer allfälligen Lancierung eines gefriergetrockneten Instantkaffees durch General Foods ebenfalls mit einer neuen Technik aufwarten konnte. Des Weiteren entschied sich Nestlé, zu Forschungszwecken ebenfalls Gefriertrocknungsanlagen anzuschaffen.[349]

Die Gefriertrocknung, welche Nestlé neben der Kaffeeverarbeitung ebenfalls zur Herstellung von *Maggi*-Suppen verwenden konnte,[350] hatte gegenüber der Sprühtrocknung den entscheidenden Vorteil, dass der Extrakt nie flüssig wurde und die charakteristischen Geschmacks- und Aromastoffe des Kaffees während des gesamten Herstellungsprozesses nicht getrennt werden mussten.[351] Die gerösteten und gemahlenen Kaffeebohnen wurden bei diesem Verfahren zuerst auf minus 40 Grad Celsius abgekühlt, um ihren Geschmack und ihr Aroma zu konservieren. Anschliessend wurde das Produkt schonend getrocknet, indem die Eiskristalle in grossen Druckkammern durch Sublimation verdampft wurden und die volatilen Aromabestandteile im festen Konzentrat zurückblieben.[352]

345 Der Kauf von zehn Gefriertrocknungsapparaten von General Foods wurde in den lokalen Zeitungen publik gemacht. Zudem beobachtete Nestlé 1962, dass General Foods Instantkaffee von Mexiko in die Vereinigten Staaten exportierte, obwohl sich dieser Import nach eigenen Kalkulationen wirtschaftlich nicht lohnte. Dieses Verhalten liess Nestlé vermuten, dass General Foods ihre US-Fabriken mit Gefriertrocknungsanlagen ausrüstete und deshalb den löslichen Kaffee importieren musste (vergleiche dazu AHN SG 1700-57, Brief von Nestlé USA an Nestlé Mexiko, 9. November 1962, und AHN SG 1100-57, Brief von Nestlé USA an J.-C. Corthésy, 4. Oktober 1963).

346 AHN SG 1100-57, Brief von Nestlé USA an J.-C. Corthésy, 4. Oktober 1963.

347 Dieses Phänomen war beispielsweise auch bei der Entwicklung von Espresso-Kaffeemaschinen beobachtet worden (Krieger, Kaffee, S. 242).

348 AHN SG 11650, Artikel in der Zeitschrift «The Times» vom 25. September 1970.

349 AHN SG 1100-57, Brief von Nestlé USA an S, 19. Juli 1962, und Notiz von A an W, 30. September 1963.

350 Vergleiche dazu das Kapitel «Schwankendes Flaggschiff, gefährdetes Unternehmen? – Nestlé reagiert mit Diversifikation und Innovation», S. 223.

351 Nestlé SA, Les Extraits de Café, S. 24.

352 Nestec SA, Bulletin Nestlé Nr. 2/66, 6. Mai 1966, S. 12.

Vom technischen Standpunkt her war die Herstellung von gefriergetrocknetem Instantkaffee[353] bereits zu Beginn der 1950er-Jahre bekannt,[354] wurde aber kaum verwendet, da die Gefriertrocknung wesentlich teurer war als die Sprühtrocknung.[355] Ökonomisch gesehen war es daher 1962 für Nestlé nicht sinnvoll, ihren Instantkaffee mit der wesentlich teureren Gefriertrocknungstechnologie herzustellen – vor allem wenn man bedenkt, dass sich die Qualität des Instantkaffees mit dem Gefriertrocknungsverfahren damals nur geringfügig verbessert hätte.[356]

Diese Tatsache sorgte am 23. August 1963 auch im Nestlé-Verwaltungsrat für Diskussionen. Konkret ging es darum, ob es sich lohne, in Mainz eine Pilotinstallation für gefriergetrockneten Instantkaffee zu errichten. Dies war insofern umstritten, als die Investitionen in diese technischen Installationen enorm hoch waren: In Mainz betrugen sie vorerst 5,4 Millionen Schweizer Franken, die Gesamtinvestitionen – bei denen ebenfalls die Installationen in Hayes, St. Menet und in den Vereinigten Staaten mit einberechnet waren – gar 275 Millionen Schweizer Franken.[357] Während die deutsche, französische und britische Tochtergesellschaft bereit waren, hohe Summen in Bau von Gefriertrocknungsanlagen zu investieren,[358] zeigte sich der US-Marktchef dem neuen Verfahren gegenüber skeptisch: «All technical experts seem to agree that this process [Gefriertrocknung] applied to the total production on the volume which we sell in this country would be economically out of question both as regards cost of installation and processing. [...] What I am saying is that in our precarious profit situation it would be highly inadvisable to commit ourselves to such a huge capital investment and increased production costs until we have considerably more evidence of the commercial justification for such expenditure than we have at the present moment.»[359]

Trotzdem wurde das Gefriertrocknungsverfahren von der technischen Leitung spätestens seit Oktober 1963 forciert,[360] weil Nestlé fürchtete, dass General Foods ihren Instantkaffee mit dieser Technologie als «superior to anything else» in

353 Bereits um 1880 hegte W. P. Branson, der damalige Hauptkonkurrent von Nestlés *Coffee & Milk* in Grossbritannien, den Gedanken, gelösten Filterkaffee durch eine Serie von Kühlklappen zu schleusen und danach vom Eis zu befreien. Seine Idee blieb allerdings in der Versuchsphase stehen (Bersten, Coffee floats, S. 256).

354 Vergleiche dazu AHN SG 6100-57, Telex von Nestlé Deutschland an G, 11. Mai 1965, und AHN [ohne Signatur], Memoire von Jacques Paternot «Evolution de Nestlé», Februar 1973.

355 AHN Nachlass Martin Schärer, Unterlagen «The beginning of Nescafé» von Herrn Kreber, 25. September 1979.

356 AHN SG 1100-57, Brief von Nestlé USA an S, 19. Juli 1962.

357 AHN Rapport au Conseil d'Administration, 357. Séance, Traktandum 10b, 22. August 1963.

358 AHN SG 500-57, Brief von M an Nestlé Kanada, 20. August 1964.

359 AHN SG 1100-57, Brief von Nestlé USA an J.-C. Corthésy, 4. Oktober 1963.

360 AHN SG 1100-57, Notiz von A an W, 30. September 1963.

Szene setzen könnte, wie dies einige Jahre zuvor mit dem Aromatisierungsverfahren geschehen war.[361] «[…] should General Foods launch such a product or a similar one ahead of us, it will be most important that we can counteract without much delay»,[362] begründete der technische Direktor das Vorgehen.

Einige Monate später zeigte sich, dass er mit seiner Entscheidung richtig gelegen war. Im Mai 1964 lancierte General Foods unter der Marke *Maxim* als erster Grosskonzern einen gefriertrockneten Instantkaffee auf den Testmärkten in Albany, Schenectady und Troy im Bundesstaat New York,[363] der auch die Nestlé-Führung beeindruckte: «The result is certainly excellent and quite different in taste from any instant coffee now on the market. In other words it really tastes, to our mind, like a good American cup of brewed coffee»,[364] beschrieb Nestlé-CEO Corthésy anerkennend das neue Produkt, auf dessen Herstellungsverfahren General Foods in der Werbung explizit hinwies.[365] Bereits im ersten Jahr konnte *Maxim* in den Testgebieten einen Marktanteil von über zehn Prozent gewinnen.[366] Interessant war für Nestlé insbesondere, dass General Foods mit dem neuen Verfahren auch Röstkaffeekunden gewinnen konnte, da der gefriergetrocknete Löslichkaffee sowohl vom Geschmack als auch vom Aroma her überzeugte.[367]

Der neue, gefriergetrocknete Instantkaffee hatte allerdings einen entscheidenden Nachteil: Aufgrund der hohen Herstellungskosten war er im Ladenregal durchschnittlich um einen Viertel teurer als *Nescafé* oder *Maxwell House*.[368] Selbst der höhere Verkaufspreis vermochte aber die hohen Produktionskosten und Werbeausgaben nicht zu decken, weshalb General Foods mit *Maxim* praktisch keine Gewinne erzielen konnte. Aus diesem Grund war es für den US-Konzern nicht sinnvoll, den gefriergetrockneten Instantkaffee flächendeckend im ganzen Land einzuführen und damit womöglich ihre wesentlich profitablere Marke *Maxwell House* zu konkurrenzieren. *Maxim* wurde deshalb während Jahren nicht über das Testgebiet in New York hinaus verkauft.[369]

Das zögerliche Verhalten von General Foods wurde zur grossen Gelegenheit für Nestlé, am Beispiel von *Maxim* die richtigen Schlüsse zu ziehen und den US-Konzern im

361 AHN SG 1100-57, Brief von Nestlé USA an S, 19. Juli 1962.
362 AHN SG 1100-57, Notiz von A an W, 30. September 1963.
363 AHN SG 1100-57, Mappe «Projekt 64», 28. September 1966.
364 AHN SG 1100-57, Brief von J.-C. Corthésy an Nestlé USA, 6. Mai 1964.
365 Der Werbetext von General Foods lautete: «Now an entirely new process called freeze-drying actually makes it possible to brew real percolated coffee … without a percolator!» (AHN F 5.3.1, 4, Communication Marketing Nr. 1, Januar 1965, S. 14).
366 AHN F 5.3.1, 4, Communication Marketing Nr. 10, Oktober 1965, S. 15.
367 AHN SG 1100-57, Brief von W an G, 18. Januar 1965.
368 AHN F 5.3.1, 4, Communication Marketing Nr. 10, Oktober 1965, S. 16–17.
369 AHN SG 1100-57, Brief von Nestlé USA an J.-C. Corthésy, 9. Dezember 1965.

Gegenzug auf dem Gebiet der Gefriertrocknung zu überflügeln: «General Foods hat [...] mit Erfolg eine neue Instant-Kaffee-Qualität geschaffen, die dank der höheren Marge in den kommenden Jahren in den USA ausgezeichnete Gewinnmöglichkeiten bieten wird»,[370] erkannte das Schweizer Unternehmen einerseits das Potenzial des gefriergetrockneten Instantkaffees, mit einem Bohnenkaffee konkurrenzfähig zu sein. Andererseits diente *Maxim* Nestlé auch als Lehrstück, um den eigenen gefriergetrockneten Instantkaffee erfolgreich einzuführen.[371] So diente zum Beispiel die technische Vermarktung von General Foods, bei der das Herstellungsverfahren explizit beschrieben wurde, später als Vorlage für Nestlés Marketing-Strategie.[372]

Noch im Mai 1964 entschied sich Nestlé, den gefriergetrockneten Instantkaffee von der bereits existierenden Versuchsanlage in Mainz aus in Europa bekannt zu machen.[373] Nachdem Nestlé bei der Lancierung des Aromatisierungsverfahrens die Erfahrung gemacht hatte, dass technische Neuheiten nur dann eine Wirkung hatten, wenn man sie als erstes Unternehmen auf dem Markt einführte,[374] waren sich die Marktchefs von Nestlé einig, dass *Nescafé* als erste Marke mit dem Gefriertrocknungsverfahren in Europa für Aufsehen sorgen sollte.[375] Der Einführung eines qualitativ überlegenen, gefriergetrockneten Instantkaffees kam aber auch im Kampf gegen die billigen Eigenmarken der Handelshäuser strategische Bedeutung zu: Zu Beginn der 1960er-Jahre war *Nescafé* von diesen bekanntlich zunehmend angegriffen worden und verlor an Marktanteilen. Der Preis war dabei in Europa immer mehr zum entscheidenden Kaufargument geworden. Mit der Einführung eines gefriergetrockneten Instantkaffees konnte Nestlé dieser Entwicklung zu immer billigerem Löslichkaffee einen Riegel schieben, indem mit dem gefriergetrockneten Instantkaffee ein neuer Markt für Löslichkaffee von gehobener Qualität geschaffen wurde. Die Billigmarken konnten auf diesem Qualitätsniveau nicht mithalten, und das Preisargument wurde dadurch zumindest abgeschwächt.[376]

Im Juli 1964 bestätigte sich allerdings, dass die Gefriertrocknung alleine nicht zu einer wesentlichen Verbesserung des Instantkaffees führte. «I can only repeat that the by now common-place fact that the product coming out of a freeze dryer

370 AHN F 5.3.1, 4, Communication Marketing Nr. 10, Oktober 1965, S. 17–18.
371 AHN SG 1100-57, Brief von W an G, 18. Januar 1965.
372 AHN F 5.3.1, 4, Communication Marketing Nr. 1, Januar 1965, S. 14.
373 AHN SG 11536, Notiz von Nestlé USA an E. Bignami, 20. Mai 1964.
374 AHN SG 1100-57, Brief von S an E. Bignami, 29. Oktober 1964.
375 AHN SG 11535, Zusammenfassung der Konferenz vom 2. Juli 1964 in Vevey, 10. Juli 1964.
376 AHN Rapport au Conseil d'Administration, 368. Séance, Traktandum 10d, 18. August 1965.

is not better than what we put into it [...]»,[377] machte der technische Direktor der Nestlé-Führung klar, dass selbst das Gefriertrocknungsverfahren aus minderwertigen Kaffeebohnen keinen erstklassigen Instantkaffee herbeizaubern konnte. Die Vorteile der wesentlich teureren Gefriertrocknung wirkten sich nämlich nur dann merklich auf das Endprodukt aus, wenn man erstklassige Kaffeebohnen extrahierte.[378] Die Überlegenheit des gefriergetrockneten Instantkaffees von Nestlé gründete daher nicht nur auf der neuen Trocknungsmethode, sondern ebenso auf einer Mischung von hochwertigeren Kaffeebohnen[379] und dem verfeinerten «Short Cell»-Extraktionsverfahren,[380] mit dem der bisherige Prozess-Geschmack vollständig beseitigt werden konnte.[381]

Unbefriedigend blieb einzig die Tatsache, dass es vorerst nicht gelang, den Gefriertrocknungsprozess kontinuierlich zu gestalten. So musste der Instantkaffee schubweise von Hand verarbeitet werden,[382] was einerseits unökonomisch und andererseits für die Fabrikarbeiter, die bei eisigen Temperaturen arbeiten mussten, sehr mühsam war.[383] Bis 1965 verfügte Nestlé über drei Produktionsanlagen zur Herstellung von gefriergetrocknetem Instantkaffee auf diesem Prinzip: in Mainz (Deutschland), Hayes (Grossbritannien) und St. Menet (Frankreich).[384]

377 AHN SG 1100-57, Brief von A an J.-C. Corthésy, 3. August 1964.

378 AHN Nachlass Martin Schärer, Unterlagen «The beginning of Nescafé» von Herrn Kreber, 25. September 1979.

379 Nestlés Produktionskosten für gefriergetrockneten Instantkaffee waren rund sechs Prozent höher als beim sprühgetrockneten Instantkaffee, weil das Unternehmen dafür wesentlich teurere Kaffeebohnen verwenden musste (AHN SG 11535, Zusammenfassung der Konferenz vom 2. Juli 1964 in Vevey, 10. Juli 1964).

380 AHN F 5.4.4, Communication Marketing Nr. 2, Oktober 1970, S. 14.

381 Dieser Vorteil existierte zwar bereits beim Herstellungsverfahren von *Nescafé goût Brésilien*, wurde damals allerdings kaum betont (AHN SG 6100-57 SP, Brief von Nestlé Deutschland an die Schweizer Botschaft, 22. Oktober 1965).

382 SBU CD Coffee Marketing Seminar 2001, Schrift «Nescafé: A story of continuous innovation and renovation for 62 years», 2000.

383 AHN SG 1100-57, Brief von Nestlé USA an J.-C. Corthésy, 8. Januar 1965.

384 AHN Rapport au Conseil d'Administration, 368. Séance, Traktandum 10d, 18. August 1965.

Der Durchbruch mit *Nescafé Gold* – Nestlés Entwicklung zum grössten Lebensmittelkonzern der Welt

Die Lancierung von *Nescafé Gold*

Wann und wie Nestlé den gefriergetrockneten Instantkaffee in den jeweiligen europäischen Ländern einführen würde, hing stark von der Strategie von General Foods ab. Die Marktchefs von Nestlé waren sich einig, dass die wichtigsten europäischen Märkte – Grossbritannien, die Bundesrepublik Deutschland und Frankreich – Priorität genossen und das neue Produkt unter der Dachmarke *Nescafé* lanciert werden sollte. Durch die Dachmarkenstrategie erhoffte sich Nestlé einerseits tiefere Einführungskosten für das gefriergetrocknete Produkt, da *Nescafé* bereits als Qualitätsmarke bekannt war. Andererseits sollten die hervorragenden Eigenschaften des gefriergetrockneten *Nescafés* wiederum den guten Ruf des sprühgetrockneten *Nescafés* stärken.[385]

In anderen Punkten dagegen waren die Strategien von Markt zu Markt unterschiedlich: Während der gefriergetrocknete Instantkaffee in den meisten europäischen Ländern unter der Bezeichnung *Nescafé Gold*[386] als Luxusprodukt inszeniert wurde, präsentierte ihn die französische Tochtergesellschaft als *Nescafé Spécial Filtre,* weil die Bezeichnung «Gold» von den Franzosen falsch verstanden worden wäre.[387] Ebenso wichen Italien mit *Nescafé Gran Aroma* und Schweden mit *Nescafé Lyx* von einer einheitlichen Bezeichnung ab.[388]

Nachdem *Nescafé Gold* im Februar 1965 erstmals in der Fabrik von Mainz produziert worden war,[389] gaben Nestlé und die Deutsche Extrakt-Kaffee GmbH (DEK) am 10. Mai 1965

385 Gegen die Dachmarkenstrategie sprach einzig, dass mit dem gefriergetrockneten Instantkaffee auch Bohnenkaffeekunden angesprochen werden sollten, die gegenüber der Marke *Nescafé* Vorurteile hatten (AHN SG 11535, Zusammenfassung der Konferenz vom 2. Juli 1964 in Vevey, 10. Juli 1964).

386 Dabei wurde Gold der jeweiligen Sprache angepasst: In den Niederlande beispielsweise hiess er *Nescafé Goudmerk* oder in Norwegen *Nescafé Gull* (vergleiche dazu die entsprechenden Werbungen in der Werbesammlung der AHN).

387 AHN SG 6600-57, Brief von P. Liotard-Vogt an E. Bignami, 15. März 1965.

388 Diese besonderen Bezeichnungen dürfen nicht zuletzt darauf zurückzuführen sein, dass die Bevölkerung dort die Marke *Nescafé* mit minderwertigem Kaffee verband und es deshalb angezeigt war, die hohe Qualität besonders zu betonen. Aus diesem Grund zog die schwedische Tochtergesellschaft zuerst in Erwägung, den gefriergetrockneten Instantkaffee wie andere gefrorene Produkte unter der Marke *Findus* einzuführen. Das Vorhaben wurde daraufhin allerdings vom Departement Instantgetränke in Vevey gestoppt, weil eine solche Bezeichnung in keiner Weise der internationalen Markenpolitik des Unternehmens entsprach (AHN SG 7700-57, Brief von S an A, 28. Oktober 1966).

389 AHN SG 11537, Notiz der Investitionskontrolle an A. Fürer, 19. September 1973.

gleichzeitig die Einführung eines gefriergetrockneten Instantkaffees bekannt, wobei es sich bei der Ankündigung der DEK vermutlich um ein Störmanöver handelte.[390] Am 17. Mai 1965 war *Nescafé Gold* erstmals in den Warenhäusern von Hamburg erhältlich.[391] Hamburg und Schleswig-Holstein wurden als Testmärkte von *Nescafé Gold* gewählt, weil es einerseits Gerüchte gab, dass General Foods ihren gefriergetrockneten Instantkaffee zuerst in der Bundesrepublik lancieren würde – und andererseits, weil die generellen Vorurteile gegenüber Instantkaffee im Gebiet zwischen Hamburg, Lübeck und Kiel besonders stark waren und *Nescafé* auf dem deutschen Löslichkaffeemarkt innerhalb von vier Jahren fast 30 Prozent Marktanteil verloren hatte.[392] Mit dieser Wahl wollte Nestlé also die Reaktion der Verbraucher auf den neuen gefriergetrockneten Instantkaffee ernsthaft testen, um die daraus gewonnenen Erkenntnisse 1966 für die Lancierung von *Nescafé Gold* im grossen Stil zu nutzen.[393]

Da der Qualitätsunterschied zwischen sprühgetrocknetem und gefriergetrocknetem Instantkaffee ohne Direktvergleich nicht auf den ersten Schluck spürbar wurde, war es von entscheidender Bedeutung, dem Kunden die feine Differenz mit dem Gefriertrocknungsverfahren technisch vor Augen zu führen, damit er diese erkannte. «[...] a great number of consumers must be told that something is good before they notice it themselves»,[394] machte der technische Direktor die Nestlé-Führung darauf aufmerksam, dass die technische Geschmacksverbesserung von entsprechenden Werbemassnahmen begleitet werden musste. Deshalb setzte Nestlé bei der Einführung von *Nescafé Gold* in Hamburg und Schleswig-Holstein überdurchschnittlich hohe Beträge zu Werbezwecken ein. Die Botschaft, dass *Nescafé Gold* mit einem neuen technischen Verfahren hergestellt und daher ein Kaffee neuer Art sei, sollte dadurch so deutlich gesagt werden, dass es nicht nur in Hamburg, sondern in ganz Europa gehört wurde.[395]

390 Die doppelte Anzeige führte Nestlé darauf zurück, dass die Rundschreiben, welche *Nescafé Gold* ankündigten, bereits am Freitag, 7. Mai, abgesandt worden waren und ihr Ziel zu früh erreichten, sodass DEK bereits am Wochenende über die Lancierung informiert worden war und mit der gleichzeitigen Bekanntmachung die Werbestrategie von Nestlé zu durchkreuzen suchte. Allerdings war die DEK zu diesem Zeitpunkt nicht fähig, einen reinen gefriergetrockneten Instantkaffee auf den Markt zu bringen. Erst im Februar 1966 brachte DEK eine Mischung aus sprühgetrocknetem und gefriergetrocknetem Instantkaffee auf den Markt, die allerdings nur eine geringfügige Geschmacksverbesserung aufwies (vergleiche dazu AHN SG 6100-57, Notiz von Nestlé Deutschland an E. Bignami, 11. Mai 1965, und AHN F 5.3.1, 5, Communication Marketing Nr. 2, Februar 1966, S. 14).

391 AHN SG 6100-57, Notiz von Nestlé Deutschland an E. Bignami, 13. Mai 1965.

392 Zwischen 1961 und 1965 sank der Marktanteil von *Nescafé* in der Bundesrepublik Deutschland von 61 Prozent auf 32 Prozent (AHN SG 11537, «Progress Report» von P an Nestlé USA, 24. Oktober 1966).

393 AHN SG 6100-57, Protokoll der Nescafé-Gold-Besprechung, 9. April 1965.

394 AHN SG 1100-57, Brief von A an J.-C. Corthésy, 3. August 1964.

395 AHN SG 6100-57, Protokoll der Nescafé-Gold-Besprechung, 9. April 1965.

Dabei vermarktete Nestlé ihr neues Produkt mit Werbesprüchen wie «Vergleichen Sie *Nescafé Gold* mit hausgemachtem Filterkaffee» oder «Filterkaffee – ohne zu filtern» bewusst in Anlehnung an den Sprachgebrauch in der Bohnenkaffee-Werbung.[396]

Zwei Gründe sprachen für diese Werbestrategie: Erstens hielten die meisten Konsumenten zu Beginn der 1960er-Jahre den Instantkaffee für den bequemeren, Bohnenkaffee jedoch für den besseren Kaffee. Die Betonung der einfachen Zubereitungsart in der Werbung von *Nescafé* bestätigte daher nur die bereits vorhandenen Vorurteile bezüglich der Qualität des löslichen Kaffees. Gewisse Entscheidungsträger bei Nestlé waren aber bereits 1963 der Ansicht, dass *Nescafé* vom Geschmack her einem schlecht gemachten Röstkaffee vorzuziehen sei. Sie sahen daher in der qualitativen Verbesserung des Instantkaffees die Möglichkeit, mit der Marke auch Bohnenkaffeetrinker anzusprechen und damit ein neues Kundensegment zu gewinnen.[397] Um sicherzugehen, dass der gefriergetrocknete Instantkaffee mit einem Röstkaffee der mittleren Preisklasse verglichen werden konnte, führte Nestlé vor der Einführung des gefriergetrockneten Instantkaffees Geschmackstests durch. Tatsächlich bevorzugte eine Mehrheit der deutschen Testpersonen *Nescafé Gold* gegenüber dem Bohnenkaffee. Zudem konnte fast die Hälfte der Befragten den gefriergetrockneten Löslichkaffee vom Geschmack her nicht mehr von einem Röstkaffee unterscheiden.[398]

Zweitens musste verhindert werden, dass der gefriergetrocknete *Nescafé Gold* dieselben Kunden ansprach wie der sprühgetrocknete *Nescafé* und diesen quasi degradierte. Aus diesem Grund wurde *Nescafé Gold* nicht als verbesserter Löslichkaffee angepriesen, sondern mit einem Filterkaffee verglichen:[399] «Wollen wir erfolgreich Verbraucher vom Bohnenkaffee-Markt gewinnen, die oft noch eine sehr ungünstige Einstellung zum löslichen Kaffee haben, ist es [...] unerlässlich, *Nescafé Gold* so klar wie

396 Die Rechtsabteilung von Nestlé wies im September 1964 darauf hin, dass Bezeichnungen wie «Spécial Filtre» oder «*Nescafé* Filterqualität» zu Protesten der Röstkaffeeindustrie führen könnte, weil Nestlés Instantkaffee damit in derselben Sprache wie ihr Bohnenkaffee präsentiert wurde. Die Marketing-Abteilung nahm mit dieser Vermarktungsstrategie mögliche Gerichtsprozesse also bewusst in Kauf (AHN SG 11542, Schrift «Emploi de la dénomination ‹Nescafé Filtre› etc.», 8. September 1964, und AHN SG 6100-57 SP, Brief von E an das Regionalmanagement Zone I, 9. August 1965).

397 AHN SG 11535, Brief von R an E. Bignami, 2. September 1963.

398 Die Studie von Nestlé ergab, dass 51 Prozent der Testpersonen *Nescafé Gold* bevorzugten, 42 Prozent den Bohnenkaffee und sieben Prozent unentschlossen blieben. Zu ähnlichen Ergebnissen kam zwei Jahre später auch eine Studie des Konsumentenmagazins «DM»: «Keines der [Instant-]Pulver schmeckt wie normaler Bohnenkaffee, doch kommen die gefriergetrockneten Produkte diesem Geschmack schon sehr nahe. Das kann bedeuten, dass ein ‹Normalverbraucher› praktisch keinen Unterschied mehr zwischen einem echten Bohnenkaffee und einem gefriergetrockneten Extrakt-Kaffee feststellt», lautete ihr Fazit (vergleiche dazu AHN K 29 Dossier M/C, Geschmacktest Nescafé Gold in Deutschland, 15. November 1965, und den Artikel im Verbrauchermagazin «DM», September 1967, S. 40).

möglich von *Nescafé* Standard abzuheben und eine getrennte Werbung für beide Produkte zu betreiben.»[400] Während mit *Nescafé Gold* Röstkaffee-Kunden auch für den Konsum von Instantkaffee gewonnen werden sollten, stellte der sprühgetrocknete *Nescafé* das adäquate Produkt für die bisherige Kundschaft von löslichem Kaffee dar.[401] Indem Nestlé gleichzeitig mit der Markteinführung von *Nescafé Gold* den Preis des sprühgetrockneten *Nescafé* um 0,5 D-Mark senkte, teilte Nestlé den beiden Instantkaffeesorten zwei unterschiedliche Kundensegmente zu und sicherte der Marke *Nescafé* gleichzeitig die Führungsposition im deutschen Löslichkaffeegeschäft: Qualitativ mit gefriergetrockneten *Nescafé Gold*, quantitativ mit dem sprühgetrockneten *Nescafé*.[402]

Auf Nestlés Werbekampagne für *Nescafé Gold* reagierten die deutschen Röstkaffeeunternehmen mit ungewohnter Heftigkeit.[403] Tchibo verlangte auf juristischem Weg ein sofortiges Verbot aller Werbeargumente, welche den Eindruck erweckten, dass gefriergetrockneter Instantkaffee die Qualität eines Röstkaffees habe. Das Gericht in Hamburg liess die betreffende Werbung daraufhin verbieten, kam aber am 16. Juni 1965 in einem Blindtest zwischen *Nescafé Gold* und zwei Kaffeesorten von Tchibo zu einem sehr vorteilhaften Urteil zugunsten des gefriergetrockneten Instantkaffees und hob den Rechtsspruch wieder auf. Einige Tage später klagte Tchibo Nestlé jedoch über eine ihrer Tochtergesellschaften mit denselben Forderungen erneut ein. Der Prozess sollte dabei ganz grundsätzliche Konflikte zwischen dem deutschen Röstkaffeehersteller und dem Schweizer Unternehmen regeln: Erstens sollte er darüber entscheiden, ob Instantkaffee als «Kaffee» oder nur als «Kaffee-Extrakt» bezeichnet werden durfte. Zweitens wollte Tchibo den Instantkaffeeherstellern in der Werbung jegliche Attribute verbieten, mit denen auch die Röstkaffeeindustrie warb.[404]

Nestlé verlor diesen Prozess zwei Jahre nach der Markteinführung von *Nescafé Gold*. Dem Unternehmen aus Vevey wurde verwehrt, *Nescafé* als «aromatischen Kaffee» oder «wie gemahlener Bohnenkaffee» zu bezeichnen. Gleichzeitig gestattete

399 AHN SG 500-57, Brief von M an Nestlé Kanada, 20. August 1964.

400 Die Aussage wurde zwar erst ein Jahr nach der Einführung gemacht, aufgrund anderer Quellen kann man jedoch davon ausgehen, dass diese Überlegungen bereits bei der Lancierung von *Nescafé Gold* von Bedeutung gewesen waren (AHN SG 6100-57, Zusammenfassung der Diskussionen mit Nestlé Deutschland, 16. August 1966).

401 AHN SG 11674, Notiz «Zone I – Flacon Nescafé Standard», 7. November 1966.

402 AHN SG 6100-57, Notiz von Nestlé Deutschland an E. Bignami, 17. Juli 1965.

403 AHN SG 6600-57, Brief von Nestlé Frankreich an P. Liotard-Vogt, 10. Oktober 1965.

404 Zu diesen Attributen zählten Begriffe wie «reiner Kaffee», «löslicher Kaffee», «nichts als Kaffee», «Mischung acht erlesener Kaffeesorten» oder «wie gemahlener Bohnenkaffee» (AHN SG 6600-57, Schrift «Allemagne – Publicité pour le nouveau Nescafé Gold», 18. Oktober 1965).

das Gericht Nestlé aber, *Nescafé* als «reinen Kaffee» oder «löslichen Kaffee» zu betiteln, was aufgrund der Qualität des Instantkaffees in den 1950er-Jahren noch undenkbar gewesen wäre.[405] Insofern ging Nestlé sogar als heimlicher Gewinner aus diesem Konflikt hervor.

Die Verbreitung von *Nescafé Gold* in Europa

Kurz nach der erfolgreichen Lancierung von *Nescafé Gold* verursachte ein Kurzschluss in der Fabrik von Mainz einen Brand, welcher auch die Isolierung des Gefriertrocknungsraums vollständig zerstörte. Daraufhin konnte in Mainz während dreier Monate kein gefriergetrockneter Instantkaffee mehr hergestellt werden, was eine rasche Marktausweitung verhinderte.[406] Der Vorfall führte zu einem langfristigen Mangel an gefriergetrocknetem Instantkaffee, der Nestlé vor schwere logistische Probleme stellte. Selbst ein Jahr später lief die Gefriertrocknungsanlage noch nicht einwandfrei, während die Nachfrage nach *Nescafé Gold* in Deutschland viel stärker als erwartet ausfiel. Zwar konnte die landesweite Nachfrage von Mainz aus befriedigt werden, es fehlten aber genügend freie Kapazitäten, um auch andere Länder ausreichend mit *Nescafé Gold* zu versorgen.[407]

Nachdem das Gerücht umgegangen war, dass General Foods in Grossbritannien die Lancierung von *Maxim* beabsichtige,[408] entschied sich Nestlé, den gefriergetrockneten Instantkaffee neben dem Testmarkt in Norddeutschland 1965 ebenfalls im Süden Englands einzuführen, weil in diesem Teil der Insel die Konkurrenz durch *Maxwell House* am bedeutendsten war und sich dort die meisten Kaffeetrinker befanden, die auf Qualitätsunterschiede sensibel reagierten.[409] Auch in Grossbritannien wurde *Nescafé Gold* also in jener Region lanciert, wo die Marke *Nescafé* am schwächsten vertreten war.[410] Parallel zu Mainz sollte dieser Markt von Hayes aus mit gefriergetrocknetem Instantkaffee versorgt werden.[411]

In Grossbritannien stellte sich bei der Einführung des gefriergetrockneten Instantkaffees die Schwierigkeit, dass ein Bewusstsein für hochwertigen Kaffee bei den Briten nicht in dem Masse existierte, wie dies in traditionellen Röstkaffeenationen

405 AHN SG 6100-57 SP, Schrift «Décision du Landsgericht Hambourg du 6 décembre 1967», 8. Dezember 1967.

406 AHN SG 6100-57, Menorandum von J.-C. Corthésy, 13. September 1965.

407 AHN SG 6100-57, Zusammenfassung der Diskussionen mit Nestlé Deutschland, 16. August 1966.

408 AHN SG 11535, Zusammenfassung der Konferenz vom 2. Juli 1964 in Vevey, 10. Juli 1964.

409 AHN SG 8500-57, Schrift «Agency brief of freeze-dried coffee in England», 18. März 1966.

410 AHN SG 8500-57, Notiz vom Departement Instantgetränke an G, 1. Februar 1967.

411 AHN SG 11537, Notiz der Investitionskontrolle an A. Fürer, 19. September 1973.

wie der Bundesrepublik Deutschland, den skandinavischen Ländern oder den Benelux-Staaten der Fall war. Oft wurde der Kaffee mit viel Milch getrunken, was den Kaffeegeschmack verschleierte. Nestlé musste die Briten deshalb zuerst in der Werbung davon überzeugen, ihren Kaffee mit weniger Milch zu geniessen, damit der Geschmacksunterschied zwischen einem herkömmlichen Instantkaffee und *Nescafé Gold* überhaupt zur Geltung kam.[412] Ausserdem besass der gefriergetrocknete Instantkaffee auf den Britischen Inseln eine ganz andere strategische Funktion und Bedeutung als auf dem europäischen Kontinent: Während er in Frankreich oder Deutschland Marktanteile im bedeutenden Röstkaffeesegment gewinnen sollte und ihm ein hoher Stellenwert beigemessen wurde, positionierte ihn der britische Marktchef gegenüber dem sprühgetrockneten *Nescafé* eher als ein Nischenprodukt für Kaffeespezialisten, denn in einer Teetrinkernation musste die Marke vor allem auf Kosten des Tees neue Kunden akquirieren, und dazu war der günstigere, sprühgetrocknete Instantkaffee geeigneter. Ausserdem wurde auf der Insel vor allem Instantkaffee getrunken, während der Bohnenkaffee nicht sehr verbreitet war und daher auch kein grosses Marktsegment erschlossen werden konnte.[413]

Am 18. November 1965 lancierte Nestlé schliesslich den gefriergetrockneten Löslichkaffee in einer grossangelegten Werbekampagne unter der Marke *Nescafé Gold Blend:* Über drei Wochen wurde am Fernsehen zur wichtigsten Sendezeit ein 60-Sekunden-Werbefilm gezeigt, aber auch in der Presse und am Radio war die Marke präsent. Dann wurde die TV-Kampagne aber plötzlich abrupt beendet: In der Fabrik von Hayes war ein Dampferzeuger bei der Energieversorgung ausgestiegen. Daraufhin war die Fabrik eine halbe Woche betriebsunfähig und konnte – analog zur Situation in Mainz – während Monaten nur noch mit halber Kapazität betrieben werden. Langsam leerten sich die Vorräte in den Ladenregalen, denn *Nescafé Gold Blend* war sowohl vom Handel als auch von den Konsumenten sehr positiv aufgenommen worden. Im Januar 1966 war in keinem Geschäft Londons mehr ein einziges Glas *Nescafé Gold Blend* erhältlich. Dies war umso bedauerlicher, als das Produkt innerhalb kurzer Zeit wohl etwa 20 Prozent des Instantkaffeemarktes für sich hätte gewinnen können. Erst im Februar konnte diese kritische Situation schliesslich behoben und die englischen Supermärkte wieder regelmässig mit *Nescafé Gold Blend* versorgt werden.[414]

412 AHN SG 11535, Zusammenfassung der Konferenz vom 2. Juli 1964 in Vevey, 10. Juli 1964.

413 AHN SG 8500-57 Nescafé Grossbritannien 1959–1967, Schrift «Instant Coffee – Five years Projection», 27. September 1967 und AHN SG 8500-57 Nescafé Grossbritannien 1969–1972, Brief von G an P. Liotard-Vogt, 26. Juli 1968.

414 AHN SG 8500, Notiz von B an P, 26. Januar 1966, und Artikel aus der Zeitung «Financial Times», 9. Februar 1966.

In Frankreich, dem dritten grossen Markt von *Nescafé* in Europa, erfolgte die Einführung des gefriergetrockneten *Nescafé Spécial Filtre* im Januar 1966 von St. Menet aus. Auch hier wurde die Lancierung zuerst auf den Raum Paris beschränkt. Ab April war er dann – wie auch in der Bundesrepublik Deutschland und der Schweiz – im ganzen Land erhältlich.[415] Trotzdem blieb die Versorgungssituation mit gefriergetrocknetem Instantkaffee kritisch, denn auch in St. Menet traten anfänglich Produktionsprobleme auf,[416] weshalb von dort aus selbst der französische Markt nur schwerlich mit genügend gefriergetrocknetem Instantkaffeepulver versorgt werden konnte.[417] Zudem musste in Grossbritannien die Ausbreitung von *Nescafé Gold Blend* weiterhin auf den Raum London begrenzt werden.[418]

Um trotz dieser Engpässe auf mögliche Attacken der Konkurrenz sofort reagieren zu können, behielt sich Nestlé in dieser kritischen Phase der Einführung einige tausend Kisten mit gefriergetrocknetem Instantkaffee als strategische Reserve zurück. Als Mitte Juni 1966 ein Konkurrent in Belgien einen gefriergetrockneten Instantkaffee auf den Markt brachte, war Nestlé mit *Nescafé Gold* sofort zur Stelle und lancierte noch im selben Monat *Nescafé Goudmerk* auch in den Niederlanden, weil dem Schweizer Unternehmen nach der Attacke in Belgien die Lancierung eines gefriergetrockneten Instantkaffees durch das holländische Unternehmen Douwe Egberts sehr wahrscheinlich erschien.[419] Auf diese Weise gelang es Nestlé, den Mangel an gefriergetrocknetem Instantkaffee in Europa schadlos zu überstehen und diesen 1967 schliesslich auch in Italien, Österreich und in den skandinavischen Ländern einzuführen.[420]

Da es aufgrund der enormen Kapitalinvestitionen nicht sinnvoll war, in jedem Land eine Gefriertrocknungsanlage zu bauen, konzentrierte Nestlé die Produktion von gefriergetrocknetem Instantkaffee auf wenige Orte, von wo aus der lyophilisierte *Nescafé Gold* europaweit verbreitet wurde. Dieses Vorgehen drängte sich insbesondere in der EWG und der EFTA auf.[421] Bis 1971 errichtete Nestlé in Europa weitere Anlagen

415 Jahresbericht Nestlé 1966, S. 6–7.
416 Erst am 30. September 1966 konnten die Produktionsprobleme in St. Menet behoben werden (AHN SG 6600-57, Schrift «Production den Nescafé lyophilisé à St.-Menet», 30. September 1966).
417 AHN SG 6600-57, Schrift «Résumé du Compte-Rendu de la visite à Paris les 5 et 6.9.1966», 8./9. September 1966.
418 Jahresbericht Nestlé 1966, S. 6–7.
419 AHN SG 6921-57, Notiz vom Departement Instantgetränke an R, 5. April 1966, und AHN SG 6600-57, Brief von R an P. Liotard-Vogt, 20. Juni 1966.
420 AHN SG 11601-F, Rapports Mensuels, Dezember 1967.
421 AHN SG 1100-57, Brief von Nestlé USA an J.-C. Corthésy, 27. Oktober 1966.

zur Produktion von gefriergetrocknetem Instantkaffee in Orbe (Schweiz), Dieppe (Frankreich) und Gerona (Spanien), welche für eine gewisse Entspannung der Versorgungslage sorgten.[422]

Der ausserordentliche Erfolg von *Nescafé Gold*

Die Lancierung von *Nescafé Gold* wurde zu einem entscheidenden Wendepunkt in der Geschichte von *Nescafé:* Seit dem Zweiten Weltkrieg hatte die Marke aufgrund der steigenden Konkurrenz im Instantkaffeesegment konstant an Marktanteilen verloren. *Nescafé Gold* vermochte diesen Trend nun erstmals zu stoppen. Ab 1966 stiegen die Marktanteile von *Nescafé* in Europa wieder an. Dabei nahm der gefriergetrocknete Löslichkaffee in der Bundesrepublik Deutschland, Frankreich und der Schweiz sofort einen Anteil von 30 Prozent am gesamten *Nescafé*-Umsatz ein, denn das gefriergetrocknete Kaffeepulver vermochte auch anspruchsvollere Kaffeekunden für sich zu gewinnen, die bisher nur Bohnenkaffee getrunken hatten. Besuchern servierte man zwar weiterhin Röstkaffee, für den stillen Hausgebrauch dagegen hatte *Nescafé Gold* entscheidende Vorteile:[423] Dazu zählte neben seiner schnellen und bequemen Zubereitungsart vor allem die Tatsache, dass der gefriergetrocknete Instantkaffee während zwei bis drei Jahren konserviert werden konnte, derweil Bohnenkaffee bereits nach zwei bis drei Wochen einen grossen Teil seines Geschmacks verloren hatte.[424] Mit *Nescafé Gold* hatte Nestlé ein Mittel gefunden, um mit Löslichkaffee ins Röstkaffeesegment einzudringen und zusätzliche Kunden zu gewinnen.[425]

Auch im Instantkaffeegeschäft selber konnte *Nescafé Gold* herausragende Erfolge verbuchen: In der Bundesrepublik Deutschland vermochte das Produkt bis 1971 einen Marktanteil von 17 Prozent zu erobern.[426] Das starke Wachstum war umso höher einzuschätzen, als für *Nescafé Gold* einer der höchsten Preise bezahlt wurde.[427] Die Konkurrenz begann zwar den gefriergetrockneten Instantkaffee von Nestlé sofort zu imitieren, indem sie einen

422 AHN SG 11537, Notiz der Investitionskontrolle an A. Fürer, 19. September 1973.

423 AHN SG 11538, Schrift «Introduction of Nescafé 62 I.T.C. in Continental Europe», 6. Juni 1967.

424 Nestlé SA, Les extraits de Café, S. 28.

425 AHN SG 11535, Schrift «Politique Marketing Nescafé à moyen et long terme», 1. September 1966.

426 AHN F 5.4.4, Communication Marketing Nr. 14, Juni 1972, S. 18.

427 In Italien und der Bundesrepublik Deutschland verlangte Nestlé für den gefriergetrockneten *Nescafé* weltweit die höchsten Preise. Während man 1970 in der deutschen Stadt Düsseldorf umgerechnet 4.45 sFr. bezahlte, war das gleiche Produkt in London mit 1.61 sFr. nur halb so teuer (AHN SG 11535, Schrift «Information concerning the price of Nescafé», 10. Dezember 1971).

solchen ebenfalls unter eigenen Marken wie *Merkur Gold Cup* oder *Löscafé Gold* auf den Markt brachte.[428] Allerdings vermochten diese Produkte *Nescafé Gold* nicht ernsthaft anzutasten, weil dieser den entscheidenden Vorteil besass, dass er qualitativ mit Abstand der beste Instantkaffee war. Von Vorteil war zudem, dass *Nescafé Gold* sehr schnell in ganz Europa bekannt wurde, während es General Foods nicht gelang, *Maxim* bis Ende der 1960er-Jahre über Nordamerika hinaus zu verbreiten.[429]

Besonders erfolgreich war *Nescafé Gold* bis 1971 vor allem in mittel- und nordeuropäischen Ländern wie der Bundesrepublik Deutschland, der Schweiz, Österreich und den skandinavischen Ländern, welche über eine relativ hochstehende Kaffeetradition verfügten,[430] während das gefriergetrocknete Produkt in den lateinischen Ländern wie Frankreich, Italien oder auf der Iberischen Halbinsel von geringerer Bedeutung war als der sprühgetrocknete *Nescafé*.[431] In Norwegen beispielsweise vermochte *Nescafé Gull* auf Anhieb die bis dahin bescheidenen Verkaufszahlen von *Nescafé* um einen Drittel anzuheben und trug massgeblich dazu bei, dass der Löslichkaffee seinen Anteil auf dem gesamten norwegischen Kaffeemarkt zwischen 1967 und 1975 von zwei Prozent auf elf Prozent ausdehnen konnte.[432]

428 Die Bezeichnung «Gold» konnte markenrechtlich nicht geschützt werden (AHN F 5.3.1, 7, Communication Marketing Nr. 6/68, Juni 1968, S. 5–6).

429 AHN SG 11536, Brief von Nestlé Deutschland an G, 7. Februar 1969.

430 In Norwegen verkaufte Nestlé dreimal mehr gefriergetrockneten *Nescafé Gull* als sprühgetrockneten *Nescafé*, in der Schweiz doppelt so oft *Nescafé Gold* wie das Standardprodukt, während sich die beiden Varietäten 1972 in Schweden bereits die Waage hielten (AHN SG 11601-F, Rapports mensuels, Dezember 1972).

431 AHN SG 11601-F, Rapports mensuels, 1971.

432 AHN SG 11601-F, Rapports Mensuels, Dezember 1967, und AHN SG 11538, Schrift «Agency-Briefing Project Hamburg», 14. Mai 1976.

Abbildung 18: Werbung für *Nescafé Lyx* in Schweden, 1979. Mit dem gefriergetrockneten Instantkaffee konnte Nestlé auch in Ländern mit einer hochstehenden Bohnenkaffeetradition neue Kunden gewinnen.

Die Entwicklung in Amerika: der agglomerierte *Nescafé* und *Taster's Choice*

Ende März 1965 erreichte die Nestlé-Führung in Vevey eine wichtige Nachricht aus den Vereinigten Staaten: Anders als die europäischen Märkte entschied sich die US-Tochtergesellschaft in diesem Schreiben gegen eine schnelle Einführung des gefriergetrockneten Instantkaffees in ihrem Land. Sie begründete diesen Entscheid damit, dass die Gewinnmargen des *Nescafé*-Geschäfts in den Vereinigten Staaten aufgrund des starken Preiskampfes zwischen den einzelnen Marken stärker und schneller erodiert seien als vorgesehen und das Gefriertrocknungsverfahren alleine zu keiner substanziellen Verbesserung des Produkts führe. Aufgrund dieser beiden Tatsachen sah es die amerikanische Zweiggesellschaft nicht als gerechtfertigt an, Ausgaben von sieben Millionen Dollar in eine Gefriertrocknungsanlage zu stecken, nur um mit einem technischen Argument werben zu können. Zudem rechnete die US-Filiale damit, dass in zwei oder drei Jahren mit einem kontinuierlichen Gefriertrocknungsverfahren eine wesentliche Verbesserung der Technik und der Wirtschaftlichkeit erreicht werden konnte. Sie erachtete es daher nicht als sinnvoll, viel Geld in eine Anlage zu investieren, die nach wenigen Jahren bereits wieder veraltet war. Stattdessen entschied sich die US-Tochtergesellschaft, das verbesserte Extraktionsverfahren mit einer ähnlichen Werbegeschichte wie beim Gefriertrocknungsverfahren zu vermarkten. Dieses Vorgehen war auch aus strategischen Überlegungen sinnvoll, denn solange das Geschäft mit *Maxim* für General Foods nicht rentierte, war für Nestlé in Nordamerika nicht der Konkurrenzkampf im gefriergetrockneten Instantkaffeesegment, sondern jener zwischen dem sprühgetrockneten *Nescafé* und *Maxwell House* entscheidend. Die US-Filiale schlug deshalb einen pragmatischen Weg vor, indem sie die wesentlich günstigere Verbesserung des sprühgetrockneten *Nescafés* mit dem «Short Cell»-Verfahren forcierte, gleichzeitig aber die Nestlé-Techniker ebenfalls am gefriergetrockneten Kaffeeverfahren weiterforschten und den US-Markt auf diesem Gebiet weiterhin mit grösster Aufmerksamkeit verfolgte.[433]

Die Führung in Vevey war im Gegensatz zur US-Tochter jedoch der Ansicht, dass Nestlé das Marktfeld des gefriergetrockneten Instantkaffees nicht kampflos General Foods überlassen dürfe. Sie insistierte auf der Lancierung eines eigenen gefriergetrockneten Löslichkaffees in den Vereinigten Staaten und schickte zusätzlich ein Glas *Nescafé Gold* nach Amerika, mit dem

433 AHN SG 1100-57, Brief von Nestlé USA an J.-C. Corthésy, 26. März 1965.

Hintergedanken, ihre US-Zweiggesellschaft würde sich dadurch doch noch für den gefriergetrockneten Instantkaffee erwärmen lassen.[434] Die unterschiedlichen Beurteilungen der US-Tochtergesellschaft und der Unternehmensleitung in Vevey führten letztlich dazu, dass beide Optionen weiterverfolgt wurden.

Ende 1966 führte die US-Filiale den verbesserten, sprühgetrockneten *Nescafé* in den Vereinigten Staaten ein. Dabei wies sie auf der Etikette ausdrücklich auf den «new natural flavor» hin, der nun keinen Prozess-Geschmack mehr aufwies wie der bisherige *Nescafé*.[435] Um die Botschaft zusätzlich zu unterstützen, hatte Nestlé nicht nur das Extraktionsverfahren verbessert, sondern ebenfalls die Farbe und Struktur des Kaffeepulvers verändert: Da Marktforschungsstudien zeigten, dass Testpersonen den verbesserten Geschmack in der Tasse stärker wahrnahmen, wenn der Unterschied auch auf der visuellen Ebene sichtbar wurde,[436] lancierte die US-Tochtergesellschaft ihren *Nescafé* nun nicht mehr als loses, hellbraunes Pulver, sondern als dunkelbraunes Granulat.[437] Die Granulierung selber brachte dabei keine geschmackliche Verbesserung mit sich, sondern war von Anfang an «[...] ausschliesslich ein Mittel, um die tatsächliche Qualitätsverbesserung kommerziell auszuwerten, die auf das neue Extraktionsverfahren zurückzuführen ist».[438]

Mit dem neuen, sogenannt agglomerierten Granulat gewann *Nescafé* gegenüber *Maxwell House* technisch wieder die Oberhand, denn General Foods war nicht in der Lage, das komplizierte Verfahren sofort zu kopieren.[439] Ausserdem vermochte Nestlé mit dem agglomerierten Kaffeepulver die Marke *Nescafé* deutlich von den Eigenmarken der Warenhausketten zu unterscheiden und dadurch die unterschiedlichen Preise zu rechtfertigen.[440]

Im Frühling 1967 wurde der granulierte oder agglomerierte *Nescafé* ebenfalls in Kanada eingeführt.[441] Ein Jahr später tauchte er auch in Europa auf und ersetzte dort das herkömmliche *Nescafé*-Pulver.[442] Durch die sichtbare Veränderung der Struktur sollte dem Kunden auch beim sprühgetrockneten *Nescafé* die Qualitätsverbesserung durch das «Short Cell»-Extraktions-

434 AHN SG 1100-57, Brief von J.-C. Corthésy an Nestlé USA, 30. März 1965.

435 AHN K 16 Werbesammlung, Etats-Unis 1967–1968, Werbung «Natural Flavor Nescafé», 1967.

436 AHN F 5.3.1, 4, Communication Marketing Nr. 7–8, Juli/August 1965, S. 5.

437 AHN F 5.4.4, Communication Marketing Nr. 2, Oktober 1970, S. 14.

438 AHN SG 11538, Schrift «Introduction of Nescafé 62 I.T.C. in Continental Europe», 6. Juni 1967.

439 AHN SG 11535, Notiz von B an P. Liotard-Vogt, 13. Dezember 1968.

440 AHN F 5.4.4, Communication Marketing Nr. 2, Oktober 1970, S. 14.

441 Ebenda.

442 1968 kam der agglomerierte *Nescafé* in der Bundesrepublik Deutschland, Frankreich, Österreich, Finnland, Schweden, Dänemark, den Benelux-Ländern, Frankreich, Spanien, Portugal und der Schweiz auf den Markt. Ein Jahr später folgten auch Grossbritannien, Italien und Norwegen (AHN SG 11535, Notiz von B an P. Liotard-Vogt, 13. Dezember 1968).

verfahren aufgezeigt werden, die bereits zuvor mit der Einführung von *Nescafé Gold* erfolgt war.[443] Obwohl das alte Herstellungsverfahren in gewissen Ländern weiterhin Verwendung fand,[444] setzte sich der agglomerierte *Nescafé* bis 1971 generell durch.[445]

Nach der erfolgreichen Lancierung des gefriergetrockneten Instantkaffees in der Bundesrepublik Deutschland, Grossbritannien und Frankreich strebte Nestlé auch in den Vereinigten Staaten und Kanada eine rasche Markteinführung an.[446] Das Unterfangen war in erster Linie als Abwehrmassnahme gegen *Maxim* gedacht, um das Segment nicht kampflos General Foods zu überlassen.[447]

Fast gleichzeitig mit dem agglomerierten *Nescafé* lancierte Nestlé am 1. Dezember 1966 auf dem US-Markt in einer ersten Testphase einen gefriergetrockneten Instantkaffee mit der Werbebotschaft «Looks like, smells like, and tastes like fresh-perked coffee» in der Region Erie (Ohio).[448] Nestlé versuchte dabei vor allem Frauen anzusprechen, die sowohl Röst- als auch Instantkaffee konsumierten. Ihnen wurde das neue Produkt vom Geschmack her als Bohnenkaffee angepriesen, der von der Zubereitungsart jedoch so einfach herzustellen war wie ein Löslichkaffee.[449]

Im Gegensatz zu den europäischen Märkten wurde der gefriergetrocknete Instantkaffee allerdings nicht *Nescafé Gold,* sondern *Taster's Choice* genannt, weil Nestlé damals in Australien und Neuseeland eine sprühgetrocknete Zweitmarke unter der Bezeichnung *Golden Roast* verkaufte und mögliche Verwechslungen mit dieser Marke vermeiden wollte.[450] Aufgrund der Tatsache, dass *Nescafé* in den Vereinigten Staaten nicht den gleich guten

443 Der Wechsel zum «Short Cell»-Extraktionsverfahren erfolgte beim sprühgetrockneten *Nescafé* in Europa gleichzeitig mit der Lancierung des gefriergetrockneten *Nescafé Gold,* weil die beiden Produkte auf denselben Extraktionsanlagen hergestellt wurden. Während der Einführungsphase von *Nescafé Gold* war es jedoch unerlässlich gewesen, die gesamten Werbeanstrengungen auf den gefriergetrockneten Instantkaffee zu konzentrieren, weshalb der verbesserte Extraktionsprozess erst nachträglich mit der Lancierung des agglomerierten *Nescafé* werbetechnisch ausgeschlachtet wurde (AHN F 5.4.4, Communication Marketing Nr. 2, Oktober 1970, S. 14).

444 Die Verbesserung von *Nescafé* durch «Short Cell»-Perkolatoren wurde in Venezuela immer wieder herausgeschoben, weil man einerseits unsicher war, ob eine höhere Qualität auch zu höheren Umsatzzahlen führen würde. Andererseits war Nestlé nicht bereit, in Venezuela grössere Investitionen vorzunehmen, da die Gefahr bestand, dass die Tochtergesellschaft vom Staat nationalisiert wurde. In Kolumbien scheiterte der Wechsel des Verfahrens schliesslich an der Bürokratie und der grassierenden Inflation, welche das festgelegte Budget für eine Modernisierung der Fabrik in Bugalagrande gleich wieder unterminierte (AHN SG 2500-57, Notiz von A an A. Fürer, 8. März 1976 und AHN SG 700-57, Schrift «Colombie – Nescafé ITC», 9. März 1972).

445 AHN SG 11535, Schrift «Instant Coffee Conference», 30. Januar 1973.

446 AHN SG 500-57, Schrift «Outline of the strategic marketing plan for test launch Project 64», 24. Januar 1966.

447 AHN SG 1100-57, Memorandum «Price of Imported Freeze Dry Coffee», 26. Oktober 1972.

448 AHN SG 1100-57, Schrift «Taster's Choice Summary», 27. Dezember 1966.

449 AHN SG 1100-57, Mappe «Projekt 64», 28. September 1966.

450 AHN SG 1100-57, Brief von J.-C. Corthésy an Nestlé USA, 31. Juli 1964.

Abbildung 19: Werbeanzeige für den agglomerierten *Nescafé* in Kanada, 1967. Um die Verbesserung des sprühgetrockneten Instantkaffees dem Konsumenten sichtbar zu machen, änderte Nestlé Farbe und Textur des Pulvers sowie die Etikette. 1967 bildete die kanadische Tochtergesellschaft erstmals eine rote Tasse auf der Etikette ab, die sich ab den 1970er-Jahren zu einem weltweiten Markenzeichen für *Nescafé* entwickelte.

Ruf besass wie in Europa, wurden *Nescafé* und *Taster's Choice* zudem absichtlich vom Aussehen, der Werbung und der Preispolitik her sehr unterschiedlich vermarktet.[451]

Obwohl die Reaktion von General Foods sofort erfolgte und *Maxim* vier Tage später ebenfalls in der Region Erie erhältlich war,[452] konnte Nestlé mit *Taster's Choice* erstmals auf dem US-Markt wieder Marktanteile auf Kosten anderer Unternehmen gewinnen. Die amerikanische Tochtergesellschaft führte dies nicht zuletzt auf die besondere Namensgebung zurück: «Also, the choice of a special name was precisely designed to avoid interference with *Nescafé*. [...] As a result, *Taster's Choice* has significantly improved the total Nestlé position in the soluble coffee market, while General Foods has experienced a major substitution of *Maxim* for *Maxwell House*.»[453]

Bereits Ende der 1960er-Jahre vermochte *Taster's Choice* die Verkaufszahlen des Konkurrenzprodukts *Maxim* zu übertreffen, obwohl dieses einige Jahre früher auf dem US-Markt erschienen war,[454] während sich *Nescafé* mit der neuen Granulatstruktur gegenüber dem gefriergetrockneten Löslichkaffee behaupten konnte.[455] Dank *Taster's Choice* und dem neuen agglomerierten *Nescafé* konnte Nestlé zwischen 1967 und 1972 ihren Anteil auf dem US-Markt von 14 Prozent auf 25 Prozent steigern, während *Maxwell House* mit dem Auftreten des gefriergetrockneten Instantkaffees innerhalb weniger Jahre die dominante Stellung im Instantkaffeesegment verlor.[456] Die Einführung von *Taster's Choice* stellte deshalb auch in den Vereinigten Staaten einen Wendepunkt auf dem Löslichkaffeemarkt zugunsten von Nestlé dar.

Von der ökonomischen Seite her waren die Resultate dagegen weniger euphorisch zu bewerten: Da Nestlé in Amerika über keine Gefriertrocknungsanlagen verfügte, musste der lyophilisierte Löslichkaffee aus dem französischen St. Menet

451 AHN F 5.4.4, Communication Marketing Nr. 1, Juli 1970, S. 14.

452 Vergleiche dazu AHN SG 1100-57, Brief von Nestlé USA an J.-C. Corthésy, 17. April 1967, und im gleichen Dossier die Schrift «Taster's Choice Summary», 27. Dezember 1966.

453 AHN SG 1100-57, Brief von Nestlé USA an P. Liotard-Vogt, 28. Februar 1969.

454 Der lyophilisierte Instantkaffee konnte bis Ende der 1960er-Jahre in den Vereinigten Staaten ein Marktsegment von etwa 20 Prozent des gesamten Instantkaffeemarktes gewinnen. Dabei vermochte *Taster's Choice* mit einem Marktanteil von elf Prozent jenen von *Maxim* mit neun Prozent zu übertreffen. In der Testregion Erie waren die Ergebnisse 1970 sogar noch eindeutiger, wo *Taster's Choice* mit einem Anteil von 23 Prozent gegenüber *Maxim* mit elf Prozent klar im Vorteil lag (AHN SG 1100-57, Brief von Nestlé USA an P. Liotard-Vogt, 28. Februar 1969, und AHN F 5.4.4, Communication Marketing Nr. 1, Juli 1970, S. 14–16).

455 AHN SG 1100-57, Schrift «Nescafé ITC», 29. März 1967.

456 Während Nestlé mit *Taster's Choice* zwischen 1967 und 1972 ihren Marktanteil kontinuierlich von 0,7 Prozent auf 12,5 Prozent ausbauen konnte, hielten *Nescafé* und *Decaf* ihre Anteile von elf Prozent bzw. einem Prozent. Anders war die Situation dagegen bei General Foods aus, wo *Maxim* vor allem auf Kosten von *Maxwell House* Marktanteile gewann. Der Marktanteil des US-Konzerns stagnierte deshalb bei etwa 53 Prozent, während derjenige von *Maxwell House* von 34 Prozent auf 27 Prozent schrumpfte (AHN SG 11535, Schrift «Minutes of discussion on Instant Coffee Policy», 1. Februar 1973).

importiert werden.[457] Die langen Versorgungswege über den Atlantik verursachten erhebliche Mehrkosten von etwa zwei Millionen US-Dollar. Um Versorgungsengpässe zu verhindern, musste das Verkaufsgebiet zudem bis Ende 1968 auf den Nordosten der Vereinigten Staaten beschränkt werden, weil die Verkaufszahlen von *Taster's Choice* die Erwartungen bei weitem überstiegen.[458] Ähnlich sah die Situation in Kanada aus, wo das Unternehmen *Taster's Choice* zumindest in den wichtigen Regionen Ontario und Quebec als ersten gefriergetrockneten Instantkaffee einführen wollte, um ein Vorrücken von *Maxim* ausserhalb der Vereinigten Staaten zu verhindern.[459] Auch hier wurde das gefriergetrocknete Kaffeepulver aus Europa eingeführt, was aufgrund der langen Distributionswege unsinnig und völlig unrentabel war.[460] Es drängte sich deshalb auf, dass Nestlé auf dem amerikanischen Kontinent ebenfalls Gefriertrocknungsanlagen aufstellte.

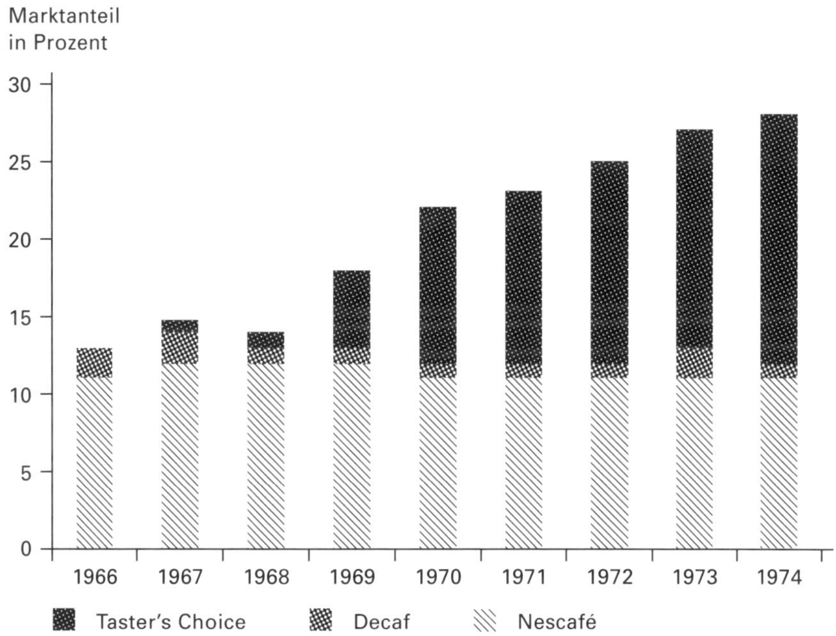

Darstellung 9: Während der Marktanteil von *Nescafé* in den Vereinigten Staaten zwischen 1966 und 1974 konstant blieb, konnte Nestlé mit der Lancierung von *Taster's Choice* ihren Absatz auf dem US-amerikanischen Instantkaffeemarkt in derselben Zeitspanne mehr als verdoppeln.

457 AHN SG 1100-57, Brief von Nestlé USA an J.-C. Corthésy, 27. Juli 1966.

458 AHN SG 1100-57, Brief von Nestlé USA an P. Liotard-Vogt, 28. Februar 1969.

459 AHN SG 1100-57, Brief von J.-C. Corthésy an Nestlé USA, 18. August 1967.

460 AHN SG 500-57, Memorandum «Taster's Choice Discussion Toronto», 26. Juli 1967.

Doch erst nachdem Nestlé 1967 ein Verfahren zur kontinuierlichen Gefriertrocknung von Instantkaffee entwickelt hatte und sich die Lyophilisation auch vom ökonomischen Standpunkt her bezahlt machte, waren die letzten Bedenken der amerikanischen Tochtergesellschaft aus dem Weg geräumt.[461] Im Mai 1968 nahm die Fabrik in Sunbury schliesslich die lokale Produktion von *Taster's Choice* auf.[462] Da die Produktionskapazitäten von 1,5 Millionen Kisten jedoch nicht genügten, um die Nachfrage nach *Taster's Choice* von Ohio aus zu decken, und weiterhin bedeutende Quantitäten an gefriergetrocknetem Instantkaffee von Europa nach Amerika verschifft werden mussten, entschied sich Nestlé, zwei zusätzliche Produktionslinien in Freehold zu errichten.[463] Erst als im August 1971 die Fabrikation von gefriergetrocknetem Instantkaffee in Freehold aufgenommen werden konnte,[464] weitete Nestlé das Verkaufsgebiet von *Taster's Choice* 1972 schliesslich auf den gesamten US-Markt aus.[465]

Nestlé wird zum grössten Lebensmittelkonzern der Welt

«La qualité exceptionnelle du *Gold* reconnue par la plupart de ses consommateurs comme équivalente à celle du café en grains, l'effort publicitaire considérable déployé autour de ce produit, la baisse de prix du *Nescafé* standard consécutive à l'abandon du prix imposé, sont trois facteurs qui se mêlent étroitement et sans qu'il soit possible de déterminer le mérite de chacun pour entraîner les ventes globales de *Nescafé* en Allemagne»,[466] analysierte die Nestlé-Führung 1966 den durchschlagenden Erfolg von *Nescafé* in der Bundesrepublik Deutschland. Einerseits war es Nestlé mit *Nescafé Gold* in Europa und *Taster's Choice* in Nordamerika gelungen, die Akzeptanz des Instantkaffees in der Bevölkerung zu stärken und damit einen Absatzmarkt für qualitativ und preislich hochstehenden Löslichkaffee auf Kosten des Bohnenkaffees und der Konkurrenz im Instantkaffeesegment zu erschliessen. Andererseits verteidigte das Schweizer Unternehmen die Position des sprühgetrockneten *Nescafés* gegenüber der Preiskonkurrenz

461 Vergleiche dazu AHN SG 1100-57, Brief von Nestlé USA an J.-C. Corthésy, 8. Januar 1965, und SBU CD Coffee Marketing Seminar 2001, Schrift «Nescafé: A story of continuous innovation and renovation for 62 years», 2000.

462 AHN F 5.4.4, Communication Marketing Nr. 1, Juli 1970, S. 14.

463 AHN Rapport au Conseil d'Administration, 384. Séance, Traktandum 11c/d, 24. Juli 1968, und AHN SG 11536 Nescafé Fabrication 1967–1970, Notiz vom Departement Instantgetränke an P. Liotard-Vogt, 21. Oktober 1969.

464 AHN SG 11537, Notiz der Investitionskontrolle an A. Fürer, 19. September 1973.

465 Jahresbericht Nestlé 1972, S. 25.

466 AHN SG 6100-57, Auszug aus der Schrift «Visite à la Deutsche Nestlé Francfort de E. Bignami et R les 3 et 3 août 1966», 8. August 1966.

der günstigen Eigenmarken von Warenhausketten, indem dieser durch die Farbe und Struktur vom herkömmlichen Instantkaffee klar abgehoben wurde. Da sich *Nescafé* als Qualitätsprodukt dem Preiskampf mit Billigmarken verschloss, kam in diesem Segment den Zichorien-Kaffee-Mischungen wie *Nescoré*, *Ricoré* oder *Ricory* entscheidende strategische Bedeutung zu.[467] Dank dieser horizontalen Marktsegmentierung wies Nestlé in der zweiten Hälfte der 1960er-Jahre im Instantkaffeesegment zweistellige Wachstumsraten zwischen zwölf und 17 Prozent auf und konnte ihren weltweiten Marktanteil zwischen 1968 und 1971 von 34,6 Prozent auf 41 Prozent ausweiten, obwohl der weltweite Kaffeekonsum laut Marktforschungsinstituten stagnierte.[468]

Aber auch innerhalb des Nestlé-Konzerns war *Nescafé* zu Beginn der 1970er-Jahre zur tragenden Stütze des Unternehmens geworden: Über einen Drittel des Umsatzes und über die Hälfte des Nettogewinns erzielte Nestlé mit Instantkaffee.[469] Zudem wies die Sparte der Instantgetränke zusammen mit den *Maggi*-Produkten, welche von Nestlé in den 1960er-Jahren über Europa hinaus auf der ganzen Welt verbreitet worden waren,[470] das höchste Gewinnwachstum auf, während die Milchprodukte und das Schokoladesegment deutlich weniger hohe Profite abwarfen. Beide Bereiche zeigten Sättigungstendenzen, zudem verschlief Nestlé die Umstellung von der Tafelschokolade zum Schokoladeriegel. Die neu zur Nestlé-Gruppe gestossenen Geschäftssparten der Suppenkonserven und der Tiefkühlprodukte schrieben sogar Verluste: Auch eine gründliche Reorganisation der Produktion und des Vertriebs vermochte die Rentabilität der defizitären Crosse & Blackwell nicht zu verbessern. Ebenso schrieb Nestlé gemäss einem Artikel in der «Weltwoche» mit den *Findus*-Tiefkühlprodukten bis 1969 einen kumulierten Reinverlust von 200 Millionen Schweizer Franken.[471]

«Nous vivons en fait, depuis la guerre, en grande partie sur le *Nescafé*»,[472] bilanzierte Nestlé daher 1972, nachdem das Schweizer Unternehmen durch die Fusion mit der Ursina-Franck zum grössten Lebensmittelkonzern der Welt aufgestiegen war.[473]

467 AHN SG 11535, Schrift «Politique Marketing Nescafé à moyen et long terme», 1. September 1966, und AHN SG 11538, Schrift «Reunion of European Nescafé Product Specialists», 13. Juli 1967.

468 AHN SG 11535, Schrift «Instant Coffee Conference», 30. Januar 1973.

469 Die Zahlen beziehen sich auf das Jahr 1970, wobei die Übernahmen der Ursina-Franck und Libby nicht mit eingerechnet waren (vergleiche dazu AHN SG 11535, Schrift «Recommendation for Instant Coffee Strategy», 19. Juli 1972, und AHN Rapport au Conseil d'Administration, 413. Séance, Traktandum 10, 5. Juli 1973).

470 Heer, 125 Jahre Nestlé, S. 310.

471 SWA H+I Ba 214, Artikel aus der Zeitung «Die Weltwoche», 4. Dezember 1970.

472 AHN SG 11601-K-6, Schrift «Philosophie en matière de diversification», 24. Februar 1972.

473 Pfiffner/Renk, Wandel als Herausforderung, S. 29.

Gerade der Vergleich der beiden aus der Schweizer Milchindustrie hervorgegangenen Unternehmen zeigt, wie stark die Dynamik des Nestlé-Konzerns von *Nescafé* abhing: Die Ursina-Franck verfügte mit *Bear Brand* und *Guigoz* wie Nestlé über starke Marken bei den Milchprodukten, die ihren Zenit im Produktzyklus überschritten hatten, besass aber keine zukunftsträchtigen Produkte wie *Nescafé*, weshalb sich das Berner Unternehmen 1971 dem Nestlé-Konzern angliederte.[474]

474 Vergleiche Fenner, Milchwelle, S. 130–131.

Die Individualisierung und Emotionalisierung der Marke *Nescafé* – Krisen und gesellschaftlicher Wandel führen zur Reorganisation und Erweiterung von Marken und Unternehmen (1972–1990er-Jahre)

Vom standardisierten zum individuellen Markenprodukt – Wirtschaftskrise und Gesellschaftswandel führen zu neuen Konsumbedürfnissen

Eine neue Generation bricht mit traditionellen Werten

In den späten 1960er-Jahren erfuhr die Hochkonjunktur mit bisher unbekannten Wachstumsraten erste Risse. Am 15. August 1971 hob US-Präsident Nixon schliesslich die Goldanbindung des Dollars auf, woraufhin sich in den Industrieländern die Inflation bei gleichzeitiger Stagnation der Wirtschaftsleistung beschleunigte. Die «Stagflation» stellte das Ende des langen Wirtschaftsaufschwungs in der Nachkriegszeit dar. Gleichzeitig erodierte auch der Glaube an eine permanente Steigerung des Wohlstands und das Vertrauen ins wirtschaftliche und politische «Establishment». Symbolisch dafür steht die zunehmende Kritik am militärischen Eingreifen der Vereinigten Staaten in Vietnam, hinter der auch Forderungen nach gesellschaftlichen Veränderungen standen.[1]

Ab Mitte der 1960er-Jahre lehnte sich eine neue Generation gegen die Werthaltungen und den Lebensstil ihrer Elterngeneration auf,[2] unter anderem auch gegen das auf Massenproduktion und Massenkonsum beruhende Wirtschaftsmodell, das immer mehr zum Konsumzwang standardisierter Güter wie einem Kühlschrank oder einem Automobil geführt hatte.[3] Nachdem sich die Jugendlichen bereits in den 1950er-Jahren mit dem Konsum von *Coca-Cola* und Rock'n'Roll von der bürgerlich-mittelständischen Lebensweise ihrer Eltern abgegrenzt hatten,[4] begannen die Jungen in der 68er-Bewegung mit traditionellen Werten und Konsumformen zu brechen, die sie als spiessbürgerlich, repressiv und heuchlerisch empfanden. Der Wunsch, den Zwängen des nor-

1 Spätestens mit der Eskalation des Vietnamkriegs wiesen die Vereinigten Staaten ein chronisches Zahlungsbilanzdefizit auf. Sie begannen deshalb in grosser Zahl Dollars zu drucken, was zu Inflation führte. Diese versuchte Nixon zu Beginn der 1970er-Jahre mit klassischen Geld- und Haushaltsrestriktionen zu bekämpfen, wodurch die wirtschaftliche Aktivität gebremst wurde (Van der Wee, Der gebremste Wohlstand, S. 42–43 und 68, sowie Matis/Stiefel, Weltwirtschaft, S. 160–161, und Bode/Hansen, Entwicklungsphasen der deutschen Marketingwissenschaft, S. 190–191).

2 Schär/Sperisen, 1968 in Bern, S. 223–224.

3 Tanner, Lebensstandard, Konsumkultur und American Way of Life, S. 106–109.

4 Kleinschmidt, Konsumgesellschaft, S. 27–28.

mierten, kleinbürgerlichen Lebens zu entkommen, äusserte sich unter anderem in der Forderung nach mehr Selbstverwirklichung.[5]

Der Generationenkonflikt überlagerte sich dabei mit dem allgemeinen Konflikt, nicht nur «mehr zu wollen», sondern über seinen Konsum auch seine Individualität und seinen Lebensstil auszudrücken.[6] Mit der steigenden Individualisierung der Konsumgewohnheiten wurde auch die emotionale Ausstrahlung von Marken immer wichtiger,[7] und junge Verbraucher begannen ihre Konsumgüter auf Gesundheits-, Sicherheits- und Umweltschutzaspekte hin kritisch zu hinterfragen.[8]

Die 68er-Rebellion half damit, konservative Konsumhemmnisse zu durchbrechen und neue Märkte zu entwickeln, welche die Nachfrage nach mehr Individualität und Selbstverwirklichung befriedigten. Die Aussteiger erneuerten und erweiterten dabei mit ihrem nonkonformistischen Verhalten die bisherigen Konsummuster, indem sie unfreiwillig zur Avantgarde neuer Erscheinungsformen der kapitalistisch organisierten Konsumgesellschaft wurden.[9] Bisherige Erfolgsfaktoren der Marke *Nescafé* wurden dadurch einerseits in Frage gestellt. Andererseits eröffnete ihr der wirtschaftliche und gesellschaftliche Umbruch auch ganz neue Aktionsfelder. Die folgenden Kapitel zeigen auf, wie die Vielfalt an *Nescafé*-Sorten und die emotionale Komponente der Marke immer bedeutender wurden und sich daraus eine neue Wachstumsdynamik entwickelte.

Brasilianische Billigmarken und neue Kundenwünsche erweitern die Auswahl

In der Nachkriegszeit wurden die Agrargüter im Vergleich zu den Industriegütern immer billiger. Den Primärgüter produzierenden Entwicklungsländern wurde deshalb vorgeschlagen, die eigenen Rohstoffe im Land selber zu verarbeiten und ebenfalls Industrieprodukte herzustellen.[10] Aus diesem Grund begann Brasilien in den 1960er-Jahren, ihren Rohkaffee im eigenen Land zu Instant-

5 Schäfer, Geschichte des Bürgertums, S. 227–228.

6 Tanner, Lebensstandard, Konsumkultur und American Way of Life, S. 106–109.

7 Die Abstufungen und die Geschwindigkeit dieser Entwicklung werden je nach Autor unterschiedlich wahrgenommen. Gemeinsam ist allen jedoch die zunehmende symbolische Aufladung der Marke mit Werten und Emotionen (vergleiche dazu u. a. Berghoff, Moderne Unternehmensgeschichte, S. 332–333, und Lindstrom, Brand Sense, S. 4–5).

8 AHN F 5.4.4, Communication Marketing Nr. 11/79, Juni 1979, S. 10–11.

9 Schär, 1968 als wiederbelebte bürgerliche Revolution, S. 8.

10 Die «Terms of Trade» kamen dadurch zustande, dass mit neuen Technologien weniger Primärgüter für dieselben Endprodukte verwendet wurden, sowie durch den Protektionismus der Industrieländer und die Abnahme der Nachfrage nach Nahrungsmitteln bei steigendem Einkommen (D'Aviron/Ponte, The Coffee Paradox, S. 16–17).

kaffee zu verarbeiten. 1967 hatte das brasilianische Kaffeeinstitut (IBC) Kaffeereserven von etwa 60 Millionen Sack, welche nun den lokalen Instantkaffeeherstellern zu sehr günstigen Konditionen angeboten wurden.[11] Weil die brasilianische Regierung zudem den exportierten Instantkaffee im Gegensatz zum Rohkaffee nicht besteuerte, konnten die brasilianischen Firmen ihren Pulverkaffee zu Preisen anbieten, mit denen die US-Kaffeeindustrie nicht konkurrenzfähig war.[12] Ausserdem hatte die brasilianische Kaffeeindustrie Zugang zu günstigen Bohnenresten, die als Bohnenkaffee nicht mehr verkauft werden konnten, was die Herstellung von inländischem Instantkaffeepulver weiter verbilligte.[13]

Bis 1972 verdreifachten sich die Exporte von brasilianischem Instantkaffee.[14] Das günstige brasilianische Kaffeepulver wurde neben den Vereinigten Staaten vor allem in Grossbritannien verkauft,[15] wo es meist unter Billigmarken angepriesen wurde und rasch einen Drittel des Instantkaffeemarktes eroberte. Weil viele Briten beim Kaffeekonsum gegenüber feinen Geschmacksunterschieden wenig empfindlich reagierten und der Preis dadurch das entscheidende Kaufkriterium darstellte, erhielt das brasilianische Kaffeepulver direkten Einfluss auf die Preispolitik von *Nescafé,* der gegen diese günstige Konkurrenz Marktanteile verlor. Innerhalb weniger Jahre halbierte sich seine Marge.[16]

«If we cannot beat them – join them [...]»,[17] lautete Nestlés Antwort auf das billige, brasilianische Instantkaffeepulver. Ab 1972 kopierte das Schweizer Unternehmen die Brasilianer, indem es die Produktionskapazitäten in seiner Fabrik in Araras (Brasilien) erhöhte und von dort aus ebenfalls den britischen Markt versorgte.[18] Gleichzeitig hatten sich die Kaffeereserven der IBC zu Beginn der 1970er-Jahre auf 14 Millionen Sack reduziert, wodurch die Rohkaffeepreise auf dem Weltmarkt wieder markant anstiegen.[19] Die zunehmenden Rohstoffkosten und die Inflation zwangen Nestlé, die Preise für *Nescafé* in Grossbritannien anzuheben, obwohl der Zeitpunkt dafür aufgrund der zahlreichen Zeitungsberichte über die grassierende Teuerung denkbar ungünstig war. Im September 1972 reagierte die britische Tochtergesell-

11 AHN SG 400-57, Brief von Nestlé Brasilien an M, 26. November 1973, und ebenda, Brief von K an M, 10. Dezember 1975.
12 Pendergrast, Kaffee, S. 324.
13 AHN SG 400-57, Brief von Nestlé Brasilien an M, 26. November 1973.
14 Ebenda.
15 AHN SG 400-57, Brief von K an M, 10. Dezember 1975.
16 AHN SG 8500-57, Brief von Nestlé Grossbritannien an P. Liotard-Vogt, 8. Dezember 1971 und 5. Januar 1972.
17 AHN SG 8500-57, Brief «Brazilian Soluble Coffee Imports», 10. Dezember 1971.
18 Ebenda.
19 Aus strategischen und sicherheitspolitischen Überlegungen versuchte das brasilianische Kaffeeinstitut die Reserven auf diesem Niveau zu konservieren, aber paradoxerweise schien Brasilien aufgrund von schlechten Ernten (Frost) bereits damals der dafür notwendige Rohkaffee zu fehlen (AHN SG 8500-57, Brief von Nestlé Grossbritannien an den Direktor der Britischen Industrievereinigung, 13. September 1972, und AHN SG 400-57, Brief von Nestlé Brasilien an M, 26. November 1973).

schaft auf diese heikle Situation, indem sie einerseits den Preis für den agglomerierten *Nescafé* erhöhte, andererseits im selben Monat mit *Nescafé Fine Blend* eine neue Sorte auf den britischen Markt brachte,[20] die als feines, helles Kaffeepulver vom Preis und der Qualität her zwischen dem agglomerierten *Nescafé* und dem günstigen, brasilianischen Instantkaffeemarken positioniert wurde. Durch diese Preissegmentation konnte die Teuerung angepasst und gleichzeitig eine Abwanderung preisbewusster Käufer zur Konkurrenz verhindert werden.[21]

Die Einführung von *Nescafé Fine Blend* entsprach der seit Ende der 1960er-Jahre verfolgten Dachmarkenpolitik,[22] die Vielfalt des Angebots unter der Marke *Nescafé* zu erweitern und das Produkt auf die individuellen Bedürfnisse der Kunden besser abzustimmen. Denn die Konsumenten gaben sich in Folge des gestiegenen Wohlstands nicht mehr mit standardisierten Massenprodukten zufrieden, sondern wollte diese vermehrt ihren persönlichen Vorlieben angepasst haben. Der Käufer wünschte, im Supermarkt zwischen verschiedenen Sorten des gleichen Grundprodukts wählen zu können.[23] Daher wurde Nestlés Löslichkaffeeangebot nicht nur in unterschiedliche Preisklassen, sondern ebenso in verschiedene Geschmacksrichtungen (mild, normal, stark und koffeinfrei) unterteilt. Gerade in stark umkämpften Märkten wie Grossbritannien oder der Bundesrepublik Deutschland war die Preis- und Geschmackssegmentierung taktisch wertvoll, um sich die Treue der Kundschaft zu sichern:[24] Neben dem normalen *Nescafé,* dem koffeinfreien *Nescafé* und dem starken *Nescafé Typ Espresso* brachte die deutsche Tochtergesellschaft 1970 mit *Nescafé Mild* eine vierte sprühgetrocknete Variation auf den Markt.[25] Ebenso erweiterte sie das gefriergetrocknete Sortiment 1966 mit einem koffeinfreien *Nescafé Gold* und 1973 mit *Nescafé Gold Mocca,* der im Vergleich zu *Nescafé Gold* etwas günstiger war und den Konkurrenzdruck mildern sollte.[26] Mit dieser ausgeklügelten Auswahl an verschiedenen Sorten, die den jeweiligen Kaffeekonsumgewohnheiten angepasst wurden und von Land zu Land verschieden wa-

20 AHN SG 8500-57, Brief von Nestlé Grossbritannien an P. Liotard-Vogt, 15. September 1972 und 28. September 1972.

21 AHN SG 400-57, Notiz von M an A, 30. August 1974, und AHN SG 11535, Schrift «Nescafé taste segmentation study», 25. Februar 1977.

22 Mit der Einführung von *Nescafé Gold* begann Nestlé langfristig eine Familien- oder Palettenstrategie zu verfolgen. Dabei sollten verschiedene Löslichkaffeesorten unter dem Dach der Marke *Nescafé* angeboten werden (AHN SG 11535, Schrift «Politique Marketing Nescafé à moyen et long terme», 1. September 1966).

23 AHN F 5.4.4, Communication Marketing Nr. 12, April 1972, S. 6–9.

24 Ab 1970 stagnierte der Umsatz auf dem deutschen Instantkaffeemarkt, was einen heftigen Preiskampf und Werbekrieg zwischen Nestlé, General Foods und Jacobs zur Folge hatte (AHN SG 6100-57, Brief von Nestlé Deutschland an G, 16. Mai 1972).

25 Vermutlich war dies weltweit der erste milde *Nescafé* (AHN F 5.4.4, Communication Marketing Nr. 6, Juli 1970, S. 20).

26 AHN SG 6100-57, Notiz von Nestlé Deutschland an E. Bignami, 17. Juli 1965, und AHN SG 6100-57, Brief von Nestlé Deutschland an G, 16. Mai 1972.

ren,[27] vermochte Nestlé in Europa trotz Preisdruck der brasilianischen Konkurrenz, Inflation und neuen Kundenbedürfnissen die führende Stellung von *Nescafé* vorerst zu verteidigen.[28]

Wachsender Umsatz dank grösserem Angebot auf dem schrumpfenden US-Markt

Während der Kaffeekonsum in Europa bis in die 1970er-Jahre hinein weiter zunahm, hatte der Instantkaffee-Boom in den Vereinigten Staaten bereits zu Beginn der 1960er-Jahre seinen Zenit überschritten.[29]

Einerseits verpassten es die grossen Kaffeeunternehmen, die aus dem Babyboom der Nachkriegszeit hervorgegangene Jugend in der Werbung anzusprechen, während es die Hersteller von zuckerhaltigen Süssgetränken wie *Coca-Cola* oder *Pepsi-Cola* verstanden, der Cola ein jugendliches und vitales Markenbild zu verleihen und sie zum Symbol des «American Way of Life» schlechthin zu stilisieren.[30] Folglich wuchs eine junge Generation heran, welcher der bittere Kaffeegeschmack fremd war und die stattdessen lieber süsse Zuckergetränke zu sich nahm.[31] Die Softdrinks gewannen daher zunehmend an Popularität und lösten 1971 den Kaffee als meistkonsumiertes Getränk in den Vereinigten Staaten ab.[32] Während der Durst nach Süssgetränken in den 1970er-Jahren stetig stieg, sank der Kaffeekonsum in Nordamerika zwischen 1969 und 1979 von 137 Litern auf 106 Liter pro Kopf und Jahr.[33]

Andererseits führten die scharfen Preiskämpfe unter den grossen Kaffeeunternehmen zu einem Teufelskreis, der die Qualität und damit die Attraktivität des Kaffees langfristig schmälerte. Ausgeprägt war dieses Phänomen im Instantkaffeesegment zu beobachten: Weil löslicher Kaffee in den Vereinigten Staaten vor allem wegen des geringen Preises gekauft wurde,

27 Die milde Variante war in den 1970er-Jahren beispielsweise nur in der Bundesrepublik Deutschland *(Nescafé Mild)*, Australien, Neuseeland *(Nescafé Mild Roast)* und Grossbritannien *(Nescafé Fine Blend)* erhältlich, während die stark geröstete Sorte in Australien nur sprühgetrocknet, in Österreich, Belgien und den Niederlanden sowohl sprüh- als auch gefriergetrocknet sowie in der Schweiz oder Norwegen nur gefriergetrocknet angeboten wurde (AHN SG 11535, Schrift «Nescafé taste segmentation study», 25. Februar 1977).

28 Ebenda.

29 Wann der Kaffeekonsum in den Vereinigten Staaten seien Höhepunkt erreichte, hängt davon ab, wie man den Kaffeeverbrauch misst. Der tatsächliche Rohkaffeeverbrauch in Kilogramm erreichte auf dem US-Markt bereits 1946 seinen Höchststand, der Kaffeekonsum in Tassen gemessen stieg dagegen weiter an, da die einzelnen Kaffeetassen viel dünneren Kaffee enthielten (Pendergrast, Kaffee, S. 272, 299 und 335).

30 Pendergrast, Kaffee, S. 272, und AHN SG 11537, Artikel aus der Zeitung «Printers Ink», 13. August 1965.

31 AHN SG 1100-57, Brief von B an A. Fürer, 23. März 1978.

32 AHN F 5.4.4, Communication Marketing Nr. 18, Dezember 1972, S. 83.

33 AHN SG 11674, Nescafé Marketing Guidelines, 1982.

zwang der Konkurrenzdruck die Instantkaffeeproduzenten, ihre Preise herabzusetzen.[34] Der verschärfte Preisdruck wiederum nötigte die Kaffeeunternehmen, ihre Produktionskosten zu senken, indem sie ihre Kaffeemischungen mit kostengünstigeren Robusta-Bohnen optimierten. Die Robusta-Bohnen waren bei den US-Kunden wegen ihrer Schärfe allerdings wenig beliebt,[35] was langfristig dazu führte, dass immer mehr Kaffeetrinker ihrer bisherigen Lieblingsmarke den Rücken kehrten. Anspruchsvolle Kaffeegeniesser wandten sich alternativen Kanälen abseits der etablierten Marken zu, wo Kaffeeromantiker und Idealisten ungemahlene Kaffeebohnen von guter Qualität als Spezialitätenkaffee zu verkaufen begannen und damit ein Angebot abdeckten, das von den grossen Kaffeekonzernen vernachlässigt wurde. Dies wiederum verstärkte den Konkurrenzdruck auf dem konventionellen Kaffeemarkt. So kämpften die Grossunternehmen auf dem US-Markt um immer kleinere Stücke eines immer kleiner werdenden Marktes.[36]

Umso erstaunlicher ist es, dass Nestlé in den 1970er-Jahren entgegen den generell sinkenden Verkaufszahlen im herkömmlichen Bohnen- und Instantkaffeesegment sogar wachsende Umsatzzahlen auswies.[37] Diese der allgemeinen Tendenz gegenläufige Entwicklung verdankte Nestlé einerseits der soliden Stellung ihrer bisherigen Markenprodukte *Nescafé* und *Taster's Choice,* die in den 1970er-Jahren auf dem schrumpfenden Instantkaffeemarkt ihre Marktanteile halten konnten. Andererseits gelang es Nestlé, ihr Sortiment auf dem Gebiet des koffeinfreien Instantkaffees erfolgreich zu erweitern, welches in den 1970er-Jahren auf dem US-Markt einen starken Aufschwung erfuhr,[38] der eng mit dem wachsenden Misstrauen der US-Bevölkerung gegenüber dem Koffein verknüpft war. Verschiedene Wissenschaftler hatten Ende der 1960er-Jahre den Kaffeegenuss als ernsthafte Gefahr für die Gesundheit dargestellt. Die Verunsicherung in der Bevölkerung liess die Verkaufszahlen des koffeinfreien Kaffees daraufhin um 70 Prozent ansteigen.[39] Galt der koffeinfreie

34 AHN Rapport au Conseil d'Administration, 368. Séance, Traktandum 10d, 18. August 1965.

35 AHN SG 1100-57, Brief von Nestlé USA an A, 13. Dezember 1978, und ebenda, Brief von B an A. Fürer, 23. März 1978.

36 Vergleiche dazu Roseberry, The Rise of Yuppie Coffees, S. 763–766, sowie Pendergrast, Kaffee, S. 320–321, 328, 337 und 344.

37 Vergleiche dazu die Statistiken in SBU, World of Coffee, 1970–1980.

38 Pendergrast, Kaffee, S. 330, und AHN SG 1100-57, Auszug aus den Notizen «Visite aux Etats-Unis White Plains – 21./22. Octobre 76», 3. November 1976.

39 Von 1963 bis in die 1980er-Jahre wurde der Kaffee mit über hundert Krankheiten und Störungen in Verbindung gebracht. Wissenschaftliche Studien legten dem Koffein unter anderem Herzbeschwerden, psychische Störungen und die Förderung von Krebs zur Last. In regelmässigen Abständen tauchten in diesem Zusammenhang Schreckensmeldungen auf, die sich später allerdings als haltlos erwiesen. Gleichzeitig kreierten Nestlé und andere Kaffeeunternehmen in diesem Diskurs ebenfalls «wissenschaftliches Werbematerial», um die physiologischen Vorteile des Kaffees aufzuzeigen (vergleiche dazu weiterführend Pendergrast, Kaffee, S. 328–330 und S. 369–371, sowie AHN SG 11535, Dossier «Nescafé Cancer», 1984–1987).

Instantkaffee früher als «Getränk für Betagte mit Magengeschwüren», wurde er nun wieder von einem jungen und gesundheitsbewussten Publikum entdeckt.[40] Die Gesundheitsbedenken gegenüber dem Koffein mündeten schliesslich darin, dass die Vereinigten Staaten 1980 mit Abstand den bedeutendsten Markt für koffeinfreien Instantkaffee aufwiesen.[41]

Der lukrative Markt des koffeinfreien Kaffees wurde bis in die 1970er-Jahre von General Foods mit *Sanka* und *Brim* dominiert,[42] während Nestlé nur mit der Marke *Decaf* vertreten gewesen war.[43] Um an diesem aufstrebenden Marktsegment stärker teilzuhaben, führte Nestlé im Oktober 1971 mit *Taster's Choice decaffeinated* einen gefriergetrockneten, koffeinfreien Instantkaffee ein, dem 1975 mit *Nescafé decaffeinated* das sprühgetrocknete Pendant folgte.[44] Da sich vor dem «gefährlichen» Koffein in den späten 1970er-Jahren eine richtiggehende Angst und Hysterie breit machte, die von der Presse geschürt wurde, prosperierte Nestlés Geschäft mit dem koffeinfreien Instantkaffee bestens: Zwischen 1973 und 1980 konnten die Umsatzzahlen von Nestlés koffeinfreien Sorten mehr als verdoppelt werden.[45]

Im Mai 1975 startete Nestlé in Nordamerika ausserdem ein Projekt zur Einführung von Zichorien-Kaffee-Mischungen.[46] Zichorienkaffee war damals nur im Süden und Südwesten der Vereinigten Staaten bekannt,[47] wobei diesem in Nordamerika viel weniger der Ruf eines Ersatzkaffees anhaftete als in Europa. Deshalb platzierte Nestlé die Zichorien-Kaffee-Mischungen dort nicht als Kaffeesurrogat, sondern als neue Kategorie im Instantkaffeesegment, die im Geschmack weniger bitter war und vor allem die an Süssgetränke gewohnten Jugendlichen ansprechen sollte.[48] Im August 1976 führte Nestlé erstmals eine Zichorien-Kaffee-Mischung unter der Marke *Sunrise* in den Vereinigten Staaten ein, die von ihrer Formel her mit *Nescoré* identisch war. *Sunrise* wurde als milder Kaffee vermarktet, wobei die Zichorie als der wesentliche Bestandteil beschrieben wurde, der den Kaffee mild gestaltete: «Chicory to bring out coffee's better nature but leave the bitter

40 AHN F 5.4.4, Communication Marketing Nr. 18, Dezember 1972, S. 26.

41 AHN SG 11540, Notiz von A an B, 9. Dezember 1980, und SBU Decaffeinated Coffee 1985–1995, Notiz von M an H. Maucher, 10. Juli 1989.

42 Während *Sanka* vor allem aus medizinischen Gründen beworben wurde, brachte General Foods zu Beginn der 1970er-Jahre *Brim* als zusätzliche Sorte für den alternativ eingestellten, gesundheitsbewussten Jugendlichen auf den Markt (Pendergrast, Kaffee, S. 330).

43 Pendergrast, Kaffee, S. 330, und AHN SG 1100-57, Auszug aus den Notizen «Visite aux Etats-Unis White Plains – 21./22. Octobre 76», 3. November 1976.

44 AHN F 5.4.4, Communication Marketing Nr. 32, Mai 1975, S. 5–6.

45 Vergleiche dazu Pendergrast, Kaffee, S. 369–371, und die Statistiken in SBU, World of Coffee, 1970–1980.

46 AHN SG 1100-57, Brief von B an G, 4. Oktober 1977.

47 AHN F 5.4.4, Communication Marketing Nr. 25/77, November 1977, S. 5.

48 AHN SG 11535, Schrift «Product positioning – Coffee Mixtures», 28. September 1977.

taste behind»,[49] lautete der Werbespruch für das neue Produkt. Vor allem junge, gut situierte Leute konnten für dieses milde und preiswerte Getränk gewonnen werden.[50]

Parallel zur Entwicklung auf dem US-Markt konnte Nestlé in den 1970er-Jahren auch in Kanada dank neuen Löslichkaffeesorten wie *Taster's Choice decaffeinated* (1972), *Nescafé Continental Blend* (1973), *Nescafé decaffeinated* (1975) und der Zichorien-Kaffee-Mischung *Encore* (1977) ihren Marktanteil von 26 auf 40 Prozent erhöhen und damit zum bisherigen Marktführer General Foods aufschliessen.[51]

Softdrinks beeinflussen Nestlés Instantgetränke und schaffen neue Segmente

Die steigende Beliebtheit von Süssgetränken in den 1960er- und 1970er-Jahren beeinflusste zusehends auch Nestlés Instantgetränke, indem das Schweizer Unternehmen mit spezifischen Produkten in diesen Markt vorzudringen versuchte.

Im Juni 1960 lancierte die US-Tochtergesellschaft in Roanoke (Virginia) testweise einen pulverisierten Zitronensaft unter der Marke *Nestlé's Keen*. Das neue Produkt war dort sofort sehr beliebt, weil es platzsparend war und sich leichter tragen liess als die in Flaschen abgefüllten Softgetränke. Zudem konnte der Zitronengeschmack den persönlichen Vorlieben entsprechend dosiert werden. *Nestlé's Keen* profitierte dabei ganz allgemein vom Aufschwung der Süssgetränke und Fruchtsäfte in den Vereinigten Staaten und wurde im Frühling 1961 durch weitere Geschmacksrichtungen (Orange, Kirschen und Trauben) ergänzt. Zwar erwies sich *Nestlé's Keen* aufgrund der starken Konkurrenz im Softdrinkgeschäft und der damit verbundenen Werbeausgaben als zu kostspielig, war aber mit seinen Werbefiguren in Form der jeweiligen Frucht sowie seiner Positionierung als «Instant Soft Drink Mix» ein wichtiger Vorläufer von neuen Produktentwicklungen.[52]

Fast parallel zur Lancierung von *Nestlé's Keen* entschied sich die US-Tochter, *Nestlé's Quik* mit Erdbeer- und Bananengeschmack anzubieten. Die neuen Fruchtaromen waren von Anfang an umstritten, weil Nestlé fürchtete, dass der künstlich

49 AHN F 5.4.4, Communication Marketing Nr. 25/77, November 1977, S. 5.

50 Ebenda.

51 Die 40 Prozent Marktanteil von Nestlé verteilten sich 1980 zu 22 Prozent auf *Nescafé*, zu zehn Prozent auf *Taster's Choice* und zu acht Prozent auf *Encore* (AHN F 5.4.4, Communication Marketing Nr. 14, Juni 1972, S. 14, und AHN F 5.4.1, Communication Marketing Nr. 15 Direction, Dezember 1983, S. 14–15, sowie AHN SG 500-57, Notiz von E. Bignami an G, 9. April 1981).

52 AHN F 5.3.1, 1, Communication Marketing Nr. 5, Mai 1962, S. 17–18.

hergestellte Erdbeer- und Bananengeschmack dem guten Ruf des Kakaogetränks schaden könnte. Zudem wurden sie zu Beginn vor allem aus Neugierde gekauft, konnten sich aber langfristig keine Stammkundschaft sichern.[53] Deshalb schlug die US-Tochtergesellschaft zur Stabilisierung der Verkaufszahlen 1964 vor, die Etiketten von *Nestlé's Quik* mit Werbefiguren wie bei *Nestlé's Keen* zu versehen.[54] Die Idee, *Nestlé's Quik Strawberry* mit einem Hasen zu versehen, stiess bei der Nestlé-Führung in Vevey allerdings auf Vorbehalte. Sie fürchtete, dass der *Quik*-Hase dem Ruf des Produkts schaden könnte. Enttäuscht schrieb der US-Marktchef auf diese Nachricht: «Since Chocolate *Quik* was launched in this country [...] we would obviously be as anxious to avoid doing any harm to Chocolate *Quik* as everyone in the worldwide Nestlé organization. [...] However, we are selling a product which is essentially used by children. We have been successful with a similar approach in our *Keen* label and we, therefore, think a fun label of the type suggested would be more appropriate than one more commensurate with the dignity and decorum required in a corporate Board room.»[55] Nestlé-CEO Corthésy schrieb daraufhin beschwichtigend, dass die Etikette mit dem Hasen für eine Person ausserhalb der Vereinigten Staaten zu revolutionär sei.[56] 1965 erschien der *Quik*-Hase schliesslich auf der Etikette für Erdbeergeschmack und wurde ab 1971 auch immer mehr mit dem Kakaogetränk verbunden.[57] Damit wurde *Nestlé's Quik* analog zu den Softdrinks noch stärker mit Spass und Vergnügen verbunden.

53 Nestlé stellte fest, dass die Konsumenten in Blindtests den künstlichen Geschmack dem natürlichen vorzogen, weil sie den Fruchtgeschmack echter fanden. Wenn sie allerdings wussten, dass es sich um einen künstlichen Geschmack handelte, bevorzugten sie das natürliche Produkt. Da die Gesetzgebung in den Vereinigten Staaten verlangte, dass künstliche Geschmacksstoffe auf der Etikette deklariert wurden, löste Nestlé das Dilemma schliesslich, indem der Erdbeer- und Bananengeschmack zu 55 Prozent aus natürlichen und zu 45 Prozent aus künstlichen Aromen bestand und damit nicht als künstliches Produkt galt (AHN SG 1100-58, Schrift «A review of artificially flavoured fruit Quiks», 27. Oktober 1961, und AHN F 5.3.1, 1, Communication Marketing Nr. 4, April 1962, S. 18–19).

54 AHN SG 1100-58, Brief an Afico, 13. Juli 1964.

55 AHN SG 1100-58, Brief von Nestlé USA an J.-C. Corthésy, 24. Juli 1964.

56 AHN SG 1100-58, Brief von J.-C. Corthésy an S, 30. Juli 1964.

57 Vergleiche dazu AHN K 16 Werbesammlung USA 1965, Werbung «Nestlé's Quik Imitation Strawberry Flavor», 1965, und AHN F 5.4.4, Communication Marketing Nr. 9/98, September 1998, S. 9–10.

Abbildungen 20–22: Nach dem Vorbild der Figuren von *Nestle's Keen* (USA, 1962) tauchte der Hase 1965 als Botschafter des Produkts auf der Etikette von *Nestlé's Quik* (USA, 1967) mit Erdbeergeschmack auf. Ab 1985 wurde dieser zu einem weltweit verwendeten Markenzeichen für *Nestlé's Quik* respektive *Nesquik* (Schweiz, 1986).

Ebenso mischte die Entwicklung hin zu Softdrinks zu Beginn der 1960er-Jahre den US-Teemarkt auf: Im Sommer 1962 lancierte das amerikanische Unternehmen Salada in Florida erstmals fertige Eisteemischungen (Tee, Zucker und Zitrone) als Iced Tea Mix. Dies veranlasste Nestlés US-Tochtergesellschaft, ebenfalls in diesem Segment tätig zu werden.[58] «Iced tea mix offers us an opportunity to make sizable profits on sugar content similar to *Quik* and fits ideally into our long-standing concept of convenience foods without diminishing our efforts on regular instant tea for those people who do not want predetermined flavoring»,[59] begründete der US-Marktchef seinen Entscheid. Dabei unterstrich er, dass es wichtig sei, dass Nestlé sofort in dieses Geschäft einstieg, da *Lipton* ebenfalls in dieses Segment einzusteigen gedachte. Um *Nestea* weiterhin die Führung auf dem US-Instantteemarkt zu sichern, wollte er die fertige Eisteemischung unter der gleichen Marke einführen: «To maintain *Nestea* leadership in growing total iced tea market we must endeavor also to seize leadership in new iced tea mix and by using the same brand name for both products we feel we will strengthen rather than weaken brand image of *Nestea* [...]».[60]

Auch in diesem Fall sprach sich die Nestlé-Führung in Vevey zuerst gegen eine fertige Teemischung unter der Marke *Nestea* aus: «From a policy point of view we do not see the wisdom of establishing two completely different products under the *Nestea* brand name. In the U.S.A. at the moment *Nestea* benefits from a very clearly defined product image as a premium quality instant tea. We are sure that you agree with us that this should not in any way be diluted»,[61] begründete CEO Corthésy seine Haltung. Schliesslich konnte man sich darauf verständigen, dass *Nestea Iced Tea Mix* 1964 in den Vereinigten Staaten und Kanada lanciert werden durfte, ausserhalb Nordamerikas für dieses Produkt jedoch andere Markennamen wie *Sari* verwendet werden mussten.[62] Erst 1968 durfte die Mischung als Zitronentee unter der Marke *Nestea* testweise auf den deutschen Markt gebracht werden.[63]

Die Instantteemischungen stellten in den 1960er-Jahren eine der am schnellsten wachsenden Getränkegruppen in den USA dar. Ende des Jahrzehnts erreichten sie einen Marktanteil von acht Prozent des gesamten Softdrink-Marktes, was angesichts der Konkurrenz der Cola-Getränke bemerkenswert war. «It is also interesting to make the point that, contrary to what

58 AHN SG 1100-62, Schrift «Marketing Plan for Iced Tea Mix», 26. September 1963.
59 AHN SG 1100-62, Telex von Nestlé USA an J.-C. Corthésy, 23. Oktober 1963.
60 Ebenda.
61 AHN SG 1100-62, Brief von J.-C. Corthésy an Nestlé USA, 24. Oktober 1963.
62 AHN SG 11548, Brief des Departement Handelsmarken an die Regionaldirektion I, 8. März 1967, und AHN F 5.4.4, Communication Marketing Nr. 5/79, Februar 1979, S. 6.
63 AHN F 5.3.2.16/4, Communication Publicitaire Nr. 4, 1969.

everybody thinks, iced-tea consumption was not a general habit in the U.S.A. and the fact Iced Tea Mix sales developped in regions where iced-tea consumption was unknown. It was the introduction of these Iced Tea Mixes which created the consumption of iced tea»,[64] sah Nestlé das Eistee-Segment in den Vereinigten Staaten erst mit den Instantteemischungen zur vollen Entfaltung gebracht.

1968/69 begann Nestlé die fertigen *Nestea*-Mischungen mit Zucker und Zitronengeschmack zudem wie einen Softdrink als erfrischendes Kaltgetränk in Dosen anzubieten.[65] Rasch stellte das Unternehmen fest, dass es sich lohnte, das Dosengeschäft über die Franchisenehmer von *Coca-Cola* oder *Seven-Up* abzuwickeln. Dadurch konnte die Kundenzahl nochmals erheblich gesteigert werden.[66] Zudem wurde das Sortiment unter der Marke *Nestea* mit neuen Geschmacksrichtungen und einer kalorienarmen Eistee-Version erweitert.[67] Bis 1972 baute *Nestea* die dominante Stellung im amerikanischen Eisteegeschäft weiter aus und entwickelte sich zu Nestlés bedeutendster Marke auf dem US-Markt:[68] «Nous maintenons notre position leader avec un produit *[Nestea]* qui est le plus rentable de notre gamme»,[69] stellte Nestlés Verwaltungsratspräsident Pierre Liotard-Vogt 1974 mit Zufriedenheit fest.

Während in den Vereinigten Staaten das Geschäft mit «Iced Tea» florierte, zeigten Studien, dass fast zwei Drittel der Japaner ihren Kaffee im Sommer als «Iced Coffee» tranken. Um die saisonalen Schwankungen des Kaffeekonsums auszugleichen, propagierte Nestlé ab 1972 *Nescafé* auf den japanischen Inseln auch als Eiskaffee.[70] Ausserdem erlebte der als Softdrink vermarktete, kalte Dosenkaffee in Japan einen enormen Zulauf:[71] Als erstes Unternehmen hatte die Ueshima Coffee Company (UCC) zu Beginn der 1970er-Jahre einen flüssigen, in Dosen abgefüllten Kaffee als Kaltgetränk auf den Markt gebracht.[72] Damit trat UCC in direkte Konkurrenz mit den Softdrinks und forderte weitere Unterneh-

64 AHN SG 11548, Brief von P an Nestlé Südafrika, 21. Mai 1969.

65 AHN K 16 Werbesammlung USA 1968, Werbung «Hey, have a can of tea», 1968, und AHN SG 1100-62, Schrift «Granite City and Nestea Manufacture», 7. April 1970.

66 Nestlé lieferte den Dosenherstellern alle Zutaten im Pulverform, die danach vom Franchisenehmer nach bestimmten Qualitätsstandards gemischt wurden (AHN SG 1100-62, Brief «Nestea Royalty Agreement», 29. Februar 1972, und AHN SG 11548, Brief von J. Paternot an P. Liotard-Vogt, 18. Oktober 1972).

67 AHN K 16 Werbesammlung USA 1967, Werbeschrift «3 new flavors for 67», 1967, und AHN F 5.4.4, Communication Marketing Nr. 5/79, Februar 1979, S. 6.

68 *Nestea* besass 1972 einen Marktanteil von 52 Prozent, *Lipton* als wichtigste Konkurrenzmarke einen Anteil von 31 Prozent (AHN SG 1100-62, Notiz «Visite White Plains 8 et 9 mars 1973», 14. März 1973).

69 AHN SG 1100-62, Auszug aus der Notiz «Visite White Plains – 3 au 6 Sept.», 12. September 1974.

70 AHN F 5.4.4, Communication Marketing Nr. 8/77, April 1977, S. 1–3.

71 1973 wurde etwa 3,3 Millionen Dosen verkauft, 1983 waren es bereits 100 Millionen Dosen (AHN F 5.4.4, Communication Marketing Nr. 14/84, September 1984, S. 5, und SBU HKW BPW 2004, Schrift «The RTD Coffee Market in Japan», 1. Dezember 1992).

72 Pendergrast, Kaffee, S. 332.

men wie die Coca-Cola Company heraus, ebenfalls einen sofort konsumierbaren Dosenkaffee zu lancieren. Auch Nestlé nahm 1973 die Erforschung eines flüssigen Kaffeekonzentrats auf, das sich im Kühlschrank lagern liess.[73] 1974 lancierten Coca-Cola mit *Georgia* und Nestlé mit *Nestlé Canned Coffee* praktisch gleichzeitig einen gekühlten Dosenkaffee auf dem japanischen Markt, der sofort trinkfertig bereit stand und daher auch als «Ready-to-Drink»-Kaffee bezeichnet wurde.[74]

73 AHN SG 11535, Schrift «Project Igloo – Statement of Position», 3. April 1973, und ebenda, Brief von P an J, 13. April 1973.

74 Pendergrast, Kaffee, S. 332, und AHN F 5.4.4, Communication Marketing Nr. 14/84, September 1984, S. 5–6.

Abflauende Konjunktur, ausfallende Kaffee-Ernten und scharfe Kritik – die Krisen in den 1970er-Jahren und ihre Folgen für Nestlé und *Nescafé*

«Ölpreisschock», «Schwarzer Frost» und steigende Kaffeepreise

1973 gipfelte die internationale Währungskrise im sogenannten «Ölpreisschock», als das OPEC-Kartell im Kampf gegen die allgemeine Inflation und die Entwertung des Dollars eine drastische Erhöhung der Erdölpreise durchsetzte.[75] Als Folge der damit verbundenen Erhöhung der Lebenskosten begannen sich viele *Nescafé*-Kunden nach tendenziell günstigeren Kaffeeprodukten umzusehen, wodurch sich die Marktsituation der Marke massiv verschlechterte. Insbesondere der im höchsten Preissegment angesiedelte *Nescafé Gold* verlor den Zuspruch der Kundschaft, aber auch der agglomerierte *Nescafé* musste einen Umsatzrückgang hinnehmen: 1974 wiesen die beiden bisherigen Erfolgsprodukte zusammen weltweit erstmals eine negative Wachstumsrate von minus zwei Prozent auf. Mit Ausnahme von Spanien und den Niederlanden war die Krise in ganz Europa spürbar.[76] «During the last few years there were two critical sales drops. The first was in 1973 when Normal Spray Dried suffered a dramatic drop, the second in 1974 when *Nescafé Gold* decreased substantially»,[77] beschrieb der Abteilungsleiter des Bereichs Instantgetränke die Ereignisse später. Damit war – parallel zum Wirtschaftsabschwung – auch das aussergewöhnliche Umsatzwachstum von *Nescafé Gold* vorerst abrupt gestoppt worden. Dies hatte für Nestlé gravierende Konsequenzen, weil *Nescafé Gold* beispielsweise in der Bundesrepublik Deutschland mehr als eine doppelt so hohe Marge wie der sprühgetrocknete *Nescafé* erwirtschaftete und damit im Wesentlichen die Gewinne der Marke generierte.[78]

Umgekehrt konnten am anderen Ende der Preisskala die australische Kampfmarke *International Roast* und Nestlés Zichorien-Kaffee-Mischungen wie *Nescoré, Ricoré* und

75 Van der Wee, Der gebremste Wohlstand, S. 85–86.

76 Der Umsatz des agglomerierten *Nescafé* schrumpfte um 0,8 Prozent, derjenige von *Nescafé Gold* bzw. *Taster's Choice* sogar um 4,3 Prozent (AHN SG 11544, Schrift «General Position Soluble Coffees», 30. Januar 1975).

77 AHN SG 6100-57, Brief von B an Nestlé Deutschland, 7. Juni 1978.

78 Ebenda.

Ricory – wobei letztere 1971 in Südafrika in *Ricoffy* umbenannt worden war[79] – starke Zuwachsraten verzeichnen.[80] Ihnen kam in der Krise entscheidende strategische Bedeutung zu, um die Konkurrenzfähigkeit Nestlés im Tiefpreissegment gegen die Eigenmarken der Warenhausketten aufrecht zu erhalten.[81] Mit der Lancierung von *Nescoré* versuchte das Unternehmen in Grossbritannien[82] und Frankreich[83] die dominierende Stellung im Pul-

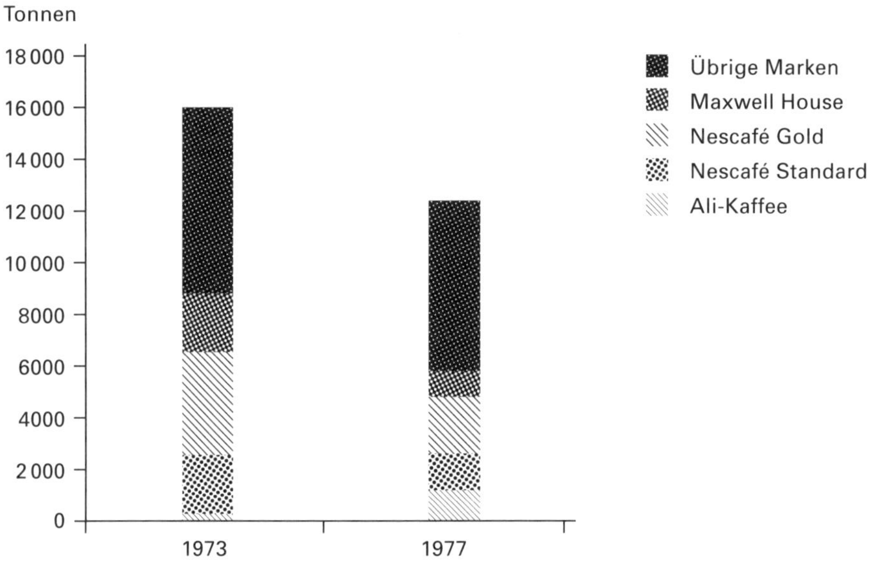

Darstellung 10: Der Vergleich des Instantkaffeeumsatzes in der Bundesrepublik Deutschland in den Jahren 1973 und 1977 deckt auf, dass der Instantkaffeekonsum auf dem deutschen Markt in den 1970er-Jahren rückläufig war und die Verbraucher ein preissensitives Verhalten zeigten: Während die Umsatzzahlen der teureren Marken *Nescafé* und *Nescafé Gold* stark abnahmen, stiegen diejenigen des preisgünstigen *Ali*-Kaffees.

79 *Ricory* war mit einem Marktanteil von 18 Prozent die führende Pulverkaffeemarke in Südafrika, konnte diese Position allerdings nur mit bedeutenden Werbeanstrengungen halten. Nestlé entschied sich deshalb 1971, die Zichorien-Kaffee-Mischung in agglomerierter Form unter der Marke *Ricoffy* auf den Markt zu bringen (AHN SG 3000-57, Notiz von R an A, 21. April 1971).

80 *International Roast* gehörte zu jenen Instantkaffeemarken Nestlés, die sich erst in der Krise entfalten konnten (AHN SG 11544, Schrift «General Position Soluble Coffees», 30. Januar 1975, und AHN SG 11535, Schrift «Nescafé taste segmentation study», 25. Februar 1977).

81 AHN SG 11544, Diskussion über Nescafé, 4. Februar 1975.

82 Ab 1975 wurde *Nescoré* in Grossbritannien als «Kaffee im französischen Stil» angeboten, um die mit billigem brasilianischem Kaffeepulver hergestellten Marken zu konkurrenzieren (AHN SG 11535, Schrift «Product positioning – Coffee Mixtures», 28. September 1977).

83 Durch die Tendenz zu günstigeren Kaffeeprodukten war in Frankreich das Ersatzkaffeesegment immer stärker umkämpft. Neben *Ricoré* lancierte die französische Tochtergesellschaft deshalb im September 1973 mit *Nescoré* eine weitere Zichorien-Kaffee-Mischung, die im Gegensatz zu *Ricoré* (40 Prozent Kaffee, 60 Prozent Zichorien) einen höheren Kaffeeanteil (60 Prozent Kaffee, 40 Prozent Zichorien) aufwies. *Nescoré* hatte dadurch den Vorteil, dass die Marke nicht wie *Ricoré* als Zichorien- oder Ersatzkaffee verkauft werden musste, sondern unter dem Werbespruch «Un peu de chicorée pour la santé, beaucoup de café pour le plaisir» als gesunder Alternativkaffee positioniert werden konnte (AHN SG 6600-57, Schrift «Trip Report», 14. Mai 1973, und AHN F 5.4.4, Communication Marketing Nr. 33, Juni 1975, S. 6–7).

verkaffeesegment abzusichern, während die schwache Position in Portugal durch die Einführung des Morgenkaffees *Mokambo* entscheidend verbessert werden konnte.[84]

Doch kaum waren die Auswirkungen des «Erdölschocks» abgeklungen, bahnte sich auf dem Kaffeemarkt eine neue, noch gravierendere Krise an: Am 17. und 18. Juli 1975 traf Brasilien der schlimmste Frost des Jahrhunderts, der über die Hälfte der Kaffeepflanzen im Land zerstörte. Aus der Luft beobachtet, sah das betroffene Gebiet wie verbrannt aus. Deshalb wurde das Naturereignis auch als «Schwarzer Frost» bezeichnet. Der grösste Teil der Kaffee-Ernte war in diesem Jahr zum Glück bereits eingebracht worden, wodurch sich der Kälteschock nicht unmittelbar auf das Kaffeeangebot auswirkte. Weil die Kaffeeproduktion in den vorangegangenen Jahren der Nachfrage bereits nachgehinkt war und die jungen Kaffeepflanzen vier bis fünf Jahre Zeit benötigten, bis sie wieder Früchte trugen, war ein Mangel an Rohkaffee in den folgenden Jahren jedoch vorauszusehen. Denn verstärkend zum «Schwarzen Frost» in Brasilien kam hinzu, dass in anderen Kaffee produzierenden Ländern wie Angola oder Äthiopien Krieg herrschte und lateinamerikanische Länder wie Kolumbien von Erdrutschen und Überschwemmungen heimgesucht worden waren.[85]

Mit dem Frost im Juli 1975 begann eine lang anhaltende Periode steigender Kaffeepreise: Zwischen Januar 1975 und Mai 1977 versechsfachte sich der Kaffeepreis von 55 US-Dollar auf 315 US-Dollar.[86] Spekulationen an der Börse und Vorratseinkäufe von Handel und Industrie trieben den Kaffeepreis zusätzlich nach oben. In dieser Situation war besonders der lösliche Kaffee beim Handel heiss begehrt, weil er sich wegen seiner langen Haltbarkeit als Kaffeevorrat eignete. Die steigenden Umsatzzahlen von *Nescafé* im Jahr 1976 waren ohne Zweifel auch auf Hamsterkäufe zurückzuführen, denn gleichzeitig mit den steigenden Preisen sank der weltweite Kaffeekonsum.[87]

Viele Konsumenten zeigten sich den steigenden Kaffeepreisen gegenüber kritisch und liessen sich nicht mehr von einfachen Werbe-Stereotypen und übertriebenen Kaufversprechen überreden, sondern hielten nach Gutscheinen und Sonder-

84 Mit einem Anteil von 0,3 Prozent war der portugiesische Instantkaffeemarkt aufgrund der mediterranen Röstkaffeetradition praktisch inexistent, dagegen wurde der Morgenkaffee vielfach mit Milch und Kaffee-Ersatzstoffen getrunken. Der Ersatzkaffeemarkt umfasste etwa einen Drittel des gesamten portugiesischen Kaffeemarktes. Deshalb entschied sich Nestlé 1973, in Portugal mit der Marke *Mokambo* ins Ersatzkaffeegeschäft einzusteigen, die innerhalb von fünf Jahren etwa zehn Prozent dieses Marktes für sich gewinnen konnte (AHN SG 7600-57, Auszug aus dem Dossier «Visite au Portugal des 21 et 22 mars 74», 3. April 1974 und ebenda, Notiz von B an N, 13. April 1978).

85 Pendergrast, Kaffee, S. 347–348.

86 AHN SG 11650, Brief vom Departement Ankauf an P. Liotard-Vogt, 24. Januar 1978.

87 AHN SG 6100-57, Pressedokumentation Dr. B, 29. März 1977 und AHN SG 11537, Schrift «Coffee Report – December 1977», 12. Januar 1978.

angeboten Ausschau. Ebenso versuchten einige ihren Einfluss auf die Marktpreise stärker zur Geltung zu bringen, indem sie die ihrer Ansicht nach überteuerten Produkte boykottierten.[88] In den Vereinigten Staaten bildeten sich 1977 zahlreiche Kaffee-Boykottbewegungen, um die Kaffeepreise wieder ins Lot zu bringen.[89] Von diesem preissensitiven Verhalten profitierte der tendenziell günstigere Instantkaffee auf Kosten des teureren Bohnenkaffees: Während in den Vereinigten Staaten der gesamte Kaffeemarkt zwischen Januar und April 1977 um 20 Prozent schrumpfte, nahm der Instantkaffeekonsum um zehn Prozent zu. Ähnliche Tendenzen waren ebenfalls in Frankreich, Grossbritannien oder der Schweiz festzustellen. Einzig in der Bundesrepublik Deutschland waren die Relationen gerade umgekehrt, weil dort die Preise von Instant- und Bohnenkaffee von Gesetzes wegen nicht miteinander verglichen werden durften.[90]

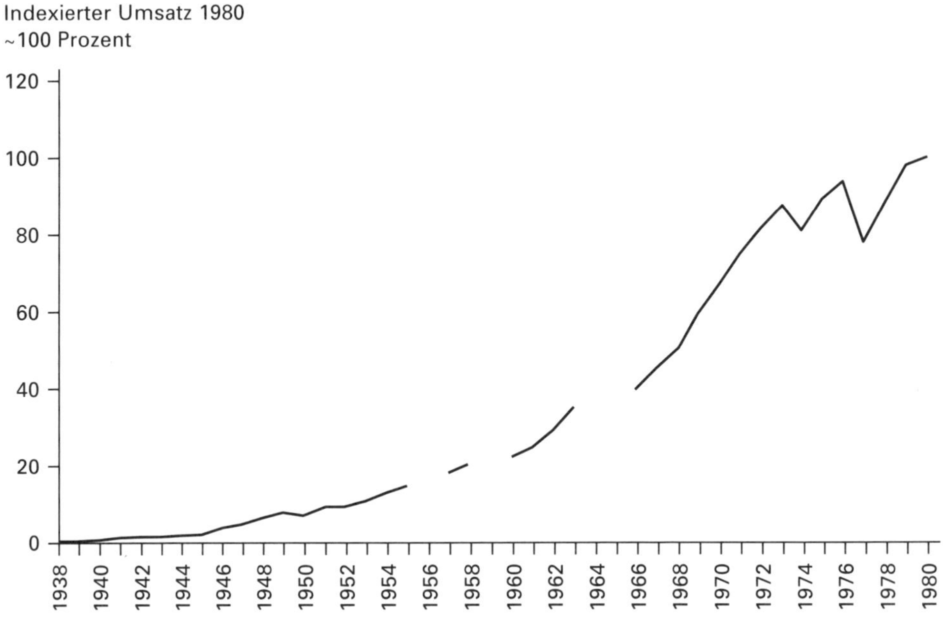

Darstellung 11: Weltweiter Umsatz von Nestlé mit Instantkaffeepulver zwischen 1938 und 1980. Nach einem relativ flachen Anstieg des Umsatzes in der Einführungsphase zwischen 1938 und Mitte der 1950er-Jahre trat *Nescafé* ab 1954 in die Wachstumsphase, wobei insbesondere die Einführung des gefriergetrockneten *Nescafé Gold* respektive *Taster's Choice* zwischen 1965 und 1973 für einen kräftigen Wachstumsschub sorgte. Ab 1973 flachten Nestlés Verkaufszahlen auf dem Gebiet des Instantkaffees ab. Gut sichtbar sind dabei die beiden Umsatzeinbrücke von 1974 und 1977.

88 AHN F 5.4.4, Communication Marketing Nr. 48, Mai 1976, S. 16.

89 Vergleiche dazu weiterführend Pendergrast, Kaffee, S. 349–351.

90 AHN SG 6100-57, Artikel aus der Zeitung «La Tribune d'Allemagne», 3. Juli 1977.

Als die Rohkaffeepreise im Mai 1977 jedoch zu sinken begannen, brachte der Handel seine gehorteten Kaffeevorräte – die nun an Wert verloren – auf den Markt. Statt frischen Instantkaffee zu beziehen, betrieben die Warenhäuser Lagerabbau. Durch diesen Bezugsstopp brachen die Verkaufszahlen von *Nescafé* mit zeitlicher Verzögerung zum eigentlichen Frostereignis in den Jahren 1977 und 1978 massiv ein: Die Umsatzeinbusse in diesem Zeitraum betrug fast 20 Prozent. Besonders stark fielen die Verluste in Japan, Grossbritannien, Spanien und der Bundesrepublik Deutschland aus,[91] wo der ökonomisch orientierte Kunde während der Preishausse zu günstigeren Eigenmarken griff oder sich billigeren Alternativen wie Tee oder Zichorienkaffee zuwandte.[92]

Die Rückkehr der Surrogate und der Durchbruch von *Nescafé* in Lateinamerika

In Ländern wie Australien, Frankreich oder Südafrika, wo Nestlé über Zweitmarken oder Zichorien-Kaffee-Mischungen verfügte, wies das Unternehmen einen deutlich abgeschwächten Umsatzrückgang auf,[93] weil die Nachfrage nach diesen Produkten zwischen 1975 und 1978 stark zunahm. Die Nachfrage nach Nestlés preiswerten Zichorien-Kaffee-Mischungen verdoppelte sich sogar,[94] wodurch beispielsweise *Ricoré* in Frankreich wieder stärker beworben und mit damaligen Gesellschaftsidealen wie der Rückkehr zu einem natürlichen Leben, Ökologie, Einfachheit und Echtheit verbunden werden konnte.[95] Dadurch gewann der Zichorienkaffee den Ruf eines milden, natürlichen und leichten Kaffees, der aufgrund seines geringeren Koffeingehalts insbesondere bei der jungen, sport- und freizeitorientierten Generation Zuspruch erhielt.[96]

Obwohl sich die starke Nachfrage nach Zichorien- und anderen Surrogat-Mischungen letztlich als Strohfeuer erwies, das rasch wieder nachliess, nachdem der reine Instantkaffee 1978 wieder günstiger geworden war,[97] vermochten die Zichorien-Kaffee-Mischungen das katastrophale Ergebnis von *Nescafé* 1977 zu glätten, sodass Nestlé letztlich im Instantkaffeesegment nur eine Absatzeinbusse von 14 Prozent aufwies. Ebenso schlug der Umsatzrückgang in der finanziellen Buchhaltung nicht vollumfäng-

91 AHN SG 11537, Schrift «Coffee Report – December 1977», 12. Januar 1978.
92 AHN SG 11535, Schrift «1977–78 the coffee price challenge», 10. März 1977.
93 AHN SG 11537, Schrift «Coffee Report – December 1977», 12. Januar 1978.
94 AHN SG 11535, Brief von B an G, 10. Mai 1978.
95 AHN F 5.4.4, Communication Marketing Nr. 15/80, September 1980, S. 9–10.
96 AHN SG 11535, Instant Coffee Mixtures 1987 Fact Book, 1. Juli 1987.
97 AHN SG 11537, Schrift «Coffee Report Year End 1980», 21. Januar 1981.

lich durch, da Nestlé seine Rohkaffeevorräte noch rechtzeitig vor dem Preiszerfall zu sehr lukrativen Konditionen verkaufen konnte. Trotzdem konnte der krisenbedingte Aufschwung der Kaffeemischungen nicht verhindern, dass Nestlés Nettogewinne aus dem Instantkaffeegeschäft 1977 um empfindliche 13 Prozent sanken.[98]

Die Preisturbulenzen in den 1970er-Jahren schmälerten aber nicht nur Nestlés Umsätze und Gewinne. In lateinamerikanischen Ländern wie Brasilien[99] oder Mexiko sind sie sogar als Grundlage für den späteren Aufschwung des Instantkaffees zu sehen. Die beiden Kaffee produzierenden Länder profitierten zwar einerseits von den steigenden Kaffeepreisen,[100] andererseits trafen diese neben den Kaffeekonsumenten in den Industrieländern aber auch die einheimische, Kaffee trinkende Bevölkerung, die zudem von einer starken Inflation heimgesucht wurde,[101] was die dortigen Kaffeekonsumgewohnheiten nachhaltig veränderte:

Weil in Mexiko traditionell vor allem Zuckerkaffee («Café Torrado») getrunken wurde,[102] war Nestlé daran interessiert, dort ihren gezuckerten Löslichkaffee unter der Marke *Dolca* einzuführen.[103] Als Mitte der 1970er-Jahre die Kaffeepreise plötzlich massiv anstiegen, wurde *Dolca* zu einer sehr kostengünstigen Alternative zum gezuckerten Bohnenkaffee. Immer mehr Mexikaner erkannten dadurch die Ähnlichkeit zwischen Röst- und Instantkaffee und begannen von Bohnen- zu Instantkaffee zu wechseln.[104] Zwar blieb *Nescafé* 1977 auch in Lateinamerika von einem starken Umsatzrückgang nicht verschont,[105] in den darauffolgenden Jahren nahm die Nachfrage nach Instantkaffee in Mexiko jedoch stark zu, während diejenige nach Bohnenkaffee sank.[106] Bereits 1980 war jede vierte Tasse Kaffee, die in Mexiko getrunken wurde, entweder *Dolca* oder *Nescafé*.[107]

98 AHN SG 11650, Brief von M an G, 1. April 1977, und AHN SG 11537, Schrift «Coffee Report – December 1977», 12. Januar 1978.

99 In den 1970er-Jahren stieg der Anteil des löslichen Kaffees am gesamten Kaffeekonsum in Brasilien von zwei auf zehn Prozent an. Damit wurde das Kaffee produzierende Land zu einem bedeutenden Absatzmarkt von *Nescafé* (AHN SG 400-57, Notiz vom Departement Instantgetränke an P, 21. Oktober 1981).

100 Jahresbericht Nestlé 1977, S. 8.

101 AHN SG 11544, Conférence Nescafé, 9./10. Dezember 1976.

102 1966 hatte der Zuckerkaffee in Mexiko einen Anteil von zwei Dritteln am gesamten Kaffeemarkt, Instantkaffee (21 Prozent) und reiner Bohnenkaffee (13 Prozent) wurden dagegen weit weniger getrunken (AHN SG 1700-57, Notiz von J an P, 24. August 1966).

103 Aufgrund von widersprüchlichen Quellenaussagen lässt sich nicht mehr zweifelsfrei rekonstruieren, ob *Dolca* bereits 1969 oder erst 1977 in Mexiko eingeführt wurde (vergleiche dazu AHN SG 1700-57, Brief von P an P, 13. Februar 1969, und AHN SG 11537, Schrift «Coffee Report – December 1977», 12. Januar 1978).

104 Wegen des höheren Extraktionsgrades war der gezuckerte Instantkaffee billiger als der gezuckerte Bohnenkaffee (SBU CD Coffee Marketing Seminar 2001, Power-Point-Präsentation «Market Success Case Mexico», 2001).

105 Die Verkaufszahlen von *Nescafé* brachen 1977 in Mexiko um 28 Prozent ein, in Argentinien um 23 Prozent, in Chile um 18 Prozent und in Brasilien um elf Prozent (AHN SG 11537, Schrift «Coffee Report – December 1977», 12. Januar 1978).

106 Vergleiche dazu die Statistiken in SBU, World of Coffee, 1978–1983.

107 AHN SG 1700-57, Brief von B an P, 11. Dezember 1980.

Diese Tendenz verstärkte sich ab 1981 mit der grassierenden Inflation nochmals dramatisch. Sowohl die Rohkaffeepreise als auch die Lebenskosten stiegen markant an. Gleichzeitig erhöhte Nestlé die Produktionskapazitäten in der lokalen Instantkaffeefabrik in Toluca, worauf der Preis von *Nescafé* aufgrund der steigenden Skalenerträge im Vergleich zu Bohnenkaffee nochmals bedeutend sank und *Nescafé* einen sensationellen Popularitätsschub verlieh: Innerhalb eines Jahres nahm der Umsatz nochmals um einen Drittel zu.[108] Mitte der 1980er-Jahre hatte sich die Marke in Mexiko als klarer Marktführer etabliert:« [...] no brand being strong enough to shake *Nescafé*'s position»,[109] hielt Nestlé 1985 stolz fest.

Nestlé und *Nescafé* geraten in die öffentliche Kritik

Glaubte man während des Wirtschaftsaufschwungs in den 1950er- und 1960er-Jahren, dass die Entwicklungsländer – ähnlich der Entwicklung in Europa oder Japan – durch die Übernahme technischer, wissenschaftlicher, sozialer und zivilisatorischer Errungenschaften des Westes ihre Rückständigkeit aufholen und sich auf diesem Weg zu «modernen Industriegesellschaften im Zeitalter des Massenkonsums amerikanischen Zuschnitts»[110] entwickeln würden, kamen Ende der 1960er-Jahre gegen diese «Modernisierungsthese» Einwände auf. Auf dem Gebiet der Entwicklungshilfe stellte die kritische Bilanz des «Pearson-Berichts» 1969 den Auftakt zu einer neuen Phase der entwicklungstheoretischen Diskussion dar, in deren Zentrum die Ansicht stand, dass die Entwicklung der modernen Gesellschaften zumindest teilweise auf der Ausplünderung der traditionellen Gesellschaften beruhe. Die Anhänger dieser «Dependenztheorie», die vor allem von linken und ethisch-religiös geprägten Gruppierungen aus Hochschul- und Kirchenkreisen getragen wurde, betrachteten die Unterentwicklung in den Ländern des Südens nicht mehr als Mangel an technischen Möglichkeiten, sondern als Folge ihrer Integration in den Weltmarkt: Das Elend in den Entwicklungsländern wurde neu als Produkt ungerechter Wirtschaftsbeziehungen und neokolonialistischer Bevormundung durch die Industriestaaten verstanden.[111] Auch multinationale Unternehmen wie Nestlé

108 AHN SG 11537, Schrift «Coffee report Year End 1981», 22. Januar 1982, und AHN SG 1700-57, Schrift «Control de precios cafe soluble», 10. Juni 1983.

109 AHN F 5.4.4, Communication Marketing Nr. 7/85, Mai 1985, S. 2.

110 Schär, Wie entwickeln wir die Dritte Welt?, S. 99.

111 Ebenda, S. 99–105.

gerieten in diesem Zusammenhang immer mehr in Kritik, Teil dieses ausbeuterischen Systems zu sein.[112]

1973 riefen britische Universitätsstudenten zu einem Boykott gegen *Nescafé* auf, weil dieser teilweise aus angolanischen Kaffeebohnen hergestellt wurde. Die politisch motivierte Gruppe versuchte damit gegen die Unterdrückung der angolanischen Bevölkerung durch die portugiesische Kolonialmacht zu protestieren und auf multinationale Kaffeeunternehmen wie Nestlé, die mit diesem Land Handel trieben, Druck auszuüben. Obwohl sich der Boykottaufruf schliesslich als Farce erwies, weil sich herausstellte, dass nur ein sehr geringer Anteil der Kaffeebohnen im *Nescafé* angolanischer Provenienz waren,[113] zeigt das Beispiel, dass multinationale Unternehmen wie Nestlé und ihre weltweiten Aktivitäten durch diesen Paradigmenwechsel immer mehr ins Visier politisch motivierter Gruppen gerieten.

Nur ein Jahr später brachte der Report «The baby killer» der britischen Aktionsgruppe «War on Want» über Mangelernährung bei Säuglingen und deren deutsche Übersetzung der Berner «Aktionsgruppe Dritte Welt» unter dem Titel «Nestlé tötet Babys» das Unternehmen aus Vevey mit fragwürdigen Vermarktungsmethoden von Kindernahrungsmitteln in Entwicklungsländern in Verbindung.[114] Die Broschüre richtete sich – abgesehen vom Titel – nicht primär gegen Nestlé, sondern kritisierte allgemein den blinden Fortschrittsglauben der Ärzte und der staatlichen Entwicklungshilfe, mit grosszügigen Trockenmilchspenden humanitäre Hilfe leisten zu wollen: «Die praktischen Nahrungsmittelkonzentrate, von Entwicklungshilfe-Ärzten empfohlen, aus Entwicklungshilfe-Spenden verteilt und von der westlichen Nahrungsmittelindustrie in weltweiten Werbeanstrengungen propagiert, verfehlt nicht ihre Wirkung auf die stillenden Mütter von Nigeria bis Chile; hatten sie früher ihre Kinder oft länger als ein Jahr gestillt, so änderte sich diese Gewohnheit innerhalb der letzten zwei Jahrzehnte entscheidend. [...] Die Folgen dieser Umstellung sind Mangelkrankheiten, Infektionen und eine hohe Säuglingssterblichkeit [...]»,[115] stellte der Bericht die bisherige Entwicklungshilfe der Industrieländer grundsätzlich in Frage. Dabei wurden laut der «Aktionsgruppe Dritte Welt» drei wichtige Punkte

112 Ausdruck dieses Unbehagens gegenüber multinationalen Konzernen wie Nestlé in den 1970er-Jahren und zu Beginn der 1980er-Jahre war beispielsweise das Buch «L'Empire Nestlé» von George Harrisson. Seiner Ansicht nach übte Nestlé eine immer stärkere Kontrolle über die Verarbeitung und Vermarktung von Lebensmitteln in den Entwicklungsländern Lateinamerikas aus, die zu einer zunehmenden Abhängigkeit der dortigen Einwohner von den Industriestaaten und ihren Grosskonzernen – namentlich Nestlé – führten (Harrisson, L'Empire Nestlé, S. 113–115).

113 AHN SG 11535, Artikel aus der Zeitung «Sunday People», 9. März 1973.

114 Schwarz, Macht durch Nahrung, S. 76.

115 Schweizerische Arbeitsgruppe für Entwicklungspolitik, Nestlé tötet Babys, S. 4.

übersehen: Erstens, dass die Flaschenmilch im Gegensatz zur Muttermilch keine Antikörper enthält und die Säuglinge dadurch vor Krankheiten weniger gut geschützt waren. Zweitens, dass bei der Herstellung von Flaschennahrung ein Mindestmass an Hygiene unerlässlich ist, welches damals in Entwicklungsländern oft nicht zu erreichen war. Und drittens, dass die Kindernahrung teuer sei und gewisse Mütter dazu verleite, die Kindermilch zu strecken.[116] Die Studie wandte sich damit gegen die Tendenz, dass sowohl in den Industrie- als auch den Entwicklungsländern mit der Berufstätigkeit von Müttern das «natürliche» Stillen durch künstliche Säuglingsnahrung ersetzt wurde.[117] Als Einflussfaktor für diese Entwicklung machte sie unter anderem die intensiven Werbekampagnen von Lebensmittelkonzernen wie Nestlé verantwortlich.[118]

In der Folge wurde aus dem entwicklungstheoretischen Diskurs ein Machtkampf, weil sich Nestlé durch diese Broschüre – insbesondere den Titel «Nestlé tötet Babys» – verleumdet sah und sich juristisch zur Wehr setzte. Obwohl das Unternehmen 1976 den Gerichtsprozess gegen die «Aktionsgruppe Dritte Welt» schliesslich gewann, blieb der Druck auf den Lebensmittelkonzern weiterhin aufrecht: 1977 rief die gegen künstliche Kindernahrung eintretende Organisation Infact zu einem internationalen Boykott von Nestlé-Produkten auf,[119] der auch zu zahlreichen Strafaktionen gegen *Nescafé* führte.[120]

Derweil berichtete die Zeitung «New York Times» darüber, dass in den Vereinigten Staaten jährlich 200 Millionen US-Dollar für ugandischen Kaffee ausgegeben und damit indirekt die Schreckensherrschaft des dortigen Machthabers Idi Amin unterstützt wurde. Besorgte Aktivisten versuchten daraufhin, einen Boykott von Kaffeeimporten aus Uganda zu erzwingen.[121] Im November 1977 wurde Nestlé in den Vereinigten Staaten von der National Coffee Association aufgefordert, aufgrund der gravierenden Menschenrechtsverletzungen des Amin-Regimes keine Kaffeebohnen mehr aus Uganda zu beziehen. Wie andere Kaffeeunternehmen war Nestlé jedoch nicht bereit, auf ugandische Robusta-Bohnen zu verzichten, weil dies den Preis von *Nescafé* zusätzlich erhöht hätte. Das Schweizer Unternehmen argumentierte, dass ein internationaler Kaffeeboykott nicht in erster Linie das Regime, sondern die Kaffee produzierenden Kleinbauern getroffen

116 Ebenda, S. 4.
117 Vergleiche dazu weiterführend Kalt, Nestlé tötet Babys!, S. 184.
118 Schweizerische Arbeitsgruppe für Entwicklungspolitik, Nestlé tötet Babys, S. 4 und 10.
119 Vergleiche dazu weiterführend Heer, 125 Jahre Nestlé, S. 446–450, und Kalt, Nestlé tötet Babys!, S. 188.
120 Weil Nestlé in den Vereinigten Staaten im Kindernahrungsmittel-Sektor nicht stark vertreten war, riefen Aktionsgemeinschaften 1983 zu einem Boykott von *Nescafé* auf (SWA H+I Ba 214, Artikel aus der Zeitung «Tages-Anzeiger», 3. März 1983).
121 Pendergrast, Kaffee, S. 357–358.

hätte.[122] «[...] where must we go if we begin to judge the political regime in every country in which we are operating? This is not our job. We can do business, but must refrain from any interference in a host country»,[123] begründete Nestlé-Verwaltungsratspräsident Pierre Liotard-Vogt 1980 die Haltung des Unternehmens in der Frage, ob ein multinationaler Konzern auch in Ländern tätig sein dürfe, die Menschenrechte mit Füssen treten. In einer gemeinsamen Erklärung mit General Foods und Procter & Gamble schrieb Nestlé zwar, dass die Kaffeeindustrie die Massaker in Uganda als abscheulich und moralisch verwerflich betrachten würde, aber angesichts der hohen Kaffeepreise auf die ugandischen Bohnen angewiesen sei. Diese Einstellung der grossen Kaffeefirmen wurde stark kritisiert: «Für mich sind diejenigen amerikanischen Geschäftsleute, die weiterhin mit Idi Amin Handel treiben möchten, Kaufleute des Todes, die sich mehr um ihren Kontostand als um menschliches Elend scheren»,[124] meinte ein Exil-Ugander dazu.

Der steigende Unmut in der Bevölkerung gegen multinationale Unternehmen und ihre Geschäftspraktiken war vermutlich mit ein Grund, dass der Umsatz von Nestlés Milchprodukten und Kindernahrung in der zweiten Hälfte der 1970er-Jahre zum Teil rückläufig war. Aber auch die Absatzzahlen von Nestlés Instantgetränken dürften – neben den hohen Kaffeepreisen – durch diese Ereignisse negativ beeinflusst worden sein.[125]

122 AHN SG 11650, Brief vom Manager Consumer Affairs an Dr. F, 27. Januar 1978.
123 Interview mit Pierre Liotard-Vogt, zitiert im Magazin «Advertising Age», 30. Juni 1980, S. 34.
124 Stimme eines Exil-Uganders, zitiert nach Pendergrast, Kaffee, S. 359.
125 Vergleiche dazu Rapport au Conseil d'Administration, 439. Séance, Traktandum 3, 7. September 1978.

Nescafé wird neu lanciert – die Reorganisation von Marke und Unternehmen

Emotionale statt technische Vermarktung

Angesichts der Rezession, der Erdölkrise und der zunehmenden Währungsprobleme für multinationale Unternehmen traf sich die Nestlé-Direktion 1975 in Merligen, um die zuküftige Entwicklung des Unternehmens zu besprechen.[126] Wie den Arbeitspapieren dieser «Beatus-I-Gespräche» zu entnehmen ist, versuchte Nestlé damals die Qualitätslücke zwischen Bohnenkaffee und *Nescafé* weiter zu verkleinern, indem neue Möglichkeiten wie der Eintritt ins Geschäft mit «Ready-to-Drink»-Getränken, aromatisierten Kaffeesorten und den Kaffeemaschinen-Markt geprüft wurden. Als kurzfristige Massnahmen sollten vorerst der gefriergetrocknete *Nescafé Gold* und der sprühgetrocknete *Nescafé* neu lanciert werden,[127] um damit auf den Umsatzeinbruch der beiden Hauptprodukte während der Erdölkrise zu reagieren.[128]

Mit der Werbebotschaft «Die Menschen arbeiten für den Fortschritt, überall. Den Fortschritt in die Welt des *Nescafés* bringt der neue *Nescafé Gold,* im neuen quadratischen Glas, mit dem neuen Nestlé Filter-Frioverfahren, mit neuem Aroma, mit neuem Geschmack. Erleben was der Fortschritt bringt! *Nescafé* – der Kaffee, den die Welt trinkt!»,[129] lancierte Nestlé 1976 *Nescafé Gold* in neuem Erscheinungsbild.[130] Das Produkt wurde in dieser Kampagne als zeitgemässe Art des Kaffeetrinkens in modernen Situationen wie zum Beispiel nach einem Kinobesuch oder bei informellen Treffen unter jungen Menschen gezeigt. Damit versuchte Nestlé einerseits die soziale Akzeptanz des gefriergetrockneten Instantkaffees zu stärken und andererseits jüngere Konsumentengruppen anzusprechen. Um der Marke einen emotional ansprechenderen Charakter zu verleihen, wurde die Etikette ausserdem nach dem Vorbild von *Taster's Choice* mit einem zufriedenen Kaffeetrinker versehen.[131] Auf diese Weise sollte die Qualitätsdiffe-

126 AHN SG 11601-K-6, Schrift «Zusammenkunft der Direktion – Beatus II in Merligen», 19.–21. Juni 1979.

127 AHN SG 11601-K-6, Arbeitspapier der Generaldirektion «Réflexion sur l'avenir de Nestlé Beatus I», 22. Dezember 1975.

128 AHN SG 11538, Schrift «Agency-Briefing Project Hamburg», 14. Mai 1976.

129 AHN K 15 Werbesammlung Deutschland 1976, Werbefilm-Drehbuch zur Neulancierung von Nescafé Gold, 1976.

130 AHN SG 11538, Schrift «Agency-Briefing Project Hamburg», 14. Mai 1976.

131 AHN SG 11544, Europäische Nescafé-Konferenz, 6. Februar 1975, und ebenda, Nescafé-Konferenz in Vevey, 18. Juli 1975.

Abbildung 23: Fortschritts- und technikorientierte Werbung für *Nescafé Gold* zu Beginn der 1970er-Jahre. Das Gefriertrocknungsverfahren wurde dabei explizit erklärt.

renz zwischen Löslich- und Bohnenkaffee in den Köpfen der europäischen Verbraucher weiter verringert und *Nescafé Gold* endgültig im Bereich der gehobenen Kaffeekultur angesiedelt werden.[132]

Trotzdem blieben entscheidende Unterschiede in der Wahrnehmung von Instant- und Röstkaffee bestehen: Während der Bohnenkaffee mit sinnlichen Merkmalen wie dem Anblick einer dampfenden Kaffeekanne auf dem Herd, dem bezaubernden Duft des Kaffeearomas oder dem von Hand vorgenommenen Zubereitungsritual in Verbindung gebracht wurde, hatte der Instantkaffee etwas Prosaisches, das den «American way of life» repräsentierte. Sein Gebrauch beruhte auf rationalen Begründungen wie der einfachen und bequemen Zubereitung.[133] Löslichkaffee wurde daher funktional für den schnellen Genuss des täglichen Kaffees verwendet. Für entspannte Momente mit Freunden oder bei Besuch genoss der Bohnenkaffee dagegen klar den Vorrang.[134] Schon aus Prestigegründen wäre es unschicklich gewesen, seinen Gästen oder Freunden eine unpersönliche Tasse Löslichkaffee anzubieten, die man nicht selber sorgfältig zubereitet hatte. Das Angebot wäre als unfehlbares Zeichen wahrgenommen worden, dass sich der Gastgeber für seine Besucher nicht die Mühe nahm, einen «richtigen» Kaffee aufzutischen.[135] Die moderne, einfache Zubereitungsart des Instantkaffees war daher sehr wohl für den Eigengebrauch beliebt. Sie entsprach jedoch nicht den Traditionen und Gepflogenheiten, die in der kontinentaleuropäischen Kaffeekultur als verdienstvoll angesehen wurden.[136]

Zudem hatten viele Europäer eine skeptische oder gar negative Haltung gegenüber dem Löslichkaffee, weil sie nicht wussten, wie er hergestellt wurde. Viele glaubten, er bestehe aus schlechten Bohnen oder die Bohnen würden mit chemischen Substanzen behandelt, um den Kaffeegeschmack herauszulösen.[137] Aus diesen tiefgründigen Vorurteilen heraus folgerten zahlreiche Konsumenten, dass Instantkaffee ein technisches, unnatürliches Produkt sei.[138] «[...] ignorance and prejudice are at the very heart of the psychological resistence to soluble coffee in large parts of Europe»,[139] schrieb Nestlé im November 1976, ein halbes Jahr nach der Neulancierung von *Nescafé Gold*.

132 AHN SG 11538, Notiz «Nescafé Gold Advertising», 15. November 1976.

133 AHN F 5.3.1, 4, Communication Marketing Nr. 5, Mai 1965, S. 17 und AHN SG 11544, Schrift «Coffee study Europe», 24. Juli 1975.

134 AHN SG 11538, Schrift «Look at Nescafé Advertising», August 1976.

135 AHN SG 11544, Schrift «Coffee study Europe», 24. Juli 1975.

136 AHN F 5.3.1, 7, Communication Marketing Nr. 3/69, 1969, S. 24.

137 AHN SG 11538, Notiz «Nescafé Gold Advertising», 15. November 1976.

138 AHN SG 11674, Nescafé Marketing Guidelines, 1982.

139 AHN SG 11538, Notiz «Nescafé Gold Advertising», 15. November 1976.

Abbildung 24: Emotionale Werbung für *Nescafé* in der Bundesrepublik Deutschland Ende der 1980er-Jahre. In der Werbekampagne «*Nescafé* – ich bin so frei» verknüpfte Nestlé die schnelle und einfache Zubereitung von *Nescafé* geschickt mit dem damals noch unkonventionellen Lebensgefühl der emanzipierten Frau, indem diese ihr eigenständiges Leben mit modernem Instantkaffee geniesst, anstatt traditionellen Rollenbildern zu folgen und althergebrachten Bohnenkaffee zu trinken.

Darüber hinaus verlor das moderne Versprechen, den Kaffeekonsum dank technischen Errungenschaften zu erleichtern, mit der fortschritts- und konsumkritischeren Einstellung der Gesellschaft in den 1970er-Jahren seine bisherige Anziehungskraft.[140] *Nescafé* musste deshalb grundlegend neu vermarktet werden: Anstelle der modernen, technikorientierten Sprache mit Ausdrücken wie «Filter-Frio-Verfahren» und rationalen Argumenten, die in den 1960er-Jahren das Publikum bei der Einführung von *Nescafé Gold* noch fasziniert hatten, sollten nun die hohe Qualität der Bohnen sowie die grosse Auswahl (Standard, Mild, Espresso und Koffeinfrei) betont werden.[141]

Dabei reichte es nicht, *Nescafé* mit Sprüchen wie «*Nescafé* ist der beste Instantkaffee» oder «*Nescafé* wird idealerweise bei Besuch serviert» zu bewerben – die erste Aussage war längstens bekannt, und die zweite entsprach schlicht nicht der sozialen Wirklichkeit. Im Gegenteil, *Nescafé* mit Partysituationen zu bewerben, erwies sich als kontraproduktiv, weil das Publikum solchen Bildern keinen Glauben schenkte. *Nescafé* musste anders – emotionaler – vermarktet werden: Gute Beispiele dafür waren die japanische Kampagne «Cities of the World», welche *Nescafé* als internationales, modernes und kulturverbindendes Getränk darstellte, oder die Kampagne «Buenos Momentos» in Spanien, in welcher Spanier und Spanierinnen erzählten, wie sie dank *Nescafé* gute Momente erlebten oder in guten Momenten des Lebens *Nescafé* konsumierten. Instantkaffee war ein Alltagsgetränk, also musste es auch mit alltäglichen Situationen beworben werden. Bei dieser neuen Vermarktung sollte der Löslichkaffee nicht mehr eine bequeme Verlegenheitslösung sein, sondern mit emotionalen Elementen ergänzt werden: «If we want to improve the overall acceptability of instant coffee, we have to pump new life, new attributes to our brand. [...] We have to develop themes susceptible to be used for years with continuity, bringing a little bit of dream to people.»[142]

Besonders in der Bundesrepublik Deutschland war Nestlé bemüht, die Marke *Nescafé* mit mehr emotionalen Werten zu verbinden.[143] Mit Werbesprüchen wie «Komm Kaffee trinken mit *Nescafé*» oder «*Nescafé* ich mag dich» stellte die deutsche Tochtergesellschaft 1978 die zwischenmenschliche Ebene des gemeinsamen Kaffeetrinkens ins Zentrum der Vermarktung, während in Grossbritannien prominente Schauspieler wie Gareth Hunt

140 Vergleiche dazu Kleinschmidt, Konsumgesellschaft, S. 156–160.

141 AHN SG 11538, Notiz «Nescafé Gold Advertising», 15. November 1976 und AHN SG 11535, Notiz von Nestlé Deutschland an P. Brabeck, 18. Januar 1993.

142 AHN SG 11538, Schrift «Look at Nescafé Advertising», August 1976.

143 AHN SG 6100-57, Zusammenfassung einer Reise nach Frankfurt, 13. und 14. Oktober 1977.

als *Nescafé*-Botschafter auftraten.[144] Damit wurden in den späten 1970er-Jahren Ansätze eines Wechsels von einer technikorientierten zu einer gefühlsbetonteren Vermarktung von *Nescafé* sichtbar.

Von der Stagnation der Instantgetränke zur Reorganisation des Unternehmens

Vier Jahre nach den «Beatus-I-Gesprächen» fand im Juni 1979 wiederum eine Zusammenkunft der Nestlé-Direktion in der Abgeschiedenheit von Merligen statt, um die beim ersten Treffen gefassten Leitstrategien weiterzuführen und auf aktuelle Herausforderungen eine Antwort zu finden,[145] denn in der zweiten Hälfte der 1970er-Jahre hatte sich Nestlés Unternehmenswachstum merklich verlangsamt.[146] Zu den Ursachen dafür zählten neben dem starken Schweizer Franken und der Inflation in Lateinamerika vor allem die abnehmende Nachfrage nach Kondensmilch und Kindernahrung im Zusammenhang mit der Kontroverse zur Vermarktung von Kindernahrungsmitteln in Entwicklungsländern sowie die Auswirkungen der steigenden Rohstoffpreise im Kaffee- und Schokoladesektor.[147] Auch *Nestea* hatte in den Vereinigten Staaten verstärkt gegen Billigmarken zu kämpfen und schrieb zu Beginn der 1980er-Jahre wieder Verluste,[148] während die Verkaufszahlen von *Nesquik* in Europa stagnierten und in Nordamerika sogar rückläufig waren,[149] weil dort der Milchkonsum abnahm und der Zucker – der ein wesentlicher Bestandteil von *Nestlé's Quik* war – als ungesundes Lebensmittel in Verruf geriet.[150] Dagegen vermochte sich *Nescao* in Lateinamerika unter dem Werbeslogan «Energia que da gosto» hervorragend zu entfalten.[151] Die unterschiedliche Entwicklung von Nestlés Kakaogetränkemarken[152]

144 Vergleiche dazu AHN K 15 Werbesammlung Grossbritannien 1979, Werbung «Gareth Hunt talks about Nescafé», 1979, und AHN SG 11535, Notiz von Nestlé Deutschland an P. Brabeck, 18. Januar 1993.

145 AHN SG 11601-K-6, Schrift «Zusammenkunft der Direktion – Beatus II in Merligen», 19.–21. Juni 1979.

146 Heer, 125 Jahre Nestlé, S. 529.

147 Die Kakaopreise stiegen zwar nicht in demselben Masse wie die Kaffeepreise an, aber auch sie hatten sich zwischen 1976 und 1977 rund verdoppelt (AHN SG 11650, Schrift «Cacao bourse de New York» [ohne Datum] und AHN Rapport au Conseil d'Administration, 439. Séance, Traktandum 3, 7. September 1978).

148 AHN SG 1100-62, Auszug aus der Notiz «Visite à White Plains les 26 et 27 octobre 1978», 15. November 1978, und ebenda, Brief vom Departement Instantgetränke an P, 30. Januar 1984.

149 Jahresbericht Nestlé 1978, S. 16.

150 AHN SG 1100-57, Schrift «USA Plan Produits Boissons», 23. Januar 1980.

151 AHN SG 400-57, Brief vom Departement Instantgetränke an P, 5. Juni 1979, und AHN SG 400-57, Brief vom Departement Instantgetränke an P, 21. Oktober 1981.

152 Während der Anteil von *Nestlé's Quik* bzw. *Nesquik* am Gesamtumsatz von Nestlés Kakaogetränken zwischen 1973 und 1976 von 65 Prozent auf 56 Prozent sank, nahm derjenige von *Nescao* von sieben Prozent auf zwölf Prozent zu, und auch die in Asien vertretenen Marken *Milo* und *Nestomalt* konnten einen leichten Bedeutungszuwachs verzeichnen (AHN SG 11544, Konferenz Nescafé, 9.–10. Dezember 1976).

spiegelt dabei eine allgemeine Tendenz wieder: Während in den Industrieländern Europas und Nordamerikas eine zunehmende Sättigung bei den traditionellen Lebensmitteln zu beobachten war, konnte Nestlé in den Entwicklungsländern – insbesondere Lateinamerika – neue Kunden gewinnen, wobei dieses Wachstum mit grossen Risiken und Unsicherheiten verbunden war.[153]

In den Industrieländern hatten Nestlés Milchprodukte, Schokolade und Instantgetränke die Reifephase erreicht, einzig die fertig zubereiteten Instantgerichte, welche der Hausfrau das Kochen erleichterten, wurden weiterhin rege nachgefragt: Mit der gesellschaftlichen Liberalisierung begannen zahlreiche Frauen in den 1970er-Jahren berufstätig zu werden. Dabei handelte es sich oft um verheiratete Frauen und Mütter, die nicht aus ökonomischer Notwendigkeit arbeiten gingen, sondern sich durch die bezahlte Arbeit eine gewisse Unabhängigkeit gegenüber ihrem Ehemann sichern wollten. «Diese neue Kategorie von Frauen hat mit dem traditionellen ‹Heimchen am Herd› nichts mehr gemein. In der Regel ist die verheiratete berufstätige Frau besser ausgebildet und hat länger an höheren Schulen studiert als ihre Kollegin, die zu Hause bleibt. [...] Die aktive Frau sieht ihren Beruf als Mittel zur Durchsetzung ihrer Persönlichkeit und Eigenständigkeit»,[154] charakterisierte Nestlé 1978 diese neuen Kundinnen, die weniger Zeit zum Kochen hatten als die klassische Hausfrau, dafür über mehr Geld verfügten und deshalb gerne auf schnell zubereiteten «Convenience Food» zurückgriffen.[155] Sie war bereit, sich den Luxus vorgefertigter Nahrung zu leisten, und sorgte dafür, dass die Fertignahrung innerhalb der Nestlé-Gruppe immer bedeutender wurde:[156] 1971 lancierte Nestlé die Linie *Maggi Quick Lunch,* und 1974 kamen die ersten *Maggi-Fix*-Gerichte auf den Markt, die in kurzer Zeit und ohne grosse Kochkünste zubereitet werden konnten. Mit den *Maggi 5-Minuten Terrinen* führte Nestlé Ende der 1970er-Jahre erste Instantmahlzeiten in Plastikbechern ein, während das Unternehmen italienische Spezialitäten wie Lasagne, Cannelloni oder Pizza in tiefgekühlter Form unter der Marke *Findus* verkaufte.[157] Zudem wurde die Sparte durch die Übernahme

153 Nestlés Direktinvestitionen flossen Ende der 1970er-Jahre vor allem nach Mexiko und Brasilien, während das Schweizer Unternehmen auf Industrieanlagen in Afrika, Zentralamerika oder Afghanistan verzichtete und diese Märkte nur via Export belieferte, da die politischen Unsicherheiten für lokale Produktionsstätten als zu gross erachtet wurden (AHN SG 11601-K-6, Schrift «Zusammenkunft der Direktion – Beatus II in Merligen», 19.–21. Juni 1979).

154 AHN F 5.4.4, Communication Marketing Nr. 6/78, Februar 1978, S. 2.

155 Ebenda, S. 1–3.

156 Zwischen 1972 und 1979 nahm der Anteil der Fertignahrung im Vergleich zu anderen Nestlé-Produkten von 19 Prozent auf 25 Prozent zu (AHN Rapport au Conseil d'Administration, 413. Séance, Traktandum 10, 5. Juli 1973, und Jahresbericht Nestlé 1980, S. 17).

157 Becker/Hölper, Magginalien, S. 31, und Jahresbericht Nestlé 1980, S. 28–31, sowie AHN K 15 Werbesammlung Schweiz 1971, Werbung «Maggi Quick Lunch», 1971.

der Stouffer Corporation (1973) auch in den Vereinigten Staaten ausgebaut[158] und die Bouillons und Suppen unter den Marken *Maggi* und *Crosse & Blackwell* vermehrt auch in den Ländern des Südens verkauft.[159] Besonders erfolgreich war Nestlé mit *Maggi 2-Minute Noodles* in Asien, die 1972 in Malaysia lanciert worden waren.[160]

Trotzdem konnte der Aufschwung mit Fertignahrungsmitteln nicht darüber hinwegtäuschen, dass Nestlé Ende der 1970er-Jahre ökonomisch nach wie vor von den Erträgen aus dem Instantkaffeegeschäft abhängig war, welche 1980 etwa die Hälfte des Betriebsgewinns generierten.[161] Welche Gefahren dies für die Geschäftsbilanzen des Unternehmens mit sich bringen konnte, führten die Erdölkrise und die steigenden Kaffeepreise dem Verwaltungsrat damals klar vor Augen.[162] Als Gegenmassnahme wurde nach den damaligen Managementprinzipien der Risikominimierung eine weitere Diversifikation angestrebt.[163] «L'entrée de Nestlé dans le secteur des cosmétiques en dehors de l'alimentation était une nécessité pour mieux équilibrer notre affaire trop dépendante d'un seul produit, le *Nescafé*»,[164] gab die Direktion anlässlich der Beatus-II-Gespräche in Merligen zu Protokoll.

Der Gesundheits- und Kosmetikbereich war für Nestlé interessant, weil er einerseits mit dem Lebensmittelsektor verwandt war und sich ebenfalls mit dem menschlichen Körper befasste. Andererseits erlaubte er dem Unternehmen aus Vevey aber auch eine gewisse Unabhängigkeit von den grossen Distributionskanälen.[165] Nachdem sich Nestlé mit Minderheitsbeteiligungen an der Société Générale des Eaux de Vittel (1969)[166] und der Firma L'Oréal (1974) ins Mineralwasser- und Kosmetikgeschäft vorgewagt hatte, wurde das Unternehmen 1977 mit der Übernahme der Alcon Laboratories, die Produkte für die Augenpflege herstellten,

158 Neben dem Verkauf von Tiefkühlprodukten unterhielt Stouffer auch Restaurants und Hotels. Gastgewerbe und Weinbau wurden mit den Übernahmen von Eurest und Cahills (1970), Beringer und Ursina-Franck (1971) sowie Stouffer (1973) ebenfalls zu Tätigkeitsbereichen von Nestlé, die allerdings nie grössere Bedeutung erhielten (zu Stouffer vergleiche weiterführend Heer, 125 Jahre Nestlé, S. 361–270, zu Nestlés Einstieg ins Gastgewerbe und den Weinbau Pfiffner/Renk, Wandel als Herausforderung, S. 36).

159 Jahresbericht Nestlé 1979, S. 27–28.

160 AHN F 5.4.4, Communication Marketing Nr. 2/85, Februar 1985, S. 4–5.

161 Pfiffner/Renk, Wandel als Herausforderung, S. 111.

162 AHN Rapport au Conseil d'Administration, 433. Séance, Traktandum 9, 29. Juli 1977.

163 Ähnliche Strategien waren auch bei anderen Unternehmen festzustellen. 1982 fusionierte beispielsweise Jacobs mit dem Schweizer Schokoladeunternehmen Interfood, welches 1970 aus der Fusion von Tobler und Suchard hervorgegangen war (Pfiffner/Renk, Wandel als Herausforderung, S. 36, und Feuz/Tobler/Schneider, Toblerone, S. 44 und 54).

164 AHN SG 11601-K-6, Schrift «Zusammenkunft der Direktion – Beatus II in Merligen», 19.–21. Juni 1979.

165 Ebenda.

166 Später übernahm Nestlé weitere Mineralwasserunternehmen wie Deer Park, Montclair, die Rietenauer Mineralquellen und die Blauen Quellen. Ab 1973 gewann das Mineralwassergeschäft auch auf der Ebene der Produktkoordination im Hauptsitz in Vevey an Bedeutung. Trotzdem blieb dieser Produktsparte für das Schweizer Unternehmen bis Ende der 1980er-Jahre ein Nischenprodukt (Pfiffner/Renk, Wandel als Herausforderung, S. 104).

im Bereich der Pharmazie tätig.[167] Zudem begann Nestlé ab 1974 auf dem Gebiet der diätetischen Milchprodukte neben Kindernahrungsmitteln auch spezifische Produkte für Erwachsene und ältere Menschen zu entwickeln.[168] Eine ähnliche Entwicklung lässt sich auch bei der Wander AG beobachten, die 1967 mit Sandoz fusionierte und in den 1970er- und 1980er-Jahren neben Schlankheitsmitteln und Produkten zur klinischen Ernährung auch Sportlergetränke wie *Isostar* (1977) lancierte.[169]

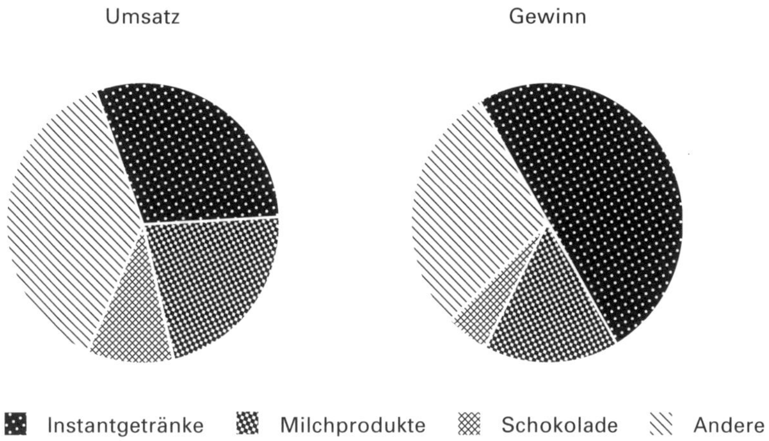

Darstellung 12: Mit einem Anteil von etwa einem Drittel am Gesamtumsatz des Nestlé-Konzerns bewerkstelligte die Produktgruppe Instantgetränke 1976 rund die Hälfte des Unternehmensgewinns.

Durch die Diversifizierung in den Gesundheits- und Kosmetikbereich schuf Nestlé nicht nur die Grundlagen für den heutigen Produktfächer. Die Akquisitions- und Diversifikationspolitik in den 1970er-Jahren zersplittete den Konzern auch immer mehr, die Verwandtschaft der Produkte und damit verbundene «Economies of Scope» waren immer weniger erkennbar.[170] Statt zu agieren, beschränkte sich der Hauptsitz in Vevey auf das Verwalten des riesigen, multinationalen Gebildes. Die Dynamik innerhalb des Konzerns liess nach, die Rentabilität sank und in der Führungsetage war man sich uneinig über die zukünftige Entwicklung des Unternehmens.[171]

167 Vergleiche Pfiffner/Renk, Wandel als Herausforderung, S. 36, und Jahresbericht Nestlé 1980, S. 36.

168 AHN SG 11601-K-6, Arbeitspapier der Generaldirektion «Réflexion sur l'avenir de Nestlé Beatus I», 22. Dezember 1975.

169 Thut, Zwei-Mann-Labor, S. 92–93.

170 Keller, Produkte am globalen Markt, S. 161–162.

171 Pfiffner/Renk, Wandel als Herausforderung, S. 85.

Hatte Nestlé Ende der 1970er-Jahre die Grenzen des Wachstums erreicht? Um die Probleme des Konzerns besser lösen zu können, förderte man nach den Beatus-II-Gesprächen[172] vorübergehend einen kollektiveren Führungsstil, indem ein Führungsausschuss ernannt wurde. Diesem gehörte auch der deutsche Marktchef Helmut Maucher an,[173] der im November 1981 zum neuen CEO gewählt wurde und das Unternehmen schliesslich reorganisierte:[174] Wenig profitable oder gar verlustbringende Geschäftszweige wurden unter Maucher ebenso abgestossen wie Bereiche, die Nestlé durch Akquisitionen übernommen hatte, die aber nicht zum Kerngeschäft des Unternehmens gehörten. Ebenso trennte sich Nestlé von Produktionsbereichen mit tiefer Wertschöpfung wie den Früchte- und Gemüsekonserven von *Libby*, den sterilisierten Konserven von *Crosse&Blackwell* oder gewissen Gefrierprodukten von *Findus*. Andererseits verstärkte Maucher die Anstrengungen im Marketing und bei der Entwicklung neuer Produkte, verzichtete aber vorläufig auf weitere Akquisitionen.[175]

Renovation und Reorganisation der Marke *Nescafé*

Mit der Rationalisierung und Reorganisation des Unternehmens wurde auch das Angebot unter der Marke *Nescafé* neu strukturiert:

Bereits in der zweiten Hälfte der 1970er-Jahre hatten Marktstudien gezeigt, dass die Erweiterung der Produktpalette nicht nur Vorteile mit sich brachte:[176] Einerseits verringerten sich durch die Marktsegmentierung die Skalenerträge,[177] andererseits handelte es sich bei der vergrösserten Auswahl an verschiedenen *Nescafé*-Sorten nicht um eigenständige Mischungen, sondern um schwächere beziehungsweise stärkere Versionen des agglomerierten *Nescafés*. Für den durchschnittlichen europäischen Bohnenkaffeetrinker war dies kein überzeugendes Argument, um vermehrt Instantkaffee zu trinken, denn aufgrund der günstigeren Bohnensorten und des höheren Extraktionsgrades liess sich die starke *Nescafé*-Variante ebenso wenig mit einem italienischen Espresso-Kaffee vergleichen wie die milde *Nescafé*-Version mit einer Mischung lateinamerikanischer Kaffeebohnen.[178] Die milderen und stärkeren Varietäten stiessen deshalb

172 Vergleiche zu diesem Thema weiterführend AHN SG 11601-K-6, Schrift «Zusammenkunft der Direktion – Beatus II in Merligen», 19.–21. Juni 1979.

173 SWA H+I Ba 214, Artikel aus der «Basler Zeitung», 20. November 1980.

174 Heer, 125 Jahre Nestlé, S. 438.

175 Vergleiche dazu weiterführend Heer, 125 Jahre Nestlé, S. 530, und Pfiffner/Renk, Wandel als Herausforderung, S. 86.

176 AHN SG 11535, Schrift «Nescafé taste segmentation study», 25. Februar 1977.

177 Olbrich, Marketing, S. 47.

178 Zwar wäre es aus technischer Sicht möglich gewesen, einen mit Bohnenkaffee vergleichbaren Espresso herzustellen, doch wäre die Marge

in vielen Ländern nur auf ein geringes Interesse, oder ihr Erfolg basierte in erster Linie auf der Abwanderung bisheriger Kunden vom herkömmlichen *Nescafé*.[179] Aufgrund dieser Begebenheiten entschied sich Nestlé, die einzelnen Angebote klarer zu positionieren und marginale Sorten aufzugeben.

Den Ausgangspunkt dieser Renovation und Reorganisation markierte der Relaunch des agglomerierten, sprühgetrockneten *Nescafé* unter der Bezeichnung *Nescafé Classic* im August 1978 in der Schweiz, der damit 40 Jahre nach seiner erstmaligen Einführung einen eigenständigen Namen erhielt. Dabei erneuerte Nestlé nicht nur die Etikette und die Glasverpackung, sondern verbesserte auch den Geschmack und das Aroma des Produkts.[180] In den Jahren darauf erfolgte die Neulancierung des sprühgetrockneten *Nescafés* auch in weiteren Ländern, wobei die Tochtergesellschaften die Bezeichnung des Produkts auf ihre Märkte zuschnitten: Während er in Deutschland ebenfalls *Nescafé Classic* genannt wurde, bezeichneten ihn die Franzosen *Nescafé Sélection*, die Japaner *Nescafé Excella* und die Australier *Nescafé Blend 43*.[181]

In einem zweiten Schritt wurden unter der Führung von Helmut Maucher die verschiedenen *Nescafé*-Sorten neu geordnet. Auch hier nahm das Departement Instantgetränke in Vevey absichtlich keine allzu bestimmende Rolle ein, sondern stellte nur pragmatische Richtlinien auf und überliess es den Tochtergesellschaften, diese in ihren Ländern optimal umzusetzen.[182] Die Freiheiten erlaubte es den Filialgesellschaften, die Vorgaben ihren Bedürfnissen entsprechend sehr individuell zu gestalten: Während Maucher auf dem deutschen Markt 1979 Doppelspurigkeiten wie zwei koffeinfreie *Nescafé*-Sorten (einmal sprühge-

dadurch deutlich geschrumpft, weshalb Nestlé aus finanziellen und marketingtechnischen Gründen – tiefere Marge, weniger Geld für Werbung – darauf verzichtete (AHN SG 11535, Schrift «Nescafé taste segmentation study», 25. Februar 1977).

179 In Grossbritannien und der Bundesrepublik Deutschland beispielsweise erreichten die kräftigen Sorten *Nescafé Blend 37* und *Nescafé Gold Mocca* nur einen sehr limitierten Marktanteil von zwei Prozent, während *Nescafé Fine Blend* zwar eine beachtliche Kundschaft gewinnen konnte – dies aber vor allem auf Kosten des agglomerierten *Nescafé*. Nur in wenigen Ländern konnte *Nescafé* durch die grössere Auswahl tatsächlich neue Kunden gewinnen. Zu ihnen gehörte auch die Schweiz, weil die Geschmackspräferenzen in den verschiedenen Regionen des Landes sehr unterschiedlich waren: Im italienischsprachigen Tessin hatte *Nescafé Gold Espresso* eine grosse Anhängerschaft, und auch in der Westschweiz hatte die stark geröstete Sorte von *Nescafé Gold* einen Marktanteil von neun Prozent, während dieser in der Ostschweiz nur bei zwei Prozent lag. Je östlicher sich die Region befand, desto mehr wurde der mildere *Nescafé Gold* bevorzugt (AHN SG 11535, Schrift «Nescafé taste segmentation study», 25. Februar 1977).

180 AHN F 5.4.4, Communication Marketing Nr. 1/79, Januar 1979, S. 1–2.

181 Zu den verschiedenen Bezeichnungen vergleiche AHN F 5.4.4, Communication Marketing Nr. 15/80, September 1980, S. 5–8, und Communication Marketing Nr. 20/84, Dezember 1984, S. 1–2, sowie Communication Marketing Nr. 14/85, August 1985, S. 8.

182 Maucher verschob die Aufgabe des Hauptsitzes in Vevey generell in Richtung Koordination, Überwachung und Zukunftsvisionen, während er operative Geschäfte noch stärker den Tochtergesellschaften unterstellte, welche die besonderen Verhältnisse in den jeweiligen Ländern besser kannten (SWA H+I Ba 214, Artikel aus der «Basler Zeitung», 3. September 1983, und AHN SG 11542, Schrift «Nescafé Denomination Guidelines», 28. Dezember 1993).

trocknet, einmal gefriergetrocknet) oder zwei Mocca-Kaffeesorten beseitigte und unbedeutende Varietäten aufgab,[183] behob die belgische Tochtergesellschaft dieselbe Problematik, indem sie die ähnlich positionierten *Nescafé goût Brésilien* und *Nescafé Moka* in *Nescafé Braséro* und *Nescafé Gold Mokambo* umbenannte und damit eindeutig voneinander abhob.[184] In Grossbritannien wiederum wurde das Profil der einzelnen Sorten klarer hervorgehoben,[185] während in Kanada der koffeinfreie Instantkaffee als *Nescafé Viva* mit emotionalen Attributen wie einer gesunden und natürlichen Lebenseinstellung verbunden wurde.[186] Ebenso wurde zu Beginn der 1980er-Jahre *Nescafé Gold* mit einem verfeinerten Aromatisierungsverfahren neu lanciert und der hochklassige Charakter durch exquisite Bezeichnungen hervorgehoben: 1982 wurde *Nescafé Gold* in der Schweiz zu *Nescafé Gold de Luxe* veredelt, der koffeinfreie *Nescafé Gold* als *Nescafé Gold Sérénade* mit einer milden Aura umgeben und *Nescafé Gold Espresso* als starken Kaffee für Espressokenner angepriesen.[187] Im September 1984 wurde die Auswahl zusätzlich mit *Nescafé Gold Finesse* als vierte eigenständige Geschmacksrichtung erweitert, die innerhalb weniger Jahre etwa zehn Prozent des gesamten *Nescafé*-Umsatzes in der Schweiz gewann.[188]

Weniger erfolgreich verlief die Reorganisation dagegen in den Vereinigten Staaten, wo sich ganz grundlegende Probleme der Markenorganisation stellten. Auf die spezielle Entwicklung auf dem US-Markt wird daher im folgenden Kapitel genauer eingegangen.

Die Probleme auf dem US-Markt

«I would say that the U.S. is our main problem in the world for instant coffee. [...] it's the only place in the world where we are not leader»,[189] äusserte sich Pierre Liotard-Vogt 1980 zu Nestlés Problemen in den Vereinigten Staaten. Hier erwies sich die erfolgreiche Absatzsteigerung des Schweizer Unternehmens in den

183 AHN SG 6100-57, Brief von B an L, 14. Februar 1980.

184 AHN F 5.4.4, Communication Marketing Special Nr. 4/83, Februar 1983, S. 14–15.

185 Beispielsweise wurde *Nescafé Fine Blend* klarer als milder Kaffee positioniert (AHN SG 8500-57, Brief von P an H. Maucher, 16. September 1982).

186 AHN F 5.4.1, Communication Marketing Nr. 15 Direction, Dezember 1983, S. 14–15.

187 AHN F 5.4.4, Communication Marketing Special Nr. 4/83, Februar 1983, S. 4.

188 Die Erfolgsgeschichte hatte allerdings den Schönheitsfehler, dass *Nescafé Gold Finesse* von vielen Konsumenten anstelle von *Nescafé Gold Sérénade* und *Nescafé Gold Espresso* getrunken wurde und daher kein effektives Umsatzwachstum generierte. Immerhin konnte er das sinkende Interesse am koffeinfreien Kaffee kompensieren (AHN F 5.4.4, Communication Marketing Nr. 20/85, November 1985, S. 6, und SBU Historic Nescafé Branding 1985–1995, Schrift «Switzerland – Nestlé soluble coffee retail sales 1973–1987», August 1988).

189 Interview mit Pierre Liotard-Vogt, zitiert im Magazin «Advertising Age» vom 30. Juni 1980, S. 38.

1970er-Jahren im Rückblick gesehen als trügerisch, denn sie beruhte in erster Linie auf der Einführung neuer Produkte wie *Taster's Choice Decaffeinated, Nescafé Decaffeinated* und *Sunrise,* die alle von den Gesundheitsbedenken gegenüber dem Koffein profitierten.[190] Als sich zu Beginn der 1980er-Jahre allerdings immer deutlicher herausstellte, dass sich kein Zusammenhang zwischen einem mässigen Konsum von Koffein und Krankheiten wie Krebs oder Herzinfarkten feststellen liess,[191] nahm auch die Nachfrage nach koffeinfreiem Instantkaffee wieder ab.[192]

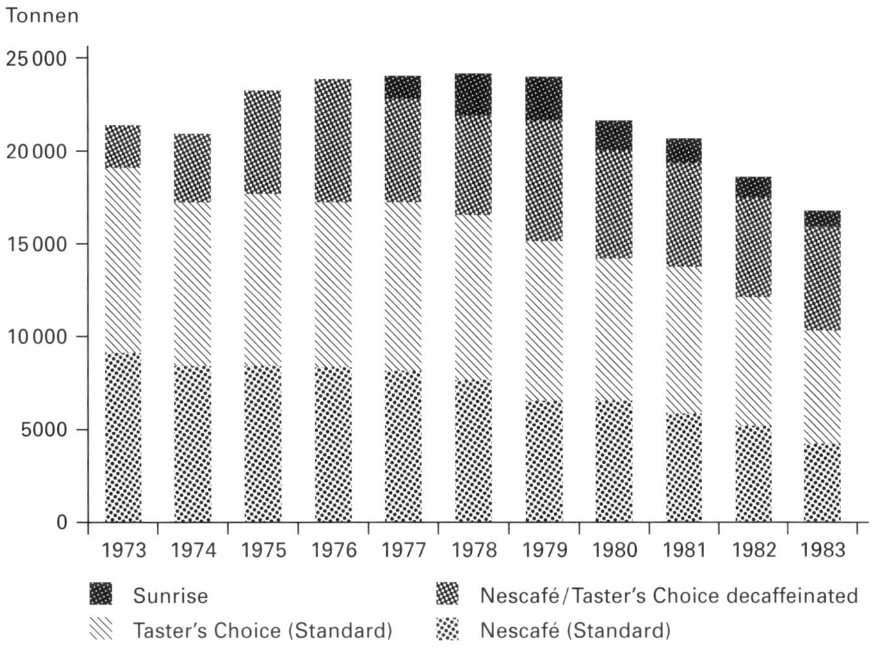

Darstellung 13: Umsatzentwicklung von Nestlés Instantkaffeesorten in den Vereinigten Staaten von 1973 bis 1983. In den 1970er-Jahren konnte Nestlé ihren Umsatz dank der Einführung von koffeinfreien Instantkaffeesorten und der Zichorien-Kaffee-Mischung *Sunrise* steigern, derweil die koffeinhaltigen Sorten unter den Marken *Nescafé* und *Taster's Choice* jedes Jahr kontinuierlich einige Kunden verloren. Als zu Beginn der 1980er-Jahre die Absatzzahlen der neuen Sorten ebenfalls zu stagnieren begannen, geriet Nestlés Instantkaffeegeschäft auf dem US-Markt in eine schwere Krise.

190 AHN SG 1100-57, Brief von B an A. Fürer, 23. März 1978.

191 AHN SG 11539, Schrift «Review of the caffeine situation», März 1983.

192 SBU Decaffeinated Coffee 1985–1995, Notiz von M an H. Maucher, 10. Juli 1989.

Seit 1979 zeichnete sich in den Vereinigten Staaten bei den Verkaufszahlen von Nestlés Instantgetränkemarken eine gravierende Trendwende ab.[193] Dabei stellten nicht nur die bereits bekannten Schwierigkeiten wie der rückläufige Kaffeekonsum pro Kopf,[194] die Überalterung der Käuferschicht oder die starke Konkurrenz durch General Foods und Procter&Gamble ein Problem dar, sondern auch die eigene Markenstruktur: Mit *Nescafé, Decaf, Taster's Choice* und *Sunrise* hatte Nestlé vier unabhängige Marken auf dem stark umkämpften US-Markt platziert, wobei zur Erhaltung des gleichen Marktanteils Ende der 1970er-Jahre dreimal höhere Werbeausgaben anfielen als noch zu Beginn des Jahrzehnts.[195] Durch die Verzettelung des Werbebudgets auf vier Marken stiegen die Werbeausgaben massiv an, ohne dass eine Marke wirklich gestärkt worden wäre.[196] Die Margen der einzelnen Marken schmolzen dadurch dahin. Nestlé bewegte sich auf eine gefährliche Sackgasse zu, in der sich keine Marke mehr profitabel bewirtschaften liess: *Nescafé* konnte in den Vereinigten Staaten – vor allem aufgrund der starken Konkurrenz des günstigen, brasilianischen Kaffeepulvers – nicht mehr gewinnbringend verkauft werden.[197] Das Umsatzvolumen von *Nescafé* stagnierte, und 1975, 1976 sowie 1980 schrieb die Marke sogar Verluste.[198] Ebenso zerschlugen sich die anfänglichen Hoffnungen,[199] dass mit *Sunrise* eine profitable Marke im Tiefpreissegment platziert werden könnte: Obschon der Zichorien-Kaffee-Mischung 1978 ein aussergewöhnlich hohes Werbebudget gewährt worden war,[200] blieb ihr Kundenkreis gering. Die defizitären Resultate zwischen 1976 und 1980 liessen es daher nicht angezeigt erscheinen, das Produkt in dieser Form weiter zu bewerben.[201]

Der einzige Lichtblick auf dem US-Markt war die Marke *Taster's Choice*. Nur sie vermochte noch substanzielle Gewinne abzuwerfen.[202] Allerdings war die Marke seit ihrer Einführung nie verbessert oder neu lanciert worden und hatte in der zweiten Hälfte der 1970er-Jahre in der Öffentlichkeit an Bekanntheit und Prestige verloren. Immer weniger Konsumenten sahen noch einen

193 AHN SG 11537, Schrift «Coffee Report Year End 1981», 22. Januar 1982.

194 Während 1962 noch drei Viertel der US-Bürger Kaffee tranken, waren es 1995 nicht einmal mehr die Hälfte (AHN SG 11650, Brief von G an T, 10. April 1995).

195 AHN SG 1100-57, Brief von B an A. Fürer, 14. Dezember 1978.

196 AHN SG 1100-57, Notiz von B an H. Maucher, 24. September 1981.

197 AHN SG 1100-57, Schrift «USA Plan Produits Boissons», 23. Januar 1980.

198 AHN SG 1100-57, Brief von B an A. Fürer, 14. Dezember 1978, und AHN SG 1100-57, Notiz von B an H. Maucher, 24. September 1981.

199 1978 hegte man bei Nestlé den Gedanken, mit *Taster's Choice* im Hochpreissegment und *Sunrise* im Niedrigpreissegment zwei starke, profitable Marken aufzubauen (AHN SG 1100-57, Auszug aus den Folgerungen von P. Liotard-Vogt nach dem Besuch in White Plains, 26./27. Oktober 1978).

200 AHN SG 1100-57, Brief von B an A. Fürer, 23. März 1978.

201 AHN SG 1100-57, Schrift «USA Plan Produits Boissons», 23. Januar 1980, und ebenda, Notiz von B an A. Fürer, 11. Juni 1980.

202 AHN SG 1100-57, Brief von B an A. Fürer, 14. Dezember 1978.

Unterschied zwischen dem gefriergetrockneten *Taster's Choice* und einem herkömmlichen, sprühgetrockneten Instantkaffee.[203]

Da eine quantitative Ausdehnung des Umsatzes mit höheren Werbekosten verbunden gewesen wäre,[204] beschloss Nestlé, den Absatz in den Vereinigten Staaten zu vermindern, um wieder akzeptable Profite erwirtschaften zu können. Konkret bedeutete dies, dass das Unternehmen seine Kräfte bündelte und sich auf eine Hauptmarke konzentrierte, wobei die Qualitätsmarke *Taster's Choice* auf Kosten von *Nescafé, Decaf* und *Sunrise* strategische Priorität erhielt:[205] «The implementation of ‹quality growth› is to aim at strengthening the leading franchises *(Taster's Choice, Nestea, Quik)* rather than increasing unprofitable volume items or launching new brands.»[206] *Nescafé* dagegen sollte sich zu einer preisorientierten Marke entwickeln:[207] «[...] notre politique devrait consister à renoncer progressivement à tout effort avec le *Nescafé* normal [...]»,[208] äusserte sich der Verwaltungsratspräsident Pierre Liotard-Vogt 1980 zu Nestlés Markenstrategie in den Vereinigten Staaten.

So wurde im Frühling 1982 vorerst nur *Taster's Choice* mit einem neuen Verfahren und einer hochwertigeren Bohnenmischung aufgewertet sowie mit einer attraktiveren Verpackung versehen. Begleitet wurde der Relaunch zudem von einer Werbekampagne, welche *Taster's Choice* in einer fünfteiligen Liebesgeschichte als Kaffee für spezielle Momente im Leben darstellte.[209] Diese Strategie vermochte allerdings nicht zu verhindern, dass Nestlés Marktanteil aufgrund der starken Präsenz von *Maxwell House* (General Foods) und *Folger's Crystals* (Procter & Gamble), die über wesentlich höhere Werbebudgets verfügten, im US-amerikanischen Instantkaffeegeschäft zwischen 1979 und 1984 von einem Drittel auf einen Viertel sank.[210]

Daher überarbeitete die US-Tochtergesellschaft 1983 ihre Verkaufsstrategie und lancierte *Nescafé* im darauffolgenden Jahr wieder als Qualitätsmarke, wobei das Unternehmen insge-

203 AHN SG 1100-57, Schrift «USA Plan Produits Boissons», 23. Januar 1980, und ebenda, Notiz von B an A. Fürer, 11. Juni 1980.

204 AHN SG 1100-57, Brief von B an A. Fürer, 14. Dezember 1978.

205 AHN SG 1100-57, Schrift «USA Plan Produits Boissons», 23. Januar 1980, und AHN SG 1100-57, Notiz von B an H. Maucher, 24. September 1981.

206 AHN SG 1100-57, Notiz von B an A. Fürer, 11. Juni 1980.

207 AHN SG 1100-57, Notiz von B an H. Maucher, 24. September 1981.

208 AHN SG 1100-57, Voyage de M. P. Liotard-Vogt aux Etats-Unis, 23.–30. Oktober 1980.

209 Zur Neulancierung von *Taster's Choice* wurde am Fernsehen eine fünfteilige Fortsetzungsgeschichte gezeigt, bei der sich ein Paar über eine Tasse Instantkaffee kennenlernt. Das Drehbuch war vermutlich die Vorlage für die spätere Liebesgeschichte in der Kampagne «Love over Gold» in Grossbritannien (AHN F 5.4.1, Communication Marketing Nr. 15 Direction, Dezember 1983, S. 9–10).

210 1984 wurde der Instantkaffeemarkt in den Vereinigten Staaten von den drei Grosskonzernen General Foods (44 Prozent Marktanteil), Nestlé (25 Prozent) und Procter & Gamble (19 Prozent) dominiert (AHN F 5.4.1, Communication Marketing Nr. 15 Direction, Dezember 1983, S. 9–10, und SBU Decaffeinated Coffee 1985–1995, Schrift «Market Head Conference: Presentation on decaffeinated coffees», 29. Oktober 1985).

samt 1,8 Millionen US-Dollar in die geschmackliche Aufwertung des Produkts investierte.[211] Das Markenprodukt enthielt nur noch hochwertige Arabica-Bohnen und wurde erstmals in vier verschiedenen Variationen auf dem US-Markt angeboten: *Nescafé Classic*, *Nescafé Decaf*, dem starken *Nescafé Brava* und dem milden *Nescafé Silka*.[212]

Mit der Neulancierung erhöhten sich sowohl die Preise als auch die Qualität von *Nescafé*. Da die US-Kunden Instantkaffee hauptsächlich wegen des günstigen Preises kauften, führte die Preiserhöhung allerdings vor allem dazu, dass viele preissensitive Kunden zu anderen Marken wechselten. Dass die Preiserhöhung auch mit einer Qualitätsverbesserung verbunden war, wurde dagegen kaum wahrgenommen. Um diesen Kunden dennoch ein günstiges Produkt unter der Marke *Nescafé* anbieten zu können und die Zichorie nach US-Recht auf der Verpackung nicht angegeben werden musste, brachte Nestlé im Sommer 1986 eine Zichorien-Kaffee-Mischung als *Nescafé Mountain Blend*[213] auf den Markt. Denn Blindtests hatten überraschenderweise gezeigt, dass der milde Geschmack von *Sunrise* gegenüber demjenigen von *Maxwell House* bevorzugt wurde. Trotzdem muss der Relaunch der Marke *Nescafé* auf dem US-Markt letztlich als misslungen betrachtet werden: Ende der 1980er-Jahre stellte *Taster's Choice* Nestlés einzige bedeutende Instantkaffeemarke auf dem US-Markt dar, während *Nescafé* auch aufgrund einer inkonsistenten Markenstrategie zunehmend in der Versenkung verschwand.[214]

211 Dabei wurde die 1976 entwickelte IPTA-Technik angewendet, mit der zusätzliche Aromafraktionen gebildet und unlösliche Substanzen herausgefiltert werden konnten (AHN SG 1100-57, Schrift «TNCO – Projekt Viking», 27. Februar 1984, und AHN SG 1100-57, Schrift «NFC/White Plains – Nescafé Quality/Cost improvements», 16. Oktober 1985).

212 AHN SG 11544, Notiz «Zone IV Coffee Conference in Marysville/White Plains», 19. September 1984.

213 *Nescafé Mountain Blend* durfte als Zichorien-Kaffee-Mischung unter der Marke *Nescafé* verkauft werden, weil *Taster's Choice* in den Vereinigten Staaten die Premium-Marke war und nicht *Nescafé* (AHN SG 11535, Instant Coffee Mixtures 1987 Fact Book, 1. Juli 1987).

214 AHN SG 1100-57, Brief vom Departement Instantgetränke an den Marktchef Zone IV, 2. Mai 1986, und ebenda, Schrift «Evolution of Roast and Ground and Gourmet Coffee in the US», 4. Mai 1998.

Die Herkunft und Mischung der Kaffeebohnen als neue Qualitätsmerkmale – die Integration von *Nescafé* in die «Welt des Kaffees»

Die Renaissance des Röstkaffees

Nachdem der Kaffeemarkt Ende der 1970er-Jahre in verschiedenen Ländern stark eingebrochen war,[215] erlebte der qualitativ hochwertige Bohnenkaffee zu Beginn der 1980er-Jahre einen neuen Aufschwung. Der Trend zurück zum Röstkaffee hatte sowohl gesellschaftliche als auch technische Gründe und prägte die weitere Entwicklung von *Nescafé*.

In den Vereinigten Staaten wurde das Bohnenkaffeesegment vor allem durch die steigende Popularität des Spezialitätenkaffees wiederbelebt,[216] wobei dieser Ende der 1970er-Jahre eine Umdeutung vom Kaffee der Alternativbewegung zum Elite-Kaffee erhielt. Denn nach Jahren des Ausbruchs und der Rebellion gegen die bürgerlichen Normen traten wieder traditionelle Werte in den Vordergrund: Politisch und wirtschaftlich kamen in Grossbritannien und den Vereinigten Staaten unter den Regierungen von Margret Thatcher (1979) und Ronald Reagan (1980) rechts-konservative Kräfte an die Macht, die mit einer restriktiven Währungspolitik die Inflation eindämmten, den Wohlfahrtsstaat abbauten und die Wirtschaft deregulierten und privatisierten. Aber auch in der Bundesrepublik Deutschland rief 1982 mit Helmut Kohl ein Konservativer zu einer «geistig-moralischen Wende» auf.[217]

Viele aus der jungen Generation suchten wieder eine gut bezahlte Arbeit, eine komfortable Wohnung, und Autofahren war plötzlich auch wieder ganz praktisch. Erfolg, Leistung und Karriere entsprachen wieder dem Zeitgeist,[218] wobei sich konformistisches mit nonkonformistischem Verhalten mischte: Die erfolgreiche Pflichterfüllung im Beruf brachte die materiellen Voraussetzungen, welche Genuss und Selbstentfaltung in der Freizeit ermöglichten.[219] Dabei machte sich ein neuer Materialismus breit, welcher den eigenen sozialen Status und beruflichen Erfolg

215 Vergleiche dazu das Kapitel «Abflauende Konjunktur, ausfallende Kaffee-Ernten und scharfe Kritik – die Krisen in den 1970er-Jahren und ihre Folgen für Nestlé und *Nescafé*», S. 275–279.

216 Pendergrast, Kaffee, S. 355–356.

217 Matis/Stiefel, S. 163 und 172, sowie Schäfer, Geschichte des Bürgertums, S. 238–239.

218 Bahnert, Dress for Success, S. 227.

219 Eggimann, Von der Lebensweise zum Lebensstil, S. 205–206.

widerspiegelte. Anstelle der Massenkonsumgesellschaft trat eine nivellierte Wohlstandsgesellschaft, in der Symbolik und Prestige zu bedeutenden Aspekten des Konsums wurden.[220] «Coffee at its higher reaches, has become a fashion business»,[221] kommentierte Wild diese Entwicklung in den Vereinigten Staaten, die auch im Zusammenhang mit der Abkehr von einem egalitären Gesellschaftsmodell zu sehen ist.[222]

Wer es sich leisten konnte, kaufte zu Beginn der 1980er-Jahre in den Vereinigten Staaten lieber einen guten Bohnenkaffee aus dem Spezialitätenkaffee-Laden anstatt eines günstigeren, aber qualitativ mittelmässigen Kaffees aus dem Supermarkt, denn im Gegensatz zum unpersönlichen Einkauf im Supermarkt liess das Ambiente in diesen Spezialgeschäften das sinnliche Erlebnis des traditionellen Kaffeeladens wieder aufleben, und der Kunde wurde von einer Fachperson über die verschiedenen Sorten und Herkunftsorte der Kaffeebohnen informiert und beraten. Nicht mehr der Preis, sondern die Qualität und das Prestige der Kaffeebohnen waren dabei das massgebende Kaufkriterium.[223]

Zwei Kundensegmente zeigten sich von den Gourmetkaffeebohnen in den Spezialgeschäften besonders angezogen und wurden für deren Durchbruch wegweisend: Zum einen waren dies Paare, bei denen die Frau arbeiten ging und die sich mit dem doppelten Einkommen den Luxus leisten konnten, für einen speziellen Kaffee einen höheren Preis zu bezahlen. Zum andern erwiesen sich die Spezialitätenkaffees bei der jungen, karrierebewussten Generation (auch «Yuppies» genannt) als perfekte Getränke, um ihren beruflichen Erfolg mit einem entsprechenden Konsumstil zu zelebrieren. Sie war bereit, für Luxusartikel Spitzenpreise zu bezahlen. Die jugendlichen Anfänger – welche sich den süssen Geschmack der Softdrinks gewohnt waren – machten zunächst über die aromatisierten Kaffees mit den hochklassigen Bohnen Bekanntschaft. Auf diese Weise boomte in den Vereinigten Staaten das Geschäft mit qualitativ hochstehenden, aber ebenso teuren Gourmetkaffeebohnen, während der gesamte Kaffeekonsum auf dem US-Markt in den 1980er-Jahren weiterhin rückläufig war.[224]

220 Kleinschmidt, Konsumgesellschaft, S. 143.

221 Wild, Coffee, S. 221–222.

222 Ab Mitte der 1970er-Jahre rückte das offizielle Amerika laut De Grazia davon ab, explizit das Recht aller Menschen auf einen hohen Lebensstandard zu postulieren. Statistiken zeigen, dass zu Beginn der 1980er-Jahre die 20 Prozent der Reichsten immer reicher wurden, während der Einkommenszuwachs des Mittelstands und der Ärmsten des Landes stagnierte (De Grazia, Das unwiderstehliche Imperium, S. 525, und AHN F 5.4.4, Communication Marketing Nr. 3/92, März 1992, S. 2).

223 Pendergrast, Kaffee, S. 343 und 355–356, sowie Roseberry, The Rise of Yuppie Coffees, S. 764–766.

224 Pendergrast, Kaffee, S. 367, und Roseberry, The Rise of Yuppie Coffees, S. 765–767.

Eine Rückkehr zum traditionellen Kaffeeladen war in abgeschwächter Form auch auf dem europäischen Kontinent zu beobachten. In der Bundesrepublik Deutschland beispielsweise kaufte jede zweite Hausfrau ihren Kaffee nicht mehr im Supermarkt, sondern in den dafür spezialisierten Kaffeegeschäften von Tchibo oder Eduscho ein.[225] Im Gegensatz zu Nordamerika war die wachsende Beliebtheit des Bohnenkaffees in Kontinentaleuropa allerdings weniger auf die speziellen Kaffeeläden als vielmehr auf den schleichenden Einzug von Vakuumverpackungen und automatischen Kaffeemaschinen im Haushalt zurückzuführen: In den luftdicht abgeschlossenen Verpackungen konnten der Geschmack und das Aroma des Bohnenkaffees sehr viel länger erhalten werden, und mit der automatischen Kaffeemaschine wurde die Zubereitung des Bohnenkaffees wesentlich vereinfacht. 1981 benutzten bereits über zwei Drittel der Bevölkerung in nordeuropäischen Ländern wie Dänemark, Schweden, Belgien, den Niederlanden oder der Bundesrepublik Deutschland eine solche Maschine, während sie im angelsächsischen Raum und in Südeuropa weniger bekannt war.[226]

Gleichzeitig hatten die steigenden Kaffeepreise Mitte der 1970er-Jahre zu einer Konzentration der zuvor zersplitteten europäischen Röstkaffeeindustrie[227] und einer neuen Schnellrösttechnik geführt, mit welcher die grossen Kaffeeröstereien die Bohnen nun ebenfalls stärker extrahieren und damit die Kosten senken konnten.[228] Die Preisdifferenz zwischen Löslichkaffee und Bohnenkaffee verminderte sich dadurch erheblich.[229]

Aufgrund dieser Entwicklungen auf dem Röstkaffeemarkt verlor der Instantkaffee an der Schwelle zu den 1980er-Jahren seine bisher wichtigsten Verkaufsargumente: Die Frische und Bequemlichkeit waren nun bei beiden Produkten praktisch identisch, und auch preislich nahm die Konkurrenzfähigkeit des Röstkaffees gegenüber dem Instantkaffee massiv zu.[230] Ausserdem war die Kaffeezubereitung mit der Maschine mit einem gewissen Prestige verbunden, welches dem Löslichkaffee fehlte: «It preserves the natural appeal and the pure image of R&G coffee [Roast & Ground Coffee] and allows ideally to perform psychologi-

225 AHN SG 6100-57, Brief von B an Nestlé Deutschland, 7. Juni 1978.

226 AHN SG 6100-57, Brief von B an Nestlé Deutschland, 7. Juni 1978, und AHN SG 11674, Nescafé Marketing Guidelines, 1982.

227 1978 übernahm Sara Lee das niederländische Unternehmen Douwe Egberts, Kaffee Hag ging 1979 mit General Foods zusammen, während Jacobs 1977 Les Cafés Jacques Vabres in Frankreich und 1979 das belgischen Kaffeeunternehmen Chat Noir übernahm (Pendergrast, Kaffee, S. 392–394, und Kunze/Schug, Jacobs Kaffee, S. 194 und 200).

228 Der höhere Extraktionsgrad hatte allerdings wie bei der Herstellung von Instantkaffee den Nachteil, dass er die Qualität des Endprodukts beeinträchtigen konnte (AHN F 5.4.4, Communication Marketing Nr. 17/83, November 1983, S. 2).

229 Nestec SA, Gazette Nestlé Nr. 2, April 1986, S. 6.

230 AHN SG 6100-57, Brief von B an Nestlé Deutschland, 7. Juni 1978, und AHN SG 11535, Brief vom Departement Instantgetränke an F, 1. September 1983.

cally important ceremonial of do-it-yourself by means of the coffee machine [...]»,[231] beschrieb 1978 der damalige Leiter der Abteilung Instantgetränke die psychologischen Vorteile der Kaffeemaschine.

Die Röstkaffeeindustrie, welche durch die Konzentration der Kräfte nun über wesentlich höhere Werbebudgets verfügte als früher, verband den Geschmack des Kaffees in ihren TV-Spots mit den verschiedenen Herkunftsorten der Kaffeebohne und erklärte die Passion des Kaffeeröstens und Kaffeemischens zu einer Kunst, die nur sie in Perfektion verstand. Diese Bilder und Informationen umgaben den Bohnenkaffee mit einer Aura des Besonderen, derweil der Löslichkaffee als technisch hergestelltes Einheitsprodukt betrachtet wurde, das nicht dieselben Geschmackseigenschaften besass. Immer öfter wurden zudem auch Kaffeespezialitäten wie Espresso, Wiener Kaffee oder Irish Coffee in Bars oder Restaurants angeboten.[232]

«In fact, there are a number of recent developments within the coffee market that, if not reversed, will lead to a critical phase of the Instant coffee product life cycle. It can be stated that if nothing is done, the Instant category could reach maturity and may even decline in the 80s»,[233] sah Nestlé die Zukunft von *Nescafé* ernsthaft gefährdet. In der Bundesrepublik Deutschland, Spanien, Kanada und den Niederlanden gewann der Bohnenkaffee neue Kunden,[234] während das Umsatzwachstum von *Nescafé* in diesen Ländern markant an Dynamik verlor.[235] Wollte *Nescafé* nicht bald als kalter Kaffee von gestern betrachtet werden, musste sich die Marke diesen neuen Konsumtendenzen anpassen.

Den individuellen Charakter des Kaffees entdecken: *Nescafé Alta Rica* und *Nescafé Cap Colombie*

«En résumé, il faut dire qu'il n'y a pas de solution miracle contre l'utilisation grandissante des machines à café et contre une concurrence accrue. [...] nous devons être tout à fait conscients que la combinaison d'une politique des prix intransigeante et de dépenses Marketing relativement modestes, n'est plus possible à l'avenir,

231 AHN SG 6100-57, Brief von B an Nestlé Deutschland, 7. Juni 1978.

232 AHN SG 11674, Nescafé Marketing Guidelines, 1982.

233 Ebenda.

234 AHN SG 11537, Schrift «Coffee Report Year End 1981», 22. Januar 1982.

235 In Kanada nahm der Bohnenkaffeekonsum um drei Prozent zu, während derjenige von Nestlés Instantkaffeemarken um acht Prozent abnahm. Auch in der Bundesrepublik Deutschland (zwei Prozent) und Spanien (zehn Prozent) gewann der Röstkaffee an Popularität, während die Verkaufszahlen von *Nescafé* leicht rückläufig waren. Besonders besorgniserregend für Nestlé war die Entwicklung in den Niederlanden, wo der Konsum von *Nescafé* innerhalb eines Jahres um 14 Prozent zurückging, während der Umsatz des Bohnenkaffees stabil blieb (AHN SG 11537, Schrift «Coffee Report November 1982», 29. Dezember 1982).

si nous voulons développer ce marché, ou même maintenir notre part de marché»,[236] stellte Maucher 1981 klar. Ende der 1970er-Jahre war *Nescafé* in Frankreich nicht zuletzt aufgrund einer verfehlten Markenpolitik immer mehr in eine Krise geschlittert: Zu lange waren Vermarktung und Produktqualität zugunsten steigender Gewinne vernachlässigt worden,[237] was *Nescafé* den Ruf eines mittelmässigen Kaffeeprodukts bescherte.[238] Der Instantkaffeemarkt stagnierte, während der Bohnenkaffee neue Kunden gewann,[239] die für einen hochwertigen Kaffee auch einen höheren Preis bezahlten. Viele Franzosen entdeckten zu jener Zeit anstelle des Robusta-Kaffees den qualitativ hochwertigeren Arabica-Kaffee.[240]

Um die Qualitätslücke zwischen Bohnenkaffee und *Nescafé* wieder zu schliessen, nahm die französische Tochtergesellschaft im März 1978 den Gedanken auf,[241] nach dem sprühgetrockneten *Nescafé Sélection* und dem gefriergetrockneten *Nescafé Spécial Filtre* eine dritte *Nescafé*-Generation auf den Markt zu bringen, die von der Qualität her noch hochstehender war als das gefriergetrocknete Premium-Segment.[242] Weil von der technischen Seite her kein baldiger Durchbruch zu erwarten war, sollte sich die höhere Qualität dieser dritten Generation durch eine noch exquisitere Bohnenmischung und einen niedrigeren Extraktionsgrad auszeichnen.[243] Das Instantgetränke-Departement in Vevey meldete allerdings Bedenken gegenüber dieser zusätzlichen horizontalen Segmentierung an: «Ce type de segmentation était, à notre avis, dévalorisant pour les produits existants»,[244] schrieb der Abteilungsleiter dazu.

Daraufhin machte die französische Tochtergesellschaft im Juni 1979 den Vorschlag, drei Röstkaffeesorten unter der Marke *Nescafé* zu lancieren, welche der Marke einen direkten Bezug zur Welt des Röstkaffees schaffen sollten. Wie-

236 AHN SG 6600-57, Auszug aus einer Notiz von H. Maucher, 20. Juli 1981.

237 Mehrmals hatte der damalige Nestlé-Verwaltungsratspräsident Pierre Liotard-Vogt die französische Tochtergesellschaft darauf hingewiesen, dass *Nescafé Spécial Filtre* mit der Rezeptur seines italienischen Pendants, dem gefriergetrockneten *Nescafé Gran Aroma,* einen wesentlich besseren Geschmack erlangen könnte. Die französische Tochtergesellschaft verzichtete jedoch darauf, weil *Nescafé Gran Aroma* teurere Kaffeebohnen enthielt und die Übernahme dieser Mischung die Gewinne in Frankreich geschmälert hätte (AHN SG 6600-57, Notiz von P. Liotard-Vogt an H. Maucher, 17. Juni 1981).

238 AHN SG 6600-57, Brief von B an AvR, 12. Januar 1982.

239 Der französische Röstkaffeemarkt dehnte sich zwischen 1978 und 1980 von 134 000 Tonnen auf 151 000 Tonnen aus, derweil der Instantkaffeemarkt bei 34 000 Tonnen stagnierte (AHN SG 6600-57, Notiz «France – Evolution du marché du café», 5. Juni 1981).

240 Vergleiche dazu Wild, Coffee, S. 232, und AHN SG 6600-57, Brief von B an AvR, 7. August 1981.

241 Bereits 1973 hatte die französische Tochtergesellschaft den Gedanken einer dritten *Nescafé*-Generation aufgeworfen, diesen aber später wieder verworfen (AHN SG 11535, Schrift «Minutes of discussion on Instant Coffee Policy», 1. Februar 1973).

242 AHN SG 6600-57, Brief von B an AvR, 7. August 1981.

243 AHN SG 11544, Europäische Nescafé-Konferenz, 6. Februar 1975.

244 AHN SG 6600-57, Brief von B an AvR, 7. August 1981.

derum reagierte das Departement in Vevey gegenüber der Idee aus Frankreich reserviert, weil dadurch der Eindruck entstehen konnte, dass verschiedenen Geschmacksvariationen nur mit Bohnenkaffee hergestellt und nicht als Instantkaffee angeboten werden könnten. Am 8. Februar 1980 kamen der Leiter der Abteilung Instantgetränke und der Marktchef in Frankreich anlässlich einer Zusammenkunft in Vevey schliesslich überein, das Premium-Segment von *Nescafé* um die beiden Varietäten *Pur Arabica* und *Pur Colombie* zu erweitern:[245] «[…] chaque consommateur cherche à personnaliser ‹son café›. Pour mieux répondre à ces attentes, *Nescafé* élargit sa gamme de cafés solubles préparés […]»,[246] schrieb Nestlé 1980 zu diesem Ansinnen.

Während *Nescafé Pur Arabica* als kräftiger, maskuliner Espresso-Instantkaffee charakterisiert wurde, stellte *Nescafé Pur Colombie* einen sanften, aromatischen Löslichkaffee dar. Mit der Einführung der beiden neuen Spezialitäten wollte Nestlé in erster Linie den Ruf von *Nescafé* als Qualitätskaffee stärken, wie der Leiter der Abteilung Instantgetränke 1981 bei der Einführung der beiden neuen Sorten festhielt: «[…] l'objectif à atteindre avec les deux spécialités n'est pas un niveau de volume élevé mais plutôt l'expression d'une nouvelle politique de qualité à transmettre aux consommateurs […]».[247]

Zentral bei der Lancierung von *Nescafé Pur Arabica,* der nur zentralamerikanische Arabica-Bohnen enthalten durfte,[248] und der reinen kolumbianischen Bohnenmischung *Nescafé Pur Colombie*[249] war deshalb die Vermarktung. Wie die Röstkaffeeunternehmen begann auch Nestlé mit der Einführung der beiden Sorten, Herkunft und Mischung als Qualitätsmerkmale von *Nescafé* zu betonen sowie die Natürlichkeit des Produkts hervorzuheben: Unter dem Werbeslogan «Discover the soul of coffee in

245 Der französischen Tochtergesellschaft schwebte zuerst vor, das gefriergetrocknete Premium-Segment mit *Nescafé Spécial Filtre pur Arabica, Nescafé Spécial Filtre pur Colombie* und *Nescafé Spécial Filtre fin Mélange* zu erweitern, wobei der bisherige *Nescafé Spécial Filtre* als eine Mischung von Arabica- und Robusta-Bohnen mit *fin Mélange* bezeichnet worden wäre. Auf letztere Bezeichnung wurde aber – auch aus werbetechnischen Überlegungen – schliesslich verzichtet und die alte Aufschrift *Nescafé Spécial Filtre* beibehalten (AHN K 15 Werbesammlung Frankreich 1980, Schrift «Flash zu Nescafé Spécial Filtre pur Arabica, pur Colombie und fin Mélange», 1980, und AHN SG 6600-57, Brief von B an AvR, 7. August 1981).

246 AHN K 15 Werbesammlung Frankreich 1980, Schrift «Flash zu Nescafé Spécial Filtre pur Arabica, pur Colombie und fin Mélange», 1980.

247 AHN SG 6600-57, Notiz von B an L, 1. Oktober 1981.

248 1996 wollte die schwedische Tochtergesellschaft die Sorte ohne zentralamerikanische Kaffeebohnen auf den Markt bringen, worauf sie von der Kontrollstelle in Vevey (Geschäftseinheit Instantgetränke) gestoppt wurde, weil der Inhalt nicht der Produktbezeichnung entsprochen hätte (AHN T CR 305 Z-EUR Switzerland Correspondence 1991–1999, Schrift «Nescafé Alta Rica launch – Sweden», 31. Juli 1996).

249 Als 1997 aus Kostengründen die Idee aufkam, die teuren kolumbianischen Bohnen zu 45 Prozent durch andere zentralamerikanische Kaffeebohnen zu ersetzen, legte die Kontrollstelle in Vevey ihr Veto ein: *Nescafé Pur Colombie* sei in den 1980er-Jahren mit dem Versprechen eingeführt worden, dass sich das Produkt nur aus kolumbianischen Bohnen zusammensetze, daran habe man sich auch zu halten (AHN SG 11535, Notiz von T an H. Maucher, 18. April 1997).

its aroma» wurde die Marke mit atemberaubenden Landschaften, geheimnisvoller Exotik und der ausgelassenen Lebensfreude der Menschen in Afrika und Lateinamerika endgültig in die «Welt des Kaffees» integriert.[250] Sofort trugen die beiden hochwertigen Sorten in Frankreich zu einer positiven Wahrnehmung des *Nescafés* bei. Die Wahl zwischen Kaffeesorten aus verschiedenen Ländern liess die Kritik verschwinden, dass *Nescafé* eine Art Ersatzkaffee oder ein unechter Kaffee sei.[251]

Trotzdem verlor die Marke zu Beginn der 1980er-Jahre auf dem französischen Markt weiter an Marktanteilen, was nicht zuletzt auf die starken Preisattacken der Röstkaffeeunternehmen zurückzuführen war. Deshalb beschloss Nestlé im Juni 1983, mit *Nescafé Mocamba* eine zusätzliche, gefriergetrocknete Instantkaffeesorte, bestehend aus brasilianischen Santos- und afrikanischen Robusta-Kaffeebohnen, einzuführen. *Nescafé Mocamba* wies ein sehr gutes Preis-Leistungs-Verhältnis auf und deutete mit dem Werbespruch «A meeting of two continents» ebenfalls seine Ursprünge im Süden an. Zudem wurden *Nescafé Pur Arabica* und *Nescafé Pur Colombie* 1983 in *Nescafé Alta Rica* und *Nescafé Cap Colombie* umbenannt, damit Nestlé die Markennamen besser schützen konnte.[252] Mit *Nescafé Alta Rica, Nescafé Cap Colombie* und *Nescafé Mocamba* schuf Nestlé in Frankreich drei symbolträchtige Marken mit klarem Bezug zu den Kaffee produzierenden Ländern. Sie vermochten die Marke *Nescafé* mit denselben Vorstellungen zu verbinden, welche den Kaffeeliebhaber bisher zum Kauf von Röstkaffee animiert hatten.[253]

Der Leitgedanke, solche Qualitätsprodukte unter der Marke *Nescafé* zu verkaufen, wurde später auch von anderen Tochtergesellschaften übernommen: Ab Mitte der 1980er-Jahre verkaufte Nestlé *Nescafé Alta Rica* und *Nescafé Cap Colombie* ebenfalls in Grossbritannien (1985), Belgien (1986) und Spanien (1986).[254] In anderen Ländern wurde das Konzept von *Nescafé Mocamba* als Mischung von Kaffeebohnen aus Afrika und Lateinamerika angepasst und unter neuen Markennamen aufgenommen: Der 1985 in der Bundesrepublik Deutschland lancierte *Nescafé Unser Bester* und der 1988 in der Schweiz eingeführte

250 AHN SG 11674, Nescafé Marketing Guidelines, 1982, und AHN F 5.4.1, Communication Marketing Nr. 15 Direction, Dezember 1983, S. 2–3.

251 AHN F 5.4.1, Communication Marketing Nr. 15 Direction, Dezember 1983, S. 5.

252 Der Name *Nescafé Mocamba* wies auf die Mischung von afrikanischen (Moca) und brasilianischen Kaffeebohnen (camba wie Samba) hin. Der Name *Nescafé Alta Rica* sollte an die Hochebenen in Lateinamerika (Alta) und das reiche Aroma des Kaffees (Rica) erinnern (AHN F 5.4.1, Communication Marketing Nr. 15 Direction, Dezember 1983, S. 3–4).

253 AHN SG 11674, Nescafé Marketing Guidelines, 1982, und AHN F 5.4.1, Communication Marketing Nr. 15 Direction, Dezember 1983, S. 3.

254 SBU Historic Nescafé Branding 1985–1995, Schrift «UK – Nestlé Soluble Coffee Retail Sales 1972–1987», August 1988, sowie AHN F 5.4.4, Communication Marketing Nr. 2/87, Februar 1987, S. 5, und ebenda, Communication Marketing Nr. 12/87, Juli 1987, S. 16.

Abbildung 25: Im Werbespot «The Train» bewegt sich ein mit Kaffee beladener Zug zu lateinamerikanischer Musik («La Colegiala») über hohe Viadukte und durch die kargen Berglandschaften der Anden, wo Kaffee angebaut wird. Mit diesem TV-Spot und der Lancierung der beiden Sorten *Alta Rica* und *Cap Colombie* begann sich die Marke *Nescafé* ab 1981 symbolische Qualitätsmerkmale anzueignen, die bis dahin dem Röstkaffee vorbehalten waren.

Nescafé Gold Ambiance enthielten eine Mischung von Arabica-Bohnen aus Costa Rica und Kenia,[255] womit sich auch bei dieser Sorte eine Premiumisierung abzeichnete: Anstelle der günstigen Robusta-Bohnen wurden nun milde kenianische Arabica-Bohnen verwendet. 1997 wurde *Nescafé Mocamba* schliesslich in *Nescafé Kenjara* umbenannt und mit hochklassigen kenianischen Bohnen aufgewertet.[256] Auch in Amerika lancierte Nestlé in den 1980er-Jahren zusätzliche Premium-Linien wie *Nescafé Ristreto* und *Nescafé Diplomat* (1984) in Mexiko, *Nescafé Casa Grande* und *Nescafé Requinte* in Brasilien oder *Taster's Choice Columbian* (1987) in den Vereinigten Staaten, um der Nachfrage nach hochwertigeren Kaffeesorten gerecht zu werden.[257]

Wachstum dank speziellen Marktbedingungen in Japan und Grossbritannien

Im Gegensatz zu Nordamerika und Kontinentaleuropa wurde auf den Britischen und japanischen Inseln bis Ende der 1970er-Jahre praktisch kein Bohnenkaffee getrunken,[258] weshalb die internationale Entwicklung zu vermehrtem Konsum von hochwertigem und prestigeträchtigem Kaffee in diesen beiden Ländern unter speziellen Vorzeichen stattfand: Unter Kaffee verstanden die Briten Instantkaffee – und mit Instantkaffee meinten sie *Nescafé*.[259]

Allerdings war die Marke durch die Inflation und die steigenden Einzelhandelspreise von günstigeren Löslichkaffeemarken stark angegriffen worden und verlor zusehends Marktanteile. Zudem wandten sich viele Engländer in den 1970er-Jahren aufgrund der hohen Kaffeepreise wieder dem preisgünstigeren Tee zu.[260] Nestlé reagierte auf diese Entwicklung, indem das Unternehmen die mehrfachen Preiserhöhungen in sachlichen Werbebotschaften zu erläutern versuchte: Unter Überschriften wie «Tell us the truth about coffee prices» erklärte Nestlé den frustrier-

255 AHN SG 9500-57, Dossier «Nescafé Gold 5ème Variété», 15. März 1988, und AHN K14 Werbesammlung Allemagne 1988, Wichtige Produktmeilensteine in der Entwicklung von Nescafé, 10. Mai 1988.

256 AHN SG 11535, Notiz von T an H. Maucher, 17. April 1997, und ebenda, Notiz von T an P. Brabeck, 9. Juni 1997.

257 Vergleiche dazu AHN F 5.4.4, Communication Marketing Nr. 7/85, Mai 1985, S. 2–4, und Communication Marketing Nr. 7/88, Mai 1988, S. 8, sowie AHN SG 400-57, Notiz «Brésil – Marché du café», 12. Januar 1989.

258 Sowohl in Grossbritannien als auch in Japan besass das Röstkaffeesegment Ende der 1970er-Jahre einen Anteil von etwa zehn Prozent am gesamten Kaffeemarkt (vergleiche dazu AHN SG 4600 Nescafé Japan 1970–1980, Notiz von B an S, 12. Mai 1980, und SBU CD Coffee Marketing Seminar 2001, Power-Point-Präsentation «Market Success Case: UK», 2001).

259 AHN SG 11544, Notiz «Zone IV Coffee Conference in Marysville/White Plains», 19. September 1984.

260 AHN F 5.4.4 Communication Marketing Nr. 13/78, Juni 1978, S. 6 und AHN SG 8500-57, Notiz «Visite à Londres le 15 avril 1982», 20. April 1982.

ten *Nescafé*-Konsumenten, dass es sich nicht lohne, anstelle ihrer Lieblingsmarke eine billigere Kaffeesorte zu wählen, da nicht nur der Preis, sondern auch der Geschmack dieses Kaffees billig sei. Den Anzeigen wurden zusätzlich Abtrenngutscheine beigegeben, die dem Kunden eine sofortige Ersparnis beim Kauf von *Nescafé* ermöglichten. Ausserdem startete Nestlé Ende 1977 in Grossbritannien die Fernsehkampagne «Best Beans». In dieser erklärte die damals beliebte Schauspielerin Nyree Dawn Porter, dass für sie nur *Nescafé* ein Kaffee von akzeptabler Qualität sei: «If I'm going to have a cup of coffee it has to be a good cup of coffee – and for me that's *Nescafé*. I don't think it's worth saving a penny here and there on my favourite drink. You know where you are with *Nescafé*.»[261]

Durch diese Werbeauftritte der Prominenz konnte sich *Nescafé* gegenüber dem traditionellen Tee als exklusives und modernes Produkt profilieren. *Nescafé* erhielt dadurch Ende der 1970er-Jahre jene emotionale Anziehungskraft, welche die Marke in Grossbritannien mit dem Nimbus des Kaffees mit den besten Bohnen umgab.[262] Ausserdem hatte *Nescafé* gegenüber den günstigeren Kaffeemarken den klaren Qualitätsvorteil, dass er aus Kaffeebohnen verschiedenster Provenienz bestand und dadurch einen wesentlich vielfältigeren und feineren Geschmack aufwies, als wenn nur brasilianische Bohnen verwendet wurden.[263]

In den 1980er-Jahren verfeinerte sich der Kaffeegeschmack der Briten, was sich unter anderem darin zeigte, dass immer weniger Milch in den Kaffee gegeben und kaum mehr Zichorienkaffee getrunken wurde.[264] Diesem Konsumtrend folgend, rückte Nestlé ab 1982 *Nescafé Gold Blend* ins Zentrum der Werbeanstrengungen,[265] der bis dahin aufgrund der fehlenden Konkurrenz durch den Röstkaffee wenig forciert worden war.[266]

Die Neulancierung von *Nescafé Gold Blend* zeigte sofort hervorragende Resultate: «The UK proposition that consumers will prefer the taste of *Gold Blend* to their own ground coffee has proven itself not only through the growth rates but also in the results of a recent image study which gives *Gold Blend* a superior

261 AHN F 5.4.4 Communication Marketing Nr. 13/78, Juni 1978, S. 6–8, und AHN F 5.4.4, Communication Marketing Nr. 12/90, Oktober 1990, S. 2.

262 SBU CD Coffee Marketing Seminar 2001, Power-Point-Präsentation «Market Success Case: UK», 2001.

263 AHN SG 8500-57, Notiz von AvR an B, 26. Juni 1980.

264 SBU CD Coffee Marketing Seminar 2001, Power-Point-Präsentation «Market Success Case: UK», 2001.

265 AHN F 5.4.4, Communication Marketing Nr. 1/85, Januar 1985, S. 6.

266 Im Vergleich zu anderen europäischen Ländern hatte *Nescafé Gold Blend* in Grossbritannien bis 1981 mit einem Anteil von etwa zehn Prozent am Gesamtumsatz nur eine marginale Bedeutung (SBU Historic Nescafé Branding 1985–1995, Schrift «UK – Nestlé Soluble Coffee Retail Sales 1972–1987», August 1988).

rating to any other instant coffee».[267] *Nescafé Gold Blend* war nun nahe dran, *Maxwell House* als zweitwichtigste Kaffeemarke Grossbritanniens zu verdrängen.[268]

Den endgültigen Durchbruch in Grossbritannien schaffte *Nescafé Gold Blend* schliesslich 1987 mit einem Werbespot, der zum Mythos wurde: Die Liebesgeschichte «Love over *Gold*» entpuppte sich als eine der erfolgreichsten Werbekampagnen Grossbritanniens. Sie bestand aus elf Fernsehspots zu je 40 Sekunden, wobei die einzelnen Spots als Fortsetzungsgeschichte nach dem Prinzip der bekannten TV-Seifenopern konzipiert waren. In dieser Geschichte, in der sich ein Paar über die gemeinsame Vorliebe für *Nescafé Gold Blend* kennenlernt, wurde die qualitative Überlegenheit von *Nescafé* raffiniert mit Status und Prestige verbunden. So waren es wohl nicht zufällig die «golden roasted Beans», die *Nescafé Gold Blend* einen reicheren und sanfteren Geschmack gaben.[269]

Ähnlich wie der britische entwickelte sich auch der japanische Markt: Dort machte es die Konzentration des Lebensmittelhandels in Supermärkten und die verstärkte Konkurrenz von billigen Instantkaffeeanbietern ab Mitte der 1960er-Jahre notwendig, der Marke *Nescafé* ein höheres Prestige zu geben. Ausserdem fürchtete Nestlé, dass General Foods die Stellung von *Nescafé* als führende Qualitätsmarke mit *Maxim* attackieren könnte.[270] Aus diesem Grund lancierte das Schweizer Unternehmen im September 1967 in Japan *Nescafé Gold Blend,* obwohl dieser mangels Fabrikationsanlagen sehr aufwendig aus Deutschland importiert werden musste.[271] Erst 1971 konnte die im japanischen Himeji errichtete *Nescafé*-Fabrik mit einer Gefriertrocknungsanlage ausgerüstet werden. Der spezielle Effort zahlte sich allerdings aus, denn *Nescafé Gold Blend* entpuppte sich sofort als Erfolgsprodukt und warf doppelt so hohe Gewinne ab wie der sprühgetrocknete *Nescafé,* da die Japaner sehr qualitätsbewusste Kaffeetrinker waren.[272]

Unter der Führung von *Nescafé* stieg der Instantkaffee bis Ende der 1970er-Jahre neben dem traditionellen Grüntee zum beliebtesten Getränk des Landes auf, wobei *Nescafé Gold Blend* damals auf den asiatischen Inseln als «das Beste vom Besten» galt, was ein Kaffee zu bieten hatte. Dieses Bild änderte sich jedoch, als *Nescafé Gold Blend* mit den steigenden Umsatzzah-

267 AHN F 5.4.1, Communication Marketing Nr. 15 Direction, Dezember 1983, S. 11.

268 Ebenda.

269 Nestec SA, Gazette Nestlé Nr. 58, Juli 1993, S. 4–5, und SBU CD Coffee Marketing Seminar 2001, Power-Point-Präsentation «Market Success Case: UK», 2001.

270 AHN SG 4600-57, Brief von Nestlé Japan an J.-C. Corthésy, 4. Februar 1968, und ebenda, Brief von Nestlé Japan an A, 5. September 1967.

271 AHN Rapport au Conseil d'Administration, 384. Séance, Traktandum 11c/d, 24. Juli 1968.

272 AHN F 5.4.4, Communication Marketing Nr. 14, Juni 1972, S. 16, und AHN SG 4600-57, Brief von Nestlé Japan an P. Liotard-Vogt, 26. März 1969.

Abbildung 26: In Grossbritannien wurde *Nescafé Gold Blend* zwischen 1987 und 1992 in elf kurzen TV-Spots mit einer witzigen und emotionsgeladenen Liebesgeschichte beworben. Ebenso wichtig wie die Werbespots waren die halbjährlichen Pausen dazwischen. Während diesen nahmen sich zahlreiche Frauenmagazine und Boulevardblätter der Geschichte an und rätselten über mögliche Fortsetzungen. Das öffentliche Interesse war dadurch bald so gross, dass eine neue Folge der Fortsetzungsgeschichte bereits zum Voraus in der Presse angekündigt wurde.

len den Charakter eines Massenartikels annahm und der Erfolg gleichzeitig die Konkurrenz auf den Plan rief: Im März 1975 lancierte General Foods mit *Maxim* ebenfalls einen gefriergetrockneten Instantkaffee in einer attraktiven, kostbar wirkenden Verpackung. Langfristig war es für Nestlé deshalb ratsam, in Japan eine dritte *Nescafé*-Generation einzuführen, welche *Nescafé Gold Blend* und *Maxim* bezüglich Qualität und Ansehen nochmals übertraf und vom Geschmack her mit einem hochwertigen Röstkaffee vergleichbar war.[273] Aufgrund der speziellen Marktverhältnisse erhielt die japanische Tochtergesellschaft 1978 als einzige von der Nestlé-Führung in Vevey die Erlaubnis, eine «Super-Premium»-Linie oder dritte *Nescafé*-Generation einzuführen.[274]

Am 25. Februar 1980 lancierte die japanische Filiale diese dritte Generation in Tokio und Osaka als Luxuskaffee für anspruchsvolle Kaffeeliebhaber unter der Marke *Nescafé President*. In der Werbung wurde das neue Produkt als hochklassiger Kaffee aus den edelsten Bohnen dargestellt, der selbst den hohen Ansprüchen an europäischen Adelshäusern zu genügen wusste. Mit *Nescafé President* sollte vor allem der qualitäts- und prestigebewusste Kaffeekenner aus der oberen Mittelschicht und Oberschicht angesprochen werden, dem bisher nur Bohnenkaffee gut genug war.[275] Die neue Sorte erschloss zwar keinen grossen Kundenkreis und blieb dementsprechend ein Nischenprodukt,[276] trug aber wesentlich zur Stärkung des Markenbildes von *Nescafé* als *die* Qualitätsmarke auf dem japanischen Kaffeemarkt bei.

Während der Konsumtrend zu hochklassigerem Kaffee die Umsatzzahlen von *Nescafé* durch die verstärkte Konkurrenz des Röstkaffees in den meisten Industriestaaten stagnieren (Europa) oder sogar sinken (Vereinigte Staaten) liess, profitierte die Marke in den «Teetrinkernationen» Grossbritannien und Japan aufgrund der geringen Verbreitung des Bohnenkaffees vom neuen Prestigebewusstsein der Konsumenten:[277] In Grossbritannien nahm der Kaffeekonsum in den 1980er-Jahren auf Kosten des Tees deutlich zu, zudem konnte die Marke *Nescafé* ihren Marktanteil von 39 Prozent auf 52 Prozent ausbauen! Besonders spektakulär war der Anstieg im Premium-Segment, wo sich das Absatzvolumen von *Nescafé Gold Blend* vervierfachte.[278]

273 AHN SG 4600-57, Rapport von B an S, 23. Dezember 1977, und AHN F 5.4.4, Communication Marketing Nr. 13/80, August 1980, S. 6–7.

274 AHN SG 11544, Schrift «Nescafé conférence», 8. Mai 1978.

275 Vergleiche dazu AHN F 5.4.4, Communication Marketing Nr. 13/80, August 1980, S. 6–7, sowie die jeweiligen Reklamen für *Nescafé President* in AHN K 16 Werbesammlung Japan 1981 und Japan 1982.

276 Vergleiche die Statistiken in SBU, World of Coffee, 1980–1990.

277 Ebenda.

278 SBU CD Coffee Marketing Seminar 2001, Power-Point-Präsentation «Market Success Case: UK», 2001.

Die spontane Kaffeewahl mit *Nescafé* – die Erweiterung von Marke und Unternehmen

Nescafé öffnet sich neuen Kaffeetrends

Nachdem *Nescafé* bis 1983 eine reine Instantkaffeemarke gewesen war, führten die neuen Modeströmungen auf dem Kaffeemarkt dazu, dass die Nestlé-Führung am 16. April 1984 ihre bisherige Markenpolitik aufgab und die Verwendung der Marke auch auf andere Kaffeeprodukte ausdehnte.[279]

Besonders interessiert war das Schweizer Unternehmen an einem Einstieg ins Röstkaffeesegment, daneben sollten aber auch fertige Milchkaffeemischungen, Kaffeespezialitäten wie Cappuccino, Mischungen von Löslichkaffee mit Röstkaffee (sogenannter Türkisch-Kaffee), Kaffeesirup-Konzentrate, Zuckerkaffee sowie kalter, trinkfertiger Dosenkaffee neu unter der Marke *Nescafé* verkauft werden dürfen, sofern diese als Qualitätsartikel wahrgenommen wurden und den Ruf der Marke nicht schädigten. So durften beispielsweise Zuckerkaffee und Zichorien-Kaffee-Mischungen auf den europäischen Märkten nur unter der Marke *Nestlé* verkauft werden, weil diese dort teilweise als minderwertigen Ersatzkaffee wahrgenommen wurden. Auf anderen Kontinenten wie Amerika dagegen, wo Zichorien nicht mit Ersatzkaffee assoziiert wurden und der gezuckerte «Café Torrado» traditionell als Kaffee galt, wurde die Bezeichnung *Nescafé* gestattet.[280] Auf diese Weise kam Ende der 1980er-Jahre die kanadische Zichorien-Kaffee-Mischung *Encore* (1988) unter das Dach von *Nescafé*,[281] während Nestlés Zuckerkaffee in Lateinamerika die Bezeichnung *Nescafé Dolca* erhielt.[282] In Südafrika war der milde Geschmack des Zichorienkaffees sogar so stark in die Kaffeetradition des Landes übergegangen, dass die Kaffeekonsumenten am Kap der Guten Hoffnung selbst mit steigendem Einkommen nicht auf den reinen Instantkaffee umstiegen, sondern einen qualitativ

279 Die Schriften über die Markenpolitik von *Nescafé* verorten die Ausweitung der Marke über das Instantkaffeesegment hinaus eindeutig ins Jahr 1984. Trotzdem gab es gewisse Länder, in denen *Nescafé* bereits 1983 als Bohnenkaffe auftauchte (vergleiche dazu SBU Historic Nescafé Branding 1985–1995, Schrift «Politique de la marque», 16. April 1984, AHN SG 11542, Schrift «Politique de marque Nescafé», 27. Mai 1988, und AHN F 5.4.4, Communication Marketing Nr. 17/83, November 1983, S. 1).

280 SBU Historic Nescafé Branding 1985–1995, Schrift «Politique de la marque», 16. April 1984.

281 AHN SG 11542, «Schrift Politique de marque Nescafé», 27. Mai 1988, und AHN SG 11537, Schrift «Soluble coffee Report – December 1988», 16. Januar 1989.

282 SBU Historic Nescafé Branding 1985–1995, Schrift «Politique de Marque Nescafé», 21. August 1990.

besseren Zichorienkaffee wünschten.[283] Daher erlaubte Nestlé Ende der 1990er-Jahre, *Ricoffy* ebenfalls unter der Dachmarke *Nescafé* auf den Markt zu bringen.[284]

Mit der Ausweitung des Aktionsfelds auf den gesamten Kaffeebereich fand die Auffrischung der Marke *Nescafé* nach ihrer Reorganisation eine entscheidende Fortsetzung: Einerseits sollte sich *Nescafé* mit der Expansion ins Bohnenkaffeegeschäft noch stärker als Qualitätsmarke entfalten können. Andererseits wurden unter der Marke neue Kaffeeprodukte etabliert, die dem Konsum- und Lebensstil der Jugendlichen entsprachen und *Nescafé* wieder neue Dynamik verliehen.[285]

Bohnenkaffee wollte Nestlé vor allem im Hochpreissegment anbieten.[286] Das Unternehmen erhoffte sich dadurch wertvolle Werbesynergien, indem das hohe Ansehen des Bohnenkaffees auch auf den löslichen *Nescafé* abfärbte. Mit dem Bogenschlag zwischen Bohnen- und Löslichkaffee sollte endgültig dem Problem entgegengewirkt werden, dass *Nescafé* in gewissen Ländern nicht als vollwertiger Kaffee betrachtet oder als Synonym für Löslichkaffee verwendet wurde.[287]

Die Ausweitung der Marke *Nescafé* ins Territorium des Bohnenkaffees erschien Nestlé vor allem in jenen Ländern sinnvoll, wo sich noch keine starke nationale Röstkaffeemarke ausgebreitet hatte. Im Fokus standen dabei die beiden Teenationen Grossbritannien und Japan.[288] Auf den Britischen Inseln stieg der Konsum von Bohnenkaffee mit der Verbreitung der automatischen Kaffeemaschine, weshalb Nestlé im September 1984 *Nescafé Gold Blend* in Grossbritannien ebenfalls als Röstkaffee einführte. Einen Monat später wurde aus ähnlichen Überlegungen auch in Japan eine Geschenkpackung unter der Marke *Nescafé* angeboten, welche fünf Bohnenkaffeesorten enthielt.[289] Die Lancierung von Bohnenkaffee unter der Marke *Nescafé* war in diesen beiden Ländern eher defensiver Natur. Sie erlaubte eine gewisse Kontrolle über den Röstkaffeemarkt und half, den Instantkaffeemarkt zu verteidigen.[290]

283 AHN F 5.4.4, Communication Marketing Nr. 16/86, Oktober 1986, S. 13.

284 SBU OBT Chrono 1999, Schrift «Nescafé and Ricoffy Southern Africa», 22. Juli 1999.

285 SBU Historic Nescafé Branding 1985–1995, Schrift «Coffee Branding Principles», 16. April 1984, und ebenda, Schrift «Politique de la Marque R & G», August 1987.

286 AHN SG 11544, Notiz «Zone IV Coffee Conference in Marysville/White Plains», 19. September 1984.

287 SBU Historic Nescafé Branding 1985–1995, Schrift «Coffee Branding Principles», 16. April 1984, und SBU Historic Nescafé Branding 1985–1995, Schrift «Politique de la Marque R & G», August 1987.

288 AHN SG 11535, Notiz von M an G, 6. Juni 1976.

289 Bei diesen fünf Sorten handelte es sich um *Nescafé Mocha Blend* aus Äthiopien, *Nescafé Kilimanjaro Blend* aus Kenia, *Nescafé Columbian Blend* mit kolumbianischen Bohnen, *Nescafé America Blend* nach amerikanischen Stil und *Nescafé Blue Mountain Blend* mit Blue-Mountain-Kaffee aus Jamaika (AHN SG 4600-57, Notiz von B an S, 12. Mai 1980, sowie AHN F 5.4.4, Communication Marketing Nr. 1/85, Januar 1985, S. 4–6, sowie AHN [ohne Signatur], Inventory of most innovative products launched in 1984, März 1985, S. 11–12).

290 SBU Historic Nescafé Branding 1985–1995, Schrift «Politique de la Marque R & G», August 1987.

Des Weiteren führte Nestlé 1984 auch *Nescafé Alta Rica, Nescafé Cap Colombie* und *Nescafé Mocamba* in Frankreich sowie *Nescafé Casa Grande* in Brasilien als Bohnenkaffee ein. Erstaunlich war dabei, dass *Nescafé* als Röstkaffeemarke sofort akzeptiert wurde, obwohl Nestlé auf diesem Gebiet keine spezielle Erfahrung hatte. Aber offenbar trauten die Konsumenten der besten Löslichkaffeemarke problemlos zu, auch einen guten Bohnenkaffee herstellen zu können.[291]

Eine ganz andere Strategie wählte das Schweizer Unternehmen dagegen in Märkten, wo starke Röstkaffeemarken den Einstieg von *Nescafé* ins Bohnenkaffeegeschäft von Anfang an illusorisch erscheinen liessen, indem es dort traditionelle Kaffeeunternehmen aufkaufte:[292] In den Vereinigten Staaten übernahm Nestlé 1985 Hills Brothers und M.J.B.[293] sowie 1988 die Firma Sark's Gourmet Coffee.[294] Darüber hinaus wurde das Unternehmen ebenfalls in der Bundesrepublik Deutschland (Dallmayr), Spanien (La Estrella und Brasilia) und Schweden (Kalaskaffe und Kaffeeboenans) über Akquisitionen im Röstkaffeegeschäft tätig.[295]

Der Einstieg ins Bohnenkaffeegeschäft führte aber weder zu einem vermehrten Konsum von *Nescafé* als Löslichkaffee, noch konnte die qualitative Überlegenheit beim Bohnenkaffee in demselben Masse wie beim Instantkaffee gewährleistet werden: Während *Nescafé* durch die fortwährende Verbesserung der technischen Verfahren im Löslichkaffeesegment immer einen gewissen Qualitätsvorsprung gegenüber der Konkurrenz hatte, war die Innovationsfähigkeit im Röstkaffeesegment begrenzt. Deshalb entschied sich der Nestlé-Verwaltungsrat am 16. August 1988, keinen Bohnenkaffee mehr unter der Marke *Nescafé* zu verkaufen.[296] Dies schloss jedoch nicht aus, dass auch später Verbindungen zwischen Instant- und Röstkaffee immer wieder gesucht wurden: zum Beispiel 1989 mit *Nescafé Orient Mokka,* der in Deutschland unter dem Motto «Schwarz wie die Nacht. Geheimnisvoll wie der Orient» als Türkisch-Kaffee orientalischer Tradition eingeführt wurde,[297] oder 1998 mit *Nescafé Koumibaisen*

291 SBU Historic Nescafé Branding 1985–1995, Schrift «Politique de la Marque R&G», August 1987, und AHN SG 400-57, Notiz «Brésil – Marché du café», 12. Januar 1989.

292 AHN SG 11544, Notiz «Zone IV Coffee Conference in Marysville/White Plains», 19. September 1984.

293 Jahresbericht Nestlé 1985, S. 13.

294 Pendergrast, Kaffee, S. 389.

295 Bereits zuvor war Nestlé mit *Cain's Coffee* in den Vereinigte Staaten, *Bourbon* in Italien und *Bonka* in Spanien tätig gewesen (Nestec SA, Gazette Nestlé Nr. 2, April 1986, S. 6).

296 SBU Historic Nescafé Branding 1985–1995, Schrift «Politique de Marque R&G», August 1987, und ebenda, Auszug aus der Besprechung der Generaldirektion, 16. August 1988.

297 *Nescafé Orient Mokka* bestand aus 70 Prozent sprühgetrocknetem Instantkaffee und 30 Prozent feinem Bohnenkaffee. Die Mischung bestand aus verschiedenen ostafrikanischen Kaffeesorten, die dem Produkt den typischen, starken Mokka-Geschmack gaben (AHN K 14 Werbesammlung Deutschland 1989, Werbung «Nescafé Orient Mokka – Genuss, der verzaubert», 1989, und AHN F 5.4.4, Communication Marketing Nr. 7/91, Juni 1991, S. 9).

in Japan, der zusammen mit *Nescafé President* zu den Spitzenkaffees der dritten *Nescafé*-Generation zählt.[298]

Weit wichtiger als das Abenteuer ins Röstkaffeesegment war Nestlé, dass *Nescafé* mit neuen, attraktiven Kaffeeprodukten unter der jungen Bevölkerung wieder an Popularität gewann, denn Kaffee und insbesondere Löslichkaffee verlor unter den Heranwachsenden als Getränk ihrer Eltern oder Grosseltern, von denen sich die Jugendlichen bewusst abheben wollten, immer mehr an Ansehen.[299] «If the habit of drinking coffee was not established in teenage and early adult years a whole generation of potential coffee drinkers would be lost. Coffee would then be in the same position as tea, which has failed to rejuvenate its consumer profile»,[300] beschrieb die britische Nestlé-Tochtergesellschaft das Problem der langfristigen Überalterung der Instantkaffeekunden.

Die Jugendlichen mochten kalte Getränke wie Softdrinks, Bier und Fruchtsäfte – also musste Nestlé seinem jungen Publikum vermehrt kalte Kaffeegetränke unter der Marke *Nescafé* anbieten.[301] Dabei nahm das Unternehmen bereits bestehende Konsummöglichkeiten wie trinkfertigen Dosenkaffee oder *Nescafé* als Frappé wieder auf, um in den heissen Sommermonaten den jungen Konsumentinnen und Konsumenten *Nescafé* näher zu bringen.[302]

Ausserdem wurde die Integration der italienischen Espresso-Kultur ins Angebot von *Nescafé* als vielversprechend angesehen, weil sich diese in den 1980er-Jahren weltweit auszubreiten begann und bei den Jugendlichen auf grosse Gegenliebe stiess.[303] In Nordamerika war zusätzlich das Gourmetkaffee-Segment von Interesse, dessen Marktanteil in den 1980er-Jahren von 2,2 Prozent auf zehn Prozent angestiegen war – nicht zuletzt aufgrund der vielfältigen Geschmacksprofile, welche den Gourmet-Kaffeespezialitäten ein elegantes und modisches Selbstverständnis gaben.[304]

298 Nestlé Japan SA, Good food, good life, S. 7.
299 Roseberry, The Rise of Yuppie Coffees, S. 764–765.
300 AHN F 5.4.4, Communication Marketing Nr. 12/90, Oktober 1990, S. 2.
301 Nestec SA, Gazette Nestlé Nr. 5, Dezember 1984, S. 4.
302 Vergleiche dazu zum Beispiel AHN T CR 305 Z-AOA Japan Correspondence 1995–1999, Schrift «Nestlé Japan – Market visit», 18. Dezember 1995, und AHN F 5.4.4, Communication Marketing Nr. 15/85, September 1985, S. 1.
303 AHN [ohne Signatur], Nestlé Info Nr. 5/85, Dezember 1985, S. 2.
304 1980 betrug der Marktanteil des Röstkaffees in den Vereinigten Staaten 80 Prozent, gefolgt vom Instantkaffee mit 17 Prozent, während der Gourmetkaffee mit 2,2 Prozent Marktanteil noch unbedeutend war. Bis 1990 konnte der Bohnenkaffee seinen Marktanteil halten. Der hochwertige Gourmetkaffee überflügelte nun aber mit zehn Prozent Marktanteil den Instantkaffee mit einem Anteil von neun Prozent knapp (AHN SG 1100-57, Dokument «GE/WOC2.prs», 4. August 1994).

Das kalte Kaffeevergnügen mit *Nescafé Frappé* und Dosenkaffee

Während sich Bier, Fruchtsäfte oder Softdrinks als kühle Erfrischungsgetränke einer grossen Nachfrage erfreuten, waren Heissgetränke wie Kaffee in der warmen Jahreszeit wenig beliebt. In einigen Mittelmeerländern, den Vereinigten Staaten und Japan wurde Kaffee im Sommer aber auch kalt serviert.[305] Die Herstellung von Eiskaffee mit Bohnenkaffee war allerdings sehr mühsam, umständlich und zeitaufwendig: Die Kaffeebohnen mussten zuerst gemahlen und dem Kaffeepulver zur Filterung heisses Wasser beigegeben werden, wobei der warme Kaffee danach mit Eiswürfeln gleich wieder abgekühlt wurde. Mit Löslichkaffee dagegen liess sich ein eisgekühlter Kaffee auch zu Hause in drei Minuten herstellen.[306] Dabei wurde *Nescafé* mit Zucker und Eiswürfeln gemischt und nach Belieben mit Milch ergänzt.[307]

Es gab verschiedene Arten, wie ein Eiskaffee zubereitet werden konnte. Am erfolgreichsten war der kalt servierte *Nescafé* in Griechenland, wo der Instantkaffee als Frappé in einem Shaker geschüttelt wurde.[308] Obwohl sich die Erfolgswelle von *Nescafé* als Frappé anhand der seinerzeit durchgeführten Untersuchungen nicht mehr vollständig rekonstruieren lässt, scheint es sehr plausibel, dass der geschüttelte Eiskaffee in den 1960er-Jahren populär wurde. Betrug der Löslichkaffeekonsum in Griechenland 1960 noch fünf Prozent, stieg er bis 1975 auf 21 Prozent an.[309] Dabei wurde über ein Drittel des Instantkaffees von den Griechen in kalter Form als Frappé getrunken.[310] Bis Ende der 1970er-Jahre kam die Idee vom geschüttelten Kaffee so gut an, dass mancher Grieche selbst im Winter noch einen kalten «Café Frappé» trank.[311]

Aufgrund dieser Gewohnheit stieg der Anteil des Instantkaffees am gesamten griechischen Kaffeemarkt bis 1983 auf 45 Prozent an. Dabei etablierte sich *Nescafé* als klarer Marktführer. Als Frappé war er in allen Bevölkerungsschichten verbreitet, insbesondere auch bei den Jugendlichen.[312] Denn im Gegensatz zum traditionellen Kaffee stellte der kalte Drink auch auf Disco-Parties

305 Vergleiche dazu Nestec SA, Gazette Nestlé Nr. 4, August 1988, S. 10, sowie die Ausführungen im Kapitel «Flaggschiff und Flotte – Nestlés Expansion auf dem Gebiet der Instantprodukte», S. 149–150, und im Kapitel «Vom standardisierten zum individuellen Markenprodukt – Wirtschaftskrise und Gesellschaftswandel führen zu neuen Konsumbedürfnissen», S. 273–274.

306 Nestec SA, Gazette Nestlé Nr. 4, August 1988, S. 10.

307 AHN F 5.4.1, Communication Marketing Nr. 14 Direction, Juli 1983, S. 1.

308 Ebenda.

309 AHN F 5.4.4, Communication Marketing Nr. 8/77, April 1977, S. 4.

310 AHN SG 6800-57, Schrift «Greece Bottled Cold Coffee Beverage Opportunity», 22. Dezember 1976.

311 AHN F 5.4.4, Communication Marketing Nr. 8/77, April 1977, S. 4–5.

312 Über die Hälfte des griechischen *Nescafé*-Konsums fand 1983 in kalter Form und in der Öffentlichkeit statt (AHN F 5.4.1, Communication Marketing Nr. 14 Direction, Juli 1983, S. 3–4).

und an Musikanlässen eine willkommene Erfrischung dar.[313] Bis zur Jahrtausendwende entwickelte sich *Nescafé Frappé* zu einem der populärsten Kaltgetränke Griechenlands, das auf der Beliebtheitsskala selbst *Coca-Cola* übertraf.[314]

Der Erfolg des eiskalten Schüttelkaffees in Griechenland brachte das Departement Instantgetränke in Vevey auf die Idee,[315] *Nescafé* auch in anderen Ländern als Eiskaffee anzubieten. Dabei erhoffte sich Nestlé, in der heissen Jahreszeit den Instantkaffeekonsum langfristig steigern zu können. Vielversprechend war *Nescafé* als Frappé auch, weil damit sowohl Röstkaffeekunden als auch junge Konsumenten angesprochen werden konnten – genau jene Konsumenten also, die dem Löslichkaffee immer mehr den Rücken zugekehrt hatten.[316] Das Konzept hatte zudem den Vorteil, dass der Instantkaffee an den wesentlich höheren Preisen der Softdrinks gemessen wurde und die Bevölkerung weit weniger preissensitiv reagierte als beim Kaffee als Heissgetränk.[317]

1985 propagierte Nestlé *Nescafé* testweise als Frappé in Frankreich, wo bis zu diesem Zeitpunkt praktisch kein Eiskaffee getrunken und der Bohnenkaffee in der Öffentlichkeit dem Löslichkaffee klar vorgezogen wurde. Die Resultate zeigten allerdings rasch, dass sich die Werbekonzepte aus Griechenland an der französischen Côte d'Azur nicht bewährten: der Kaffee wurde nur als Aroma in kaltem Wasser betrachtet und dadurch vollkommen entwertet. Begannen die Franzosen dagegen mit dem Shaker den Kaffee zu schütteln, kam Bewegung und Leben ins Spiel, was für eine positive Wahrnehmung des Getränks sorgte. Entsprechend wurde der Eiskaffee in der Werbebotschaft «L'été café, c'est frappé – Frappez *Nescafé*» eindeutig mit dem Schütteln verbunden.[318] Nachdem in Frankreich die nötigen Erfahrungen gesammelt worden waren, wurde der kalte Schütteldrink auch in anderen Ländern eingeführt:[319] In verschiedenen europäischen Märkten wurde der sprühgetrocknete *Nescafé Classic* im Sommer 1986 als *Frappé* oder *Glace* vermarktet und in Asien als *Shake* angeboten.[320]

313 AHN F 5.4.4, Communication Marketing Nr. 15/87, September 1987, S. 2.

314 AHN F 5.4.4, Communication Marketing Nr. 3/03, März 2003, S. 3.

315 Nestec SA, Gazette Nestlé Nr. 4, August 1988, S. 10.

316 AHN SG 11535, Schrift «Nescafé Frappé Project Update», November 1985.

317 AHN F 5.4.1, Communication Marketing Nr. 20 Direction, April 1986, S. 2–4.

318 AHN SG 11535, Schrift «Nescafé Frappé – The 1985 french test market experience», Januar 1986.

319 AHN SG 11535, Schrift «The 1985 french test market experience», 24. Januar 1986.

320 1986 wurde *Nescafé* in den Mittelmeerländern Griechenland, Zypern, Spanien, Portugal, Italien, Frankreich sowie in Österreich, der Bundesrepublik Deutschland, Grossbritannien, der Schweiz, Südafrika, Kanada, Mexiko und Chile als «Frappé» verkauft. In Asien wurde *Nescafé* in Japan, Indien, Malaysia, Singapur, Taiwan, Thailand, Indonesien, Hong Kong sowie auf den Philippinen als «Shake» propagiert (AHN SG 11535, Schrift «Nescafé Frappé Project Update», November 1985, und Nestec SA, Gazette Nestlé Nr. 4, August 1988, S. 10).

Als Modebewegung sollte der kalte Café Frappé zur Verjüngung der Marke *Nescafé* beitragen.[321] Mit speziellen Promotionen wie der Wahl des «*Nescafé Shake*-Girls» sorgte die Kampagne in Thailand nicht nur bei den Jugendlichen, sondern ebenso bei den älteren Leuten für Aufsehen.[322] Dabei wurde der kalte Instantkaffee wie ein Softdrink als erfrischendes Getränk propagiert, gleichzeitig aber mit den spezifischen Vorteilen des Kaffees verbunden:[323] Nicht die Erfrischung nach der sportlichen Leistung wie beim Softdrink, sondern die gelassene Atmosphäre beim lockeren Gespräch oder beim Zuhören von Jazz-Musik stand beim Kaffeegenuss von Café Frappé im Vordergrund. Der sentimentale und soziale Charakter des Kaffees wurde also betont.[324]

Parallel dazu wurde *Nescafé* als Frappé 1986 in der Bundesrepublik Deutschland entscheidend weiterentwickelt. Das Trendprodukt kam dort erstmals in einer Beutelpackung als fertige Mischung, bestehend aus Instantkaffee und Zucker, auf den Markt. Damit wurde *Nescafé Frappé* zu einer eigenen Produktkategorie.[325] Weil Marktumfragen ergaben, dass die Jugendlichen *Nescafé Frappé* am liebsten mit Milch tranken, bot Nestlé ab 1990 zusätzlich eine Mischung an, die neben *Nescafé* und Zucker auch bereits die Milch in Pulverform enthielt.[326] Gleichzeitig erschien *Nescafé Frappé* auf zahlreichen Märkten ebenfalls als «Ready-to-Drink»-Getränk in aseptischen Tetrapackungen.[327] Dadurch entwickelte sich der kalte Schütteldrink aus Griechenland bei den jungen Kaffeekonsumenten in Zentral- und Nordeuropa zu einem beliebten Kaffeearoma in kalter Milch. *Nescafé Frappé* – ob geschüttelt oder als aromatisierte Milch – entpuppte sich in Europa als geeignetes Mittel, um die Jugendlichen wieder für Kaffee zu begeistern.[328]

In Mexiko dagegen widerstrebte den Verbrauchern schon der Gedanke, dass Kaffee kalt statt heiss getrunken werden konnte, und die Japaner tranken Eiskaffee vor allem zur Entspannung oder gegen die Müdigkeit, weshalb vielen von ihnen das Schütteln von *Nescafé Shake* zu mühsam war.[329] Dagegen erlebte der kalte Dosenkaffee in Japan ab den 1970er-Jahren einen

321 AHN SG 11535, Schrift «Nescafé Frappé Project Update», November 1985.
322 AHN F 5.4.4, Communication Marketing Nr. 8/93, August 1993, S. 2.
323 AHN F 5.4.1, Communication Marketing Nr. 14 Direction, Juli 1983, S. 1.
324 AHN F 5.4.4, Communication Marketing Nr. 7/92, Juli 1992, S. 5–6.
325 Ebenda, S. 5.
326 AHN F 5.4.4, Communication Marketing Nr. 3/91, März 1991, S. 5–7.
327 Als Test für die spätere Einführung von *Nescafé Frappé* als «Ready-to-Drink»-Getränk wurde ab 1985 die Zichorien-Kaffee-Mischung *Incarom* in dieser Form angeboten (AHN SG 11535, Schrift «Nescafé Frappé Project Update», November 1985, und AHN F 5.4.4, Communication Marketing Nr. 12/90, Dezember 1990, S. 4).
328 AHN F 5.4.4, Communication Marketing Nr. 7/92, Juli 1992, S. 5.
329 AHN F 5.4.4, Communication Marketing Nr. 8/77, April 1977, S. 1–3 und Communication Marketing Nr. 15/87, September 1987, S. 3.

enormen Zulauf:[330] Mit der zunehmenden Hektik im japanischen Alltagsleben blieb am Morgen immer weniger Zeit zur Musse. Der Morgenkaffee wurde daher immer öfter auf dem Arbeitsweg aus der Kaffeedose getrunken.[331] Zwischen 1977 und 1985 wies der auf diese Weise konsumierte Kaffee jährliche Wachstumsraten von 30 Prozent auf.[332] Mitte der 1990er-Jahre umfasste das Dosenkaffeegeschäft fast einen Viertel des gesamten japanischen Kaffeemarktes.[333] Damit stellte das Land der aufgehenden Sonne mit Abstand den grössten Markt für «Ready-to-Drink»-Dosenkaffee dar.[334]

Das Geschäft mit trinkfertigen Kaffeedosen war nicht nur ein äusserst dynamischer Wachstumsmarkt, sondern ebenso hart umkämpft: Während sich Coca-Cola und die Ueshima Coffee Company als Marktführer etablieren konnten, besass Nestlé 1982 als neuntgrösstes Unternehmen nur einen Marktanteil von 2,6 Prozent. Der unterschiedliche Erfolg hing im Wesentlichen mit dem Vertriebsweg zusammen: Die japanische Jugend konsumierte den trinkfertigen Dosenkaffee im Vorbeigehen auf der Strasse oder im Ausgang. Etwa zwei Drittel des Dosenkaffeegeschäfts von Nestlé lief daher über Getränkeautomaten an den Strassenecken ab. Im Gegensatz zu UCC und Coca-Cola verfügte Nestlé aber über kein eigenes Vertriebssystem von Getränkeautomaten, wodurch sich die beiden Konkurrenten einen entscheidenden Vorteil verschaffen konnten.[335] Um dieses Defizit wettzumachen, schloss Nestlé im Februar 1990 mit Otsuka Beverage, dem zweitgrössten Getränkeverteiler in Japan, einen Vertrag zum Vertrieb von «Ready-to-Drink»-Getränken ab. Nestlé stellte als Kaffeespezialist die Produkte her, Otsuka brachte sie danach über ihre Kanäle an die Kunden.[336]

Im September 1990 wurde über diesen neuen Vertriebsweg erstmals trinkfertiger Dosenkaffee unter der Marke *Nescafé* auf den Markt gebracht. Mit dem Einstieg ins «Ready-to-Drink»-Geschäft schlug *Nescafé* eine Brücke zwischen Instantkaffee und gezuckerten Kaltgetränken. Dadurch kam die an Softdrinks gewohnte, junge Generation auf den Geschmack des Kaffees, und *Nescafé* erhielt den Ruf einer jugendlichen und mo-

330 1973 wurde etwa 3,3 Millionen Dosen verkauft, 1983 waren es bereits 100 Millionen Dosen (AHN F 5.4.4, Communication Marketing Nr. 14/84, September 1984, S. 5).

331 SBU OBT Strategic Papers 1991–1996, Schrift «Strategic Paper – RTD Coffee», 20. September 1996.

332 Nach 1985 begann sich das Wachstum des «Ready-to-Drink»-Dosenkaffeesegments in Japan abzuschwächen (SBU HKW BPW 2004, Schrift «The RTD Coffee Market in Japan», 1. Dezember 1992).

333 AHN T CR 305 Z-AOA Japan Correspondence 1995–1999, Schrift «Nestlé Japan – Market visit», 18. Dezember 1995.

334 Vergleiche dazu die Statistiken in SBU, World of Coffee, 1994.

335 Nestlé war mit den drei Sorten *Nestlé Canned Coffee, Nestlé Café au lait* und *Nestlé Hi-Blend* auf dem japanischen Markt tätig (AHN F 5.4.4, Communication Marketing Nr. 14/84, September 1984, S. 5–6).

336 AHN F 5.4.4, Communication Marketing Nr. 15/90, November 1990, S. 11.

dernen Marke zurück, den *Nescafé Excella* und *Nescafé Gold Blend* als etablierte Kaffeemarken längst verloren hatten.[337] Obwohl sich mit *Nescafé Santa Marta* (lanciert 1993) und *Nescafé Montealban* (1994) zwei Sorten auf diesem Gebiet zu etablieren vermochten,[338] blieb der Erfolg der Marke im japanischen «Ready-to-Drink»-Segment insgesamt aber eher bescheiden.[339]

Nescafé Cappuccino: mit italienischem Flair zu neuem Wachstum

«Espresso galt früher als der letzte Dreck. Seit die Leute nach Italien gehen, ist Espresso gefragt»,[340] schrieb 1968 das Verbrauchermagazin «DM». Nachdem Tüftler um 1900 in Italien die ersten Espresso-Maschinen entwickelt hatten, gelang es Achille Gaggia ein halbes Jahrhundert später, unter zwölffachem Atmosphärendruck zusätzliche Kaffeeöle und spezielle Aromastoffe aus der Kaffeebohne zu extrahieren, die dem Espresso seine typische «Crema» – ein feines Schäumchen auf der Oberfläche – verliehen.[341] Weil die Herstellung eines guten Espresso-Kaffees zu Hause nicht einfach und Espresso-Maschinen relativ teuer waren, wurde dieser bis in die 1980er-Jahre hinein vorwiegend auswärts an der Bar oder in Restaurants konsumiert.[342]

Mit der Espresso-Kultur eng verknüpft ist auch die Tradition des Cappuccinos: Als Cappuccino wurde in Italien bis in die 1930er-Jahre ein normaler Milchkaffee bezeichnet.[343] Erst ab den 1940er-Jahren entwickelte sich der italienische Milchkaffee zum heutigen Cappuccino mit seinem luftigen Milchschaum weiter. Dabei sind Espresso und Cappuccino-Schaum insofern miteinander verwandt, als die Milch zur Herstellung des typischen Cappuccino-Schaums ebenfalls maschinell erhitzt wird.[344] 1977 nahm Nestlé die italienische Tradition des Cappuccinos in ihr Instantkaffeesortiment auf, indem das Unternehmen in Italien einen fertigen Milchkaffee in Portionenpackungen – bestehend aus Löslichkaffee, Milchpulver und Süssstoffen – unter der Marke *Nestlé*

337 AHN F 5.4.4, Communication Marketing Nr. 15/90, November 1990, S. 11, und AHN T CR 305 Z-AOA Japan Correspondence 1995–1999, Schrift «Nestlé Japan – Market visit», 18. Dezember 1995.

338 Jahresbericht Nestlé 1994, S. 22.

339 SBU OBT Chrono 1999, Schrift «The Ready-to-Drink Strategies for Coffee, Cocoa and Tea», 1999.

340 Verbrauchermagazin «DM» vom Juni 1968, S. 42.

341 Morris, Making Italian Espresso, S. 168.

342 AHN F 5.4.4, Communication Marketing Nr. 2/86, Februar 1986, S. 1.

343 Das Wort «Cappuccino» leitet sich vermutlich von der ähnlich bräunlichen Kutte der Kapuzinermönche ab (Morris, Making Italian Espresso, S. 166).

344 Morris, The cappuccino conquest [ohne Seitenzahl].

Cappuccino einführte. Damit versuchte das Schweizer Unternehmen den in Bars und Restaurants beliebten Cappuccino auch für den Hausgebrauch zugänglich zu machen.[345]

In den 1980er-Jahren kam die Tradition des kleinen Espresso mit der Verbreitung der Pizzerien auch in Nordeuropa auf, und über Kaffeebars erreichten die italienischen Kaffeespezialitäten Espresso und Cappuccino Nordamerika, wo sie bei jungen Kaffeetrinkern zu beliebten Modegetränken wurden.[346] Dieser Konsumtendenz folgend, lancierte Nestlé im Herbst 1980 in der Bundesrepublik Deutschland mit *Nescafé Presso Presso* den ersten Instantespresso nach italienischer Tradition. Zwar hatten zu diesem Zeitpunkt erst etwa 14 Prozent der Deutschen den starken italienischen Kaffee für sich entdeckt. Die Gewohnheit des kleinen Espressos nach dem Essen wurde aber immer beliebter.[347] Drei Jahre nach seiner Lancierung hatte *Nescafé Presso Presso* drei Prozent des deutschen Löslichkaffeemarktes erobert und verband damit erfolgreich die Marke *Nescafé* mit der italienischen Bohnenkaffeetradition.[348]

Aufbauend auf diesem vielversprechenden Debut lancierte die deutsche Tochtergesellschaft 1986 mit *Nescafé Cappuccino* eine weitere italienische Kaffeespezialität.[349] *Nescafé Cappuccino* war als komplette Milchkaffeemischung eine verbesserte Fortsetzung von *Nestlé Cappuccino.*[350] Das Instantpulver ermöglichte es dem Konsumenten, durch die Zugabe von Wasser sofort einen schaumigen Cappuccino bei sich zu Hause anzurichten. Dank dieser Besonderheit gewann *Nescafé Cappuccino,* der 1988 neben der Bundesrepublik Deutschland auch in Belgien national eingeführt worden war, eine junge Käuferschaft, die sonst keinen Instantkaffee trank.[351]

Nestlé gelang es, die technische Innovation des Instantcappuccinoschaums geschickt zu vermarkten, indem der Italiener Angelo in verschiedenen TV-Werbespots ab 1987 das deutsche Publikum mit seinem südländischen Charme begeis-

345 AHN F 5.4.4, Communication Marketing Nr. 24/77, November 1977, S. 9.

346 AHN F 5.4.4, Communication Marketing Nr. 2/86, Februar 1986, S. 1.

347 Zwischen 1980 und 1983 verdoppelte sich das Marktvolumen des starken Espresso-Kaffees in Deutschland (AHN F 5.4.4, Communication Marketing Nr. 6/82, April 1982, S. 1, und AHN F 5.4.4, Communication marketing Nr. 17/83, November 1983, S. 1).

348 Vergleiche dazu AHN F 5.4.4, Communication Marketing Nr. 6/82, April 1982, S. 1, und AHN SG 6100-57, Schrift «Deutschland - visit of Messrs. P and F - 16th November 1982», 2. Dezember 1982.

349 *Nescafé Presso Presso* und *Nescafé Cappuccino* hatten damals noch eine sehr ähnliche Verpackung, was auf Parallelen zwischen den beiden Produkten hinweist (AHN F 5.4.4, Communication Marketing Nr. 18/88, Dezember 1988, S. 14).

350 Im Juni 1985 war *Nestlé Cappuccino* in Italien verbessert worden und wies erstmals einen Cappuccino-Milchschaum auf (AHN [ohne Signatur], Schrift «Inventory of the most innovative new products launched in 1985», März 1986).

351 AHN F 5.4.4, Communication Marketing Nr. 2/90, Februar 1990, S. 7, und Communication Marketing Nr. 2/91, Februar 1991, S. 2.

terte: Auf der Suche nach dem Missetäter, der sein Auto auf ihrem Parkplatz parkiert hatte, läutete eine junge Frau missmutig an der Türe des italienischen Schönlings. Zuvorkommend bat dieser die ungeduldige Dame Platz zu nehmen und bereitete ihr im Handumdrehen mit *Nescafé Cappuccino* einen verführerisch guten, italienischen Milchkaffee zu. Als die Nachbarin nun – durch den Geschmack des Cappuccinos bereits wieder besänftigt – danach fragte, wann er sein Auto wegfahre, antwortete dieser nur schelmisch: «Ma, isch habe gar keine Auto!». Rasch wurde Angelo damit zu einer Kultfigur in der deutschen Werbung.[352]

Der Ansturm auf *Nescafé Cappuccino* kannte daraufhin keine Grenzen mehr: «Sales volumes have exceeded all expectations, with massive increases each year, and show no signs of having reached their peak»,[353] beschrieb Nestlé 1991 den überwältigenden Erfolg des italienischen Spezialkaffees in Deutschland und Belgien. Innerhalb von drei Jahren hatte sich der sofort zubereitete italienische Milchkaffee einen Marktanteil von 12,5 Prozent in Deutschland und sogar 14,5 Prozent in Belgien erobert! Im August und September 1990 wurde *Nescafé Cappuccino* ebenfalls in Frankreich, den Niederlanden und Dänemark eingeführt, ein Jahr später in Grossbritannien, Griechenland, Österreich und der Schweiz.[354] Überall wurden die Erwartungen von den Verkaufsresultaten übertroffen.[355]

Den aussergewöhnlichen Erfolg von *Nescafé Cappuccino* führte Nestlé hauptsächlich auf zwei Faktoren zurück: erstens die zunehmende Beliebtheit internationaler und insbesondere italienischer Ess- und Trinkgewohnheiten. Zweitens betrachteten viele Kunden *Nescafé Cappuccino* nicht primär als Instantkaffee, sondern als eigenständige Kaffeekategorie, die dem zeitgemässen Lebensstil entsprach.[356]

Der Erfolg weckte bei Nestlé das Interesse, das Angebot an italienischen Kaffeespezialitäten weiter auszubauen. Im Nestlé-Forschungszentrum in Orbe wurde daraufhin ein dunkel gerösteter Espresso-Löslichkaffee entwickelt, der nach der Beigabe von heissem Wasser ein typisches Espresso-Schäumchen auf der Oberfläche trug – eine Eigenschaft, die den bisherigen Espresso-Sorten wie *Nescafé Blend 37, Nescafé Gold Espresso*

352 Artikel aus der Zeitung «Journal de Genève» vom 2. Mai 1997, S. 20.

353 AHN F 5.4.4, Communication Marketing Nr. 2/91, Februar 1991, S. 2.

354 AHN SG 11535, Schrift «Politique de Marque Nescafé», 27. August 1990, und AHN F 5.4.4, Communication Marketing Nr. 2/91, Februar 1991, S. 2.

355 AHN F 5.4.4, Communication Marketing Nr. 8/92, Juli 1992, S. 2–4.

356 AHN F 5.4.4, Communication Marketing Nr. 2/91, Februar 1991, S. 2.

oder *Nescafé Presso Presso* gefehlt hatte.[357] 1991 wurde der neue *Nescafé Espresso* als Zwillingsprodukt von *Nescafé Cappuccino* in den Niederlanden eingeführt.[358]

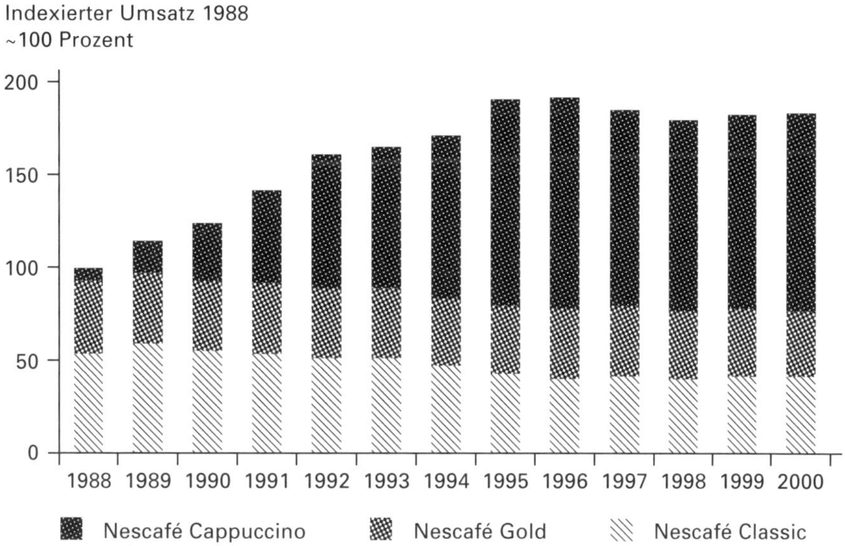

Darstellung 14: Während die Umsatzzahlen von *Nescafé Classic* und *Nescafé Gold* in den 1990er-Jahren in Deutschland stagnierten, konnte Nestlé mit neuen Kaffeespezialitäten wie *Nescafé Cappuccino* den Instantkaffeeumsatz auf dem deutschen Markt in derselben Zeitspanne fast verdoppeln.

Dank den neuen italienischen Kaffeespezialitäten *Nescafé Cappuccino* und *Nescafé Espresso* gelang es Nestlé in den 1990er-Jahren, dem stagnierenden europäischen Instantkaffeegeschäft wieder neuen Schwung zu verleihen: «The geographical expansion of the product *[Nescafé Cappuccino]* and the growth of its sales in Europe have confirmed this success, prompting the company to promote this approach as a way of ensuring the development of the whole *Nescafé* range in countries where coffee consumption has reached

357 1997 wurde *Nescafé Presso Presso* in Deutschland durch *Nescafé Espresso* ersetzt und *Nescafé Gold Espresso* in der Schweiz in *Nescafé Gold All'Italiana* umbenannt, um Verwechslungen vorzubeugen (AHN T CR 305 Z-EUR Switzerland Correspondence 1991–1999, Schrift «Market Discussions - Switzerland», 6. Mai 1997, und AHN T CR 305 Z-EUR Germany Correspondence 1994–1999, Schrift «Market Visit 13th August 1997», 22. August 1997).

358 AHN F 5.4.4, Communication Marketing Nr. 2/92, März 1992, S. 2–4.

maturity»,[359] schrieb Nestlé in der internen Marketing-Kommunikation. In einigen Ländern wurde *Nescafé Cappuccino* sogar zum dritten Hauptstandbein der Marke: Mitte der 1990er-Jahre erzielte die italienische Kaffeespezialität zum Beispiel in Deutschland oder den Niederlanden bereits über die Hälfte des Gesamtumsatzes. Jeder zehnte deutsche Haushalt verwendete trotz starker Konkurrenz *Nescafé Cappuccino*. Aber auch in Österreich und Dänemark stellte *Nescafé Cappuccino* die am meisten verkaufte *Nescafé*-Sorte dar.[360]

Der mit italienischem Charme umhauchte Instantkaffee hatte zudem den Vorteil, dass er dem traditionellen *Nescafé*-Geschäft kaum Kunden streitig machte. Im Gegenteil, indem er vor allem junge Konsumenten ansprach, profitierte die Marke zu Beginn der 1990er-Jahre generell vom «Cappuccino-Effekt»: Die Verkaufszahlen von *Nescafé Classic* konnten stabilisiert werden, und *Nescafé* wurde auch von der jungen Generation wieder als moderne Marke wahrgenommen.[361]

Flexibilität und Individualität als zeitgemässe Vorteile des Instantkaffees

Der Erfolg von *Nescafé Cappuccino* und *Nescafé Espresso* ermutigte Nestlé 1993 in den Niederlanden, weitere Kaffeespezialitäten unter dem Begriff «Café à la Carte» einzuführen. Mit *Nescafé Café Viennois, Nescafé Café Amaretto, Nescafé Irish Coffee* und einem koffeinfreien *Nescafé Cappuccino* erfuhr das Sortiment an Kaffeespezialitäten in den beiden folgenden Jahren eine starke Erweiterung, wobei die Einzelpackungen gegenüber dem Bohnenkaffee einen wesentlichen Vorteil mit sich brachten: Sie liessen eine sehr flexible Wahl der einzelnen Sorten nach Lust und Laune zu, während mit den damaligen Kaffeemaschinen immer gleich ein ganzer Krug Kaffee gemacht werden musste. Damit gelang es Nestlé, den Instantkaffee als spontanes und individuelles Getränk neu zu positionieren, das im Unterschied zum im Krug zubereiteten Bohnenkaffee eine grosse Wahlfreiheit offen liess. Entsprechend beeindruckend waren die Verkaufszahlen der neuen Spezialkaffeesorten: Innerhalb von vier Jahren verzehnfachte sich deren Umsatz in den Niederlanden.[362] In der

359 AHN F 5.4.4, Communication Marketing Nr. 8/92, Juli 1992, S. 2.
360 AHN F 5.4.4, Communication Marketing Nr. 8/92, Juli 1992, S. 2–4, und AHN SG 11650, Schrift «World of Coffee 1994», 27. April 1995.
361 AHN F 5.4.4, Communication Marketing Nr. 8/92, Juli 1992, S. 2–4.
362 AHN F 5.4.4, Communication Marketing Nr. 6/95, Juni 1995, S. 8–9, und SBU OBT Chrono 1998, Schrift «Nescafé Segmentation», 1. Mai 1998.

Abbildungen 27–30: In den 1990er-Jahren begann Nestlé Kaffeespezialitäten wie *Nescafé Cappuccino, Nescafé Wiener Melange, Nescafé Café Amaretto* und *Nescafé Caribbean Coffee* als Löslichkaffee anzubieten und trug damit zur globalen Verbreitung lokaler Kaffeetraditionen bei.

zweiten Hälfte der 1990er-Jahre übertrug Nestlé das niederländische Erfolgsmodell – allerdings mit unterschiedlichen Resultaten[363] – auch auf andere europäische Länder.[364]

Gleichzeitig mit «Café à la carte» führte das Unternehmen zu Beginn der 1990er-Jahre auch auf der anderen Seite des Atlantiks erstmals aromatisierte Spezialitätenkaffee-Sorten ein.[365] Im amerikanischen Instantkaffeegeschäft war dieses Segment bereits 1972 von General Foods begründet worden. 1987 begann auch Starbucks italienische Kaffeespezialitäten zu verkaufen, wobei das amerikanische Kaffeehaus neben Espresso, Cappuccino und Caffè Latte auch aromatisierte Kaffeesorten anbot, die – ganz in der Tradition der Softdrinks – einen zusätzlichen Geschmack aufwiesen. So konnte der Kunde seinem Gourmetkaffee zum Beispiel mit der Zugabe von Vanille- oder Mandelsirup eine eigene, spezielle Note geben. Die Wahl des Kaffees wurde dadurch immer mehr zur individuellen Entscheidung, die dem persönlichen Konsum- und Lebensstil Ausdruck verlieh.[366]

In Nordamerika verband Nestlé die Wahlfreiheit im Kaffeehaus mit derjenigen des Instantkaffees: 1992 lancierte das Unternehmen in Kanada *Nescafé Cappuccino* und verbreiterte die Produktpalette in den Jahren darauf mit den zusätzlichen Varietäten wie *Nescafé Espresso, Nescafé Cappuccino Decaf* oder *Nescafé Mocha Café*.[367] Die nach europäischem Vorbild konzipierten Kaffeespezialitäten waren auf dem kanadischen Markt jedoch weit weniger erfolgreich als erhofft: Nach anfänglichem Aufschwung begannen die Verkaufszahlen 1995 und 1996 zu sinken. Den Misserfolg führte Nestlé vor allem darauf zurück, dass die Kanadier im Gegensatz zu den Europäern keinen authentischen italienischen Cappuccino mit starkem Espresso-Geschmack verlangten, sondern einen süssen, sanften und ausgeglichenen Milchkaffee wünschten, der als Erholungs- und Entspannungsmoment im Alltag diente.[368] *Nescafé Cappuccino* begeisterte daher nur ein klei-

363 Während neben den Niederlanden auch Österreich, Belgien, Frankreich, Griechenland, Portugal und Spanien eine breite Palette an Kaffeespezialitäten aufwiesen, hatte beispielsweise die Erweiterung in der Schweiz mit *Nescafé Carribean Café, Nescafé Irish Coffee, Nescafé Café au Chocolat* und *Nescafé Amaretto* nur begrenzten Erfolg. Wegen fehlender Nachfrage wurden 1998 die Sorten *Nescafé Carribean Café* und *Nescafé Irish Coffee* sogar wieder vom Markt genommen (AHN T CR 305 Z-EUR Switzerland Correspondence 1991–1999, Schrift «Market discussions – Switzerland», 6. Mai 1997, und AHN T CR 305 Z-EUR Switzerland Correspondence 1991–1999, Schrift «Relaunch Nescafé Cafés à la Carte», 30. Juli 1997, sowie SBU Mont Blanc Market Launches 2000–2002, Schrift «European Cappuccino Mont Blanc Range», 9. März 2001).

364 Vergleiche dazu AHN T CR 305 Z-EUR France Correspondence 1994–1999, Schrift «Réunion Triangulaire – France», 18. Oktober 1995.

365 Vergleiche dazu AHN F 5.4.4, Communication Marketing Nr. 7/94, August 1994, S. 13, und AHN [ohne Signatur], Communication Marketing «Highlights of the most interesting product launches in 1997», Mai 1998.

366 Roseberry, The Rise of Yuppie Coffees, S. 770, sowie Pendergrast, Kaffee, S. 365 und 402–403.

367 AHN [ohne Signatur], Communication Marketing «Highlights of the most interesting product launches in 1997», Mai 1998.

368 AHN F 5.4.4, Communication Marketing Nr. 4/98, April 1998, S. 6.

nes Publikum, das den starken, italienischen Kaffeegeschmack mochte, und blieb von untergeordneter Bedeutung.[369] Erfolgreicher war dagegen die 1993 in den Vereinigten Staaten lancierte Produktlinie mit *Taster's Choice French Vanilla, Taster's Choice Hazelnut* und *Taster's Choice Irish Cream,* welche sich an den aromatisierten Gourmetkaffeesorten orientierte. Mit dieser neuen Produktpalette gelang es Nestlé, auch Bohnenkaffeekunden wieder für den Instantkaffee zu begeistern.[370]

Aufbauend auf diesen Erkenntnissen lancierte Nestlé Ende der 1990er-Jahre in Nordamerika eine zweite Generation von Spezialitätenkaffees, die sich sowohl von der Zusammensetzung als auch von ihrer Positionierung her von der ersten Generation unterschied:[371] Einerseits wurde der Schaum von *Nescafé Cappuccino* nun bewusst betont, um dem Getränk einen sanfteren und süsseren Charakter zu geben. Andererseits nahm Nestlé 1998 mit den Geschmacksrichtungen *Nescafé French Vanilla, Nescafé Irish Cream, Nescafé Caramel* und *Nescafé Chocolate Mint* ebenfalls die aromatisierte Gourmetkaffee-Kultur in Nordamerika auf.[372] Selbst ein Cappuccino hatte also in Italien und Nordamerika nicht denselben Geschmack und dieselbe Funktion und musste daher von multinationalen Unternehmen wie Nestlé an die lokalen Konsumgewohnheiten angepasst werden.

Die Ausweitung der Marken *Nestea, Nesquik* und des Nestlé-Konzerns

Die Ausweitung der Marke («Brand-Extension») auf neue Produkte und geografische Märkte liess sich nicht nur bei *Nescafé,* sondern ebenso bei Nestlés anderen Instantgetränkemarken wie *Nestea* oder *Nesquik* beobachten.

Anfang der 1970er-Jahre wurde Kräutertee in Deutschland als Instanttee beliebt. Vor allem als Erkältungstee oder als Abendgetränk für Kinder und ältere Menschen erhielt der lösliche Tee zunehmende Kundschaft. Auch der Zitronentee unter der Marke *Nestea,* der als gesunde und erfrischende Eisteemischung vermarktet wurde, profitierte von dieser Entwicklung. Deshalb entschied sich Nestlé in den folgenden Jahren, weitere

369 Das Segment der aromatisierten Instantkaffees wurde von General Foods mit einem Marktanteil von etwa 70 Prozent dominiert (AHN T CR 305 Z-AMS USA III Correspondence 1992–1999, Schrift «Nescafé Frothy Coffees», 1998).

370 AHN F 5.4.4, Communication Marketing Nr. 7/94, August 1994, S. 13.

371 Nestec SA, Gazette Nestlé Nr. 81, März 1999, S. 3.

372 Vergleiche dazu AHN F 5.4.4, Communication Marketing Nr. 4/98, April 1998, S. 6–7, und AHN T CR 305 Z-AMS USA III Correspondence 1992–1999, Schrift «Nescafé Frothy Coffees», 1998.

Kräuterteevarianten wie Pfefferminze und Kamille unter der Marke *Nestea* auf den Markt zu bringen. Interessant ist dabei, dass die Kräuterteevarianten von mehr als der Hälfte der deutschen Kunden weiterhin heiss getrunken wurden, obschon sie Nestlé als Eistee propagierte.[373] Tee wurde in Europa also nach wie vor als Heissgetränk wahrgenommen.

Gleichzeitig zeigte sich im Verlauf der 1970er-Jahre, dass sich der Instanttee als Heissgetränk gegen die traditionellen Zubereitungsformen wie den losen Tee in der Kanne oder den Teebeutel nicht durchsetzen würde, weil der Tee im Teebeutel fast ebenso schnell zubereitet, aber qualitativ besser und günstiger war als Instanttee. In Europa konnte Teepulver daher nur ein Prozent des gesamten Teemarktes gewinnen.

Erfreulicher sah die Situation dagegen in den Vereinigten Staaten aus, wo Instanttee wie ein Softdrink als kaltes Erfrischungsgetränk vermarktet wurde. Die positiven Resultate mit Kräuter- und Früchteteemischungen wie Zitronentee liessen erahnen, dass die amerikanischen Eisteemischungen auch auf dem europäischen Kontinent erfolgreich sein könnten, weshalb sich Nestlé Ende der 1970er-Jahre entschied, *Nestea* neu zu positionieren:[374] Das Instantteepulver sollte nicht mehr als Tee, sondern als durstlöschendes Erfrischungsgetränk nach dem Sport vermarktet werden und eine starke Verwandtschaft mit flüssigen Softdrinks wie *Coca-Cola* oder *Seven-Up* aufweisen.[375]

1981 führte Nestlé *Nestea Mate Limão* – eine Mischung aus Mate, Zucker und Zitronen – als kaltes Erfrischungsgetränk in Brasilien ein, während die kanadische Jugend den Eistee als Alternative zu *Coca-Cola* und anderen Softdrinks entdeckte.[376] 1982 erfasste die Modeerscheinung ebenfalls die Schweiz:[377] «Es gibt in der Schweiz wohl kaum ein Restaurant, das diesen Sommer seine Getränkekarte nicht mit Eistee ergänzt»,[378] schrieb 1982 die «Berner Zeitung», welche die plötzliche Popularität als Erfrischungsgetränk auf die gemeinsamen Promotionen des schweizerischen Verbands alkoholfreier Gaststätten mit Nestlé zurückführte.[379]

Ab 1984 wurde *Nestea* in verschiedenen europäischen und asiatischen Ländern auch in flüssiger Form («Ready-

373 AHN SG 6100-62, Notiz «Visit to Frankfurt 20th April», 28. April 1971, sowie ebenda, Brief von G an Nestlé Deutschland, 13. März 1972 und 27. März 1972.

374 AHN SG 11548, Schrift «Re-appraisal of Nestea/Ashbourne Potential – one year after launching», Dezember 1977.

375 AHN SG 8500-62, Schrift «Cold Powder Drink Mixes – Product Report», 23. Oktober 1979.

376 AHN F 5.4.4, Communication Marketing Nr. 17/82, Oktober 1982, S. 1, und Communication Marketing Nr. 12/88, September 1988, S. 12.

377 AHN SG 11548, Artikel aus der «Bündner Zeitung», 21. Juli 1982.

378 AHN SG 11548, Artikel aus der «Berner Zeitung», 9. August 1982.

379 Ebenda.

Abbildungen 31 und 32: Werbeanzeigen für *Nestea Mate Limão* in Brasilien (1981) und *Nescafé* als Frappé in Griechenland (1988). In Anlehnung an die Süssgetränke wurden auch *Nestea* und *Nescafé* in den 1980er-Jahren als Erfrischungsgetränke propagiert und mit einem auf Freizeit, Spass und Vergnügen basierenden Lebensstil verknüpft.

to-Drink») eingeführt.[380] Gleiches galt auch für die Kakaogetränke *Nesquik, Milo* und *Nescao,* die in den 1980er-Jahren in Tetrapackungen erhältlich wurden.[381] Ab 1981/82 wurde *Nestlé's Quik* auch als Schokoladesirup verkauft, und mit der weltweiten Verwendung des *Nesquik*-Hasen als Werbefigur[382] wurde die Marke ab 1985 als «Fun-Produkt» für Kinder auf weitere Artikel wie Joghurt, Frühstückszerealien, Eiscreme und Milchschokolade übertragen.[383] Ähnliche Entwicklungen lassen sich auch bei Konkurrenzprodukten wie der *Ovomaltine* beobachten, die 1991 ebenfalls als Eiscreme und Joghurt auf den Markt kam.[384]

Aber nicht nur die Marken, auch das Unternehmen selber wurde ab Mitte der 1980er-Jahre unter Maucher ausgebaut, um Nestlés Abhängigkeit von *Nescafé* zu reduzieren und die Position des Schweizer Unternehmens als weltweit grösster Lebensmittelkonzern auch gegen eine stärker werdende Konkurrenz behaupten zu können.[385] Maucher war sich bewusst, dass ein solches Unterfangen nicht mehr alleine durch internes Wachstum – das heisst der Entwicklung neuer und der Verbesserung bisheriger Produkte – zu erreichen war. Nachdem er sich in seinen ersten Jahren als CEO vor allem mit der Konsolidierung des Nestlé-Konzerns beschäftigt hatte und sowohl die Rentabilität als auch die Liquidität des Unternehmens wieder erhöhen konnte, strebte er ab Mitte der 1980er-Jahre eine grössere Balance unter den Nestlé-Produkten an. Konkret bedeutete dies, neben den Instantgetränken neue Bereiche zu tragenden Stützen des Unternehmens aufzubauen.

Um die geografische Schwachstelle auf dem US-Markt zu schliessen, wo Nestlé mit *Nescafé* bis dahin wenig erfolgreich war und keine starke Position innehatte, übernahm Nestlé 1985 mit Carnation eines der bedeutendsten Milchunternehmen in den Vereinigten Staaten, welches neben der gleichnamigen Milchmarke auch *Coffee-mate* – einen «Kaffeerahm» auf pflanzlicher Basis –

380 1984 wurde *Nestea* als «Ready-to-Drink»-Erfrischungsgetränk in Italien und 1985 in der Schweiz, Spanien, Malaysia und Singapur lanciert (AHN [ohne Signatur], Inventory of most innovative new products launched in 1984, März 1985, S. 27, und Inventory of most innovative new products launched in 1985, März 1986, S. 15).

381 *Milo* wurde 1982 in Australien als «Ready-to-Drink»-Produkt lanciert. 1985/86 folgten auch *Nesquik* und *Nescau* diesem Modetrend (vergleiche dazu AHN F 5.4.4, Communication Marketing Nr. 17/83, November 1983, S. 1, sowie SBU Historic Nescafé Branding 1985–1995, Branding Policy Nesquik/Quik, 18. September 1985, und AHN [ohne Signatur], Schrift «Inventory of most innovative new products launched 1986», März 1987).

382 Bis 1985 wurde *Nestlé's Quik* bzw. *Nesquik* mit verschiedenen Werbefiguren beworben: In Frankreich war beispielsweise «Groquik» sehr beliebt. In Portugal ein Känguru mit dem Namen «Cangurik» (AHN F 5.4.4, Communication Marketing Nr. 16/86, Oktober 1986, S. 9).

383 AHN F 5.4.4, Communication Marketing Nr. 10/82, Juni 1982, S. 1, und Nestec SA, Gazette Nestlé Nr. 63, Oktober 1994, S. 24.

384 Thut, Zwei-Mann-Labor, S. 92–93.

385 Nestlés Expansionskurs ist dabei im Zusammenhang mit einer allgemeinen Konzentrationsbewegung auf dem globalen Lebensmittelmarkt zu betrachten. 1985 diversifizierte der Tabakkonzern Philipp Morris mit der Übernahme von General Foods in den Lebensmittelbereich, 1988 übernahm er zudem Kraft und 1990 Jacobs Suchard (Kunze/Schug, Jacobs Kaffee, S. 198).

und Haustiernahrung unter der Marke *Friskies* verkaufte.[386] Wie in der Zeitung «Finanz und Wirtschaft» zu lesen war, rückte Nestlé dazu nach über 60 Jahren wieder von seiner Politik der Selbstfinanzierung ab: «Neu für Nestlé ist auch der Umstand, dass die eigene, [...] äusserst solide Ertragskraft nicht ausreicht, um das zugekaufte Wachstum zu finanzieren. Geld- und Kapitalmarkt müssen kräftig angezapft werden, um den riesigen Mittelbedarf decken zu können.»[387] Nestlé begann damit eine offenere Finanzpolitik zu betreiben, welche weitere bedeutende Akquisitionen zuliess.[388]

1988 folgten die Übernahmen des britischen Schokoladeherstellers Rowntree (mit bekannten Marken wie *Smarties, Kit Kat* oder *After Eight*) und der italienischen Buitoni-Perugina, welche Teigwaren, Olivenöl, Fertiggerichte in Konserven und Schokolade *(Baci Perugina)* herstellte.[389] Mit diesen Akquisitionen verteidigte Nestlé einerseits ihre Position auf dem Schokolademarkt, andererseits wollte das Schweizer Unternehmen damit der internationalen Verbreitung der italienischen Küche Rechnung tragen und *Buitoni* zur führenden Weltmarke für italienische Produkte ausbauen.[390] Somit erlebten Nestlé und seine Markenprodukte ab Mitte der 1980er-Jahre eine neue Phase des Wachstums.

386 Pfiffner/Renk, Wandel als Herausforderung, S. 86 und 100, sowie Heer, 125 Jahre Nestlé, S. 439 und 459–460.

387 SWA H+I Ba 214, Artikel aus der Zeitung «Finanz und Wirtschaft», 11. Mai 1985.

388 Waren Nestlé-Namenaktien mit wenigen Ausnahmen nur Schweizer Bürgern vorbehalten gewesen, konnten diese ab 1988 auch von Ausländern erworben werden. Ausserdem wurde das Aktienkapital des Unternehmens bis 1993 von 330 Millionen Schweizer Franken auf 404 Millionen Schweizer Franken erhöht (vergleiche dazu Pfiffner/Renk, Wandel als Herausforderung, S. 49).

389 Zur Geschichte von Rowntree und Buitoni vergleiche weiterführend Heer, 125 Jahre Nestlé, S. 475–491.

390 SWA H+I Ba 214, Artikel aus der Zeitung «Finanz und Wirtschaft», 18. November 1992.

Neue Werte und Wachstumsmärkte in einer globalisierten Welt – warum sich *Nescafé* zu einer holistischen Marke entwickelt (1990er-Jahre bis heute)

«Popularly Positioned Products» – *Nescafé* in den neuen Wachstumsmärkten des Ostens

Traditioneller Tee, moderner Kaffee

Nach Amerika und Westeuropa eroberte *Nescafé* ab Mitte der 1980er-Jahre auch Osteuropa und Asien.[1] Die beiden Regionen waren nach dem Zweiten Weltkrieg zu grossen Teilen von der westlichen Welt abgeschottet gewesen. Kommunismus und kapitalistische Marktwirtschaft hatten die Welt in zwei ideologische und machtpolitische Blöcke geteilt.[2] In Russland oder China herrschte Planwirtschaft, während Korea und Vietnam von fürchterlichen Kriegen zwischen den kommunistischen und kapitalistischen Mächten erschüttert wurden.[3]

Nescafé war zwar bereits 1953 in Indien und Südostasien bekannt.[4] Bis Ende der 1960er-Jahre blieb Instantkaffee in Asien jedoch – abgesehen von Japan und den Philippinen – ein selten konsumiertes Getränk.[5] Stattdessen trank man sowohl in Osteuropa als auch in Asien traditionell Tee.[6] Selbst in der Türkei, von wo die Kaffeebohne ursprünglich nach Europa gelangte, war Tee wesentlich verbreiteter als Kaffee. Neben diesen kulturellen Gründen war die Beliebtheit des Tees aber auch auf den geringen Preis zurückzuführen: Loser Tee war etwa siebenmal billiger als Instantkaffee. In Indonesien beispielsweise konnten sich bis 1980 nur Ausländer und Angehörige der obersten Bevölkerungsschicht Instantkaffee leisten.[7]

Zu Beginn der 1990er-Jahre ereigneten sich jedoch grundlegende wirtschaftliche, gesellschaftliche und politische Veränderungen, welche dem Instantkaffee auch in Osteuropa und Asien zum Durchbruch verhelfen sollten: Durch den Zerfall der Sowjetunion und der kommunistischen Herrschaft in Mittel-

1 Vergleiche dazu die Statistiken in SBU, World of Coffee 1980–2000.

2 Osterhammel/Petersson, Geschichte der Globalisierung, S. 87.

3 Vergleiche dazu weiterführend Cameron, Geschichte der Weltwirtschaft 2, S. 245–252.

4 AHN Rapport au Conseil d'Administration, 302. Séance, Traktandum 9, 1. April 1953.

5 In einer Auflistung der wichtigsten Märkte von *Nescafé*, die Nestlé von einer UNO-Statistik ableitete, fungierten Japan 1969 auf Platz 15 und die Philippinen auf Platz 17 mit einem Instantkaffeeverbrauch von etwa 80 g bzw. 70 g pro Kopf und Jahr (AHN F 5.3.1, 7, Communication Marketing Nr. 5/69, 1969, S. 12).

6 AHN T CR 305 Russia, Schrift «Coffee/Cocoa Consumption: Omnibus survey», Oktober 1995, und AHN T CR 305 Z-AOA Indien Correspondence 1995–1999, Fax from D an T, 27. August 1998.

7 AHN F 5.4.4, Communication Marketing Nr. 9/80, Juni 1980, S. 12–14, und Communication Marketing Nr. 8/03, August 2003, S. 12.

und Osteuropa sowie der verstärkten Öffnung Chinas gegenüber marktwirtschaftlichen Aktivitäten fand der Gegensatz zwischen sozialistischem Osten und kapitalistischem Westen ein Ende. Deutschland wurde wiedervereinigt, und Asien avancierte mit jährlichen Wachstumsraten von durchschnittlich acht Prozent zu einem neuen Zentrum des Welthandels. Mehrere asiatische Staaten verzeichneten im letzten Viertel des 20. Jahrhunderts einen rasanten wirtschaftlichen Aufschwung.[8] Seit den 1990er-Jahren zählen Länder wie China, Südkorea, Malaysia oder Thailand – die auch «Tigerstaaten» genannt werden – zu den am stärksten wachsenden Volkswirtschaften der Welt.[9]

Auch die kommunistisch organisierte Sowjetunion begann ab Mitte der 1980er-Jahre unter Michail Gorbatschow, Wirtschaftsreformen (Perestroika) einzuleiten. Die endgültige Öffnung Mittel- und Osteuropas gegenüber der kapitalistischen Marktwirtschaft erfolgte schliesslich 1989 mit dem Fall des Eisernen Vorhangs, welcher das kommunistische Wirtschaftssystem vollends zum Einsturz brachte.[10]

Die Umwälzungen waren nicht nur politischer oder wirtschaftlicher Natur, sondern veränderten auch die Ess- und Trinkkultur. Minderwertige Produkte aus der sozialistischen Vergangenheit wie Zichorienkaffee und andere Surrogate verloren in Osteuropa rasch an Bedeutung, während der Konsum von reinem Löslichkaffee stark zunahm. Wer es sich leisten konnte, bediente sich nun der neuen, modernen Markenprodukte aus dem Westen wie zum Beispiel *Nescafé*.[11] Ebenso gewannen mit dem Wirtschaftsaufschwung und der Hektik des modernen Lebens schnell und bequem zubereitete Nahrungsmittel aus dem Westen in Asien rasch an Popularität.[12] Der traditionelle Tee blieb zwar das vorherrschende Getränk, immer mehr Menschen in den Städten begannen aber mit den Traditionen zu brechen und einen modernen, westlichen Lebensstil zu pflegen. Sie kleideten sich in Jeans, hörten moderne Musik und waren offen für Produkte wie den löslichen Kaffee.[13] Selbst in der Türkei, wo der

8 Krieger, Geschichte Asiens, S. 60–63, und Pfiffner/Renk, Wandel als Herausforderung, S. 143.

9 Maddison, The World Economy, S. 142–143.

10 Vergleiche dazu weiterführend Cameron, Geschichte der Weltwirtschaft 2, S. 273–278.

11 Die Beobachtungen beziehen sich auf Polen, dürften aber auch auf andere osteuropäische Staaten übertragbar sein (AHN T CR 110 Report Poland 1990–1996, Notiz von B an M, 16. Februar 1993).

12 In den asiatischen Ländern studierten immer mehr junge Frauen an Universitäten, anstatt die alten, asiatischen Kochtraditionen zu lernen. Dadurch ging das detaillierte Verständnis der asiatischen Esskultur, welches über Generationen von der Mutter an die Tochter weitergegeben worden war, Ende des 20. Jahrhunderts zunehmend verloren. Die moderne asiatische Frau ging wie die Frauen in Europa und Amerika einer Erwerbsarbeit nach, anstatt viel Zeit in der Küche zu verbringen. Dadurch gewann der vorgefertigte «Convenience Food» auch in der asiatischen Küche an Bedeutung (AHN F 5.4.4, Communication Marketing Nr. 11/01, November 2001, S. 20–21).

13 AHN T CR 305 Z-AOA Indien Correspondence 1995–1999, Fax von D an T, 27. August 1998.

Bohnenkaffee als traditionelles und sehr zeremonielles Getränk bekannt war, vermochte sich der Instantkaffee als junges und modernes Getränk zu etablieren.[14]

Im Gegensatz zu anderen Marken, die Ende der 1990er-Jahre noch vorwiegend in Nordamerika und Europa verkauft wurden, konnte *Nescafé* von Anfang an von dieser Transformation der Konsumgewohnheiten profitieren und hatte in der asiatischen Öffentlichkeit sofort eine starke Präsenz: An vielen Strassenkreuzungen hingen grosse Plakate an den Wänden moderner Hochhäuser, die *Nescafé* zu einem Symbol eines fortschrittlichen und dynamischen Lebensstils werden liessen. Auf diese Weise entwickelte sich *Nescafé* Ende des 20. Jahrhunderts zur bedeutendsten Kaffeemarke in Asien.[15] Heute zählen Osteuropa und Asien von der Menge her zu den wichtigsten Absatzgebieten von *Nescafé*.[16] Am Beispiel einzelner Länder wird im Folgenden aufgezeigt, wie die starke Vertretung der Marke in Osteuropa und Asien zustande kam, die *Nescafé* endgültig zu einer globalen Marke werden liess.

14 AHN F 5.4.4, Communication Marketing Nr. 8/03, August 2003, S. 12.

15 1997 verkaufte Nestlé je einen Drittel seines Instantkaffees in Europa, Amerika und Asien/Afrika. Damit war das Unternehmen deutlich stärker in Entwicklungsländern vertreten als andere Kaffeegesellschaften, die im Durchschnitt nur einen Fünftel ihres Umsatzes ausserhalb Europas und Amerikas erzielten. Dementsprechend nannten in Indien, Thailand oder auf den Philippinen über die Hälfte der Personen, die von einem Marktforschungsinstitut nach einer Kaffeemarke gefragt wurden, spontan zuerst *Nescafé*, während dieser Wert in allen europäischen Ländern weit tiefer lag (SBU CD Coffee Marketing Seminar 2005, Power-Point-Präsentation «Visibility», 2005, und AHN SG 11650, Schrift «Green Coffee Management», 10. Februar 1997).

16 SBU Freeze-dried Workshop, Schrift «Nestlé in home soluble coffee sales», 1999.

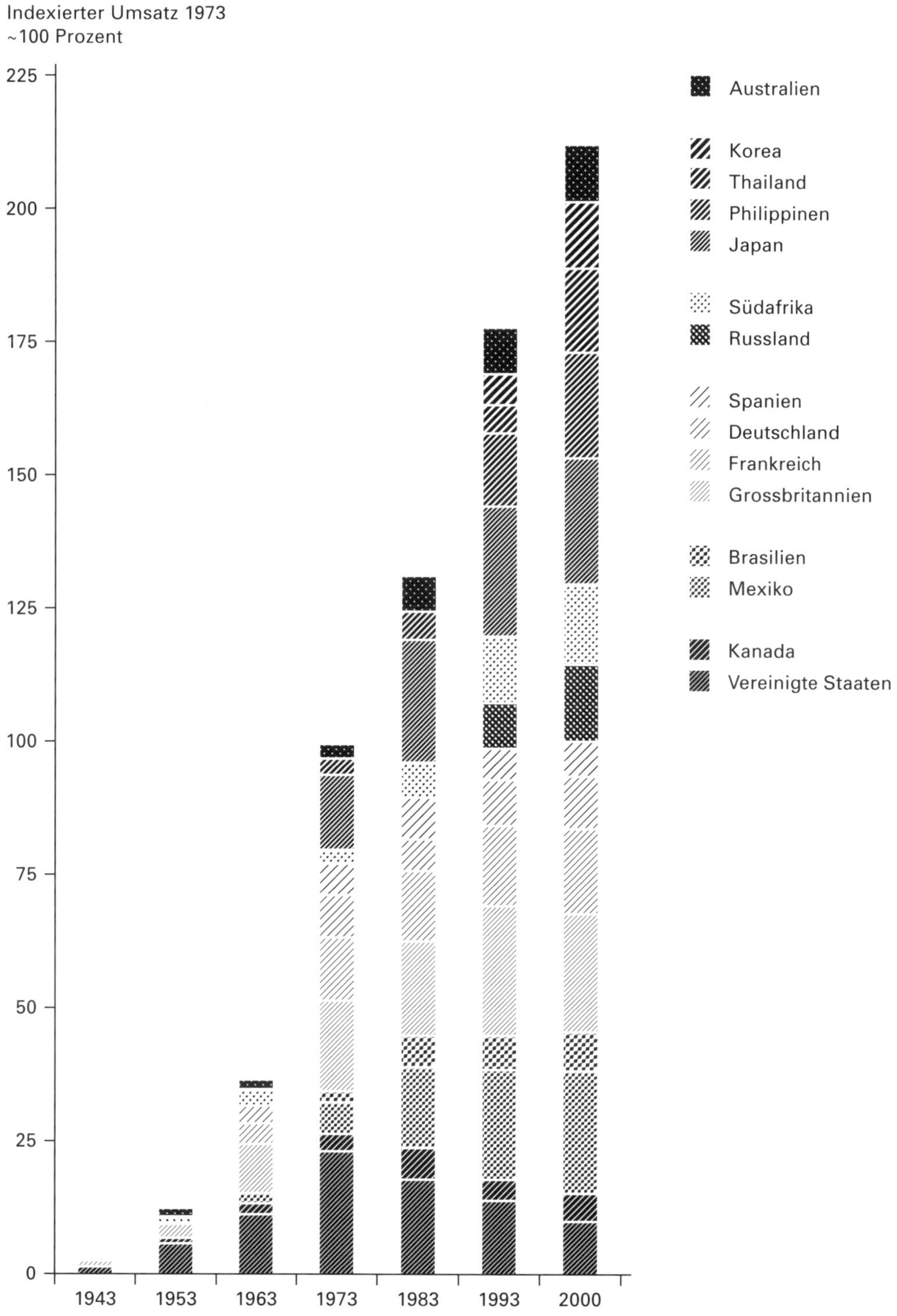

Darstellung 15: Nestlés Umsatz mit Instantkaffeepulver in den bedeutendsten Märkten in den Jahren 1943, 1953, 1963, 1983, 1993 und 2000. Die Darstellung zeigt, dass der Umsatz von *Nescafé* bis in die 1970er-Jahre vor allem in den Industrieländern Westeuropas und Nordamerikas erzielt wurde. Während die Absatzzahlen der Marke seit Ende der 1970er-Jahre in Westeuropa stagnieren und in Nordamerika sogar rückläufig waren, entwickelten sich die Länder in Asien und Osteuropa seit den 1990er-Jahren zu den wichtigsten Wachstumsmärkten von *Nescafé*. Im Jahr 2000 erzielte die Marke schon über die Hälfte ihres Umsatzes in Asien, Afrika, Lateinamerika und Osteuropa.

Thailand und die Philippinen

In Thailand und auf den Philippinen war Kaffee lange Zeit praktisch nur als Instantkaffee bekannt, wobei *Nescafé* in diesen Ländern bereits in den 1960er-Jahren einen Anteil von zwei Dritteln am gesamten Kaffeemarkt hatte und damit die Vorstellungen, was unter Kaffee zu verstehen war, wesentlich prägte.[17] Allerdings fiel es Nestlé nicht leicht, den Thais und Philippinos den Kaffeekonsum näherzubringen:

Auf der einen Seite musste das Interesse am Kaffeegeschmack zuerst geweckt werden, denn auf den Philippinen trank man vorwiegend Tee und in Thailand Wasser oder Süssgetränke. Auf der anderen Seite verfügten die Menschen in den südostasiatischen Ländern über ein weit geringeres Einkommen als die Japaner oder die Bevölkerung in den Industriestaaten des Westens. Über die Hälfte der Haushalte auf den Philippinen gaben in den 1990er-Jahren zwei Drittel ihres Monatslohnes für Nahrung aus. Grosse Teile der thailändischen und philippinischen Gesellschaft konnten daher nur über einen kleinen Bruchteil ihres Verdienstes frei verfügen, um sich den Luxus eines Kaffees zu leisten. Verglichen mit der Kaufkraft der Bevölkerung war der Verkaufspreis von *Nescafé* daher relativ hoch, was viele Philippinos lange Zeit vom Kaffeekonsum abhielt, weil Tee eine wesentlich billigere Alternative war.[18]

Um der breiten Bevölkerung trotzdem Kaffee zu einem bezahlbaren Preis offerieren zu können, begann Nestlé 1987 *Nescafé* in kleinen Einzelpackungen zu verkaufen.[19] Diese Neuerung nach dem Vorbild der Verkaufsmethoden von *Maggi*-Würfeln in Westafrika[20] entsprach der damals formulierten Dualstrategie des Unternehmens, mit «Popularly Positioned Products» (sogenannten PPP) in den Entwicklungsländern weiteres Wachstum zu generieren, indem Produkte speziell auf die Bedürfnisse der weniger kaufkräftigen Bevölkerung angepasst wurden.[21] Durch die kleineren Portionen konnte der Preis pro Packung sehr günstig gestaltet werden, was auch Haushalten mit geringem Einkommen den Kauf von *Nescafé* erlaubte. Zudem war bei einer kleinen Packung das Risiko eines Fehleinkaufs wesentlich geringer, was dazu animierte, testweise *Nescafé* zu kaufen und den Kaffeegeschmack kennenzulernen.[22]

17 Vergleiche dazu AHN SG 11601-H, Rapports Mensuels, Dezember 1965.

18 Vergleiche dazu AHN F 5.4.4, Communication Marketing Nr. 8/93, August 1993, S. 2, und Communication Marketing Nr. 5/95, Mai 1995, S. 2, sowie SBU CD Coffee Marketing Seminar 2005, Power-Point-Präsentation «Affordability», 2005.

19 SBU CD Coffee Marketing Seminar 2005, Power-Point-Präsentation «Affordability», 2005.

20 Vergleiche dazu das Kapitel «Schwankendes Flaggschiff, gefährdetes Unternehmen? – Nestlé reagiert mit Diversifikation und Innovation», S. 223.

21 Pfiffner/Renk, Wandel als Herausforderung, S. 59–61.

22 Tank, China-Marketing, S. 20 und 62, sowie SBU CD Coffee Marketing Seminar 2005, Power-Point-Präsentation «Affordability», 2005.

Auf diese Weise gelang es Nestlé selbst unter schwierigen ökonomischen Verhältnissen, den Kaffeekonsum auf den Philippinen erheblich zu steigern: Betrug dieser 1986 noch 86 Tassen pro Kopf und Jahr, erhöhte sich diese Zahl nach der Jahrtausendwende auf 150 Tassen.[23] Zum Teil tranken auf den Philippinen arme Leute nun – wie die europäische Arbeiterschaft im 19. Jahrhundert[24] – Kaffee anstelle des Morgenessens, um auf diese Weise zu einem günstigen Preis den Bauch zu wärmen und den Magen zu füllen.[25]

Mit den kleineren, der Kaufkraft der lokalen Bevölkerung angepassten Packungen liess sich eine breite Käuferschicht gewinnen. Um die Nachfrage nach *Nescafé* langfristig zu steigern, musste das Produkt aber auch in den Alltag integriert werden. In Thailand konsumierte Ende der 1980er-Jahre zwar über die Hälfte der Bevölkerung in den Grossstädten am Morgen eine Tasse Kaffee. Meist blieb es aber bei dieser einen Tasse, weil Kaffee in der thailändischen Kultur keine soziale Funktion besass. In der TV-Werbung begann Nestlé daher *Nescafé* vermehrt als Produkt zu vermarkten, welches zur Bewältigung von sozialen Konflikten am Arbeitsplatz, in der Schule oder in der Beziehung beitrug: «Say it with *Nescafé*», und alles ist schon viel leichter und weniger kompliziert, lautete die Botschaft. Die Marke wurde dabei geschickt mit emotionalen Augenblicken und sozialen Interaktionen in Beziehung gesetzt, welche neue Konsumgelegenheiten schufen. Auch auf den Philippinen wurde *Nescafé* in der Werbung mit guten Augenblicken im Leben verbunden. In der Kampagne «1 Moment, 1 *Nescafé*» wurde der gemeinsame Kaffee zum Anlass, um sich mit Freunden zu treffen oder sich an einem Regentag mit Instantkaffee aufzuwärmen,[26] was den Kaffeekonsum nochmals steigerte.

China, Südkorea und Indien

Mitte der 1980er-Jahre war Nestlé mit *Nescafé* auch in China aktiv geworden.[27] Das Land schien nach seiner Öffnung mit einem Marktpotenzial von 1,3 Milliarden Einwohnern ein günstiger Wachstumsmarkt zu sein. Allerdings stellte der Sprung ins Reich der Mitte kein bedingungsloses Patentrezept dar: Erstens

23 SBU CD Coffee Marketing Seminar 2005, Power-Point-Präsentation «Affordability», 2005.

24 Vergleiche dazu das Kapitel «Vom Süden in den Norden – Kolonialwaren werden zu Industrieprodukten», S. 45.

25 SBU CD Coffee Marketing Seminar 2006, Power-Point-Präsentation «Consumer Insight», Februar 2006.

26 AHN F 5.4.4, Communication Marketing Nr. 8/93, August 1993, S. 2–4, und AHN F 5.4.4, Communication Marketing Nr. 2/2008, Februar 2008, S. 4.

27 AHN F 5.4.4, Communication Marketing Nr. 5/01, Mai 2001, S. 18.

war der chinesische Markt von kulturellen Faktoren geprägt, die sich wesentlich von der westlichen Welt unterschieden. Zweitens war der Kaffeekonsum damals verglichen mit Japan, Thailand oder den Philippinen sehr gering, und drittens verfügten die chinesischen Haushalte nicht über die gleichen technischen Möglichkeiten wie die Haushalte in den Industrieländern, weshalb beispielsweise die Milch aufgrund fehlender Kühlmöglichkeiten in abgeschiedenen Regionen mit dem Kaffee oder Kakao zusammen mitgeliefert werden musste.[28]

Als Einsteigerkaffee lancierte Kraft General Foods in China daher die fertige Instant-Milchkaffeemischung *Maxwell House 3-in-1*,[29] welcher Nestlé im Dezember 1988 mit *Nescafé 1+2*[30] folgte. Die Portionenpackung lieferte neben Kaffee auch gleich Zucker und «Milchpulver»[31] mit, war somit von der Zubereitung her einfach zu handhaben und als Einzelpackung relativ günstig. Mit diesen Eigenschaften sowie der guten Qualität wurde *Nescafé 1+2* innerhalb weniger Jahre zum Verkaufsschlager. Bis 1997 hatte der Milchkaffee die Umsätze von *Nescafé Classic* egalisiert und vermochte diese bis zur Jahrtausendwende fast um das Fünffache zu übertreffen.[32] Der bequeme Milchkaffee wurde damit zum Schlüsselprodukt, um neue Kunden zu gewinnen und *Nescafé* im Reich der Mitte zu einem Alltagsgetränk zu machen.[33]

Ausserdem ist der Erfolg von *Nescafé* auch darauf zurückzuführen, dass Kaffee bei den jungen Chinesen zu einem Zeichen eines modernen, westlichen Lebensstil wurde und – analog zu den «Yuppies» in den 1980er-Jahren – den eigenen Sozialstatus repräsentierte,[34] denn Kaffee wurde in China vor allem von erfolgreichen Geschäftsleuten konsumiert, die gegenüber modernen Einflüssen offen waren. *Nescafé* erhielt deshalb den Ruf eines Erfolgsbringers, mit dem sich das Leben verbessern liess.[35]

28 Vergleiche dazu die Statistiken in SBU, World of Coffee, 1980–1990, sowie Tank, China-Marketing, S. 1 und 15–16.

29 AHN F 5.4.4, Communication Marketing Nr. 11/97, November 1997, S. 11.

30 1988 wurde das Produkt unter der Marke *Nestlé 1+2* eingeführt. Erst später nahm es die Bezeichnung *Nescafé 1+2* an (AHN F 5.4.4, Communication Marketing Nr. 11/89, Juli 1989, S. 6).

31 Milchprodukte sind für viele Chinesen unverträglich, da ihnen das zum Milchzuckerabbau benötigte Enzym Laktase fehlt. Daher griff Nestlé in China und anderen asiatischen Ländern anstelle von Kuhmilch auf ein pflanzliches Milchpulver-Ersatzmittel (Kaffeeweisser) zurück, wie es beispielsweise auch in *Coffee-mate* vorhanden ist (vergleiche dazu Tank, China-Marketing, S. 15, und SBU CD Coffee Marketing Seminar 2005, Power-Point-Präsentation «Coffee Mixes Manufacturing», 2005).

32 SBU, World of Coffee, 1997–2000.

33 Nestlé sah die Marktführerschaft von *Nescafé 1+2* gegenüber *Maxwell House 3-in-1* darin begründet, dass Geschmack und Aroma ihres Produkts hochwertiger waren (AHN F 5.4.4, Communication Marketing Nr. 11/97, November 1997, S. 11, und SBU CD LatAm Workshop on Coffee Mixes Development, Power-Point-Präsentation «Nescafé 1+2 in Maniland China», August 2001).

34 Nach Andreas Tank beruhte der Erfolg des Kaffees in China auf der Tatsache, dass er als Eintrittskarte in die westliche Welt gilt (Tank, China-Marketing, S. 25, und SBU CD LatAm Workshop on Coffee Mixes Development, Power-Point-Präsentation «Nescafé 1+2 in Maniland China», August 2001).

35 SBU CR 305 Triangular Coffee Conferences 2003, Schrift «2003 Greater China Region soluble coffee triangular meeting», 5. Januar 2004.

Heute werden zwei von drei Tassen Kaffee, die in China getrunken werden, mit *Nescafé* angerührt.[36]

Neben China wurden die gesüssten Milchkaffeesorten *Nescafé 1+2* und *Nescafé 3-in-1* später auch in anderen asiatischen Ländern sehr beliebt.[37] Eine besonders steile Karriere erlebten die Milchkaffee-Portionenpackungen in Südkorea.[38] Da der Import von Lebensmitteln in Korea verboten war, tauchte Nestlé erst 1981 auf dem koreanischen Markt auf. *Maxwell House* hatte zu diesem Zeitpunkt praktisch eine Monopolstellung in diesem Land, welches zu den wichtigsten Märkten von General Foods ausserhalb der Vereinigten Staaten zählte. Als Nestlé 1989 mit einem der grössten Chaebols (Wirtschaftskonglomeraten) in Südkorea ein Joint-Venture einging, wurde der Weg frei für die Einführung von Nestlés Instantkaffeemarken: *Nescafé* war damals in Südkorea praktisch unbekannt, während die Koreaner *Taster's Choice* nicht selten von einer Reise aus den Vereinigten Staaten mit nach Hause brachten oder auf dem Schwarzmarkt kauften, der im Zusammenhang mit der Präsenz der US-Soldaten im Land florierte.[39] Der hohe Preis, der dort in den Armeeläden bezahlt wurde, verlieh *Taster's Choice* bei der koreanischen Bevölkerung hohes Ansehen. Fast jeder zweite Südkoreaner kannte die Marke, obwohl sie nicht offiziell im Land erhältlich war. Entsprechend lancierte Nestlé im November 1989 *Taster's Choice* unter dem Werbespruch «Quality is our Nature» als qualitativ hochstehenden Instantkaffee mit mildem Aroma. Er sollte vor allem junge, international orientierte Koreanerinnen ansprechen.[40]

Sofort hatte *Taster's Choice* überwältigenden Erfolg: Innerhalb von zwei Jahren eroberte Nestlé in Korea einen Viertel des Instantkaffeesegments, und bis zur Jahrtausendwende konnte das Unternehmen seinen Marktanteil nochmals verdoppeln.[41] Dabei entstand in Korea ein aussergewöhnliches Konsummuster: Einerseits war der gefriergetrocknete Instantkaffee *Taster's Choice* bei den jungen Koreanerinnen sehr beliebt, andererseits hatte aber auch der bequeme Milchkaffee *Nescafé 3-in-1* eine grosse Anhängerschaft. Die Verkaufszahlen von *Nescafé Classic* dagegen waren unbedeutend.[42]

36 Artikel aus der Zeitung «Der Bund», 18. Oktober 2012, S. 13.

37 AHN F 5.4.4, Communication Marketing Nr. 11/97, November 1997, S. 8–9.

38 Vergleiche dazu die Statistiken in SBU, World of Coffee, 1988–2000.

39 AHN F 5.4.4, Communication Marketing Nr. 5/90, April 1990, S. 2–3, und Nestec SA, Gazette Nestlé Nr. 53, September 1992, S. 5.

40 AHN F 5.4.4, Communication Marketing Nr. 5/90, April 1990, S. 2–3.

41 AHN T CR 120 Z-AOA Correspondence 1993–1999, Schrift «Meeting with P. Brabeck/G Kobe Japan», 10. Mai 1998.

42 SBU Freeze-dried Workshop 1999, Schrift «Nestlé in home soluble coffee sales», 1998, und AHN T CR 120 Z-AOA Correspondence 1993–1999, Schrift «Meeting with P. Brabeck/G Kobe Japan», 10. Mai 1998.

Da die Koreaner sowohl hochwertigen Kaffee als auch Milchkaffee mochten, führte Nestlé im Dezember 1991 zusätzlich *Nescafé Cappuccino* auf der Halbinsel ein, womit der schaumige Instantkaffee erstmals auf dem asiatischen Kontinent auftauchte. Geschmack und Positionierung wurden dabei den lokalen Bedingungen angepasst: Die italienischen Wurzeln des Produkts waren den Asiaten nicht bekannt. Entsprechend wurde Cappuccino einfach als neues, modernes Kaffeeprodukt verkauft, das vor allem in der modebewussten Szene der 18- bis 25-Jährigen seine Anhängerschaft finden sollte. Ebenso wurde der schaumige Milchkaffee den koreanischen Vorlieben entsprechend wesentlich süsser gestaltet als das europäische Vorbild. Die koreanische Version von *Nescafé Cappuccino* darf somit als gelungene Mischung von westlichen und fernöstlichen Einflüssen betrachtet werden.[43]

Auch in Südindien war Milchkaffee sehr verbreitet, wobei er dort hauptsächlich als Zichorienkaffee getrunken wurde.[44] Was den Kaffeekonsum anging, war Indien geografisch zweigeteilt. Im Süden des Landes wurde vorwiegend Kaffee angebaut und konsumiert. Im Norden dagegen dominierte der Teekonsum,[45] wobei landesweit wesentlich mehr Tee als Kaffee getrunken wurde.[46]

1983 führte Nestlé die amerikanische Zichorien-Kaffee-Mischung *Sunrise* in Südindien ein, die später als *Nescafé Sunrise* unter dem Werbespruch «There's a new sunrise in your life» bekannt wurde. Allerdings hatte *Nescafé* dort gegen die starke Konkurrenz der Marke *Bru* von Unilever zu kämpfen. In Nordindien dagegen spielte *Nescafé* eine Pionierrolle bei der Popularisierung des Kaffeegetränks und wurde dort praktisch als Synonym für Kaffee verwendet.[47]

Obwohl *Nescafé* seinen Umsatz bis zur Jahrtausendwende gewaltig steigern konnte, kratzte die Marke in Indien und China erst an der Oberfläche eines riesigen Marktvolumens. Das Potenzial dieser neuen Märkte war noch gewaltig, wenn man bedenkt, dass der durchschnittliche Kaffeekonsum eines Inders damals unter einer Tasse pro Woche lag und nicht einmal jeder dritte Chinese in den Grossstädten des bevölkerungsreichen Lan-

43 Nestec SA, Gazette Nestlé Nr. 53, September 1992, S. 6, und AHN F 5.4.4, Communication Marketing Nr. 8/92, Juli 1992, S. 5.

44 In Indien wurden Tee und Kaffee mit sehr viel Milch getrunken. Oft wurde dem Tee oder Kaffee sogar die doppelte Menge Milch beigegeben (AHN F 5.4.4, Communication Marketing Nr. 9/89, Juni 1989, S. 4, und SBU OBT India 2002, Fax von T an Nestlé Indien, 10. April 2000).

45 Im Kaffee trinkenden Süden des Landes wohnten 23 Prozent der Bevölkerung, die in Indien über 90 Prozent des Kaffees konsumierten. Im bevölkerungsreicheren Norden dagegen (77 Prozent der Bevölkerung) wurde vorwiegend Tee getrunken (AHN F 5.4.4, Communication Marketing Nr. 13/84, September 1984, S. 9).

46 Krieger, Tee, S. 260.

47 AHN F 5.4.4, Communication Marketing Nr. 13/84, September 1984, S. 9, und Communication Marketing Nr. 12/2008, Dezember 2008, S. 4.

Abbildungen 33 und 34: In Asien beruht ein grosser Teil des *Nescafé*-Geschäfts auf preiswerten Portionenpackungen, die den lokalen Geschmacksgewohnheiten angepasst wurden. Während *Nescafé 3-in-1* eine komplette Milchkaffeemischung mit Zucker darstellt und in vielen ostasiatischen Ländern verkauft wird, ist *Nescafé Sunrise* eine scharfe Zichorien-Kaffee-Mischung, die nur in Indien angeboten wird.

des jemals Kaffee getrunken hatte.[48] Der Aufstieg von *Nescafé* in Asien scheint daher nicht beendet, er hat vermutlich noch gar nicht richtig angefangen.

Russland und die ehemaligen Ostblockstaaten

Bereits während des Kalten Kriegs war *Nescafé* als Luxusprodukt der kommunistischen Elite in den Ostblockstaaten bekannt:[49] Zu Beginn der 1960er-Jahre plante das brasilianische Kaffeeinstitut (IBC), die Sowjetunion mit Kaffee zu beliefern, und animierte die lokale Nestlé-Gesellschaft, zu diesem Zweck Instantkaffee zu produzieren.[50] In den Jahren darauf fanden zahlreiche Lieferungen jenseits des Eisernen Vorhangs statt,[51] die als «Zeichen eines steigenden Lebensstandard in den sozialistischen Ländern» erfolgten und für das Schweizer Unternehmen äusserst lukrativ waren:[52] «I was particularly interested to see the fantastic prices which the Rumanians were apparently willing to pay for some *Nescafé*»,[53] freute sich Nestlé über die hohen Renditen, die sich in Osteuropa erzielen liessen.

Der eigentliche *Nescafé*-Boom in Russland und anderen osteuropäischen Ländern begann aber erst nach dem Zerfall der Sowjetunion Anfang der 1990er-Jahre. Lange Zeit von der Aussenwelt abgeschottet, war der Wunsch in der russischen Bevölkerung nach einem modernen Leben wie in Westeuropa damals gross. Dementsprechend faszinierte die westliche Markenware. Diese war zwar teuer, aber wer es sich leisten konnte, schaute nicht auf den Preis.[54] Da Kaffee von akzeptabler Qualität nach dem Ende des Kommunismus kaum erhältlich war,[55] bestand eine riesige Nachfrage nach westlichen Produkten wie Instantkaffee.[56]

Nestlé zeigte sich damals allerdings skeptisch gegenüber einem grösseren Engagement in der ehemaligen Sow-

48 Zu Indien vergleiche SBU OBT India 2002, Fax von T an Nestlé Indien, 10. April 2000, und SBU OBT India 2002, Fax von T an Nestlé Indien, 10. April 2000. Zu China vergleiche AHN F 5.4.4, Communication Marketing Nr. 5/01, Mai 2001, S. 18.

49 AHN SG 400-57, Brief von Afico SA an Nestlé Brasilien, 20. Juli 1967.

50 AHN SG 400-57, Telegramm von Nestlé Brasilien an den Hauptsitz in Vevey, 24. November 1961.

51 Ab 1966 nahmen die Exporte von *Nescafé* in die Ostblockstaaten ein Volumen von über 100 000 Kisten an. Nestlé entschied sich deshalb, die *Nescafé*-Dosen, die in die Sowjetunion geliefert wurden, nicht mehr wie bis anhin mit der brasilianischen Etikette zu versehen, sondern diese auf kyrillisch zu beschriften (AHN SG 400-57, Schrift «Exportation de café soluble Nescafé ex Brésil en UdSSR», 28. November 1966).

52 *Nescafé* wurde in den 1960er-Jahren nach Bulgarien, Polen, Rumänien, Jugoslawien sowie in die Tschechoslowakei, die Deutsche Demokratische Republik und die Sowjetunion geschickt (AHN SG 6000, Schriften «Pays de l'Est», 16. Dezember 1966, und «Affaires avec les pays de l'Est», 14. März 1967).

53 AHN SG 400-57, Brief von Nestlé USA an Nestlé Brasilien, 12. Juni 1962.

54 Artikel im Greenpeace Magazin Nr. 1/07, 2007, S. 38–42.

55 AHN F 5.4.4, Communication Marketing Nr. 4/97, April 1997, S. 13.

56 AHN T CR 110 Reports Russia 1990–1996, Schrift «Nestlé Russia preliminary assessment», 28. Juni 1993.

jetunion. Auch nach der Auflösung des kommunistischen Staates dachte das Unternehmen nicht an eine industrielle Präsenz im Land selber. Mit der drastischen Senkung der Importzölle im Jahr 1992 unter dem russischen Präsidenten Boris Jelzin wurde jedoch der Weg zur Lancierung von *Nescafé* auch ohne lokale Produktionsanlage frei, denn mit der Liberalisierung des Handels wurde die Einfuhr von Instantkaffee im grossen Stil möglich.[57] *Nescafé Classic* wurde aus Brasilien und Indien, *Nescafé Braséro* und *Nescafé Gold* aus Frankreich nach Russland importiert.[58] Wie immens das Marktpotenzial in Russland damals war, lässt sich daran erkennen, dass bereits ein Jahr nach der Einführung dreimal so viel *Nescafé* verkauft wurde wie in der Schweiz.[59] In Russland wurde Kaffee meist schwarz (also ohne Milch), aber mit Zucker getrunken. Instantkaffee war dabei deutlich beliebter als Bohnenkaffee,[60] denn für die Russen war Kaffee ein sehr funktionales Getränk, das vorwiegend beim Morgenessen getrunken wurde und die Lebensgeister wecken sollte.[61]

Nescafé war früher als andere Marken in der russischen Öffentlichkeit präsent und fast überall zu finden: Sowohl im Fernsehen als auch am Radio war sie allgegenwärtig, und an den Hochhäusern propagierten riesige *Nescafé*-Plakate – zum Teil direkt gegenüber von Lenin-Statuen – den westlichen Konsumstil.[62] Die Marke war sowohl an den einfachen Marktständen als auch in den neu entstandenen Supermärkten in den Aussenquartieren Moskaus zu finden, und so erstaunt es nicht, dass jede dritte bis vierte Tasse Kaffee, die in Russland konsumiert wurde, eine Tasse *Nescafé* war.[63] Sowohl vom Marktanteil als auch von der Bekanntheit her war *Nescafé* der klare Marktführer im russischen Kaffeegeschäft, das innerhalb weniger Jahre zum zweitgrössten Instantkaffeemarkt der Welt aufgestiegen war. Vor allem bei der jungen Bevölkerung war der Kaffeekonsum hoch – höher noch als der Konsum von Softdrinks wie *Coca-Cola*.[64]

Das Wachstum stand allerdings noch auf sehr wackligen Füssen: Als Russland 1998 von einer Finanzkrise erschüttert wurde, brach der Absatz von *Nescafé* schlagartig um ei-

57 Pfiffner/Renk, Wandel als Herausforderung, S. 150.

58 AHN T CR 305 Z-EUR Russia Correspondence 1991–1999, Schrift «Eastern Europe Meeting», 16. März 1995.

59 Vergleiche dazu die Statistiken in SBU, World of Coffee, 1993.

60 AHN T CR 305 Russia, Schrift «Coffee/Cocoa Consumption: Omnibus survey», Oktober 1995.

61 SBU CD Coffee Marketing Seminar 2006, Power-Point-Präsentation «Consumer Insight», Februar 2006.

62 Gegenüber der grössten Lenin-Statue Moskaus auf dem Oktoberplatz hing 1996 ein 72 Meter hohes und 24 Meter breites Plakat, welches *Nescafé* bewarb (SWA H+I Ba 214, Artikel aus der Zeitung «Tages-Anzeiger», 4. November 1996, und AHN F 5.4.4, Communication Marketing Nr. 4/97, April 1997, S. 13–14).

63 Vergleiche dazu AHN T CR 305 Russia, Schrift «Market visit Coffee & Beverages SBU – Moscow», 2. Juni 1997, und die Statistiken in SBU, World of Coffee, 1994–1997.

64 AHN T CR 305 Russia, Schrift «Market visit Coffee & Beverages SBU – Moscow», 2. Juni 1997, und AHN F 5.4.4, Communication Marketing Nr. 4/97, April 1997, S. 13–14.

nen Drittel ein. Wegen der geringen Kaufkraft wechselten viele Russen zu kleineren Packungsgrössen oder billigeren Marken als *Nescafé*. Nestlé versuchte deshalb ebenfalls billigere Kaffeeprodukte anzubieten.[65] 1999 lancierte Nestlé mit *Nescafé Montego* einen Instantkaffee, der bereits gezuckert war, und die Zichorien-Kaffee-Mischung *Ricoré*.[66] Erschwerend zur Krise kam hinzu, dass Fälscher in ganz Osteuropa minderwertige Kaffeeprodukte unter international bekannten Markennamen wie *Tchibo* oder *Nescafé* in Umlauf brachten und die Konsumenten verunsicherten. Es war damals aber kaum möglich, gegen die Schwindler vorzugehen, da Gesetzeslücken und Korruption einer strafrechtlichen Verfolgung enge Grenzen setzten.[67] Die Wirtschaftskrise zeigte, dass die Märkte in Osteuropa zwar grosses Absatzpotenzial besassen, gleichzeitig aber noch von sehr unsicheren Rahmenbedingungen geprägt waren.

Ein gutes Beispiel, wie Nestlé unter diesen unsicheren Bedingungen Marktchancen wahrnahm, ohne allzu hohe Risiken einzugehen, ist die Standortwahl der *Nescafé*-Abfüllfabrik in Timashevsk. Da die russische Bevölkerung während der Krise nicht mehr imstande war, die hohen Preise der aus dem Ausland importierten Produkte zu bezahlen,[68] suchte Nestlé einen Standort zur lokalen Herstellung von *Nescafé*. Als mögliche Orte wurden zuerst Kaliningrad, St. Petersburg und Moskau in Betracht gezogen. Das im Süden Russlands gelegene Timashevsk dagegen hatte eher schlechte Karten: Die Versorgung der Fabrik über die Häfen von Rostow am Don oder Taganrog kam aufgrund der schlechten Wetterverhältnisse nicht in Frage, und der verbleibende Hafen von Novorossiysk war berüchtigt dafür, dass die Fracht der Erdöltanker dem Containerverkehr vorgezogen wurde und dies zu wesentlichen Lieferverspätungen führte.[69] Dass sich Timashevsk schliesslich trotzdem gegen günstiger gelegene Standorte durchsetzte, war auf die damals unsichere Wirtschaftslage zurückzuführen. Der russische Rubel war zu jener Zeit sehr instabil, und hohe Investitionen in Fremdwährungen hätten leicht in einem finanziellen Fiasko enden können.[70] Zudem gab es in ganz Russland keinen

65 AHN T CR 305 Z-AOA Indien Correspondence 1995–1999, Schrift «Coffee Mixture ex India», 18. Dezember 1998.

66 SBU EUR N, Schrift «Management Summary 2000–2002 LTP», 4. Juni 1999.

67 AHN T CR 305 Z-EUR Russia Correspondence 1991–1999, Schrift «Analysis of Russian Tchibo Exclusive Counterfeit and Comparison with Nescafé Gold imitation and Suwelack Instant Coffee», 17. Mai 1999, und SBU EUR N, Notiz vom Departement Marken an den Zonenchef Europa und H, 23. September 1999.

68 Aus dem Westen importierte Nestlé-Produkte waren für viele Russen bereits vor der Krise kaum erschwinglich gewesen (AHN T CR 110 Reports Russia 1990–1996, Schrift «Nestlé Russia preliminary assessment», 28. Juni 1993).

69 SBU Russia Finishing Factory, Schrift «Russia – Finishing Factory, final site selection», 22. Januar 1997, und SBU Russia 1995–1998, Report von E und M, 10. März 1998.

70 AHN T CR 110 Reports Russia 1990–1996, Schrift «Nestlé Russia preliminary assessment», 28. Juni 1993.

Glasproduzenten, der die *Nescafé*-Verpackung in der gewünschten Qualität hätte herstellen können. Nestlé entschied sich deshalb, auf ein gross angelegtes Fabrikprojekt vorerst zu verzichten und stattdessen in Timashevsk eine kleinere, aber wesentlich billiger und einfacher realisierbare Fabrik zu erstellen. Aus den leerstehenden Gebäuden einer ehemaligen Biscuitfabrik entstand so eine neue Abfüllfabrik für *Nescafé*. Die Strategie reduzierte die Risiken einer Fehlinvestition und liess zugleich die Option offen, später eine grössere Fabrik aufzubauen.[71] Nach einer kurzen Bauzeit von 18 Monaten war die Fabrik in Timashevsk 2005 betriebsbereit.[72]

Trotz allen Hiobsbotschaften um die Jahrtausendwende blieb *Nescafé* eine starke Marke in Russland.[73] 2002 hatte sie wieder einen Marktanteil von über einem Drittel im Instantkaffeesegment. Dies war vor allem auf eine starke Position von *Nescafé Classic* zurückzuführen, daneben zeigte aber auch die 1997 eingeführte Milchkaffee-Mischung *Nescafé 3-in-1* aufstrebende Tendenzen.[74] Weil zudem die Zahl der Konsumenten mit hohem Einkommen in den Ländern der ehemaligen Sowjetunion stetig stieg und diese sehr prestige- und markenbewusst einkauften, wurden auch die hochklassigen *Nescafé*-Sorten für Kaffeeliebhaber wie *Nescafé Espresso, Nescafé Alta Rica* oder *Nescafé Cap Colombie* immer beliebter.[75] Auf diese Weise konnte sich *Nescafé* trotz Krisen und anderen Schwierigkeiten schliesslich auf dem russischen Kaffeemarkt durchsetzen, der in den letzten Jahren – wie auch der ukrainische Markt – ein überdurchschnittliches Wachstum aufwies.[76] Neuerdings steht in Russland sogar Nestlés grösste Instantkaffeefabrik in Europa.[77]

71 Vergleiche dazu SBU Russia 1995–1998, die Schriften Report von E und M, 10. März 1998, und «Russia: Coffee and beverages plant, revised concept, realisation approach and cost», 2. April 1998, sowie «Timashevsk – Coffee finishing factory», 19. Mai 1998.

72 Pfiffner/Renk, Wandel als Herausforderung, S. 151.

73 Dies zeigte sich beispielsweise darin, dass 87 Prozent der russischen Bevölkerung die Marke spontan erkannten (SBU CR 305 Eastern Europe, Schrift «Russia Business Plan», 6. September 2000).

74 AHN T CR 305 Russia, Schrift «Market visit Coffee & Beverages SBU – Moscow», 2. Juni 1997, und SBU CR 305 Triangular Meetings 1999–2002, Schrift «2002 Coffee Triangular Meeting – Russia/Ukraine», 27. November 2002.

75 SBU CD Coffee Marketing Seminar 2010, Power-Point-Präsentation «Nescafé Collection – business development during crisis 2009», 2010.

76 Morris, Introduction to Consumer Countries, S. 173.

77 Vergleiche dazu SWA H+I Ba 214, Artikel aus der Zeitung «Le Temps», 20. Oktober 2011.

«Whenever, wherever, however» – der individuelle Kaffee aus der Maschine

Die Verlagerung des Kaffeekonsums in den öffentlichen Raum

Während in den Entwicklungsländern neue Märkte für löslichen Kaffee entstanden, verschwand in den Industrieländern das Mittagessen zu Hause mit der zunehmenden Hektik im Geschäftsleben und der Emanzipation der Frau zunehmend.[78] Immer mehr Leute assen auswärts oder gönnten sich nur einen raschen Schnellimbiss auf dem Arbeitsweg. Take-Away-Läden, Haus- und Bürobelieferungen und der Verkauf von Nahrungsmitteln an Tankstellen gewannen an Bedeutung.[79] Die Mahlzeit und der Kaffeegenuss verlagerten sich dadurch tendenziell vom vertrauten Heim in die Öffentlichkeit. Wollte *Nescafé* den Kunden am Puls der Zeit abholen, musste der bis anhin vorwiegend zu Hause konsumierte Instantkaffee im öffentlichen Raum stärker präsent werden[80] – zum Beispiel in Bars, Restaurants, Büros oder an Kaffeeautomaten.[81]

Seit Mitte der 1990er-Jahre wurden Kaffeespezialitäten und der Kaffeekonsum im öffentlichen Raum immer beliebter.[82] Besonders stark war die Tendenz in den Vereinigten Staaten zu beobachten, wo das traditionelle Röst- und Instantkaffeegeschäft schrumpfte, während ein junges Publikum den Kaffee in schicken Kaffeebars wiederentdeckte, wo die Preise hoch, die Auswahl gross und die Kaffeequalität gut war.[83] Kennzeichnend für diese Renaissance der öffentlichen Kaffeebar steht die Kaffeekette Starbucks, die zu Beginn der 1990er-Jahre fast über Nacht zum schicken Treffpunkt der Jugendlichen wurde.

1983 hatte der damalige Marketing-Verantwortliche von Starbucks, Howard Schultz, auf einer Italienreise die Kaffeebar als öffentlichen Treffpunkt der italienischen Gesellschaft kennengelernt und exportierte diese Kaffeekultur in den 1980er-Jahren – allerdings noch ohne grossen Erfolg – in die Verei-

78 AHN T CR 305 Nescafé RTD Correspondence 1996–1998, Schrift «Product Development Strategy for RTD Coffee», 6. Mai 1996.

79 Vergleiche dazu Möhring, Transnational Food Migration, S. 130, und Pfiffner/Renk, Wandel als Herausforderung, S. 66.

80 AHN T CR 305 Nescafé RTD Correspondence 1996–1998, Schrift «Product Development Strategy for RTD Coffee», 6. Mai 1996.

81 SBU CR 305 Germany 2003, Schrift «German Triangular Meeting», 13. September 2000.

82 Spiekermann, Lifestyle und Kaffee, S. 114.

83 SBU HKW USA + Mexico, Schrift «Visit Report USA», Januar 2005.

nigten Staaten. Indem er die italienische Kaffeebar den amerikanischen Vorlieben anpasste und die Barhocker durch bequeme Stühle ersetzte, verband er den Kaffeekonsum bei Starbucks mit einer entspannten Atmosphäre, die zwischen dem Arbeitsplatz und der Privatsphäre zu Hause lag: Ausgehen, sich selber präsentieren und anderen zuschauen wurde zum *Starbucks*-Lebensgefühl. Dabei rechtfertigte sich der höhere Preis des *Starbucks*-Kaffees auch damit, dass der Besuch des Kaffeehauses zwischen «Fast Food»- und «Connaisseur»-Laden in der Gesellschaft schick war.[84]

1994 eröffnete das amerikanische Kaffeeunternehmen seine ersten Filialen in Asien.[85] Ende der 1990er-Jahre schwappte die *Starbucks*-Welle ebenfalls nach Europa über,[86] wo die Kaffeequalität allerdings um einiges höher war: Galt *Starbucks*-Kaffee in Amerika als Spezialitätenkaffee, entsprach seine Qualität in Europa dem Standard.[87] Ausserdem herrschte in vielen europäischen Ländern eine andere öffentliche Kaffeetradition, was Starbucks den Markteintritt erschwerte.[88] In Italien beispielsweise, wo der stehend an der Bar getrunkene Espresso quasi zum täglichen Ritual gehörte,[89] war Starbucks lange Zeit nicht präsent.[90] Ebenso verhinderte die öffentliche Kaffeekultur an der Bar, dass der lösliche Kaffee bis Mitte der 1990er-Jahre in Italien Fuss fassen konnte.[91]

Der Erfolg von Starbucks in Amerika und die Absenz der Kette in Italien brachte Nestlé 1997 auf den Gedanken, *Nescafé* als Kaffee nach amerikanischem Stil zu vermarkten. Die italienische Tochtergesellschaft hob dabei den Instantkaffee bewusst von der traditionellen Espresso-Kultur der älteren Generation ab und verband ihn mit neuen Werten wie Spontaneität, Offenheit für fremde Kulturen und einem modernen Lebensstil. Im Gegensatz zum kurzweiligen, stehend genossenen Espresso-Konsum wurde *Nescafé* analog zum Kaffeegenuss in den Vereinigten Staaten mit dem Vergnügen verbunden, sich Zeit zu nehmen und den Kaffee in einer entspannten Atmosphäre mit Freunden zu trinken.[92]

Gefördert wurde diese neue Art, den Kaffee zu geniessen, mit öffentlichen «*Nescafé* Brunch Events» an den angesagten Strassenecken Roms und Mailands.[93] Der Brunch als Mi-

84 Zur Geschichte von Starbucks siehe weiterführend Pendergrast, Kaffee, S. 401–405, sowie Spiekermann, Lifestyle und Kaffee, S. 109–115 und D'Aviron/Ponte, The Coffee Paradox, S. 78.

85 Krieger, Kaffee, S. 248–249.

86 Spiekermann, Lifestyle und Kaffee, S. 107.

87 Pendergrast, Kaffee, S. 393.

88 In Europa sah sich Starbucks gezwungen, ihr Sortiment der lokalen Kaffeekultur anzupassen, zum Beispiel mit Café Frappé in Griechenland (SWA H+I Ba 1139, Artikel aus der Zeitung «L'Agéfi», 11. März 2011).

89 AHN F 5.4.4, Communication Marketing Nr. 11/98, November 1998, S. 14.

90 In Europa war Starbucks zuerst nur in Grossbritannien, der Schweiz, Österreich, Deutschland und Spanien präsent. In Italien, dem ursprünglichen Vorbild des US-Unternehmens, gab es dagegen bis 2005 noch keine Starbucks-Filiale (SWA H+I Ba 1139, Artikel aus der Zeitung «Finanz und Wirtschaft», 17. Juli 2002 und 14. Dezember 2005).

91 AHN F 5.4.4, Communication Marketing Nr. 11/98, November 1998, S. 14.

92 Ebenda.

93 Ebenda.

schung zwischen Morgen- und Mittagessen war im traditionsverbundenen Italien erst in den 1990er-Jahren in Mode gekommen und wurde nun von Nestlé genutzt, um die konservativen Kaffeegewohnheiten zu durchbrechen: Wurde der traditionelle, schwarz genossene Espresso aus einer kleinen Tasse konsumiert, bot Nestlé den als amerikanisch angepriesenen *Nescafé* in der grossen Tasse als Milchkaffee an. Über die neue Mode des amerikanischen «Brunchs» begannen immer mehr junge Leute in italienischen Grossstädten ihren Kaffee auf eine andere Art zu geniessen als ihre Eltern. Durch diesen «Kulturtransfer» gewann der Instantkaffee auch im traditionsbewussten Italien immer mehr Zuspruch.[94]

Um die Jahrtausendwende trat die Marke *Nescafé* endgültig ins öffentliche Alltagsleben, als sie mit eigenen Take-Away-Ständen und eigenen Kaffeebars in Shopping Malls auftauchte.[95] Im Januar 2000 lancierte Nestlé mit *Nescafé Lioness* zudem eine kleine Kaffeemaschine, mit der sich verschiedene Kaffeegetränke wie Espresso, Cappuccino oder Caffè Latte bequem auf dem Bürotisch zubereiten liessen.[96] Ein weiterer entscheidender Schritt erfolgte 2004/05 mit der Einführung von geschlossenen Kaffeeautomaten wie *Nescafé Komo* und *Nescafé Trinity,* mit denen dem Kunden alle Kaffeegeschmacksvarianten angeboten werden konnten, die auch in einer Kaffeebar erhältlich waren.[97]

In den letzten Jahren fand schliesslich eine zunehmende Differenzierung der einzelnen Kaffeemaschinen statt: Für den Alltagsgebrauch am Arbeitsplatz brachte Nestlé *Nescafé Alegria* auf den Markt, mit *Nescafé Milano* wurde eine sehr breit ausgerichtete Maschine geschaffen und mit *Viaggi* ein Getränkeprogramm entwickelt, das auf die Bedürfnisse der Gastronomie abgestimmt war und rasch eine Vielzahl an Kaffeevarianten anbieten kann.[98]

Kaffeeautomaten, Kooperationen und kalte Kaffeegetränke

Einen weiteren potenziellen Wachstumsmarkt im öffentlichen Raum stellten «Ready-to-Drink»-Milchkaffeedosen in Getränkeautomaten dar. Diese hatten den Vorteil, dass sie auch von Leuten konsumiert wurden, denen das schwarze Getränk sonst zu bitter war.[99] Allerdings waren Nestlés traditionelle Distributionskanäle über Supermärkte nicht geeignet, um den Konsum von Dosenkaffee

94 AHN F 5.4.4, Communication Marketing Nr. 3/00, März 2000, S. 16–18.
95 Vergleiche dazu Abbildung 35.
96 AHN F 5.4.4, Communication Marketing Nr. 4/00, April 2000, S. 5–6.
97 AHN F 5.4.4, Communication Marketing Nr. 10/04, Oktober 2004, S. 10–11, und Nestec SA, Gazette Nestlé Nr. 108, Dezember 2005, S. 3.
98 Jahresbericht Nestlé 2011, S. 27.
99 AHN T CR 305 Nescafé RTD Correspondence 1996–1998, Schrift «Product Development Strategy for RTD Coffee», März 1996.

Abbildung 35: *Nescafé*-Bar im Ilford Exchange Mall in der Nähe von London. Auf die zunehmende Konkurrenz durch Kaffeeketten wie Starbucks reagierte Nestlé um die Jahrtausendwende in verschiedenen Ländern mit eigenen Kaffeebars.

auf der Strasse zu fördern. Dies war einer der Hauptgründe, weshalb das Westschweizer Unternehmen in diesem Bereich die Zusammenarbeit mit der Coca-Cola Company suchte, welche über ein sehr starkes Vertriebsnetz von Getränkeautomaten verfügte,[100] denn «consumers need to be able to purchase *Nescafé* RTD [Abkürzung für ‹Ready-to-Drink›] wherever they are, whenever they feel thirsty».[101]

Nachdem Nestlé bereits 1989 mit General Mills ein Abkommen für die gemeinsame Entwicklung von Frühstückszerealien geschlossen und zu diesem Zweck das Joint-Venture-Unternehmen Cereal Partners Worldwide (CPW) gegründet hatte,[102] gründeten Nestlé und Coca-Cola im März 1991 die Coca-Cola Nestlé Refreshments Company (CCNR) als Gemeinschaftsunternehmen, um *Nescafé* auch ausserhalb Japans als Dosenkaffee anzubieten. Ausserdem erweiterten die beiden Grosskonzerne 1992 ihre Zusammenarbeit auch auf flüssige Eisteemischungen unter der Marke *Nestea*.[103] Dabei unterlagen die Forschung und Herstellung der Tee- und Kaffeeprodukte der Führung von Nestlé, während das Abfüllen und der Vertrieb über die Distributionskanäle der Coca-Cola Company stattfanden.[104] Um die gegenseitigen Stärken zu nutzen, begannen sich marktführende Grossunternehmen also immer mehr zu vernetzen.

Im Oktober 1991 führte die CCNR mit *Nescafé Regular* ihr erstes Produkt in Südkorea ein, wo Kraft General Foods fünf Jahre zuvor in Zusammenarbeit mit einem koreanischen Unternehmen Dosenkaffee als Softgetränk eingeführt hatte. Aufgrund des ausgezeichneten Distributionssystems von Coca-Cola, der hohen Qualität der Getränke sowie der Möglichkeit, den trinkfertigen Dosenkaffee sowohl als kaltes als auch als warmes Getränk[105] aus den Kaffeeautomaten zu beziehen, war *Nescafé* als Dosenkaffee auf der koreanischen Halbinsel sofort sehr erfolgreich.[106] Bis 1996 stieg *Nescafé* zum Marktführer in dieser Katego-

100 ABU OBT Chrono 1999, Schrift «The Beverage Category – Introduction», 1999.

101 AHN F 5.4.4, Communication Marketing Nr. 2/96, Februar 1996, S. 5.

102 CPW verband das technische Wissen bei der Verarbeitung von Frühstückszerealien von General Mills mit der weltweiten Verkaufsorganisation und den bekannten Marken von Nestlé. Das Joint-Venture-Unternehmen verkaufte Frühstückszerealien unter Nestlés Marken, mit Ausnahme von Nordamerika, wo General Mills ihre eigenen Marken verwendete (Jahresbericht Nestlé 1989, S. 4, und Jahresbericht Nestlé 1990, S. 6).

103 Während Nestlé und Coca-Cola über die CCNR in vielen Ländern zusammenarbeiteten, blieben die beiden Unternehmen in Japan – dem weltweit bedeutendsten Markt für Dosenkaffee – Konkurrenten (Nestec SA, Gazette Nestlé Nr. 53, September 1992, S. 6, und AHN SG 11535, Schrift «Market Heads Conference 1997», 11. Juli 1997).

104 AHN F 5.4.4, Communication Marketing Nr. 2/94, Februar 1994, S. 10–11.

105 Die Kaffeeautomaten besassen eine spezielle Vorrichtung, mit welcher die Kaffeedose aufgewärmt werden konnte. Dadurch war der Dosenkaffee im Sommer kalt und im Winter warm erhältlich (AHN F 5.4.4, Communication Marketing Nr. 14/84, September 1984, S. 5–6).

106 Nestec SA, Gazette Nestlé Nr. 53, September 1992, S. 6, und AHN F 5.4.4, Communication Marketing Nr. 2/96, Februar 1996, S. 5.

rie auf. Aber auch in anderen asiatischen Ländern wie China, Hong Kong, Taiwan oder Singapur[107] konnte der trinkfertige *Nescafé* als kaltes Milchgetränk mit Kaffeearoma ein bedeutenderes Marktvolumen gewinnen.[108] Mit der Übernahme des Dosenkaffeegeschäfts der Ueshima Coffee Company (UCC) konnte Nestlé im Jahr 2000 ihre Stellung auf dem japanischen Dosenkaffeemarkt zusätzlich erweitern.[109] Der Dosenkaffee bildete dabei eine neue Kategorie zwischen Softdrink, Milch- und Kaffeegetränk, die sowohl kalte Erfrischung als auch typische Vorteile des Kaffees beinhaltete.[110] Bis zur Jahrtausendwende entwickelten sich die trinkfertigen Kaffeedosen in Asien zu einer interessanten Erweiterung des Kaffeegeschäfts unter der Marke *Nescafé*.[111]

Ausserhalb Asiens dagegen war «Ready-to-Drink»-Kaffee bis Mitte der 1990er-Jahre noch praktisch unbekannt und sowohl von der Vermarktung als auch von der Produktqualität her nicht ausgereift gewesen.[112] Sowohl in Nordamerika als auch in Europa nahmen die Aktivitäten in diesem Segment jedoch stark zu: Im März 1995 testeten Nestlé und Coca-Cola in den Vereinigten Staaten verschiedene aromatisierte Dosenkaffeesorten und führten diese ein Jahr später unter der Marke *Nescafé Ice* auch in Kanada, Frankreich und Spanien ein, derweil Konkurrenten wie Jacobs, Douwe Egberts und Cadbury Schweppes in Europa und Starbucks (in Kooperation mit PepsiCo.) in Nordamerika ihre ersten «Ready-to-Drink»-Kaffeegetränke auf den Markt brachten.[113]

Trotzdem war dem kalten Dosenkaffee bis zur Jahrtausendwende wenig Erfolg beschieden: «Neither we – nor any competitor – seem to have yet found a successful can or bottle RTD [‹Ready-to-Drink›] coffee concept, particularly in the Wes-

107 Zur Einführung von *Nescafé* in diesen Ländern als «Ready-to-Drink»-Kaffee vergleiche AHN F 5.4.4, Communication Marketing Nr. 2/94, Februar 1994, S. 11, und AHN T CR 305 Nescafé RTD Correspondence 1996–1998, Schrift «RTD Coffee is rapidly expanding on global basis» [o. J.].

108 AHN F 5.4.4, Communication Marketing Nr. 2/96, Februar 1996, S. 5.

109 SWA H+I Ba 214, Ausschnitt aus der Zeitung «Tages-Anzeiger», 3. März 2000.

110 AHN T CR 305 Nescafé RTD Correspondence 1996–1998, Schrift «Product Development Strategy for RTD Coffee», März 1996.

111 SBU OBT Chrono 2000, Schrift «RTD Strategy Paper Update», 28. April 2000.

112 Mitte der 1980er-Jahre hatte General Foods mit *Maxwell House Cappio* den ersten bedeutenden «Ready-to-Drink»-Kaffee auf den US-Markt gebracht. Dem Produkt war jedoch wenig Erfolg beschieden, weil ihm eine klare Positionierung fehlte und es General Foods nicht gelang, den Dosenkaffee über traditionelle Softdrink-Kanäle wie Getränkeautomaten und Tankstellen zu verkaufen. Zudem wies der Kaffee in Dosen oft noch einen abgestandenen Geschmack auf, und nicht selten kam es bei der Interaktion zwischen Kaffee, Zucker und Milch zu Nebeneffekten, welche eine immer gleichbleibende Qualität des Produkts erschwerten (zur Produktqualität vergleiche AHN T CR 305 Nescafé RTD Correspondence 1996–1998, Schrift «Product Development Strategy for RTD Coffee», März 1996, und AHN T CR 305 Liquid Beverages Review Meeting Ohio 1998, Schrift «R&D Project on RTD-Coffee: Research proposal», 1998. Zur Verbreitung des Dosenkaffees in Europa und Nordamerika siehe SBU OBT Strategic Papers 1991–1996, Schrift «Strategic Paper – RTD Coffee», 20. September 1996, und AHN [ohne Signatur], Communication Marketing «Highlights of the most interesting product launches in 1996», Mai 1997).

113 AHN T CR 305 Nescafé RTD Correspondence 1996–1998, Schrift «RTD Coffee is rapidly expanding on global basis» [o. J.], und SBU OBT Strategic Papers 1991–1996, Schrift «Strategic Paper – RTD Coffee», 20. September 1996.

tern, more ‹coffee-culture› markets»,[114] musste Nestlé Ende der 1990er-Jahre feststellen, denn im Unterschied zu Japan und anderen asiatischen Ländern war es in westlichen Ländern unüblich, Kaffee wie ein Softgetränk kalt aus einem Automaten an der Strassenecke zu beziehen.[115] 2001 entschieden sich Nestlé und die Coca-Cola Company daher, ihre Zusammenarbeit (CCNR) weiter zu vertiefen, indem sie mit «Beverage Partners Worldwide» (BPW) eine neue Gesellschaft gründeten, die mit Ausnahme von Japan für die weltweite Positionierung von *Nescafé* und *Nestea* als «Ready-to-Drink»-Getränke verantwortlich wurde.[116]

Obwohl es aus der Sicht von Nestlé einige Lichtblicke wie *Nescafé Xpress* gab, der 1998 in Deutschland eingeführt wurde und bei den Jugendlichen sofort beliebt war, weil er eine ganz andere Art des Kaffeekonsums darstellte, als er von ihren Eltern mit Bohnenkaffee praktiziert wurde,[117] blieb der grosse Durchbruch des *Nescafés* als kalter Milchkaffee in Europa und Amerika letztlich aus: zu dominant war Starbucks mit *Frappuccino* in Nordamerika, während in Europa ab 2004 mit *Emmi Caffè Latte* ein starker Konkurrent auftauchte.[118]

Weit erfolgreicher als *Nescafé* war in dieser Kategorie dagegen *Nestea*. Durch die Zusammenarbeit mit Coca-Cola konnte die Marke ihren Marktanteil und ihre Auswahl als flüssiges Eistee-Produkt erheblich ausweiten. Mit jährlichen Wachstumsraten von 14 Prozent schloss *Nestea* in der zweiten Hälfte der 1990er-Jahre zu Marktführer *Lipton* auf.[119] Erst jetzt schien *Nestea* das Marktpotenzial ausschöpfen zu können, das in ihm schlummerte: «The soluble tea category [...] never became an important business. The *Nestea* brand gained some presence (in the in-home preparation of ice tea) in the US and few other markets, but in the end 80s it was a langouring brand [...]. The introduction of RTD [‹Ready-to-Drink›] ice teas in the early 90s and our 50/50 joint venture with Coca-Cola dramatically changed the fortunes of the brand. When we were able to get sufficient priority and motivation

114 SBU OBT Chrono 1999, Schrift «The Ready-to-Drink Strategies for Coffee, Cocoa and Tea», 1999.

115 Ebenda.

116 SBU HKW BPW 2004, Broschüre «Beverage Partners Worldwide», 20. Februar 2001, und SBU OBT Chrono 2001, Notiz von T an R, 22. Februar 2001.

117 AHN T CR 305 Z-EUR Germany Correspondence 1994–1999, Brief von Nestlé Deutschland an Nestlé R & D Center Konolfingen, 20. April 1998.

118 Vergleiche dazu SBU CD Coffee Marketing Seminar 2006, Power-Point-Präsentation «BPW RTD», 2006, und SBU CD Coffee Marketing Seminar 2008, Power-Point-Präsentation «Coffee business – Competitive update», 2008.

119 Das breiteste Angebot an *Nestea*-Variationen entwickelte CCNR zu Beginn der 1990er-Jahre in den Vereinigten Staaten, wo neben *Nestea with Lemon* auch *Nestea Raspberry, Nestea Apple Spice, Nestea Peach* und *Nestea Tropical* erhältlich waren (AHN F 5.4.4, Communication Marketing Nr. 2/94, Februar 1994, S. 10–11, und SBU HKW BPW 2004, Schrift «Beverage Partners Worldwide», 20. Februar 2001).

behind the brand within the Coca-Cola bottler system, *Nestea* has grown rapidly»,[120] beschrieb Nestlé 1999 den Erfolg von *Nestea* als Sofortgetränk. Einmal mehr zeigt sich damit die gegensätzliche Entwicklung von *Nestea* und *Nescafé*.

Das Kapselsystem als neue Schlüsseltechnologie

Um mit einer guten Espresso-Maschine einen qualitativ hochstehenden Espresso herzustellen, brauchte man in den 1980er-Jahren noch relativ viel Expertenwissen. Selbst an der Bar oder in den Restaurants waren bei der Zubereitung von Espresso-Kaffee Spezialisten – sogenannte Baristas – gefragt.[121] Espresso wurde deshalb vorwiegend auswärts getrunken.

Im Zuge der Erweiterung des Geschäftsfelds über das Gebiet des Löslichkaffees hinaus erinnerte sich Nestlé, 1974 vom Genfer Battelle-Institut eine bislang unbekannte Technologie erworben zu haben, mit der die Aromastoffe des Kaffees in hermetisch versiegelten Kapseln bis zum Moment des Gebrauchs konserviert werden konnten. 1978 wurde die Weiterentwicklung des Verfahrens in den Nestlé-Forschungslaboren jedoch abgebrochen, weil das Unternehmen befürchtete, das neue Produkt könnte eines Tages *Nescafé* konkurrenzieren. Wie es Max Morgenthaler im Fall von *Nescafé* getan hatte, entschied sich auch hier der Nestlé-Forscher Eric Favre, die Entwicklung der Kapseln und die dazugehörenden Maschinen privat weiter voranzutreiben. Es gelang ihm, den damaligen Marktchef in Japan zu einem Konsumtest zu bewegen, der 1984 erfolgreich verlief. Bei dieser Gelegenheit erhielt das Kapselsystem den Namen *Nespresso*.[122] Am 17. Februar 1986 kündigte Nestlé die Kommerzialisierung des *Nespresso*-Systems in einem autonomen Unternehmen[123] an, das mit dem Nestlé-Konzern allerdings stark verbunden war.[124] Die Kapseln erlaubten es den Kunden erstmals, einen Espresso-Kaffee von ausgezeichneter Qualität ohne grosses Spezialwissen herzustellen.[125] Nach anfänglichen Schwierigkeiten entwickelte sich

120 SBU OBT Chrono 1999, Schrift «The ready-to-Drink Strategies for Coffee, Cocoa and Tea», 1999.

121 AHN F 5.4.4, Communication Marketing Nr. 2/86, Februar 1986, S. 2.

122 Zur Geschichte von *Nespresso* vergleiche Pfiffner/Renk, Wandel als Herausforderung, S. 111–115.

123 Nestlés Einstieg ins Röstkaffeegeschäft wurde bereits 1987 als Abenteuer bezeichnet. *Nespresso* hätte innerhalb des Nestlé-Konzerns wohl wenig Unterstützung erhalten, weil der damalige CEO Helmut Maucher gegenüber dem Kapselsystem skeptisch war und stattdessen auf *Nescafé* setzte. Gleichzeitig zeigte sich Maucher bereit, mit der Gründung einer eigenen Gesellschaft sowohl die Förderung von *Nescafé* als auch von *Nespresso* zu ermöglichen (vergleiche dazu SBU Historic Nescafé Branding 1985–1995, Schrift «Politique de Marque R&G», August 1987, und Pfiffner/Renk, Wandel als Herausforderung, S. 111–112).

124 AHN SG 1100-57, Notiz von F an P, 16. April 1986.

125 AHN F 5.4.4, Communication Marketing Nr. 2/86, Februar 1986, S. 3–4.

Nespresso in den 1990er-Jahren zu einer Art «*Starbucks*-Phänomen im eigenen Haushalt»: Als schickes Getränk der Oberschicht wiesen die Kaffeekapseln Wachstumsraten auf, die weit über denjenigen aller anderen Geschäftsbereiche von Nestlé lagen.[126] «In terms of our overall coffee strategy, *Nespresso* represents the most promising and clear-cut way of entering the large and basically commodity-driven R&G coffee [Bohnenkaffee] market. We enter it with a proprietary technology and with a real value-added system. It is a little bit like going back to 1938 once again – but on a much smaller, more precise scale»,[127] schrieb 1999 der Leiter der Abteilung Instantgetränke.

Zu Beginn des neuen Jahrtausends gelang dem Einzelportionen-Kaffee schliesslich der allgemeine Durchbruch auf dem Kaffeemarkt: Anstelle des Bohnenkaffees in der Kanne tauchten immer öfter Kaffeemaschinen wie *Senseo* von Douwe Egberts (2001 in den Niederlanden), *Tassimo* von Kraft Foods (2004 in Frankreich) oder *Caffissimo* von Tchibo (2005 in Deutschland) auf, welche das begehrte Heissgetränk ebenfalls in tassengerechten Einzelportionen herstellten.[128] Die Entwicklung war einerseits darauf zurückzuführen, dass die Anzahl Personen pro Haushalt immer kleiner wurde und sich daher das Aufgiessen eines traditionellen Filterkaffees in grösseren Mengen nicht mehr lohnte. Andererseits ermöglichte die Einzelportionen-Kaffeemaschine eine längere Haltbarkeit und eine viel grössere Auswahl an verschiedenen Kaffeesorten und Kaffeeprodukten, was ganz dem Bedürfnis des Konsumenten nach einer individuellen Kaffeewahl entsprach.[129] Schliesslich wurden auch die entsprechenden Kaffeemaschinen immer billiger, was die Automatisierung der Kaffee-Herstellung zu Hause zusätzlich beflügelte.[130] Der «Kaffee auf Knopfdruck» wurde zum neuen Wachstumsmarkt.[131]

Mit dem Auftauchen der neuen Einzelportionen-Kaffeemaschinen (auch «Pads» genannt) verlor der Instantkaffee seine bisherigen Vorteile gegenüber den Kaffeemaschinen:

126 Pfiffner/Renk, Wandel als Herausforderung, S. 113, und AHN F 5.4.4, Communication Marketing Nr. 8/95, August 1995, S. 6–8.

127 SBU OBT Chrono 1999, Notiz von T an alle Angestellte des Departements Getränke, 14. Juni 1999.

128 Vergleiche dazu SBU Folders ipe/kkw Coffee Machines OMNI, Schrift «Project OMNI», 12. November 2004, und SBU OMNI Project Machines 2, Schrift «OMNI Machine/Development & Manufacturing», 9. März 2005, sowie SBU CD Coffee Marketing Seminar 2005, Power-Point-Präsentation «Coffee & Beverages SBU», 2005.

129 SBU OBT Chrono 2001, Notiz «Nescafé In-Home Coffee Machine», 11. Juli 2001.

130 Für die Zubereitung von Röstkaffee wurde zu Beginn des 21. Jahrhunderts immer öfter eine vollautomatische Espresso-Maschine oder eine Einzelportionen-Espressomaschine verwendet. Dagegen verloren die Filterkaffeemaschine und die herkömmliche Filtertüte als Hilfsmittel zur Kaffeezubereitung rasant an Bedeutung (SBU OMNI Project Production, Schrift «Project OMNI», 17. November 2004).

131 Laut dem Marktforschungsinstitut Nielsen wurden 2009 bereits zehn Prozent des weltweiten Kaffeekonsums mit Kapseln bewerkstelligt (Kunze/Schug, Jacobs Kaffee, S. 216, und SWA H+I Ba 980, Artikel aus der Zeitung «Finanz und Wirtschaft», 13. Juni 2009).

Flexibilität, Individualität und Bequemlichkeit bei der Kaffeezubereitung konnten nun auch von den Maschinen geboten werden.[132] In den Niederlanden zum Beispiel eroberten die Kaffee-Pads innerhalb weniger Jahre einen Drittel des gesamten Kaffeemarktes und gefährdeten Nestlés Geschäft mit *Nescafé Cappuccino* und anderen Kaffeespezialitäten, weil sie auch verschiedene Milchkaffeesorten automatisch herstellen konnten.[133] *Nespresso* hatte zwar das «Coffee by Cup»-Geschäft wesentlich aufgebaut, spezialisierte sich aber angesichts der wachsenden Konkurrenz im neuen Jahrtausend zunehmend auf das prestigeträchtige Hochpreissegment.[134] Die Club-Mitgliedschaft, die Eröffnung von *Nespresso*-Shops[135] sowie die Werbekampagne «*Nespresso,* what else?» mit dem Schauspieler George Clooney untermauerten diese Positionierung.[136]

Parallel dazu wollte Nestlé im Kapselsegment auf einer breiteren Basis aktiv werden.[137] Auf Initiative des Top-Managements begannen die Forscher von Nespresso deshalb ein Kapselsystem zu entwickeln, welches für das grosse Massenpublikum gedacht war. Allerdings verzichtete *Nespresso* später auf die Markteinführung dieses sogenannten OMNI-Systems, weil die Qualitätsmarke dadurch zum Massenprodukt degradiert worden wäre.[138]

Gleichzeitig war Nestlé bestrebt, das Portionen-Kaffeesegment von *Nescafé* zu verteidigen, indem die Instantkaffeemarke ebenfalls auf dem Gebiet des Kapselkaffees tätig wurde.[139] «I believe there is now an opportunity for a *Nescafé* in-home machine»,[140] schrieb der Leiter der Abteilung Instantgetränke im Juli 2001. Nestlé könne mit *Nescafé* zwar nicht mit einer traditionellen, billigen Röstkaffee-Filtermaschine oder einer hochwertigen Einzelportionen-Kaffeemaschine konkurrenzieren. Aber das *Nespresso*-System liesse sich auch auf eine Maschine adaptieren, die gute Cappuccinos und Latte Macchiatos herstelle. Zudem schlug er vor, anstelle von Aluminiumkapseln vielfältig einsetzba-

132 Interview mit einer Mitarbeiterin bei Nescafé Dolce Gusto, 22. November 2010.

133 SBU Folders AKW, Schrift «Goliath», 16. Juni 2005.

134 Pfiffner/Renk, Wandel als Herausforderung, S. 114.

135 *Nespresso* war ursprünglich für einen kleinen Markt konzipiert und ist daher nicht als Produkt, sondern als geschlossenes System zu verstehen: *Nespresso*-Kapseln waren nur über die Club-Mitgliedschaft erhältlich. Das Club-System garantierte den kürzesten Distributionsweg zum Konsumenten und erlaubte es dem Unternehmen, direkt mit den Konsumenten in Kontakt zu treten und wichtige Informationen über die Wünsche der Kunden zu gewinnen, die wiederum bei neuen Produktlancierungen berücksichtigt werden konnten. Über den traditionellen Handel der Supermärkte wären die Kapseln dagegen nicht schnell genug verkauft worden, sodass die Gefahr bestand, dass der *Nespresso*-Kaffee in den Regalen verdorben wäre (Pfiffner/Renk, Wandel als Herausforderung, S. 113–114, und SBU OBT Chrono 1999, Notiz von T, 14. Juni 1999).

136 SWA H+I Ba 980, Artikel aus der «Handelszeitung», 21. Januar 2009.

137 SBU OBT Chrono 2001, Notiz «Nescafé In-Home Coffee Machine», 11. Juli 2001.

138 Interview mit einer Mitarbeiterin bei Nescafé Dolce Gusto, 22. November 2010.

139 Ebenda.

140 SBU OBT Chrono 2001, Notiz «Nescafé In-Home Coffee Machine», 11. Juli 2001.

re Kartuschen zu verwenden. Dadurch sollte seiner Meinung nach ein genügend hoher Umsatz erzielt werden, um die Kapseln auf dem traditionellen Weg über Supermärkte verkaufen zu können.[141]

Ursprünglich hatten die Techniker für *Nescafé* das Konzept einer offenen Kaffeemaschine ohne Kapseln verfolgt. Nachdem das OMNI-Kapselsystem 2003 für *Nespresso* aber nicht mehr weiterverfolgt wurde, nahmen sie diese Technik auf, um eine Multi-Getränke-Maschine unter der Marke *Nescafé* herzustellen: Mit dem neuen System sollte der Kaffeetrinker zwischen verschiedenen Kaffeevarianten (Espresso, Cappuccino, Caffè Latte) wählen und auch andere Heissgetränke wie Tee oder Schokolade herstellen können. Die grossen Trümpfe des Produkts waren dabei die Qualität, Einfachheit und Auswahl. Ebenso viel Wert wurde auf einen modernen Auftritt der Maschine gelegt: Das Design wurde der Form des menschlichen Körpers nachempfunden und unter dem Motto «A simple body with a smart mind» vermarktet. Mit *Nescafé Dolce Gusto* wurde den Kaffeemaschinen-Kapseln zudem ein Name gegeben, der einerseits italienisch klang und andererseits auf den guten Geschmack des Produkts hinwies.[142]

Im Oktober 2006 wurde *Nescafé Dolce Gusto* mit einer Auswahl von vier Kaffeesorten (Espresso, Caffè Lungo, Cappuccino und Latte Macchiato) in Grossbritannien, Deutschland und der Schweiz eingeführt.[143] Dabei nahm das praktische Kapselsystem mit dem Werbespruch «Coffee House Quality at home» klare Referenz zu den trendigen Kaffeebars in der Öffentlichkeit, deren Produkte sich nun ebenfalls zu Hause auf einfache und bequeme Weise herstellen liessen. Damit meinte Nestlé nicht nur Espresso oder Cappuccino, sondern auch andere Angebote der Kaffeeketten wie «Chai Tea Latte».[144] Obwohl die Lancierung in der Öffentlichkeit skeptisch kommentiert wurde,[145] stiess *Nescafé Dolce Gusto* sofort auf grosses Interesse. In den folgenden Jahren expandierte das Kapselsystem von *Nescafé* in weitere europäische Länder und verbreiterte seine Produktpalette.[146] Im November 2007 wagte Nestlé mit dem Einzelportionen-System den Sprung nach Asien, das sich dort sofort als voller Erfolg entpuppte.[147] Ein Jahr später er-

141 SBU OBT Chrono 2001, Notiz «Nescafé In-Home Coffee Machine», 11. Juli 2001.

142 Interview mit einer Mitarbeiterin bei Nescafé Dolce Gusto, 22. November 2010.

143 SBU OMNI Project Production, Schrift «Project OMNI», August 2005.

144 Interview mit einer Mitarbeiterin bei Nescafé Dolce Gusto, 22. November 2010.

145 SWA H+I Ba 214, Artikel aus der «Handelszeitung», 28. Februar 2007.

146 Im Mai 2007 wurde *Nescafé Dolce Gusto* ebenfalls in den Niederlanden, Frankreich und Belgien erhältlich, im Dezember 2007 folgten Italien, Spanien, Österreich, Tschechien, die Slowakei und die skandinavischen Länder (vergleiche dazu AHN M 1.1, Gazette Nestlé Nr. 115, Oktober 2007 [Rückseite des Einbandes], und SBU OMNI Project Production, Schrift «Project OMNI», August 2005, sowie SBU CD Coffee Marketing Seminar 2009, Power-Point-Präsentation «Nescafé Dolce Gusto», 2009).

147 AHN F 5.4.4, Communication Marketing Nr. 6/2008, Juni 2008, S. 24–25.

reichte *Nescafé Dolce Gusto* auch den amerikanischen Kontinent.[148] Das Kapselsystem wurde damit nach *Nescafé Gold* und *Nescafé Cappuccino* zum neuen, technisch bedingten Wachstumstreiber der Marke in Europa:[149] Obwohl der europäische Kaffeemarkt in den letzten Jahren mengenmässig nur ein geringes Wachstum aufwies, konnte Nestlé seinen Umsatz dank Innovationen wie *Nespresso* und *Nescafé Dolce Gusto* wertmässig verdoppeln.[150]

Das Kapselsystem entwickelte sich zu einer neuen Schlüsseltechnologie des Unternehmens: Im Mai 2010 testete Nestlé in Frankreich erstmals einen in Kapseln verpackten Tee unter der Marke *Special.T*, der analog zu *Nespresso* als Premium-Tee positioniert wurde.[151] Dabei standen dem Kunden 25 verschiedene Teesorten aus China, Japan, Sri Lanka und Südafrika zur Auswahl.[152] Ein Jahr später brachte das Unternehmen in der Schweiz das Kapselsystem *BabyNes* auf den Markt, welches die aufwendige Zubereitung des Milch-Schoppens für Säuglinge erleichtern sollte.[153] Zudem lassen sich heute mit den Maschinen von *Nescafé Dolce Gusto* ebenfalls *Chococino, Nesquik, Nestea* und *Chai Tea Latte* herstellen.[154] Damit lässt sich – wie in der Zwischenkriegszeit bei der Pulvertechnologie – eine Übertragung der Kapseltechnologie auf Milch-, Tee-, Kaffee- und Kakaoprodukte beobachten.

148 SBU CD Coffee Marketing Seminar 2009, Power-Point-Präsentation «Nescafé Dolce Gusto», 2009.
149 Jahresbericht Nestlé 2012, S. 44.
150 Artikel aus der Sonntagszeitung, 20. Juli 2014.
151 SWA H+I Ba 214, Artikel aus der Zeitung «Le Temps», 22. Mai 2010.
152 Nestec SA, Gazette Nestlé Nr. 130, Juni 2011, S. 25.
153 SWA H+I Ba 214, Artikel aus der «Neuen Zürcher Zeitung», 26. Mai 2011.
154 Vergleiche dazu die Webseite www.dolce-gusto.ch (17. Juli 2013).

«Open up» – die Globalisierung der Weltmarke *Nescafé*

Nestlés Aufbruch zu einer globalen Marken- und Unternehmensstrategie

Zeitgleich mit der Öffnung der sozialistischen Staaten in Osteuropa und Asien gegenüber der Marktwirtschaft begannen sich Anfang der 1990er-Jahre grössere Wirtschaftsgebilde und Freihandelszonen wie der Europäische Wirtschaftsraum (EWR), der Verband des nordamerikanischen Freihandelsabkommens (NAFTA), der «Gemeinsame Markt des Südens» (Mercosur) in Südamerika oder die Freihandelszone der südostasiatischen ASEAN-Staaten herauszubilden.[155] Durch diese politischen und wirtschaftlichen Umwälzungen und Liberalisierungsbestrebungen erweiterten und verdichteten sich die internationalen Handels- und Finanzbeziehungen. Zusätzlich tauchten ab Mitte der 1990er-Jahre neue Kommunikationsmedien wie das Internet auf, mit welchen die verschiedenen Weltregionen noch stärker miteinander vernetzt wurden.[156]

Diese Veränderungen, die in der Literatur als dritte Globalisierungswelle beschrieben werden,[157] ermöglichten es immer mehr Firmen, über die Landesgrenzen hinweg aktiv zu werden. Dadurch erhöhte sich einerseits der internationale Wettbewerbsdruck, andererseits eröffnete die Globalisierung multinationalen Unternehmen wie Nestlé neue Möglichkeiten, ihre Aktivitäten international zu organisieren.[158]

«Aus einer firmenorientierten Perspektive umfasst die Globalisierung […] die internationale Expansion und Integration von Schlüsselfunktionen wie Produktion, Forschung und Entwicklung und Marketing sowie die Zunahme von internationalen Kollaborationen und Netzwerken mit anderen Unternehmen und Institutionen»,[159] beschreibt Christian Zeller den firmeninternen Wandel zum globalen Unternehmen. Auch bei Nestlé lässt sich diese Entwicklung in den 1990er-Jahren nachzeichnen: Waren die einzelnen Tochtergesellschaften bis dahin national ausgerichtet und relativ eigenständig gewesen, verschob sich der Akzent mit

155 Pfiffner/Renk, Wandel als Herausforderung, S. 41.
156 Osterhammel/Petersson, Geschichte der Globalisierung, S. 106–107.
157 Fässler, Globalisierung, S. 49.
158 Pfiffner/Renk, Wandel als Herausforderung, S. 42–44.
159 Zeller, Globalisierungsstrategien, S. 47.

der Bildung von strategischen Geschäftseinheiten 1991 zugunsten einer zentraleren und globaleren Führung des Unternehmens.[160]

In den strategischen Geschäftseinheiten oder «Strategic Business Units» (SBU) wurden erstmals Forschung, Produktion und Vermarktung der einzelnen Produkte unter einem Dach zusammengeführt.[161] Konkret bedeutete dies auf dem Gebiet des Löslichkaffees, dass die Produktion und Vermarktung stärker koordiniert und Werbekampagnen teilweise global verbreitet wurden. Langfristig sollte *Nescafé* dadurch zur ersten Marke im Kaffeegeschäft werden, die mit einem weltweit einheitlichen Markenbild auftrat.[162]

Dieses Ziel war allerdings nicht einfach umzusetzen: Obschon *Nescafé* auf der ganzen Welt bekannt war, gab es zwischen den einzelnen Ländern grosse Unterschiede bezüglich der Konsumgewohnheiten und der Wahrnehmung der Marke,[163] denn die Produktion und Vermarktung richtete sich bis dahin nach den Bedürfnissen der einzelnen Märkte.[164] Stellte in Asien und Osteuropa der sprühgetrocknete *Nescafé Classic* das Hauptprodukt der Marke dar, dominierte in Westeuropa der gefriergetrocknete *Nescafé Gold* und in Nordamerika *Taster's Choice*.[165] Einen gemeinsamen Werbeansatz in allen Ländern gab es nicht.[166]

Es benötigte den gezielten Anstoss von Peter Brabeck, der im Juni 1997 zum neuen Firmenchef ernannt wurde und gleich zum Amtsantritt in seiner Strategieausrichtung[167] festhielt, dass der Erfolg einer führenden Marke letztlich von ihrer Fähigkeit zu Innovationen und Renovationen abhängt:[168] «If we go on doing what we've done in the past, we are not going to get our *Nescafé* business growing. We have to change the rules of the game on how we market *Nescafé* and how we communicate its benefits»,[169] formulierte er im Mai 1998 dezidiert seinen Standpunkt. Brabeck richtete sein Augenmerk damit bewusst gegen die Selbstzufriedenheit innerhalb der Nestlé-Gruppe, die nach Jahren des Erfolgs gerne

160 Pfiffner/Renk, Wandel als Herausforderung, S. 159–166.

161 Ebenda, S. 159–166.

162 SBU Commercial Management Seminar Rive Reine, 20. Januar 1998, und SBU OBT C-B Advertising 1999–2003, Schrift «Nescafé Positioning/Advertising Development Process», 18. September 2002.

163 AHN SG 11544, Nescafé Project Ambition Workshop, 18. Mai 1998.

164 SBU OBT Chrono 2003, Schrift «Nescafé Communication Strategy», 12. August 2002.

165 SBU Broschüre «Nescafé Brand Communication Framework», 1999–2002.

166 SBU OBT Chrono 2003, Schrift «Nescafé Communication Strategy», 23. April 2003.

167 Dabei handelte es sich um den ersten sogenannten «Blue print for the future»-Bericht, in dem Brabeck seine neuen strategischen Schwerpunkte zu Papier brachte (vergleiche dazu Pfiffner/Renk, Wandel als Herausforderung, S. 84–85).

168 Vergleiche dazu Pfiffner/Renk, Wandel als Herausforderung, S. 81, und SBU Commercial Management Rive Reine, 20. Januar 1998.

169 SBU CD Coffee Marketing Seminar 2001, Nescafé Brand Communication Framework [ohne Datum].

aufkommt.[170] Im Einklang mit seiner Vier-Säulen-Strategie[171] setzte sich die strategische Geschäftseinheit (SBU Getränke) daraufhin ambitionierte Ziele wie die Produktionskosten zu senken, neue Konsummöglichkeiten zu schaffen und das Markenbild weltweit zu vereinheitlichen.[172] Oder wie es die SBU Getränke ausdrückte: «[...] it was felt we need to change the total brand behaviour [...]».[173]

Nestlé stärkt *Nescafé* durch Renovation und Innovation

Unter Schlagworten wie «It's chic to be cheap» stieg in den 1990er-Jahren die gesellschaftliche Akzeptanz, billige Produkte einzukaufen. Zusammen mit dem zunehmenden internationalen Wettbewerb im Zuge der Globalisierung sahen sich Markenprodukte dadurch einem verstärkten Preisdruck ausgesetzt und drohten langfristig zu austauschbaren Billigprodukten entwertet zu werden. Dies galt insbesondere für diejenigen Markenprodukte, deren Qualitätsdifferenz zu den günstigen Handelsmarken der Warenhausketten gering war. Da der Platz auf den Regalen in den Supermärkten begrenzt war, boten Warenhäuser vielfach nur noch drei Markenprodukte an: Die führende Marke, eine zweite Marke und die eigene Handelsmarke. Als Konsequenz daraus wurde es für Unternehmen immer wichtiger, über starke Marken zu verfügen, die in ihrem Segment marktführend waren.[174] Um diese Marktposition zu halten, musste das Markenprodukt jedoch stetig verbessert und erneuert werden. Innovation und Renovation wurden daher zu wichtigen Grundpfeilern in Nestlés Markenstrategie.

Auch *Nescafé* bekam Anfang der 1990er-Jahre die steigende Konkurrenz im globalen Wettbewerb zu spüren:[175] Zahlreiche Konkurrenten wie der Billiganbieter Aldi führten in Deutschland Cappuccino-Instantkaffee ein. Immer öfter kauften die Deutschen das billigere statt das qualitativ bessere Produkt, und der Marktanteil von *Nescafé Cappuccino* halbierte sich in kurzer Zeit.[176] Derweil lockte der Erfolg von *Nescafé Gold* neue Wettbewerber ins Premium-Segment, welche die Verpackung und die Symbo-

170 Pfiffner/Renk, Wandel als Herausforderung, S. 91.

171 Brabecks Strategie beruhte auf folgenden vier Säulen: erstens tiefen Kosten in Produktion und Verwaltung durch Effizienzsteigerung, zweitens der Renovation bestehender und Innovation neuer Produkte, drittens Erhöhung der Verfügbarkeit der Produkte und viertens Verbesserung der Kommunikation mit den Konsumenten (Pfiffner/Renk, Wandel als Herausforderung, S. 92).

172 SBU OBT Chrono 2001, Schrift «SBU Input to Group Strategy Document», 8. August 2001.

173 SBU OBT Chrono 2001, Notiz «Nescafé Project Ambition», 14. Mai 2001.

174 Artikel aus der Zeitung «Journal de Genève», 1. Juli 1993, S. 42.

175 SBU CD Coffee Marketing Seminar 2006, Power-Point-Präsentation «Soluble coffee Competitive Update», 2006.

176 AHN T CR 305 Z-EUR Germany Correspondence 1994–1999, Schrift «Report S/C», 14. Juli 1994, und ebenda, Schrift «Market Visit 13th August 1997», 22. August 1997.

le des Markenführers zu imitieren begannen,[177] während sich der Qualitätsunterschied zwischen *Nescafé Gold* und anderen Konkurrenzprodukten trotz einer Verfeinerung des Aromatisierungsverfahrens («volles Aroma»)[178] zusehends verkleinerte. Um einer Devalorisierung der Marke entgegenzutreten, erachtete es Nestlé als notwendig, mit neuen technischen Verfahren die qualitative Überlegenheit von *Nescafé Gold* wiederherzustellen und das Produkt von anderen Löslichkaffeemarken wieder klar abzuheben.[179]

Ab 1997 wurde die gesamte *Nescafé*-Produktpalette von der Herstellung über die Verpackung bis hin zur Etikette erneuert, um die Marke vor Nachahmern rechtlich zu schützen und gegenüber Konkurrenzprodukten geschmacklich und visuell zu unterscheiden.[180] Durch neue technische Verfahren konnte der Verbrauch an grünen Kaffeebohnen einerseits weiter verringert und die Konkurrenzfähigkeit von *Nescafé* gegenüber Billigmarken wieder hergestellt werden.[181] Andererseits gelang Nestlé um die Jahrtausendwende bei der Konservierung des Kaffeegeschmacks ein weiterer Qualitätssprung – oder wie es die Nestlé-Hauszeitung «Gazette Nestlé» ausdrückte: «[...] il s'agit clairement d'une nouvelle génération de café soluble».[182] Schliesslich konnte 2001 die Schaumbildung von *Nescafé Cappuccino* nochmals erhöht werden, womit sich auch dieses Produkt wieder klar von der Konkurrenz abhob.[183]

Parallel dazu lancierte Nestlé neue Produkte, um die junge Generation für *Nescafé* zu gewinnen: Galt Kaffee lange Zeit als Getränk, das man wie Alkohol oder Zigaretten mit dem Eintritt ins Erwachsenenleben zu konsumieren begann,[184] verlor er in den 1990er-Jahren diese Bedeutung zusehends. Die an süsse Zuckergetränke gewohnte Jugend nahm den etwas bitteren Kaffeegeschmack als aggressiv wahr und verzichtete auf den Konsum des koffeinhaltigen Getränks. Die französische Tochtergesellschaft

177 Zum Beispiel verwendete die Konkurrenz ebenfalls die Bezeichnung «Gold» für ihre Produkte oder entwickelte Verpackungen, die der viereckigen Glasform von *Nescafé Gold* sehr ähnlich waren (AHN F 5.4.4, Communication Marketing Nr. 12/97, Dezember 1997, S. 11–12).

178 1992 gelang es den Nestlé-Forschern, noch mehr leicht verdampfende Kaffeearoma-Bestandteile einzufangen. Bis 1994 konnte das Verfahren weiter verbessert werden, sodass bei der Verflüchtigung des Aromas nach dem Öffnen der Glasverpackung kein unerwünschter Nebengeschmack mehr zurückblieb (AHN F 5.4.4, Communication Marketing Nr. 2/93, Februar 1993, S. 2, und SBU Procedes C-14, PC/P3C, GRAB, SMA, COC, Fax «Instant Coffee Aromatisation and Texture», 4. Februar 1994).

179 Als Qualitätsmassstab wurde dabei die Formel 60/40+ verwendet. Sie besagt, dass in einem Blindtest mindestens 60 Prozent der Konsumenten das Produkt von Nestlé bevorzugen (AHN T CR 305 Z-EUR UK Correspondence 1994–1999, Schrift «Gold Blend Product Test», Dezember 1997, und Pfiffner/Renk, Wandel als Herausforderung, S. 175).

180 Nestec SA, Gazette Nestlé Nr. 77, März 1998, S. 10.

181 SBU Commercial Management Seminar Rive Reine, 20. Januar 1998.

182 Nestec SA, Gazette Nestlé Nr. 102, Juli 2004, S. 10.

183 AHN F 5.4.4, Communication Marketing Nr. 1/02, Januar 2002, S. 18.

184 SBU CD Coffee Marketing Seminar 2005, Power-Point-Präsentation «Cup design by T», 2005.

Abbildung 36: Werbeplakat für *Nescafé Gold* in Südafrika, um 2004. Um die Qualitätsverbesserung sichtbar zu machen, wurde die Etikette von *Nescafé Gold* 2004 mit einer dampfenden Goldbohne versehen, welche auf das besonders schonende Verfahren verwies, bei dem reiner Wasserdampf die Geschmacks- und Aromabestandteile der Kaffeebohne umschliesst und herausfiltert.

lancierte deshalb im Februar 1999 die neue Instantkaffeesorte *Nescafé NES*, die ganz auf den Lebensstil und die Vorlieben der Heranwachsenden zugeschnitten war: Die Bitterkeit des Kaffees wurde auf ein Minimum reduziert, während positiv wahrgenommene Eigenschaften wie die stimulierende Wirkung beibehalten wurden. Zudem wählte Nestlé mit *NES* bewusst einen jugendsprachlichen Abkürzungscode für diese *Nescafé*-Sorte, wie er auch bei anderen Markennamen wie *Coke* für *Coca-Cola* oder *McDo* für *McDonalds* existierte.[185] *Nescafé NES* stiess beim jungen französischen Publikum sofort auf grossen Anklang und entwickelte sich in Frankreich neben *Nescafé Sélection* und *Nescafé Cappuccino* sogar zu einem dritten Pfeiler der Marke.[186]

Weit schwieriger als in Europa gestaltete sich die Renovation und Verjüngung der Marke dagegen in den Vereinigten Staaten. Seit 1980 war der Anteil der Instantkaffee konsumierenden Bevölkerung dort stetig gesunken,[187] weil viele US-Kaffeeproduzenten den Löslichkaffee nur noch als «Cash Cow» betrachteten, um damit Neuerungen im Röstkaffeesegment zu finanzieren. Dementsprechend fehlte dem Instantkaffeegeschäft eine innovative Dynamik. Viele Jugendliche sahen den Löslichkaffee als Auslaufmodell aus den 1950er-Jahren an. Der Konsum der älteren Verbraucher reduzierte sich stetig.[188] Als weiterer Nachteil kam hinzu, dass *Nescafé* auf dem US-Markt die Bedeutung fehlte, welche die Marke in übrigen Ländern der Welt besass.[189]

Trotzdem nahm Nestlé die Herausforderung an, das Publikum in den Vereinigten Staaten wieder für Instantkaffee zu begeistern:[190] Nachdem das Unternehmen 1999 die Marken *Hills Brothers* und *MJB* an Sara Lee abgestossen und sich damit aus dem Röstkaffeegeschäft zurückgezogen hatte, verfügte Nestlé über die nötigen Ressourcen, um die Renovation seiner Instantkaffeemarken zu finanzieren.[191] Nestlés globaler Markenstrategie folgend, wurde *Taster's Choice* im Mai 2003 neu unter dem Markendach von *Nescafé* als *Nescafé Taster's Choice*[192] lanciert. Dabei wurde nicht nur der Name geändert, sondern ebenso die Kaffeequalität mit einem neuen technischen Verfahren verbessert. Da-

185 AHN F 5.4.4, Communication Marketing Nr. 11/01, November 2001, S. 3–4.

186 SBU EUR A, Schrift «LTP 2001 – Belgium», 5. Juni 2001, und AHN F 5.4.4, Communication Marketing Nr. 11/01, November 2001, S. 5.

187 AHN T CR 305 Z-AMS USA II Correspondence 1993–1999, Schrift «Coffee Strategy Discussion», 13. Mai 1997.

188 SBU Project VAX, Schrift «Nestlé USA Product Development», 10. September 2000.

189 AHN F 5.4.4, Communication Marketing Nr. 10/03, Oktober 2003, S. 8.

190 SBU OBT Chrono 2000, Fax von T an M, 7. Februar 2000.

191 Jahresbericht Nestlé 1999, S. 31, und AHN F 5.4.4, Communication Marketing Nr. 2/00, Februar 2000, S. 14.

192 Die globale Markenpolitik sah eine stärkere Vereinheitlichung des Instantkaffeegeschäfts unter der Marke *Nescafé* vor. *Taster's Choice* wurde daher nicht mehr als eigene Marke, sondern als gefriergetrocknete Varietät von *Nescafé* verkauft (SBU Broschüre «Nescafé Brand Communication Framework», 1999–2002).

mit sollte die Marke *Nescafé* auch in den Vereinigten Staaten langfristig jene Bedeutung zurückgewinnen, welche sie sich in allen anderen Ländern angeeignet hatte.[193]

Zudem versuchte das Unternehmen die Präsenz von *Nescafé* unter den Jugendlichen und im öffentlichen Raum mit neuen Produkten wie der schaumigen Milchkaffee-Linie *Nescafé Frothé* oder dem 2003 lancierte Kaffeesirup *Nescafé Ice Java* zu erhöhen.[194] Der 1999 an der Westküste der Vereinigten Staaten lancierte *Nescafé Frothé* stellte Nestlés Antwort auf die aromatisierten Gourmetkaffees dar, die in den Kaffeebars bei den Jugendlichen für Furore sorgten. Die Positionierung «Foaming with Flavor» und die ungezwungene Verpackung wurden dabei ganz dem Lebensstil des jungen Publikums angepasst.[195]

Entgegen allen Erwartungen sanken die Verkaufszahlen der neuen Linie jedoch nach der nationalen Lancierung im Jahre 2002, obschon *Nescafé Frothé* eine starke Werbeunterstützung genoss.[196] Nestlé führte dies einerseits darauf zurück, dass die Nachfrage nach aromatisierten Instantkaffeesorten ihren Zenit erreicht hatte.[197] Andererseits konzentrierte sich Nestlé bei der Lancierung von *Nescafé Frothé* zu sehr auf den Spassfaktor sowie die jugendliche Atmosphäre und vergass dabei, das eigentliche Produkt – das Kaffee-Erlebnis – zu bewerben.[198] Schliesslich wurde *Nescafé Frothé* vom Markt genommen. Damit fiel die Renovation der Marke auf dem US-Markt trotz positiven Ansätzen letztlich weniger erfolgreich aus, als sich Nestlé dies erhofft hatte.[199]

Innovation und Renovation bewährten sich also vor allem dort, wo *Nescafé* bereits Marktführer war, um der Marke ihre Marktposition zu sichern. Wie die Entwicklung in Amerika zeigt, vermochten solche Massnahmen aber keine allgemeinen Markttrends zu stoppen.

Globale Verschiebungen der Fabrikationsstandorte

Im Zuge der Globalisierung und der Renovation der Marke wurde die Anzahl der sprühgetrockneten und gefriergetrockneten Varianten von *Nescafé* weltweit von 90 auf 56 reduziert. Dadurch kam

193 AHN F 5.4.4, Communication Marketing Nr. 10/03, Oktober 2003, S. 8–9, und SBU HKW USA + Mexico, Schrift «Visit Report USA», Januar 2005.

194 AHN F 5.4.4, Communication Marketing Nr. 4/04, April 2004, S. 3–4, und SBU HKW USA + Mexico, Schrift «Visit Report USA», Januar 2005.

195 AHN F 5.4.4, Communication Marketing Nr. 5/03, Mai 2003, S. 12–13, und SBU CR 305 OBT USA 1999–2004, Schrift «US Coffee Mixes Review», März 2004.

196 Ebenda.

197 SBU CR 305 USA 2003–2005, Schrift «U.S. Mixes», 26. August 2004.

198 SBU CR 305 OBT USA 1999–2004, Schrift «Post mortem of Frothé National launch in the US», 14. April 2004.

199 SBU HKW USA + Mexico, Schrift «Visit Report USA», Januar 2005.

es zu einer weltweiten Angleichung des *Nescafé*-Geschmacks,[200] die Hand in Hand mit der Zentralisierung und geografischen Verschiebung der *Nescafé*-Produktion zu sehen ist: Während in Europa und Amerika immer mehr Fabriken geschlossen wurden, nahm ihre Zahl in Asien und Afrika leicht zu.[201]

Die Verlagerung der Produktion war einerseits auf den stagnierenden Instantkaffeekonsum in den Industrieländern Nordamerikas und Europas und die zunehmende Beliebtheit des löslichen Kaffees in Asien und zurückzuführen.[202] Andererseits wurde die Fabrikation zunehmend auf die günstigeren Produktionsstandorte in Lateinamerika konzentriert, wo die grünen Kaffeebohnen billiger erhältlich waren.[203]

Erste Anzeichen einer geografischen Restrukturierung der Produktion liessen sich bereits Ende der 1970er-Jahre ausmachen, als in Europa die Importe von günstigem «Offshore-Kaffeepulver» aus Brasilien[204] um einen Drittel zunahmen, während die Exporte aus dem Binnenmarkt der Europäischen Wirtschaftsgemeinschaft (EWG) in demselben Masse abnahmen.[205] Schon 1979 konnte Nestlé ihre europäischen Instantkaffeefabriken nicht mehr vollständig auslasten. «[...] notre capacité en Europe est excédentaire, au Japon elle est déficitaire et aux Etats-Unis nos installations sont pleinement occupées»,[206] fasste das Schweizer Unternehmen damals das geografische Produktionsungleichgewicht zusammen.

Angesichts der zunehmenden Konkurrenz von billigem Instantkaffeepulver aus Brasilien stellte sich die Frage, ob sich Nestlé in Europa nicht auf die rentablen Instantkaffeefabriken konzentrieren und die anderen schliessen sollte. Dies galt insbesondere für die Versorgung der Benelux-Staaten von Rotterdam aus, weil dort die Produktionskosten wesentlich höher waren als in den französischen Fabriken in Dieppe oder St. Menet. Nestlé entschied sich damals allerdings, die Herstellung von *Nescafé* in Rotterdam trotz geringer Rentabilität weiter aufrecht-

200 Laut Nestlé blieben aber noch genügend Variationen vorhanden, damit *Nescafé* den lokalen Geschmacksvorlieben in den einzelnen Ländern gerecht wurde (SBU OBT Chrono 2003, Schrift «Nescafé Project Quantum», 11. Juli 2003).

201 Vergleiche dazu die geografischen Karten in SBU CD Coffee Marketing Seminar 2001, Schrift «Nescafé: A story of continuous innovation and renovation for 62 years», 2000.

202 Vergleiche dazu die Statistiken in SBU, World of Coffee, 1980–2000.

203 AHN SG 400-57, Brief von A an M, 5. August 1987.

204 «[...] Les prix doivent être considérés comme prix ‹dumping› puisqu'ils sont le résultat d'une aide étatique brésilienne», sah Nestlé 1980 einen der Hauptgründe, weshalb die europäischen Fabriken mit dem brasilianischen Kaffeepulver nicht mehr konkurrenzfähig waren (AHN SG 11650, Schrift «Importations de café soluble brésilien en Europe», 5. Juni 1980).

205 AHN SG 11535, Brief von Departement Instantgetränke an F, 1. September 1983.

206 AHN SG 1100-57, Notiz von A an A. Fürer, 15. August 1979.

zuerhalten, da eine vollständige Schliessung zu starkem Widerstand der Gewerkschaften geführt hätte.[207]

Der Prozess konnte dadurch allerdings nur verlangsamt, aber nicht aufgehalten werden: Ab Mitte der 1980er-Jahre begann Nestlé mehrere europäische und nordamerikanische Märkte von Araras (Brasilien) aus mit Instantkaffee zu beliefern, welche teilweise die lokale *Nescafé*-Produktion in den Industrieländern ersetzte. Dabei begründete Nestlé den ökonomischen Entscheid auch mit der Unterstützung der Wirtschaft in Entwicklungsländern: «Ces ventes de café soluble ont permis aux marchés d'abaisser leurs coûts de production. D'autre part, de telles opérations ont démontré la volonté de Nestlé de promouvoir les exportations de produits finis à partir de pays faiblement industrialisés.»[208] Interessant ist in diesem Punkt, dass die geringeren Löhne in den Ländern des Südens nicht das entscheidende Kriterium für die Produktionsverlagerung waren,[209] sondern andere Faktoren wie die rationelle Produktion («Economies of Scale») in den grossen Fabrikationsanlagen Lateinamerikas den Ausschlag gaben.[210] 1987 wurde die Instantkaffeefabrik in Rotterdam trotz Protesten der Gewerkschaften geschlossen.[211]

Mit der Herausbildung grosser Freihandelszonen zu Beginn der 1990er-Jahre wurde die Produktion von *Nescafé* weiter zentralisiert, um die Skalenerträge zu erhöhen:[212] Zwischen 1995 und 2005 sank die Zahl von Nestlés Instantkaffeefabriken von 36 auf 27.[213] Auch traditionsreiche Fabrikstandorte wie St. Menet in Frankreich (2005) wurden in den letzten Jahren auf dem europäischen Kontinent geschlossen.[214]

Demgegenüber eröffnete Nestlé ab den 1980er-Jahren vor allem in Asien neue Instantkaffeefabriken, so zum Beispiel 1984 in Cagayan de Oro (Philippinen),[215] 1986 in Shah Alam

207 AHN SG 6200-57, Brief von A. Fürer an A, 7. Mai 1980, und ebenda, Brief von A. Fürer an A, 27. Mai 1980.

208 AHN SG 400-57, Brief von A an M, 5. August 1987.

209 Ein Kostenvergleich zwischen den einzelnen Fabriken zeigt, dass die Löhne der Fabrikarbeiter auf die gesamten Produktionskosten einen geringen Einfluss hatten. Eine Verlagerung der Fabrikation in Entwicklungsländer erfolgte also nicht in erster Linie, um Lohnkosten zu sparen. Denn selbst 2005 hatten nicht alle Instantkaffeefabriken in Entwicklungsländern niedrigere Produktionskosten als diejenigen in Industrieländern (AHN SG 400-57, Brief von Nestec an Nestlé Brasilien, 20. Juni 1985, und SBU Manufacturing Strategy, Schrift «Product & Factory Analysis», 20. Dezember 2005).

210 AHN SG 400-57, Brief von Nestec an Nestlé Brasilien, 20. Juni 1985.

211 SWA H+I Ba 214, Artikel aus der Zeitung «Tages-Anzeiger», 10. Juli 1987.

212 Jahresbericht Nestlé 1991, S. 6, und Schwarz, Macht durch Nahrung, S. 117.

213 Vergleiche dazu die Auflistung von Nestlés Instantkaffeefabriken in SBU Nestec Fact Book, 1. September 1994, und SBU Manufacturing strategy, Pure soluble coffee manufacturing strategy, Januar 2005, sowie SBU OBT Chrono 2001, Notiz «SBU Input to Group Strategy Document», 8. August 2001.

214 Die Schliessung der Fabrik in St. Menet zur Konzentration der Produktion in Dieppe war mit starken Emotionen verbunden: Die protestierende Arbeiterschaft besetzte sogar während einiger Tage das Fabrikgelände, um ihren Unmut kundzutun (Artikel aus der Zeitung «Der Bund», 1. Juli 2005, S. 35).

215 Nestlé SA, Nestlé in the Philippines, S. 25.

(Malaysia),[216] 1989 in Nanjangud (Indien)[217] und Cheong Ju (Südkorea),[218] 1991 in Dongguan (China),[219] 1992 in Chachoengsao (Thailand)[220] oder 1998 in Dong Nai (Vietnam).[221] Die geografischen Standorte der Fabrikationsstätten folgten damit der Konsumnachfrage, denn die meisten Produktionsanlagen deckten in erster Linie den Inlandbedarf.[222]

Die ersten weltweiten Werbekampagnen für *Nescafé*

Um die Jahrtausendwende verbesserte Nestlé nicht nur das Produkt beziehungsweise die funktionellen Qualitäten von *Nescafé*, sondern entwickelte auch dessen emotionale Eigenschaften weiter.[223] Im Bereich der Vermarktung liessen sich in den letzten Jahrzehnten zwei wichtige Strömungen ausmachen: Erstens wurde die Dialogisierung zu einer bedeutenden Leitidee. Konkret bedeutete dies, dass neben den traditionellen Zeitungsannoncen und TV-Spots interaktive Internetplattformen und gesellschaftliche Anlässe wie Konzerte oder Sportveranstaltungen zu bedeutsamen Promotionskanälen avancierten.[224] Zweitens wurde die symbolische Aussagekraft der Marke in der Gesellschaft immer wichtiger.[225] Markenprodukte entwickelten sich dadurch zu Medien, die nicht nur für Qualität bürgten, sondern ebenfalls die eigene Wertehaltung ausdrückten.[226] Der Marketing-Experte Martin Lindstrom geht sogar so weit, gewissen Marken einen holistischen oder spirituellen Charakter von religiöser Qualität zuzuschreiben. Der Glaube an eine Idee, welche durch die Marke verkörpert wird, verbindet die Konsumenten der Marke dabei zu einer virtuellen Gesellschaft von Gleichgesinnten.[227]

Auch die Vermarktung von *Nescafé* wurde in den letzten Jahren von den beiden Trends geprägt: Ab Mitte der 1990er-Jahre begann *Nescafé* in der Schweiz als Sponsor von Sportveranstaltungen wie Snowboarden, Inlineskating, Beach Volleyball oder BMX aufzutreten, welche mit ihrem unkonventionellen

216 Jahresbericht Nestlé 1986, S. 11.
217 Jahresbericht Nestlé 1988, S. 10.
218 SWA H+I Ba 214, Artikel aus der «Handelszeitung», 16. Mai 1991.
219 Montavon, Nestlé in China, S. 7.
220 Jahresbericht Nestlé 1992, S. 18.
221 SBU Factories Dongguan to el Tocuyo 1997–2007, Schrift «Manufacturing Presentation» [ohne Datum].
222 Einzig in Araras (Brasilien), Abidjan (Côte d'Ivoire), Gerona (Spanien) oder Nanjangud (Indien) wurde der sprühgetrocknete Instantkaffee hauptsächlich exportiert (SBU Manufacturing Strategy, Schrift «Product & Factory Analysis», 20. Dezember 2005).
223 Schwarz, Macht durch Nahrung, S. 224.
224 Kunze/Schug, Jacobs Kaffee, S. 213, und AHN SG 11544, Nescafé Project Ambition Workshop, 18. Mai 1998.
225 Klein, No Logo!, S. 30.
226 Gries, Produktkommunikation, S. 57–58.
227 Lindstrom, Brand Sense, S. 4–5.

Abbildung 37: Seit «Open up» ist eine weltoffene, tolerante Haltung gegenüber anderen Menschen, Ethnien und Kulturen zu einem weltweit wiederkehrenden Motiv in den Werbeanzeigen von *Nescafé* geworden. Die Marke ist dadurch nicht nur Ausdruck des eigenen Lebensstils, sondern auch der Gemeinschaft und Freundschaft mit anderen Menschen.

und freiheitsliebenden Selbstverständnis des Instantkaffees in Beziehung gebracht werden konnten.[228] Zudem wurde die Marke immer mehr mit Symbolik aufgeladen.

Der globalen Markenstrategie folgend, erschien im April 1998 die erste TV-Kampagne für *Nescafé,* die weltweit gezeigt wurde.[229] Unter dem Motto «Open up» verband sie die Marke mit einer optimistischen und weltoffenen Lebenseinstellung,[230] die Menschen aller Rassen, Glaubensrichtungen und Kulturen zusammenbrachte: «Open up» bedeutete «[...] to open your mind, so that you can let in new ideas, new toughts and new values from others. It's an attitude which challenges you to get more out of life. It's a state of mind, a genuine interest in and respect for all types of opportunities, relations and possibilities that life offers. [...] By listening to and respecting others, it enriches your life.»[231] Laut Nestlé sollte sich der Konsument mit dieser Attitüde und diesen Werten der Marke *Nescafé* jeden Tag wieder von neuem der Welt und anderen Menschen öffnen und so vom Leben profitieren können.[232] Die Marke erhielt dadurch eine sentimentale Botschaft, welche die emotionale Bindung des Verbrauchers zu ihr weltweit stärken sollte.[233]

Vor allem Nestlé-intern kann die weltweite Kampagne «Open up» als Aufbruch bezeichnet werden. Als Werbeaktion dagegen war sie wenig wirksam, weil sie sich für die produktspezifische Bewerbung der einzelnen Sorten zu wenig eignete und die einzelnen Tochtergesellschaften nicht genügend Ressourcen in das globale Werbeprojekt steckten.[234] Der Nachfolgekampagne «One thing leads to another» war allerdings auch kein besseres Schicksal bestimmt.[235] Auch hier wurde das Hauptproblem darin gesehen, dass die Werbebotschaft eine soziale Situation und nicht das Produkt bewarb.[236] Das Beispiel zeigt, dass es selbst für Nestlé nicht einfach war, eine lokal verankerte Marke wie *Nescafé* plötzlich global zu vermarkten, und dass der Globalisierung durch multinationale Unternehmen auch Grenzen gesetzt waren.

228 SBU CD Coffee Marketing Seminar 2004, Power-Point-Präsentation «Example for Sponsorship», 2004.
229 SBU OBT Chrono 1999, Schrift «Coffee & Beverages Strategic Summary», 1999.
230 Jahresbericht Nestlé 1998, S. 24.
231 AHN SG 11544, Nescafé Project Ambition Workshop, 18. Mai 1998.
232 Nestec SA, Gazette Nestlé Nr. 81, März 1999, S. 10.
233 Jahresbericht Nestlé 1998, S. 24.
234 SBU OBT C-B Advertising 1999–2003, Schrift «Nescafé Positioning/Advertising Development Process», 18. September 2002.
235 Die weltweite Kampagne «One thing leads to another» wurde im Mai 2001 gestartet. Allerdings hatte Brabeck bereits ein Jahr später den Eindruck, dass die Tochtergesellschaften die Kampagne nicht richtig unterstützten und diese daher zusehends an Dynamik verlor (vergleiche dazu SBU OBT Chrono 2002, Notiz «Nescafé Strategic Paper», 18. Juli 2002, und SBU OBT C-B Advertising 1999–2003, Schrift «Nescafé Positioning/Advertising Development Process», 18. September 2002).
236 SBU OBT Chrono 2003, Schrift «Nescafé Communication Strategy», 23. April 2003.

Andererseits förderte die zentral geleitete Markenkommunikation bereits um die Jahrtausendwende Internetplattformen und Web-Applikationen wie «*Nescafé* Live» oder «*Nescafé* Pod», auf welchen Informationen und Videobilder ausgetauscht werden konnten.[237] In den letzten Jahren gewann die digitale Interaktion mit Konsumenten über soziale Netzwerke weiter an Bedeutung. Beispielsweise zeigte sich, dass zwei Drittel der «*Nescafé*-Community» auf *Facebook* die Marke mochten, weil ein Freund *Nescafé* gut fand.[238] Die Marke stellte dadurch – neben ihrer Funktion als Qualitätsmerkmal für ein Produkt – zunehmend ein Kennzeichen dar, welches Menschen miteinander verband und soziale Beziehungen beeinflusste.[239]

2013 nahm die französische Werbeaktion «Really friends» diese Eigenschaften auf: Mit einer Kamera und zwei Tassen *Nescafé* ausgerüstet, überprüfte der Laienschauspieler Arnaud in dieser Kampagne, ob seine Freunde auf *Facebook* wirkliche Freunde waren. Mit der Kamera zeichnete er die aus dem Leben gegriffenen Begegnungen und Gespräche bei einer Tasse *Nescafé* auf und stellt diese anschliessend ins Netz, wo sie auf *Facebook* über 90 000 Fans gewannen.[240] Das Beispiel zeigt, wie sich soziale Netzwerke, Kultur und kommerzielle Vermarktung immer stärker durchmischen.[241]

237 AHN F 5.4.4, Communication Marketing Nr. 10/01, Oktober 2001, S. 6–7.
238 Sy-Quia, Over a cup of coffee, S. 107–108.
239 Vergleiche dazu weiterführend Lindstrom, Brand sense, S. 4–5.
240 Artikel aus dem Magazin «Stratégies», 24. Oktober 2013, S. 22–24.
241 Vergleiche dazu auch Klein, No Logo!, S. 82–83.

«Creating Shared Value» – Nestlés gemeinsame Wertschöpfung mit Kaffeebauern

Nachhaltigkeit und ethische Verantwortung als neue Werte im Kaffeegeschäft

Nicht überall wurde der Globalisierungsprozess positiv wahrgenommen. Wie die öffentlichen Proteste 1999 in Toronto und 2001 in Genua zeigten, standen ihm viele Menschen kritisch gegenüber. Sie befürchteten eine zunehmende Angleichung der materiellen Alltagskultur durch weltweit verbreitete Markenprodukte und sahen die Arbeitsplätze in den Industrieländern durch die Verlagerung der Produktion in Billiglohnländer gefährdet, derweil multinationale Unternehmen auf diese Weise ihre Gewinne maximierten. Nestlé und andere weltweit agierende Lebensmittelkonzerne wurden deshalb beschuldigt, für die schlechten Arbeiterlöhne in den Ländern des Südens und die niedrigen Weltmarktpreise für Primärgüter mitverantwortlich zu sein – insbesondere bei der Gewinnung von Kaffee und Kakao würden die Kaffeebauern ausgebeutet und in gewissen Ländern selbst niedrigste Menschenrechtsstandards nicht eingehalten.[242]

Gleichzeitig lösten die bei Rindern ausgebrochene Krankheit BSE und die Diskussion um gentechnisch veränderte Lebensmittel in breiten Bevölkerungsschichten ein tiefes Misstrauen gegenüber industriell hergestellten Nahrungsmitteln aus. Immer mehr Menschen sahen ihre Gesundheit durch den Konsum herkömmlicher Lebensmittel gefährdet. Um die Jahrtausendwende wurden daher moralische Aspekte des Konsums wie die ökonomischen und ökologischen Herstellungsbedingungen immer wichtiger.[243]

Viele Konsumenten wollten nicht mehr nur einen qualitativ hochstehenden Kaffee – sie wollten auch wissen, woher ihr Kaffee stammt und unter welchen Bedingungen er produziert worden war. Immer mehr Kaffeetrinker kauften deshalb ihren Kaffee auch aufgrund von ethischen Gesichtspunkten wie einem verantwortungsvollen Umgang mit der Umwelt und den Kaffeebauern – und sie waren dafür bereit, einen höheren Preis zu bezah-

242 Keller, Produkte am globalen Markt, S. 21–22, und Werner-Lobo, Uns gehört die Welt, S. 31–32, 106 und 247–248.

243 Kleinschmidt, Konsumgesellschaft, S. 160–161, und SBU CR 305 OBT Misc, Notiz von T an C, 19. Juni 2000.

len.[244] Mit Labels zertifizierter *Fairtrade*- und *Bio*-Kaffee gewann daher Ende der 1990er-Jahre immer mehr Kunden.[245]

Bezeichnend für diese Entwicklung steht eine Petition von Konsumentinnen und Konsumenten aus dem schweizerischen Thayngen an den Leiter der Abteilung Instantgetränke in Vevey: «Die Lage der Kaffeebauern in aller Welt ist beängstigend und verschlimmert sich täglich. 25 Millionen Kaffeebauernfamilien kämpfen um ihre Existenz. Der Weltmarktpreis ist so tief wie seit 40 Jahren nicht mehr. Heute können Familien, die vom Kaffeeanbau leben, ihre Grundbedürfnisse nicht mehr decken, die Ernährungssicherheit ist gefährdet, Kinder können nicht mehr zur Schule, Grundmedikamente sind nicht mehr erschwinglich. Es darf nicht sein, dass in unseren Städten trendige Coffeeshops boomen, wir als KonsumentInnen jedes Jahr mehr für eine Tasse Kaffee bezahlen müssen und gleichzeitig Kaffeebauernfamilien in aller Welt ums Überleben kämpfen»,[246] schrieben sie 2003 und forderten das Unternehmen auf, ihren Kaffee zu den Bedingungen des fairen Handels *(Fairtrade)* direkt bei den Kaffeebauern zu beziehen,[247] welche von der unabhängigen «Fairtrade Labelling Organization» (FLO) festgelegt wurden und den Kaffeebauern unter anderem einen Mindestpreis, stabile Handelsbeziehungen und eine Prämie für Projekte wie Schulen, Strassen oder Brücken garantierten.[248] Nestlé weigerte sich damals jedoch, *Fairtrade*-Produkte anzubieten.[249]

Das Ende des Kalten Kriegs und der Beginn der Kaffeekrise

Um die Ursachen für die tiefen Kaffeepreise und Nestlés Position gegenüber *Fairtrade* zu verstehen, muss man einige Jahre zurückblenden: Nachdem das brasilianische Kaffeevalorisierungsabkommen in den 1930er-Jahren zusammengebrochen war, stützen internationale Kaffeeabkommen wie das Inter-American Coffee Agreement (IACA) und ab 1962 das International Coffee Agreement (ICA) den Kaffeepreis, um eine Ausbreitung des Kommunismus in Lateinamerika zu verhindern.[250]

Dem ICA gehörten alle wichtigen Kaffee produzierenden und Kaffee konsumierenden Staaten an. Ziel dieses

244 Nestec SA, Gazette Nestlé Nr. 109, April 2006, S. 15–16, und D'Aviron/Ponte, The Coffee Paradox, S. 42.

245 D'Aviron/Ponte, The Coffee Paradox, S. 171, und SBU CR 305 OBT Misc, Notiz von T an C, 19. Juni 2000.

246 SBU OBT Chrono 2003, Brief von besorgten KaffeekonsumentInnen aus Thayngen an T, 2003.

247 Ebenda.

248 Solidar Suisse, Kaffee Report, S. 8.

249 SBU OBT Chrono 2001, Notiz von T an C, 23. März 2001.

250 Thurston, The global Trade of Coffee, S. 111–112.

Abkommens war die politische Stabilisierung des Kaffeepreises innerhalb von Grenzen, welche sowohl von den Kaffeeproduzenten als auch von den Kaffeekonsumenten als gerecht empfunden wurden. Die internationale Kaffeeorganisation mit Sitz in London regulierte Angebot und Nachfrage auf dem Weltkaffeemarkt und garantierte so den Produzenten einen Mindestpreis für ihre grünen Kaffeebohnen.[251] Nachdem das internationale Kaffeeabkommen mehrmals erneuert worden war,[252] konnten sich die wichtigsten Kaffee anbauenden und Kaffee konsumierenden Staaten – nicht zuletzt aufgrund des sich abzeichnenden Endes der bipolaren Weltordnung – 1989 nicht mehr auf eine neue politische Lösung einigen und liessen das Abkommen auslaufen. Der politisch festgelegte Mindestpreis wurde aufgehoben.[253] Die weltweiten Rohkaffeepreise fielen daraufhin so stark, dass sie nicht einmal mehr die Produktionskosten deckten.[254]

Entgegen den Gesetzen der Marktwirtschaft führte der tiefere Preis jedoch nicht zu einer geringeren Produktionsmenge – die Kaffeeproduktion stieg sogar weiter an, denn viele Kleinbauern im Süden hatten gar keine andere Möglichkeit, als Kaffee anzupflanzen. Sie erhöhten deshalb ihre Kaffeeproduktion, um den tiefen Preis über eine höhere Menge auszugleichen und somit das Einkommen zu halten. Dies führte zu einer unbefriedigenden Marktsituation:[255] Einerseits vergrösserten sich die Kaffeereserven in den Industrieländern, die dadurch ihre Abhängigkeit von Schwankungen auf dem Kaffeemarkt reduzieren konnten. Andererseits sank in vielen Ländern die Qualität der grünen Kaffeebohnen, da die Bauern in der Not auch qualitativ schlechte Kaffeekirschen ernteten.[256] Zudem hatten die Kaffeebauern bei derart tiefen Preisen keinen Anreiz mehr, ihre Kaffeepflanzen zu pflegen und zu erneuern.[257]

251 AHN SG 11535, Originalfassung des 1990 erschienenen Hefts «The Worldwide Coffee Trade», 9. Juni 1983.

252 Das Abkommen von 1962 wurde 1968 um weitere fünf Jahre verlängert. Nachdem die Kaffeepreise zu Beginn der 1970er-Jahre stiegen, kollabierte 1973 das Quotensystem des ICA. Erst 1976 trat ein neues Kaffeeabkommen in Kraft, mit der hauptsächlichen Neuerung, dass die Quoten bei hohen Kaffeepreisen ausgesetzt und bei tiefen Preisen wieder eingeführt wurden. Dadurch konnten die Kaffeepreise auf einem minimalen Niveau von 120 bis 140 US-Cents pro Pfund gehalten werden (vergleiche dazu AHN SG 11650, Schrift «Green Coffee Purchasing Policy», 11. März 1977 und SBU CD Marketing Seminar 2001, Power-Point-Präsentation «The history of the ICO», 2001).

253 Während bis Mitte der 1980er-Jahre stets 20 Prozent des Verkaufspreises an die Kaffeebauern gegangen war, schrumpfte dieser Anteil bis Anfang der 1990er-Jahre auf vier Prozent zusammen (Dejung, Die Fäden des globalen Marktes, S. 421–422 und SBU Freeze-dried Workshop 1999, Schrift «Coffee – ICO indicators and market events» [o. J.]).

254 SBU CR 305 OBT Misc, Schrift «Common Code for Coffee Community», 9. September 2004.

255 SBU Folders AKW, Schrift «Fairtrade labelling seeking a shared perspective with Nestlé», 2005.

256 AHN SG 11650, Schrift «The green coffee market situation», 17. März 1992.

257 Aufgrund der tiefen Kaffeepreise investierten die Kaffeebauern kaum in ihre Kaffeeplantage. Sie verwendeten nur sehr wenig Düngemittel und Kranke oder überalterte Bäume wurden nicht mehr ersetzt (Montavon, Die Rohkaffee-Käufe von Nestlé, S. 27).

Obwohl Nestlé ihre Kaffeebohnen nun zu einem sehr günstigen Preis beziehen konnte, war das Unternehmen aus Vevey über diese Entwicklung auf dem Kaffeemarkt alles andere als erfreut. Von Anfang an hielt es die Aufhebung des internationalen Kaffeeabkommens für strategisch ungünstig, weil dadurch qualitativ hochstehende Kaffeebohnen immer schwerer zu erhalten waren und entsprechend teurer wurden. Aus diesem Grund sah das Schweizer Unternehmen seine Rohkaffeeversorgung langfristig gefährdet,[258] denn seit den 1980er-Jahren verlangte der Kunde immer hochwertigere Kaffeesorten.[259] Es versuchte daher neue Wege zu finden, um sich mit qualitativ guten Kaffeebohnen einzudecken. Gleichzeitig sah Nestlé das schwierige ökonomische Umfeld, in dem sich die Kaffeebauern befanden, und fand es logischer, dass die Konsumländer den Produzenten im Süden einen anständigen Preis bezahlten, als ihnen direkte Hilfe oder Kredite zu geben, die später schwer zurückzuzahlen waren.[260] Aus diesen Gründen gehörte Nestlé zu den wenigen grossen Kaffeeunternehmen, die sich Ende der 1980er-Jahre erfolglos für ein neues Kaffeeabkommen einsetzten.[261] «During the past four years, Nestlé often found itself alone amongst the industry in supporting a viable International Coffee Agreement based on equitable prices for both consumers and producers»,[262] schrieb 1993 der damalige Leiter der Abteilung Instantgetränke.

Die schwierige Situation der Kaffeebauern animierte Nichtregierungsorganisationen, sich im Kaffeegeschäft für höhere Preise einzusetzen. Nachdem bereits in den 1960er- und 1970er-Jahren sozial und politisch motivierte Organisationen entstanden waren, welche die Produzenten in den Ländern des Südens über alternative Absatzkanäle («Dritte-Welt-Läden») zu unterstützen versuchten, indem den Bauern für ihren Tee oder Kaffee höhere Preise als auf dem Weltmarkt und zusätzliche Sozialprämien gewährt wurden, kam 1988 in den Niederlanden erstmals Kaffee unter dem Label *Max Havelaar*[263] auf den Markt, das den Kleinbauern einen gerechten Mindestpreis sichern sollte.[264]

258 AHN SG 11650, Brief von G an M, 28. Januar 1988.

259 Zwischen 1980 und 1991 nahm im *Nescafé* der Anteil der Arabica-Bohnen gegenüber den Robusta-Bohnen um zehn Prozent zu (AHN SG 11650, Schrift «World exportable production and Nestlé utilisation», 23. Februar 1992).

260 AHN SG 11650, Schrift «Green coffee – Quality trends», 15. Februar 1988 und Schrift «Green Coffee: Association of coffee producers retention plan», 1. September 1993.

261 «Die niedrigen Preise, unter denen die Erzeuger litten, interessierten die meisten Röster in den Verbraucherländern nicht. Sie freuten sich lediglich, billige Bohnen horten zu können. Das weltgrösste Kaffeeunternehmen Nestlé bildete hier jedoch eine Ausnahme», schreibt Mark Pendergrast (Pendergrast, Kaffee, S. 398).

262 AHN SG 11650, Schrift «Green Coffee: Association of coffee producers retention plan», 1. September 1993.

263 Max Havelaar ist eine Romanfigur aus den 1860er-Jahren, die gegen die unmenschliche Behandlung der Kaffeepflanzer in Java protestierte (Pendergrast, Kaffee, S. 385).

264 Mit dem *Max-Havelaar*-Label änderte sich das Konzept des fairen Handels, indem nicht mehr der Laden, sondern das Produkt gekenn-

Obwohl Nestlé wie die Begründer des *Max-Havelaar-* oder *Fairtrade*-Labels die tiefen Rohkaffeepreise bekämpfen wollten, sprachen damals jedoch ideologische Gründe gegen eine Zusammenarbeit. Einerseits war die *Fairtrade*-Bewegung vom Gedanken geprägt, dass Staaten und multinationale Konzerne wie Nestlé Marktmacht besassen und diese zu ihren Gunsten nutzten.[265] Andererseits nahm Nestlé eine klare Position gegen *Fairtrade* ein, weil die Organisation für sich alleine in Anspruch nahm, den Bauern gerechte Löhne zu bezahlen.[266] Stattdessen verfolgte Nestlé eigene Programme, die technische Assistenzleistungen zur Verbesserung der Kaffeequalität und den direkten Bezug von Rohkaffee bei den Kleinbauern beinhalteten.

Nestlés Zusammenarbeit mit Kaffeebauern

Angefangen hatte Nestlés Zusammenarbeit mit Kaffeebauern 1962 auf den Philippinen, als das Unternehmen *Nescafé* lokal in Alabang zu produzieren begann. Das Hauptproblem der Fabrik in Alabang war damals, dass sie aufgrund der Bestimmungen der philippinischen Regierung die grünen Kaffeebohnen nur auf dem lokalen Markt beziehen durfte[267] und diese dort nicht in der gewünschten Menge und Qualität vorhanden waren. Da Nestlé an einer vertikalen Integration des Unternehmens mittels Plantagen kein Interesse hatte, sondern stets die technische Verarbeitung im Zentrum stand, entschied sich das Schweizer Unternehmen, mit den Kaffeebauern auf den Philippinen direkt in Kontakt zu treten und mit diesen nach möglichen Lösungen des Problems zu suchen.[268] Daraus entstand eine tiefgreifendere Zusammenarbeit, indem Agronomen des Unternehmens den Bauern assistierend zur Seite standen, damit diese ihre Erträge und Kaffeequalität verbessern konnten. 1980 institutionalisierte Nestlé auf der asiatischen Inselgruppe diese Art von Hilfe schliesslich mit einem

zeichnet wurde und «Weltladen»-Artikel auch in normalen Warenhäusern angeboten werden konnten. 1997 wurde schliesslich die Fairtrade Labelling Organisation International ins Leben gerufen, die internationale Standards für den fairen Handel festlegt und für die Zertifizierung und Überwachung dieser Standards zuständig ist (Pendergrast, Kaffee, S. 383–385 und Grüninger/Held/Teuscher, Fairer Handel, S. 19–21).

265 D'Aviron/Ponte, The Coffee Paradox, S. 23–24.

266 «We have traditionally taken a very defensive position against these NGO's [Fairtrade] due their approach of trying to monopolize ‹fair› in the relationship with the farmers», lautete der Kommentar des Leiters der Abteilung Instantgetränke (SBU OBT Chrono 2001, Notiz von T an C, 23. März 2001).

267 Nachdem die Philippinen nicht mehr US-Kolonie waren, versuchte die Regierung die industrielle Entwicklung des Landes zu fördern, indem sie den Import von Gütern, die auch auf den Philippinen erhältlich waren, verbot (AHN SG 11705, Schrift «Orient et Extrême Orient», 15. November 1974).

268 Heer, 125 Jahre Nestlé, S. 535, und AHN SG 4900, Notiz «Philippines Nescafé Plant», 17. März 1961.

«Nestlé Agricultural Research and Training Center», um besonders ertragreiche Robusta-Sorten zu propagieren.[269]

Aufgrund der positiven Resultate aus dieser Kooperation auf den Philippinen führte Nestlé auch in anderen Ländern des Südens ähnliche Programme ein, in denen Instantkaffeefabriken standen: So errichtete Nestlé 1989 in Nordthailand eine Arabica-Kaffee-Musterfarm.[270] Diese war Teil des staatlichen «Doi Tung Entwicklungsprojekts», das zum Ziel hatte, den ethnischen Minderheiten im Hochland von Thailand eine andere Lebensgrundlage als die Opiumproduktion zu geben. Der Mohnanbau sollte dabei durch die Kultivierung von Arabica-Kaffee ersetzt werden. Nestlés Musterfarm bot spezielle Trainingsprogramme für die Kaffeebauern an, die es ihnen erlaubten, ihre Erträge zu verdoppeln oder sogar zu vervierfachen.[271] In Zusammenarbeit mit den staatlichen Institutionen berieten Nestlé-Agronomen ab 1990 zudem auch Kaffeebauern in Yunnan (China),[272] während das Schweizer Unternehmen im selben Jahr in Malaysia eine Musterfarm installierte und in Indonesien einen «Coffee Agricultural Service» aufbaute, wo die Bauern ihre Kenntnisse zu den Erntemethoden von Kaffee erweitern konnten.[273]

Ausserdem bezog Nestlé in speziellen Fällen bereits in den 1970er- und 1980er-Jahren den Rohkaffee direkt bei Kaffeebauern.[274] Ein frühes Beispiel dafür stellt wiederum die Zusammenarbeit mit den lokalen Bauern auf den Philippinen dar: Einige Händler hatten sich dort im lokalen Kaffeegeschäft eine Oligopolstellung geschaffen. Der Kaffeepreis war dadurch der Spekulation dieser Händler ausgesetzt. Nestlé begann deshalb den Kaffee von den Bauern direkt zu beziehen und errichtete 1972 zwei Kaffeeankaufsstellen auf Mindanao.[275] Auch in Mexiko begann Nestlé ab 1986 Kaffeebohnen direkt zu erwerben.[276] Eine breitere Basis erhielt der Direkteinkauf aber erst nach der Beendigung des internationalen Kaffeeabkommens zwischen 1989 und 1995, als sich die Bohnenqualität über die herkömmlichen Bezugsquellen

269 SBU Nestlé Projects in Coffee Producing Countries, Schrift «Nestlé Philippines Agricultural Service Department» [o. J.].

270 SBU Nestlé Projects in Coffee Producing Countries, Schrift «Nestlé Thailand Group Agricultural Services» [o. J.].

271 Zum Doi Tung Projekt vergleiche AHN T CR 305 Thailand, Brief von W an Nestlé Thailand, 28. Juli 1989, und zu den Musterfarmen Schwarz, Macht durch Nahrung, S. 138–139.

272 Montavon, Nestlé in China, S. 24.

273 Die Kaffeekirschen wurden dort normalerweise durch die Sonne getrocknet. Mit der nassen Erntemethode dagegen konnte die Qualität der rohen Kaffeebohnen weiter erhöht werden (vergleiche dazu AHN T CR 630 Green Coffee Asia/Oceania, Schrift «Visit Report of L to Nestlé Malaysia», 23. September–4. Oktober 1997, und SBU Nestlé Projects in Coffee Producing Countries, Schrift «Nestlé Indonesia Agricultural Services» [o. J.]).

274 «Nestlé normally buys its requirements from the international trade, but it does buy direct from growers in special circumstances, for instance to make instant coffee in Brazil and other producing countries», hielt das Unternehmen schon 1983 fest (AHN SG 11535, Originalfassung des 1990 erschienenen Hefts «The Worldwide Coffee Trade», 9. Juni 1983).

275 AHN SG 11705, Schrift «Orient et Extrême Orient», 15. November 1974.

276 Montavon, Die Rohkaffee-Käufe von Nestlé, S. 21.

durch die tiefen Marktpreise für die Kaffeebauern zu verschlechtern begann und die hochwertigen, gewaschenen Arabica-Bohnen immer schwerer erhältlich wurden.[277] Nestlé begann deshalb ihre grünen Kaffeebohnen in Thailand[278] und China (beide 1991),[279] Malaysia (1993)[280] sowie der Côte d'Ivoire[281] und Indonesien (beide 1995)[282] direkt von den Kaffeebauern zu beziehen.

Dies erlaubte den Kaffeebauern einerseits, einen höheren Preis zu erzielen, als wenn sie die rohen Kaffeebohnen an die lokalen Kaffeehändler verkauft hätten, weil die Direktverkäufe an Nestlé die Wertschöpfungskette verkürzten. Andererseits ermöglichte der Direktbezug des Rohprodukts beim Kaffeebauern Nestlé «[...] to fully cover all operating expenses linked to the direct procurement without incurring higher total costs».[283]

In einigen Ländern führte das Unternehmen ab 1990/91 ein vom Weltmarkt unabhängiges Preissystem mit einem festgesetzten Mindestpreis und Qualitätsprämien für hochwertigen Kaffee ein.[284] Das Qualitätssystem basierte auf drei Kriterien: dem Feuchtigkeitsgehalt, der Anzahl beschädigter Bohnen und der Qualität des Geschmacks. Der höhere Preis war für den Kaffeebauern ein Anreiz, qualitativ hochwertigen Rohkaffee abzuliefern. Die direkte Bezugsquelle beim Kaffeebauern verhinderte zudem, dass der Kaffeepreis der Börsenspekulation ausgesetzt war. Denn in den 1990er-Jahren erhielten Spekulanten von Investment-Funds immer mehr Macht an den Kaffeebörsen.[285] Auf diese Weise konnte der direkte Bezug von grünen Kaffeebohnen ohne den Zwischenhandel sowohl für Nestlé als auch für die Kaffeebauern gewinnbringend sein.[286]

277 AHN SG 11650, Schrift «Green Coffee Exposure Management», 10. Februar 1997.

278 SBU Nestlé Projects in Coffee producing Countries, Schrift «Nestlé Thailand Group agricultural services» [o. J.].

279 1991 begann Nestlé in Yunnan (China) mit dem Aufbau von Kaffeeplantagen zur Belieferung der neuen *Nescafé*-Fabrik in Dongguan. Aber erst ab Mitte der 1990er-Jahre konnte Nestlé die Kaffeebohnen im kommunistischen China direkt bei den Bauern beziehen. 1997 richtete Nestlé in Yunnan zwei Stationen zur Abgabe der grünen Kaffeebohnen ein (zum Kaffeeanbau von Nestlé in China vergleiche Montavon, Nestlé in China, S. 16–28).

280 In Malaysia bezog Nestlé den Rohkaffee nur in kleinen Mengen direkt von den lokalen Bauern (AHN T CR 630 Green Coffee Asia/Oceania, Schrift «Visit Report of L to Nestlé Malaysia», 23. September–4. Oktober 1997).

281 In der Côte d'Ivoire begann Nestlé den Rohkaffee ab 1995 direkt bei den Kaffeeproduzenten, den Genossenschaften oder Produzentenverbänden einzukaufen (Montavon, Blick auf Nestlé in der Elfenbeinküste, S. 7–8).

282 SBU Nestlé Projects in Coffee Producing Countries, Schrift «Nestlé Indonesia Agricultural Services» [o. J.].

283 AHN SG 11650, Schrift «Green Coffee Direct Procurement – Recommendations for good practices», 10. Februar 1997.

284 Ein solches Preissystem existierte auf den Philippinen und in abgeschwächter Form auch in Thailand. In Mexiko dagegen kaufte Nestlé ihren Rohkaffee bei den Kaffee-Aufbereitungsstationen (Beneficios). In diesen Kaufverträgen wurde allerdings lediglich festgehalten, dass der Preis, den Nestlé an die Beneficios bezahlte, identisch sein musste mit dem Preis, den die Beneficios dem Kleinbauern weitergaben. Es wurde darin aber kein Kaffeepreis genannt. Dieser «entspricht dem augenblicklichen Marktpreis», hielt Montavon fest (vergleiche dazu Montavon, Die Rohkaffee-Käufe von Nestlé, S. 32–35, 64–65 und 91).

285 AHN SG 11650, Schrift «Green Coffee Exposure Management», 10. Februar 1997.

286 SBU CR 305 OBT Misc, Schrift «Green Coffee Direct Procurement», 6. August 2001, und Nestlé SA, Les multiples visages du café, S. 32.

Nachhaltige Entwicklung und *Nescafé Partners' Blend*

1997 bezog Nestlé einen Teil des grünen Rohkaffees in sieben der elf *Nescafé*-Fabriken,[287] die sich in Kaffeeanbauländern befanden, direkt von den Kaffeebauern. Die so erhaltene Kaffeemenge entsprach etwa zehn Prozent der gesamten Rohkaffee-Einkäufe von Nestlé.[288] Bis 2001 steigerte sich dieser Anteil sogar auf 15 Prozent,[289] wobei Nestlé die Bezüge bei den Kaffeebauern und Kaffeehändlern bewusst in einem gewissen Gleichgewicht behielt.[290] In der Côte d'Ivoire, Mexiko, Thailand und den Philippinen deckte das Unternehmen sogar über die Hälfte ihres Bedarfs direkt bei Kleinbauern und bezahlte diesen nach eigenen Angaben durchschnittlich einen doppelt so hohen Preis wie die lokalen Zwischenhändler.[291]

Nestlés Zusammenarbeit mit den Kleinbauern wurde in der Öffentlichkeit aber kaum kommuniziert.[292] Während Unternehmen wie Starbucks um die Jahrtausendwende ihren Kaffee mit dem *Fairtrade*-Label zertifizieren liessen, deren Lösungsansatz in der westlichen Gesellschaft zur einfachen Fünf-Sekunden-Antwort auf die Kaffeekrise geworden war,[293] zeigte sich Nestlé kritisch gegenüber publikumsträchtigen Unterstützungsprogrammen für Kaffeebauern: «Social marketing is nothing but a sham. Young people are turning away from coffee and Nestlé hopes to make its product more attractive by playing on the bad conscience of the consumers»,[294] fasste die Marketing-Abteilung damals ihre Ansicht unverblümt zusammen. Daher sei soziales Marketing, wie es die Fairtrade-Labelling-Organisation betrieb, für Nestlé nicht der richtige Ansatz.[295]

287 Die Fabriken auf den Philippinen, in Thailand, China, Malaysia, Indonesien, Mexiko und der Côte d'Ivoire bezogen die grünen Kaffeebohnen direkt bei den Bauern, während sich in anderen Ländern wie Brasilien der direkte Kaffee-Einkauf durch Nestlé nicht lohnte, da der Zwischenhandel effizient war (SBU CR 305 OBT Misc, Schrift «Green Coffee Direct Procurement», 6. August 2001).

288 Organisationen wie Fairtrade bemängelten damals allerdings die fehlende Transparenz in Nestlés Direktankaufsystem. Zum Beispiel zählte der Schweizer Lebensmittelkonzern auch jenen Kaffee zu den Direkteinkäufen, der erst an den Aufbereitungsstationen (Beneficios) eingekauft worden und zum Teil über den Zwischenhandel dorthin gelangt war (vergleiche dazu SWA H+I Ba 214, Artikel aus der Zeitung «Die Weltwoche», 26./27. Juni 1996, und AHN SG 11650, Brief von T an G, 13. Februar 1997).

289 SBU CR 305 OBT Misc, Schrift «Green Coffee Direct Procurement», 6. August 2001.

290 Am ersten «Green Coffee Procurement Workshop» wurde 1998 die Richtlinie festgelegt, dass der Direktbezug drei Viertel des gesamten Rohkaffeebezugs in einem Land nicht übersteigen sollte, damit Nestlé nicht als Konkurrenz zum lokalen Kaffeehandel wahrgenommen wurde (vergleiche dazu AHN SG 11650, Schrift «Frist green coffee direct procurement workshop», 27. September – 2. Oktober 1998, und AHN SG 11650, Schrift «Green Coffee Direct Procurement – Recommendations for good practices», 10. Februar 1997).

291 Nestlé SA, Les multiples visages du café, S. 33, und SBU CR 305 OBT Misc, Schrift «Green Coffee Direct Procurement», 6. August 2001.

292 SBU OBT Chrono 2002, Notiz von T an C, 26. März 2002.

293 SBU OBT Chrono 2001, Notiz von T an C, 6. September 2001.

294 SBU OBT Chrono 2000, E-Mail von P an T, 1. April 2000.

295 Ebenda.

Das Unternehmen aus Vevey anerkannte zwar, dass sich *Max-Havelaar*-Kaffee für gewisse Kooperationen in den Entwicklungsländern positiv auswirkte und den Konsumenten die Möglichkeit gab, ihr Mitgefühl gegenüber den Kaffeebauern in den Entwicklungsländern auszudrücken,[296] zeigte sich gegenüber dem *Fairtrade*-Label aber auch skeptisch: «Eine Gesamtlösung für den breiten Kaffeemarkt ist der Nischenmarkt nicht»,[297] schrieb das Unternehmen, denn «wenn [...] die Kaffeebauern auf breiter Basis faire Handelspreise bezahlt bekämen, die über dem Marktpreis liegen, würde das zur Steigerung der Kaffee-Erzeugung führen, das Ungleichgewicht zwischen Angebot und Nachfrage vergrössern und so auf die Rohkaffeepreise drücken».[298] Daher könne das Prinzip nicht auf breiter Basis für *Nescafé* angewendet werden.[299] Aus diesem Grund war *Fairtrade* für Nestlé keine Antwort auf die Kaffeekrise.[300] Durch die gemeinsame Diskussion fand aber trotzdem eine Annäherung zwischen Nestlé und Nichtregierungsorganisationen wie Fairtrade oder Oxfam statt.[301] So begrüsste Nestlé den Bericht von Oxfam über die tiefen Kaffeepreise und ihre Initiativen zur Verringerung von Preisschwankungen.[302]

2002 rief Nestlé zusammen mit Danone und Unilever die «Sustainable Agriculture Initiative» (SAI) ins Leben.[303] Die Plattform war eine Grundlage zur Zusammenarbeit von grossen Kaffeeröst- und Handelsunternehmen (u.a. Kraft, Sara Lee, Tchibo und Volcafé) für eine nachhaltigere Kaffeeproduktion.[304] Die SAI-Mitglieder schlossen sich daraufhin einer bedeutenden Initiative für eine nachhaltigere Kaffeeproduktion an,[305] welche aus der Zusammenarbeit zwischen dem Deutschen Kaffeeverband und dem Deutschen Bundesministerium für wirtschaftliche Zusammenarbeit und Entwicklung hervorgegangen war: der «Common Code for the Coffee Community» (auch 4C genannt). Der 4C war eine marktbasierte Initiative, die eine nachhaltige Entwicklung bei der Rohkaffeebeschaffung unterstützte. Sie beruhte auf der Zusammenarbeit von grossen internationalen Kaffeeröst- und Kaffeehandelsunternehmen wie Nestlé, Tchibo, Sara Lee, Kraft, Neumann oder Volcafé, staatlichen Vertretern aus den Kaffee produzierenden Ländern wie Brasilien, Vietnam, Kolumbien, Ke-

296 Nestlé SA, Les multiples visages du café, S. 35, und SBU OBT Chrono 2003, Schrift «Nestlés Position in Bezug auf den niedrigen Kaffeepreis», 27. August 2002.
297 Nestlé, Was tun?, S. 4.
298 Ebenda, S. 4.
299 SBU OBT Chrono 2003, Schrift «Nestlés Position in Bezug auf den niedrigen Kaffeepreis», 27. August 2002.
300 SBU Folders AKW, Schrift «Fairtrade labelling seeking a shared perspective with Nestlé», 2005.
301 SBU OBT Chrono 2001, Notiz von T an C, 23. März 2001.
302 SBU CR 305 OBT Misc, Schrift «Nestlé Position Paper: Nestlé's Position regarding Oxfam's Report», 18. September 2002.
303 Nestec SA, Gazette Nestlé Nr. 109, April 2006, S. 14.
304 D'Aviron/Ponte, The Coffee Paradox, S. 195.
305 Nestlé, Was tun?, S. 12.

nia und einigen mittelamerikanischen Staaten sowie Nichtregierungsorganisationen wie Oxfam und Greenpeace. Der 4C-Kodex enthielt drei Dimensionen: eine soziale Dimension, welche anständige Arbeits- und Lebensbedingungen für Kaffeebauern und ihre Familien verlangte, eine umweltgerechte Dimension, welche den Schutz von Primärwäldern und die Erhaltung von natürlichen Ressourcen bei der Kaffeeproduktion zum Ziel hatte, sowie eine ökonomische Dimension, welche eine angemessene Entlöhnung aller Teilnehmer in der Wertschöpfungskette, freien Marktzutritt und den Lebensunterhalt der Kaffeebauern langfristig sicherstellen sollte. Mit dieser Erklärung sollten schlimmste Formen der Umweltzerstörung und der Arbeiterausbeutung verhindert werden.[306]

Der Gedanke der Nachhaltigkeit setzte Nestlé unter dem Begriff «Creating Shared Value» in Zusammenarbeit mit den lokalen Kleinbauern um.[307] Das Unternehmen zeigte den Bauern, wie durch die Terrassierung der Kaffeeplantagen Erderosion und Rutschungen bekämpft werden konnten und wie sich mit Schattenpflanzen – die selber wieder ökonomisch nutzbare Früchte lieferten – die Kaffee-Ernte qualitativ verbesserte. Ebenso propagierte Nestlé zur Reduktion von Chemie und Kunstdünger das Mulchen und die Nutzung von Kompost.[308]

Neu engagierte sich Nestlé zum Beispiel für ein Nachhaltigkeitsprojekt in Vietnam: Als die Kaffeepreise Mitte der 1990er-Jahre wieder stiegen, begannen Bauern dort mit Hilfe der Weltbank Robusta-Kaffee in grossen Mengen anzubauen. Dabei wurden oft Monokulturen aufgebaut und mit vielen chemischen Zusätzen gearbeitet. Dieses System warf kurzfristig hohe Erträge ab, langfristig waren seine Auswirkungen auf die Natur und die Ernten jedoch bedenklich: Alle drei Dimensionen der Nachhaltigkeit im 4C-Kodex wurden negativ beeinflusst. Nestlé half der jungen Kaffeeindustrie in diesem Land, deren Bauern oft über geringes Fachwissen verfügten, eine nachhaltigere Kaffeeproduktion zu ermöglichen.[309] Zudem konnten die vietnamesischen Bauern ab 2004 ihre Ernte ebenfalls direkt über die Nestlé-Kaffeestellen an das Unternehmen verkaufen.[310]

Verringerung der Abhängigkeit der Kaffeebauern durch Diversifikation des Anbaus, höhere Preise dank besserer Qualität der grünen Kaffeebohnen sowie die Förderung des Kaffeekonsums lauteten Nestlés Schlagworte gegen die Kaffeekrise.[311]

306 D'Aviron/Ponte, The Coffee Paradox, S. 195–196.
307 SBU Zusammenfassung «Wilkinson Group» [o. J.].
308 Vergleiche dazu die Dossiers in SBU Nestlé Projects in Coffee Producing Countries.
309 Pendergrast, Kaffee, S. 442, und SBU Nestlé Projects in Coffee Producing Countries, Schrift «Promotion of Sustainable Robusta Production in Daklak Province Vietnam», Juni 2004.
310 SBU Zusammenfassung «Wilkinson Group» [o. J.].
311 SBU OBT Chrono 2003, Schrift «Finding Solutions», 19. Mai 2002.

Als Modell für eine marktgesteuerte, nachhaltige Entwicklung lancierte das Unternehmen aus Vevey 2004 zwei weitere Projekte in Äthiopien und El Salvador. Beide Länder waren von extremer Armut geprägt, weshalb sich Nachhaltigkeitsprojekte dort als sehr effektiv erwiesen. In Äthiopien schuf Nestlé den Kaffeebauern unter anderem einen Zugang zu sauberem Wasser, verringerte ihre Abhängigkeit von den Kaffee-Erträgen durch den Anbau anderer Nutzpflanzen und leistete agrartechnische Unterstützung beim Kaffeeanbau. Gleichzeitig sicherte sich das Unternehmen langfristig eine Bezugsquelle qualitativ hochstehender Kaffeebohnen, um mit *Nescafé Partners' Blend* einen besonderen Qualitätskaffee auf den Markt zu bringen.[312]

Sowohl Fairtrade als auch Oxfam zeigten sich von den beiden Projekten in Äthiopien und El Salvador beeindruckt.[313] Obwohl *Nescafé Partners' Blend* ursprünglich nicht als *Fairtrade*-Produkt vermarktet werden sollte, konnten die Kleinbauern in Äthiopien letztlich denselben Preis erzielen, den sie bei einem *Fairtrade*-zertifizierten Kaffee erhalten hätten. Dieser Preis setzte sich in beiden Fällen aber sehr unterschiedlich zusammen: Während Fairtrade den Kleinbauern einen Mindestpreis garantierte, bezahlte Nestlé Extraprämien für die höhere Kaffeequalität.[314] Denn Nestlé verstand sich nicht als Hilfsorganisation, sondern als marktorientiertes Unternehmen.[315]

Trotzdem zeigte sich die Fairtrade Labelling Organization schliesslich gewillt, Nestlés Vorgehen bei der Herstellung von *Nescafé Partners' Blend* als *Fairtrade*-Ansatz zu akzeptieren: «Our principles are basically the same. To cooperate could help both parties»,[316] folgerten sowohl Nestlé als auch die Fairtrade Labelling Organization, die damit einen Schritt wagten, der einige Jahre zuvor noch undenkbar gewesen wäre: Am 7. Oktober 2005 führte Nestlé in Grossbritannien mit *Nescafé Partners' Blend* ihren ersten *Fairtrade*-zertifizierten Instantkaffee ein.[317] *Nescafé Partners' Blend* blieb aber letztlich eine einmalige Zusammenar-

312 SBU Nestlé Projects in Coffee Producing Countries, Brief von Volcafé an Nestlé, 23. Juni 2004, und ebenda, Schrift «El Salvador Pilot Project Document» [o. J.], sowie SBU Folders AKW, Schrift «Nestlé UK Sustainable Coffee Project», 3. Dezember 2004.

313 «Both Fairtrade and Oxfam were very positive about the potential to work together with Nestlé. This has been different from their engagements with other coffee companies. They clearly see Nestlé as leader in the field and are impressed with the work we are doing», schrieb Nestlé dazu (SBU Folders AKW, Schrift «Comment – outcome of meeting with Oxfam, Fairtrade Foundation and Nestlé in Vevey», 3. Februar [2005]).

314 SBU Folders AKW, Schrift «Nestlé UK Sustainable Coffee Project», 3. Dezember 2004.

315 So wurden laut Peter Brabeck nicht dazu in die Verbesserungen der Kaffeeplantagen in Yunnan investiert, um den armen Bauern in der Region zu helfen, sondern weil das Unternehmen die Rohstoffe brauchte. Ein erfreulicher Effekt aus diesem Engagement war, dass damit der Lebensstandard tausender Familien verbessert werden konnte (Schwarz, Macht durch Nahrung, S. 43).

316 SBU Folders AKW, Notizen aus dem Meeting W/PBL, 15. April [2005].

317 SWA H+I Ba 214, Artikel aus der Zeitung «Tages-Anzeiger», 1. Oktober 2005.

beit, nicht zuletzt weil die Kooperationen mit Nestlé, McDonalds und Starbucks zu heftigen Diskussionen über die Ausrichtung von *Fairtrade* führten.[318] Kritische Stimmen sahen in der Annäherung der Fairtrade-Organisation an Nestlé eine Verwässerung ihrer einstigen Ideologien und Prinzipien.[319]

Aufbauend auf der bisherigen Zusammenarbeit mit Kaffeebauern startete Nestlé im August 2010 ihr eigenes Nachhaltigkeitsprogramm «*Nescafé* Plan», mit dem das Unternehmen ökonomische, ökologische und soziale Ziele unter einen Hut bringen will. Das Engagement über die Tasse hinaus soll bis 2015 zu einer Verdoppelung der direkten Kaffeebezüge bei den Bauern führen, die alle 4C-Standard erreichen sollen. Überwacht wird das Projekt von der Rainforest Alliance,[320] deren Label beim Umweltschutz und der Nachhaltigkeit Standards vorschreibt, den Bauern jedoch keinen Mindestpreis garantiert.[321] Ebenso setzt sich Nestlé für eine Erneuerung und Verbesserung der Kaffeeplantagen ein. In vielen Ländern gibt Nestlé den Kaffeebauern deshalb Kaffeepflanzen gratis oder zum Selbstkostenpreis ab.[322] Parallel dazu schuf das Unternehmen damit ein neues Werbeargument für die Marke *Nescafé* und ein Instrument zur Sicherung der eigenen Rohstoffbasis, denn letztlich ist es auch in Nestlés eigenem Interesse, dass die Bauern Kaffee von guter Qualität produzieren.

Das Scheitern einer staatlichen Regulation des Kaffeemarktes durch internationale Abkommen und die Forderungen nach gerechtem Handel und nachhaltiger Entwicklung im Zuge der dritten Globalisierungswelle führten letztlich dazu, dass multinationale Unternehmen ihren Einfluss auf die Wertschöpfungskette verstärkten und die symbolische Qualität der Marke durch zusätzliche Labels an Bedeutung gewann.[323] Durch die Integration der ursprünglich sozialistisch geprägten Ideen konnten *Nescafé* ethische Werte hinzugefügt werden, welche sowohl die Wertschöpfung als auch das Erscheinungsbild der Marke in der Öffentlichkeit erheblich verbesserten.

318 SWA Bv Q 103, Artikel aus der «Aargauer Zeitung», 24. Juli 2006.

319 In Mexiko regte sich 2007 einerseits Widerstand gegen die niedrigen Abnahmepreise und die hohen Gebühren zur *Fairtrade*-zertifizierung durch die Fairtrade Labelling Organization (FLO). Andererseits standen viele Kleinbauern der Zusammenarbeit der FLO mit Nestlé kritisch gegenüber, da sie eine steigende Abhängigkeit vom Grossunternehmen und eine zunehmende Substitution von Arabica- durch Robusta-Kaffeebohnen befürchteten, die ihren Interessen entgegenliefen (Artikel in der «Wochenzeitung WOZ»,19. April 2007, S. 6).

320 SWA H+I Ba 214, Artikel aus der «Neuen Zürcher Zeitung», 30. August 2010.

321 Vergleiche dazu Solidar Suisse, Kaffee Report, S. 9.

322 Nestlé SA, Les multiples visages du café, S. 20.

323 Hüsser/Doppler, Kalter Kaffee, S. 15, und D'Aviron/Ponte, The Coffee Paradox, S. 37–38.

«Nutrition, Health and Wellness» – Nestlés Expansion im Gesundheitsbereich

Nestlés verstärkte Ausrichtung auf Ernährungs-, Gesundheits- und Wellness-Aspekte

Neben sozialen und ökologischen Anliegen gewannen in den letzten Jahrzehnten bei den Konsumenten auch gesundheitliche Aspekte zunehmend an Bedeutung. Ähnlich wie beim «fairen Handel» basierte der Trend zu gesunden und natürlichen Lebensmitteln einerseits auf der Skepsis gegenüber der Globalisierung und industriell hergestellten Lebensmitteln.[324] Andererseits mieden immer mehr Verbraucher bewusst gewisse Nahrungsbestandteile wie Fett oder Cholesterin, um ihrer Gesundheit Sorge zu tragen.[325]

Nestlé wollte zwar generell keine *Bio*-Produkte anbieten, weil der Nahrungsmittelkonzern industriell hergestellte Produkte für ebenso sicher hielt wie biologische,[326] dafür wurde dem Markt für Nahrungsmittel mit gesundheitsförderndem Zusatznutzen starke Bedeutung zugemessen.[327] Im Jahr 2000 legte CEO Peter Brabeck dem Verwaltungsrat seine Vision vor, Nestlé zu einer Wellness Company zu entwickeln. Er zeigte auf, dass ein langfristiges Wachstum des Unternehmens nur über weitere Akquisitionen oder eine Neuorientierung in Richtung noch hochwertigerer Produkte möglich war. Da die Bevölkerung immer älter wurde und auch im Alter fit und gesund bleiben wollte, entschied sich Nestlé schliesslich, die bisherigen Bereiche Ernährung und Getränke mit Kosmetik, Körperpflege und Pharmazie zu verbinden.[328]

Die stärkere Ausrichtung des Unternehmens auf die Bereiche Ernährung, Gesundheit und Wohlbefinden (unternehmensintern unter der Bezeichnung «Nutrition, Health and Wellness» zusammengefasst) ist dabei als längerer Prozess zu sehen, der bereits Ende der 1970er-Jahre seinen Anfang nahm. War die gesundheitsspezifische Ernährung bis dahin vor allem auf spezielle Konsumentengruppen wie Säuglinge oder ältere Menschen beschränkt gewesen, gewann diese in der Folge auch bei gesunden Konsumenten immer mehr an Bedeutung. Insbesondere die jun-

324 Vergleiche dazu das Kapitel «‹Creating Shared Value› – Nestlés gemeinsame Wertschöpfung mit Kaffeebauern», S. 375–376.
325 Pivot, Maggi et la Magie du Bouillion Kub, S. 121.
326 SBU CR 305 OBT Misc, Notiz von T an C, 19. Juni 2000.
327 Pfiffner/Renk, Wandel als Herausforderung, S. 100.
328 Schwarz, Gemeinsam Werte schaffen, S. 111–112.

ge Generation mit höherem Bildungsstand begann Lebensmittel auch nach Gesundheits-, Sicherheits- und Umweltfragen zu beurteilen. Als Reaktion darauf entwickelte Nestlé neue Lebensmittel, bei denen der Geschmack und Nährwert in einem ausgeglichenen Verhältnis standen.[329] Andererseits wurde das Unternehmen aus Vevey über L'Oréal und Alcon auch auf den Gebieten der Dermatologie, der Gesichtspflege und der Augenarzneimittel tätig.[330]

Einen weiteren wichtigen Schritt in diese Richtung erfolgte zehn Jahre später mit der Einweihung eines neuen Forschungszentrums in Lausanne (1987), wo das Unternehmen neben den Lebensmittelwissenschaften und der Toxikologie auch Grundlagenforschung in den Ernährungswissenschaften betrieb – mit dem Ziel, durch geeignete Ernährung die Gesundheit und das Wohlbefinden des Menschen zu verbessern. Neben der klinischen Ernährung beschäftigten sich die Forscher in Lausanne auch mit den Zusammenhängen zwischen dem Essverhalten und entwicklungsbiologischen Prozessen. Diese reichten von der Schwangerschaft über das Wachstum bis zur Alterung des menschlichen Körpers.[331] 1989 stieg Nestlé zudem in den Bereich der klinischen Ernährung ein.[332]

1997 ging daraus die strategische Geschäftseinheit «Nestlé Nutrition» hervor, die auf wissenschaftlicher Basis entwickelte Produkte und Dienstleistungen für Menschen mit speziellen Ernährungsbedürfnissen anbot. Dazu zählten unter anderem Sportlernahrung, medizinische Pflege- und Ernährungsdienste für Kranke und ältere Menschen sowie Produktlinien, die dem gesundheitsbewussten Konsumenten halfen, individuelle Ernährungsziele wie eine Gewichtsabnahme oder eine Reduktion der Cholesterinwerte zu erreichen. Mit den Akquisitionen der Sportlernahrung von PowerBar (2000), der personalisierten Ernährung für Übergewichtige von Jenny Craig (2006), Novartis Medical Nutrition (2007), Gerber Kindernahrung (2007) und Wyeth Nutrition (2012) stieg Nestlé in den letzten Jahren zum führenden Unternehmen auf dem Gebiet der Spezialnahrung auf.[333]

Im 21. Jahrhundert liess Nestlé ihre Erfahrungen mit Ernährungs-, Gesundheits- und Wellness-Aspekten auch bei ihren traditionellen Lebensmitteln immer mehr einfliessen,[334] indem der Gehalt von Salz, Zucker und Transfetten reduziert und die herkömmlichen Produkte mit neuen Zutaten wie Kalzium, Omega-3-

329 AHN F 5.4.4, Communication Marketing Nr. 11/79, Juni 1979, S. 10–11, und Communication Marketing Nr. 18/79, Oktober 1979, S. 2.

330 Pfiffner/Renk, Wandel als Herausforderung, S. 116–118.

331 SWA H+I Ba 214, Artikel aus der Zeitung «Tages-Anzeiger», 5. Juni 1987.

332 Heer, 125 Jahre Nestlé, S. 544.

333 Pfiffner/Renk, Wandel als Herausforderung, S. 96 und 101, sowie Jahresbericht Nestlé 2007, S. 16–18, und Jahresbericht Nestlé 2012, S. 16.

334 Pfiffner/Renk, Wandel als Herausforderung, S. 96.

Fettsäuren oder Probiotika angereichert wurden.[335] Ab 2003 begann Nestlé diese Vorteile als «Branded Active Ingredients» aktiv zu vermarkten.[336] So wird *Milo* seit 2003 mit der zusätzlichen Bezeichnung «Actigen-E» beworben, um auf die ausgewogene Kombination von Vitaminen und Mineralien hinzuweisen und das Produkt noch stärker als Energiegetränk zu positionieren,[337] während der Zuckergehalt von *Nesquik*[338] in den Vereinigten Staaten weiter reduziert und *Nestea* damit beworben wurde, dass der Eistee keine Geschmacksverstärker und künstlichen Farben enthielt und aus natürlichen Zitronen hergestellt wurde.[339]

Gesunder Kaffeegenuss mit *Nescafé Green Blend*

Nescafé mit gesundheitlichen Vorteilen in Verbindung zu bringen, war weit schwieriger als bei anderen Marken, weil Kaffee primär im Zusammenhang mit Gesundheitsrisiken gesehen wurde.[340] Vor allem junge Menschen waren besorgt über ihren übermässigen Koffeinkonsum, der zu Schlaflosigkeit und Kopfschmerzen führen konnte.[341] Als gesund geltende Getränke wie Mineralwasser, Fruchtsäfte oder Grüntee wurden von ihnen deshalb bevorzugt.[342]

Besonders der grüne Tee entwickelte sich in den 1990er-Jahren zu einem Modegetränk für gesundheitsbewusste Konsumenten, da in ihm besonders viele Antioxidantien nachgewiesen werden konnten.[343] Diese vermochten laut damaligen wissenschaftlichen Erkenntnissen oxidative Schädigungen von Genen und Proteinen zu neutralisieren, welche beim Alterungsprozess des menschlichen Körpers sowie der Entwicklung von Herzkrankheiten und gewissen Krebsarten beteiligt waren. Daher wurden Lebensmittel mit vielen Antioxidantien als besonders gesund betrachtet.[344]

1998 zeigten Studien aus dem Nestlé Research Center in Lausanne, dass Kaffee mindestens eine ebenso hohe Zahl an Antioxidantien aufwies wie Grüntee. Ausserdem stellten Wissenschaftler fest, dass Kaffee eine vorbeugende Wirkung ge-

335 Jahresbericht Nestlé 2007, S. 28.

336 Pfiffner/Renk, Wandel als Herausforderung, S. 204.

337 Vergleiche dazu Pfiffner/Renk, Wandel als Herausforderung, S. 204, und AHN F 5.4.4, Communication Marketing Nr. 1/03, Januar 2003, S. 11.

338 Im Jahr 2000 wurde *Nestlé's Quik* mit der Vereinheitlichung der Marke auch in den USA, Kanada, Mexiko und Brasilien in *Nesquik* umbenannt (AHN F 5.4.4, Communication Marketing Nr. 7/99, Juli 1999, S. 17–19).

339 AHN F 5.4.4, Communication Marketing Nr. 6/93, Juni 1993, S. 6, und Communication Marketing Nr. 10/07, Oktober 2007, S. 12.

340 SBU OBT Chrono 2003, Schrift «Wellness, Wellbeing and Nescafé», 1. Juli 2003.

341 AHN F 5.4.4, Communication Marketing Nr. 1/07, Januar 2007, S. 10–11.

342 SBU CR 305 Folders ipe/hkw coffee & health, Schrift «Communication on coffee & health benefits», 31. März 2005.

343 AHN T CR 305 Safety STD health Correspondence 1997–1999, Brief von T an Linor Orbe, 31. Januar 1994.

344 Artikel aus der Nestlé-Werbezeitung Swiss Emotions Nr. 18, Dezember 2009, S. 8, und AHN T CR 305 Safety STD health Correspondence 1997–1999, Brief von T an Linor Orbe, 31. Januar 1994.

Abbildung 38: Anzeige für *Nescafé Green Blend* in Deutschland, 2010. Die Kaffeesorte mit besonders vielen Antioxidantien wird in der Werbung mit entspannten Momenten, Regeneration und Wohlbefinden in Verbindung gebracht. Der «Nutrition, Health and Wellness»-Strategie von Nestlé entsprechend, werden Genuss und Gesundheit miteinander verknüpft.

gen Parkinson, Leberkrankheiten und Diabetes haben könnte.[345] 2003 eruierte Nestlé deshalb in Lausanne und Orbe verschiedene Möglichkeiten, wie diese positiven Eigenschaften des Kaffees auf den menschlichen Körper genutzt werden könnten, um einen Instantkaffee mit gesundheitlichem Zusatznutzen zu entwickeln. Besonders interessant war dabei das Konzept «Protect» – eine Mischung aus gerösteten und ungerösteten Kaffeebohnen, die zusammen ein gutes Kaffeearoma aufwiesen und gleichzeitig dreimal mehr Antioxidantien besassen als Grüntee. 2006 war *Nescafé* die erste Marke, die einen Instantkaffee mit einer besonders hohen Zahl an Antioxidantien auf den Markt brachte.[346]

Als Testmarkt für das neue Produkt diente Thailand, wo bereits den Kindern erzählt wurde, dass Kaffee schlecht für ihre Gesundheit sei. Mit *Nescafé Protect* wollte Nestlé dieses negative Bild korrigieren,[347] indem dieser den guten Kaffeegeschmack erstmals mit Gesundheit, Wohlergehen und Wohlbefinden verband.[348] Kurz darauf wurde die Sorte neben Thailand auch auf den Philippinen und in Mexiko lanciert.[349] In Korea wiederum wurde die junge, gesundheitsbewusste Frau, die einen hochwertigen Kaffee mochte, mit der Premium-Marke *Taster's Choice Well-Being* angesprochen. In einer «Anti-ageing»-Kampagne, die bei der Zielgruppe sofort sehr gut ankam, wurde das Produkt zusammen mit Kosmetikartikeln und Hautcrèmes vermarktet.[350]

Nach der erfolgreichen Einführung von *Nescafé Protect* in Südostasien und Mexiko war das Produkt ab September 2008 auch in Australien erhältlich, wo zwei von fünf Kaffeetrinkern ihren Konsum aus Gesundheitsgründen reduzieren wollten. Da die Vorteile der Antioxidantien aus der Werbung der Teeindustrie bereits bekannt waren, wurde die Mischung aus grünen und gerösteten Kaffeebohnen dort in Anlehnung an den Grüntee unter der Marke *Nescafé Green Blend* eingeführt. Auch in Australien konnte *Nescafé Green Blend,* der rund 70 Prozent mehr Antioxidantien enthielt als Grüntee, die Erwartungen bei weitem übertreffen und veranlasste Nestlé, das Produkt 2009 ebenfalls in Europa einzuführen.[351]

345 Anthony Wild merkte zu solchen wissenschaftlichen Untersuchungen kritisch an, dass diese letztlich nur den Zielen der Industrie dienen würden und dadurch nur diejenigen Bereiche erforscht werden, die dem Marketing nützlich sind (vergleiche dazu Wild, Coffee, S. 217, sowie AHN T CR 305 Safety STD health Correspondence 1997–1999, Schrift «Milo: R&D Priorities», 3. März 1998, und SBU CR 305 Folders ipe/hkw coffee & health, Schrift «Communication on coffee & health benefits», 31. März 2005).

346 SBU OBT Chrono 2003, Schrift «Wellness, Well-being and Nescafé», 1. Juli 2003, und SBU CR 305 Folders ipe/hkw coffee & health, Schrift «Communication on coffee & health benefits», 31. März 2005, sowie AHN F 5.4.4, Communication Marketing 3/2008, März 2008, S. 5.

347 Nestec SA, Gazette Nestlé Nr. 116, Dezember 2007, S. 16.

348 AHN F 5.4.4, Communication Marketing Nr. 7/2007, Juli 2007, S. 8.

349 SBU CD Coffee Marketing Seminar 2008, Power-Point-Präsentation «Coffee and Health Strategy», 2008.

350 AHN F 5.4.4, Communication Marketing 7/2007, Juli 2007, S. 8–11.

351 AHN F 5.4.4, Communication Marketing Nr. 11/12 2009, Dezember 2009, S. 26–27.

Neben dieser spezifischen Sorte versuchte Nestlé die Marke *Nescafé* auch allgemein mit gesundheitlichen Vorzügen zu verbinden, um damit das Ansehen und die Wertschöpfung der Marke zu erhöhen.[352] Die Integration der positiven Auswirkungen des Kaffees auf die menschliche Gesundheit oder der nachhaltigen Anbaumethoden von Kaffee liessen *Nescafé* zu Beginn des 21. Jahrhunderts zu einer immer ganzheitlicheren oder holistischen Marke werden, die verschiedenste Qualitätsaspekte umfasste.

Mit dem Aufbau neuer Geschäftsbereiche zu einem Gleichgewicht der Aktivitäten

Die verstärkte Nachfrage nach Premium-Marken mit gesundheitlichen Vorteilen beeinflusste nicht nur *Nescafé,* sondern ebenso Nestlés Wachstumskurs und die Verteilung der Wertschöpfung auf die einzelnen Produktsparten.

Nachdem Nestlé seine Abhängigkeit von *Nescafé* bereits Ende der 1980er-Jahre mit den Akquisitionen von Carnation, Rowntree und Buitoni wesentlich reduziert hatte, wurde diese Geschäftspolitik auch in den darauffolgenden Jahren weiter verfolgt, indem CEO Helmut Maucher ein Gleichgewicht in der Verteilung der Aktivitäten und der damit verbundenen Risiken anstrebte. Um dieses Ziel zu erreichen und im globalen Wettbewerb mit anderen Grosskonzernen wie Kraft General Foods oder Unilever die Oberhand zu behalten, bauten er und sein Nachfolger Peter Brabeck ab den 1990er-Jahren gezielt die Geschäftsbereiche Wasser, Eiscreme und Heimtiernahrung aus, um ein Gegengewicht zu den Instantprodukten zu schaffen,[353] wobei Nestlé mit der Übernahme von starken Marken in allen drei Bereichen die globale Marktführerschaft anstrebte.[354]

Auf dem Eiscreme-Markt war Nestlé seit Anfang der 1960er-Jahre präsent gewesen, verfügte dort gegenüber Unilever aber nur über eine untergeordnete Position. Mit der Übernahme von mehreren mittelgrossen Unternehmen in den 1990er-Jahren und den Akquisitionen von Marken und Unternehmen im Premium-Segment wie *Häagen-Dazs* (2001, Vereinigte Staaten), *Mövenpick* (2003, Schweiz) und *Dreyer's Grand Ice Cream* (2003, Vereinigte Staaten), deren Produkte teilweise weniger Fett

352 SBU CD Coffee Marketing Seminar 2009, Power-Point-Präsentation «Leverage Nescafé's NHW Momentum», 2009.

353 Pfiffner/Renk, Wandel als Herausforderung, S. 86–87 und 100.

354 Zur Bedeutung von starken Marken im globalen Wettbewerb vergleiche das Kapitel «‹Open up› – die Globalisierung der Weltmarke *Nescafé*», S. 364.

und Cholesterin aufwiesen, konnte sich Nestlé zum weltweiten Marktführer im Eiscreme-Geschäft aufschwingen.[355]

Das Gebiet der Heimtiernahrung erweiterte Nestlé nach der Übernahme von Carnation *(Friskies)* gezielt mit den Erwerbungen von Alpo (1994, Vereinigte Staaten), Spillers (1998, Grossbritannien) und Ralston Purina (2001, Vereinigte Staaten) und ist heute im Bereich der Trockennahrung für Hunde und Katzen der weltweite Marktführer. Auch im Segment der Heimtiernahrung liess sich in den letzten Jahren eine steigende Nachfrage nach Premium-Nahrung feststellen, weil die Haustiere von ihren Besitzern immer mehr als Freunde und Familienmitglieder betrachtet werden, die es zu verwöhnen und pflegen gilt. Besonders gewinnträchtig ist dabei der Verkauf von diätetischem Tierfutter, das den Tieren zur Vorbeugung von Gesundheitsproblemen oder bei Krankheiten verabreicht wird.[356]

Den dritten Schwerpunkt seiner Akquisitionsstrategie legte Maucher 1989 auf dem Gebiet des Mineralwassers, da immer mehr Konsumenten leichte und gesunde Getränke nachfragten. Dieser Entscheid war innerhalb des Unternehmens nicht unumstritten, denn Mineralwasser als natürliches Produkt hatte mit den bisherigen, auf industrielle Verarbeitung fokussierten Geschäftsbereichen wenig Berührungspunkte, weshalb nur geringe «Economies of Scope» zwischen den Produkten zu erwarten waren.[357] Andererseits nahm der Getränkekonsum ausserhalb der eigenen vier Wände zu, was dazu führte, dass anstelle von Instant- vermehrt Flüssiggetränke konsumiert wurden und sich Süssgetränke und Mineralwasser auf dem Getränkemarkt zu einer gefährlichen Konkurrenz entwickelten. Von diesem Standpunkt her erschien es durchaus sinnvoll, vermehrt flüssige Produkte wie Fruchtsäfte, «Ready-to-Drink»-Getränke oder Mineralwasser anzubieten.[358]

Nachdem Nestlé bereits 1988 Mehrheitsaktionär von Vittel geworden war, erfolgte 1992 mit der Übernahme der französischen Perrier-Gruppe der entscheidende Schritt ins Wassergeschäft: Mit dieser Akquisition wurde das Schweizer Unternehmen auf einen Schlag zum grössten Anbieter von abgefülltem Mineralwasser und geriet über die Perrier-Gruppe ebenfalls in den Besitz einer Minderheitsbeteiligung der italienischen San-Pellegrino-

355 Pfiffner/Renk, Wandel als Herausforderung, S. 109–110, 131–132 und 336–337.

356 Pfiffner/Renk, Wandel als Herausforderung, S. 107–109 und 129, sowie SWA H+I Ba 214, Artikel aus der Handelszeitung, 13. Oktober 2011, S. 12, und 13. Juni 2013, S. 8.

357 Pfiffner/Renk, Wandel als Herausforderung, S. 104.

358 SBU OBT Chrono 1999, Schrift «The Beverage Cathegory – Introduction», 1999.

Mineralquellen. 1998 konnte Nestlé den italienischen Marktführer im Mineralwassergeschäft schliesslich ebenfalls aufkaufen.[359]

Parallel dazu begann das Unternehmen weltweit präsente Wassermarken zu entwickeln. Der Wassermarkt war bis dahin vor allem von regionalen Marken geprägt gewesen, weil die mit Wasser gefüllten Flaschen eine sehr schwere und zerbrechliche Ware darstellten und hohe Transportkosten verursachten. Nestlé entschied sich deshalb, neben den international verbreiteten Premium-Marken wie *Perrier, San Pellegrino* und *Vittel* ebenfalls die Marke *Nestlé Pure Life* einzuführen, die sich nicht mehr auf eine klar definierte Quelle berief, sondern standardisiertes und mineralisiertes Quellwasser aus der örtlichen Umgebung enthielt, das unabhängig von seinem Ursprungsort dieselben Eigenschaften aufwies. Nach der Lancierung 1998 in Pakistan wurde *Nestlé Pure Life* auch in zahlreichen anderen Entwicklungsländern eingeführt. Seit der Jahrtausendwende verkauft Nestlé in Europa nach dem gleichen Prinzip Wasser unter der Marke *Nestlé Aquarel*.[360] Obwohl Nestlés Geschäftspraktiken mit Wasser in den letzten Jahren verschiedentlich kritisiert wurden,[361] stieg *Nestlé Pure Life* in kurzer Zeit zur bedeutendsten Wassermarke der Welt auf.[362]

Durch den Ausbau der drei Geschäftsbereiche Wasser, Eiscreme und Heimtiernahrung ist Nestlé heute ein breit diversifizierter Lebensmittelkonzern, in dem der Instantkaffee mit einem Anteil von zehn Prozent am Gesamtumsatz zwar immer noch eine bedeutende, aber keine dominante Stellung mehr inne hat.[363] Damit entwickeln sich nicht nur Marken wie *Nescafé*, sondern auch der Schweizer Lebensmittelkonzern selbst zu einem immer umfassenderen Gebilde.

359 Pfiffner/Renk, Wandel als Herausforderung, S. 104–106.
360 Ebenda, S. 106–107.
361 SWA H+I Ba 214, Artikel aus der «Wochenzeitung WOZ», 15. Januar 2004.
362 AHN F 5.4.4, Communication Marketing Nr. 5/2008, Mai 2008.
363 Vergleiche dazu Jahresbericht Nestlé 2013, S. 55.

Schlusswort

Das Wachstum multinationaler Unternehmen wurde bisher vor allem im angelsächsischen Raum untersucht, wo sich auf der Grundlage eines breiten Mittelstands und eines fast unerschöpflichen Binnenmarktes bereits früh das System der Massenproduktion und des Massenkonsums durchsetzen konnte.[1] Laut Mira Wilkins versuchten US-Unternehmen ein möglichst homogenes Produkt herzustellen, das den heterogenen Bevölkerungsgruppen in den Vereinigten Staaten entsprach. Dadurch konnten sie sowohl bei der Produktion als auch bei der Distribution von Skalenerträgen profitieren, die nach Chandler zur Herausbildung von Grossunternehmen führten.[2] Im Gegensatz dazu konnten multinationale Unternehmen auf den heterogenen europäischen Lebensmittelmärkten sowohl in der Produktion als auch in der Vermarktung kaum Skalenerträge über die Landesgrenzen hinaus erzielen.[3] Umso erstaunlicher ist es, dass sich die Nestlé & Anglo-Swiss von einem Kleinstaat wie der Schweiz aus zum grössten Lebensmittelkonzern der Welt entwickeln konnte.[4]

Die vorliegende Arbeit zeigt, dass der anfängliche Erfolg der 1866 von den beiden Amerikanern Charles und George Page gegründeten Anglo-Swiss Condensed Milk Company zwar ebenfalls auf «Economies of Scale» und horizontaler Integration beruhte, die dem Schweizer Unternehmen ausserhalb der Vereinigten Staaten eine beherrschende Stellung im Kondensmilchgeschäft sicherte. Die Geschichte der Anglo-Swiss lässt jedoch bereits im 19. Jahrhundert erkennen, dass Skalenerträge alleine keinen dauerhaften Erfolg garantierten, wenn eine durchdachte Vermarktungsstrategie und das technische Wissen zur Weiterentwicklung von Produkten fehlten. Spätestens die gewagte Expansion nach Amerika während des Ersten Weltkriegs und die nachfolgende Krise (1921) legten die Grenzen einer auf Skalenerträge und Monopolstellungen ausgerichtete Strategie offen: Zu gross waren die Risiken, die durch die unbeständigen politischen Verhältnisse und die starken Konjunkturschwankungen entstanden, als dass sich hohe Investitionen in grosse Industriekomplexe ausbezahlt hätten. Nach dem Zusammenbruch des kriegsbedingten Aufschwungs blieb das Unternehmen auf seiner Kondensmilch sitzen. Viele Fabriken mussten geschlossen werden und erwiesen sich nun als finanzielle Hypothek. Statt mit Skalenerträgen Gewinne zu schreiben, trieb die expansive Unternehmenspolitik die

1 Osterhammel/Petersson, Geschichte der Globalisierung, S. 17 und De Grazia, Das unwiderstehliche Imperium, S. 117–119 und 130.

2 Vergleiche dazu Wilkins, The History of European Multinationals, S. 37, und das Kapitel «Vorgehen und theoretische Einbettung», S. 20–21.

3 Jones, Renewing Unilever, S. 13.

4 Eine Untersuchung von Harm G. Schröter zu multinationalen Unternehmen in europäischen Kleinstaaten kam in den 1990er-Jahren zum Schluss, dass die europäischen im Vergleich zu den amerikanischen «Multis» in der Regel bemerkenswert klein waren (Schröter, Aufstieg der Kleinen, S. 336).

Nestlé & Anglo-Swiss in arge finanzielle Schwierigkeiten, die das Unternehmen 1921 fast in den Ruin getrieben hätten.

Die Krise zwang Nestlé in den 1920er-Jahren zu einem wegweisenden Strategiewechsel: Strikte Selbstfinanzierung sowie eine bessere Nutzung bestehender Ressourcen sollten das angeschlagene Unternehmen wieder auf Kurs bringen. Gleichzeitig sah sich das Schweizer Unternehmen aufgrund des zunehmenden Wirtschaftsprotektionismus gezwungen, ihre Produktionsstandorte zu dezentralisieren und nationale Tochtergesellschaften zu gründen, um seine weltweite Tätigkeit trotz der stagnierenden Nachfrage nach Kondensmilch weiter aufrechterhalten zu können. Die weitgehende Autonomie der Tochtergesellschaften führte einerseits zu sinkenden Koordinationskosten, andererseits aber auch zu sinkenden Skalenerträgen. Um trotzdem von Grössenvorteilen profitieren zu können, gliederte Nestlé zusätzliche Produkte ein, mit denen das Unternehmen «Economies of Scope» erzielen konnte. Einerseits ging das Schweizer Unternehmen dabei mit anderen Milch- und Schokoladeunternehmen Kooperationen ein. Andererseits begann Nestlé das vorhandene technische Wissen stärker zu nutzen und in seinen Forschungslaboren neue, gewinnträchtige Produkte zu entwickeln.

Als dritte Massnahme stoppte die Nestlé & Anglo-Swiss in den 1920er-Jahren ihre auf Marktbeherrschung ausgerichtete Tiefpreispolitik und besann sich auf die bereits von Henri Nestlé praktizierte Strategie zurück, starke Qualitätsmarken aufzubauen. Die Werbeausgaben wurden nun auf wenige Marken konzentriert und die Preise bewusst über denjenigen der Konkurrenz gehalten, um die Qualität der Nestlé-Produkte hervorzuheben. Das Schweizer Unternehmen suchte den Erfolg also nicht mehr in der Massenproduktion bei geringen Margen, sondern baute auf der Grundlage ihres technischen Wissens bewusst Qualitätsmarken mit entsprechenden Gewinnspannen auf. «[...] first of all, in our company we don't sell because we are cheaper than others. [...] we can be successful only if the consumer accepts paying a higher price for our product than the product of a competitor. And of course you can't convince him to do so if he doesn't believe to get a better product»,[5] brachte Verwaltungsratspräsident Pierre Liotard-Vogt rückblickend Nestlés Markenpolitik auf den Punkt, indem er darauf hinwies, dass Kaufentscheide nicht nur vom Preis, sondern ebenso von der Qualität eines Produkts abhingen. In den 1920er-Jahren formierten sich somit drei zentrale Charakteristiken des Unternehmens:

5 Interview mit Pierre Liotard-Vogt, zitiert im Magazin «Advertising Age», 30. Juni 1980, S. 34.

Erstens eine starke Markenstrategie, wobei die Überlegenheit dieser Marken auf einer stetigen Verbesserung der Verarbeitungsmethoden durch technische Innovationen beruhte.[6] Zweitens ein globales Vertriebsnetz mit lokalen Niederlassungen, über welches die Marken einerseits weltweite Verbreitung fanden und durch die Kundennähe optimal den lokalen Konsumwünschen in den einzelnen Ländern angepasst werden konnten. Drittens «Economies of Scope» in Form von technischen Verbindungen und Rückkoppelungseffekten zwischen den einzelnen Markenprodukten, die die fehlenden «Economies of Scale» in der dezentralen Unternehmensstruktur wettmachten. Bis in die 1980er-Jahre beruhten Nestlés Wettbewerbsvorteile daher nicht wie bei den amerikanischen Grosskonzernen primär auf Skalenerträgen, sondern auf starken Qualitätsmarken, die auf technischem Wissen, weltweiter Präsenz und lokalen Marktkenntnissen des Unternehmens sowie Verbundeffekten gründeten.

Entscheidend für das Unternehmenswachstum und den Aufstieg zum grössten Lebensmittelkonzern war in dieser Phase, dass es Nestlé auf der Basis der genannten Charakteristiken gelang, mit *Nescafé* ein neues, äusserst gewinnträchtiges Markenprodukt zu etablieren, welches das stagnierende Kondensmilchgeschäft nach dem Zweiten Weltkrieg als Hauptprodukt des Unternehmens ablöste und sowohl von der technischen als auch von der ökonomischen Seite her zum neuen «Flaggschiff» des Unternehmens avancierte. Im Unterschied zu anderen Nestlé-Produkten konnte Instantkaffee fast überall auf der Welt ohne grosse Hilfsmittel konsumiert und seine Herstellung durch die Erhöhung des Extraktionsgrades der Kaffeebohnen stetig verbilligt werden. Durch die technische Überlegenheit als «Owner-specific Advantages», die weltweite Präsenz als «Local-specific Advantages» und die Verknüpfung dieser Vorteile mit einer geschickten Vermarktung, welche *Nescafé* nicht nur zur teuersten, sondern für die Mehrzahl der Konsumenten auch zur qualitativ besten Instantkaffeemarke werden liess, konnte Nestlé mit Pulverkaffee etwa die Hälfte des Unternehmensgewinns erwirtschaften.

Die hohen Erträge aus dem Instantkaffeegeschäft ermöglichten einerseits Investitionen in die Weiterentwicklung des Unternehmens, zum Beispiel den Aufbau der anfangs defizitären Marke *Nestea* oder den Ausbau des Unternehmens auf dem Gebiet der Fertiggerichte Ende der 1950er-Jahre. Andererseits führte die hohe Profitabilität von *Nescafé* aber auch zu einer

6 Vergleiche dazu Keller, Produkte am globalen Markt, S. 164, und Schwarz, Gemeinsam Werte schaffen, S. 96.

starken Abhängigkeit des Unternehmens von einem einzigen Produkt, das in seiner Wachstumsphase sowohl in Nordamerika als auch in Europa durch die steigende Konkurrenz (*Maxwell House* und Eigenmarken) in Bedrängnis geriet. Um die damit verbundenen Risiken zu reduzieren, diversifizierte Nestlé in weitere Sparten der Lebensmittelindustrie, was ab den 1960er-Jahren zu einer starken Akquisitionstätigkeit des Unternehmens führte. Damit entwickelte sich um *Nescafé* eine Wachstumsdynamik, die Nestlé zum grössten Lebensmittelkonzern der Welt aufsteigen liess.

Entscheidend war dabei, dass Nestlé mit neuen Verfahren und Produkten den Produktzyklus von *Nescafé* immer wieder verlängern konnte und als Gegengewicht zur Sparte der Instantgetränke neue Produktsegmente ins Unternehmen integrierte. Aus der Produktperspektive betrachtet ist Nestlé folglich auf drei Arten gewachsen: Erstens durch eine stärkere Marktdurchdringung der Marke, indem das Unternehmen mit Werbung und/oder der Entwicklung von neuen Produkten die Nachfrage nach seiner Marke auf den bestehenden Märkten erhöhte. Zweitens durch die Internationalisierung der Marke, indem Nestlé das Produkt lokalen Gegebenheiten anpasste und neuen Konsumenten zugänglich machte. Drittens durch eine Diversifikation in neue Märkte, auf denen das Unternehmen bisher noch nicht tätig war, indem Techniken von bestehenden auf neue Markenprodukte übertragen werden.[7] Die Wachstumsdynamik von Nestlé und seinen Markenprodukten lässt sich daher als dreidimensionaler, wellenförmiger Prozess beschreiben, bei dem in allen drei Bereichen erhebliche Transaktionskosten beobachtet werden können.

7 Die Einteilung orientiert sich an den Marktfeldstrategien von Ansoff, der zwischen Marktdurchdringung, Markterschliessung, Produktentwicklung und Diversifikation unterscheidet (Freiling/Reckenfelderbäumer, Markt und Unternehmung, S. 363–365).

	Marktdurchdringung von *Nescafé*		Internationalisierung von *Nescafé*	Diversifikation von Nestlé	
	Entwicklung des Produkts	Neue Verkaufsargumente	Wichtigste Wachstumsmärkte	Bedeutendste Produktgruppe	Unternehmensentwicklung
1866–1937	Evaporierte Kondensmilch mit Kaffeegeschmack *(Coffee & Milk)*	Preiswertes Produkt und einfache Zubereitung		Milchprodukte	Milch- und Schokoladeunternehmen
1938–1953	Sprühgetrockneter Kaffee mit Kohlenhydraten *(Nescafé)*	Richtiger Kaffeegeschmack	Nordamerika	Milchprodukte	Wandel vom Milch- zum Kaffeekonzern
1954–1971	Sprühgetrockneter und gefriergetrockneter Kaffee *(Nescafé und Nescafé Gold)*	Reiner Kaffee und überlegene Qualität durch technische Errungenschaften	Europa und Japan	Instantgetränke	Aufstieg zum grössten Lebensmittelkonzern unter der Führung der Instantgetränke
1972–1990er-Jahre	Fertige Kaffeemischungen *(Nescafé Cappuccino)*	Spontane Wahl zwischen verschiedenen Kaffeesorten	Lateinamerika	Fertiggerichte	Reorganisation des Unternehmens
1990er-Jahre bis heute	Kapselkaffee *(Nescafé Dolce Gusto)*	Nachhaltige und ethisch verantwortungsvolle Herstellung des Kaffees	Asien und Osteuropa	Heimtiernahrung und Produkte im Zusammenhang mit Gesundheit und Wohlbefinden	Entwicklung zum breit diversifizierten Lebensmittelkonzern

Darstellung 16: Die Wachstumsdynamik von Nestlé und *Nescafé* anhand der drei Wachstumsdimensionen Marktdurchdringung, Internationalisierung und Diversifikation.

Marktdurchdringung – wie sich *Nescafé* und seine Vermarktung veränderten

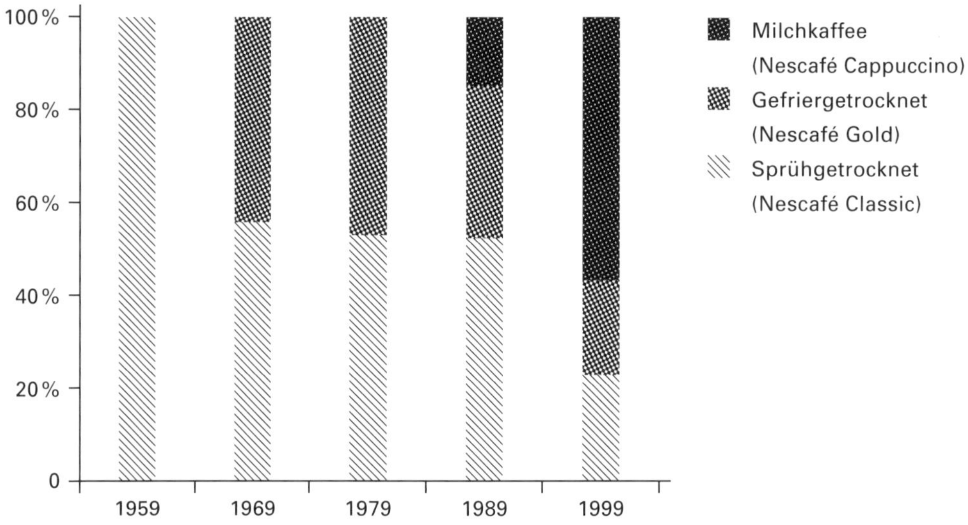

Darstellung 17: Wellenförmige Verschiebung des Umsatzes der einzelnen *Nescafé*-Sorten auf dem deutschen Markt. Ähnliche Entwicklungen wie in Deutschland lassen sich auch in anderen Ländern beobachten, wobei diese teilweise zeitlich verschoben sind und durch die lokalen Kaffeetraditionen von der vorliegenden Darstellung stark abweichen können.

Die Marktdurchdringung der Marke *Nescafé* folgt der zunehmenden Technisierung und Automatisierung der Kaffeeherstellung im 20. Jahrhundert, indem Nestlé das Markenprodukt stetig verbesserte, neuen Konsumtrends anpasste und mit zusätzlichen emotionalen Werten verband.[8]

Ausgehend von *Coffee&Milk*, einer schwer löslichen Mischung aus Kondensmilch und Kaffee, die vom Geschmack her nur entfernt an einen richtigen Bohnenkaffee erinnerte, gelang es dem Nestlé-Mitarbeiter Max Morgenthaler in den 1930er-Jahren mit Hilfe von hinzugefügten Kohlenhydraten (Glukose), den Kaffeegeschmack der gerösteten Bohnen erstmals

8 Da die Kaffeegewohnheiten in den einzelnen Ländern sehr unterschiedlich sind, hat sich *Nescafé* in den einzelnen geografischen Regionen auf unterschiedliche Art durchgesetzt. Der Übersichtlichkeit halber orientiert sich die folgende Darstellung an den Verhältnissen in Kontinentaleuropa, wo der Instantkaffee in Konkurrenz zu anderen Kaffeeprodukten wie Bohnenkaffee oder Kaffeesurrogaten stand.

während längerer Zeit zu konservieren. Bewusst hob Nestlé den mit diesem Verfahren hergestellten Löslichkaffee von den als minderwertig geltenden Kaffeesurrogaten und Kaffee-Essenzen der Arbeiterschaft ab und lancierte diesen 1938 unter der Marke *Nescafé* als Produkt in oberen Marktsegment, um Preiswettbewerb im Pulverkaffeesegment zu vermeiden. Neben der schnellen und einfachen Zubereitung wurde dabei insbesondere die Qualität des neuen Produkts herausgestrichen.

Ein entscheidender Entwicklungsschritt folgte nach dem Zweiten Weltkrieg, als Nestlé die zur Fixierung benötigten Kohlenhydrate aus der Kaffeebohne selbst zu beziehen und *Nescafé* ab 1952 als reinen Instantkaffee anzubieten begann. Durch die Erhöhung des Extraktionsgrades konnte dieser nun günstiger angeboten werden als Röstkaffee. Allerdings wies der lösliche Kaffee in den 1950er-Jahren immer noch einen kaffeefremden Geschmack auf und liess sich von diesem Gesichtspunkt her noch nicht mit Bohnenkaffee vergleichen. Der Durchbruch des Instantkaffees während der Hochkonjunktur der Nachkriegszeit (1948–1971) erfolgte daher in zwei Schritten:

In einer ersten Phase bis Mitte der 1960er-Jahre konnte der Pulverkaffee vor allem jene Konsumenten gewinnen, die sich mit dem steigenden Einkommen anstelle von Surrogaten einen richtigen Kaffee leisten konnten. Wie sich am Beispiel des deutschen Marktes zeigen lässt, hing bei diesen Konsumenten der Entscheid, ob die als minderwertig wahrgenommenen Kaffeesurrogate durch Bohnen- oder Instantkaffee substituiert wurden, in erster Linie vom Preis ab. In Ländern mit geringer Kaufkraft oder starker Zichorienkaffeetradition konnte Nestlé zudem mit Zucker- und Zichorien-Kaffee-Mischungen wie *Ricoré, Ricory* oder *Dolca* erhebliche Marktanteile erobern. Konsumenten, die einen geschmacklich hochwertigen Bohnenkaffee gewohnt waren, blieben diesem dagegen treu. Symptomatisch dafür konnte sich *Nescafé* vor allem in jenen Ländern durchsetzen, wo keine hochstehende Kaffeekultur existierte und der Kaffee mit Milch – welche die feinen Unterschiede im Kaffeegeschmack verschleiert – getrunken wurde. In Ländern, in denen der Kaffee schwarz genossen wurde, stiess *Nescafé* dagegen auf wenig Gegenliebe.

Erst als Nestlé 1965 mit *Nescafé Gold* einen Instantkaffee lancierte, der vom Geschmack her mit einem mittelmässigen Röstkaffee konkurrenzfähig war, konnte die Marke in einem zweiten Schritt schliesslich auch Bohnenkaffeetrinker für sich gewinnen. Entscheidend war dabei, dass dem Konsumenten in der Werbung Qualitätsvorteile sichtbar gemacht wurden, die er sonst kaum wahrgenommen hätte: Während die Geschmacksverbesserung von *Nescafé Gold* mit dem Gefriertrocknungsverfahren veranschaulicht wurde, hob Nestlé den sprühgetrockneten *Nescafé* durch eine andere Farbe und Textur geschickt von den Konkurrenzprodukten ab. Die dafür verwendeten Werbeausgaben verursachten dem Unternehmen zwar erhebliche Transaktionskosten, sicherten *Nescafé* jedoch zusätzliche Kunden und die unangefochtene Marktführerschaft im Instantkaffeegeschäft.

Bis Anfang der 1970er-Jahre lässt sich der Erfolg von *Nescafé* aus einem günstigen Verhältnis zwischen Preis, Qualität und praktischer Zubereitung erklären: Gegenüber dem Bohnenkaffee war *Nescafé* günstiger, länger haltbar und bequemer in der Handhabung und von der Qualität her nahezu ebenbürtig. Im Vergleich zu den anderen Marken im Instantkaffeesegment vermochte Nestlé die Marke *Nescafé* dank technischen Innovationen und «First-Mover-Advantages» als die qualitativ hochstehendste zu etablieren, wobei die funktionellen Eigenschaften des Markenprodukts bei der Vermarktung klar im Vordergrund standen.

Mit dem Ende der Hochkonjunktur und der zunehmenden Fortschritts- und Konsumkritik verlor diese auf technische und praktische Aspekte ausgerichtete Werbung in den 1970er-Jahren jedoch ihre bisherige Anziehungskraft. Durch Billigmarken und die Verbreitung von automatischen Kaffeemaschinen, mit der sich Bohnenkaffee ebenso schnell und bequem zubereiten liess wie Pulverkaffee, drohte das Geschäft mit *Nescafé* zu stagnieren. Andererseits schuf der wirtschaftliche und gesellschaftliche Umbruch mit der Forderung nach mehr Individualität und Selbstverwirklichung in den 1970er-Jahren und die Abkehr von einer «egalitären Massenkonsumgesellschaft» zu Beginn der 1980er-Jahre hin zu einer «nivellierten Wohlstandsgesellschaft» aber auch neue Konsumbedürfnisse: Kaffee wurde immer mehr zu einem Lifestyle-Produkt, das mit Symbolik und Prestige aufgeladen wurde.

Nestlé reagierte auf diese neuen Konsumtendenzen im Kaffeegeschäft mit einer verstärkten horizontalen und vertikalen Segmentierung sowie einer gefühlsbetonteren Vermarktung der Marke *Nescafé*: emotionale Werte sowie die spontane und individuelle Wahl zwischen verschiedenen Kaffeesorten wurden dabei in der Werbung immer wichtiger. Anstelle der materiellen rückten nun die immateriellen Eigenschaften des Markenprodukts in den Vordergrund. Mit *Nescafé Alta Rica* und *Nescafé Cap Colombie* eignete sich die Marke in den 1980er-Jahren all jene symbolischen Qualitätsmerkmale an, die bisher dem Bohnenkaffee vorbehalten waren, und mit individuellen Kaffeespezialitäten wie *Nescafé Cappuccino* gelang es Nestlé Ende der 1980er-Jahre, *Nescafé* auf dem stagnierenden europäischen Instantkaffeemarkt eine neue Wachstumsdynamik zu verleihen.

In den 1990er-Jahren gewann die spontane und individuelle Kaffeewahl mit der Verlagerung des Kaffeekonsums in den öffentlichen Raum und auf Kapseln basierenden Kaffeemaschinen weiter an Bedeutung. Deshalb entschied sich Nestlé um die Jahrtausendwende, die Präsenz der Marke *Nescafé* auf diesen Gebieten zu erhöhen und neben *Nespresso* auch Kaffeekapseln unter der Marke *Nescafé Dolce Gusto* anzubieten, die in den letzten Jahren das Geschäft beflügelten. Gleichzeitig wurden Gesundheitsaspekten und der Art und Weise, wie *Nescafé* hergestellt wird, zunehmende Beachtung geschenkt und die Marke mit einer toleranten und weltoffenen Lebenshaltung verknüpft. *Nescafé* entwickelte sich dadurch immer mehr zu einer holistischen Marke, die verschiedenste Produkte und Werte umfasste.

Durch den stetigen Wandel des Produkts und seine Anpassung an neue Konsumtendenzen gelang es Nestlé, mit der Marke *Nescafé* neue Produktzyklen anzustossen, die ihre Popularität erweiterten und Wertschöpfung aufrechterhielten. Gleichzeitig entwickelte sich *Nescafé* durch die Aufladung mit sozio-kulturellen Werten zunehmend zu einem Medium, das nicht nur für Qualität bürgte, sondern auch den eigenen Lebensstil und die eigene Wertehaltung widerspiegelte. Die Marke wurde dadurch zu einem immer umfassenderen Orientierungscode in unserer (Konsum)gesellschaft.

Internationalisierung – wie sich Nestlé und *Nescafé* weltweit verbreiteten

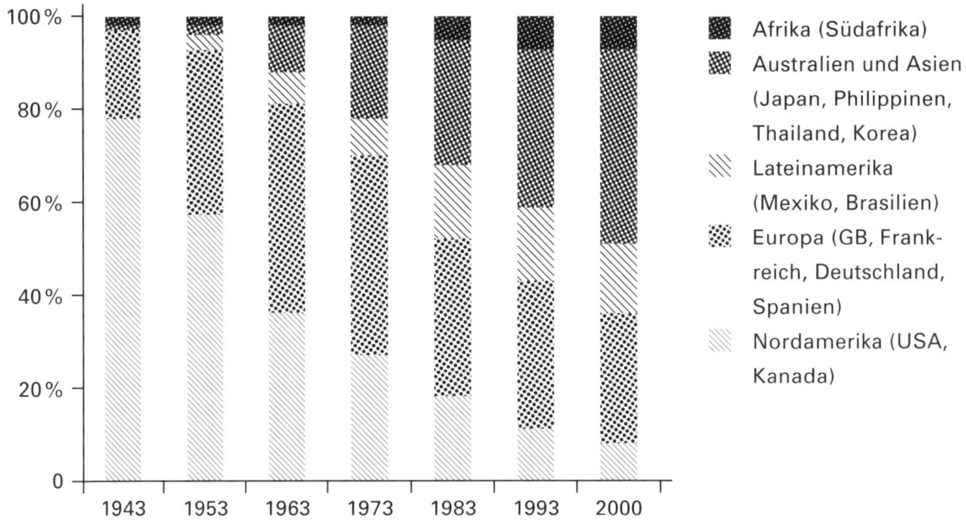

Darstellung 18: Wellenförmige geografische Verschiebung des Umsatzes von Nestlés Instantkaffeemarken. Da eine vollständige Datenbasis des Instantkaffeeabsatzes über die Jahrzehnte für viele Länder fehlt, konnten nur die bedeutendsten Märkte in der Darstellung berücksichtigt werden.

Während multinational agierende Handelsgesellschaften Kaffee, Tee und Kakao aus den Tropen nach Europa brachten, trugen Schweizer Unternehmen wie die Nestlé & Anglo-Swiss um 1900 wesentlich zur Verbreitung der Dauermilch in Asien und Afrika bei. Durch diesen Warenaustausch verbreitete sich die Gewohnheit, den bitteren Geschmack der drei koffeinhaltigen Heissgetränke mit Milch und Zucker abzuschwächen, auf der ganzen Welt. Aus der Mischung von Kaffee, Tee und Kakao mit Milch als eine Art «Globalisierung in der Tasse» lässt nicht nur die Entstehung der Anglo-Swiss ableiten, sie trug auch massgeblich zum Aufbau des weltweiten Vertriebsnetzes der Nestlé & Anglo-Swiss während der ersten Globalisierungswelle bis zum Ersten Weltkrieg bei. Durch die globale Präsenz des Unternehmens fand *Nescafé* nach 1938 rasch weltweite Verbreitung, denn Milch- und Instantkaffeedosen konnten auf denselben Produktionsanlagen hergestellt und über dieselben Distributionskanäle verteilt werden. Die daraus entstehenden «Economies of Scope» ermöglichten *Nescafé* auch an Orten präsent zu sein, wo die Instantkaffeemarken anderer Unternehmen aufgrund der hohen Handelshemmnisse ökonomisch nicht rentabel bewirtschaftet werden konnten. In vielen Ländern hatte *Nescafé* aufgrund dieser «Local-specific Advantages» bis 1953 eine Monopolstellung inne.

Trotz der frühen globalen Verbreitung des *Nescafés* lassen sich im Lauf der Zeit starke geografische Verschiebungen bei den Hauptabsatzgebieten der Marke feststellen, die den Kundenkreis kontinuierlich erweiterten und den Produktlebenszyklus verlängerten. War *Nescafé* während dem Zweiten Weltkrieg vor allem in Grossbritannien und den Vereinigten Staaten nachgefragt worden, wo der lösliche Kaffee damals zur Notration der Armee[9] gehörte, breitete sich der Instantkaffee nach Kriegsende mit dem «American Way of Life» und der zweiten Globalisierungswelle in den 1950er- und 1960er-Jahren auch in Westeuropa und Japan aus. Allerdings profitierte Nestlé von diesem Instantkaffeeboom weit weniger stark als andere Unternehmen: bis Mitte der 1960er-Jahre verlor *Nescafé* gegen Konkurrenten wie *Maxwell House* und preisgünstigere Handelsmarken von Warenhausketten kontinuierlich Marktanteile. Zu Beginn der 1960er-Jahre musste Nestlé zwischenzeitlich sogar ihre Stellung als weltweit bedeutendste Instantkaffeeproduzentin an General Foods abgeben.

Trotzdem blieb *Nescafé* in den meisten Weltregionen die stärkste Instantkaffeemarke, weil sich der Triumph von General Foods auf einige wenige Schlüsselmärkte – wo Skalenerträge im grossen Stil genutzt werden konnten – beschränkte, der Erfolg von *Nescafé* sich dagegen aus der Addition der Umsatzzahlen in vielen, sehr unterschiedlich geprägten Märkten erklärte, wo Handelsschranken und kulturelle Barrieren der Preiskonkurrenz entgegenwirkten. Kennzeichnend dafür stellte *Nescafé* kein weltweit standardisiertes Einheitsprodukt dar, sondern wurde von der Mischung der Kaffeebohnen und der Röstung her stets den lokalen Präferenzen in den einzelnen Ländern angepasst, ohne dass der Handel oder die Konsumenten darauf aufmerksam gemacht worden wären. Ein solches System erforderte profunde Kenntnisse über die Marktbedingungen und Konsumpräferenzen in den einzelnen Ländern, die mit Transaktionskosten in Form von Marktforschung und Marktbeobachtung verbunden waren.

9 Der Beitrag der US-Streitkräfte zum internationalen Durchbruch des *Nescafés* war allerdings weit geringer als bisher angenommen, denn erstens waren die Kaffeerationen nicht mit Markennamen versehen, zweitens wuchs mit der Nachfrage der US-Armee in den Vereinigten Staaten eine starke Konkurrenz heran, und drittens erhielt der Löslichkaffee dadurch in vielen europäischen Ländern den Ruf eines minderwertigen Dosenprodukts aus dem Krieg, das sich vom Prestige her nicht mit einem Bohnenkaffee vergleichen liess.

Als sich in den 1970er-Jahren mit der abflauenden Hochkonjunktur in Europa und Nordamerika Sättigungstendenzen bemerkbar machten, lösten die steigenden Rohkaffeepreise in Lateinamerika antizyklisch zum Konjunkturverlauf eine starke Nachfrage nach löslichem Kaffee aus, und mit der Öffnung des «Eisernen Vorhangs» fand der Instantkaffee während der dritten Globalisierungswelle schliesslich auch in Asien und Osteuropa starke Verbreitung, indem Nestlé den Pulverkaffee mit speziellen Produkten wie *Nescafé Dolca* in Mexiko, *Nescafé Ricoffy* in Südafrika oder *Nescafé 3-in-1* im asiatischen Raum den Geschmackspräferenzen und dem geringeren Einkommen der lokalen Bevölkerung anpasste. Damit entwickelte sich *Nescafé* endgültig zu einer global abgestützten Weltmarke.

Der weltweite Erfolg von *Nescafé* lässt sich also einerseits dadurch erklären, dass Nestlé lokale Konsumgewohnheiten übernahm und diese mit den ubiquitären Vorteilen des löslichen Kaffees verband. Andererseits erkannte Nestlé aufgrund ihrer weltweiten Anwesenheit neue Konsumtrends frühzeitig und konnte diese in anderen Weltregionen vor der Konkurrenz lancieren: So führte Nestlé den reinen Instantkaffee vor General Foods in Europa ein, lancierte *Nescafé Cappuccino* vor dem Erscheinen von Starbucks in Asien und begann die aus dem asiatischen Raum stammenden *Nescafé 3-in-1* Portionenpackungen in den letzten Jahren auch in Südeuropa zu verwenden, wo sich die PPP-Produkte nach der Finanzkrise 2008 als Verkaufsschlager erwiesen.[10] Die weltweite Präsenz verhalf Nestlé also zu einem wesentlichen Informationsvorsprung und zu «First-Mover-Advantages» gegenüber weniger global agierenden Unternehmen.

10 Artikel aus der Zeitung «Der Bund», 28. August 2012, S. 13.

Diversifikation – wie Nestlé neue Produkte ins Unternehmen integrierte

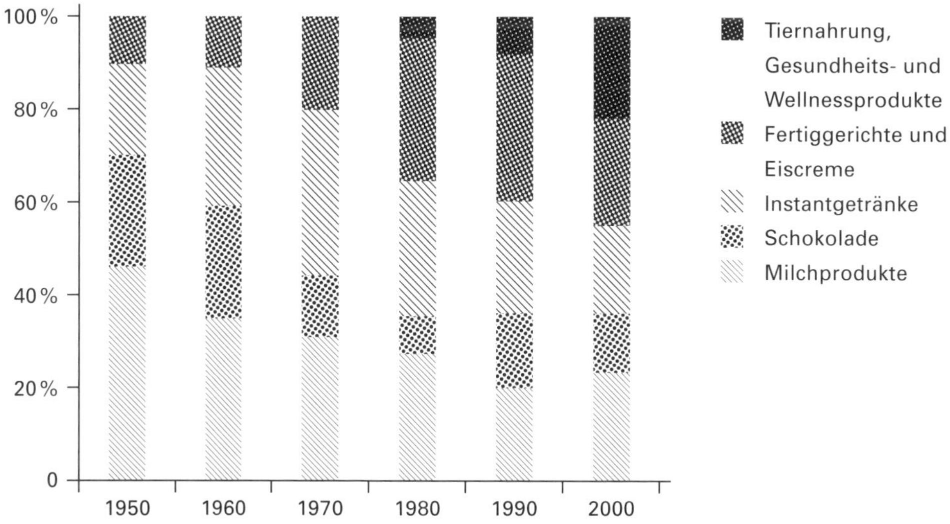

Darstellung 19: Wellenförmige Verschiebung des Umsatzes der einzelnen Produktgruppen von Nestlé. Da Nestlé die einzelnen Produktgruppen in den Jahresberichten im Verlauf der Jahrzehnte umgruppierte, weist die Darstellung gewisse Verzerrungen auf, die im Gesamtbild jedoch nicht in Gewicht fallen.

Die Diversifikation der Nestlé & Anglo-Swiss ist nicht primär auf geglückte Akquisitionen, sondern vor allem auf die Übertragung von technischen Prozessen innerhalb des Unternehmens zurückzuführen.[11] Wie die Akquisition der Lamont, Corliss & Co. zeigt, waren es technische Verfahren, die Nestlé zusammenhielten, da Technologietransfers auf dem freien Markt hohe Transaktionskosten verursachten. Ausserdem fällt auf, dass Nestlés Innovations-

11 Interessant ist in diesem Zusammenhang, dass viele der akquirierten Marken wie *Libby's*, *Findus* oder *Bärenmarke* später wieder teilweise oder ganz veräussert wurden, was darauf schliessen lässt, dass viele Akquisitionen nicht so erfolgreich waren, wie dies bis anhin angenommen wurde (vergleiche dazu Pfiffner/Renk, Wandel als Herausforderung, S. 334–335).

fähigkeit nicht primär in Basisinnovationen lag,[12] sondern in der Verbindung und Verbesserung bereits bestehender Verfahrenstechniken. Bei der Wachstumsdynamik mittels Diversifikation waren daher Rückkoppelungseffekte zwischen den einzelnen Produkten von zentraler Bedeutung.

Solche Verbindungen lassen sich bei der Nestlé & Anglo-Swiss nicht nur zwischen Milchprodukten und der Milchschokolade erkennen. Auch die Herstellung von Kaffee-Essenzen und Kaffeekonserven wie *Coffee & Milk* als erste Formen des Instantkaffees beruhte auf technischen Verfahren, die in der Milchindustrie verwendet wurden.

In der Zwischenkriegszeit entwickelte Nestlé neben pulverisierten Kindernahrungsmitteln zahlreiche Kakao- und Kaffeepulverprodukte wie *Nescao, Milo* oder *Nescafé,* indem aus der Milch- und Kindernahrungsmittelherstellung stammende Verfahren ebenfalls zur Produktion von Kaffee- und Kakaopulver verwendet wurden. Der entscheidende Durchbruch zur Entwicklung von *Nescafé* gelang Max Morgenthaler, indem er seinem Instantkaffee dieselben geschmacksneutralen Kohlenhydrate beigab, die Nestlé auch für ihr Kindernahrungsmittel *Nestogen* verwendete. Dadurch vermochte er erstmals den Kaffeegeschmack zu fixieren, ohne dass der Zucker diesen überdeckt hätte.

Nach dem Zweiten Weltkrieg nutzte Nestlé die stetig verbesserten Herstellungsverfahren von *Nescafé* zur Kreation von weiteren Pulvergetränken wie *Nestea* und *Nesquik*. Langfristig löste die Pulvertechnologie (Egron-Sprühtrocknung) die Vakuumtrocknung als Schlüsseltechnologie des Unternehmens ab, weil Pulverprodukte einfacher zu handhaben waren. An die Stelle von Kondensmilch und Kindermehl traten pulverisierte Produkte wie *Nido* und *Cerelac*. Ausserdem fusionierte Nestlé 1947 mit dem Würze-, Bouillon- und Suppenproduzenten Maggi, dessen Produkte auf ähnlichen Trockentechnologien beruhten: Die Parallelen zeigten sich später insbesondere bei der Gefriertrocknung, die sowohl zur Konservierung der *Maggi*-Pulversuppen als auch zur Herstellung von *Nescafé Gold* verwendet werden konnte. Ganz allgemein gewann die Kältetechnik bei Nestlé durch die Expansion ins Eiscremegeschäft und die Integration von Tiefkühlprodukten *(Findus)* in den 1960er-Jahren an Bedeutung.

12 Das Kondensmilchverfahren wurde von Gail Borden kopiert und die Egron-Sprühtrocknung durch die Übernahme der A/S Egron in Norwegen eingekauft. Ebenso verdankte Nestlé das erste *Nescafé*-Verfahren oder die Perfektionierung des *Nespresso*-Kapselsystems nicht zuletzt dem Durchhaltewillen von Forschern wie Max Morgenthaler oder Eric Favre, welche die technischen Verfahren in privater Initiative weiterentwickelten.

Aufbauend auf der Dosen- und Tiefkühltechnik löste die Gruppe der Fertignahrungsmittel, welche der Hausfrau das Kochen erleichterten, in den 1970er- und 1980er-Jahren die Instantgetränke vom Umsatz her als wichtigste Produktkategorie des Unternehmens ab. Vom Gewinn her blieb Nestlé aber weiterhin vom Instantkaffeegeschäft abhängig.[13] Deshalb expandierte das Unternehmen ab den 1970er-Jahren ebenfalls in den mit der Lebensmittelindustrie verwandten Gesundheits- und Kosmetikbereich. Dabei zeigte sich, dass Nestlés Wachstum an Grenzen stiess, wenn technische Verbindungen zwischen den Produkten fehlten, was zu Beginn der 1980er-Jahre zu einer Reorganisation des Unternehmens führte: Unrentable Produkte, die Nestlé nicht mehr weiterentwickeln konnte, wurden abgestossen.

In den 1990er-Jahren nahmen viele Konsumenten zunehmend eine kritischere Haltung gegenüber industriell verarbeiteten «Fast Food»-Produkten ein und verlangten wieder nach natürlichen und gesunden Lebensmitteln. Dieser Tendenz folgend, gewannen um die Jahrtausendwende schliesslich Produkte im Zusammenhang mit Gesundheit und Wohlbefinden (sowie die Tiernahrung) wachsende Bedeutung im Produktportfolio des Schweizer Grosskonzerns. Die stärkere Betonung von Gesundheit und Wohlbefinden (Nutrition, Health and Wellness) innerhalb des Unternehmens verlieh der Marke *Nescafé* wiederum neue Impulse, zum Beispiel die Kreation von *Nescafé Green Blend* als Instantkaffee mit besonders vielen Antioxidantien. Zudem entwickelte sich in den letzten Jahren die Kapseltechnologie von *Nespresso* zu einer neuen Schlüsseltechnologie, die – wie die Sprühtrocknung in der Zwischenkriegszeit – auf Milch-, Kaffee-, Tee- und Kakaogetränke übertragen werden konnte und *Nescafé* in den Industrieländern mit *Nescafé Dolce Gusto* einen neuen, technisch bedingten Wachstumstreiber verschaffte.

Die Expansion des Unternehmens in neue Produktbereiche trug also sowohl zum Wachstum des Unternehmens als auch zur Weiterentwicklung der bestehenden Marken bei.

13 1988 generierte *Nescafé* immer noch einen Drittel des Konzerngewinns (Pfiffner/Renk, Wandel als Herausforderung, S. 111).

Zusammenfassend lässt sich am Beispiel von Nestlé und *Nescafé* zeigen, dass neben Grössenvorteilen wie Skalenerträgen auch andere Faktoren wie technisches Wissen, lokale Marktkenntnisse und Marken, die aufgrund der hohen Transaktionskosten nur schwer auf Märkten zu handeln sind, zur Herausbildung von multinationalen Grosskonzernen beitragen können. Namentlich für die Entwicklung von Grosskonzernen in Kleinstaaten dürften diese Faktoren einen entscheidenden Erklärungsansatz liefern:[14] Im Gegensatz zu US-Unternehmen, die sich auf dem Heimmarkt zuerst Kernkompetenzen auf dem Gebiet der Massenproduktion und Massendistribution aneigneten, bevor sie ihre Standardprodukte weltweit verbreiteten,[15] expandierten Unternehmen aus europäischen Kleinstaaten aufgrund der fehlenden Binnennachfrage bereits früh ins Ausland,[16] wo sie ihre Produkte den lokalen Konsumwünschen anpassten, ihre technischen und geografischen «First-Mover-Advantages»[17] mit Qualitätsmarken festigten, welche die Vorstellungen der Verbraucher von einem Qualitätsprodukt in einer Sparte von Anfang an prägten und dadurch entsprechende Gewinnmargen generieren konnten.

Darüber hinaus lässt sich bei Nestlé zeigen, dass einzelne, besonders gewinnbringende Markenprodukte wie *Nescafé* für die Wachstumsdynamik von zentraler Bedeutung waren. Anders als in Chandlers Theorie der Grössenvorteile, in welcher Grosskonzerne ihre Gewinne durch die Beschleunigung des horizontalen Ressourcenflusses und ein auf Massenproduktion und Massenkonsum basierendes Standardprodukt erwirtschaften, beruhen die hohen Nettoprofite von *Nescafé* auf einer Reduktion des Ressourcenverbrauchs und einer Anpassung des Produkts an die lokalen Konsumgewohnheiten. Die Geschichte von Nestlé und *Nescafé* weist damit auf ein alternatives Zusammenspiel zwischen kapitalistischer Produktion und soziokultureller Aneignung hin, welches anhand von Marken und technischem Wissen eine Erklärung für Grossunternehmen in Kleinstaaten liefert, das auf einer nachhaltigen Ressourcennutzung beruht und in dem die weltweite Präsenz von Marken nicht zwangsläufig zu einer Vereinheitlichung der Konsumgewohnheiten führen muss, sondern globale Marken den lokalen Konsumgewohnheiten angepasst werden.

14 Bei der britisch-niederländischen Unilever kommt Geoffrey Jones zu ähnlichen Schlüssen, mit dem Unterschied, dass bei Unilever die spezifischen technologischen Vorteile nicht in der Pulvertechnologie, sondern auf dem Gebiet der Speiseöle lag, die sowohl in der Margarine als auch in Seifen verwendet wurden und die die Entwicklung des britisch-niederländischen Konzerns im Lebensmittel- und Reinigungsmittelsektor vorzeichneten (Jones, Renewing Unilever, S. 7, 15, 22 und 353).

15 Vergleiche dazu Mira Wilkins' Aufsätze Multinational Enterprise to 1930, S. 52, und The history of European Multinationals, S. 29–30.

16 Schröter, Aufstieg der Kleinen, S. 335.

17 Interessant ist in diesem Zusammenhang die schwache Stellung von Nestlé und *Nescafé* in den Vereinigten Staaten, wo diese «First-Mover-Advantages» fehlten und das Schweizer Unternehmen erst in den 1980er-Jahren mit der Übernahme der Carnation Company und deren Marken eine stärkere Marktstellung gewann.

Anhang

Tabellen

Nestlés Umsatz mit Instantkaffee in ausgewählten Absatzmärkten										
	Weltweit (indexiert: 1980 ~ 100 Prozent)	Vereinigte Staaten (Tonnen)	Kanada (Tonnen)	Mexiko (Tonnen)	Grossbritannien (Tonnen)	Frankreich (Tonnen)	Deutschland (Tonnen)	Spanien (Tonnen)	Australien (Tonnen)	Japan (Tonnen)
1938	0,01									
1939	0,08	8	1		22	7				
1940	0,34	103	12		122	9			4	
1941	0,64	413	30	2	209				5	
1942	1,23	935		4	278					
1943	1,42	1129		7	269		7			
1944	1,88	1611		14	302		17			
1945	2,58	1927								
1946	3,67	2252			622	127				
1947	4,90	2677			1186	161			53	
1948	6,32	2966			1548	317			122	
1949	8,04	3768			1817	554			173	
1950	7,28	3626			1958	962	137		175	
1951	9,49	4701	290	295	2287	1044	225		199	
1952	9,38	4745	350	341	2160	979	367		216	
1953	10,83	5525	422	358	2170	1070	569		225	
1954	12,66	6525	468	432	2347	1186	758		286	
1955	15,04	7790	552	612	2734	1253	907	50	454	
1956		7471	746	761	3341	1901		115	535	23
1957	18,12	7649	725	833	3833	1896	1236	211	660	20
1958	20,25	7834	893	893	4622	2179	1231	245	854	
1959			907		4766				1039	
1960	22,51	7442	941		5342				1051	

	Weltweit (indexiert: 1980 ~100 Prozent)	Vereinigte Staaten (Tonnen)	Kanada (Tonnen)	Mexiko (Tonnen)	Grossbritannien (Tonnen)	Frankreich (Tonnen)	Deutschland (Tonnen)	Spanien (Tonnen)	Australien (Tonnen)	Japan (Tonnen)
1961	25,00	7550	1164		5865	3125	1802		1192	
1962	29,48	9004	1241	1289	7126				1241	996
1963	34,77	10744	1385	1680	8110	3631	2724	634	1354	1886
1964		10210	1366	2023	7627	4022	2998	744	1430	2249
1965		9554	1411	1937	8609	4056	3038	960	1565	2966
1966	39,91	8587	1498	2578	9050	4490	3856	1298	1677	3679
1967	45,00	9938	1680	2767	8520	5429	4380	1630		4536
1968	50,35	9125	2405	2967	11489	6420	4510	1896	1382	5153
1969	59,34	13438	3014	3350	12574	7685	4966	2609	1591	6482
1970	66,97	15775	4225	4378		8172	5529	3017	1673	7927
1971	74,75	18643	4608	4661		9634	6439	3616	2324	9751
1972	80,97	20306	4476	4923	15505	10718	6936	4405	2807	10051
1973	87,04	21216	3115	5655	15496	11214	6844	5522	2957	12843
1974	81,03	22200	3160	4740	10960	10465	6250	6000	2950	15790
1975	89,21	24070	3850	6565	11940	10800	6160	6500	3465	16755
1976	93,30	24720	4150	8010	11880	11160	6280	7219	3770	17450
1977	78,22	24690	3590	5743	9430	10765	4898	5616	3540	12829
1978	88,22	24990	4470	8746	11710	12234	5118	5704	3902	15347
1979	97,84	26580	4670	10176	12890	12587	5848	6859	4520	18065
1980	100,00	22360	4680	10687	13920	12455	5782	7219	4911	16976
1981	104,31	21190	4610	14635	14670	11929	5948	7303	5285	18194
1982	106,24	18640	5020	13472	15690	12884	5623	7309	5607	20254

Quellen: Zu den weltweiten Umsatzzahlen vergleiche AHN SG 11790 (1938–1958); AHN SG 192 (1960–1963); Rapport au Conseil d'Administration (1959 und 1964–1980) und SBU Statistik World of Coffee (1980–1982). Zu den einzelnen Ländern vergleiche AHN SG 1114 SP (1939–1941); AHN SG Stamford 10004 (1939–1944); AHN Rapport au Conseil d'Administration (1942–1946); AHN SG 10006/2 (1945–1947); AHN SG 11535 (1946–1950); AHN Dossier M/A (1948–1950); AHN SG 11790 (1951–1955); AHN SG 6403 (1955); AHN SG 1103 (1956); AHN SG 11601/2 (1956–1957); AHN SG 11790 (1957–1958); AHN SG 11601 (1959–1972); AHN SG 11535 (1961); AHN SG 8500-57 (1964–1967) und SBU Statistik in World of Coffee (1970–1982).

Einführung von *Nescafé* in den bedeutendsten Märkten (1938–1953)			
	Europa	Amerika	Afrika, Asien und Australien
1938–1939	(Schweiz, 1938) Grossbritannien, 1939 Frankreich, 1939	Vereinigte Staaten, 1939 Kanada, 1939 Argentinien, 1939	
1940–1945		Mexiko, 1941	Australien, 1940 Südafrika, 1940 Philippinen, 1940
1946–1953	Spanien, 1946 Deutschland, 1950	Brasilien, 1953	Japan, 1949

Quellen: AHN SG 1114 SP Etats-Unis contrat de licence Nescafé 1953–1956, Schrift «Ventes de Nescafé 1938 à 1941», 8. Juni 1955, und AHN SG 10006/2 Rapports mensuels à la direction marchés en général 1956–1957, Schrift «Nescafé pur, décaféiné et Nescoré», 26. August 1953 bzw. 28. August 1953.

Anhang

Beginn der *Nescafé*-Produktion in Nestlés bedeutendsten Instantkaffee-Fabriken			
	Europa	Amerika	Afrika, Asien und Australien
1938–1957	Orbe, Schweiz, 1938 Boué, Frankreich, 1939 Hayes, GB, 1939 Kappeln, Deutschland, 1943 La Penilla, Spanien, 1946 Abbiategrasso, Italien, 1947 Rotterdam, Niederlande, 1950 St. Menet, Frankreich, 1952 Ashbourne, GB, 1953 Hamar, Norwegen, 1953 Hjörring, Dänemark, 1954	Sunbury, USA, 1939 Magdalena, Argentinien, 1939 Ocotlan, Mexiko, 1943 Granite City, USA, 1943 Graneros, Chile, 1945 Bugalagrande, Kolumbien, 1947 Chesterville, Kanada, 1948 Freehold, USA, 1948 Ripon, USA, 1948 Chiclayo, Peru, 1949 Araras, Brasilien, 1953	Eastcourt, Südafrika, 1940 Dennington, Australien, 1946
1958–1977	Grimmenstein, Österreich, 1958 Tutbury, GB, 1959 Mainz, Deutschland, 1960 Dieppe, Frankreich, 1965 Gerona, Spanien, 1968	Toluca, Mexiko, 1967	Abidjan, Côte d'Ivoire, 1962 Alabang, Philippinen, 1962 Moga, Indien, 1965 Himeji, Japan, 1965 Shimada, Japan, 1973
1978–1998			Cagayan de Oro, Philippinen, 1984 Shah Alam, Malaysia, 1984 Gympie, Australien, 1987 Nanjangud, Indien, 1989 Cheong Ju, Korea, 1989 Dongguan, China, 1991 Chachoengsao, Thailand, 1992 Dong Nai, Vietnam, 1998

Quellen: AHN SG 10006/2 (Eröffnung der ersten Fabriken 1938–1953); Reider, Nestlé News (Granite City, Ripon und Freehold); Journal de Genève, 5. August 1952 (St. Menet); AHN SG 8505 (Ashbourne und Tutbury); Website www.nestle.dk/aboutus/historia, abgerufen am 12.12.2013 (Hjörring); AHN SG 7505 (Grimmenstein); Nestlé Deutschland AG, Broschüre Werk Mainz (Mainz); AHN SG 6400-57 (Gerona); AHN SG 6600-57 (Dieppe); Gazette Nestlé Nr. 5, Oktober 1988 (Toluca); AHN SG 3220 (Abidjan); Nestlé Japan Ltd., Good Food Good Life (Himeji und Shimada); Nestlé SA, Nestlé in the Philippines (Alabang und Cagayan de Oro); Montavon, Nestlé in Indien (Moga und Nanjangud); Geschäftsbericht Nestlé 1986 (Shah Alam) und SBU Soluble Processing Workshop (Gympie, Cheong Ju, Dongguan, Chachoengsao und Dong Nai).

Abkürzungsverzeichnis

4C	Common Code for the Coffee Community
AHN	Archives Historiques Nestlé
ASEAN	Association of Southeast Asian Nations
AVN	Archives de la Ville de Neuchâtel
CARE	Cooperative for American Remittance to Europe
CEO	Chief Executive Officer (Vorsitzender der Geschäftsleitung)
DEK	Deutsche Extrakt-Kaffee GmbH
EFTA	European Free Trade Association
EWG	Europäische Wirtschaftsgemeinschaft
FLO	Fairtrade Labelling Organization
GATT	General Agreement on Tariffs and Trade
IBC	Instituto Brasileiro do Café
ICA	International Coffee Agreement
ICO	International Coffee Organization
LDP	Low Density Powder
Mercosur	Mercado Común del Sur
NAFTA	North American Free Trade Agreement
OEEC	Committee of European Economic Cooperation
o. J.	ohne Jahr
OPEC	Organization of Petroleum Exporting Countries
PPP	Popularly Positioned Products
UCC	Ueshima Coffee Company
S.A.	Société Anonyme
SBU	Strategic Business Unit
SG	Secrétariat Général
SWA	Schweizerisches Wirtschaftsarchiv Basel

Quellennachweise

Quellennachweise von Bildern

Der Autor hat sich bemüht, sämtliche Inhaber von Rechten an den Abbildungen zu ermitteln. Bei Unstimmigkeiten bitten wir, den Verlag zu kontaktieren.

Titelbild: Nestlé Historical Archives, Vevey, Poster, Schweiz, 1955.

Abbildung 1: Nestlé Historical Archives, Vevey, Bestand Anglo-Swiss Condensed Milk Company.

Abbildungen 2 und 3: Nestlé Historical Archives, Vevey, Werbesammlung 1915–1929.

Abbildungen 4 und 5: Nestlé Historical Archives, Vevey, F 5.1, 75, Circulaires Continent Nr. 1, 1938.

Abbildung 6: Nestlé Historical Archives, Vevey, Werbesammlung 1915–1929.

Abbildungen 7 und 8: Nestlé Historical Archives, Vevey, Werbesammlung Griechenland 1957 und Griechenland 1960.

Abbildung 9: Nestlé Historical Archives, Vevey, Werbesammlung USA 1951.

Abbildung 10: Nestlé Historical Archives, Vevey, Werbesammlung Schweiz 1951.

Abbildung 11: Nestlé Historical Archives, Vevey, F 5.1, 58, Circulaires Export 1950.

Abbildung 12: Nestlé Historical Archives, Vevey, Werbesammlung USA 1952.

Abbildung 13: Nestlé Historical Archives, Vevey, Werbesammlung Japan 1961.

Abbildung 14: Nestlé Historical Archives, Vevey, Werbesammlung Deutschland 1956.

Abbildung 15: Nestlé Historical Archives, Vevey, Werbesammlung Deutschland 1959.

Abbildung 16: Nestlé Historical Archives, Vevey, F 5.1, 63, Circular Letter Nr. 3, 1953.

Abbildung 17: Nestlé Historical Archives, Vevey, Werbesammlung Schweiz 1962.

Abbildung 18: Nestlé Historical Archives, Vevey, Werbesammlung Schweden 1979.

Abbildung 19: Nestlé Historical Archives, Vevey, Werbesammlung Kanada 1967.

Abbildung 20: Nestlé Historical Archives, Vevey, Etikettensammlung USA 1962.

Abbildung 21: Nestlé Historical Archives, Vevey, Werbesammlung USA 1967.

Abbildung 22: Nestlé Historical Archives, Vevey, Werbesammlung Schweiz 1986.

Abbildung 23: Nestlé Historical Archives, Vevey, Werbesammlung Schweiz 1971.

Abbildung 24: Private Sammlung, Werbekampagne der Agentur McCann-Erickson Deutschland 1987.

Abbildung 25: Private Sammlung, Werbekampagne der Agentur Publicis Grossbritannien 1988.

Abbildung 26: Private Sammlung, Werbekampagne der Agentur McCann-Erickson Grossbritannien 1988.

Abbildung 27: Nestlé Historical Archives, Vevey, Werbesammlung Frankreich 1990.

Abbildung 28: Nestlé Historical Archives, Vevey, Etikettensammlung Niederlande 1993.

Abbildung 29: Nestlé Historical Archives, Vevey, Etikettensammlung Niederlande 1994.

Abbildung 30: Private Sammlung, Etikette aus den Niederlanden 1990er-Jahre.

Abbildung 31: Nestlé Historical Archives, Vevey, Werbesammlung Brasilien 1981.

Abbildung 32: Private Sammlung, Werbekampagne in Griechenland 1988.

Abbildung 33: Nestlé India, Etikette aus Indien 2013.

Abbildung 34: Nestlé Philippines, Etikette aus den Philippinen 2013.

Abbildung 35: SBU Getränke, Vevey.

Abbildung 36: Private Sammlung, Werbekampagne der Agentur McCann-Erickson Südafrika 2004.

Abbildung 37: SBU Getränke, Vevey, Werbekampagne 2013.

Abbildung 38: Fotostudio Tim Thiel, Frankfurt am Main, Werbekampagne in Deutschland 2010.

Quellennachweise der eigenen Darstellungen

Darstellung 1: AHN [ohne Signatur], Mappe «Histoire du Capital», und Jahresberichte Nestlé 1970–2000. Inflationsbereinigt nach Pfister, Christian/Studer, Roman: Swisstoval. The Swiss Historical Monetary Value Charter. Historisches Institut der Universität Bern. http://www.swisstoval.ch (12.1.2015).

Darstellung 2: Nestlé SA, This is your Company, und AHN Almanach F7-4B, 1913.

Darstellung 3: AHN SG 11790.

Darstellung 4: AHN SG 1103, AHN SG 1117/2, AHN SG 11790, AHN Dossier M/A.

Darstellung 5: AHN SG 8517, AHN SG 8500-57.
Darstellung 6: AHN Rapport au Conseil d'Administration 352. Séance, 24. August 1962.
Darstellung 7: Conseil d'Administration 352. Séance, 24. August 1962 (1950, 1955, 1960), sowie AHN Rapports au Conseil d'Administration, Rapports des Ventes (1966, 1970).
Darstellung 8: AHN Rapport au Conseil d'Administration, 352. Séance, 24. August 1962.
Darstellung 9: AHN Communication Marketing Nr. 14, Juni 1972, S. 12, und Communication Marketing Nr. 15, April 1974, S. 28, sowie Communication Marketing Nr. 32, Mai 1975, S. 5. 1966 und 1967 war der Absatz von *Taster's Choice* noch sehr gering und wurde aus diesem Grund noch nicht statistisch erfasst.
Darstellung 10: AHN SG 6100-57.
Darstellung 11: Siehe Tabelle «Nestlés Umsatz mit Instantkaffee in ausgewählten Absatzmärkten» im Anhang.
Darstellung 12: AHN Rapport au Conseil d'Administration, 433. Séance, 29. Juli 1977.
Darstellung 13: Statistiken in SBU, World of Coffee.
Darstellung 14: Statistiken in SBU, World of Coffee.
Darstellung 15: Siehe Tabelle im Anhang und die Statistiken in SBU World of Coffee.
Darstellung 16: Eigene Zusammenstellung.
Darstellung 17: Beruht auf Darstellung 15.
Darstellung 18: AHN SG 11790 (1959), AHN SG 11601-F (1969), SBU World of Coffee (1979, 1989, 1999).
Darstellung 19: AHN [ohne Signatur] Mappe «Histoire du Capital» (1950), AHN Rapport au Conseil d'Administration, 348./349./352. Séances (1960), Jahresberichte Nestlé 1970, 1980, 1990 und 2001.

Quellen- und Literaturverzeichnis

Quellen

Archives Historiques Nestlé (AHN), Vevey

Bestand der Anglo-Swiss Condensed Milk Company
Bestand der australischen Tochtergesellschaft (NAU)
Bestand der britischen Tochtergesellschaft (NUK)
Bestand des Generalsekretariats (SG)
Bestand des Generalsekretariats in Stamford (SG Stamford)
Bestand der norwegischen Tochtergesellschaft (NNO)
Bestand der S.A. Henri Nestlé
Dossier Jean Heer
Dossier Max Morgenthaler (Dossier M)
Dossier Patente
Migros-Affäre
Nachlass Martin Schärer
Rapporte an den Verwaltungsrat (Rapports au Conseil d'Administration)
Bestand der NPCK (Nestlé Peter Cailler Kohler)
Marketing-Zirkulare (Circulaires Continent, Circulaires Export und Circulaires Publicité)
Marketing-Kommunikation (Communication Marketing)
Werbesammlung

Archives de la Ville de Neuchâtel (AVN), Neuenburg

1735 Marketing Suchard Express 1954
2491 Suchard Statistiques et Exportations 1901–1913
4389 Suchard Conseil 1930–1952
4390 Suchard Conseil 1953–1965

Archiv der Nestlé Strategic Business Unit Getränke (SBU), Vevey

CD Coffee Marketing Seminar 2001–2010
Historic Nescafé Branding 1985–1995
Ordner zu verschiedenen Projekten und Geschäften 1990–2010
Statistik World of Coffee 1970–2000

Archiv der Wander AG, Neuenegg

30 Wander in Deutschland
38 Wander in Grossbritannien
40 Wander in Frankreich

Schweizerisches Wirtschaftsarchiv (SWA), Basel

H+I Ba 214 Nestlé (Jahresberichte und Zeitungsausschnitte)
H+I Ba 980 Nespresso (Zeitungsausschnitte)
H+I Ba 1139 Starbucks (Zeitungsausschnitte)

Protokollierte Informationsgespräche

Interview mit einer Mitarbeiterin bei Nescafé Dolce Gusto, 22. November 2010.
Interview mit einem langjährigen Nestlé-Mitarbeiter in Orbe, 12. April 2012.

Gedruckte Quellen

Bürgin, Eugen: 40 Jahre Coffex Schaffhausen 1930–1970. Schaffhausen 1970.
Harrisson, Pierre: L'Empire Nestlé. Faits et méfaits d'une transnationale en Amérique Latine. Lausanne 1983.
Hüsser, Andrea/ Doppler, Flurina: Kalter Kaffee. Der Nescafé-Plan: Wer profitiert? Zürich 2011.
Montavon, Rémy: Nestlé in Indien, 1962–1992: von den Fabriken in Moga 1962 und Choladi 1967 zu Nanjangud 1989 und Samalkha 1992. Vevey 1993.
Montavon, Rémy: Die Rohkaffee-Käufe von Nestlé. Drei Beispiele direkter Käufe bei Produzenten: Mexiko, Philippinen, Thailand. Vevey 1994.
Montavon, Rémy: Nestlé in China. Nestlés landwirtschaftliche Beratung und die Entwicklung des Kaffeeanbaus. Cham 1997.
Montavon, Rémy: Blick auf Nestlé in der Elfenbeinküste: die Rohkaffeekäufe von Nestlé in der Elfenbeinküste. Vevey 2000.
Nestec S.A.: Bulletin Nestlé (jährlich zehnmal erscheinende Mitarbeiterzeitung).Vevey 1943–1983.
Nestec S.A.: Gazette Nestlé (jährlich viermal erscheinende Mitarbeiterzeitung). Vevey 1984–2009.
Nestlé S.A.: This is your Company. Vevey 1946.
Nestlé S.A.: Les extraits de Café, Cacao et Boissons chocolatées, les laits de conserve Nestlé. Drei Broschüren. [Ohne Ort] 1968.
Nestlé S.A.: Was tun? Bauern leiden unter niedrigen Kaffeepreisen. Vevey 2003.
Nestlé S.A.: Les multiples visages du café. Rapport Nestlé sur le café. Vevey 2004.
Nestlé S.A.: Nestlé in the Philippines. Makati City 2005.
Nestlé Japan Ltd.: Good food, good life. Corporate Profile. [Ohne Ort] 2004.
Reider, Allison J.: Nestlé News. Nestlé

celebrates 75 years in the U.S. White Plains 1975.
Schweizerische Arbeitsgruppen für Entwicklungspolitik: Nestlé tötet Babys. Ursachen und Folgen der Verarbeitung künstlicher Säuglingsnahrung in der Dritten Welt. Bern 1974.
Schweizerische Milchgesellschaft AG Hochdorf: Schweizerische Milchgesellschaft AG Hochdorf. 100 Jahre gelebte Partnerschaft mit Kunden und Lieferanten (1895–1995). Hochdorf 1995.
Solidar Suisse (Hg.): Kaffee Report. Stoppen wir die Ausbeutung im Kaffeehandel. Zürich 2011.
Wander AG: Hundert Jahre Forschen und Wirken 1865–1965. Bern 1965.
Weidmann, Edwin: Querschnitt durch 50 Jahre Export der Berneralpen Milchgesellschaft Stalden, Emmenthal. Bern 1942.
Zbinden, Christian: History of Nestlé's Infant and Dietetic Preparations. La Tour-de-Peilz 1983.

Zeitungen und Zeitschriften

Deutschland
Der Spiegel
Greenpeace Magazin
Verbrauchermagazin DM

Frankreich
Stratégies

Grossbritannien
Advertising Age
The Telegraph

Schweiz
Gazette de Lausanne
Journal de Genève
Schweizerische Milchzeitung
Swiss Emotions
Wir Brückenbauer – Wochenblatt des sozialen Kapitals
Wochenzeitung WOZ

Literatur

Attac Schweiz: Nestlé. Anatomie eines Weltkonzerns. Zürich 2005.
Bächi, Beat: Vitamin C für alle! Pharmazeutische Produktion, Vermarktung und Gesundheitspolitik (1933–1953). Zürich 2009.
Bähler, Anna/Indermühle, Stefan/Kraut, Sabine: Die Technisierung der Haushalte. In: Pfister, Christian (Hg.): Das 1950er Syndrom. Der Weg in die Konsumgesellschaft. Bern 1996. S. 401–404.
Bahnert, Michael: Dress for success. Die Jahre der Yuppies. In: Stapferhaus Lenzburg (Hg.): A walk on the wild side. Jugendszenen in der Schweiz von den 30er Jahren bis heute. Zürich 1999. S. 225–230.
Ball, Daniela U.: Kaffee aus der Aludose: Japanische Kaffeekultur. In: Johann Jacobs Museum (Hg.): Kaffee aus Porzellangeschirr und Aludosen. Zürich 1993. S. 93–103.
Baumann, Thomas W.: Physiologische und pharmakologische Eigenschaften von Röstkaffee. In: Rotfos, Jan Bernd/Lange, Hans (Hg.): Kaffee – Die Zukunft. Hamburg 2005. S. 206–223.
Becker, Birgit/Hölper, Isabelle: Magginalien von A bis Z. Kriftel/Taunus 1996.
Berger, Myriam: Ein Schweizer Trunk gegen die Leiden der Zeit. Die Werbeversprechungen der Ovomaltine von 1904 bis zum Zweiten Weltkrieg. In: Di Falco, Daniel/Bär, Peter/Pfister, Christian (Hg.): Bilder vom besseren Leben. Wie Werbung Geschichte erzählt. Bern 2002. S. 40–54.
Berghoff, Hartmut: Moderne Unternehmensgeschichte. Paderborn 2004.
Berghoff, Hartmut/Vogel, Jakob: Wirtschaftsgeschichte als Kulturgeschichte. Ansätze zur Bergung transdisziplinärer Synergiepotentiale. In: Berghoff, Hartmut/Vogel, Jakob (Hg.): Wirtschaftsgeschichte als Kulturgeschichte. Dimensionen eines Perspektivenwechsels. Frankfurt am Main 2004. S. 9–42.
Berghoff, Hartmut: Die Zähmung des entfesselten Prometheus? Die Generierung von Vertrauenskapital und die Konstruktion des Marktes im Industrialisierungs- und Globalisierungsprozess. In: Berghoff, Hartmut/Vogel, Jakob (Hg.): Wirtschaftsgeschichte als Kulturgeschichte. Dimensionen eines Perspektivenwechsels. Frankfurt am Main 2004. S. 143–168.
Berghoff, Hartmut (Hg.): Marketing-Geschichte. Die Genese einer modernen Sozialtechnik. Frankfurt am Main 2007.
Berghoff, Hartmut: Marketing im 20. Jahrhundert. Absatzinstrument – Managementphilosophie – universelle Sozialtechnik. In: Berghoff, Hartmut (Hg.): Marketing-Geschichte. Die Genese einer modernen Sozialtechnik. Frankfurt am Main 2007. S. 11–58.
Bersten, Ian: Coffee floats tea sinks. Through History and Technology to a complete Understanding. Roseville 1993.
Bolomey, Alain: La Anglo-Swiss Condensed Milk Company (1866–1905). Histoire d'une multinationale. Mémoire de licence d'histoire Université de Lausanne. Lausanne 2001.
Borscheid, Peter/Wischermann, Clemens (Hg.): Bilderwelt des Alltags. Werbung und Konsumgesellschaft des 19. und 20. Jahrhunderts. Festschrift für Hans Jürgen Teuteberg. Stuttgart 1995.
Breiding, James R./Schwarz, Gerhard: Wirtschaftswunder Schweiz. Ursprung und Zukunft eines Erfolgsmodells. Zürich 2011.
Brodbeck, Beat: Vom Stall in die Küche – die Versorgung mit Trinkmilch. In: Martig, Peter, et al. (Hg.): Berns moderne Zeit. Das 19. und 20. Jahrhundert neu entdeckt. Bern 2011. S. 305–307.
Burnett, John: Coffee in the British diet, 1650–1990. Ball, Daniela (Hg.): Kaffee im Spiegel europäischer Trinksitten. Zürich 1991. S. 35–52.
Cadbury, Deborah: Chocolate Wars. The 150-years Rivalry between the World's Greatest Chocolate Makers. New York 2010.
Cameron, Rondo: Geschichte der Weltwirtschaft. Band 1. Vom Paläolithikum bis zur Industrialisierung. Stuttgart 1991.
Cameron, Rondo: Geschichte der Weltwirtschaft. Band 2. Von der Industrialisierung bis zur Gegenwart. Stuttgart 1992.
Chandler, Alfred D. Jr.: The Visible Hand. The Managerial Revolution in American Business. Cambridge/London 1977.
Chandler, Alfred D. Jr.: Scale and Scope: The Dynamics of Industrial Capitalism. Cambridge 1990.
Chandler, Alfred D. Jr./Mazlish, Bruce: Introduction. In: Chandler, Alfred D. Jr./Mazlish, Bruce (Hg.): Leviathans. Multinational Corporations and the New Global History. Cambridge 2005. S. 1–18.
Chocosuisse: Chocologie. Geschichte und Gegenwart der Schweizer Schokoladeindustrie. Langnau 2001.
Clarence-Smith, William G./Topik, Steven: Introduction. Coffee

and Global Development. In: Clarence-Smith, William G./Topik, Steven (Hg.): The Global Coffee Economy in Africa, Asia, and Latin America, 1500–1989. Cambridge 2003. S. 1–17.
Clarence-Smith, William G.: The Global Consumption of Hot Beverages, c. 1500 to c. 1900. In: Nützenadel, Alexander/Trentmann, Frank (Hg.): Food and Globalization. Consumption, Markets and Politics in the Modern World. Oxford 2008. S. 37–55.
Coase, Ronald H.: The Nature of the Firm. In: Wilkins, Mira (Hg.): The Growth of Multinationals. Aldershot 1991. S. 277–296.
Coe, Michael/Coe, Sophie: Die wahre Geschichte der Schokolade. London 1996.
Craig Mc Donald, Michelle/Topik, Steven: Americanizing Coffee. The Refashioning of a Consumer Culture. In: Nützenadel, Alexander/Trentmann, Frank (Hg.): Food and Globalization. Consumption, Markets and Politics in the Modern World. Oxford 2008. S. 109–127.
Crainer, Stuart/Dearlove, Des: The ultimate book of business brands. Insights from the World's 50 greatest brands. Oxford 2003.
D'Aviron, Benoit/Ponte, Stefano: The coffee paradox. London 2005.
De Grazia, Victoria: Das unwiderstehliche Imperium. Amerikas Siegeszug im Europa des 20. Jahrhunderts. Stuttgart 2010.
Dejung, Christof: Die Fäden des globalen Marktes. Eine Sozial- und Kulturgeschichte des Welthandels am Beispiel der Handelsfirma Gebrüder Volkart 1851–1999. Köln/Weimar/Wien 2013.
Di Falco, Daniel/Bär, Peter/Pfister, Christian (Hg.): Bilder vom besseren Leben. Wie die Werbung Geschichte erzählt. Bern 2002.
Disselkamp, Marcus: Eurobrands: Development strategies and managerial issues in the european food industry. Dissertation an der Universität Fribourg. Darmstadt 1995.
Dunning, John H./Lundan, Sarianna M.: Multinational Enterprises and the Global Economy. Cheltenham 2008.
Eggimann, Simon: Von der Lebensweise zum Lebensstil. Werbung als Abbild des Wandels von Werten und Lebensformen in der Schweiz 1950 bis 1990. In: Di Falco, Daniel/Bär, Peter/Pfister, Christian (Hg.): Bilder vom besseren Leben. Wie die Werbung Geschichte erzählt. Bern 2002. S. 193–208.
Fässler, Peter: Globalisierung. Ein historisches Kompendium. Köln 2007.
Fenner, Thomas: Die Milchwelle. Aufstieg und Niedergang der Berneralpen Milchgesellschaft 1892–1971. Bern 2007.
Fenner, Thomas: Nestlé & Anglo-Swiss. Vom Schweizer Milchimperium zum multinationalen Grosskonzern. In: Rossfeld, Roman/Straumann, Tobias (Hg.): Der vergessene Wirtschaftskrieg. Schweizer Unternehmen im Ersten Weltkrieg. Zürich 2008. S. 317–343.
Fenner, Thomas: Von der Schweiz in die ganze Welt. In: Seifert, Annatina (Hg.): Dosenmilch und Pulversuppen. Die Anfänge der Schweizer Lebensmittelindustrie. Vevey 2008. S. 105–128.
Fenner, Thomas: Nestlé – Am Anfang war das Kindermehl. In: Seifert, Annatina (Hg.): Dosenmilch und Pulversuppen. Die Anfänge der Schweizer Lebensmittelindustrie. Vevey 2008. S. 159–160.
Feuz, Patrick/Tobler, Andreas/Schneider, Urs: Toblerone. Die Geschichte eines Schweizer Welterfolgs. Bremen 2008.
Fischer, Manuel: Milchmädchen. Wachstum, Orientierungskrise und Innovationsfähigkeit der Anglo-Swiss Condensed Milk Co. (1866–1899). Lizenziatsarbeit an der Universität Zürich. Luzern 2000.
Fischer, Manuel: Kondensmilch. Vom Kindernährmittel zum vielseitigen Halbfabrikat der Nahrungsmittelindustrie, 1866–1900. In: Gilomen, Hans-Jörg/Jaun, Rudolf/Müller, Margrit/Veyrassat, Béatrice (Hg.): Innovationen. Voraussetzungen und Folgen – Antriebskräfte und Widerstände. Zürich 2001. S. 279–303.
Fitzgerald, Robert: Rowntree and the Marketing Revolution, 1862–1969. Cambridge 2005.
Frank, Georg: «Dank dem Gewerbefleiss früherer Jahrhunderte». Die Nutzung der Wasserkraft in der bernischen Gemeinde Steffisburg vom ausgehenden 13. Jahrhundert bis zur Gegenwart. Dissertation an der Universität Bern. Thun 2000.
Freiling, Jörg/Reckenfelderbäumer, Martin: Markt und Unternehmung. Eine marktorientierte Einführung in die Betriebswirtschaftslehre. Wiesbaden 2010.
Fritz, Christiane: Nestlé 1913–1920. La concentration dans l'industrie mondiale des laits. Mémoire de licence d'histoire Université de Lausanne. Lausanne 2001.
Gabler: Wirtschaftslexikon. 17. Auflage. Wiesbaden 2010.
Geyer, Gunnar: Akteure des Globalisierungsprozesses im Lichte der Transaktionskostentheorie. In: Geyer, Gunnar/Venn, Alexander (Hg.): Ökonomische Prozesse – Globalisierung und Transformation. Eine institutionenökonomische Analyse aus der Perspektive des institutionellen Wandels und der Transaktionskostenökonomik. Hamburg 2001. S. 1–77.
Giese, Ernst/Mossig, Ivo/Schröder, Heike: Globalisierung der Wirtschaft. Eine wirtschaftswissenschaftliche Einführung. Paderborn 2011.
Gries, Rainer: Produktkommunikation. Geschichte und Theorie. Wien 2008.
Grüninger, Beat/Held, Mirjam/Teuscher, Peter: Fairer Handel. Sensibilisierung für Nachhaltigkeit im Konsum. Bern 2009.
Häusler, Jacqueline: Die Wander AG im Krisenkontext der 1930er Jahre. Handlungsspielräume eines Familienunternehmens. Lizenziatsarbeit an der Universität Zürich. Zürich 1998.
Heer, Jean: Weltgeschehen 1866–1966. Ein Jahrhundert Nestlé. Lausanne 1966.
Heer, Jean: Nestlé. Hundertfünfundzwanzig Jahre von 1866 bis 1991. Vevey 1991.
Heise, Ulla: Kaffee und Kaffeehaus. Eine Bohne macht Kulturgeschichte. Leipzig 1996.
Ilgen, Volker: CARE-Paket & Co. Von der Liebesgabe zum Westpaket. Darmstadt 2008.
Ineichen, Hans-Peter: Gründung 1895 der Hochdorf Holding AG als Genossenschaft, unter dem Namen 1. Centralschweizerische Natur Milch Export-Gesellschaft. Manuskript. Hochdorf 2012.
Jones, Geoffrey: Multinationals from the 1930s to the 1980s. In: Chandler, Alfred D. Jr./Mazlish, Bruce (Hg.): Leviathans. Multinational Corporations and the New Global History. Cambridge 2005. S. 81–104.

Jones, Geoffrey: Multinationals and Global Capitalism. From the nineteenth to the twenty-first century. New York 2005.
Jones, Geoffrey: Renewing Unilever. Transformation and Tradition. New York 2005.
Kalt, Monica: «Nestlé tötet Babys!» Tötet Nestlé Babys? In: Schaufelbuehl, Janick Marina (Hg.): 1968–1978. Ein bewegtes Jahrzehnt in der Schweiz. Zürich 2009. S. 183–194.
Keller, Theresa: Produkte am globalen Markt. Nahrungsmittelhersteller zwischen Standardisierung und kultureller Anpassung. Münster 2005.
Kieser, Alfred: Erklären die Theorie der Verfügungsrechte und der Transaktionskostenansatz historischen Wandel von Institutionen? In: Plumpe, Werner (Hg.): Wirtschaftsgeschichte. Basistexte. Stuttgart 2008. S. 221–242.
Klein, Naomi: No Logo! Der Kampf der Global Players um Marktmacht. Ein Spiel mit vielen Verlierern und wenigen Gewinnern. München 2001.
Kleinschmidt, Christian: Konsumgesellschaft. Göttingen 2008.
Klingele, Jan: Die Entwicklung der multinationalen Unternehmen aus Sicht der Internalisierungstheorie. Frankfurt am Mai 1991.
Köhler, Thomas: Die Geschichte des Kaffees. In: Rotfos, Jan Beernd/Lange, Hans (Hg.): Kaffee – Die Zukunft. Hamburg 2005. S. 12–29.
König, Wolfgang: Geschichte der Konsumgesellschaft. Stuttgart 2000.
Köse, Yavuz: Westlicher Konsum am Bosporus. Warenhäuser, Nestlé & Co. im späten Osmanischen Reich (1855–1923). München 2010.
Krieger, Martin: Geschichte Asiens. Eine Einführung. Köln/Weimar/Wien 2003.
Krieger, Martin: Tee. Eine Kulturgeschichte. Köln/Weimar/Wien 2009.
Krieger, Martin: Kaffee. Geschichte eines Genussmittels. Köln/Weimar/Wien 2011.
Kunze, Svenja/Schug, Alexander: Jacobs Kaffee ... wunderbar. Eine Bremer Kaffeegeschichte. Bremen 2012.
Kurme, Sebastian: Halbstarke. Jugendprotest in den 1950er-Jahren in Deutschland und den USA. Frankfurt am Main 2006.
Kuss, Alfred: Marketing-Theorie. Eine Einführung. Wiesbaden 2009.
Lavanchy, Lisane: Le chocolat au lait: de l'innovation de Daniel Peter à la commercialisation par Nestlé (1875–1905). In: Chiapparino, Francesco/Romano, Roberto (Hg.): Il cioccolato. Industria, mercato e società in Italia e Svizzera (XVIII-XX sec.). Milano 2007. S. 63–82.
Lehmann, Peter: Käsefieber, 1831 bis 1871. In: Martig, Peter, et al. (Hg.): Berns moderne Zeit. Das 19. und 20. Jahrhundert neu entdeckt. Bern 2011. S. 301–305.
Lindstrom, Martin: Brand Sense. Build powerful brands through touch, taste, smell, sight and sound. New York 2005.
Lüpold, Martin: Globalisierung als Krisenreaktionsstrategie. Dezentralisierung und Renationalisierung bei Nestlé, 1920–1950. In: Gilomen, Hans-Jörg/Müller, Margrit/Veyrassat, Béatrice (Hg.): Globalisierung – Chancen und Risiken. Die Schweiz in der Weltwirtschaft 18.–20. Jahrhundert. Zürich 2003. S. 211–234.
Lüpold, Martin: Der Ausbau der «Festung Schweiz»: Aktienrecht und Corporate Governance in der Schweiz, 1881–1961. Dissertation an der Universität Zürich. Möriken-Wildegg 2008.
Maddison, Angus: The World Ecnomy. A millenial Perspective. Paris 2001.
Maillard, Maryline: Guigoz. Les débuts d'une entreprise innovatrice dans l'industrie laitière (1908–1937). Fribourg 2002.
Matis, Herbert/Stiefel, Dieter: Die Weltwirtschaft. Struktur und Entwicklung im 20. Jahrhundert. Wien 1991.
Meffert, Heribert/Burmann, Christoph/Kirchgeorg, Manfred (Hg.): Marketing. Grundlagen marktorientierter Unternehmensführung. Konzepte – Instrumente – Praxisbeispiele. Wiesbaden 2008.
Menninger, Annerose: Genuss im kulturellen Wandel. Tabak, Kaffee, Tee und Schokolade in Europa (16.–19. Jahrhundert). Stuttgart 2004.
Mintz, Sidney W.: Die süsse Macht. Kulturgeschichte des Zuckers. Frankfurt am Main 1985.
Möhring, Maren: Transnational Food Migration and the Internationalization of Food Consumption. Ethnic Cuisine in West germany. In: Nützenadel, Alexander/Trentmann, Frank (Hg.): Food and Globalization. Consumption, Markets and Politics in the Modern World. Oxford 2008. S. 129–150.
Morris, Jonathan: The cappuccino conquest. The transnational History of Italian Coffee. Hertfordshire 2007.
Morris, Jonathan: Making Italian Espresso, Making Espresso Italian. In: Grieco, Allen J./Scholliers, Peter (Hg.): Food & History (Vol 8, Nr. 2). Tastes and Industries. The industrial manufacture of taste in the 19th and 20th century. Turnhout, 2011. S. 155–184.
Morris, Jonathan: Introduction to Consumer Countries. In: Thurston, Robert W./Morris, Jonathan/Steiman, Shawn (Hg.): Coffee. A Comprehensive Guide to the Bean, the Beverage, and the Industry. Lanham 2013. S. 173–174.
Moser, Peter/Brodbeck, Beat: Milch für alle. Bilder, Dokumente und Analysen zur Milchwirtschaft und Milchpolitik im 20. Jahrhundert. Baden 2007.
Müller, Claudia: Die ökonomische Theorie der Werbegestaltung und Wirkung der Werbung aus informationsökonomischer Sicht. Frankfurt am Main 1994.
Nussbaum, Claire-Aline, et al.: Suchard. Entreprise de Chocolat 1826–1938: naissance d'une multinationale Suisse. Neuchâtel 2005.
Oestreich-Janzen, Sigrid: Herstellung von löslichem Kaffee. In: Rotfos, Jan Beernd/Lange, Hans (Hg.): Kaffee – Die Zukunft. Hamburg 2005. S. 148–163.
Olbrich, Rainer: Marketing. Eine Einführung in die marktorientierte Unternehmensführung. Heidelberg 2001.
Osterhammel, Jürgen/Petersson, Niels: Geschichte der Globalisierung. Dimensionen, Prozesse, Epochen. München 2003.
Pendergrast, Mark: Für Gott, Vaterland und Coca-Cola. Die unautorisierte Geschichte der Coca-Cola Company. Wien 1993.
Pendergrast, Mark: Kaffee. Wie eine Bohne die Welt veränderte. Bremen 2001.
Pepels, Werner: Lexikon Produktmanagement. Düsseldorf 2010.
Pfiffner, Albert: Henri Nestlé (1814–1890). Vom Frankfurter Apothekergehilfen zum Schweizer Pionierunternehmer. Zürich 1993.
Pfiffner, Albert: Kakao. In: Hengartner, Thomas/Merki, Christoph Maria (Hg.): Genussmittel. Ein

kulturgeschichtliches Handbuch. Frankfurt am Main 1999. S. 117–140.
Pfiffner, Albert: «A real winner one day». Die Entwicklung des «Nescafés» in den 1930er Jahren. In: Rossfeld, Roman (Hg.): Genuss und Nüchternheit. Geschichte des Kaffees in der Schweiz vom 18. Jahrhundert bis zur Gegenwart. Baden 2002. S. 123–148.
Pfiffner, Albert/Renk, Hans-Jörg: Wandel als Herausforderung. Nestlé 1990–2005. Cham/Vevey 2007.
Pies, Ingo: Theoretische Grundlagen demokratischer Wirtschafts- und Gesellschaftspolitik – Der Beitrag von Ronald Coase. In: Leschke, Martin/Pies, Ingo (Hg.): Ronald Coase' Transaktionskosten-Ansatz. Tübingen 2000. S. 1–32.
Pivot, Monique: Maggi et la Magie du Bouillon Kub. Paris 2002.
Rischbieter, Julia Laura: Mikro-Ökonomie der Globalisierung. Kaffee, Kaufleute und Konsumenten im Kaiserreich 1870–1914. Köln 2011.
Roach, Brian: A primer on Multinational Corporations. In: Chandler, Alfred D. Jr./Mazlish, Bruce (Hg.): Leviathans. Multinational Corporations and the New Global History. Cambridge 2005. S. 19–44.
Roseberry, William: The Rise of Yuppie Coffees and the Reimagination of Class in the United States. In: American Anthropological Association (Hg.): American Antropologist, (Vol. 98, Nr. 4). Arlington 1996. S. 762–775.
Rossfeld, Roman: Echt nur in dieser Packung. Zum Verhältnis von Industrialisierung, Ernährung und Werbung am Beispiel des Kaffees. In: Obrist, Gabrielle/Fayet, Roger (Hg.): Mein Aroma! ... wunderbar. Motive und Parolen in der Kaffeewerbung. Zürich 1995. S. 34–43.
Rossfeld, Roman: Die Innovation der Milchschokolade und der Aufstieg der schweizerischen Schokoladeindustrie (1880–1920). In: Gilomen, Hans-Jörg/Jaun, Rudolf/Müller, Margrit/Veyrassat, Béatrice (Hg.): Innovationen. Voraussetzungen und Folgen – Antriebskräfte und Widerstände. Zürich 2001. S. 121–141.
Rossfeld, Roman: Ein Mittel, Kaffee ohne Kaffee zu machen: Zur Geschichte der schweizerischen Zichorien- und Kaffeesurrogat-Industrie im 19. und 20. Jahrhundert. In: Rossfeld, Roman (Hg.): Genuss und Nüchternheit. Geschichte des Kaffees in der Schweiz vom 18. Jahrhundert bis zur Gegenwart. Baden 2002. S. 226–255.
Rossfeld, Roman: Markenherrschaft und Reklameschwung. Die schweizerische Schokoladeindustrie zwischen Produktions- und Marketingorientierung, 1860–1914. In: Berghoff, Hartmut (Hg.): Marketinggeschichte. Die Genese einer modernen Sozialtechnik. Frankfurt am Main 2007. S. 87–122.
Rossfeld, Roman: Schweizer Schokolade: industrielle Produktion und kulturelle Konstruktion eines nationalen Symbols 1860–1920. Baden 2007.
Rossfeld, Roman: Schmuggel, spekulative Kauflust und «wilde Jagd». Suchard und die schweizerische Schokoladeindustrie im grossen Krieg. In: Rossfeld, Roman/Straumann, Tobias (Hg.): Der vergessene Wirtschaftskrieg. Schweizer Unternehmen im Ersten Weltkrieg. Zürich 2008. S. 407–435.
Rossfeld, Roman: Vom Hoffnungsträger zum Politskandal: Aufstieg und Niedergang der «Lucerna Anglo-Swiss Milk Chocolate Co.», 1902–1911. In: Köhler, Ingo/Rossfeld, Roman (Hg.): Pleitiers und Bankrotteure. Geschichte des ökonomischen Scheiterns vom 18. bis 20. Jahrhundert. Frankfurt am Main 2012. S. 185–216.
Rothermund, Dietmar: Tee. In: Hengartner, Thomas/Merki, Christoph Maria (Hg.): Genussmittel. Ein kulturgeschichtliches Handbuch. Frankfurt am Main 1999. S. 141–166.
Ruch, Christian/Rais-Liechti, Myriam/Peter, Roland: Geschäfte und Zwangsarbeit: Schweizer Industrieunternehmen im «Dritten Reich». Veröffentlichung der Unabhängigen Expertenkommission Schweiz Zweiter Weltkrieg (UEK), Band 6. Zürich 2001.
Salmon, Keith G.: The Modern Spanish Economy. Transformation and Integration into Europe. London 1991.
Sandgruber, Roman: Bittersüsse Genüsse. Kultur- und Sozialgeschichte der Genussmittel. Wien/Köln/Graz 1986.
Schäfer, Michael: Geschichte des Bürgertums. Köln/Weimar/Wien 2009.
Schär, Bernhard: «1968» als wiederbelebte bürgerliche Revolution: Einleitung. In: Schär Bernhard et al. (Hg.): Bern 68. Lokalgeschichte eines globalen Aufbruchs – Ereignisse und Erinnerungen. Baden 2008. S. 6–13.
Schär, Bernhard/Sperisen, Vera: 1968 in Bern: Kultureller Wandel abseits der Metropolen. In: Martig, Peter, et al. (Hg.): Berns moderne Zeit. Das 19. und 20. Jahrhundert neu entdeckt. Bern 2011. S. 223–230.
Schär, Manuel: Wie entwickeln wir die «Dritte Welt»? Kontinuitäten und Brüche im Entwicklungsverständnis um 1968 in der Schweiz. In: Schaufelbuehl, Janick Marina (Hg.): 1968–1978. Ein bewegtes Jahrzehnt in der Schweiz. Zürich 2009. S. 99–111.
Schivelbusch, Wolfgang: Das Paradies, der Geschmack und die Vernunft. München/Wien 1980.
Schnapp, Jeffrey T.: The Romance of Caffeine and Aluminum. In: Brown, Bill (Hg.): Things. Chicago 2004. S. 304–329.
Schramm, Manuel: Die Entstehung der Konsumgesellschaft. In: Siedler, Reinhard/Langthaler, Ernst (Hg.): Globalgeschichte 1800–2010. Köln/Weimar/Wien 2010. S. 367–386.
Schröter, Harm G.: Aufstieg der Kleinen. Multinationale Unternehmen aus fünf kleinen Staaten vor 1914. Berlin 1993.
Schumpeter, Joseph: Theorie der wirtschaftlichen Entwicklung. München 1935.
Schwarz, Friedhelm: Nestlé. Macht durch Nahrung. Bergisch Gladbach 2003.
Schwarz, Friedhelm: Gemeinsam Werte schaffen. Peter Brabeck-Letmathe und Nestlé – Ein Porträt. Bern 2010.
Seifert, Annatina (Hg.): Dosenmilch und Pulversuppen. Die Anfänge der Schweizer Lebensmittelindustrie. Vevey 2008.
Selter, Bernward: Der «satte» Verbraucher: Idole des Ernährungsverhaltens zwischen Hunger und Überfluss 1890–1970. In: Borscheid, Peter/Wischermann, Clemens (Hg.): Bilderwelt des Alltags. Werbung und Konsumgesellschaft des 19. und 20. Jahrhunderts. Festschrift für Hans Jürgen Teuteberg. Stuttgart 1995. S. 190–221.

Spiekermann, Uwe: Lifestyle und Kaffee. In: Dietrich, Eva/Rossfeld, Roman (Hg.): Am Limit – Kaffeegenuss als Grenzerfahrung. Zürich 2001. S. 106–120.
Steinbrecher, Aline: Grenzen des Wissens und Grenzen der Verträglichkeit. Zur medizinischen Wahrnehmung von Kaffee seit seiner Einführung in Europa. In: Dietrich, Eva/Rossfeld, Roman (Hg.): Am Limit – Kaffeegenuss als Grenzerfahrung. Zürich 2001. S. 8–21.
Steiner, Hermann: 100 Jahre Nestlé. Zur Geschichte der ersten europäischen Kondensmilchfabrik in Cham (gegründet 1866). Zug 1966.
Stella, Alain: Das Buch vom Kaffee. Paris 1996.
Sy-Quia, Noël: Over a cup of Coffee. The passion, the stories, the brand. Biel 2013.
Tank, Andreas: China-Marketing. Erfolgsfaktoren für die Marktbearbeitung. Frankfurt am Main 2005.
Tanner, Jakob: Fabrikmahlzeit. Ernährungswissenschaft, Industriearbeit und Volksernährung in der Schweiz 1890–1950. Zürich 1999.
Tanner, Jakob: Lebensstandard, Konsumkultur und American Way of Life seit 1945. In: Leimgruber, Walter/Fischer, Werner (Hg.): «Goldene Jahre». Zur Geschichte der Schweiz seit 1945. Zürich 1999. S. 101–132.
Tanner, Jakob: Facetten einer Kultur- und Sozialgeschichte des Kaffees. In: Rossfeld, Roman (Hg.): Genuss und Nüchternheit. Geschichte des Kaffees in der Schweiz vom 18. Jahrhundert bis zur Gegenwart. Baden 2002. S. 10–21.
Teuteberg, Hans-Jürgen: Zur Kulturgeschichte der Kaffee-Surrogate. In: Ball, Daniela (Hg.): Kaffee im Spiegel europäischer Trinksitten. Zürich 1991. S. 169–199.
Teuteberg, Hans-Jürgen: Kaffee. In: Hengartner, Thomas/Merki, Christoph Maria (Hg.): Genussmittel. Ein kulturgeschichtliches Handbuch. Frankfurt am Main 1999. S. 81–116.
Thurston, Robert W.: The global Trade in Coffee. An Overview. In: Thurston, Robert W./Morris, Jonathan/Steiman, Shawn (Hg.): Coffee. A Comprehensive Guide to the Bean, the Beverage, and the Industry. Lanham 2013. S. 111–115.
Thut, Walter: Vom Zwei-Mann-Labor zum Weltkonzern: Georg Wander (1841–1897), Albert Wander (1867–1950), Georg Wander (1898–1969). Zürich 2005.
Topik, Steven: The Integration of the World Coffee Market. In: Clarence-Smith, William G./Topik, Steven (Hg.): The Global Coffee Economy in Africa, Asia, and Latin America, 1500–1989. Cambridge 2003. S. 21–49.
Ukers, William H.: All about coffee. New York 1935.
Ukers, William H.: All about tea. Zwei Bände. New York 1935.
Ukishima, Malia: Le succès et la recette du Nescafé: la vision de la Direction de Nestlé. Mémoire de licence d'histoire Université de Genève. Genève 1999.
Van der Wee, Herman: Der Gebremste Wohlstand. Wiederaufbau, Wachstum, Strukturwandel 1945–1980. Geschichte der Weltwirtschaft im 20. Jahrhundert. Band 6. München 1984.
Van Orsouw, Michael/Stadlin, Judith/Imboden, Monika: George Page: Der Milchpionier. Die Anglo-Swiss Condensed Milk Company bis zur Fusion mit Nestlé. Zürich 2005.
Valenze, Deborah: Milk. A Local and Global History. New Haven/London 2011.
Von Wyl, Eva Maria: Ready to Eat. Die Schweiz entdeckt amerikanische Esskultur. Baden 2015.
Werner-Lobo, Klaus: Uns gehört die Welt! Macht und Machenschaften der Multis. München 2010.
Watin-Augouard, Jean: Histoires de Marques. Paris 2001.
Wild, Antony: Coffee. A dark history. London 2004.
Wiley, Andrea: Cultures of Milk. The biology and the meaning of dairy products in the United States and India. Cambridge 2014.
Wilkins, Mira: The History of European Multinationals: A new look. In: Wilkins, Mira (Hg.): The Growth of Multinationals. Aldershot 1991. S. 21–51.
Wilkins, Mira: Multinational Enterprise to 1930: Discontinuities and Continuities. In: Chandler, Alfred D. Jr./Mazlish, Bruce (Hg.): Leviathans. Multinational Corporations and the New Global History. Cambridge 2005. S. 45–80.
Witzig, Heidi/Tanner, Jakob: Kaffeekonsum von Frauen im 19. Jahrhundert. In: Ball, Daniela (Hg.): Kaffee im Spiegel europäischer Trinksitten. Zürich 1991. S. 153–167.
Zangger, Andreas: Koloniale Schweiz. Ein Stück Globalgeschichte zwischen Europa und Südostasien (1860–1930). Bielefeld 2011.
Zeller, Christian: Globalisierungsstrategien – Der Weg von Novartis. Berlin/Heidelberg 2001.
Zürcher, Christoph/Giger, Peter: Giger 1904–2004. 100 Jahre Tradition und Innovation. Gümligen 2004.

Impressum

Die vorliegende Arbeit wurde von der Philosophischen Fakultät der Universität Zürich im Frühjahrssemester 2014 auf Antrag der Promotionskommission Prof. Dr. Jakob Tanner «hauptverantwortliche Betreuungsperson» und Prof. Dr. Tobias Straumann als Dissertation angenommen.

Mit Beiträgen haben das Buchprojekt unterstützt:
Nestlé S.A.
Schweizerischer Nationalfonds (SNF)

Umschlagbild:
Das Publikum staunt über einen Turm mit *Nescoré*- und *Nescafé*-Dosen, 1955.
Nestlé Historical Archives, Vevey
Vor- und Nachsatz:
Scan *Nescafé*-Pulver, 115% vergrössert, Simone Farner

Dieses Buch ist nach den aktuellen Rechtschreibregeln verfasst. Quellenzitate werden jedoch in originaler Schreibweise wiedergegeben. Hinzufügungen sind in [eckigen Klammern] eingeschlossen, Auslassungen mit [...] gekennzeichnet.

Lektorat: Regula Bühler, Hier und Jetzt
Gestaltung:
Simone Farner, Hier und Jetzt
Satz: Jonas Landolt, Zürich
Bildbearbeitung: Humm dtp, Matzingen

Dieses Werk ist auch als E-Book erhältlich:
ISBN E-Book 978-3-03919-904-4

www.hierundjetzt.ch
ISBN Druckausgabe 978-3-03919-363-9

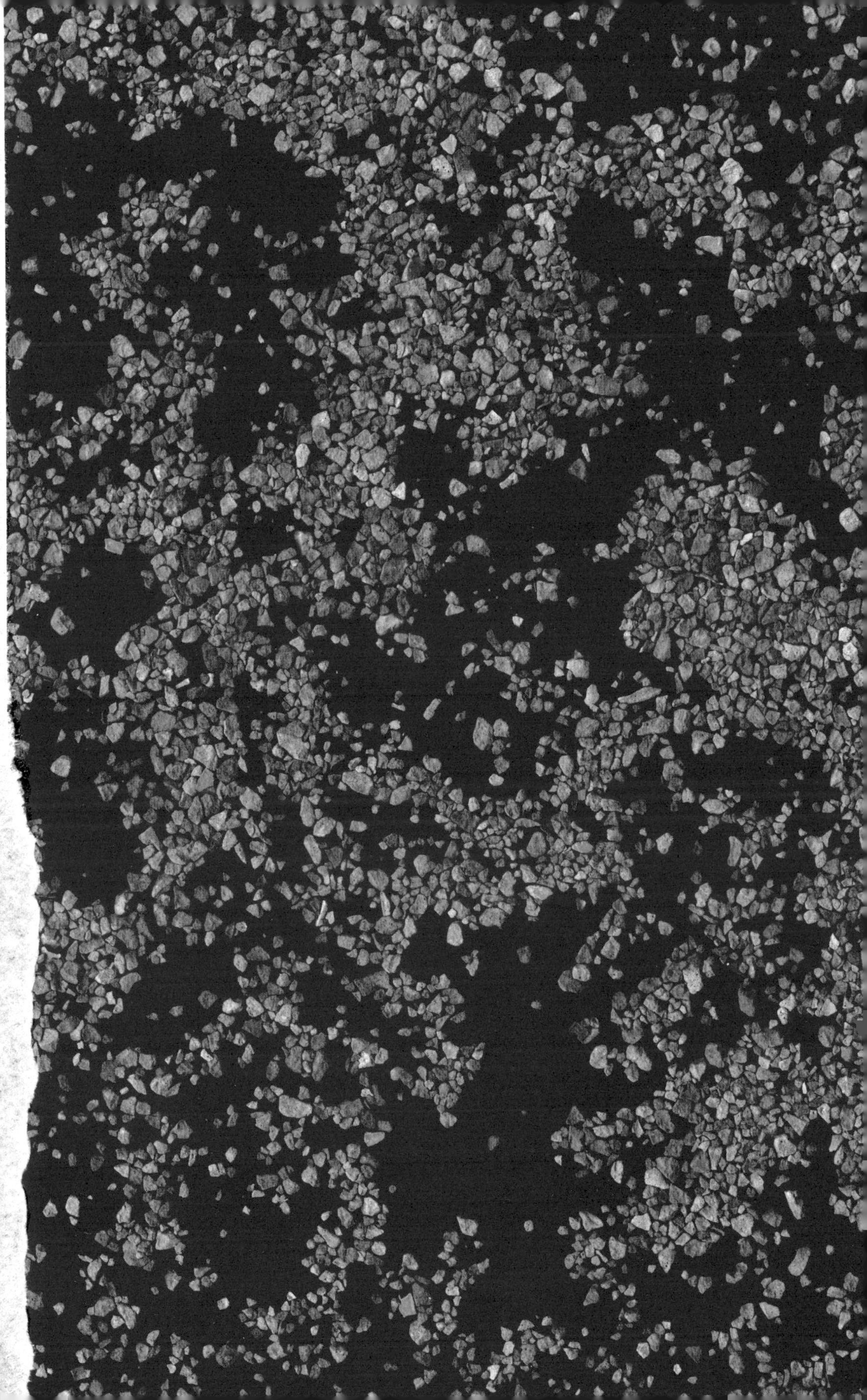

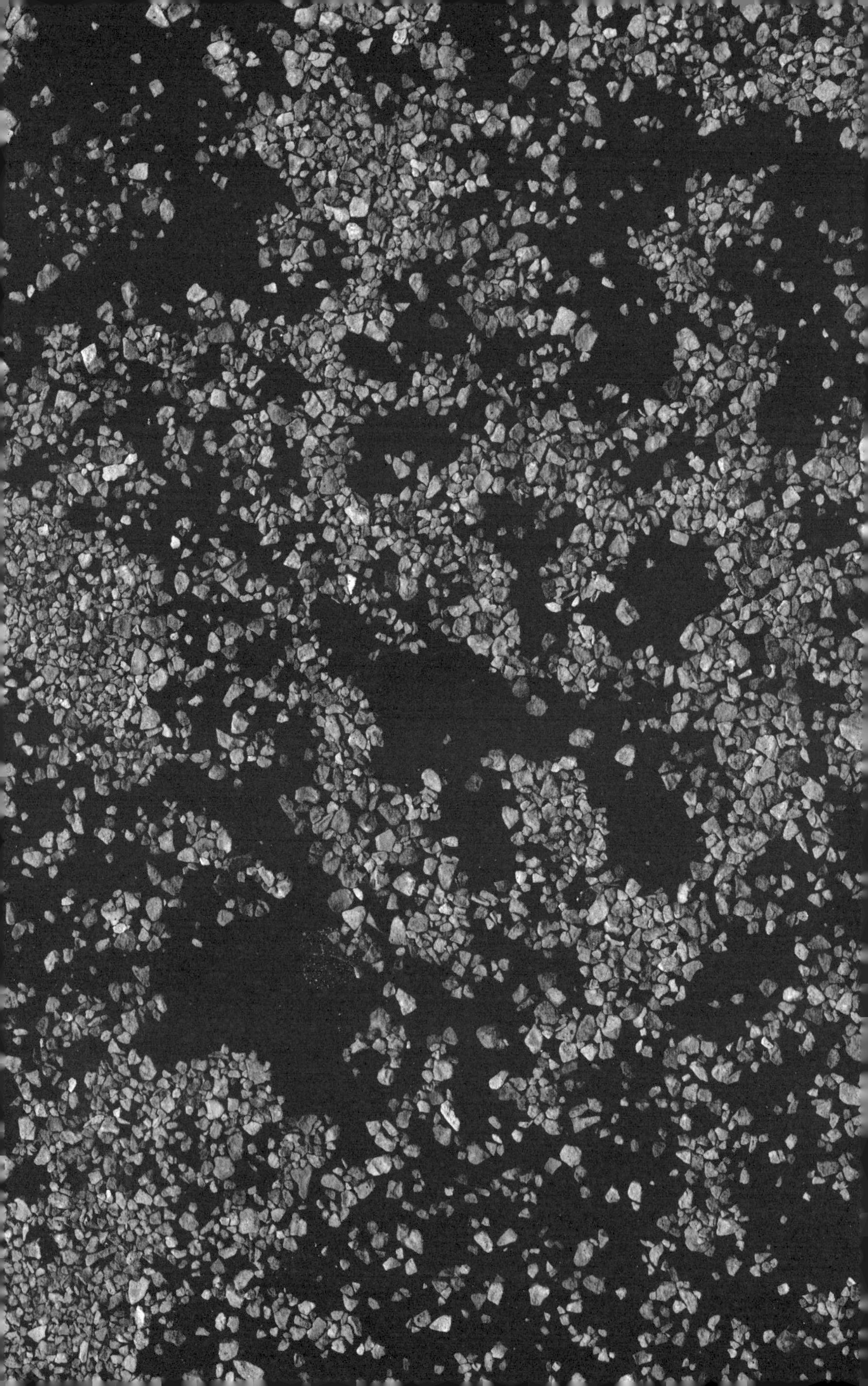